国家社科基金
GUOJIA SHEKE JIJIN HOUQI ZIZHU XIANGMU
后期资助项目

反联邦党人宪法思想
发展研究

青维富　等著

天津出版传媒集团
天津人民出版社

图书在版编目（CIP）数据

反联邦党人宪法思想发展研究 / 青维富等著.
天津 ： 天津人民出版社，2025. 1. -- ISBN 978-7-201
-20593-9

Ⅰ. D971.21

中国国家版本馆CIP数据核字第2024DK9436号

反联邦党人宪法思想发展研究
FAN LIANBANG DANG REN XIANFA SIXIANG FAZHAN YANJIU

出　　版	天津人民出版社
出 版 人	刘锦泉
地　　址	天津市和平区西康路35号康岳大厦
邮政编码	300051
邮购电话	（022）23332469
电子信箱	reader@tjrmcbs.com

责任编辑	王　琤
特约编辑	曹忠鑫
美术编辑	汤　磊

印　　刷	天津新华印务有限公司
经　　销	新华书店
开　　本	710毫米×1000毫米 1/16
印　　张	27
字　　数	450千字
版次印次	2025年1月第1版　2025年1月第1次印刷
定　　价	99.00元

国家社科基金后期资助项目
出版说明

　　后期资助项目是国家社科基金设立的一类重要项目,旨在鼓励广大社科研究者潜心治学,支持基础研究多出优秀成果。它是经过严格评审,从接近完成的科研成果中遴选立项的。为扩大后期资助项目的影响,更好地推动学术发展,促进成果转化,全国哲学社会科学工作办公室按照"统一设计、统一标识、统一版式、形成系列"的总体要求,组织出版国家社科基金后期资助项目成果。

全国哲学社会科学工作办公室

序

在真正多元化的社会里,只有通过获取广泛的信息沟通知识,才能在自由的社会中既保持其价值观,又超越其竞争对手。当今世界格局从"单极时代"向"多极时代"的发展趋势尚不明朗。中美关系发展的核心问题在于利用既有的"权力转移"和"权力扩散"框架和体系,在渐进和不完整的多极趋势中寻求自身的突破和发展。知己知彼,百战不殆。这就是我们研究的初衷。

一、文本选取与述评

研究美国立宪时期的宪法学者或历史学家一般都不会满足于单纯搜集与宪法争论主题有关的历史资料或特定观点,他们总是希望评估相关材料的证据效力,然后系统地考量相关证据材料的类型。美国批准宪法时期既存的文献和资料有助于我们探究美国批准宪法会议的辩论和议事程序之真相,并解释宪法的最初意涵可能出现的问题与司法适用的困境。在此,我们根据美国立宪时期既存证据资料的原始性和传来性标准,把与1787—1788年美国制宪会议和批准宪法会议有关的证据资料划分为两种基本类型:语篇型证据资料与语境式证据资料。①一般而言,基于历史和著书目录的重要性,我们在正文中尽量引用各类文献的最初版本。

(一)语篇型证据资料

语篇型证据资料不仅包括1787—1788年美国制宪会议和批准宪法会议就有关宪法主题的辩论记录及各种评论,还包括立宪者及其他人的书信、便条、随笔和其他文字记载物。

与研究主题有关的语篇型证据资料之来源性文献主要散布于美国立

---

① 有关证据资料的划分,参见青维富:《美国宪制特色之法理评析:纵横向相结合之分权制衡》,北京:法律出版社,2010年,第5—6页。

宪时期绝版或手稿集的小册子、报纸和各类书籍之中。在搜集编撰成册的来源性文献中，我们首先选择两类基本文献作为最重要的语篇型证据资料：一是赫伯特·J.斯托林编辑的《反联邦党人全集》（七卷本），二是默里尔·詹森主编的《批准宪法之文献史》（二十三卷本）。为了使论述更真实、可信，我们选择两类语篇型证据资料作为重要的佐证材料：一是马克斯·法兰德编辑的《联邦制宪会议记录》（四卷本，马克斯·法兰德主编前三卷，哈特森补充编辑第四卷），①二是乔纳森·埃利奥特《1787年费城制宪会议拟议的联邦宪法在各邦批准宪法会议上的辩论》（五卷本）。②根据研究主题和分析文本之需要，基于突出证据资料的重要性，下面详细阐述两类最基本的语篇型证据资料。

1.《反联邦党人全集》

赫伯特·J.斯托林编辑的《反联邦党人全集》是研究反联邦党人著述最为完整且最具权威性的资料来源，也是我们分析和引用的首选资料来源。《反联邦党人全集》共分为七卷。第一卷包含三个主标题：一是反联邦党人赞成什么；③二是《邦联条例》与主要反联邦党人争论的核心内容，含《邦联条例》正文和签名者；三是《联邦宪法》和主要反联邦党人争论的核心内容，

① 1911年，马克斯·法兰德的《联邦制宪会议记录》（三卷本），被美国史学界、法学界、书评界公认为"研究制宪过程的权威读本"。法兰德的《联邦制宪会议记录》是以麦迪逊的《制宪会议记录辩论》为基础的。第一卷和第二卷按照日期先后次序收集了制宪会议秘书威廉·杰克逊的正式会议记录、麦迪逊的制宪会议记录，以及其他9名制宪会议代表留下的记录笔记，便于读者比较他们对同一辩论的不同记述。第三卷精选了制宪会议期间和稍后代表们的日记、书信、讲话等共403件，同时附有六篇附录。在法兰德之后，1937年由哈特森出版了文献的增补本（第四卷）。参见青维富：《美国宪制特色之法理评析：纵横向相结合之分权制衡》，北京：法律出版社，2010年，第9—13页。

② 1836年，乔纳森·埃利奥特的《1787年费城制宪会议拟议的联邦宪法在各邦批准宪法会议的辩论》（五卷本）在华盛顿出版，它详细记载了美国联邦制宪会议把1787年9月17日制定的联邦宪法推荐给各邦批准时，各邦制宪会议批准宪法的辩论过程。它收集了与各邦批准宪法会议的讨论和辩论有关的各类文件，包括《独立宣言》《邦联条例》《联邦制宪会议记录》（其版本比马克斯·法兰德《联邦制宪会议记录》更早，但并不那么准确）和拟议的宪法文本，以及各邦批准宪法会议的辩论和对拟议的宪法的评论。《联邦党人文集》也有关拟议的宪法辩论的重要组成部分。此外，它还收集了路德·马丁的信、雅茨的会议记录、国会意见、1798—1799年弗吉尼亚决议和肯塔基决议，以及与制定宪法和批准宪法有关的其他内容，共五卷。参见青维富：《美国宪制特色之法理评析：纵横向相结合之分权制衡》，北京：法律出版社，2010年，第13—15页。

③ 赫伯特·J.斯托林撰写的《反联邦党人赞成什么？》曾经作为单行本由芝加哥出版社于1981年出版，后来成为《反联邦党人全集》的第一卷。

含《宪法》正文、签名者及1791年宪法前十条修正案——《权利法案》。第二卷至第六卷分别收录制宪会议和各邦批准宪法会议的辩论与立宪者和其他人对拟议的宪法提出异议时所作的各类短论文、演说、评论和书信。第七卷为索引。

（1）基本构成

作为杰出的政治理论家，赫伯特·J.斯托林编著的《反联邦党人全集》是我们目前研究反联邦党人的宪法和政治思想最为详尽的关键性文献之一。它的基本结构如下：

第二卷 《宪法》未签名者与最初发表的短论文

第一部分《宪法》未签名者的反对意见，主要阐述反联邦党人与联邦党人之争论始于拒绝签署《宪法》的制宪会议成员们的发言。[①]雅茨和兰欣在1787年7月10日离开制宪会议，使纽约邦代表汉密尔顿在制宪会议上的投票无效；路德·马丁于1787年9月10日离开制宪会议；埃德蒙·伦道夫、埃尔布里奇·格里和乔治·梅森一直留到最后，他们对拒绝签署宪法的解释占据大会最后两天的大部分时间。在他们看来，服务于公共利益不是要默默地隐藏自己对宪法的质疑，而是应当把他们陈述的反对意见带入国家公共论坛中去，由人民自由地加以评判。毫不令人惊奇的是，作为参加联邦制宪会议的杰出人士，他们对宪法的反对言辞在各邦批准宪法会议的辩论中发挥了极其重要的作用。

与研究主题有关的文本：1787年10月10日，《来自埃德蒙·伦道夫的信》（里士满），伦道夫邦长说明了他对拟议的宪法拒绝签名的理由；1787年11月3日，埃尔布里奇·格里《对签署国家宪法的反对意见》（《马萨诸塞卫报》）；1787年11月18日，《尊敬的格里先生提出签署国家宪法的反对意见》（纽约）；1787年12月2日和1787年12月10日，在《致印刷商》《致M.史密斯、查理斯·M.特兰斯顿、约翰·H.布里格斯和曼恩·佩奇等先生》的书信中，伦道夫对拟议的宪法提出了八点异议；1787年12月21日和1788年1月14日，雅茨和兰欣的《宪法反对者对拟议的宪法提出异议之理由》发表

---

① 埃德蒙·伦道夫、乔治·梅森和埃尔布里奇·格里三人在1787年9月17日签署拟议的宪法时，由于反对拟议的宪法，并未在拟议的宪法文本上签署名字，后来被称为宪法未签名者。赫伯特·J.斯托林在《反联邦党人全集》中把中途离开制宪会议的三名代表雅茨、兰欣和路德·马丁也列入宪法未签名者之列，并把他们的反对意见收入《反联邦党人全集》第二卷《宪法未签名者的反对意见》之中。See Herbert J. Storing, *The Complete Anti-Federalists*, The University of Chicago Press, 1981, II, pp.4—100.

于奥尔巴尼市《纽约报》;①1787年,乔治·梅森发表《对制宪会议制定构建政府的宪法之反对意见》;1788年,路德·马丁发表《与最近在费城召开的制宪会议议事有关,向马里兰邦立法机构表达真实信息》)。

第二部分最初发表的主要系列短论文。它是由特定具有智识的、高水平写作能力且在各邦社会地位显著的反联邦党人最早撰写的短论文。

与研究主题有关的文本:1787年9月至1788年1月,"加图"《致纽约邦公民》第一、二、三、四、五、七篇和《致纽约邦人民》第六篇发表于《纽约报》;1787年10月至1788年4月,《来自森提内尔的信:致宾夕法尼亚邦人民》发表于费城《自由人日报》;②1787年至1788年,"联邦农夫"《对由最近制宪会议提议的政府制度进行公平审查的意见及它的几个基本和必要变化》发表了十八篇短论文及有关"致共和党人"的附加信件十三篇;③1787年10月至1788年4月,"布鲁图斯"在《纽约报》以《致纽约邦公民》为题发表十八篇短论文。④

第三卷 宾夕法尼亚邦

第一个对拟议的宪法采取行动的邦是宾夕法尼亚邦,该邦激烈的派系分歧集中于1776年制定的邦宪法,该宪法宣示了民主的第一次胜利,宪法确立的政府是美国各邦有史以来已尝试的最为民主的政府形式。政府由单一的立法机构主导,行政机构多重且软弱,司法机构依赖于立法机构。该宪法的捍卫者"制宪派"即后来的反联邦党人,将其视为保护宾夕法尼亚

---

① 雅茨和兰欣反对拟议的宪法之理由有两点:制宪会议僭越权力制定宪法,组建联合政府,颠覆了各邦的权力;总体政府将其禁令和利益平等地扩大到整个美国的广袤领土范围内是不切实际的。尽管很简短,但是他们的观点很有说服力。他们最后重点指出,没有《权利法案》是任何人都会对拟议的宪法提出异议的理由。

② 提出美国当时所面临的三个必须解决的问题:社会共同体面临的困境、无政府状态造成的不幸、联盟解体的可怕后果。

③ 提出有关修改宪法的建议:各邦不可能在自由原则下合并为一个总体政府、关于新政府的组织和权力。最后得出结论:政府应该维护而不是破坏美国领土范围内的平等划分和保护人民的自由而具有的英雄气概之习惯;我们现在需要改进的联邦政府有很多好东西,但由于缺乏人民的代表性,其价值被削弱了;极端党派拥护和反对宪法——对党派拥护宪法活动的考察;宪法应该自由和仔细地审议,并提出修正案。

④ "布鲁图斯"的各种论点是基于一个扩展性提纲:基本问题是联邦政府是美国最佳的政府吗?他提出有关《权利法案》、政府组织形式——众议院的选举与职权、立法权广泛而无限制、司法权力的特性与延伸范围,以及参议院的选举与职权等基本宪法性主题。

4

邦普通民众,尤其是农场主免受更富有、受教育程度更高、联系更密切的商业和富有阶层的影响。反对者即"共和党"认为它具有原则性缺陷,因为它缺乏政府稳定和权力制衡的条款,且在实践中不自由和不民主。其他争论主题包括宪法和随后的立法要求对公民实施严格的测试宣誓和立宪者控制的立法机构废除北美银行,使共和党在1786年取得了立法上的胜利。政治之张力在公众对过度的党派之争与双方的报复情绪中显露出来:共和党越来越多地寻求更具有活力的联邦政府,而"制宪派"则坚定不移地坚持本土化。当《联邦宪法》在宾夕法尼亚邦公布后,共和党控制的立法机构迅速采取行动,于1787年11月20日召开邦批准宪法会议。虽然他们并未为宾夕法尼亚邦实现成为第一个批准宪法的邦的荣誉,[①]然而宾夕法尼亚邦批准宪法会议于1787年12月12日以46比23票的绝对优势批准宪法。但是宾夕法尼亚邦的反联邦党人仍然不甘心,继续抨击宪法,为其他各邦批准宪法会议的辩论提供了大量素材。

与研究主题有关的文本:1787年9月28日,威廉·芬德勒《在宾夕法尼亚邦制宪会议上的演讲》;1787年10月4日,《宾夕法尼亚邦众议院少数派议员的讲话》;1787年10月至1788年2月,老辉格党人以《致印刷商》为题撰写了八篇短论文,发表于费城《独立公报》;[②]1787年10月17日,蒙特祖马的短论文发表于费城《独立公报》;1787年10月17日,民主联邦党人的短论文发表于《宾夕法尼亚先驱报》;1787年10月28日,联邦共和党人撰写了《最近在制宪会议上提出的有关宪法的评论和提议》(费城);1787年11月6日,《致前大陆军军官的一封信》发表于费城《独立公报》;1787年11月至1788年4月,费城人在《独立公报》发表了十余篇短话文;1787年12月18日,《宾夕法尼亚邦制宪会议少数派提出反对意见的理由和演讲:致选

---

① 特拉华邦于1787年12月7日一致同意批准宪法,是第一个批准联邦宪法的邦。

② 其中第二篇短论文驳斥了詹姆斯·威尔逊的论点:宪法将所有没有明确授予人民的权力保留给各邦和人民。"老辉格党人"认为威尔逊的观点是站不住脚的:第一,宪法没有这样的规定;第二,宪法授予联邦政府的实际权力,尤其是"必要而适当"的条款是无限的;第三,没有人民可以向法院上诉的《权利法案》;第四,至上条款是这一国家立法至上制度的顶峰。

民》发表于《宾夕法尼亚邮报》和《每日广告报》;[1]1788年,亚里斯托克诺提斯(威廉·皮特里金)描绘了新联邦宪法的国家政府特性,从自然贵族政体、征税权、宗教信仰自由等方面勾勒了拟议的宪法所构建的政府之特性。

第四卷 马萨诸塞邦与新英格兰诸邦

到1788年1月,特拉华邦、宾夕法尼亚邦、新泽西邦、佐治亚邦和康涅狄格邦等五个邦相对轻松地批准了联邦宪法,其中有四个邦几乎是一致批准宪法,但是只有宾夕法尼亚邦是大邦,且宪法反对派并不甘心于失败。1788年1月14日,马萨诸塞邦召开批准宪法会议,如果会议作出不利于宪法批准的决定,必将增强其他各邦宪法反对派的力量,且激励固执的宾夕法尼亚邦反联邦党人再次反对宪法。在马萨诸塞邦召集批准宪法会议前,该邦经历了长达十年的派系之争,导致内乱,并在著名的谢司起义中达到顶峰。起义集中在马萨诸塞邦的西部地区,民众骚乱后的经济萧条景象最为严重,硬通货稀缺,法院和律师成为民众怨恨的对象。对宪法的反对意见也集中在该邦的西部地区,但明显缺乏领导者。在东部地区,反联邦党人很少向全国各地提供短论文和小册子,尽管反联邦党人当选为批准宪法会议的代表人数较多,然而并未有与联邦党人相抗衡的发言人。在很大程度上,马萨诸塞邦的民主主义反联邦党人代表主要关注的问题是:拟议的宪法所建构的国家政府滥用权力,以及防止来自富有阶层和受教育阶层的阴谋算计。

当批准宪法会议开始时,大多数人反对批准宪法;然而经过近一个月的辩论,大部分代表改变了意见,让联邦党人赢得了微弱的多数。但是联邦党人仍然审慎行事,成功地确保了对宪法的逐条审议,因为他们显然有充分的理由担心提前投票可能对他们不利。此时,他们得到了塞缪尔·亚当斯的帮助,虽然一般认为他对《宪法》并不友好,但是他相当重视对《宪法》的全面审议。他在批准宪法会议上为数不多的一次演讲中,支持提议逐条审议《宪

---

[1] 该请求分为三个部分:第一,对导致和结束宾夕法尼亚邦制宪会议的事件之描述;第二,一份拟议修正案清单,其中许多修正案条文都写入后来的《权利法案》;第三,持不同意见有三大理由。这三大理由:一是,在如此广袤的领土范围内不能以自由的原则来管理,除非组成一个联邦共和国;二是,拟议的宪法建构的政府将不是邦联,而是建立在摧毁各邦基础上的联合;三是,宪法的缺陷在于它并未制定《权利法案》、无适当代表人数的规定、没有普通法的传统保护、无正当的权力分立、未提供公民保护免受过度和专断的征税权,以及规定宾夕法尼亚邦适当代表的数量。基于上述三大理由,新的联邦政府将使人民丧失信心,不得不依靠常备军和严格控制的武装力量,这必然导致压制个体自由和庞大的军费开支。

法》。马萨诸塞邦邦长兼大会主席约翰·汉考克也为批准宪法提供了极其重要的支持。汉考克颇受民众欢迎,且对舆论潮流极其敏感,但由于身体患病,在宪法主题和分歧开始成为争论焦点之前,他无法担任主席。当汉考克再次投入会议时,他提出了一系列宪法修正案,塞缪尔·亚当斯表示支持。但是他们的陈述可能故意含糊其词,并未说明修正案是作为批准宪法的条件,还是仅仅只是作为推荐。随着辩论的继续,要求批准宪法的情绪有所高涨,联邦党人支持推荐修正案;汉考克和亚当斯都未要求有条件地批准宪法。无论汉考克和亚当斯的动机是什么(这是后来被人们广泛讨论的问题),他们的行为对于确保马萨诸塞邦批准宪法和提出推荐修正案至关重要。事实证明,他们的行为提供了确保其他邦获得批准宪法的妥协方式,缓解了反联邦党人提出反对意见,并保持了《宪法》的完整性。

1788年2月6日,马萨诸塞邦批准宪法会议以187比168票的微弱优势通过宪法,并就推荐修正案达成一致。几名投票反对宪法的反联邦党人起立表示,他们接受多数人的决定。与宾夕法尼亚邦批准宪法会议的情形形成鲜明对照的是,《宪法》批准之后,马萨诸塞邦的反对派基本上就此沉寂。

与研究主题有关的文本:1787年10月,《联邦,仅仅出于国家性的目的》(匿名)发表于《马萨诸塞公报》;1787年10月至11月,"约翰·德威特"《致马萨诸塞邦自由公民的信》等五篇短论文发表于波士顿《先驱美国人报》;1787年10月至11月,用笔名"民意"以《致马萨诸塞邦人民》为题撰写四篇短论文,发表于《马萨诸塞公报》;1788年1月22日,《在马萨诸塞邦制宪会议上的讲话》;1787年11月至1788年1月,阿格里帕《致人民》①和《致马萨诸塞邦制宪会议》②等十六篇短论文发表于《马萨诸塞公报》;1787年11月,联邦党人的短论文发表于《波士顿公报》;1787年12月至1788年2月,《致马萨诸塞邦制宪会议成员》《来自共和主义联邦党人的信》等七篇短论文发表;1788年1—2月,"汉普登"的"致罗素"系列短论文发表于《马萨诸塞卫报》;1788年3月,《来自顾客的一封信》发表于缅因波特兰《坎伯兰公报》;1788年1月至6月,"联邦农夫"的三篇短论文发表于新罕布什尔

---

① 《致人民》主要阐述了三个问题:第一,引言和概要,自由对于工业是必要的;伟大的目标应该是鼓励商业精神;第二,现行制度的优势,国家内部监管的效率;第三,拟议宪法中隐含的联合的弊端。

② 《致马萨诸塞邦制宪会议》包括一份专门讨论联邦共和国各类主题的长篇文件,回顾了第一套文件的大部分基础内容(但有时也有一些有趣的详细说明)、对《权利法案》的新讨论及对宪法的一系列推荐修正案。

《自由人先知报》和《新罕布什尔广告报》;1788年1月17日、2月5日和2月6日,查尔斯·特纳发表《马萨诸塞邦批准宪法会议的演说》;1788年1月25日,《来自马萨诸塞邦自耕农的信》发表于《马萨诸塞公报》;1788年2月8日,自称"人民权利的朋友"《致新罕布什尔居民》即《反联邦党人文集》第1篇和《致共和国的朋友》即《反联邦党人文集》第2篇发表于新罕布什尔《自由人先知报》;1788年,哥伦比亚爱国者撰写短论文《宪法的观察与联邦和邦制宪会议》(波士顿)。

第五卷 马里兰邦、弗吉尼亚邦与南部诸邦

第一部分是马里兰邦。到1788年春,六个邦批准了联邦宪法,批准宪法的活动中心转移到南方,因为在南方只有佐治亚邦批准了宪法。此时,批准宪法面临的巨大危险在于,在弗吉尼亚邦帕特里克·亨利的领导下,南部各邦可能采取协调一致的行动。马里兰邦和南卡罗来纳邦的批准宪法会议在弗吉尼亚邦批准宪法会议召开前就已经开始,反联邦党人的策略是,即使他们不能确保阻止宪法批准,就努力推迟批准它,从而与弗吉尼亚邦及其他各邦具有较强势力的反联邦党人团体联合拒绝批准宪法或大幅度地修改宪法。

马里兰邦是贵族势力最为强劲的邦之一,由一群因利益、背景和联姻结合在一起的种植园主和商人统治,宪法要求参政必须具有一定的财产资格,尤其是担任参议员和行政职务。尽管人民政治参与水平相对较低,然而仍然存在由塞缪尔·蔡斯领导下较为活跃的反对派团体,且它们对发行纸币也存在较大的争议。当立法机构在1787年公布联邦宪法后,联邦党人同意把批准宪法会议推迟到1788年4月,并取消代表选举资格的一般财产标准。参议院还接受一项提案:"批准宪法会议由人民充分审查,并自由作出决定",而不是把《宪法》简单地"交给他们批准"。但联邦党人基于实际情况和完成批准宪法的愿望而妥协了。由于未知的原因,反联邦党人领导人在最初几天并未出席批准宪法会议。直到蔡斯、路德·马丁和威廉·帕卡到达会场,也就是大会开幕的三天后,宪法已经经过了两次审议,需要解决的宪法问题提到了众议院面前。蔡斯发表了反对批准宪法的长篇演讲。由于联邦党人拟定了确保多数人投票的优势规则,他们默默地听取意见,并没有提出任何反驳理由。在帕卡提出修正案的尝试失败后,会议进行表决。1788年4月26日马里兰邦批准宪法会议以63比11票的多数优势批准《联邦宪法》。联邦党人拒绝接受推荐修正案。在批准宪法委员会的协调下,几天后再次投票,推荐修正案以46比26票的投票结果被否决。马里兰邦是继马萨诸塞邦后又一个未提交推荐宪法修正案的邦。

与研究主题有关的文本：1788年2月至4月，农夫的七篇短论文发表于巴尔的摩《马里兰公报》；1788年4月1日，农夫和种植业主的短论文《致马里兰农民和种植业主的信》发表于《马里兰报》；1788年4月塞缪尔·蔡斯《在马里兰邦批准宪法会议上的致辞》；①1788年5月6日，马里兰邦批准宪法会议的少数派《致马里兰人民》发表于巴尔的摩《马里兰公报》；1788年4月至5月，约翰·弗朗西斯·默瑟"致纽约邦和弗吉尼亚邦制宪会议成员的信"。

第二部分是弗吉尼亚邦和南部诸邦。继1788年5月23日南卡罗来纳邦批准宪法后，罗林斯·朗兹、埃达努斯·柏克和托马斯·桑普特等反联邦党人的反对意见被轻易地搁置起来，关于宪法的辩论在弗吉尼亚邦成为焦点。联邦党人担心在帕特里克·亨利的领导下南方诸邦采取协调一致的行动，试图建立一个独立的南部邦联。尽管亨利否认，他们仍然质疑亨利的动机和目标。麦迪逊在1788年1月《致埃德蒙·伦道夫的信》中写道："你比我更了解亨利先生的政治立场，但一段时间以来，我一直认为他是在为建立南部邦联筹划，不会进一步赞同修正案计划，因为他希望让它服从于他真正的设计。"②麦迪逊对亨利的"真正的设计"可能误解了，联邦党人毫不犹豫地找到了修辞上的优势，指责他们的对手妄图分裂联邦。南部诸邦反联邦党人也认为，单独建立南部邦联事实上真正有可能，至少也是一种讨价还价的方式。

南方的政治在很大程度上仍然是贵族制，总是建立在公认的和受人尊敬的个体领导者权威基础上，而不是建立在经济利益或各邦发展起来的政党组织上。在弗吉尼亚邦尤其如此。乔治·蒂克纳·柯蒂斯恰如其分地把该邦描述为"充满共和主义的自由精神，尽管它的政治和德性带有贵族特性"③。这些品质的结合使弗吉尼亚邦批准宪法会议的辩论成为所有邦中最好的也是最彻底的辩论。与欧洲大陆其他任何地方相同，弗吉尼亚邦的政治精英们存在分歧。由帕特里克·亨利、乔治·梅森和理查德·亨利·李等

---

① 塞缪尔·蔡斯阐述了一系列宪法性主题：有关制宪会议的合法性；有关美国现存政府：各邦联合组成的政府的优点，重新制定《邦联条款》；宪法有取消各邦组成的政府之倾向；对拟议的宪法设计的新政府之反对意见：概述、代价和出版自由；关于代表制。

② Madison, *Writings*, Hunt ed., Liberty Fund, Inc., V, 1960, pp.80-81; Herbert J. Storing, *The Complete Anti-Federalists*, The University of Chicago Press, 1981, V, p.109.

③ Madison, *Writings*, Hunt ed., Liberty Fund, Inc., V, 1960, pp.80-81; Herbert J. Storing, *The Complete Anti-Federalists*, The University of Chicago Press, 1981, V, p.109.

人领导的弗吉尼亚邦反联邦党人比其他任何邦的反联邦党人团体都更具有能力和更受人敬重。在批准宪法会议上，激烈的辩论持续了三个多星期。当1788年6月25日最终投票时，弗吉尼亚邦以89比79票的微弱优势批准了《宪法》，并提交了推荐的宪法修正案清单。

与研究主题有关的文本：1787年10月16日，理查德·亨利·李《致埃德蒙·伦道夫邦长的信》（纽约）；1787年10月17日，"加图""致弗吉尼亚自由人"发表于《弗吉尼亚独立纪实报》；1787年11月至12月，"加图"的两篇短论文发表于《南卡罗来纳公报》；1788年2月16日和3月1日，"共和主义者（理想国）"的两篇短论文发表于列克星敦《肯塔基公报》；1788年2月至6月，公正审视者的五篇短论文"致弗吉尼亚自由人的信"发表于《弗吉尼亚独立纪实报》；1788年5月14日，"布鲁图斯""致卡修斯的回信"发表于《弗吉尼亚独立纪实报》；1788年6月，帕特里克·亨利《在弗吉尼亚邦批准宪法会议上的讲话》六篇；1788年6月4日，乔治·梅森《在弗吉尼亚邦批准宪法会议上的讲话》；1788年6月11日，德纳图斯《致弗吉尼亚联邦制宪会议个体和集体成员》发表于白金汉《弗吉尼亚独立纪实报》；1788年，詹姆斯·门罗《关于宪法的几点观察》。

第六卷 纽约邦与结论

第一部分是纽约邦。在弗吉尼亚邦开始审议《联邦宪法》两周之后，纽约邦的代表在波基普西召开会议。与宾夕法尼亚邦相同且又与弗吉尼亚邦形成鲜明对照的是，纽约邦存在两个对立的政党，他们之前的分歧延续到批准宪法会议的主题上。纽约邦的联邦党人是纽约市商业阶层和职业阶层的政党，他们通过背景、利益和联姻与纽约邦北部的大地主结盟。克林顿派系是反联邦党人的前身，其领导权的正当性源于激进的辉格党，并以小农户为基础。

克林顿邦长一直担心任何放弃邦权力的行为，他默许了必须给制宪会议制造越来越多的压力。由此，克林顿派系表现出比宾夕法尼亚邦"制宪派"更强的政治领悟力，并故意派遣坚决反对更强大的中央权力且曾经参加过联邦制宪会议的两名代表——雅茨和兰欣与得到参议院众多联邦党人的支持和以倡导更强大的中央权力而著称的亚历山大·汉密尔顿一起参加制宪会议。随着《宪法》的公布，反联邦党人提出了一系列批评意见。奥尔巴尼市反联邦党人委员会传阅了各类短论文和梅西·奥蒂斯·沃伦（亦称为詹姆斯·沃伦夫人，本书简称为沃伦夫人）以"哥伦比亚爱国者"的身份撰写的论文。纽约港海关检查员约翰·兰姆将军领导的自称为联邦共和党人的反联邦党人组织试图制定在全国范围内协调反联邦党人的行动计划,并希望尽可能地为后来的历史学家们提供关于批准宪法会议辩论的宝贵材料,但未能获得成功。

在批准宪法会议的辩论期间,克林顿的战略仍然是模糊不清。在克林顿邦长的主导下,纽约邦立法机构发出呼吁,决定在 1788 年 6 月 17 日举行批准宪法会议,邦批准宪法会议的代表由全体成年公民选举产生,其目标直指拒绝接受 1787 年制宪会议越权制定的宪法。反联邦党人获得了压倒性的胜利,选出 46 名代表,而联邦党人只选出 19 名代表。如果克林顿邦长在较早一些时间召集批准宪法会议,那么纽约邦很可能拒绝批准宪法,且不可避免地影响到其他邦。然而克林顿邦长似乎已不能确定:是否真的应当反对拟议的宪法,从而把他领导下的政党排斥于批准宪法会议之外。由此,他选择了推迟批准宪法会议。到 1788 年 6 月中旬,在纽约邦批准宪法会议的辩论过程中,新罕布什尔邦和弗吉尼亚邦批准了《宪法》,达到九个邦批准宪法的法定数目。有传言称,如果纽约邦拒绝批准《宪法》,南部诸邦可能发生分裂。许多克林顿的支持者,包括批准宪法会议辩论中占主导地位的反联邦党人梅兰克顿·史密斯都急于找到一致协商的理由。基于针对《宪法》提出的各种修改意见,最终以 30 比 25 票的微弱优势通过了《宪法》和有关《宪法》的解释性条款及推荐修正案。在批准宪法会议期间,克林顿邦长还向其他各邦邦长发出通函,敦促召开第二次制宪会议,重新制定宪法修正案。

与研究主题有关的文本:1787 年 11 月 8 日,"自由之子"的《反对意见》发表于《纽约报》;1787 年 11 月 8 日,"布鲁图斯"的短论文发表于《纽约报》;1787 年 11 月 19 日,《观察者对普布利乌斯①的回复》发表于《纽约报》;1787 年 11 月至 12 月,"辛辛那提斯"的七篇短论文《致詹姆斯·威尔逊先生》发表于《纽约报》;1787 年 11 月至 1788 年 2 月,《来自达奇斯县乡村人的信》六篇发表于《纽约报》;1787 年 12 月至 1788 年 1 月,《来自乡村人的信》五篇发表于《纽约报》;1788 年 2 月至 3 月,锡德尼的四篇短论文发表于《奥尔巴尼公报》和波基普西《国家评论》;1788 年 6 月 13 日和 14 日,锡德尼致辞和《致纽约邦公民》发表于《纽约报》;1788 年 4 月 26 日,《奥尔巴尼市反联邦党人委员会致主席范·伦斯勒先生的信》发表于《纽约报》;1788 年 6 月,梅兰克顿·史密斯《在纽约邦批准联邦制宪会议拟议的宪法辩论过程中

---

① "普布利乌斯",是《联邦党人文集》的作者,即汉密尔顿、杰伊和麦迪逊三人的化名。

发表的讲话》五篇；乔治·克林顿《在纽约邦批准宪法会议前的讲话笔录》。

第二部分为结论。1805年，沃伦夫人在波士顿出版了《美国革命的兴起、进步和终结的历史》，其中夹杂着有关人物传记、政治思想和道德观察等内容。虽然该书本身并不属于反联邦党人的作品，但其最后一章是《反联邦党人文集》的适当结论。沃伦夫人对先辈的作品极其精当地评述道："任何同时代的人对反对派提出宪法的反对理由做出的最准确和适中的陈述。"[1]沃伦夫人的写作风格也许并不符合大多数现代读者的品位。她无疑是喋喋不休，要求人们更闲逸地阅读。但是，如果我们像沃伦夫人所说的那样进行跨时代和跨语境解读，读者将会从她对美国早期共和国清晰、公正、具有智慧和令人惊讶的强烈反思中学到更多东西。沃伦夫人阐述了有关宪法的辩论和对宪法的反对意见，记录了有智识的反联邦党人对美国共和政府的现在和未来思考。即使表面上看似与反联邦党人的论点无关的章节，如沃伦夫人对华盛顿的冷静和公正之描述，或者她对美国外交谈判的复杂情形之描述，也比许多反联邦党人的短论文更能揭示反联邦党人的立场。她在第三十章的部分内容和第三十一章的全部内容可以概括如下：

第一，描述美国后革命时期面临的危局和前景。由于外国势力的影响、商业的发展、憧憬复杂而辉煌的政府及对美国革命原则的遗忘，共和主义的美德和朴素传统在美国已招致衰落的危险。首先，她描绘了独立革命后美国的现状和前景："美国似乎除了延续它的联合和既存的美德外，什么都没有。"[2]美国当前所面临的困难包括经济困境、宗教和道德的衰落及对政府强加的经济增长的不满。其次，她描述了谢司起义的起源、过程和终结，强调必须采取措施加强联邦政府的权力。最后，她阐述了制宪会议的秘密主题，如君主制和贵族政体的发展及反联邦党人对拟议的宪法提出的反对意见。她尤其指出，由于反联邦党人对宪法提出了反对意见，继而提出宪法修正案，宪法修正案的通过，在很大程度上消减了人民的恐惧和担心。

第二，评析美国政府的内外政策。首先，在谈到宪法下的新政府时，沃伦夫人对华盛顿的政治品性和特定行为进行了长篇大论的阐述与评论，其间夹杂着批评。其次，她描述了政党的崛起，简朴的共和主义被削弱和金

---

① Massachusetts Historical Society, *Proceeding*, The National Historical Publications and Records Commission, 1932, LXIV, p.157; Herbert J. Storing, *The Complete Anti-Federalists*, The University of Chicago Press, 1981, VI, p.195.

② Herbert J. Storing, *The Complete Anti-Federalists*, The University of Chicago Press, 1981, VI, p.195.

融精神的发展,并对令人讨厌和不明智的《杰伊条约》提出批评:它使人们必须思考美国与欧洲的政治范例,并做出严格的区分。在她看来,美国人追求财富和支持商业精神使美国未来面临的任何阻碍因素都难以克服。最后,沃伦夫人简短地讨论了约翰·亚当斯,尤其是他偏爱于君主政体,并把美国共和政府的总体情景与后革命时期的情况进行对比分析。她坚决否认共和国特有的政治自由调查导致美国公民的普遍怀疑和士气低落。

第三,阐述美国正在出现的宗教、道德和政治的衰微现象。沃伦夫人在第三十一章的最后半部分反思了美国正在走向衰微的理据、原因和可能形成的过程。首先,她认为面对似乎不可避免的贪婪、外国影响和对区别对待的渴望,腐蚀了共和国的朴素风格和美德;其次,她对未来仍然充满信心:如果美国的年轻人得到适当的教育,"他们就不会有太大的危险,就不会长期被国内外敌人的恐吓所威慑";[①]最后,《宪法》建构的政体也许是人类期待的最好政体,但是它也必须防范野心勃勃的人,防范共和政府的敌人,防范舆论的暴政。总之,只要美国人牢牢记住爱国者的信念和革命原则,他们的共和国及其自由就是有保障和安全的。

(2)主要内容

一是反联邦党人理应列入美国奠基者行列。反联邦党人既不完全接受也不完全拒绝宪法的主要原则。联邦党人与反联邦党人之争议源于制宪会议和批准宪法会议之辩论。

二是保守主义或保守派。描述反联邦党人的性格特征、反联邦党人失败的原因及反联邦党人的思想变化情况。

三是小共和国理论。反联邦党人有时坚持联邦主义,有时又是地方主义;坚持邦具有优先性,邦与个人权利的保护之间具有内在联系,保护公民个人的权利是合法政府的目的之所在。反联邦党人坚持的小共和国理论包括:在小共和国里,人民对政府才有一种发自内心的依恋和对法律的自愿服从;在小共和国里,人民与政府之间没有任何差异,政府的责任由此获得保障,这样才能确保政府对人民严格负责;在小共和国里,公民具有同质性,共和国的公民必然是自由的、思想必然是独立的;在小共和国里,公民恪守良心自由,赞成宗教宽容,维护宗教信仰自由;政府通过对宗教提供公共保护,劝服公民追求美德,从而使共和国更加繁盛和稳定。

---

① Herbert J. Storing, *The Complete Anti-Federalists*, The University of Chicago Press, 1981, VI, p.196.

四是建立合众国或联盟。反联邦党人希望建立一个比邦联更有效的联合政府，以防御外患，促进和保护美国贸易以及维护各邦和平。各邦合众之纽带并非系于政治权力，而是系于多元且和谐的经济体系。因此，反联邦党人不希望建立一个强有力的具有集权特性的国家政府，以免侵犯各邦的权力和公民的个体权利。

五是联邦党人对反联邦党人之回应。联邦党人以新联邦主义的语词为拟议的宪法建构的联邦政府辩护。美国不仅需要一个既能有效保护私权和稳定分配正义的政府，又需要一个树立正义，保障国内安宁，建立共同防御，增进全民福利和确保我们自己及子孙后代能安享自由和幸福且更完善的联邦政府。在美国广袤领土范围内建立联邦政府必须注意商业共和的多元性，实行适当的代议制形式，在必要时有能力强迫各组成部分服从。

六是拒斥宪法的贵族倾向。拟议的宪法最主要的危险在于政府所具有的贵族倾向，尤其是参议院。因此，反联邦党人担心，少数人处心积虑地篡夺权力的危险和诡计多端的阴谋设计，可能使政府不可避免地滑向贵族政体，给公民权利保护带来持续性压力。

七是建立复合政府（联邦共和国）。拟议的宪法所建构的政府并非联邦政府，而是国家政府。政府是由君主政体（总统）、民主政体（众议院）和贵族政体（参议院和联邦法院）混合构成。拟议的宪法所建构的联邦政府更多地表现为它的国家性，而更少地表现为它的联邦性。

八是制定《权利法案》。反联邦党人的主要遗产是制定《权利法案》。在反联邦党人的努力下，1791年宪法修正案前十条有三个重要的权利被确定下来：刑事诉讼中的普通法程序保护、良心自由和新闻自由。

总之，反联邦党人与联邦党人在批准宪法期间的主要争论焦点是：解决内忧外患的根本方法就是建立复合制共和国和真正的联邦政府；以宪法修正案方式确立《权利法案》；把孟德斯鸠的分权制衡原则在政府中贯彻实施；确保司法独立原则。

2.《批准宪法之文献史》

自默里尔·詹森编辑前三卷以后，《批准宪法之文献史》一直在一卷一卷地问世，包括《1776—1789年宪法文件和记录》，以及威斯康星州历史学会于1976年和1978年出版的前五个邦的批准宪法会议记录。约翰·卡明斯基于1980年接任项目总监，并与一批极其稳定的编辑合作，其中包括加斯帕雷·J.萨拉迪诺和理查德·利弗勒，他们在其职业生涯的全部或大部分时间都在参与编辑《批准宪法之文献史》的工作。《批准宪法之文献史》与本研究相关的主题包含在前二十三卷之中,其中《宪法评论》(第十三卷至第十八卷)包括公共与私人评论,由在批准宪法期间发表的具有重要性的论文和小册子组成,大致按出现的时间顺序排列。《宪法评论》中还包含了各类表格,显示各邦在批准宪法过程中的争论情况,每一卷书都被重印多次,并注明重印所在地,这对评估其影响至关重要。然而,在前二十卷中,有十七卷侧重收录各邦批准宪法会议的辩论和议事程序。根据各邦批准宪法会议的辩论和议事程序所占用的篇幅大小进行排列:宾夕法尼亚邦收入第二卷;特拉华邦、新泽西邦、佐治亚邦和康涅狄格邦收入第三卷;马萨诸塞邦收入第四卷至第七卷(共四卷);弗吉尼亚邦收入第八卷至第十卷(共三卷);马里兰邦收入第十一卷至第十二卷(共两卷);纽约邦收入第十九卷至第二十三卷(共五卷)。随卷提供的缩微胶片上有各类补充文件。

(1)基本构成

①1776年至1787年宪法文件与记录

第一卷 1776年至1787年宪法文件与记录,包括《独立宣言》的制定主体和内容;《邦联条例》的制定主体、制定过程和批准过程以及各邦议会批准《邦联条例》的过程;有关《邦联条例》修正案、邦联国会的授权及《西部领土条例》的制定;召集制宪会议的过程(1786年1月21日至1787年2月21日);各邦任命制宪会议代表(1786年11月23日至1787年9月15日);联邦制宪会议拟议的宪法及其表决过程(1787年5月29日至9月17日);联邦制宪会议提交邦联国会的报告(1787年9月17日);国会审议《联邦宪法》(1787年9月20日至28日)。

②各邦批准宪法会议

第二卷 1787年9月17日至1788年3月29日,宾夕法尼亚邦批准宪法会议的议事程序包括:议会与公布联邦宪法;批准宪法会议的辩论;有关宪法的三次公共与私人评论、批准宪法会议的代表选举、批准宪法会议的召开;批准宪法会议的辩论与议程、批准宪法会议程序——少数派提出异议;批准宪法会议的结果(包括对宪法批准之回应和少数派提出异议、卡莱尔骚乱及其后果、民众拒绝批准宪法之请愿)。

第三卷 1787年9月28日至1788年2月5日,特拉华邦、新泽西邦、佐治亚邦和康涅狄格邦等批准宪法会议的议事程序包括:联邦宪法在各邦公布;关于对拟议的宪法的评论;大会与制宪会议的代表选举;大会召集各邦批准宪法会议;各邦批准宪法会议的辩论;批准宪法和评论。

第四卷至第七卷 1787年9月5日至1788年8月14日,马萨诸塞邦批准宪法会议的议事程序包括：对拟议的宪法的三次辩论；召开大会选举制宪会议代表；召开邦批准宪法会议；对宪法的公共与私人评论；公布批准宪法之结果（含公布批准宪法的报告）；举行庆祝活动（标志着少数派的胜利）；邦制宪会议致联邦人民的讲话；邦总法院回复约翰·汉考克邦长的演讲；关于宪法的第二次公共和私人评论。

第八卷至第十卷 1787 年 9 月 3 日至 1788 年 11 月，弗吉尼亚邦批准宪法会议的议事程序包括：对拟议的宪法的三次辩论；制宪会议代表的选举；召开邦制宪会议；有关批准宪法的辩论和对邦批准宪法会议的评论；批准宪法之结果。

第十一卷至第十二卷 1787 年 9 月 17 日至 1788 年 10 月 10 日，马里兰邦批准宪法会议的议事程序包括：举行关于宪法的两次辩论；召开大会；批准宪法会议代表的选举；召集批准宪法会议；批准宪法之后果。

第十九卷至第二十三卷 1787 年 7 月 21 日至 1789 年 2 月 23 日，纽约邦批准宪法会议的议事程序包括：举行两次宪法辩论；立法机构召开大会；批准宪法会议代表的选举；召开制宪会议；关于制宪会议的评论；批准宪法之结果；宪法批准后的庆典；有关宪法的公共和私人评论；制宪会议代表之报酬；提议召开第二次制宪会议。

有关对新宪法的评论 845 条，分别收录于第十三卷（1—237 条）、第十四卷（238—351 条）、第十五卷（352—490 条）、第十六卷（491—654 条）、第十七卷（655—737 条）、第十八卷（738—845 条）之中。[①]

③批准《权利法案》

第三十七卷收录有关《权利法案》的起源，包括英国的先例、美洲殖民地的先例、革命时代的先例、1776—1790 年各邦制定的《权利法案》与宪法；制宪会议关于权利的辩论；《邦联条例》下的权利；呼吁召开第二次制宪会议；1787—1790 年，各州批准宪法会议对宪法提出的修正案；联邦国会有关批准宪法修正案的程序和辩论（1789 年 5 月 4 日至 9 月）；各州议会批准国会提出的宪法修正案。[②]

[①]《批准宪法之文献史》第二十四卷至第三十一卷收录罗德岛（第二十四至二十六卷）、南卡罗来纳（第二十七卷）、新罕布什尔（第二十八卷）、佛蒙特（第二十九卷）、北卡罗来纳（第三十至三十一卷）等邦批准宪法会议的辩论和议事程序。由于本书未涉及这些邦批准宪法会议的辩论和议事程序，我们未将其纳入文本选取之中。

[②]《批准宪法之文献史》还包括第一卷至第三十四卷累计索引、第三十五卷累计名称索引和第三十六卷累计索引指数。

总之，《批准宪法之文献史》包含各邦批准宪法会议的辩论的各项主题：关于建立常备军、分权制衡的政府、《权利法案》、选举方式（尤其是国会有权在第一条第四款中搁置州对国会选举的规定，引起了民众的强烈反对）、建立武装力量、总统任职、宗教信仰（尤其是任职资格）、适当的代表性、至上条款及征税权，等等。

（2）主要内容

一是需要建构一个国家权力至上且具有正当性的新联合政府主体。各邦单个独立的主体地位不能适应它们对总体主权的要求，在单一的共和政体中加强整体性权威既合时宜，也容易获得权威。因此，只能建构一个具有至上性的联邦政府，而又不排斥地方政府在服从联邦政府的基础上行使它们的权力。

二是需要改革邦联时期的代议制。制宪会议的大多数代表已经意识到邦联时期各邦干预联盟政府，从而使邦联国会名存实亡的事实，并提出国会议员应当由人民选举产生，而不是由各邦推荐，各邦推荐代表的方式可能摧毁联邦国会合法性权威之根基。典型事例是，弗吉尼亚和马萨诸塞议会在其职权范围内受到重视的程度和产生的影响，并对比分析特拉华和罗德岛在此种情形下邦立法机关对政府运行所产生的影响。

三是需要增加现有的联邦权力，并赋予联邦政府在需要一致行动时积极而有效地行使其权威，尤其是在制定贸易规则包括进出口征税、公民入籍的确定日期和形式等方面。

四是有必要赋予联邦政府行使某些特权，防止各邦政府侵蚀联邦政府的权力。要使联邦政府有效而积极地行使权力就必须赋予联邦政府某些特权，防止各邦政府侵蚀联邦政府的权力，从而使联邦政府的权力行使归于无效。如果不是如此的话，各邦将继续侵蚀国家司法权，从而违背国际协定和国家法律。

五是需要赋予司法部门至上的司法管辖权。如果解释和运用法律的人们与他们所在的利益和特定邦的誓言联结起来，而不是与合众国的利益联结起来，那么联邦政府所制定的法律将可能归于无效。

六是拟议的宪法规定国家至上性必然延伸至行政部门。国家至上特性在行政部门的运用会产生某些困难，除非管理他们的官员能够被最高政府所任命。军事力量必须置于特定形式的权威之下或其他形式的权威之下，运用于提供一般性权利保护和防御。

七是构成政府的广泛权力必须予以更为良好的组织和平衡。立法部门可以分为两个分支,他们中的一个每年由广泛的民众选举产生,或由立法机关选举产生;另一个分支由少数成员组成,并具有较长的任期,实行定期轮换一小部分成员而保留大多数成员的方式。

八是国家行政权力必须予以明确而具体规定,且必须法律化;拟议的宪法条款还应当明确地规定国家政府保证各邦面临国内外危险时的安全与安宁。

九是为了赋予新的政府体制适当的有效性和效能,宪法修正案必须由人民批准而不仅仅局限于立法机关的一般性权威。

十是联邦政府行使的强制性权力必须予以明确界定。随着即将充分运用的商业资源,国家管理总是可以对海上和陆地上的贸易行使权力,但是这种权力的运用对具有集体性意愿的各邦强制发挥作用存在困难和失灵。因而,必须明确予以规定,使联邦政府的权力和特定权威发挥有效的管理功能。

总之,反联邦党人就建立强大的国家政府之必要性、《权利法案》、分权制衡、行政权力、司法部门、众议院与参议院代表之适当选举方式等基本宪法性主题进行了辩论,他们不断地通过发表短论文和演说词及在公共场所或私人场所进行辩论和评论,以辩驳与反驳的方式阐述其提出的反对意见,为美国宪法和歧义政治传统的形成和发展奠定了坚实的基础。

(3)与研究主题有关的文本

批准宪法时期之公共论坛受到美国当时两个主要政党——联邦党人和反联邦党人的控制。作为立宪运动的胜利者——联邦党人集1787年制宪会议辩论之大成和系统化,著述了《联邦党人文集》,成为后世解释宪法和司法适用的标准;作为立宪运动之失败者——反联邦党人通过各种著述反驳联邦党人的论点,终因其无组织和散乱,最终被排除于美国奠基者之列,尽管在一百多年以后一些学者为其正名,但是在那场令人激动而具有重大影响的政治运动中最终并未形成系统化和完整性的宪法和政治理论体系。但是反联邦党人在各邦批准宪法会议的辩论,以及对《宪法》之评论对于美国宪法和歧义政治传统的发展具有极其重要的影响与作用。

与研究主题有关的文本:1787年9月26日,《对拟议的宪法之评论》(第十三卷);1787年10月17日,"加图"(乔治·梅森)《致弗吉尼亚自由人》发表于《弗吉尼亚独立纪实报》(第八卷);1787年11月3日,埃尔布里奇·格里《对签署国家宪法的反对意见》,《马萨诸塞卫报》(第十三卷);1787年11月8日,"自由之子"的短论文发表于《纽约报》(第十三卷);1787年12月

6日，前大陆军军官的短论文(威廉·芬德勒?)(第二卷);1787年12月6日，Z的短论文发表于《独立纪实报》(第十四卷);1787年12月20日，《来自理查德·亨利·李先生致……(埃德蒙·伦道夫)的一封信》副本发表于《宾夕法尼亚邮报》和《每日广告报》(第十四卷);1787年11月1日至12月6日，"辛辛那提斯"(阿瑟·李)《致詹姆斯·威尔逊》第一篇至第六篇发表于《纽约报》(第十三、十四卷);1787年12月13日，"阿尔弗雷德"《致美国真正的爱国者》(第十四卷);1787年9月至1788年1月，"加图"(乔治·克林顿或雅茨?)《致纽约邦公民》第一篇至第七篇发表于《纽约报》(第十三、十四卷);1787年10月至1788年2月，"布鲁图斯"(雅茨?)《致纽约邦公民》第一篇至第十五篇发表于《纽约报》(第十三卷至第十六卷);1787年，《埃德蒙·伦道夫先生有关联邦宪法的一封信》(第十五卷);1788年1月14日，雅茨和兰欣《制宪会议纽约邦代表的报告》发表于《每日广告报》(第十五卷);1788年3月7日，阿瑟·李《弗吉尼亚反联邦主义的报告》(第十六卷);1788年1月至1788年4月，路德·马丁《马丁先生向国会通报的真实信息》和《致马里兰公民》第一篇至第十一篇发表于《马里兰公报》(第十五、十六、十七卷);1788年4月18日，埃尔布里奇·格里《致公众》发表于《先驱美国人报》(第十七卷);1788年4月23日，短论文《农夫发现自由人的谬论》(第十七卷);1788年纽约平民(梅兰克顿·史密斯或约翰·兰姆?)《致纽约邦人民的讲话……》(第十七卷);此外，《批准宪法之文献史》还收录了1787年费城约翰·尼科尔森《对拟议宪法的看法……》(缩微胶片第十四篇)和1788年(纽约)《对拟议宪法的意见……》。

总之，作为收录美国制宪会议和各邦批准宪法会议的各种原始文本之《反联邦党人全集》与《批准宪法之文献史》有其共同之处:第一，它们收录了《独立宣言》《邦联条例》《美国宪法》，以及宪法修正案等一系列规范性文件;第二，文献的卷目都是以邦为单位进行分组;第三，它们收录的内容有诸多重复之处。《反联邦党人全集》和《批准宪法之文献史》也有不同之处:第一，《反联邦党人全集》的条目按作者分组，《批准宪法之文献史》的条目按时间顺序分组;第二，《批准宪法之文献史》比《反联邦党人全集》收录的文本更为详细和完整;第三，《批准宪法之文献史》比《反联邦党人全集》收录的文本数量要多得多:《批准宪法之文献史》收录文本的数量几乎超过《反联邦党人全集》收录文本的一倍以上。

(二)语境式证据资料

语境式证据资料是指美国后立宪时期的宪法学者、政治学者或历史学家对美国立宪时期有关宪法争论的特定主题的某一问题在美国奠基时期并未寻求到答案时做出的具有一定依据的评论。当需要界定立宪时期的特定概念和理论意涵时,他们必须重新构建一系列默认的假设前提或利益冲突,并把这些假设前提或利益冲突作为推测美国立宪者在制定宪法和批准宪法的过程中可能需要解决的特定政治问题之前设条件和理论基础。在我们所搜集的成千上万的语境式证据资料中,我们依照研究主题的需要筛选出了特定关键性文献。

1.关于宪法基本理论

通过仔细阅读和审慎筛查,我们首先选择有关阐述宪法基本理论的著作。一是,详细阐述美国自然法观点,尤其是美国早期自然法观点,并对美国自然法理论的司法适用进行缜密分析:保罗·艾德伯格的《宪法哲学》。①二是,详细阐述美国政府制度选择的基本文献——《联邦宪法》是一份真实世界的文件,而非乌托邦式的蓝图,并简要分析1787年美国宪法的制定过程及其宪法批准和修改过程,进而详尽阐述美国联邦政府的立法机关、行政机关和司法机关的权力和功能以及宪法前十条修正案——《权利法案》的基本内容:约翰·R.维尔的《美国宪法》。②三是,详细阐述有关美国联邦制宪会议成员和各邦批准宪法会议代表的经济实力和经济地位最为详尽和最具有启发性的研究:福雷斯特·麦克唐纳的《我们人民:宪法的经济起源》。③

2.关于联邦政府与宪法

当下,有关建构美国联邦政府的著述和文献汗牛充栋。我们精选了下列相关著作。一是有关1787年美国联邦制宪会议争论之精准的、可读的和完整的记录是麦迪逊所编辑的《1787年美国制宪会议记录》,它被收集于C.C.坦塞尔汇编的《美利坚合众国成立的说明性文件》之中,并作为该文献的重要组成部分。④二是阐述有关1787年制宪会议最为完美的、成文的传奇故事,并详细论述1787年美国制宪会议被后世人视为奠基者们努力

---

① Paul Eidelberg, *The Philosophy of the Constitution*, Simon and Schuster, 1968.

② John R. Vile, *The United States Constitution: One Document, Many Choices*, Palgrave Macmillan, 2015.

③ Forrest McDonald, *We the People: The Economic Origins of the Constitution*, The University of Chicago Press, 1958.

④ C. C. Tansill, *Documents Illustrative of the Formation of the Union of the American State*, GPO, 1927.

试图建立联邦制度的一种典型范式：卡尔·范·多伦的《伟大的演练》。①三是解释有关制宪会议和它的成员们令人感兴趣的、博学的知识和智慧，并详细论述制宪会议成员是如何在相互妥协的协商对话过程中为美国制定一部建构统一的联邦政府基本文献——《美国宪法》：克林顿·罗西特的《1787年：伟大的制宪会议》。②

3.关于人物传记与宪法思想

与主题有关的杰出人物较多，我们只选择在美国制定宪法和批准宪法时期起重要作用的少数奠基者的人物传记和被收集的短论文文本进行概要式的评述。一是收集和评述美国制宪会议和各邦批准宪法会议有关麦迪逊、汉密尔顿和其他奠基者雅致而精辟的论述的各类论文：道格拉斯·阿达尔的《名人与开国元勋》。③二是简述汉密尔顿生平及其主要宪法和政治思想的文本。第一，评述有关以汉密尔顿为首强烈坚持国家主义的联邦党人之详尽的、具有学术意义的且令人赞同的传记：布罗德斯·米切尔的《亚历山大·汉密尔顿》；④第二，详尽阐释有关汉密尔顿通过拟议的宪法建构"具有活力的政府方式"：克林顿·罗西特的《亚历山大·汉密尔顿与宪法》；⑤第三，有关汉密尔顿宪法和政治思想的完整记录，尤其被使用于阐述1788年汉密尔顿在纽约邦批准宪法会议上阐明的宪法和政治思想：哈诺德·C.西莱特等人的《亚历山大·汉密尔顿文集》。⑥三是描述有关美国"宪法之父"麦迪逊较为完整的传记和有关他在1787年和1788年期间的书信、著述和演讲文本之集大成：拉尔夫·凯查姆的《詹姆斯·麦迪逊》和W.T.哈钦森、罗伯特·拉特兰等人的《詹姆斯·麦迪逊文集》。⑦四是在对詹姆斯·威尔逊的著述进行精心研究的基础上更为透彻地阐释威尔逊的主要宪法和政治思想：杰弗里·塞德的《詹姆斯·威尔逊》。⑧五是专门论述1787年是反联邦

---

① Carl Van Doren, *The Great Rehearsal*, Columbia University Press, 1948.

② Clinton Rossiter, *1787: The Grand Convention*, Columbia University Press, 1966.

③ Douglass Adair, *Fame and the Founding Father*, Columbia University Press, 1974.

④ Broadus Mitchell, *Alexander Hamilton*, II, Columbia University Press, 1962.

⑤ Clinton Rossiter, *Alexander Hamilton and the Constitution*, Columbia University Press, 1964.

⑥ Harold C. Syrett et al., *The Papers of Alexander Hamilton*, XXIV, Columbia University Press, 1961.

⑦ Ralph Ketcham, *James Madison, A Biography*, Cornell University Press, 1971; William T. Hutchinson et al. eds., *The Papers of James Madison*, XV, University Press of Virginia, 1962.

⑧ Geoffrey Seed, *James Wilson*, Cornell University Press, 1978.

党人,而1788年成为联邦党人的那些人最为透彻的、深思熟虑的传记:约翰·里尔登的《埃德蒙·伦道夫传记》。①六是有关反联邦党人最重要的演讲家最为详尽的传记:罗伯特·米德的《帕特里克·亨利:革命的实践者》。②七是研究反联邦党人的宪法和政治思想最为重要的文本之一,也是最完整和最适合引用的作品集:罗伯特·拉特兰的《乔治·梅森文集》。③

4.关于联邦党人的宪法和政治思想

美国立宪时期联邦党人是制定1787年宪法的推动者,也是宪法的赞成者和支持者,他们的宪法和政治思想对美国政治生活产生了极其重要的影响。我们选择论述有关联邦党人的宪法和政治思想的基本文本包括:一是对于专家和学者而言,阐述联邦党人的宪法和政治思想最为精准的研究性文本以及运用于对比研究的关键性文献:雅各布·E.库克的《联邦党人文集》。④二是有关考察联邦党人的宪法和政治思想的另类分析和最新研究:阿尔伯特·富特旺勒的《普布利乌斯之权威:联邦党人文集》。⑤三是阐明"普布利乌斯"无论是以洛克式的自然权利的辩护者身份,还是以亚里士多德式的通过良好政府保护公共利益的促进者身份的一种较为彻底,有时甚至是精心构造的分析论点:大卫·爱普斯坦的《联邦党人的政治理论》。⑥四是着重强调研究休谟式和其他阿可提西式的思想家们如何阐述联邦党人的宪法和政治思想更为深思熟虑的分析:加里·威尔斯的《解释美国:联邦党人文集》。⑦五是把《独立宣言》以来的思想与美国立宪时期的宪法思想结合起来研究有关联邦主义概念的最佳阐释且具有开创性文本:马丁·戴蒙德的《民主与联邦党人:对制宪者意涵的再思考》和《联邦党人的联邦主义观》。⑧

---

① John Reardon, *Edmund Randolph: A Biography*, Vintage Books, 1975.

② Robert D. Meade, *Patrick Henry, Practical Revolutionary*, University of Pennsylvania, 1969.

③ Robert Rutland, *The Papers of George Mason*, III, University of North Carolina Press, 1970.

④ Jacob E. Cooke, *The Federalist*, Mcgraw-Hill College, 1964.

⑤ Albert Furtwangler, *The Authority of Publius: A Reading of the Federalist Papers*, Cornell University Press, 1984.

⑥ David Epstein, *The Political Theory of the Federalist*, University of Chicago Press, 1984.

⑦ Garry Wills, *Explaining America: the Federalist*, Penguin (Non-Classics), 1981.

⑧ Martin Diamond, "Democracy and the Federalist: a Reconsideration of the Framers' Intent," *American Political Science Review*, XXXXXIII, 1959, pp.52-68; Martin Diamond, *The Federalist's View of Federalism, in Essays in Federalism*, Claremont, 1951.

5.关于反联邦党人的宪法和政治思想

美国奠基时期,尽管反联邦党人作为宪法的反对者在美国历史上最伟大的政治斗争之一中成为失败者,然而美国政治的实质和精髓是由反联邦党人所塑造的。我们选择的相关文本包括:一是现在主要被赫伯特·J.斯托林的《反联邦党人全集》所取代,并作为研究反联邦党人的宪法和政治思想的补充资料:鲍尔·L.福德的《美国宪法小册子》。[1]二是有关批准宪法会议所有争论主题中一种最为精准的、最可信的描述和诠释:罗伯特·拉特兰的《宪法的奥秘:反联邦党人与1787—1788年批准宪法的斗争》。[2]三是着重阐述有关美国各邦批准宪法会议中反联邦党人的组织,以及批准宪法过程中有关反联邦党人的宪法和政治思想最令人信服的学术性研究文本:史蒂文·博伊德的《反对派的政治:反联邦党人与批准宪法》。[3]四是解读有关反联邦党人从政治上反对新宪法的反对意见的最佳学术阐释:杰克逊·特纳·梅恩的《宪法的批评者:反联邦党人,1781—1788》。[4]五是有关反联邦党人较为重要的、较为完整的和具有批判性的传记:乔治·比利亚斯和埃尔布里奇·格里的《开国元勋与共和党政治家》。[5]

6.关于美国革命与宪法思想

美国宪法在一定意义上是美国革命的产物。从《独立宣言》《邦联条例》到1787年《联邦宪法》,美国都经历了一场重大革命运动。我们主要参阅的文本包括:一是阐述各邦制宪者对美国革命时期的宪法和政治思想之分析,尤其是阐述美国歧义政治传统之缘起所做出的杰出贡献:维利·P.亚当斯的《美国第一部宪法:共和主义意识形态与革命时期各邦宪法的制定》。[6]二是诠释在联邦宪法特性下各邦之间的关系及其相互影响:彼得·

---

[1] Paul L. Ford, *Pamphlets on the Constitution of the United States*, Scribner Book Company, 1888.

[2] Robert Rutland, *The Ordeal of the Constitution: The Anti-Federalists and the Ratification Struggle of 1787–1788*, Cornell University Press, 1966.

[3] Steven Boyd, *The Politics of Opposition: Anti-Federalists and the Acceptance of the Constitution*, Millwood, 1979.

[4] Jackson Turner Main, *The Anti-Federalists, Critics of the Constitution, 1781–1788*, University of North Carolina Press, 1961.

[5] George Billias, Elbridge Gerry, *Founding Father and Republican Statesman*, Cornell University Press, 1967.

[6] Willi P. Adams, *The First American Constitutions: Republican Ideology and the Making of the State Constitutions in the Revolutionary Era*, University of North Carolina Press, 1980.

奥努夫的《联邦共和国的起源:美国的司法争议,1775—1787》。[1]三是有关美国革命和奠基时期的宪法和政治思想之转变的详细论述:拉尔夫·凯查姆的《从殖民地到国家政府:美国思想的革命,1750—1820》。[2]四是就缘起于成文宪法的政治思想取得的成就最为详尽的研究,主要阐明美国宪法与独立革命时期的政治思想之间的联系:戈登·伍德的《美利坚合众国的建立,1776—1787》。[3]五是伯纳德·布莱恩的《美国革命的思想渊源》,该书很好地诠释了有关美国革命时期与宪法相关的自然权利理论、各邦政府的构成要素、权力分立与制衡的政府形成、各邦《权利法案》的制定,以及各邦主权理论等基本问题。[4]

二、本书的研究方法

科学研究总是试图解决一定的问题,然而解决问题必须选择适当的方法。人类思想被置于"科学"程度的每一个分支都可能与研究它们所使用的方法的数量成正比。就任何学科或研究领域而言,研究方法并非总是单一的,而是具有选择的多样性,并呈现方法群或方法论体系。就研究方法的类型划分而言,主要取决于划分标准。由此,我们依照作用范围的大小和普适程度的高低把我们的研究方法分为两个不同的层次。

(一)一般研究方法

一般研究方法是指在特殊方法基础上进一步抽象和概括出来的且具有高度普适性的根本方法。在我们的主题研究中运用了下列一般研究方法。

第一,实事求是的方法。实事求是的方法意指"事实"是社会科学的全部内容,"求是"是社会科学运用适当的方法论进行研究必然要达到的结果。社会科学的一项基本任务就是解释为什么真理不被承认,并以这种方式增加它被承认的可能性。由此,社会科学的内容既是解释性的,又是规范性的。它包含下列基本内涵:一是尊重客观规律。作为研究者,我们可

---

[1] Peter Onuf, *The Origins of the Federal Republic: Jurisdictional Controversies in the United States, 1775-1787*, University of Pennsylvania, 1983.

[2] Ralph Ketcham, *From Colony to Country: The Revolution in American Thought, 1750-1820*, Cornell University Press, 1974.

[3] Gordon Wood, *The Creation of the American Republic, 1776-1787*, University of North Carolina Press, 1969.

[4] Bernard Bailyn, *The Ideological Origins of the American Revolution*, Belknap Press, 1967.

以含蓄或清晰地认识到现实蕴藏着规律,我们的贡献在于对现实的准确观察,并根据观察到的行为和事件做出符合事实的解释,从而找到有助于人类与自然和社会互动的运动规律。二是从现实中发现规律。"现实意味着规律性"与"现实意味着理性"之双重假定使我们的研究具有了选择的可能性,因为我们的科学研究方法必须强调创造性的事件、个人角色、进化运动和社会组织制度的重要性。三是思想源自事实。我们阐述每一种思想和观点看似把自身置于有关假定的观念世界之中,但是它仍然是基于真实世界的反映。由此,我们假定具有真实性、有效性和现实性的主题本身就是基于事实的因素,并随着时间推移,使我们研究的思想更具有可信性和有效性。

第二,具体问题具体分析的方法。具体问题具体分析的方法意指我们的研究是从一般到特殊与从特殊到一般的动态选择过程,它体现了思想发展的连续性与变动性,尤其是体现在选择与创新的分类上。因此,我们有关反联邦党人宪法思想的研究不仅包含了拟定一般原则的必要性,而且包含尽可能地选择对各种创新思想持开放的态度,指出它们在不同语境中的内涵,并指导我们如何防止或迅速补救因新思想的产生可能导致的任何结构性知识破坏。我们的研究只有基于下列缘由才具有合理性:一是现实总是随着时间的推移变动不居,或者总会受到事物的运动、变化和发展的影响。由此,我们有关反联邦党人宪法思想的研究必须避免因强调所谓的一般原则可能产生的陷阱:我们与他人之间的对立、压制理解他人并与他人合作的可能性、逃避多样性,以及试图捍卫适当的传统。因为人类知识的主要推动力来自人类思维的合作能力、选择能力和积累发现能力。二是我们有关反联邦党人宪法思想的研究方法不仅限于对美国既存和现有思想的探究(或对某种抽象命题的考察),而且还涉及美国现有社会制度的建设。鉴于社会制度的演变问题与社会制度的建设问题总是交织在一起,由此,我们适用的研究方法必须考虑美国社会制度的各个方面(政治、经济、文化、法律、外交等)之间的相互联系、规范作用与积极意义之间的联系,以及现实与理想之间的联系。三是我们有关反联邦党人宪法思想的研究总是扎根于特定的社会语境。它们在不同程度上体现了取决于社会融合程度的个人的生存方式、行为方式、看待事物的方式,以及社会结构内部的一致性。因此,既存的每一种思想能够延续下来的方法总是众多选择中择优的结果,但它必须符合占统治地位的一般发展条件和相应的功能要求。

第三，透过现象认识本质的方法。透过现象认识本质的方法意指我们在研究有关反联邦党人宪法思想的方法论上采用"抽象理性"标准，即从现实中抽象出假定和原则，然后严格地从这些假定和原则中推导出本质内容。由此，从现实中抽象出来的本质概念又可以拟定为一般原则，从而解决我们完全被忽视的情景和现实状态。它基于下列缘由被我们运用于研究之中：一是我们的研究既涉及制度机制，也涉及非制度机制，由于社会语境的变化，这些机制可能受到它们所辐射的多重变革的影响。因为以把握不稳定的现实为目的的科学研究必须充分意识到社会的每一次变化和发展对各子系统的影响，而这种认识本身只能从统一的基本方法和对有关社会的有机概观中衍生出来。二是任何树木都离不开根。但是只从历史的视角来考察和分析反联邦党人宪法和政治思想发展的根源是错误的，必须结合美国现有社会制度的功能，以及它们面对当前需要和适应进化运动的能力来综合考量。确切地说，重要的是验证根基的生命力，从而验证把历史传统与社会变革相结合的可能性，以减轻社会变革造成的创伤，并激励有利于创造性和避免单调性的多重发展路径和多样化思想并存，以便许可不同的人类思维合作，以促进知识的增长。三是我们研究的现实受制于创新选择，或者现实受制于一种实质的和持久的演进动力。由此，我们知识的局限性迫使我们即使从事被赋予非常复杂的手段和程序的研究活动也必须通过试错来学习。而试错过程总是需要可公度性——对知识的各种贡献进行比较和选择。

（二）特殊研究方法

社会科学的研究方法必须是演绎的，必须在组织合理性原则的基础上从现实假设中演绎出普遍性原理。即使是特殊研究方法，它仍然是在特定的具体方法基础上概括和总结出来的普适性程度较高的方法。由此，我们的研究主要采用下列特殊研究方法。

一是文本追踪研究法。文本追踪研究法是在研究过程中选择追踪反联邦党人所遗留的原始文本之各种路径，从而选择研究和分析进路。尽管对反联邦党人宪法思想之学术研究主要依赖于当时美国公共领域范围内所传递的特定且具有政治特性的文本，然而所有的反联邦党人文本也并非都应当纳入研究的同一序列。因此，重现美国早期处于争论中的最初文本就具有历史和著书目录的重要性。这些最初文本之重现一般又依赖于当时最具有思想性且写作水平较高的作者所著述之文本，而不是最具有代表性的作者之声音。由此，使用文本追踪研究法，通过对反联邦党人原始文本和传来文本进行路径跟踪分析,使反联邦党人宪法思想研究回溯历史本真。

二是文献研究法。我们的研究涉及大量的美国历史事件和众多杰出人物的论点,必须努力寻求最具有权威性和得到学界普遍公认的原始资料和传来资源作为依据,以帮助我们分析和验证其基本观点。因此,我们首选的核心资料是:赫伯特·J.斯托林《反联邦党人全集》(七卷本),并由研究者历时六年(2016—2021年)全文翻译;默里尔·詹森主编的《批准宪法之文献史》(二十三卷本),并由研究者选择翻译部分重要内容。其次,我们选择的主要验证资料是:马克斯·法兰德《联邦制宪会议记录》(四卷本:法兰德编辑前三卷,后一卷为哈特森补卷);乔纳森·埃利奥特《1787年费城制宪会议拟议的联邦宪法在各邦批准宪法会议上的辩论》(五卷本)和约瑟夫·盖尔斯于1834年主编的《国会年鉴》(第一、二卷)。最后,但并非不重要的资料是:琳达·格兰特·德保罗等人于1974年主编的《美利坚合众国第一届联邦国会纪实》,又名《美利坚合众国第一届联邦国会记录,1789年3月4日至1791年3月3日》(六卷本)和默里尔·詹森等人于1976年至1989年主编的《第一次联邦选举的历史,1788—1790》(四卷本)等相关著述和文献,并结合其他学者的理论阐释,通过对比分析归纳出反联邦党人有关宪法和政治的主要论点。

三是案例分析研究法。选取美国1787—1830年重大社会运动(如1787年联邦制宪会议、1787—1788年各邦批准宪法会议、第二次制宪会议、卡莱尔骚乱、威士忌起义等重大政治事件)和联邦最高法院经典判例(奥斯瓦尔德诽谤案、麦卡洛克诉马里兰州案、蔡斯弹劾案等典型案例),并查阅有关学者对这些社会运动和经典案例的详细评述,综合和概括反联邦党人与此相关的宪法和政治思想要点。

四是"历史与现实视点相链接"研究法。在纷乱的社会现象世界,只有历史具有真实性。历史总是显性事实之本像。历史分析法要求我们在研究反联邦党人的宪法和政治思想时必须究其形成和发展之历史语境,尊重和追溯原始文本之历史本真,客观分析1787—1788年反联邦党人批评宪法的各种观点,并从法哲学、宪法哲学、政治社会学和政治经济学等多科学视角阐释美国宪法和歧义政治传统的"依赖路径"。历史总是蕴含着现实之端倪,历史是现实的回溯和积淀。由此,历史研究之目的在于映射和分析现实,只有把历史理论与现实视点对接,才能揭示反联邦党人的宪法思想和美国歧义政治传统发展的本质特征。

三、本书结构和主要内容

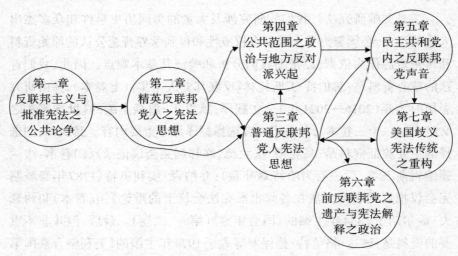

第一,美国宪法与歧义政治传统之缘起。1787—1788年美国批准宪法时期,反联邦党人与联邦党人就许多重大的宪法主题发生了激烈的争论。美国人不仅热情地参与探究宪制政府之意涵,而且从宪法和政治视角推动如何界定美国政治文化的特质。批准宪法的公共特性意味着新闻界和出版界在决定美国宪法的命运上发挥着极其重要的作用。公共论坛是使分散的反联邦党人联系起来的唯一思想主线,它为反联邦党人发表一系列具有共同特性的批评论点提供了基础性平台。其重要观点包括:首先,没有《权利法案》,合众国就没有安全,宪法应当添加一项《权利法案》。其次,拟议宪法在新政府的结构上总体缺陷在于有加强中央政府权力的取向,从而废除合众国的联邦特性,建构一个直接对人民实施治理的单一国家政府。最后,新宪法潜在地毁损了共和主义原则,且促进政府制度向贵族政体的方向发展。

第二,精英反联邦党人遵循古典共和主义原则,希望建立自然贵族政体。自由在精英反联邦党人的宪法思想中占有重要的基础性地位。联邦主义反映了美国政治社会和文化的特性,美国生活的显著特征在于它的地方主义。由此,地方主义和联邦主义是美国政治社会的两大目标。其重要论点包括:一是在共和政府中,品性是公民共和主义的必备条件。二是真正的共和政府强调公正的领导者地位、相互理解的公民身份所形成的公共参与,以及承诺把共同体的利益置于个体利益之上;政府行为必须以立法机关所制定的法律为基础。三是共和政府尤其是理想的共和政府是把自然形成的和提供博大智慧的贵族政体之优势与具有良好秩序的和形成知识的民主政体之优势结合起来,政府既能反映符合人的理性的贵族政体之品性,又能体现民主政体之活力。四是正直的品性和自由仅仅只能生长于小共和国,各邦提供了小共和国生长的典型范例。

第三,普通反联邦党人宣称民主政体或民主共和政体的优越性。因为民主政体或民主共和政体更可能有效地坚持平等主义或共和主义理念,他们希望建立一个体现民主和共和特性的社会政治共同体。其重要观点包括:一是寻求限制行政权力和司法权力,增强立法机关的权力。二是坚持亚里士多德式的中道思想,为经济和政治调和的理想类型辩护。三是自由仅仅只能生长和繁盛于中等财产所有者直接参与各邦行为的整个过程,且只有在此基础上才能界定法律制度的特性。四是各邦立法机构才是公民自由的真正守护者,把广延性的个体权利观与受限制的有限政府权力观结合起来。五是着重强调公共论坛的重要性和作用。

第四,宪法和歧义政治理论的渐进变化。宪法反对派提出了包含以下相互关联的目标:修改宪法、捍卫陪审团审判的特权和宣称立法机关优于司法机关,并把保护共和政体、建立地方自治体和维护各邦权利紧密地结合起来。其重要观点包括:一是曾格式的原则提供了适当的共和主义言论自由保护之先例,从而抵制专制政府的滥权。二是出于保护"公共自由神圣之钯",出版自由必须受制于社会自治体所设定的限制条件。三是在各邦法院审理具体案件不仅能够为公民个体提供必不可少的保护,而且许可人民自己管理自己和出版界,只有各邦才能组织真正代表民意的陪审团。四是有关公共范围的概念就是有关公共利益事件的理性对话场所与市场法则形成更为紧密的联系。五是在全国范围内的整体选举趋向于扩大总体政府的影响,不能适当地关注和协调人民的意志和利益。

第五,宪法反对派向宪法忠实反对派转变。国家政府的权力必须受到限制的宪法理论不仅是一种政府理论,而且也是一种授权理论,政府必须通过普通民众的授权才拥有特殊权力。因此,在宪法中体现反对派提出的政治经济政策多样化方式能够适应美国社会经济制度设计的多样化。其重要观点包括:首先,公共论坛是共和主义理论生长的关键;公共论坛的活力激励人民保持警醒,并培养一种具有渗透力的公民权利意识观。其次,州立法机关为收集民意提供了一条有效路径,且通过理性争论使它得到进一步的完善。再次,美国的联邦制度是解决美国生活中经济和文化多元化的唯一方式,联邦主义和地方主义的理想是相互补足的。最后,书面上的宪法文本、广泛参与的陪审团审判和具有公共论坛特性的出版界有利于培育公民的自由权利意识。

第六，歧义宪法理论之集成。严格建构主义宪法解释方式和批评加强中央政府权力正是歧义宪法和政治哲学的核心内容。相互依赖的自由、联邦主义与具有生机和活力的公共论坛在宪法忠实反对派的思想中持续地成为核心主题。其重要观点包括：一是宪法文本必须以其清晰而精准的语言予以拟定，且在处于争议和怀疑的情形下，文本的语词被解释为限制权力的目的，而不是增加权力的目的。二是多元化的政府与法律优于单一政府和法律，限制联邦政府的各项权力，增加州的各项权力和扩大联邦国会下议院的各项权力。三是联邦主义原则是自美国批准宪法运动以来反对派宪法思想的核心内容，联邦主义制度的结构和体系总是被视为公民个体自由的最终护卫者，且在联邦体系范围内，正是州而不是联邦政府是个体自由的守护者。四是宪法既是各州之间建立联合政府所签订的原始契约，又是创建、界定和限制政府权力的基本文献。五是公共论坛提供使国家联合起来而不需要强大的中央权威的一种有效手段，它可以提升联邦共和主义理念。

第七，歧义宪法理论之新遗产。宪法不可能是人民意愿的产物，能够洞悉人民意愿的唯一方式就是他们在联合体中的身份认同，即作为创立国家原始契约的当事人——各州才是适格的政治代理人。由此，各州是地方利益的真正表达者，且有能力适当地代表美国社会的政治、经济和文化的多样化特性。其重要观点包括：一是强有力的司法机关是对民众自由的威胁，它违背了人民权利的信念，且损毁州的自由权。二是能够维系平衡的唯一制度只能是中央政府权力受限制于宪法所明确授权的范围内的真正联邦主义制度。三是宪法和歧义政治理论的双联原则就是保护州权利和严格建构主义宪法解释方式原则。四是公共论坛即印刷界和州立法机关可以作为政府专制的最终制约因素而发挥作用。

总之，他山之石，可以攻玉。研究美国奠基时代的宪法和歧义政治思想是我们理解和分析现代中美关系的前提和基础。随着现代中国的发展，科技实力和综合国力的增强，具有强大实力的中国在国际社会中的地位和影响将会越来越大，世界上难免会有人对我们产生敌视和恐惧心理。我们的基本立场不变：联合世界上对中国友好的国家和地区，但必须做到心中有数。当下，重塑世界安全格局日益迫近，中美战略竞争是否会导致更为激烈的冲突，或者当前的世界主导者和国际体系管理者以及卓越的潜在竞争对手们是否会采用非暴力的方式管理世界系统的流动性，以实现新的权力平衡？"实事求是"是我们分析当前中美关系及其他国际关系的前提和基础。

目　录

导论　其他奠基者

反联邦党人在政治生活中已成为美国政治传统的奠基者,也是美国宪法的其他奠基者。如果美国政府的结构和体系是联邦党人精心设计的,那么美国政治的精神和实质则是反联邦党人所赋予的。作为美国宪法的忠实反对派——反联邦党人对美国歧义政治传统的发展作出了巨大的贡献,尤其是在阐释宪法的最初意涵方面,一直界定着美国政治生活的基本特性,并持续地影响着美国人的政治生活。我们通过搜集美国各个时期有关反联邦党人的多类型文献资料和世界其他国家有关反联邦党人的多学科研究文献,运用文本追踪法和"历史与现实视点相链接"的研究方法综合阐述了反联邦党人应当列入美国奠基者行列的原因,并概略地阐释了1787—1830年间反联邦党的宪法和政治思想在法学界、政治学界、历史学界及法律与政治实务界的研究现状、研究范围和研究方法。

"人民是最重要的评判者,他们有权评断它的价值和优点。"[1]对强大中央集权的担忧深深地根植于美国的政治历史传统之中。质疑强大中央政府[2]的权力与充分信任州或地方政府的能力在美国立宪时期和后立宪时期的很长一段时间内起到了平衡权力的作用。[3]在美国宪法历史

---

[1] *Boston Gazette and Country Journal*, Nov. 26, 1787, in Bill Bailey ed., *The Essential Anti-Federalist Papers*, Michigan State University Press, 1965, p.3.

[2] "政府"一词有广义和狭义之分,广义的政府,即"大政府"是指行使国家权力的所有部门的总和和统称;狭义的政府仅仅是指行使行政权力的行政机关。我们所指的美国政府是指广义的政府,即包括美国的立法机关(参议院和众议院)、行政机关(总统)、司法机关(联邦法院),统称为美国政府。

[3] 这种平衡作用主要体现在使有效的政治权力和公民的政治义务与政府的责任和对公民基本自由的尊重和保护相平衡,这是美国歧义政治传统的理想。参见青维富:《美国政治生成机制之法理评析》,上海:上海三联书店,2020年,第1页;[美]阿兰·S.罗森鲍姆:《宪政的哲学之维》,郑戈、刘茂林译,上海:上海三联书店,2001年,第41页。

上,具有极大讽刺意味的是,尽管美国宪法是由建立强有力的中央政府的支持者——联邦党人制定的,且他们的反对者——反联邦党人在美国历史上最伟大的政治斗争之一中成了失败者,然而宪法的通过和批准并未完全消除反联邦党人的思想:在美国政治生活中,继承反联邦党人宪法思想的地方主义一直保持着强大的影响力。如果我们认为美国政府的结构和体系是由联邦党人精心设计的,那么美国政治的精神和实质则是由反联邦党人所赋予的。①实际上,在作为奠基者的联邦党人与发出歧义声音的反联邦党人之间的伟大政治斗争中,美国宪法和政治传统的其他奠基者(在此指反联邦党人)一直持续地界定着美国政治生活的基本特性。

第一节 反联邦党人宪法思想的现代影响

在美国1787年宪法提交给人民批准之前,反联邦党人作为一个政治派别尚未正式出现。然而反联邦党人有关构建新生共和国的政治与宪法争论的文稿和言辞在美国联邦共和国的广袤范围内已经广为传播,且反联邦党人为美国后立宪时期的几代人在宪法体系范围内提出反对意见提供了合法的范围和界限。杰斐逊主义和杰克逊主义的宪法和政治理论在很

---

① 在赫伯特·J. 斯托林《反联邦党人全集》的积极推动下,反联邦党人被列入了美国政治传统的奠基者或其他奠基者,参见 Herbert J. Storing, *Complete Anti-Federalist*, The University of Chicago Press, 1981, p.3. 另一些人试图为反联邦党人的思想恢复名誉,参见 Michael Lienesch, "In Defence of the Anti-Federalists," *History of Political Thought*, Ⅳ, 1983, pp.65 - 87; Paul Finkelman, "Anti-Federalists: The Loyal Opposition and the American Constitution," *Cornell Law Review*, LXX, 1984, pp.182-207. 有关反联邦党人的思想在现代学术领域恢复研究的讨论,参见 Saul A. Cornell, "The Changing Historical Fortunes of the Anti-Federalists," *Northwestern University Law Review*, LXXXIV, 1989, pp.39-74。

大程度上就应当归功于反联邦党人的宪法和政治思想。①

一、反联邦党人在美国政治生活中的地位和作用

曾经,美国学术界流行着这样一种观点:宪法的反对者——反联邦党人是一群"缺乏自信的"、缺乏想象力和智识的,且心胸狭窄的政治家,因而未能抗衡其政治对手——联邦党人。值得注意的是,这种观点已经被另一种具有积极意义的评价所取代:作为美国宪法和政治传统的反对派——反联邦党人对美国宪法和歧义政治传统的发展作出了巨大的贡献。"美国歧义宪法和政治传统"表达了三种基本意涵:一是异质党派之分歧,主要是对拟议的宪法的分歧和政治制度设计的分歧。这种分歧在1787—1788年制宪会议和批准宪法会议上体现为宪法的反对者同支持者之间的分歧,其最终结果形成了美国政治及政府的外在形式和体系结构是由支持宪法的联邦党人所建构的,而美国政治的灵魂或政治生活内存的实质精神是反对宪法的反联邦党人所形塑的。二是同质党派内部之分歧,主要表现为特定的观点和思想分歧。联邦党人内部有反对拟议的宪法所规定的特定内容,甚至与反联邦党人的某些反对意见保持一致;反联邦党人内部也有支持联邦党人的特定观点,甚至与大多数联邦党人的观点保持一致。三是党派人士

---

① 历史学家把美国反联邦主义与杰斐逊主义划分为两种相互关联的思想,有关的学术范例也把它们的联系简单地加以论述,参见 Noble E. Cunningham, Jr., *The Jeffersonian Republicans: The Formation of Party Organization, 1789-1801*, North Carolina University Press, 1957, p.138; Joseph Charles, *The Origins of the American Party System: Three Essays*, Oxford University Press, 1961, p.189; William Nisbet Chambers, *Political Parties in a New Nation: The American Experience, 1776 - 1809*, Oxford University Press, 1963, pp.210-220; Mary P. Ryan, "Party Formation in the United States Congress, 1789 to 1796: A Quantitative Analysis," *WMQ*, 3rd Ser., XXVIII, 1971, pp.523-542; Stanley ElKins and Eric McKitrick, *The Age of Federalism*, Oxford University Press, 1995, p.178。有关学者重点强调反联邦主义与杰斐逊主义之间的连续性,参见 John Zvesper, *Political Philosophy and Rhetoric: a Study of the Origins of American Party Politics*, Cambridge University Press, 1977, p.189; Lance Banning, *The Jeffersonian Persuasion: Evolution of a Party Ideology*, Cornell University Press, 1978, p.253; Richard E. Ellis, "The Persistence of Anti-Federalism after 1789," in Richard Beeman, Stephen Botein, and Edward C. Carter II, eds., *Beyond Confederation: Origins of the Constitution and American National Identity*, The University of North Carolina Press, 1987, pp.295-314; James Roger Sharp, *American Politics in the Early Republic: The New Nation in Crisis*, Yale University Press, 1993, p.162。关于反联邦主义与杰克逊主义的关联性,参见 Richard E. Ellis, *The Union at Risk: Jacksonian Democracy, States' Rights, and the Nullification Crisis*, Vintage Books, 1987, p.317。

与非党派人士之间的分歧,主要体现在既有社会政治生活与即将变革的政治生活之间的分歧。美国人的政治生活既包含其英格兰传统的某些因素,又涵盖了某些特有的变革性因素,持保守立场的社会政治人物享受着既有政治历史传统和政治生活所带来的利益和便利,对于变革社会中的政治生活难以接受;持激进立场的社会政治人物希望社会变革更加猛烈和激进,对既有传统政治生活产生了排斥和疏离。由此,美国宪法与歧义政治传统遵循两条主要因果线:第一条主要因果线是从意见分歧→激情分歧→派系分歧;第二条因果线是从程度或性质的差异→派系利益的差异→"论点"或"观点"的差异。由此,美国不同领域和学科的研究者,如历史学家、政治理论家和法律学者已把反联邦党人视为美国宪法遗产中最具有重要性和可替代性选择的代言人,且许多学者由此得出结论,反联邦党人可能比以中央集权诠释美国宪法和政府基本特性而获得胜利的联邦党人更具有预见性。[1]

以研究反联邦党人的思想为旨趣的美国现代学者自赫伯特·J.斯托林的《反联邦党人全集》出版以来就已经推翻了人们最初对反联邦党人的评价和看法。一方面,现代政治左派的著述者们赞许其追随者传承了反联邦党人的宪法和政治理念;另一方面,现代政治右派的著述者们称许反联邦党人强烈反对中央集权和建立强有力的国家政府,尤其质疑建立强有力的联邦司法部门。当美国社群主义者提倡公民参与和具有社团精神的自由

---

[1] Cecelia M. Kenyon, "Men of Little Faith: The Anti-Federalists on the Nature of Representative Government," *WMQ*, 3rd Ser., XII, 1955, pp.3–43.有关反联邦党人曾经预测美国联邦制度向中央集权制度进一步演进之倾向,参见 Harry N. Scheiber, "Federalism and the Constitution: The Original Understanding," in Lawrence M. Friedman and Harry N. Scheiber, eds., *American Law and Constitutional Order: Historical Perspectives*, Harvard University Press, 1978, pp.85–98;有关人们认为反联邦党人的看法是正确的,参见 Akhil Reed Amar, "Anti-Federalists, 'The Federalist' Papers, and the Big Argument," *Harvard Journal of Law and Public Policy*, XVI, 1993, pp.111–118; Charles J. Cooper, "Independent of Heaven Itself: Different Federalist and Anti-Federalist Perspectives on the Centralizing Tendency of the Federal Judiciary," *Harvard Journal of Law and Public Policy*, XVI, 1993, pp.119–128。

理性思想时,他们赞扬反联邦党人所提出的保护公民权利的观点。①因此,美国学者对研究反联邦党人的宪法和政治思想产生了极大的兴趣,它们主要强调有关1787年宪法的各种争论,即按照宪法制定者和宪法批准者的最初意涵从现代法理视角解释美国宪法。曾经主要局限于研究《联邦党人文集》②的法官和律师现在经常援引反联邦党人的观点作为理论依据,尤其是在他们解释有关《权利法案》的最初意涵时。当美国现代法律学者试图寻求反联邦党人有关1787年宪法的各种争论主题和《权利法案》几乎所有辩论主题的最初意涵的线索时,他们总是翻查反联邦党人的文稿。甚至在美国对激进主义法哲学持反对意见的法官和学者也承认,美国奠基时期最初立宪争论的双方在一定程度上都对阐释美国宪法的最初意涵做出了重要贡献。③

二、反联邦党人的宪法和政治思想之社会影响力

在美国,研究反联邦党人政治思想遗产的旨趣并非仅仅因声誉极隆的法律思想文本和最高法院法官的地位,而且源于流溢的民众政治文化。在

---

① 有关反联邦主义思想之民主遗产,参见 Kenneth M. Dolbeare and John F. Manley eds., *The Case against the Constitution: From the Anti-Federalists to the Present*, Free Press, 1987, p.375; Jennifer Nedelsky, "Confining Democratic Politics: Anti-Federalists, Federalists, and the Constitution," *Harvard Law Review*, XCVI, 1982, pp.340-360。证明过度中央集权的现代批评是援引于反联邦党人的思想遗产,参见 Gary L. McDowell, "Were the Anti-Federalists Right? Judicial Activism and Problem of Consolidated Government," *Publius*, XII, No.3, Summer 1982, pp.99-108。大法官威廉·奎伦斯特的法理学被解释为具有实质性的反联邦主义或杰斐逊主义,参见 Jeff Powell, "The Complete Jeffersonian: Justice Rehnquist and Federalism," *Yale Law Journal*, XCL, 1982, pp.1317-1370。

② 有关《联邦党人文集》的哲学解读(包括从道德哲学、历史哲学和心理哲学的解读),作者已完成《普布利乌斯之论辩:〈联邦党人文集〉之哲学分析》,运用法学、政治学、伦理学、心理学、社会学等学科对《联邦党人文集》进行了详细解读。

③ Jack N. Rakove ed., *Interpreting the Constitution: The Debate over Original Intent*, Northeastern University Press, 1990, pp.157-163. 有关隐私权,参见 David A. J. Richards, "Constitutional Legitimacy and Constitutional Privacy," *New York University Law Review*, LXI, 1986, pp.800-862;有关社群主义,参见 H. N. Hirsch, "The Threnody of Liberalism: Constitutional Liberty and the Renewal of Community," *Political Theory*, XIV, 1986, pp.423-449; Cass R. Sunstein, "The Enduring Legacy of Republicanism," in Stephen L. Elkin and Karol Edward Soltan, eds., *A New Constitutionalism: Designing Political Institutions for a Good Society*, University of Chicago Press, 1993, pp.174-206.

互联网上经常出现社会民众提及反联邦党人的宪法和政治观点。①在美国，自诩为国民卫队的社会组织总是援引反联邦党人的宪法和政治思想，他们对联邦政府的不信任在更大程度上诠释了美国政治传统中反联邦党人的多疑性格类型。正如当初反联邦党人的外围精英人物所担心的，美国宪法可能使总统成为君主式的政治人物——现代政治本质上所形成的政治狂想。在后里根时期，反联邦党人担忧的类似情形因罗纳德·里根政府压制公开有关外交信息的密谋而逐渐变得更为真实。②最值得我们探究的是，反联邦党人的思想是如何从美国政治话语的边缘转移到美国政治言辞的中心。而在现代美国最为引人注目的是，反联邦党人曾经的著述和言辞被多次再版或收入各类文集。由于反联邦党人的收录文本已经成为现代美国宪法历史和政治思想的准则，既而使反联邦党人的思想成为美国宪法

---

① 美国法律学者更为热情地接受反联邦党人的观点，1982—1995年间在 Lexis 上查询《法律评论》中有关反联邦党人的论述，显示了548条参考目录；而与之相比较的是，有关联邦党人的参考目录则为674条参考目录。See Gary L. McDowell, "Federalism and Civic Virtue: The Anti-Federalists and the Constitution," in Robert A. Goldwin and William A. Schambra, eds., *How Federal is the Constitution?*, The AEI Press, 1987, pp.122-144. 探究一种可替代性的反联邦党人宪法和政治思想的典型范例，参见 Calvin R. Massey, "Anti-Federalism and the Ninth Amendment," *Chicago-Kent Law Review*, LXIV, 1988, pp.987-1000; "The Anti-Federalist Ninth Amendment and Its Implications for State Constitutional Law," *Wisconsin Law Review*, 1990, pp.1229-1266。重新思考反联邦党人有关权利法案的意涵，参见 Akhil Reed Amar, "The Bill of Rights as Constitution," *Yale Law Journal*, C, 1991, pp.1131-1210。探究反联邦党人法哲学之意涵非原创主义之范例，参见 David A. J. Richards, *Foundations of American Constitutionalism*, Vintage Books, 1989, pp.145-150。

② Richard Hofstadter, *The Paranoid Style in American Politics*, W. W. Norton and Company, 1965, pp.317-320. 在后里根时代，出现了一些右翼民粹主义运动，包括自称为民兵组织的群体提及反联邦主义，有关美国历史上的右翼民粹主义运动，参见 Catherine McNicol Stock, *Rural Radicals: Righteous in the American Grain*, Cornell University Press, 1996, pp.214-216. 有关阐述现代军事组织的运动，参见 David C. Williams, "The militia movement and the Second Amendment Revolution: Conjuring with the People," *Cornell Law Review*, LXXXI, 1996, pp.879-952. 在20世纪90年代，美国政府密谋设计之观念包括镇压外籍人成为公共文化的主要论题，这是公共电视节目私密档案中的极佳范例，参见 David Lavery, Angela Hague, and Marla Cartwright eds., *Deny All Knowledge: Reading the X-Files*, Syracuse University Press, 1996, pp.36-38。

和政治传统的新遗产。①

　　尽管现代学者重新点燃了对反联邦党人的思想的研究旨趣,但是盛行的学术范式主要试图解释在美国奠基时期的复杂政治运动中,反联邦党人内部极为不一致的思想和观点是如何被他们的反对派所逐渐消解的。因为代表具有叛逆特性的农业民主新激进主义者所宣称的反联邦党人思想并不能解释社会影响力极大和著述能力较强且附着于商业民主模式的精英反联邦党人所提出的中产阶级观点。坚持农业民主范式的激进主义者的观点既不能用于解释普通反联邦党人的著述为何具有重要性,也不能用于诠释精英反联邦党人极其重要的宪法和政治思想,因为他们既不是民主主义者,也不包含在农业土地所有者的范围之内。②在美国,也许与代表农业民主新激进主义观点相联系的最大反讽在于,它实际上使反联邦党人内部大多数的激进主义呼声变得更为模糊,尤其是社会下层的平民阶级的呼声。

　　在大多数法律学者看来,反联邦党人的思想为后来的法律人继承美国自由和理性主义的法律遗产提供了明证。然而这种观点也受到质疑:反联邦党人被视为州权利的保守主义支持者,且对公民个体自由关注极少。因此,为反联邦党人的思想传播提供明证集中体现在美国公民社会中所建立的自由联盟或民主共和党的思想继承之中。即使如此,这些解释仍然无助于理解反联邦党人是如何使他们所关注的公民个体自由和社会共同体的善与保护人民权利的承诺相互协调一致。③一旦我们把反联邦党人的思想从具体历史语境拉回到现实中来,且在宪法反对者中间把联邦主义和个体权利保护联结起来时,那么他们的思想就可能被人们轻易地忽视了。用现

---

① 在一定程度上,联邦党人和反联邦党人的最初文本对现代学者的研究更为重要,参见 J. R. Pole ed., *The Constitution for and Against: "The Federalist" and Anti-Federalist Papers*, Farrar Straus and Giroux (J), 1987, pp.37–45; Michael Kammen ed., *The Origins of the American Constitution: A Documentary History*, Penguin Books, 1987, pp.121–130。

② 新激进主义的解释方法更为完整地阐述了反联邦党人的反对意见,参见 Jackson Turner Main, *The Anti-Federalists: Critics of the Constitution, 1781–1788*, The University of North Carolina Press, 1961, pp.312–320。

③ 经典的州权论者和坚定的反辉格党历史学家是伦纳德·W. 利维,参见 Leonard W. Levy, *Original Intent and the Framer's Constitution*, Ivan R. Dee Publisher, 1988, pp.235–239。有关辉格党的理想政治观和反辉格党的政治观之间的界限,参见 Saul Cornell, "Moving beyond the Canon of Traditional Constitutional History: Anti-Federalists, the Bill of Rights, and the Promise of Post-Modern Historiography," *Law and History Review*, XII, 1944, pp.1–28。

代性术语来分析,在反联邦党人的宪法和政治理论中,州权利和个体权利并非完全处于对立面,而是具有亲和力地结合了起来。

三、反联邦党人对美国宪法和歧义政治思想发展的作用

一般而言,美国宪法学者和政治理论家把联邦党人与反联邦党人之间的争论选定为奠基时期构建国家政府的对立面。按照他们的论证方式,联邦党人与反联邦党人分别代表了各自独特的且又相互关联的宪法和政治理论。美国现代宪法学者和政治理论家的解释性假定尤其强调它们之间的相互关联及其复杂性。因此,为了寻求反联邦党人的文本与"普布利乌斯"在《联邦党人文集》中所运用的复杂哲学技巧的可比性影响,学者们总是把研究反联邦党人的宪法和政治思想集中于最善于表达、智识能力极强且最具有活力的反联邦党人作者的著述上。[①]我们有证据可以证明,把联邦党人与反联邦党人在立宪时期的争论选为奠基时代的相互对立性对话是有充分依据的。在批准宪法期间,双方参与这场斗争的作者们均利用了自己的有利因素对其对手进行均质化处理和妖魔化,尤其是在批准宪法之后,民主共和主义者故意寻求反联邦党人的反对意见与联邦党人充满自信的政策联结起来作为抑制汉密尔顿主义的越轨行为之手段。因为依据批准宪法时期奠基者们的协商性对话,杰斐逊主义才能使许多反联邦党人曾经担心的主题重新复活,并继续保持其生机和活力。然而一旦人们意识到奠基时代的对话本身仅仅只是一种历史性建构,那么他们就可能转而超出文本的语言技巧和言辞手法之外,重新揭示批准宪法时期的复杂现实,从而全面阐释美国宪法理论中独特且具有歧义性的政治传统演进过程。

然而历史学者们既有不同于政治理论家,也有不同于宪法学者的思维视角,从而使他们对反联邦党人思想的多样化更具有适应性,甚至当他们提到反联邦党人的观点时,历史学家们总是不断地寻求具有权威性

---

① 有关阐述反联邦党人的宪法政治思想之特质是由赫伯特·J. 斯托林《反联邦党人全集》的出版展现出来。美国宪法 200 周年纪念日的到来使学者对此研究的旨趣更为强烈,参见 Peter S. Onuf, "Reflections on the Founding: Constitutional Historicgraphy in Bicentennial Perspective," *WMQ*, 3rd Ser., XLVI, 1989, pp.341-375。美国宪法 200 周年纪念日对有关法律评论的文献具有更为深远的影响,参见 Richard B. Bernstein, "Charting the Bicentennial," *Columbia Law Review*, LXXXVII, 1987, pp.1565-1624。探究反联邦党人思想在哲学上不具有连续性的理论家试图寻求它们在理论上的连贯性,参见 Quentin Skinner, "Meaning and Understanding in the History of Ideas," in James Tully, ed., *Meaning and Context: Quentin Skinner and His Critics*, Princeton University Press, 1988, pp.29-67。

且较为杰出的反联邦党人的宪法思想,并集中寻求反联邦党人作为宪法反对派的真实影响之独特禀性。在大多数事例中,历史学家的推动并不仅仅依赖于建构一种合乎逻辑的政治或宪法理论的需要,而是受建构一种叙事式理论的支配,他们把立宪时期的争论视为美国政治生活演进的分水岭。因此,不同的学者总是把反联邦主义与美国民主主义的兴起、共和主义之衰微和自由主义的出现联系在一起。①当然,美国也有一些学者意识到反联邦党人思想的多样化,他们承认反联邦党人在思想上所存在的差异性是美国革命时代广泛存在的智识和政治信念的显著标识,且反联邦党人思想的多样化对美国革命时期的思想变化也极为有利。尽管他们深刻认识到反联邦党人思想的多样化范例显示了美国划时代意义的变化,然而在一定时期内它也使人们相对一致地形成了对反联邦党人的不良看法。尽管如此,许多学者和法律实务家依然认为,美国式的理念是自古希腊以来的公民共和主义、自由理性主义、新教伦理精神及中古和近代英国普通法传统演变而来的。②

总之,尽管人们对反联邦党人多样化的特定宪法思想感兴趣,但是它并不能够完全诠释美国政治话语的多变性和灵活性,因为就术语的使用方式而言,同样的术语在不同学者之间可能以完全不同的语境和方法加以运

---

① 有关反联邦主义思想的元叙事概念,参见 Robert F. Berkhofer, Jr., *Beyond the Great Story: History as Text and Discourse*, The Belknap Press of Harvard University Press, 1995, pp.73–75。在美国历史早期最为重要的元叙事描述是姆林在《大变迁时代的争论》中阐释了有关思想的元叙事之特征。元叙事描述把激进主义的历史学家寻求美国民主的根源、新社会历史学寻求资本主义的起源和美国文化中有关自由与共和主义思想之影响的争论结合了起来,参见 Murrin, "Self-interest Conquers Patriotism: Republicans, Liberals, and Indians Reshape the Nation," in Jack P. Greene ed., *The American Revolution: Its Character and Limits*, New York University Press, 1987, pp.224–229。把反联邦党人的观点与美国大变迁时代的争论论点联系起来的尝试,参见 Gordon S. Wood, "Ideology and the Origins of Liberal America," *WMQ*, 3rd Ser., XLIV, 1987, pp.628–640。

② 如何使联邦党人与反联邦党人在意识形态特征化形成最好的范例,参见 Saul Cornell, "The Creation of the American Republic, 1776–1787: A Symposium of Views and Reviews," *WMQ*, 3rd Ser., XLIV, 1987, pp.549–640。按照卡里姆尼克的观点,共和主义、自由、新教伦理、神启和法理学的惯用术语对于反联邦党人的思想研究极为重要。关于另一种把反联邦党人置于民粹主义术语中的研究尝试,参见 Isaac Kramnick, "The Discourse of Politics in 1787: The Constitution and Its Critics on Individualism, Community, and the State," in Herman Belz, Ronald Hoffman, and Peter J. Albert, eds., *To Form a More Perfect Union: The Critical Ideas of the Constitution*, University Press of Virginia, 1992, pp.166–216。

用。在一定程度上,它并不能清晰地表述美国奠基时期的公共争论已形成的相同思想,仅仅是运用同一理想类型的言辞表达方式。因为尽管特定思想对善于用言辞表达观点的作者而言,其意涵是明确而清晰的;然而对处于其对立立场的其他人而言,要界定其对手所使用的术语之意涵和范围则显得相当困难。由此,大多数现代评论者倾向于这样一种观点:反联邦党人之所以在美国立宪争论的伟大运动中失势,其根本原因在于他们在立宪争论中处于弱势。然而少数学者依然认为反联邦党人可能在为自己的观点进行辩护时面临着比联邦党人更加巨大的且难以想象的困难。[①]

第二节 反联邦党人宪法思想之特定研究方式

我们研究美国宪法和歧义政治传统是基于美国立宪时期在公共领域范围内广泛传播的有关美国歧义宪法和政治思想的各种原始文本和传来文本。与传统政治史或宪法史的研究方法相比较,我们主要分析和研究美国立宪时期以来的宪法与歧义政治传统是如何被诸多学者持续地运用美国奠基时期的一系列文本,且从不同视角界定反联邦主义,从而逐渐形成反联邦党人的宪法和政治思想的理论发展过程。

一、特定的研究方法

由于诸多政治学家、历史学家和法律学者坚持运用更为保守的研究方法,他们试图对反联邦主义进行均质化处理和特定化固型,并把它构想成一种相对恒定的思想。与此不同的是,我们试图以动态的方式阐释美国奠基时期特定的宪法和政治主题的动态演进过程,并通过各种不同的语篇型资料和语境式资料阐明美国宪法和歧义政治传统的形成和发展过程,以及

---

① 尽管赫伯特·J. 斯托林主要致力于反联邦党人的宪法和政治思想的研究,并确定了反联邦主义的基础性理论地位,但是他最终得出结论,反联邦党人之所以在美国批准宪法的斗争中失败是因为他们不能调和他们的宪法和政治思想中所存在的多样化矛盾,参见 What the Anti-Federalists Were For, in Herbert J. Storing, The Complete Anti-Federalists, The University of Chicago Press, 1981, I, pp.6, 71. 使政治免于意识形态之失真是尤尔根·哈贝马斯政治批评理论的核心,参见 Russell L. Hanson, The Democratic Imagination in America: Conversation with Our Past, Princeton University Press, 1985, pp.238-245。有关历史学家受戈莱姆斯的著述之影响,参见 T. J. Jackson Lears, "The Concept of Cultural Hegemony: Problems and Possibilities," American Historical Review, XC, 1985, pp.567-593。

它在不同的历史语境下是如何不断地被人们改写和重塑。正如我们在阅读侦探小说时所采用的一种不言而喻的推理方法:勘查与追踪记忆路径的方法。我们也采用与此相类似的研究方法,选择追踪反联邦党人和联邦党人遗留的最初文本之各种来源,并追踪其传播路径,从而选择我们的研究方法和分析脉络。①因此,我们研究反联邦党人的宪法和政治思想的主要方式是,追踪1787—1830年美国公共领域范围内所传播的特定且具有宪法和政治特性的各类文本(包括反联邦党人对宪法提出异议的文本和联邦党人就此做出回应的文本),而曾经这些文本在公共领域范围内传播的主要路径是通过印刷界(包括政治短论文在期刊和报纸上的发表及少量相关书籍的出版)做出区分。只有运用这些文本才不会使我们的研究论题和分析结构偏离主题。尽管我们采用的追踪文本路径方法并不能替代政治史学家和社会史学家的研究方法,但是它至少可以为政治学家、历史学家和法律学者的未来研究提供可资证明的资料或附录。究其原因在于,如果我们要清晰地阐释反联邦党人的宪法和政治理论,就必须探寻有关美国宪法和歧义政治传统的各种政治短论文和著作在当时的公共领域范围内的出版和传递路径及其方式,并详细阐述塑造美国宪法文化过程的政治因素和经济因素及其对反联邦党人的宪法和政治思想所产生的实质性影响。②

---

① 法国学术界研究反联邦党人的政治思想采用历史研究方法,参见 Roger Chartier, "Intellectual History or Sociocultural History?The French Trajectories," in Dominick La Capra and Steven L. Kaplan eds., *Modern European Intellectual History: Reappraisals and New Perspectives*, Cornell University Press, 1982, pp.13–46; Chartier, "Texts, Printing, Readings," in Lynn Hunt ed., *The New Cultural History*, University of California Press, 1989, pp.154–175; Robert Darnton, "History of Reading," in Peter Burke ed., *New Perspectives on Historical Writing*, Pennysylvania State Universitiy Press, 1991, pp.140–167。值得注意的是美国历史学家、史学经济学派的创始人比尔德采用经济分析法,参见查尔斯·A. 比尔德:《美国宪法的经济观》,何希齐译,北京:商务印书馆,2010年,第27—48、63—141、186—219页。有关读者的反应,参见 Wolfang Iser, "The Reading Process: A Phenomenological Approach," *New Literary History*, III, 1972, pp.279-299;有关人类学的解读,参见 Elizabeth Long, "Women, Reading, and Cultural Authority: Some Implications of the Audience Perspective in Cultural Studies," *American Quarterly*, XXXVIII, 1986, pp.591–612。

② 就各邦批准宪法时期的斗争而言,有两种动态研究表明,并非唯一的解释模式可以阐释各邦批准宪法会议的复杂动态变化过程,参见 Patrick T. Conley and John P. Kaminaki eds., *The Constitution and the States: The Role of the Original Thirteen in the Framing and Adoption of the Federal Constitution*, University of Wisconsin Press, 1988, pp.428-430.

二、特定文本的分析路径

在一定意义上,当时美国公共领域范围内所传播的反联邦党人的每一种文本其实就是为界定美国立宪时期争论的超文本之外的各类评论提供了分析基础。1787—1830年期间,许多学者把大量的时间和精力投入了证明他们为宪法文本所做出的特定选择是正确的。一旦这些研究文本被出版,那么在美国各界就会激起各种反应。新的解读和误读都可能依据正在讨论的宪法主题及其重要性成比例地急剧增加。因此,为了准确界定反联邦党人的文本对美国当时公共争论的影响及不同读者在通常情形下运用已知的文本如何探讨各种解释性策略,曾经研究联邦党人的宪法和政治思想的学者们所遵循的研究方法大量地运用于研究反联邦党人的宪法和政治思想中来。①

然而对所有反联邦党人的文本分析和研究并非处于同一序列。如果所有反联邦党人的文本都具有同等重要性的话,那么有关反联邦党人思想的各种不同呼声岂不成为刺耳的杂音。具有讽刺意味的是,万史学者和法律学者对美国宪法最为感兴趣的争论主要集中于反联邦党人最初的原始文本。但原始文本一般都是依赖于美国立宪时期写作水平较高且最具有思想的反联邦党人作者在阐述美国最具有历史意义的时期的政治变化所遗留的著述和文本,而并非具有代表性的反联邦党人作者的呼声。由此,特定反联邦党人的文本传播越广泛,它就越能体现美国立宪时期真实的公共论辩场景。②

三、特定文本表达的主旨

在当时的美国,除普通印刷界作为微弱的联系纽带之外,宪法反对者们

---

① 关于读者的反应与研究互文理论的主题,参见 Saul Cornell, "Early American History in a Postmodern Age," *WMQ*, 3rd Ser., L, 1933, pp.329–342; Saul Cornell, "Splitting the Difference: Textualism, Contextualism, and Post-Modern History," *American Studies*, XXX-VI, 1995, pp.57–80。

② 关于公共范围概念的讨论,参见 Jürgen Habermas, *The Structural Transformation of the Public Sphere: An Inquiry into a Category of Bourgeois Society*, trans., Thomas Burger and Frederick Lawrence, The Belknap Press of Harvard University Press, 1989, pp.58–396。有关美国早期历史中详尽讨论公共范围的特性,参见 John L. Brooke, "Ancient Lodges and Self-Created Societies: Voluntary Association and the Public Sphere in the Early Republic," in Ronald Hoffman and Peter J. Albert eds., *Launching the "Extended Republic": The Federalist Era*, University Press of Virginia, 1996, pp.273–359。

几乎没有形成任何有固定形式的联合组织,仅仅只有少部分的种植业贵族、中产阶级政治家及乡村自耕农因印刷界所提供的脆弱联系而松散地联合起来。尽管印刷界提供了使反联邦党人联合起来的中间接合部,但在美国联邦政府权力体系范围内反联邦党人的思想仍然被忽略了,且这些被忽略了的思想对美国宪法和歧义政治传统的发展而言并非不具有重要性。由于联邦主义的本质特性在美国引起了一系列难以解决的问题,它也是所有的宪法反对者不得不努力去设法解决的难题:在美国联邦体系范围内既能使联邦的所有公民服从国家政府的整体权威,又能有效地维持邦与地方政府的自治特性。解决这一问题的困难之处在于:如果不授予强有力的中央政府极大的强制性整体权威,那么又将如何才能达到此种目标呢?就其实质而言,反联邦党人一致认为需要抵制建立更为强大的中央集权政府。他们针对联邦党人提供的理性主义建构方式作出了回应,包括三个基础性要素:联邦主义①、严格的宪法文本主义和支持在公共领域范围内更具有活力的政治辩论传统。作为与联邦党人对立的反对派,反联邦党人在美国联邦体系范围内继续坚持其信念:邦才是社会政治共同体的基本单位,是容纳政治权威的主体部分。由此,反联邦党人一直坚持,且按照精准的术语理解宪法文本规定的内容,包括对联邦政府的权力边界作出明确界定。如果出于对已通过宪法文本的明确规定的敬畏,且结合宪法解释的独特方式,那么解释宪法文本就几乎只能是字面意义上的意涵。因此,就反联邦党人而言,为了巩固国家联盟,且确保联邦主义与宪法文本主义达到保护公民权利和自由的目的,他们始终捍卫美国政治论坛中扩大了的公共领域范围。

第三节　反联邦党人宪法思想之动态发展过程

　　一般而言,如果我们要厘清1778—1830年美国宪法和歧义政治传统的动态发展过程及反联邦党人的宪法思想演进的基本路径,就必须

---

① 有关联邦主义和美国联邦主义的概念和分类,参见青维富:《美国宪制特色之法理评析:纵横向相结合之分权制衡》,北京:法律出版社,2010年,第47—54页;[美]文森特·奥斯特罗姆:《美国联邦主义》,王建勋译,上海:上海三联书店,2004年,第3—26页;[美]文森特·奥斯特罗姆:《复合共和制的政治理论》,毛寿龙译,上海:上海三联书店,1999年,第103—133页;[美]丹尼尔·J.伊拉扎:《联邦主义探索》,彭利平译,上海:上海三联书店,2004年,第40—93页。

把当时美国社会用以呈现某种共时性的社会结构和形式与用以展示一定时间跨度内的历史发展过程之社会变迁结合起来,并审慎而详细地加以考究。

一、追踪反联邦党人的最初文本

我们的研究必须意识到,美国有关宪法的公共争论与反联邦党人的宪法思想发展及它们之间的相互作用是一个动态过程。事实上,我们分析美国历史语境下反联邦党人的宪法思想必须注意的是,在当时只有极少数量的文本影响着公共论坛的决定,而更多反联邦党人的文本,尤其是有关反联邦党人的现代性解读文本基本上都不是立宪时期联邦党人与反联邦党人辩论主题的文本。同样,我们研究反联邦党人宪法和政治思想的解释性文本也必须从作者形成特定论辩的修辞技巧和特定历史语境加以重新解释和评估。因为反联邦党人论辩的修辞技巧和语言特征不仅提供了有关作者意涵的线索,而且解释了更多有关意欲参与公共辩论的读者的思想。①尽管有些反联邦党人作者的著述本来就是面向特定社会上层阶级、

① 探究反联邦党人思想的系统化尝试是斯托林所编著的《反联邦党人全集》和姆勒所编著的《反对批准宪法之事例:反联邦党人的宪法理论》,参见 Leonard W. Levy and Dennis J. Mahoney eds., *The Framing and Ratification of the Constitution*, Macmillan, 1988, pp.271-291; Robert L. Utley, Jr. ed., "The Anti-Federalists and the Constitution," in *Principles of the Constitutional Order: The Ratification Debates*, Lexington Books, 1989, pp.63-88; "The Debate over Ratification of the Constitution," in Jack P. Greene and J. R. Pole eds., *The Blackwell Encyclopedia of the American Revolution*, Blackwell, 1991, pp.471-486。无论是赫伯特·J. 斯托林还是姆勒都没有对塑造有关反联邦党人的宪法理论在社会各阶层的作用表现出极大的兴趣,参见 Gordon S. Wood, "The Fundamentalists and the Constitution," *New York Review of Books*, Feb. 18, 1988, pp.33-40。有关美国社会各阶层的分类问题是与美国法律批判运动和法律与社会运动学派相关的许多法律历史学家著述的核心,参见 William W. Fischer, "The Development of Modern American Legal Theory and the Judicial Interpretation of the Bill of Rights," in Michael J. Lacy and Knud Haakonssen eds., *A Culture of Rights: The Bill of Rights in Philosophy, Politics, and Law—1791 and 1991*, III, Cambridge University Press, 1991, pp.266-365。关于运用一种自下而上的研究方法研究与美国法律历史相关的概念,参见 William E. Forbath, Hendrik Hartog, and Martha Minow, "Introduction: Legal Histories from Below," *Wisconsin Law Review*, 1985, pp.759-766。提出法律历史学家必须考察非精英人物的法律意识,并集中把法律的意涵作为争论的范围,参见 Hendrik Hartog, "Pigs and Positivism," *Wisconsin Law Review*, 1985, pp.899-935。有关美国宪法的历史研究方法,参见 Hendrik Hartog, "The Constitution of Aspiration and the 'Rights That Belong to Us All'," *JAH*, LXXIV, 1987-1988, pp.1013-1034。

社会中层阶级或社会下层阶级的读者而精心设计和撰写的,然而一旦他们的文本流入公共领域,作者就再也不能控制他们的读者了,即使作者对此做出回应,通常也无法达到最初写作时的预期效果。因此,我们必须准确界定反联邦党人文本在1787—1830年公共争论中所提出的重要术语之主要意涵,它的重要性在于,人们可以从更多的细节思索,并针对不同的反联邦党人作者在其所主张的政治哲学与宪法哲学的理论范围来思考问题。同样,反联邦党人针对1787年宪法提出的一般性批判并非意味着所有反联邦党人都持有相同的宪法和政治观点,因为即使他们运用同样的语言也可能表达不同的政治立场。① 联邦党人有关分散权力的许多观点同样被宪法反对者赞同,因为它为要求维持各自不同政治立场的种植业贵族和中产阶级政客提供了广泛的兼容空间。在坚持联邦主义立场中,以州权为中心的特定群体的观点并不能轻易地被界定清楚,因为它们既代表了反对国家政府的社会下层民粹主义者的观点,又事实上代表了威胁邦政府权力的地方激进主义者的观点。如果我们不能对美国1787—1830年公共争论中社会各阶层所处的地位进行正确判断和分析,那么就不可能理解反联邦党人的宪法和歧义政治思想之特性。

基于对社会上层阶级和中间阶层持不同政治立场的反联邦党人的认知,具有智识的美国人真正意识到社会下层激进的平民主义之本质,继而使立宪时期的中间阶级反联邦党人以更为温和的方式转变政治立场。在

---

① 汤普森的著述对诠释盎格鲁—美利坚民族的阶级意识形态至关重要,参见 E. P. Thompson, "Eighteenth-Century English Society: Class Struggle without Class," *Social History*, III, *Social History*, 1978, 3, No. 2, pp.133-165。有关英国普通法的司法传统对同一时期的美国法律移植的激进影响之讨论,参见 Alfred F. Young, "English Plebeian Culture and Eighteenth-Century American Radicalism," in Margaret Jacob and James Jacob eds., *The Origins of Anglo-American Radicalism*, Allen and Unwin, 1984, pp.185-212。

此,反联邦党人刻意地把当时美国社会划分为三个不同的社会阶层,①且在后来组成联合政府时依据社会各阶层的动态变化,在批准宪法之后逐渐形成了两大对立面。由于反对宪法的对立面(联邦党人)一方不断地增强,反联邦党人的社会上层人物和中间阶级选择在宪法架构下的联邦政府部门任职,且成为美国宪法和歧义政治传统的忠实反对派。

二、追述反联邦党人宪法思想的体系化过程

同样值得注意的是,我们必须分析反联邦党人的宪法和政治思想在民主共和党时期对政府制定紧急状态法所产生的积极影响和消极影响。具有讽刺意味的是,反联邦党人作为美国奠基时期那场伟大的政治运动的参与者和持有反对政治意识形态的失败者却促进了反联邦党人的宪法理论之复兴。尽管杰斐逊和麦迪逊从来都不可能宣称自己是真正的反联邦党人,然而18世纪90年代在美国政治生活中较为重要的歧义声音就是1788年立宪时期的强烈反对者——反联邦党人所发出的。麦迪逊式的宪法综合理论的逐渐形成和完善就是从立宪时期的反对派理论中吸取了有益的经验和重要教训。他的宪法综合理论重塑了最初反联邦党人的宪法和政治思想,并运用它们详细阐述了逐渐取代联邦党人的宪法理论的一系列合

---

① 反联邦党人基于家庭背景、经济基础、社会地位、文化素养、社会行为方式和在政治社会运动中的作用等综合因素考量把当时的美国社会划分为三个基本阶层:社会上层阶级、中产阶级和社会下层阶级。显然这是参照了古希腊亚里士多德的社会分层理论,即古希腊城邦除为数甚众的奴隶之外,自由公民社会一般可分为少数和多数两层:一是"上层少数",主要为"富户"(资产阶级),另有"贤良人士"和"著名人士"(贵要阶级)或"高尚人士";二是"下层多数""群众",即"平民",平民群众内,有些是"穷人"(贫困阶级),还有一些是失产失业的"群氓"。所谓"高尚人士"为持平公正之人,能弥补法律的遗漏,排解社会纠纷,也可列在这两层公民的中间。参见[古希腊]亚里士多德:《尼各马可伦理学》,廖申白译注,北京:商务印书馆,2005年,第159—160页。原文参见《尼各马可伦理学》卷五章十1137a,31。亚里士多德主张中道政体,并根据身体状况、出身背景、社会关系、财富多寡、品性好坏和理性程度等标准把古希腊城邦的人们分为三个阶层:一部分是极富有阶层,一部分是极贫穷阶层,还有一部分是介于两者之间的中间阶层。参见[古希腊]亚里士多德:《政治学》,姚仁权编译,北京:北京出版社,2007年,第77—78页。

乎逻辑的可替代性理论。①

在美国奠基时期的最初十年即将结束时,反对派理论家们面临着自批准宪法以来更为严重的威胁。有关《外籍与煽动叛乱法》的争论则成为美国各种宪法和政治思想的分水岭,它进一步证明了反联邦党人担心的且被联邦党人造成的危险更加合乎情理,从而以更为深刻和易变的方式改变了美国政治和宪法争论的主题。而影响美国政治和宪法的一系列新原则在弗吉尼亚决议案和肯塔基决议案中被正式提了出来,它把人们的注意力转移到主要如何解释宪法有利于保护公民个体的权利和州的权力,并对联邦政府权力行使的合法性提出疑问。它详细地阐述了有关州的权力的一系列理论,并对诸如联邦党人和反联邦党人所共同关注的重要论题——联盟的内在属性、州的权力与联邦权力的适当范围及行使权力发生争议时的适当解决方式等问题从法律上和外在形式上应当如何加以改变和界定。

然而反联邦党人的思想并非仅仅只是简单地飘忽于美国新生共和国的空气之中。1788—1830年间,美国各种报刊的评论员不仅有意识地援引反联邦党人的各种不同文本以支持他们的论点,而且他们还明确而具体地阐述了反联邦党人各种文本的基本意涵,从而使其适应历时跨度所发生的变革。而美国宪法和歧义政治理论的形成过程也同样需要适用反联邦党人具有不同内涵的各种文本和独特解释文本的方法作为其论述标准。但在美国批准宪法期间只有较少量的新闻报道和小册子明确地阐述了反联邦党人的宪法和政治思想的主题,且在18世纪90年代,这些文本也逐渐被批准宪法会议出版的正式公报所取代。直到1798年《外籍与煽动叛乱法》危机产生了一系列新文本,宪法反对派们才重新提出了成为美国宪法和歧义政治思想中最重要组成部分的一系列原则。当然,新文本的重要性在于,它影响了麦迪逊在弗吉尼亚立法会议上所提出的报告——《1800年报告》,这份报告在综合了美国后批准宪法时期前十年所明确阐述的反对派思想基础上,厘定了美国各种类型的歧义宪法和政治理论,并在美国随后二十年的大多数时间里,经过筛选和滤除,最终形成了美国现代反联邦党人的思想体系。

_____

① 历史学家在一定程度上把麦迪逊早期和较晚时期的宪法和政治思想区分开来,拒绝接受麦迪逊较早时期有关宪法和政治思想,参见 Marvin Meyers ed., *The Mind of the Founder: Source of the Political Thought of James Madison*, Rev. ed., The University Press of New England, 1981, pp.312–318。有关坚持中间立场的思想,参见 Jack N. Rakove, "The Madisonian Moment," *University of Chicago Law Review*, LV, 1988, pp.473–505。

三、重释反联邦党人宪法思想的精神实质

　　最后也并非不重要的是,我们必须分析1800—1830年期间前反联邦党人[①]的宪法和政治思想是如何促使美国宪法和歧义政治理论的复兴和转变。尽管前反联邦党人的思想作为有组织的政治活动指南和切实可行的意识形态已经终结,但是反联邦主义则成为美国逐渐形成的法理和宪法理论的整体思想之组成部分。反联邦党人所关注的首要问题——严格建构主义的宪法解释方式已经成为美国宪法和政治反对派的主要思想基础。而作为反对派的前反联邦党人最初对宪法的反对意见为后来试图提出宪法异议的许多人奠定了坚实的政治和历史基础。当评论家们为批评约翰·马歇尔法院的国家主义法理提供合法性基础时,使用批准宪法时期前反联邦党人所界定的宪法的最初意涵就变得至关重要了,[②]进而激发了美国思想家和政治家对前反联邦党人思想的重新审视。尽管基于《1800年报告》——麦迪逊式的宪法综合理论由于理论基础的过分脆弱,以至于在1819年麦卡洛克诉马里兰州案中随着马歇尔法院的判决后随之坍塌,但是1821年罗伯特·雅茨(Robert Yates,1783-1801)《联邦制宪会议的秘密议程与辩论》(以下简称"《秘密议程》")的出版,在美国进一步促进了研究前反联邦党人宪法和政治思想的旨趣的复苏。因此,在美国再次出版1788年及其随后的所有前反联邦党人的著述,雅茨的《秘密议程》则成为关键性文本,为美国后世的评论家寻求对马歇尔法院的联邦主义理论进行详尽阐述提供了可替代性选择。另一场危机发生于1828年,美国出现了激进主义的州权宪法哲学思想,他们提出应当赋予州依据宪法否决联邦法律的权

---

　　① "反联邦党人"与"前反联邦党人"的区分主要有两个基本标志:一是政治派系消失。1787—1788年作为政治派别的反联邦党人在18世纪90年代初期,尤其是《权利法案》通过后就逐渐开始淡出政治舞台,取而代之的是民主共和主义社会组织,尤其是民主共和党。换言之,反联邦党人作为一个政治派系的联盟已经基本消失。二是思想遗产继承。反联邦党人的宪法和政治思想随着反联邦党人转变为宪法的忠实反对派而发生变化,被后来的1798年原则和麦迪逊《1800年报告》所阐释的宪法综合理论及杰斐逊主义和杰克逊主义所取代,1798年原则和麦迪逊1800年的宪法综合理论把前反联邦党人的宪法思想有机地融入其中,并形成理论体系。尽管反联邦党人的宪法和政治思想至少从形式上已经被新的宪法综合理论所取代,然而反联邦党人的宪法思想之精髓仍然一直存留于美国政治生活的灵魂之中,从最初的华盛顿政府到当下的拜登政府。

　　② 在此,主要是指前反联邦党人针对《联邦宪法》第三条规定的辩论和联邦党人最初的回应。

力,并使之失去法律效力的观点。但是,这次冲突使美国坚持歧义政治传统的人们骤然间陷入了分离状态。他们中的一部分人仍然坚持反联邦主义,如马丁·布林;而另一部分人则试图寻求重塑美国宪法和歧义政治传统的基本意涵,如约翰·凯尔赫。①

　　总之,在美国宪法历史上,前反联邦党人的宪法和政治思想赋予了美国不同时期有关政治和宪法问题的适应能力,并为后来的宪法和政治思想史的研究留下了深刻印记和分析空间。在美国政治历史的许多时期,反联邦主义为希望在美国主流政治生活中表达歧义政治意见的人们提供了丰富遗产。前反联邦党人的宪法和政治思想之所以一次又一次地激起人们的研究兴趣,是因为它把自身作为评判具有美国政治和法律特性的现代宪法和歧义政治理论的标准。

---

① 有关阐述新联邦党人对正在兴起的新反联邦主义之回应,参见 Alan Brinkley, Nelson W. Polsby, and Kathleen M. Sullivan, *New Federalist Papers: Essay in Defence of the Constitution*, W. W. Norton and Company, 1997, pp.185–188。

第一章 反联邦主义与批准
宪法之公共争论

对宪法和政治思想感兴趣的任何人而言,18世纪七八十年代也许是美国宪法和政治史上最激动人心的时刻。与美国革命相伴而生的政治思想大讨论对1787—1788年为美国制定和批准新宪法的艰难尝试产生了具有深远意义的影响。1787年宪法是美国联邦共和国的一次冒险和实验,在规模和条件上都是史无前例的。在批准宪法过程中,联邦党人与反联邦党人就建立强大的国家政府的必要性、制定《权利法案》、分权与制衡原则、行政权力的范围、司法部门的管辖权、众议院与参议院代表的适当选举方式等重大主题产生了分歧。而批准宪法的公共论坛主要是由联邦党人和反联邦党人所主导。作为支持宪法的胜利者——联邦党人所著述的《联邦党人文集》是1787—1788年美国制宪会议和批准宪法会议辩论之集大成和系统化,已成为后世解释宪法和司法适用的标准;作为宪法反对派的反联邦党人通过撰写少量著作、短论文或信件等方式批判联邦党人的各种观点,因其无组织和散乱,在那场令人激动且具有重大影响的政治运动中最终没有形成系统和完整的理论体系,但是反联邦党人的宪法和政治思想之精髓一直持续地铭刻于美国政治生活的精神印记中,从华盛顿政府到如今。基于美国批准宪法时期社会各阶层的基本状况和历史语境,我们详细阐释反联邦党人在美国立宪时期形成的既有分歧又有共识的宪法和政治思想,并揭示反联邦党人如何运用修辞技巧和言辞艺术在公共论坛上批评和解读1787年美国宪法。

美国政治学家、历史学家和法律学者重新思考反联邦党人的思想并非是要证明他们的观点优于他们的对立派的观点。毕竟,美国宪法在世界历史编年史上是最引人注目的成功范例之一。学者们重新检视反联邦党人批评美国宪法的观点不仅能够使宪法学家和其他法律实践者清楚地诠释美国宪法的基本意涵,理解奠基者立宪的最初意涵,而且还可以不断地激励普通民众对宪法基础性文本增添必不可少的旨趣。因此,任何政治学家、历史学家和法律学者从宪法和歧义政治理论视角探究美国立宪时期反联邦主义的复杂特性都不得不重新审视美国宪法和歧义政治传统的奠基者与其他奠基者(指反联邦党人)所留下的思想遗产,并赞赏他们所具有的洞察力。

第一节　批准宪法与公共论坛之政治争论

1787年9月美国宪法的公布开创了美国历史上最辉煌的政治运动之一。[①]在就有关建构政府的新方案之优缺点进行公共辩论时,美国人不仅热情地参与探究限权政府的基本意涵,而且积极地从宪法和政治视角推动如何界定美国政治文化的特质。作为美国批准宪法时期公共领域争论的两大主要派别——联邦党人与反联邦党人无论从经济基础和受民众支持的程度,还是对1787年宪法所持的立场和施行财政货币政策的立场都有其差异性。为了更好地理解它们,我们在表1-1中列举了反联邦党人与联邦党人在批准宪法时期的基本状况。[②]

表1-1　反联邦党人与联邦党人的基本情况

	反联邦党人	联邦党人
代表人物	詹姆斯·门罗、帕特里克·亨利、塞缪尔·亚当斯	亚历山大·汉密尔顿、乔治·华盛顿、约翰·杰伊、约翰·亚当斯

① 关于1787年5月25日至9月17日费城联邦制宪会议的详细论述,参见青维富:《美国宪制特色之法理评析:纵横向相结合之分权制衡》,北京:法律出版社,2010年,第69—148页;青维富:《美国政治生成机制之法理评析》,上海:上海三联书店,2020年,第1—24、47—83页。
② 杰克逊·特纳·梅恩在《反联邦党人:宪法危机1787—1788》一书中引用了大量的原始文献,他运用新马克思主义立场,从分析联邦党人与反联邦党人的经济地位、拥有土地数额、持有债券数量、所受教育程度、宗教信仰状况等因素揭示了联邦党人与反联邦党人的构成原因。他的研究表明,联邦党人与反联邦党人之间的差异在于,新型的工商业与农业、大土地所有者与自耕农、受过良好教育者与经受一般教育者甚或目不识丁者、沿海与内地、沿江与内陆的对立。参见[美]赫伯特·J.斯托林:《反联邦党人赞成什么:宪法反对者的政治思想》,汪庆华译,北京:北京大学出版社,2006年,译者前言,第4页。当然,梅恩的分析是有缺陷的,参照本著述第二章内容。

	反联邦党人	联邦党人
简要概述	在美国历史上,反联邦党人是这样一些人:反对建立一个强有力的联邦政府和1788年的批准宪法,偏好把权力保留在各邦或地方政府手中之可替代性权力行使方式。①	在美国历史上,联邦党人希望建立一个强有力的国家政府和批准宪法,以便能够有助于适当地解决后革命时代所留下的债务问题,并缓解当时的紧张局势。由汉密尔顿组织的联邦党,存在于1792—1824年美国联邦主义发展的鼎盛时期,是美国的第一个政党。约翰·亚当斯——美国的第二任总统,是第一个也是唯一的联邦党人总统。
经济基础	由农民和小乡村自治体所主导;代表着地方权力。	由大商业利益体所主导,渴求政府帮助调整经济。
支持者	主要是生活于广大乡村地区的人民。	主要是生活于城镇地区的居民。
对宪法的立场	一直以来反对宪法,直到权利法案通过为止。	制定宪法,并支持宪法通过和批准。
在财政和货币政策上的立场	反联邦党人认为,邦是人民自由的代理人,它们应当管理它们自身的税务,并且在它们认为适当时支出其收入。	联邦党人认为,众多各自不同的财政和货币政策将可能导致美国经济上的斗争和国家疲软;支持建立统一的中央银行与制定中央主导的财政和货币政策。

在一定程度上,反联邦党人和联邦党人基于各自不同的阶级基础和政治立场所发表的著述不仅厘定了批准宪法时期的各种宪法和政治争论术语,而且已成为美国后几代人力求解释宪法的最初意涵而必须求助的资料来源。尽管美国现代评论家把1787—1788年批准宪法的争论描述为联邦党人与反联邦党人各自心声的一场对白,但是批准宪法的真实情景远比现代评论家们所认识的局势要复杂得多。虽然关于美国宪法意涵的辩论最初源自社会多方的争论,且各自自由地辩论,然而仅仅在18世纪90年代即宪法批准之后,公共争论被形塑为立场不同的联邦党人和反联邦党人之间

---

① 赫伯特·J.斯托林认为,反联邦党人既忠诚于伟大的各邦联合,又忠诚于小型的、自治的共同体;既忠诚于商业,又忠诚于公民德性;既忠诚于私人利益,又忠诚于公共善好。参见[美]赫伯特·J.斯托林:《反联邦党人赞成什么:宪法反对者的政治思想》,同上注,第6页;同时参见 Herbert J. Storing, "The Complete Anti-Federalist," Vol.I, *What the Anti-Federalists Were Fo*r, p.6.

相互对立的辩论。①因此,如果我们要厘清美国宪法和歧义政治传统的发展进程,就必须重述美国批准宪法时期的各种争论,并重组1787—1788年美国宪法理论的动态演进过程,而不是18世纪90年代的政治论争过程,这是我们研究中必须注意的一个极为重要的问题。

一、公共论坛之作用:出版业的重要性

尽管美国宪法最初是由十三个邦(state②)选举产生的少数成员(即五十五名代表)在费城独立厅秘密制定的,但是有关宪法的最初意涵的界定并非可以脱离美国公众的争论视界。当制宪会议制定的宪法和建构的新政府形式公之于众时,美国人就开始讨论联邦政府的新模式。表1-2列举了立宪时期宪法支持者们依据拟议的宪法所建构的联邦政府新模式与独立革命时期所建立的邦联政府旧模式的主要优势与面临的挑战,以便我们能够更好地辨识制宪会议所建构的联邦政府与独立革命时期各邦所建立的邦联政府之内在特性。

表1-2 国家政府(新模式)与邦联政府③之优势与挑战

规范依据		国家政府	邦联政府
		《联邦宪法》	《邦联条例》
优势	政府治理	法律统一运用于全国所有地区	所制定之法律适合于各邦个体之需求
		政府尽职尽责而极少重复行动或自相矛盾	暴政更容易避免
	作出决策	迅速而有效	政府决策更接近于人民的意愿
挑战	权力控制	权力集中可能导致暴政和专制	各邦政府之间易于导致内斗
		国家领土广袤而辽阔,可能使距离遥远的中央政府失去控制	容易导致国家走向分裂
	表达需求	中央政府官员并非总是可能了解他们公民的需求	邦政府可能缺乏中央政府所拥有的资源

---

① 把反联邦党人的思想作为奠基时代的对话之一部分最具有影响力的尝试是赫伯特·J. 斯托林,参见 *What the Anti-Federalists Were For*, in Herbert J. Storing, *The Complete Anti-Federalists*, The University of Chicago Press, 1981, I, pp.3-7。

② "State"在1789年4月美利坚合众国全国性的联邦政府成立之前译为"邦";而在1789年4月美利坚合众国全国性的联邦政府成立之后译为"州"。

③ 有关"邦联"与"联邦"之区分,参见青维富:《美国宪制特色之法理评析:纵横向相结合之分权制衡》,北京:法律出版社,2010年,第37—47页。

在制宪会议结束一周之后，一名费城人随之报道："制宪会议所拟议的建构政府的新方案无论是在城镇地区还是在邻近的郊区都引起了广大民众的激烈争论。"时隔不到一周，宾夕法尼亚邦西部地区遥远的卡莱尔镇，另一名观察员报道："美利坚合众国的新宪法现在似乎吸引了美国社会各阶层的眼球。"在当时美国的其他地方也发表了许多类似的评论。正如弗吉尼亚邦的评论家所指出："制宪会议为我们所提议的政府建构方案为从总督到看门人的每个社会阶层的协商对话提供了辩论素材。"①

当费城联邦制宪会议决定把宪法提交给各邦批准宪法会议以便确保来自社会各阶层的人民都可以就宪法的优缺点展开广泛的公共辩论时，1787年制宪会议秘密制定的宪法文本就必须面临来自社会各阶层人民前所未有的细致审查，且宪法文本的每一个用语都必然会被人们做细致的句法分析。这就意味着，就宪法措辞和原则提出异议的那些读者将会从文字上改动宪法语词。同时，宪法制定者也敏锐地意识到公众的意见对批准宪法具有重要性。乔治·华盛顿向他的朋友透露，必须把宪法置于"如法官似的公众的评判席面前"。由此，批准宪法的公共特性意味着出版界或新闻界在决定宪法的命运上发挥着极其重要的作用。然而许多新闻信息主要依赖于特定书面阅读能力较强且具有较高写作水平的著述者的推荐。因此，联邦党人认真地接受了华盛顿将军明智的建议，且在处理公共意见方面十分耐心。②与联邦党人有着共同情感的对手们——反联邦党人也敏锐地意识到塑造公共论坛的重要性。"森提内尔"，一位颇具有影响力的反联邦党人作家也赞同这一观点，并提醒他的读者们注意：必须给予宪法"最充分的讨论、最细致的审查和最客观公正的思考"。他争辩道，为了促使民众对拟议的宪法进行公共审查，"应当鼓励有能力承担阐明政府原则和任务的杰出人物主动站出来"③。华盛

① Richard Butler to William Irvine, Oct, 11-12, 1787, *DHRC*, II, p.177; David Redick to William Irvine, Sep. 24, 1787, *DHRC*, II, p.135; George Lee Tuberville to Arthur Lee, Oct. 28, 1787, *DHRC*, VIII, p.127.

② George Washington to Henry Knox, Oct. 15, 1787, *DHRC*, VIII, p.56; Washington to David Humphrey, Oct. 10, 1787, *DHRC*, VIII, p.48.

③ Centinel [Samuel Bryan?], No.1, "To the Freemen of Pennsylvania," *IG*, Oct. 5, 1787, *CA-F*, II, pp.130-213; No.2, *FJ*, Oct. 24, 1787, *CA-F*, II, pp. 4-8; No.3, *IG*, Nov. 8, 1787, *CA-F*, II, pp.155, 158-159.

顿将军和塞缪尔·布莱恩(以"森提内尔"①为笔名写作短论文的作者)都认为在塑造公共争论方面哪一方更为成功,他们就将赢得这场政治运动的胜利。由此,新闻出版界在批准宪法的公共争论中起着至关重要的作用。因为新闻报道所发表的观点对争论双方都是至关重要的,且争论双方所拟制的观点在一定程度上也必须具有说服力。因此,在华盛顿和"森提内尔"的观点的引导下,接受辩论挑战的作者们在美国批准宪法的政治活动中起着关键性作用,尤其是在争论有关拟议的宪法的优缺点时,处于辩论的双方都必须尽力设法处理有关美国宪法与政治争论中公共领域内正在兴起的各种复杂的社会关系问题。

二、公共领域之概念与思想传播

当我们提及有关公共领域的概念时,总是提到民众的观点。但是民众的观点究竟是什么呢? 它意味着什么呢? 这就涉及我们如何诠释现代学者所标识的"公共领域"和与文化有关的活动场所。"公共领域"这一术语被当时争论双方参与辩论的普通民众和政治活动家们运用于作为构思社会领域独特的交往范围之方式,它表达了美国个体公民祛除他们对个人情感的依恋,从而参与到国家政治生活中来的愿景。由此,公共领域范围作为一种与文化有关的活动场域存在于国家与家庭和经济生产中的私人领域之间。②在美国,有关宪法的争论不仅在公共领域范围的发展中进入了一个重要阶段,而且有关宪法的争论把民众的注意力主要集中于公共领域本

---

① 《来自森提内尔的信:致宾夕法尼亚邦人民》(费城),1787 年 10 月至 1788 年 4 月发表于《自由人日报》,共 18 篇短论文,主要围绕三个主题:社会共同体目前所面临的困境、无政府状态可能造成的不幸、联盟解体的可怕后果,参见 Herbert J. Storing, *The Complete Anti-Federalists*, The University of Chicago Press, 1981, II, pp.130–213.

② Jürgen Habermas, *The Structural Transformation of the Public Sphere: An Inquiry into a Category of Bourgeois Society*, trans., Thomas Burger and Frederick Lawrence, The MIT Press, 1991, pp.241–245. 关于美国较早时期界定公共领域范围的斗争,参见 John L. Brooke, "Ancient Lodges and Self-Created Societies: Voluntary Association and the Public Sphere in the Early Republic," in Ronald Hoffman and Peter J. Albert, eds., *Launching the "Extended Republic": The Federalist Era*, University Press of Virginia, 1996, pp.273–359。托马斯·杰斐逊坚持认为,对公权谋私唯一的补救方式,就在于公共领域本身,在于照亮公共领域范围内每一个行为的光明,在于那种使进入公共领域的一切都暴露无遗的可见性。参见[美]汉娜·阿伦特:《论革命》,陈周旺译,南京:译林出版社,2007 年,第 236 页。

身所关注的前所未有的政治制度设计中。①联邦党人与反联邦党人彼此谴责对方无视主导公共争论的原则。更有意义的是,他们双方在辩论过程中都宣称他们代表了美国人民的真实意愿。

然而对于反联邦党人而言,辨识人民意愿的任务尤其艰难,因为在当时的美国社会中反对宪法出现了各具特色的松散的联合组织。进而,在美国宪法和政治发展史上,没有任何一种类型的社会组织比反联邦党人的社会组织更具有多样性特征。即使依据批准宪法最后投票阶段的粗略估计也表明,反联邦党人的联合组织存在着难以令人置信的地域性分歧。在新英格兰、罗德岛、纽约的哈德逊流域、西宾夕法尼亚、弗吉尼亚南部、北卡罗来纳和南卡罗来纳内地,反联邦党人都有较强大的势力。②即使在美国社会历史曾经的一段时间里反联邦党人处于极其艰难的岁月,但集聚于南部富有的种植园主、纽约邦和宾夕法尼亚邦的中产阶级政客,以及来自内地其他几个不同地区的自耕农作为宪法的反对者仍然处于活跃状态。

鉴于反联邦党人组织构成的多样化和分散性,毫不令人惊讶的是,美国现代评论家们总是试图设法寻求特定精英反联邦党人的呼声,且把他们视为反联邦党人全部信念的代理人,但这种尝试的难度仍然是可想而知

---

① 关于各邦批准宪法时期争论的动态过程,参见 Patrick T. Conley and John P. Kaminski eds., *The Constitution and the States: The Role of the Original Thirteen in the Framing and Adoption of the Federal Constitution*, University of Wisconsin Press, 1988, pp.127–130。关于选民投票的问题,参见 Charles W. Roll, Jr., *We, Some of the People: Apportionment in the Thirteen State Conventions Ratifying the Constitution*, JAH, LVI, 1969–1970, pp.21–40。关于反联邦党人发起的政治运动,参见 Robert Allen Rutland, *The Ordeal of the Constitution: The Anti-Federalists and the Ratification Struggle of 1787–1788*, University of Oklahoma Press, 1966, pp.316–320。关于分析公共争论之动态过程,参见 William H. Riker, *The Strategy of Rhetoric: Campaigning for the American Constitution*, Yale University Press, 1996, pp.156–161。里克尔运用社会科学的理性选择模式,试图努力压缩批准宪法时期各种文本的内涵从而限制其他分解方式,然后尽力确定有利于各方的语词,并运用它们来劝服公众。他所分析的潜在假定条件深深地陷入了时代的错误之中,因而具有极大的缺陷。

② Alexander Hamilton, Conjectures about the Constitution, Sep. 1787, *DHRC*, XIII, pp.277–278. 政治历史家在研究美国批准宪法会议时认为,激进主义的历史学家塑造了拟定的宪法议程,他们主要对政治和经济之间的冲突感兴趣,参见 Forrest McDonald, *We the People: The Economic Origins of the Constitution*, The University of Chicago Press, 1958, pp.78–80。有关反联邦党人思想的优点和缺陷之理性分析,参见 Forrest McDonald, "The Anti-Federalists, 1781–1789," in Jack P. Greene ed., *The Reinterpretation of the American Revolution, 1763–1789*, Happer and Row Publishers, 1968, pp.365–378。

的。事实上，反联邦党人从未召集过他们自己的制宪会议，且从未提出过宪法的可替代性方案，他们仅仅只是确定了一种独特的宪法哲学思想，并使其在实现目标上更为复杂化而已。因此，从根本而言，印刷界或报业界是使反联邦党人联系起来的唯一思想主线：位于公共领域的印刷界所印制的反联邦党人文本在销售和传递过程中提供了把所有特性相异的反联邦党人组织联合起来的唯一和脆弱的纽带。但是反联邦党人的著述一旦被公开出版，作者本身都无法控制对其言辞的各种解释。确实，当时有几位杰出的反联邦党人作者十分关注这一问题，继而他们仅仅只能通过手稿的方式相互传递思想。尽管他们希望自己的思想在传递于上层社会时可以继续保持他们对文本更大的控制权和解释权，然而反馈的信息证明，反联邦党人的作者们的想法注定会失败。即使文本的作者试图限制取得其作品的方式，但是采用手稿方式传递文本仍然不可避免地需要为文本寻求印刷方式。因此，一旦文本加以付印，其他的作家和读者就可以按照适合读者的阅读方式而不是按照作者写作时所希望表达的方式自由地回应和解释文本了。①

总之，重新解读和在一定程度上重新描述反联邦党人的文本并未因批准宪法会议结束而终止。因为当时的反联邦党人所撰写的反对宪法的文本具有极强的生命力，其意义持续而久远，且超出了激励他们首次从事写作的事件本身。反联邦主义的政治运动终止之后很长的一段时间里，反联邦党人的思想仍然持续地被援引，且反联邦党人所撰写的文本也常常被用于构想一种可替代性政府方案的宪法话语。②一旦反联邦党人著述公开出版，反联邦党人的思想和言辞就注定会成为美国公共领域争论的有机组成

① 要求把学术研究的目的与读者的回应结合起来加以分析，参见 Saul Cornell, "Early American History in a Postmodern Age," *WMQ*, 3rd Ser., L, 1993, pp.329–341; Saul Cornell, "Splitting the Difference: Textualism, Contextualism, and Post–Modern History," *American Studies*, XXXVI, 1995, pp.57–80。乔治·梅森发表《对制宪会议制定构建政府的宪法之反对意见》的短论文，他最重要的尝试就是试图控制文本的传播路径，继而控制读者的回应方式，参见 George Mason, "Objections to the Constitution of Government Formed by the Convention," *Massachusetts Centinel*, Boston, Nov. 21, 1787, *CA–F*, II, pp.11–13。

② 重著反联邦党人文本最为明显的事例是埃德蒙·格尼德所编辑有关雅茨《关于费城制宪会议之行动议程的报告》，参见 Robert Yates, *Secret Proceedings and Debates of the Federal Convention*… Albany, N. Y., 1821, in James H. Hutson, "The Creation of the Constitution: The Integrity of the Documentary Record," in Jack N. Rakove ed., *Interpreting the Constitution: The Debate over Original Intent*, Twayne Publishers, 1990, pp.151–178。

部分,从而不断地塑造美国宪法和歧义政治传统的发展路径。由此,反联邦党人的著述不断地被援引、误引、引述或以其他直接或间接的方式唤起美国民众的情感。随着有关美国宪法的评论和阐释越来越多,反联邦党人的文本最终成为在美国宪法和歧义政治传统范围内努力塑造宪法忠实反对派传统的那些人的重要资料来源。

第二节 公共争论之动态过程

如果我们要重新审视反联邦党人的宪法和政治思想,就必须重塑美国批准宪法时期最初争论的动态过程;如果我们要重塑美国批准宪法时期最初争论的动态过程,就必须按照曾经对宪法争论产生重要影响的原始文本来衡量反联邦党人著述的重要性和社会影响。尽管反联邦党人撰写了成千上万的小册子、批判性短论文和评论,但他们著述的绝大部分从未被付印过。在美国,反联邦党人的文本被重印或准许印制两次以上的不超过一百五十篇,且被印制的所有短论文的90%重印不足十次。为了使读者更清晰地了解反联邦党人和联邦党人的著述及其基本情况,表1-3列举了有关联邦党人与反联邦党人所撰写的具有代表性的短论文和评论,其中反联邦党人的小册子、短论文和评论分别被赫伯特·J.斯托林和默里尔·詹森编入《反联邦党人全集》和《批准宪法之文献史》中,[1]而联邦党人的短论文、小册子和评论主要编辑在制宪会议有关宪法主题之系统化和集大成者的《联邦党人文集》之中。

表1-3 反联邦党人与联邦党人辩论之著述列表

反联邦党人	联邦党人
1787年	
10月5日,"森提内尔"第一篇	10月6日,詹姆斯·威尔逊《在公民大会上的演说》
10月8日,"联邦农夫"第一篇	10月27日,《联邦党人文集》第一篇
10月9日,"联邦农夫"第二篇	10月31日,《联邦党人文集》第二篇
10月18日,"布鲁图斯"第一篇	11月14日,《联邦党人文集》第三篇

① Herbert J. Storing, *The Complete Anti-Federalists*, The University of Chicago Press, 1981, II-VI. Merrill Jensenm, *The Documentary History of the Ratification of the Constitution*, University of Wisconsin Press, 1976, II-XXIII.

反联邦党人	联邦党人
10月22日,"约翰·德威特"第一篇	11月22日,《联邦党人文集》第十篇
10月27日,"约翰·德威特"第二篇	11月30日,《联邦党人文集》第十四篇
11月5日,"约翰·德威特"第三篇	12月18日,《联邦党人文集》第二十三篇
11月27日,"加图"第五篇	
11月29日,"布鲁图斯"第四篇	
12月18日,《宾夕法尼亚邦制宪会议少数派提出反对意见的理由和演讲:致选民》 12月27日,"布鲁图斯"第六篇	
1788年	
1月3日,"加图"第七篇	1月26日,《联邦党人文集》第三十九篇
1月24日,"布鲁图斯"第十篇	2月6日,《联邦党人文集》第五十一篇
1月31日,"布鲁图斯"第十一篇	2月19日,《联邦党人文集》第五十七篇
2月7日,"布鲁图斯"第十二篇（第一部分）	2月27日,《联邦党人文集》第六十二篇
2月14日,"布鲁图斯"第十二篇（第二部分）	3月15日,《联邦党人文集》第七十篇
3月20日,"布鲁图斯"第十五篇	5月28日,《联邦党人文集》第七十八、八十四篇
4月10日,"布鲁图斯"第十六篇	
6月5日至7日,帕特里克·亨利的反对意见	
6月20日至27日,梅兰克顿·史密斯的反对意见	

  尽管反联邦党人的短论文、小册子和评论销售量之大足以超出原始文本所产生的直接影响,然而实际上它们只有极小一部分在美国国内广为流传。因此,反联邦党人的主要论点只能由某些小论文中一小部分核心内容来确定,其中具有重要影响力的小论文包括埃尔布里奇·格里的《关于签署合众国宪法的反对意见》①、塞缪尔·布莱恩第一次和第二次以"森提内尔"

---

① 作为宪法未签名者的埃尔布里奇·格里于1787年10月18日、1787年11月3日分别发表两篇反对意见,参见 Herbert J. Storing, *The Complete Anti-Federalists*, The University of Chicago Press, 1981, II, pp.4-8; Elbridge Gerry, "Hon. Mr. Gerry's Objections to Signing the ational Constitution," *Massachusetts Centinel*, Nov. 3, 1787, *DHRC*, XIII, pp.548-550。

的名义撰写的短论文、乔治·梅森的《对制宪会议制定构建政府的宪法之反对意见》①、理查德·亨利·李的《致埃德蒙·伦道夫邦长的信》②和《宾夕法尼亚邦制宪会议少数派提出反对意见的理由和演讲:致选民》③,以及雅茨和兰欣的《关于宪法的反对理由》④。

一、反联邦党人文本在公共论坛的影响

美国现代评论家一般只集中讨论更具有哲理性的、高水平的和写作能力较强的反联邦党人作者的观点,例如"联邦农夫"和"布鲁图斯"等作者的短论文和评论,然而他们的短论文和评论在当时的美国并未在印刷界广泛地被印制或重印。尽管如此,在这两个人中最具有影响力的短论文作家之一——"联邦农夫"的小册子还是被广泛地传播开来。当然,我们要评价当时出版的报刊和被散布的小册子对美国社会所产生的相对影响力还是相当困难的。我们通过把主要反联邦党人作者的短论文进行比较分析,尽管许多新闻报道和小册子也广泛地被印制或重印,然而"森提内尔"所著述的小

---

① 作为宪法未签名者的乔治·梅森于1787年制宪会议后发表反对意见,参见 Herbert J. Storing, *The Complete Anti-Federalists*, The University of Chicago Press, 1981, II, pp.9-14; George Mason, "Objections to the Constitution," *Massachusetts Centinel*, Nov. 21, 1787, *CA-F*, II, pp.130-213。

② 1787年10月16日,理查德·亨利·李的《致埃德蒙·伦道夫邦长的信》,参见 Herbert J. Storing, *The Complete Anti-Federalists*, The University of Chicago Press, 1981, V, pp. 111 - 118; Richard Henry Lee, "Copy of a Letter from Richard Henry Lee (to Edmund Randolph)," *Pennsylvania Packet*, Dec. 20, 1787, *DHRC*, XIV, pp.366-372。

③ [Samuel Bryan], "The Address and Reasons of Dissent of the Minority of the Convention of Philadelphia to Their Constituents," *Pennsylvania Packet*, Dec. 18, 1787, *CA-F*, III, pp.145-147.

④ 雅茨和兰欣提前离开制宪会议,未签署1787年宪法。赫伯特·J.斯托永在《反联邦党人全集》中把雅茨和兰欣也列入宪法未签名者。See Robert Yates and John Lansing, "Reasons of Dissent," *New York Journal, and Weekly Register*, Jan. 14, 1788, *CA-F*, II, pp.16-18. 关于各阶层反联邦党人作者的重要性,参见 Murray Dry, "The Debate over Ratification of the Constitution," in Jack P. Greene and J. R. Pole eds., *The Blackwell Encyclopedia of the American Revolution*, Harper Collins Publishers Ltd., 1991, pp.471-486。关于作为新闻报刊的补充物之小册子的作用,参见 Federal Farmer [Melancton Smith?], *Observations Leading to a Fair Examination of the System of Government Proposed by the Late Convention…Letters from the Federal Farmer to the Republican*, New York, 1787, *DHRC*, XIV, p.98。

册子的社会影响力是相当显著的，"联邦农夫"的短论文的影响力则是相当有限的。即使如此，一些作者如"联邦农夫"和"布鲁图斯"的观点也并非微不足道。因为这些作者表达了纽约邦中间民主主义者的观点，而中间民主主义社会团体是反联邦党人联盟中相对重要的社会群体。事实上，反联邦党人约翰·兰姆赠送给当时一些邦反对宪法的反对派成员许多册"联邦农夫"的短论文。然而如果我们仅以评价影响的范围和结果来论断特定作者在公共领域争论中的影响力，那么"联邦农夫"可能比任何其他中间阶层民主主义意识形态的倡导者们更少具有影响力。更为广泛和引人注目的是印制于"宾夕法尼亚人"的作品《宾夕法尼亚邦制宪会议少数派提出反对意见的理由和演讲:致选民》，它在塑造公共评论方面产生了明显的效果。①

二、重塑反联邦党人宪法和政治思想之最初样态

美国现代评论家更倾向于集中讨论那些更具有思想和写作水平较高的中间民主主义者如"联邦农夫"和"布鲁图斯"的争论观点和呼声，进而使人们从另一视角分析和理解美国批准宪法时期可能面临的情势，从而导致了反联邦党人的宪法思想在构成上的失真。由于大量研究者把注意力过分集中于这些知名的作者，他们从事实上缩小了反联邦党人的宪法和政治思想的范围——排除反联邦党人的宪法和政治思想中更多的协商性对话和更具有激进性的对立面。在宪法的最初争论中，更为激进主义的极端呼声在美国公共论坛中实际上仍然起着主导作用。在激进主义的对立面初始一端，有坚持民主联邦主义的反联邦党人精英人物，例如乔治·梅森、埃尔布里奇·格里和理查德·亨利·李。在激进主义的对立面结局的一端，有坚持激进主义思想的作者如"森提内尔"和临近晚年的"前大陆军军官"，他们为寻求美国听众的支持而取悦于民众。因此，如果我们的研究试图完整而细致地阐述反联邦党人的各种类别在美国批准宪法时期的主要宪法和政治思想，就必须在呈现美国特定共时性的社会结构和展示特定时间跨度内的历史变迁过程中重塑美国制宪时期和各邦批准宪法时期的宪法和政治论争的最初样态。

---

① 根据历史评估，美国在批准宪法时期有读写能力的人口率有相当大的变化。在新英格兰，白人男性的人口率可能超过90%，但是在中部大西洋地区的百分比接近70%，参见 Carl F. Kaestle, "Studying the History of Literacy," in Kaestle et al. eds., *Literacy in the United States: Readers and Reading Since 1880*, Yale University Press, 1991, pp.3–32。

第三节　反联邦党人对宪法之批评

许多美国现代评论家在阐述反联邦党人的宪法和政治思想的范围和内容时总是感到迷惘，因为这种现象曾经一度在学术界阐述联邦党人的宪法和政治思想的范围和内容也存在过。现代评论家们的反应似乎是合乎情理的，因为美国批准宪法时期的宪法反对者所引用的大量材料是既定的，成千上万的专栏论文在批准宪法期间大量地被写作和印制出来。联邦党人艾德瓦德·凯林顿坚持认为宪法反对者有关反对拟议的宪法所建构的新政府的论述本身就包含许多相互矛盾和相互重叠的观点，甚至凯林顿还认为，精英反联邦党人理查德·亨利·李和埃尔布里奇·格里所阐述的观点就证明了宪法反对者的观点并不具有一致的融贯性。"R. H. L（理查德·亨利·李）先生对宪法的反对意见和G（格里）先生反对宪法的观点更是基于其对立的原则——前者认为宪法过分地强调联邦政府的权力，后者所持的观点则是拟议的宪法赋予联邦政府的权力过少。"[1]凯林顿有关反联邦党人相互矛盾的措辞之陈述是许多联邦党人代言人之典型代表；他们认为，反联邦党人之所以不可能联合在一起是因为他们没有共同的行动纲领和基本准则。在麦迪逊看来，反联邦党人领导人的特质和他们参与这场运动所产生的效果在不同的邦是变动不居的。就整体而言，它是杂乱无章的，而不是协调一致的，他显然把宪法反对派做出了明确的区分："没有一个有能力的人能够统一他们的意志或指挥他们采取统一行动。"因此，反联邦党人的论点所呈现的杂乱特性本身就意味着他们在提出可替代性版本的宪法设计和政府建构方案时注定会失败。正如麦迪逊写道："他们竟然没有统一的行动纲领和基本准则"，他们在公共论坛上反对宪法的唯一目标就是"指出宪法的负面作用和消极影响，然后回家睡觉"[2]。

---

① 托马斯·杰斐逊认为，新宪法所设计的共和国之致命危险在于，联邦宪法将一切权力赋予公民，却不给他们做共和主义者和以公民之身行为的机会。参见[美]汉娜·阿伦特：《论革命》，陈周旺译，南京：译林出版社，2007年，第236页。

② Edward Carrington to William Short, Oct. 25, 1787, *DHRC*, XIII, p.470; James Madison to Thomas Jefferson, Feb. 19, 1788, *DHRC*, XVI, p.143.马萨诸塞邦批准宪法会议的行为促使麦迪逊发表此评论。

一、批准宪法之争论：公共论坛的作用

宪法的反对者并未因其各自的分歧而迷失方向，事实上，使他们自己都感到惊奇的是，他们必须欣然地接受如此众多的观点。当联邦党人回应反联邦党人的谴责时，宣称反联邦党人对宪法的批评不具有一致性与融贯性，且反对派内部本身也并不统一。例如，在1787年11月末，即在批准宪法会议初期阶段的著述中，名为"老辉格党"的反联邦党人直接回应联邦党人的谴责——反联邦党人相互矛盾的思想是杂乱无章的。他针对联邦党人过分频繁地提到宪法反对派所提议的"宪法的反对理由与提出的修正案"是"相互矛盾且不可调和"争辩道，事实上，宪法反对派所提出的观点是符合实际情况的。他似乎想要表达的观点是，反对宪法的言辞是迄今为止美国各邦对正在批准的宪法所提出的反对言辞之集大成，且对新政府的批评在很大程度上是一致性的表述。而就在此时，"森提内尔"也宣称："对拟议的宪法方案而言，反对者在美国大陆各个地区的同一时间里，相同和不同的反对理由是协调一致和相互补充的。"几个月之后，称之为"平民"①的人也回应了这一断言：宪法反对者"对宪法所发表的反对理由显然具有一致性"，它们都是极为重要的观点。②由此，反联邦党人最重要的作者也意识到，因为反对宪法从而使他们必须联合起来比保持各自的差异性从而导致观点分歧更具有现实意义。

在当时，美国的印刷界使反联邦党人在这场立宪运动中自动地联合了起来，并为反联邦党人提供了共同的语言和一系列相同的批评论点。例如，詹姆斯·威尔逊于1787年11月《在费城公共集会上的演讲》中驳斥反联邦党人所提出的潜在的秘密计划和孜孜以求地做出的尝试试图侵害和损坏构建国家政府的新方案，他进而说道："历时四个月持续不断地关注此类主题的影响并非就能这样轻易地被抹除，以至于对反对派已提出的主题不会不产生任何回应。"威尔逊认为反联邦党人集中于五个极其重要的批评

---

① 纽约邦自称为"平民"的作者在1788年公开致辞，发表对拟议的宪法的反对意见，参见 Herbert J. Storing, *The Complete Anti-Federalists*, The University of Chicago Press, 1981, VI, pp.128-147。

② An Old Whig [George Bryan, John Smile, and James Hutchinson?], No.7, *IG*, Nov. 28, 1787, *DHRC*, XIV, p.250; Centinel [Samuel Bryan?], No.4, "To the People of Pennsylvania," *IG*, Nov. 30, 1787, *CA-F*, II, p.166; A. Plebeian [Melancton Smith?], *An Address to the People of the State of New York*… New York, 1788, *DHRC*, XVII, pp.156-157.

论点:《权利法案》之缺失;新政府的集权主义或国家主义特性;指责贵族政体;关于联邦政府的征税权;建立常备军之担忧。

针对反联邦党人约翰·斯迈利所提出的"没有《权利法案》,合众国就没有安全",宪法应当添加一项《权利法案》,1787 年 11 月 28 日詹姆斯·威尔逊在费城发表了作为"所有联邦党人思考之基础"的《在宾夕法尼亚邦批准宪法会议上的演讲》(即《在费城公共集会上的演讲》),为制宪会议为什么忽略添加《权利法案》进行辩解。他认为:第一,提交人民讨论的宪法在一定程度上已包含对个人自由的保护。[1]第二,到 1787 年末批准宪法会议,除新泽西邦、纽约邦、康涅狄格邦和罗德岛邦,大多数邦已制定了《权利法案》,它足以保障个人权利。[2]第三,制宪会议代表认为他们缔造了一个仅仅拥有宪法明确授予权力的有限政府,政府只能做它被明确授权的事,宪法在任何条款中都不会许可政府侵犯言论自由或出版自由,或施加残酷的、非常的惩罚。甚至制宪会议的一些代表也担心,如果——列举宪法应加以保障的个人权利和自由,政府官员可能认为他们有权做宪法未明确予以禁止的事,人民的权利将是不完整的。因此,威尔逊最后陈述道:"对于有关《权利法案》的每一项提议,合众国公民似乎总是认为,我们保留着想做什么就做什么的权利。"[3]

反联邦党人也时刻关注着詹姆斯·威尔逊的回应,并提出了更多的反驳论点。实际上,反联邦党人对威尔逊的观点的批驳与反联邦党人对宪法的批评几乎具有同等重要性。[4]当埃尔布里奇·格里《对签属国家宪法的反对意见》于 1787 年 11 月 3 日被《马萨诸塞卫报》公开发表时,他重述了一系

---

① 美国宪法有关公民权利的规定有七点:人身保护状不得中止(除非发生入侵或战争)、国会不得通过公民权利剥夺法案、国会不得通过追溯既往的法律、刑事案件由陪审团审理、每个州的公民应享有各州公民享有的一切特权和豁免权、不得以宗教信仰的声明作为担任合众国官职的资格、不得制定损害契约义务的法律,等等。参见青维富:《美国宪制特色之法理评析:纵横向相结合之分权制衡》,北京:法律出版社,2010 年,第 30 页。

② 比较托马斯·杰斐逊观点,美国宪法的《权利法案》为私人领域对抗公共权力塑造了最后的也是最为彻底的法律堡垒。参见[美]汉娜·阿伦特:《论革命》,陈周旺译,南京:译林出版社,2007 年,第 236 页。

③ Thomas Lloyd, comp. and ed., *Debates of the Convention of the State of Pennsylvania on the Constitution proposed for the Government of the United States*, Philadelphia, 1788, *DHFFC*, pp.41–44.

④ James Wilson, "Speech at a Public Meeting in Philadelphia," Oct. 6, 1787, *Pennsylvania Herald, and General Advertiser*, Philadelphia, *DHRC*, XIII, p.339.

列令人震惊的棘手问题,这些问题在一个月前正是威尔逊努力试图解决或消除的问题。格里的反对意见重印了四十六次之多,超过任何其他反联邦党人的作品的印刷次数,现收藏于美国费城图书馆,里奇蒙德公司印制的小册子广为人知。他的作品在当时美国八个最重要的反联邦党人的文选重印中排列第六位。作为1787年费城制宪会议三名不签名的代表(埃德蒙·伦道夫、乔治·梅森和埃尔布里奇·格里)之一所起的作用而言,格里的观点具有重要的新闻价值和参考意义。汉密尔顿、杰伊和麦迪逊在《联邦党人文集》中反复提到格里在1787年联邦制宪会议上发表的反对意见,而几乎很少提到其他反联邦党人的反对意见。显然,宪法的支持者们也意识到格里的短论文的重要性,他们竭尽全力反驳格里的观点。马萨诸塞邦的联邦党人纳撒尼尔·戈汉姆坚信"格里先生的言辞已经为新宪法的批准和新政府的建立带来了无穷的灾难"。康涅狄格邦的联邦党人奥立维·埃尔思沃斯的系列短论文被名为"土地拥有者"的出版商出版,他的论著耗费了大量的时间和精力回击格里对宪法的批评意见。①由此我们知道,格里的文选使反联邦党人有关批评宪法的观点变得更加充实。他在文选中用一个独立段落简洁地提出了一系列棘手的宪法性问题,概括了反联邦党人对拟议的宪法的主要反对意见:

> 我对这一新方案的主要反对理由是:没有适当的宪法条款规定人民的代表权;他们的选举权得不到应有的宪法保障;立法机关的一些权力模糊不清,以及其他权力行使的不明确和具有危险性;行政权力的混同性特征,它将不适当地影响立法权;司法部门将是压制性的;最重要的国际条约或协定必须经参议院总人数的2/3以上多数同意且由总统批准;所设计的政府制度没有公民的《权利法案》的保障。②

因此,在埃尔布里奇·格里看来,新宪法在新政府的结构方面总的缺陷

---

① A Republic, No.1, "To James Wilson, Esquire," *New York Journal,* Oct. 25, 1787, *DHRC,* XIII, p.477; An Old Whig [George Bryan, John Smile, and James Hutchinson?], No.2, *IG,* Oct. 17, 1787, *DHRC,* XIII, pp.399–430. Centinel [Samuel Bryan?], No.2, "To the Freemen of Pennsylvania," *FJ,* Oct. 24, 1787, *CA–F,* II, pp.143–154; No.10, *IG,* Jan. 12, 1788, *CA–F,* II, p.183; No.13, *IG,* Jan. 30, 1788, *CA–F,* II, pp.191–192; No.14, *IG,* Feb. 5, 1788, I, *CA–F,* I, pp.194–195.

② Nathaniel Gorham to Henry Knox, Dec. 24, 1787, Knox Papers, *HSP, DHRC,* XIII, pp.546–548.

在于它有强化中央政府权力的倾向。"拟议中的宪法如果带有任何联邦特性的话，那是极少的，而相对多地表现为政府体系的国家特性。"①当然，没有任何其他的反联邦党人在如此广泛的范围内努力设法把反联邦党人反对宪法的主要批评观点用如此简洁的语词表达出来。格里对拟议的宪法简短而具有概略性的批评意见被当时美国社会各阶层和参与公共论坛争论的许多作者广泛地加以引用，并详细阐述。

继埃尔布里奇·格里发表反对宪法的批判性短论文之后，反联邦党人的反对意见在公共论坛范围内产生较大影响的是乔治·梅森的《对制宪会议制定构建政府的宪法之反对意见》，发表于1787年11月12日，即格里的反对意见发表后的几周，但是在当时被重印的版本较少，且影响范围极小。尽管乔治·梅森的短论文对当时美国整个公共论坛产生的直接影响较小，然而它对于南部各邦的反联邦党人精英人物用于抨击联邦党人的观点仍然具有重要意义。乔治·梅森的短论文以手稿的方式广泛流传，且当他们在《宾夕法尼亚邦制宪会议少数派提出反对意见的理由和演讲:致选民》中正式形成反对意见时，乔治·梅森的论点被格里和宾夕法尼亚邦的反联邦党人首要人物成功地获取，并成为回击联邦党人批评观点的重要手段。②因此，如果我们仅仅根据当时乔治·梅森的短论文被印制的数量来评价乔治·梅森对公共论坛争论的影响，那么只能对他的思想在形塑反联邦党人对宪法批评所起的作用方面提供一小部分的解释理由。

此外，埃尔布里奇·格里和乔治·梅森反对宪法的意见在内容上具有相当多的重复部分。当他们在提出把缺失的《权利法案》列入公民权利保护清单时，梅森指出，宪法遗漏了对出版自由和经由陪审团审判的特定权利之保护，且最糟糕的部分是违背美利坚民族的民意设立常备军的禁令。梅森在评论的结尾部分写道:"这个政府将会从温和的贵族制发端，目前还不能预见，在其运作过程中，终将导致君主制或腐败的贵族制。"③当格里和梅

---

① Elbridge Gerry, "Hon. Mr. Gerry's Objections," 1788, *DHRC*, XIII, pp.548–550.

② 作为弗吉尼亚邦邦长的埃德蒙·伦道夫的著述尽管比格里、乔治·梅森或路德·马丁的著述显得并不太重要，但是他的著述比雅茨和兰欣的反对意见更具有影响力。

③ 此外，乔治·梅森引入了有关地方主义的偏见问题，指出宪法缺乏一个劝诫总统的事务委员会。总统事务委员会，乔治·梅森得出结论，必须由"六名成员组成，来自东部、中部和南部每一个邦各两名成员组成"。令人感兴趣的是，抨击制定商业规则的权力可能因宪法规则运行时与南部各邦的利益相违背，从而被北部的新闻报纸遗漏掉。George Mason, "Objections to the Constitution," *Massachusetts Centinel*, Nov. 21, 1787, *CA-F*, II, pp.11–14.

森反对宪法的意见付印面世时,反联邦党人批评1787年美国宪法的主要观点之梗概已经完整的建构了起来。概言之,反联邦党人的主要著述中反复提到反对拟议的宪法的九个重要主题是:

一是中央集权特征。宪法废除了合众国的联邦特性,且建构了一个直接对人民实施治理的单一国家政府。[①]各邦政府被剥夺了重要的政府职能。由于能够有效地保护自由的共和政府仅仅只能存在于小共和国,因此,中央集权政府不仅潜在地毁损了共和主义原则,而且易于侵犯人民所享有的自由和权利。

二是政府的贵族政体特性。宪法潜在地破坏了共和主义原则,且促进政府制度向贵族政体方向发展。[②]如果缺乏赋予参议院和众议院相应的制约权力,那么政治阴谋小团体和腐败将不可避免。宪法缺乏如每年选举和迫使轮流任职等保护手段。如果没有这些防御措施,代表将终止对人民负责。同样,控制选举的方式也需要归还给各邦。缺乏适当的分权制度可能导致政府不同部门之间的冲突,尤其是关于任命官员和大使、签订国际条约或协定。

三是适当的代表性。宪法在政府的民众部门(国会的众议院)中无法提供适当的人民代表参与其中。同样以平等代表制原则所建立的参议院过分地远离民众,且不能完全表达人民的意愿。[③]

---

① 有关反联邦党人批评拟议的宪法构建中央集权政府的问题,麦迪逊在《联邦党人文集》第三十九篇作出回应:"从宪法与宪法修正权力的最后关系来检验宪法,它既不完全是国家性的,也不完全是联邦性的。如果它完全是国家性的,最高的和最主要的权力就属于联邦大多数人民,而这个权力就像每个全国性社会的大多数的权力一样,随时能够更换或废除它所建立的政府;如果它完全是联邦性的,对约束所有各州的每个改革都需要得到联邦每一个邦的赞同。"参见[美]汉密尔顿、杰伊、麦迪逊:《联邦党人文集》,程逢如、在汉、舒逊译,北京:商务印书馆,2017年,第226—227页。

② 有关贵族政体特性的问题,汉密尔顿在《联邦党人文集》第九篇作出回应:"就孟德斯鸠反对一般性的各邦联合的建议而论,他明确地把联邦共和国当作扩大民众政府范围,并使君主政体和共和政体的利益调和一致的手段。"显然,汉密尔顿更偏爱于混合政体,尤其是英国君主立宪政体(集君主政体、贵族政体和民主共和政体于一体)。参见[美]汉密尔顿、杰伊、麦迪逊:《联邦党人文集》,程逢如、在汉、舒逊译,北京:商务印书馆,2017年,第48页。

③ 关于联邦国会的问题,汉密尔顿或麦迪逊在《联邦党人文集》中占用了大约17%的篇幅(第五十二至六十六篇)专门阐述了与联邦众议院和参议院相关的问题,如选举人和被选举人资格、选举人数量的增减、选举原则、选举方式、选举时间、任职资格、薪水、任职年限、权力行使范围以及责任问题。参见[美]汉密尔顿、杰伊、麦迪逊:《联邦党人文集》,程逢如、在汉、舒逊译,北京:商务印书馆,2017年,第309—393页。

四是分权与混同权力。宪法以一种危险方式混同立法机关和行政部门之间的职能。这些条款包括签订国际条约或协定、任命官员和弹劾权等都是混同这些职能的最明显例证。①

五是联邦司法专制。宪法创设了一个强有力的司法部门，威胁着各邦法院司法权的完整性。联邦法院在事实上和法律上拥有广泛的司法管辖权，且受案范围过于宽泛。②

六是《权利法案》之遗缺。宪法遗漏了权利宣言所确立的由人民保有的必不可少的个人自由，尤其是出版自由、良心自由和经由陪审团审判的权利。③

七是关于联邦政府征税权。宪法赋予国家政府广泛的征税权，它可能使联邦政府经常采用压迫人民的方式征税，进而由于剥夺各邦管理必不可少的岁入，从而威胁各邦的自治权。④

① 有关分权和混同权力的问题，麦迪逊在《联邦党人文集》第四十七、四十八、五十一篇中运用孟德斯鸠的经典论述和各邦宪法规定的事例作出回应："立法、行政和司法权置于同一人手中，不论是一个人、少数人或许多人，不论是世袭的、自己任命的或选举的，均可公正地断定是虐政。"同时，麦迪逊还阐述了权力部分混同的必要性在于：实现权力制衡。参见[美]汉密尔顿、杰伊、麦迪逊：《联邦党人文集》，程逢如、在汉、舒逊译，北京：商务印书馆，2017年，第283—294、304—313页。

② 有关司法专制的问题，汉密尔顿在《联邦党人文集》第七十八篇中阐述了联邦司法部门是"最小危险的部门"："大凡认真考虑权力分配方案者必可察觉在分权的政府中，司法部门的任务性质决定该部门对宪法授予的政治权力危害最小，因其具备的干扰与危害能力最小。"行政部门具有荣誉、地位的分配权，并执掌社会的武力；立法机关掌握财权，并制定公民权利义务的准则；司法部门是既无军权、又无财权，不能支配社会的力量与财富，不能采取任何主动的行动。换言之，司法部门既无强制、又无意志，只有中道的判断，且为实施其判断亦需借助于行政部门的力量。参见[美]汉密尔顿、杰伊、麦迪逊：《联邦党人文集》，程逢如、在汉、舒逊译，北京：商务印书馆，2017年，第453页。

③ 有关《权利法案》的遗缺问题，汉密尔顿在《联邦党人文集》第八十四篇中阐述了《权利法案》，"从目前争论的意义与范围而论，列入拟议中的宪法，不仅无此必要，甚至可以造成危害"《权利法案》条款中包括若干未曾授予政府的权力限制，因此一旦把《权利宣言》列入拟议中的宪法，将成为政府要求多于已授权力的借口。参见[美]汉密尔顿、杰伊、麦迪逊：《联邦党人文集》，程逢如、在汉、舒逊译，北京：商务印书馆，2017年，第396页。

④ 有关联邦政府的征税权问题，汉密尔顿在《联邦党人文集》第三十至三十二篇中作出回应："在事情的正常发展中，一个国家在其存在的每个阶段的需要，至少与其财源不相上下，我认为这可以看作人类历史所证实的一种见解。"但是这种税收是用于获得应付国家迫切需要的手段的主要方法，所以充分获得税收的权力，必须包括在为迫切需要作准备的权力之中。进而征税的数量，任一方面的增税是否适当，尽管它是共同慎重考虑的问题，但是不会包含权力的直接抵触。[美]汉密尔顿、杰伊、麦迪逊：《联邦党人文集》，程逢如、在汉、舒逊译，北京：商务印书馆，2017年，第167—180页。

八是关于设立常备军。宪法忽视了在和平时期禁止创立常备军,且威胁着各邦军事力量的完整性。①

九是关于行政部门。新宪法赋予总统过于宽泛的行政权力,其危险在于创制了一种选举产生的君主政体。②

综上所述,结合联邦党人与反联邦党人在批准宪法时期通过各种著述所表达的许多具有争议性的观点,我们在表1-4中着重列举了联邦党人与反联邦党人的主要辩论主题与相对应的短论文、小册子、评论或在公共论坛上的演讲。

表1-4 联邦党人与反联邦党人的主要争论主题和相对应的作者与作品

主题	反联邦党人著述	联邦党人之回应
强大中央政府之必要性	"约翰·德威特"第一、二篇	《联邦党人文集》第一至六篇
制定《权利法案》	"约翰·德威特"第二篇	1787年10月6日詹姆斯·威尔逊《在公民大会上的演说》,《联邦党人文集》第八十四篇
合众国之特性与权力	帕特里克·亨利演说,1788年6月5日	《联邦党人文集》第一、十四、十五篇
自治政府之责任与制衡	"森提内尔"第一篇	《联邦党人文集》第十、十五篇
联盟之权力范围、州权力、权利法案,税收	《宾夕法尼亚邦制宪会议少数派提出反对意见的理由和演讲:致选民》;"布鲁图斯"第一篇	《联邦党人文集》第十、三十二、三十三、三十五、三十六、三十九、四十五、八十四篇

---

① 有关建立常备军的问题,汉密尔顿在《联邦党人文集》第八、二十五、二十六篇中作出回应,现存的内忧外患和法律不能得以执行所"永久存在的危险,迫使政府经常准备抵御;它为了刻不容缓的防御需要,必须有足够的军队"。参见[美]汉密尔顿、杰伊、麦迪逊:《联邦党人文集》,程逢如、在汉、舒逊译,北京:商务印书馆,2017年,第40—44、141—145、146—151页。

② 有关行政部门的问题,汉密尔顿在《联邦党人文集》占用了大约13%的篇幅(第六十七篇至七十七篇)阐述了行政部门的性质和组成、行政首脑的任命方式、任职期限、权力行使范围、薪资、作为行政首脑和军事首脑的权限和责任。汉密尔顿尤其论述了建立一个强有力行政部门"需要的因素有四:统一、稳定、充分的法律支持和足够的权力"。作为保障共和制度安全的行政首脑和军事首脑"需要的因素是:第一,人民对之一定的支持;第二,承担一定的义务"。参见[美]汉密尔顿、杰伊、麦迪逊:《联邦党人文集》,程逢如、在汉、舒逊译,北京:商务印书馆,2017年,第394—451页。

主题	反联邦党人著述	联邦党人之回应
共和国之扩大范围,税收	"联邦农夫"第一、二篇	《联邦党人文集》第八、十、十四、三十五、三十六篇
宽泛之创设权、税收权	"布鲁图斯"第六篇	《联邦党人文集》第二十三、三十至三十四篇
防务、常备军	"布鲁图斯"第十篇	《联邦党人文集》第二十四至二十九篇
司法部门	"布鲁图斯"第十一、十二、十五篇	《联邦党人文集》第七十八至八十三篇
民治政府	"约翰·德威特"第三篇	《联邦党人文集》第二十三、四十九篇
行政权力	"加图"第五篇	《联邦党人文集》第六十七篇
定期选举	"加图"第七篇	《联邦党人文集》第五十九篇
众议院	"布鲁图斯"第四篇	《联邦党人文集》第二十七、二十八、五十二至五十四、五十七篇
参议院	"布鲁图斯"第十六篇	《联邦党人文集》第六十二、六十三篇
众议院与参议院代表之选举	梅兰克顿·史密斯演说,1788年6月20日至27日	《联邦党人文集》第五十二至五十七、六十二至六十三篇

总之,反联邦党人要么针对一个主题提出反对意见,要么综合各类主题提出多样化的反对意见,这折射出反联邦党人作者所提出的观点具有明显的多样化和分歧性特征。尽管如此,反联邦党人在批准宪法会议的争论过程中所提出的反对意见仍然是主题明确、重点突出,且具有一致性和连贯性。换言之,他们有关美国宪法和政治的争论观点在当时一再地被重现和重印,总是保持前后一致,贯穿始终。由此,反联邦党人抨击新宪法的反对论点的整体逻辑结构和主旨仍然与美国批准宪法时期的所有其他反对意见保持着高度的契合性。

二、政府的联邦特性:真正的联邦主义政府

反联邦党人就1787年费城制宪会议拟议的新宪法的缺陷提出的反对意见在美国广域领土范围内显示出了更大的影响力,以至于一些反联邦党人作者提议召开第二次制宪会议,以便修正拟议的宪法本身所具有的缺陷。而另一些人则更偏爱由各邦批准宪法会议通过先前已提出的宪法修正案。据当时的新闻报道,在1788年2月上旬,就宪法修正案的各种争论主题所拟定的宪法修正案清单在马萨诸塞邦制宪会议上首次获得通过,并

在出版界引起了更为广泛的关注。①因为马萨诸塞邦制宪会议的行为导致了许多反联邦党人作者更为详细和认真地思考宪法修正案问题。同年，马萨诸塞邦、马里兰邦、南卡罗来纳邦、新罕布什尔邦、弗吉尼亚邦、纽约邦和北卡莱罗纳邦等七个邦的制宪会议也分别提出了相应的宪法修正案。②同时，各邦制宪会议所提出的不同类型的建议性宪法修正案清单在出版界以各种不同的形式广泛地被印制。③

尽管各邦所拟议的宪法修正案因所在邦在批准宪法时期的各种具体政治状况和经济状况不同而显示出复杂性和差异性，但各邦制宪会议所拟议的大多数宪法修正案条款还是反映了当时反联邦党人的地方主义情怀，且被持中间立场的联邦党人的观点所形塑，因为持中间立场的联邦党人在宪法争论的许多方面其实是支持反联邦党人的观点。据统计，各邦总共提出了一百二十四个宪法修正案，且不同邦所提议的特定宪法修正案条款与另一些邦所提议的某些宪法修正案条款或者相互矛盾，或者许多相同的主题和主张被另一个或其他更多的邦重复地提了出来。美国立宪时期反联邦党人所提出的宪法修正案具有明显的特征：美国公民提出多主题化的宪法修正案与反联邦党人提出有关新宪法的多主题性的反对意见相互呼应。由于有关宪法修正案的主题在一定程度上变得更为复杂，它导致了美国社会的特定政治结果——宪法修正案必须由具有不同特性的单个邦的制宪会议或批准宪法会议批准。④

在当时，宾夕法尼亚邦的反联邦党人罗伯特·怀特赫尔在其最具有影响力的小册子《宾夕法尼亚邦制宪会议少数派提出反对意见的理由和演

---

① William H. Riker, *The Strategy of Rhetoric Campaigning for the American Constitution*, Yale University Press, p.238.

② 上述宪法修正案条款是由五个邦(马萨诸塞邦、马里兰邦、弗吉尼亚邦、纽约邦和北卡莱罗纳邦)的制宪会议提出来。

③ 关于召开修改宪法的第二次制宪会议，参见 An Old Whig, No.4, *IG*, Oct. 27, 1787, *DHRC*, XIII, p.497。马萨诸塞邦制宪会议提议的宪法修正案，参见 An Old Whig, No.4, *IG*, Feb. 6, 1788, *DHRC*, XVI, pp.60–69。关于反联邦党人的回应，参见 Philadelphienesis, No.10, *FJ*, Feb. 20, 1788, *DHRC*, XVI, pp.158–161; A. Plebeian [Melancton Smith?], *An Address to the People of the State of New York*··· New York, 1788, *DHRC*, XVII, p.137。

④ William H. Riker, *The Strategy of Ratification: Campaigning for the American Constitution*, *DHRC*, XVI, p.243.

讲:致选民》①中最早和最广泛地传播了各邦制宪会议提议的宪法修正案。在小册子中,罗伯特·怀特赫尔提出了下列宪法修正案清单:

    1.规定许可良心自由的权利;

    2.规定由陪审团审判的权利;

    3.规定被告质证控告者的权利和禁止自证其罪;

    4.禁止过度交纳保释金和罚款及酷刑和非寻常的刑罚;

    5.禁止颁发普通特许令状;

    6.保护言论、出版和发行的自由权利;

    7.保护公民持枪的权利,禁止和平时期建立常备军,且保证把军事力量置于人民的控制之下;

    8.保护海上捕捞和养殖的权利;

    9.确认各邦在其管辖范围内有征税的权利;

    10.增加下议院代表数量和规模与归还各邦控制参议员和众议员的选举;

    11.归还各邦控制军事力量,确保各邦的主权,并限制明确授予联邦政府的权力;

    12.确认必须保持新政府的立法职能、行政职能和司法职能各自分立,建立总统事务委员会;

    13.确认所有条约必须与美利坚合众国的法律和各邦法律保持一致;

    14.限制联邦司法权裁决管辖下列具有影响的案件:有关大使、公使和领事,美国作为一方当事人的海事和民事争议,两个或两个以上的邦之间的争议,一邦公民与他邦公民之间的争议,因土地转让而影

---

① 1787年12月18日《宾夕法尼亚邦制宪会议少数派提出反对意见的理由和演讲:致选民》,发表于《宾夕法尼亚邮报》和《每日广告报》,参见 Herbert J. Storing, *The Complete Anti-Federalists*, The University of Chicago Press, 1981, III, pp.145-167。

响他邦的争议及一邦或其居民与外国国家之间的争议。①

由此,反联邦党人所提议的宪法修正案包含了明确保护公民的基本权利条款,且所使用的语词大多数被1791年第一届国会通过的《权利法案》重复使用。尽管现代学者总是试图把反联邦党人有关公民权利的保护与他们所关注的邦权力区分开来,但是在当时的情形下有关权利的概念与大多数反联邦党人的思想总是紧密地联系在一起,例如有关联邦司法权的限制既反映了反联邦党人对保护公民个人权利的愿望,又能确保联邦政府不通过司法令扩大行使司法权力的范围。在此,如果我们试图把美国宪法修正案的特定条款归类为共和主义或民主主义的尝试似乎可能造成时代的误读,因为一些反联邦党人欣然接受有关权利的、更贴近自由主义的概念;而另一些反联邦党人则以更为共和主义的术语表达权利概念。当然,更具有自由主义特性的反联邦党人最重要的表达方式之一在于努力寻求参与政治生活和表达自由权利的保障。

《宾夕法尼亚邦制宪会议少数派提出反对意见的理由和演讲:致选民》小册子要求对1787年宪法进行扩大范围的结构性改变,这可能在美国联邦制度范围内改变宪定权力之间的平衡。因此,他们一再申明,各邦有征税和控制武装力量的权力;制约新的联邦政府依据宪法明确授予的权力;限制司法权力的管辖范围和联邦政府签订国际协定或条约的权力,其最终目的在于消除新的国家政府逐渐扩大和加强中央权力的趋势。而提议扩大下议院的范围和适当的代表人数及设立总统事务委员会制度,其主要意涵在于防止新的国家政府向贵族政体转化。小册子也表达了人民的担心,即分权在联邦政府范围内并非可以有效地被权力体系执行。在他们看来,关于签订国际协定或条约与在任命官员上赋予参议院提出建议和批准的职能似乎更容易招致阴谋算计。由此,为了矫正拟议宪法的局限,小册子提议在行政部门设立总统事务委员会作为预防和减少行政部门和立法机

---

① [Samuel Bryan], "The Address and Reasons of Dissent of the Minority of the Convention of Philadelphia to Their Constituents," *Pennsylvania Packet*, Dec. 18, 1787, *CA–F*, III, pp.150-152. 托马斯·杰斐逊1788年2月7日在法国巴黎《致亚·唐纳德先生的一封信》中也提出有关《权利法案》的问题:"所谓权利宣言,我指的是这样一个宣言,它保证信仰自由、言论自由、反垄断的贸易自由、一切案件由陪审团审判、人身保护法不中止执行、不设常备军。"参见[美]托马斯·杰斐逊:《杰斐逊选集》,朱曾汶译,北京:商务印书馆,1999年,第419页。

关相互密谋和算计的机会,并提供一种必不可少的预防措施。值得注意的是,关于海上捕获的权力,在小册子的宪法修正案清单中,个别邦的批准宪法会议希望提出更多的且更有可能制约国家政府权力的宪法修正案条款。令人不解的是,宪法反对派提出宪法修正案的本意旨在如何保护公民的自由和权利,防止国家政府扩大权力和滥用权力。[1]然而各邦提议的宪法修正案条款表明,它并非出于保护公民个人权利,从而寻求明确的预防措施,而是试图在联邦政府权力体系范围内变更既定权力之间的平衡,主要是禁止联邦政府负责选举和直接征税的权力,它是宪法修正案条款已明示限制联邦政府依据拟议的宪法所明确授予的权力。[2]

第四节　批准宪法之修辞技巧和言辞艺术

如果只是简单地评价和认定反联邦党人作者对宪法提出的实质性批评,那么我们仅仅只能提供给读者如何诠释这些批评的一种颇具偏爱性的见解。与反联邦党人对宪法所提出的反对意见相关联的许多关键性术语,例如"贵族制""民主制""德性""理性"等在反联邦党人阵营内部的不同组织之间采用了不同的保守主义或激进主义解读方式。当然,反联邦党人对拟议的宪法也发出了某些共同的批评声音,如宪法的贵族特性是社会下层阶级撰写讽刺作品猛烈抨击出身高贵的人所表达的一种特殊含义,但是如果由具有较高文化素养的社会上层阶级把这一术语置于体现学识渊博的拉丁语引文中,它就具有了完全不同的意涵界定。反联邦党人的作者们在印制其作品中可能会采用不同的语词和解释方式。例如,特定作者通过修辞上的表象人格或伪装为有助于说服一般听众继而采用一种最具有策略的修辞方法;而其他作者则可能选择一名绅士、一定数量且体格壮硕的自

---

[1] 其实,宪法反对派基于保护公民的权利和自由提出宪法修正案,尤其是《权利法案》,他们已经意识到拟议中的宪法的实际内容绝不是维护公民自由,而是希望建立一个全新的权力体系。参见[美]汉娜·阿伦特:《论革命》,陈周旺译,南京:译林出版社,2007年,第131页。

[2] Kenneth R. Bowling, "A Tub to the Whale: The Founding Fathers and Adoption of the Federal Bill of Rights," *Journal of the Early Republic*, VIII, 1988, pp.223-251.最初,由反联邦党人所提议的宪法修正案并未在保护个体权利与宪法的结构性改变之间作出区分。关于由各邦批准宪法会议所提议的各种宪法修正案中的公共评论,参见 Donald S. Lutz, *A Preface to American Political Theory*, University of Kansas Press, 1992, pp.49-88.

耕农或下层社会的手工艺者或农民作为其演说的对象。无论是在选择文本的语词还是在选择暗喻的措辞上，他们必须做的一件事就是，通过言辞表达方式和修辞技巧，增强作者所表达的语言和信息的说服力。因此，言语表达的修辞技巧总是与特定作者的思想和观念联系在一起。①

一、言辞技巧的运用对公共论坛争论的影响

如果我们对反联邦党人的言语表达方式和修辞技巧从意识形态角度加以分析，那么反联邦党人作者的修辞技巧可能为我们研究反联邦党人作者的特定短论文在听众中可能产生的预期效果提供重要的分析线索。根据现存的各种文献推测，反联邦党人所运用的特定修辞策略使各种不同类型的读者对他们的观点产生了极大的兴趣，激起了他们参与到美国宪法争论的洪流中来。尽管反联邦党人的短论文一旦被付印，他们的作者就不可能控制读者如何解释它们了，然而他们写作短论文时如何构想读者身份的特定评估对解释他们所写作短论文的特殊意涵仍然至关重要。进而一旦反联邦党人作者的短论文被公开出版，其文本的意涵不仅被有自主决策权的作者、编者或为散布反联邦党人各种资料的其他人，而且也被对反联邦党人作出批评性回应的反对派读者所形塑。

依据现代研究者综合分析反联邦党人作者如何预设他们的听众所呈现的书面证据和有关读者如何解释当时特定文本的现存文献资料，我们完全可以获知当时美国公共论坛是如何以不同的方式评鉴反联邦党人的特定文本。尽管当时的美国公众对反联邦党人的著述可能存在不同的语词和修辞策略分析，但是不同的读者对反联邦党人著述的反应也表明反联邦党人的精英人物如乔治·梅森是如何与美国正在兴起的中产阶级代言人如梅兰克顿·史密斯一起为同一目的而工作。同样，我们也可以解释一名娴熟的手册宣传员如塞缪尔·布莱恩通过撰写短论文如何试图说服在费城的中产阶级和宾夕法尼亚邦卡莱尔镇的社会下层暴乱分子。当然，共同的术

---

① 有关历史学家所提倡的语词方法，参见 Gordon S. Wood, "Rhetoric and Reality in the American Revolution," *WMQ*, 3rd Ser., XXIII, 1966, pp.3–32。伍德对革命时期的语词学之首创研究主要是把注意力集中于内容，而不是形式，参见 William H. Riker, "Why Negative Campaigningis Rational: The Rhetoric of the Ratification Campaign of 1787–1788," *Studies in American Political Development*, V, 1991, pp.224–283。里克提出语词学的公共特性：意涵必须具有稳定性和客观性，参见 Jeffrey K. Tulis, "Comment: Riker's Rhetoric of Ratification," *Studies in American Political Development*, V, 1991, pp. 284–292。

语和概念也可能使用于说服殷实富裕的南方种植园主、富有的新英格兰商人、位于大西洋中部的新兴权力拥有者——中产阶级政客和下层社会的农民、偏僻乡村的手工艺者,并使他们联合起来反对宪法。尤其是,当沃伦夫人的作品①公开传播之后,人们普遍认为,结合作者的写作目的、修辞技巧和读者反应之间的关系来理解当时美国特定的宪法和政治主题更具有复杂性。正如"哥伦比亚爱国者"②所撰写的短论文,沃伦夫人清晰地表达了"她作为一名爱国者最重要的"观点。显然,在反联邦党人联合阵线内部的其他人也相信她的小册子是值得人们印制和传播。纽约城反联邦党人联盟在1788年4月初,即纽约邦批准宪法会议的代表选举前的几周经过努力获得了一千七百本小册子。虽然这些小册子在纽约城之外遭到了冷遇,人们反应淡漠,然而在奥尔巴尼市,当时批准宪法会议成员的反应证明了作者所采用的修辞方法对于美国普通人接受她的短论文的观点显得尤为重要。奥尔巴尼市的反联邦党人向他们党派在纽约邦批准宪法会议中起着极其重要作用的人士透露,他们认为沃伦夫人的小册子是"撰写得相当完美的短论文"。而对于奥尔巴尼市批准宪法委员会的成员而言,如果"哥伦比亚爱国者"的论点是真正具有实质意义的话,那么她的短论文所产生的效果并不能把它与作者的修辞技巧轻易地拆分开来。当作者提出许多实质性的宪法主题,并被认为具有重要性时,它在读者中所产生的综合效应主要体现在作者的写作风格和言辞技巧上。然而沃伦夫人的短论文对于美国社会下层阶级的普通人而言不可能引起更大的反应也只能归结于她的写作风格和言辞技巧出现了问题。因为沃伦夫人为短论文所选择的写作风格和语调语态反映了她出身贵族的价值观和社会政治身份,且这种贵族价值观和社会政治身份与她的共和主义理念形成一个整体。③但是对于

---

① 有关沃伦夫人于1805年发表《美国革命的兴起、进步和终结的历史》,其中第三十章和第三十一章被赫伯特·J. 斯托林收入《反联邦党人全集》第六卷第二部分。参见Herbert J. Storing, *The Complete Anti-Federalists*, The University of Chicago Press, 1981, VI, pp.195-249.

② 1788年"哥伦比亚爱国者"(即沃伦夫人)在波士顿发表《宪法的观察与联邦和邦制宪会议》,参见 Herbert J. Storing, *The Complete Anti-Federalists*, The University of Chicago Press, 1981, IV, pp.270-287。

③ A Columbian Patriot [Mercy Otis Warren], *Observations on the New Constitution, and on the Federal and State Conventions*, Boston, 1788, *CA-F*, IV, pp.270-286; Warren to Catherine Macaulay Graham, May 16, 1788, *DHRC*, XVIII, pp.20-22; "Albany Anti-Federal Committee," Apr. 12, 1788, Lamb Papers, *NYHS*, *DHRC*, XVI, p.274.

当时美国社会中间阶层和社会下层的反联邦党人而言,使用适当的文体风格只不过是增强短论文的内容所表现出来的意识形态色彩而已。由此,对于奥尔巴尼市的普通人而言,他们仅仅只是意识到,"哥伦比亚爱国者"阐述其具有政治情感和更为民主的社会伦理观并非他们适合的代言人。

二、公共论坛辩论之技巧:身份保护与思想自由

在一定程度上,尽管被重印的普通反联邦党人的短论文几乎都是由真实人物以真实姓名进行署名,但是具有代表性的反联邦党人的短论文却几乎都是用笔名或匿名的方式所撰写。当美国批准宪法期间参与公共论坛的人包括印刷业主和短论文作者采用笔名时,他们对其所构想的修辞手法都充满了极大的自信。如反联邦党人托马斯·格林利夫——《纽约报》的编辑认为,他极其重要的实践活动是为自己的作品冠以"加图"和"恺撒"——"利普里斯"(共和主义者)和"亚诺利谟斯"——锡德尼的独裁者的名义为他提供了广泛的社会认知基础。①格林利夫在描述其作品的编辑策略时列举了不同种类的笔名,如古代共和主义的代表人物——"布鲁图斯"或"加图"②在美国批准宪法时期被短论文作者广泛地加以采用,正如被称为现代"辉格党"的共和主义者以"锡德尼"③或"汉普登"④冠名那样,甚至有些反联邦党人作者的冠名听起来似乎他们本来就是来自古代社会,如署名为"亚里斯托克诺提斯"。当然,他们为自己所取的笔名也表明他们对古代社会的特定抽象理想的维护和坚持,这是反联邦党人作者用其冠名的原因。因此,有些反联邦党人试图宣称传统的辉格党理念——真正的联邦主义或纯

---

① *New York Journal*, Oct. 4, 1787, *DHRC*, XIII, p.315. 在笔名掩盖下的出版为历史学家确认特定反联邦党人短论文的作者身份带来了许多问题。尽管美国立宪时期大量重要短论文的作者已经确定下来,但是还有更多的短论文尤其是那些没有广泛重印的短论文的作者还难以确定。

② 1787年9月至1788年1月,以"加图"为笔名的反联邦党人作者撰写了《致纽约邦公民》(六篇)和《致纽约邦人民》发表于《纽约报》,参见 Herbert J. Storing, *The Complete Anti-Federalists*, The University of Chicago Press, 1981, II, pp.101–129.

③ "锡德尼"的四篇短论文于1788年2月5日、2月21日、3月11日、6月13日、6月14日分别发表于《奥尔巴尼公报》和《国家评论》(波基普西);《"锡德尼"致辞》和《致纽约邦公民》于1788年6月13日和14日发表于《纽约时报》,参见 Herbert J. Storing, *The Complete Anti-Federalists*, The University of Chicago Press, 1981, VI, pp.89–106, 107–121。

④ 1788年1月26日和2月2日,以"汉普登"为笔名的反联邦党人作者撰写短论文《致罗素》(2篇)发表于《马萨诸塞卫报》,参见 Herbert J. Storing, *The Complete Anti-Federalists*, The University of Chicago Press, 1981, IV, pp.198–201。

粹的爱国主义特质,他们采用笔名为"老辉格党",或"民主联邦党人",或"哥伦比亚爱国者"或"联邦共和党人"等等。当然反联邦党人作者的冠名也同样反映出他们与某些特定职业具有积极的联系,且呈现出特定的规律性,如"联邦农夫"①或"自耕农""农夫"或"种植业主"。此外,还有几位反联邦党人作者援引来自体现古代民主主义理想精神的称谓,他们自称为"平民之一""社会下层平民""下等人""普通人之一员""乡村人"或"民主联邦主义者"。②

事实证明,反联邦党人作者冠以笔名或以匿名方式在一定程度上对作者也能起到保护作用。由于当时美国有许多人尤其是支持联邦党人的那些人竭力批评反联邦党人的短论文,使用笔名能够有效地保护反联邦党人作者免受可能出现的诽谤性文字的责难。因此,在笔名掩护下,反联邦党人的作者可以自由地猛烈抨击他们竭力反对的某些类型的人物和思想。在小册子《真实信息》中,路德·马丁提醒他的听众:"几乎没有或甚至极少不以笔名或用更为隐匿的方式发表著述,这就暗示了他们的特定信息。"按照马丁的观点,广泛使用激烈的抨击言辞本身就证明了他断言的真实性。③阿瑟·李以"辛辛那提斯"作为署名写作短论文,"辛辛那提斯"是古罗马具有德性和完美理想的上流社会人士的称谓。阿瑟·李冠名为"辛辛那提斯"其实就是在运用古罗马杰出精英人物的修辞技巧之变体方式。当然,他写作的短论文主要是针对詹姆斯·威尔逊《在公民大会上的演说》,且"辛辛那提斯"把威尔逊称为"另类绅士"。同样,阿瑟·李在短论文中大量插入和引用了有关布莱克斯通、洛克及其他英国法学家的观点,古罗马历史、拉丁语引语和引征,从法国借用而来的孟德斯鸠和简·路易斯、德罗琳等理论家的言辞也在他的著述的引用之列。显然,"辛辛那提斯"所预期的听众是社会各阶层的成员包括绅士阶层(上流社会的人士)及醉心于用古代或现代语言展示其渊博学识的那些人们。在此,阿瑟·李的短论文所运用的修辞技巧决定了作者本身就是

---

① 有关"农夫"的三篇短论文于1788年1月11日、2月1日至6月6日分别发表于新罕布什尔的《自由人先知报》和《新罕布什尔广告报》;马里兰邦以"农夫"为笔名的作者于1788年2月至4月在《马里兰公报》(巴尔的摩)发表短论文7篇,参见 Herbert J. Storing, *The Complete Anti-Federalists*, The University of Chicago Press, 1981, IV, pp.198–201; V, pp.5–73。

② 反联邦党人在更大程度上采用笔名的范围可以从 CA-F 的内容列表中查证到。

③ Luther Martin, *The Genuine Information Delivered to the Legislature of the State of Maryland*… Philadelphia, 1788, *CA-F*, II, p.26.

要证明自己是一位具有理性认知能力和学识渊博的人。从整体而言，"辛辛那提斯"表达了他回应威尔逊在《在公民大会上的演说》中所应遵循的主导绅士之间的交流对话之传统风格。"我并非抱有希望，"他写道，"没有任何一位绅士在更多的对话中不是如此,坦诚地说,通过这些对话促使你改变自己观点,即拟议的宪法的某些特定内容是如此被构建起来,以至于它们可能损害人民的自由。"①

弗吉尼亚邦的"加图"运用了一种与阿瑟·李极为类似的修辞技巧和言辞艺术。②他审慎地强调,他对宪法的批评并非出于对制宪者们有意的不尊重。相反,"加图"表达了自己对如此杰出的一群绅士的智慧和能力提出疑问的犹豫不决,表达了他对奠基者们"由衷的敬意和敬畏"。如果仅仅只有"不恭的傲慢"和"毫无结果的假定"促使特定个体对他们的立宪目的提出疑问的话,那么这种粗野的举动只可能对那些丧失信誉的作者有用,他应当受到"应得的声名狼藉和鄙视"。出于对组成"制宪会议"的绅士们的明显的敬重,"加图"提醒读者们注意承担起他们作为自由人和美国公民而不是"普通人"的责任,审慎地思考"这些宪法性举措"。③

在美国批准宪法时期,社会的中间阶层偏爱一种不同于上层社会和下层社会的作者们的修辞风格和言辞技巧。当"联邦农夫"(也许是梅兰克顿·史密斯?)宣称他的观点"只是个体性的观点,且是至今仅有的与共同体诚实的人和大多数正直之人的观点相符合,值得公众思考时",他抓住了中间阶层偏爱的修辞风格所表达的内在属性。"联邦农夫"的短论文唤起了美国殷实的自耕农所呈现出来的特定价值观。而这些短论文之语调同样也是适中的,他着重强调作者的公开看法,且"如果把所有的事情都予以全面考虑的话,那么对于我来说似乎偏爱以共同体大多数的幸福为衡量标

① A Republic, No.2, "To James Wilson, Esquire," *New York Journal*, Nov. 1, 1787, *DHRC*, XIII, p.530; No.2, Nov. 8, pp.11–14; No.4, Nov. 22, pp.188–191.

② 以"加图"为笔名的作者于 1787 年 10 月 17 日写作短论文《致弗吉尼亚自由人》发表于《弗吉尼亚独立纪实报》,参见 Herbert J. Storing, *The Complete Anti-Federalists*, The University of Chicago Press, 1981, IV, pp.198–201, V, pp.119–124。

③ Cato Uticensis, "To the Freemen of Virginia," *Virginia Independent Chronicle*, Richmond, Oct. 17, 1787, *DHRC*, VIII, pp.70–72.

准"。①尽管"联邦农夫"求助于公共福利概念和共同体概念,但是他的辩白与反联邦党人精英人物的作者如"辛辛那提斯"所捍卫的观点极为不同,因为他的听众是社会中间阶层的民主主义者。当然,他的思想也反映了中间阶层的政治家如纽约邦的约翰·兰姆的观点。其实,约翰·兰姆也曾经提过理查德·亨利·李的观点:"对你们而言,它将大大地超出私人书信的范围,它对拟议的宪法详细阐述了我们的反对意见。且那是我们应当做的最重要的事情,正如他们在其著述中所完整阐明的,我们从'联邦农夫'的一系列书信中把有关共和主义的思想经过精心加以改编后传播给你们。"②

而类似的修辞风格也被自称为"平民"(也许是梅兰克顿·史密斯?)的作者使用,他宣称自己是"普通民众和城市自耕农"的代言人。因为这类群体的大多数人都对拟议的宪法产生疑问:"当专制政体建立时,总会存在着统治者与被奴役者;一般而言,位高权重者和出身高贵者都是前者,而社会中间阶层就是后者。"与求助于学识渊博的权威人物相比较,社会中间阶层的作者们只能求助于常识和德性,而这种求助方式可能是任何具有正常智识的公民都具有的。例如,他在阐述美国经济问题的解决方法时就明确地提出,仅仅需要运用勤劳和俭朴等简单的共和主义价值观就可以了:"取决于常识,如果一个人经济入不敷出,即买比卖更多,他终究将会负债;同样地,在城镇生活这也是一个真理。"美国的问题需要运用特定的智慧,而社会中间阶层最能提供这种解决问题的智慧。他凭借一种简单的文体风格体现了他的措辞的吸引力,广泛地激起美国的自耕农和手工艺者阶层的价值观和信念,而这些阶层就是反联邦党人所界定的社会中间阶层。就此而言,常识和德性而不是展示渊博的学识是这些作者更值得阐释的价值

---

① 亚里士多德强调"社会共同体的善","一切社会团体的建立,其目的总是为了完成某些善业——所有人类的每一种作为,在他们自己看来,其本意总是在求取某一善果。……城邦以正义为原则。由正义衍生的礼法,可凭以判断[人间的]是非曲直,正义恰正是树立社会秩序的基础"。参见[古希腊]亚里士多德:《政治学》,吴寿彭译,北京:商务印书馆,1997年,第3—9页。

② Federal Farmer [Melancton Smith?], *Observations Leading to a Fair Examination of the System of Government Proposed by the Late Convention*··· *Letters from the Federal Farmer to the Republican*, New York, 1787, *DHRC*, XIV, pp.224, 252-253; John Lamb to Richard Henry Lee, May 18, 1788, *DHRC*, IX, p.814.

观。①因此,代表社会中间阶层的反联邦党人以其修辞风格宣称的共和主义价值观最大的优势在于,它们与当时代表美国社会中间阶层的自耕农的价值观和理念紧密相连。

三、歧义理论的激进言辞:社会下层阶级之代言人

如果说一些反联邦党人热切地渴求体现社会中产阶级的职守,那么另一些反联邦党人可能并不在意煽动社会各阶层之间的对立情绪。他们有意识地针对社会各阶层的差别,并运用不同的修辞手法阐述他们的目的和意涵,试图寻求更为普通的社会下层民众的热情支持。正如作者"塞那提"——自称为"前大陆军军官"和"费拉德尔菲恩斯"的人运用一种更具煽动性的修辞风格,并使用激烈而尖刻的言辞猛烈抨击拟议的宪法试图建立贵族政体。他们撰写的短论文的内容和文体风格与"老辉格党""联邦农夫""加图"和"布鲁图斯"等社会中间阶层的民主主义者更为温和地呼吁民众的短论文相比较存在着极大的差异性,因为后者更适合于美国社会中间阶层的偏好。尽管具有完全智识能力且能言善辩的美国人在真实而无法回避的立宪时期描述了那一场伟大的政治斗争,如社会下层的平民阶级与社会上层的贵族爱国者之间的对立,但是他们并没有把自身真正置身于社会平民阶层或者贵族阶层之中。相反,他们依靠自身的社会地位寻求发表言论的机会,且他们宣称凭借自身与人民的密切关系是最有发言权的人。正如"森提内尔"所指出:"能够胜任政府原则发展目标的人们应当激励他们提出自己的建议,既而可能更好地使人民做出适当而良好的判断。"由此,他选择的署名强调了他努力把自己描述为人民自由的捍卫者。而另一系列短论文的作者则使用了某些尖酸刻薄的斥责性言辞,并运用适合于社会各阶层意识形态的修辞手法,这些言辞技巧和修辞手法在任何反联邦党人的作品中均能够找到一些适当的内容。当然,"森提内尔"拒绝接受传统思想,即财富和闲暇对于培育共和主义德性那必不可少的正义是必要的。在"森提内尔"看来,与此相对立的一面才是真理。财富实际上使人们更不可能具有德性:"一般

---

① A. Plebeian [Melancton Smith?], *An Address to the People of the State of New York* ··· New York, 1788, *DHRC*, XVII, pp.146–166. 术语"社会下层平民"(plebeian)包含两种大相径庭的意涵,它既可能是指社会的最底层阶级,也可能是用于描述处于贵族阶层之下的社会广大范围内的那些人。在此,反联邦党人的作者是指第二层意思,即把社会下层阶级等同于中产阶级类型。

而言,占支配地位的博爱与天赋、能力和占优势的社会地位等必备条件成正比例。"他告诫或提醒读者:"财富和野心并非如他们所宣称的,更能使其成为具有德性且公正的完人,而是使他们更专注于他们所行使的支配权。"因此,受过良好教育的社会阶层都必须审慎地考察这些言辞:"在每一个共同体内他们(拥有大量财富的人)认为只有他们才有权力主宰他们的同胞公民。"①由此,在"森提内尔"看来,多数人与少数人之间的斗争是永恒不变的,进而"森提内尔"指责出身高贵的贵族们专心于从事某种蓄意的阴谋诡计,其最终意涵在于试图颠覆自由和共和主义政体。

与温和的且带有敬意的语调表达其言辞特征的反联邦党人精英人物回应詹姆斯·威尔逊《在公民大会上的演说》相对比,坚持激进主义思想且具有辩才的反联邦党人作者更严厉地指责威尔逊具有贵族式的学识和气质。自称为"前大陆军军官"的宾夕法尼亚人不仅对威尔逊的论点提出了质疑,而且鄙视威尔逊的贵族气质:"他的政治行为的总体要旨总是玷污了他高贵的贵族气息,正如人们所知道的,他从来不参加真正的民众活动,且他的才情总是专注于贵族阶层的旨趣。"因此,威尔逊对上层社会的依恋情感与对下层人民大众的鄙夷相对应。自称为"前大陆军军官"的作者继续指责威尔逊,"鄙视他称之为社会下层的人民"。"民众的自由和公民大会仅仅只是为他的晋升和政治仕途提供实现的路径和方法,且他几乎不试图隐藏这种卑劣行为。"②自称为"前大陆军军官"的宾夕法尼亚人与"森提内尔"极为相似的是,"森提内尔"是代表人民发表意见,但又试图不把自己描述为社会下层广大人民中的一员;而自称为"前大陆军军官"的作者也遵循同样的修辞策略,他采用的修辞手法不是把自己视为一名普通士兵,而是采用一名军官的语词和态势发表言论。当他们都阐明他们本身并不是普通民众中的一员时,他们都试图寻求传递与普通人民具有密切关系的信息。

---

① Centinel [Samuel Bryan?], No.1, "To the Freemen of Pennsylvania," *IG*, Oct. 5, 1787, *CA-F*, II, pp.136–137.

② An Officer of the Late Continental Army, *IG*, Nov. 6, 1787, *DHRC*, II, pp.211, 213. 鲍尔·L.福德认为威廉·芬德勒是这篇短论文的作者。然而这篇短论文的语调并非与芬德勒以"汉普登"为笔名发表的短论文之写作手法相似,芬德勒认为过度尖锐刺人的语词可能达不到预期目的,参见 William Findley to William Irvine, Mar. 12, 1788, *DHRC*, XVI, pp.373–375。

四、公共争论之"平民化"言辞

有些反联邦党人作者甚至比坚持激进主义且具有辩才的反联邦党人更进了一步,他们不仅仅选择表达对平民的同情,而且实际上把自身视为平民中的一员。他们与"森提内尔"或"前大陆军军官"的表述更为不同,把自身视为与普通民众具有相同特质和秉性的人。与激进而具有辩才的反联邦党人相比较,"平民化"的反联邦党人作者宣称他们的心声才是真正表达了人民的真实意愿,因为他们本身就是普通民众或社会下层人民中的一员。一名自称为"纳税人"的作者担心:"下层阶级"可能"偏爱某些出身较为高贵阶层的人们的观点,这些出身较为高贵的阶层就是责难1775年旧传统思想的阶层。尽管一般民众在政府事务方面仍然具有良好的判断力,但只有专心研究政体的较为高贵阶层的人士才能充分利用时间。"自称为"平民"的人炮制了詹姆斯·鲍丁致"詹姆斯·德·凯勒多纳"(即詹姆斯·威尔逊)的一封虚假书信,他运用激进的修辞方法与文体风格上的讽刺手法驳斥拟议的宪法所存在的问题,其产生的特殊语言效果在于:为反联邦党人驳斥联邦党人贵族式的虚饰的外在表象提供了强有力的手段。他不仅不尊重威尔逊出身苏格兰贵族的背景,而且嘲笑式地称威尔逊为"德·凯勒多纳"。这封信滑稽地模仿了联邦党人的语调,并告知读者宪法被批准之后,联邦党人"将绝不会再费神去争取人民,绝不会再担心选举的事情"。出于建立新政府的需要,出身高贵的社会阶层"将可能与人民保持适当的距离"①。当然,自称为"平民"的作者们,他们的文本之所以能完成写作,并被人们所接受,关键在于他们所运用的修辞手法和写作风格程式,而不是隐喻式和三段论式的推理方式,他们并非仅仅只是简单地指责"詹姆斯·德·凯勒多纳"背叛人民的自由理念,而且他们还付诸实际行动,即准备了带有姓名"詹姆斯·威尔逊即凯勒多纳"的一座塑像,并举行一种仪式性的审判和执行程序。在此,威尔逊被视为一名卖国贼,他们高举着威尔逊的塑像绕城游行,反复鞭打,并把威尔逊的象征性遗体判为火葬。由于他们针对的是贵族政体,羞辱和执行威尔逊的仪式就成为美国反对派表达反对意见中最为引人注目

---

① A Customer, *Cumberland Gazette* (Portland, Maine), Mar. 13, 1788, *CA–F*, IV, p.202; James Bowdoin to James de Caledoia, *IG*, Feb. 27, 1788, *DHRC*, XVI, p.240.

的方式之一。①与此同时,卡莱尔镇自称为"宾夕法尼亚人"和"一群反联邦党人"的人们声称他们代表了反对派的平民主义传统,并发表了针对詹姆斯·威尔逊《在公民大会上的演说》的不同看法。由此,美国批准宪法时期"平民化"的激进主义者们不仅发表了具有激进性的言辞,而且他们还把他们的激进主义思潮融入其激进的行为之中,为后来分化反联邦党人的统一战线提供了现实基础。

总之,反联邦党人运用文学上各种不同的修辞技巧和言辞方法,包括短论文的语词语调、引用类型和签名选择,其目的在于帮助作者拟订反对拟议的宪法的论点,并保护自身免受反对派言辞的诘难。然而这些修辞策略和他们所运用的不同隐喻方法被不同的思想体系所形塑。有些反联邦党人作者撰写的作品竭力表达这样一种思想:美国是由各自独立的自耕农所组成的同构体社会;而另一些反联邦党人作者则选择求助于不同阶层的社会民众,这些民众由初具规模的社会各阶层所构成:社会上层、中间阶层和社会下层。②还有一些反联邦党人作者偏爱发表他们的听众喜好的观点,并按照二分法把当时的美国社会划分为精英人物和普通民众。③其实,反联邦党人作者所运用的言辞技巧和修辞手法反映了当时的大多数听众几乎都会认同的所有概念。因此,尽管反联邦党人的文体写作手法和修辞技巧仅仅只是服务于他们用于分析构想异质性社会共同体的一种手段和方式,然而这是重构真实听众感想的第一步,也是特定短论文预期所要达到的最初目的和效果。④

---

① 有关卡莱尔骚乱的讨论,参见 Saul Cornell, *Aristocracy Assailed: The Ideology of Back-country Anti-Federalism*, JAH, LXXVI, 1989~1990, pp.1148~1172.

② 反联邦党人作者依据出身背景、经济基础、文化素养、政治立场、社会地位以及在当时重大社会政治运动中的作用等因素综合评估,把当时美国社会划分为三个阶层:社会上层阶级、社会中层阶级(中产阶级)和社会下层阶级。然而有关三个阶层的意涵具有模糊性和不确定性。例如,有时反联邦党人所指的社会下层阶级是指社会中产阶级类型(主要是自耕农和手工业者),有时是指社会底层的草根阶级(包括采取激进行为的激进主义者和其他社会底层的人们)。

③ 另一些反联邦党人根据财富多寡、政治立场、文化素养、社会地位和作用把当时的美国社会划分为两个基本阶层:精英人物阶层(主要是指那些具有贵族特性和气质的人们)和普通民众(包括中产阶级和真正的社会底层阶级)。

④ 关于读者隐含的概念,参见 Robert C. Holoub, *Reception Theory: A Critical Introduction*, Oxford University Press, 1984, pp. 84~85, 100~101; Jonathan Culler, *On Deconstruction: Theory and Criticism after Structuralism*, Cornell University Press, 1982, pp.241~245.

第五节　解读之政治与政治之解读

尽管反联邦党人作者可以运用大量的言辞技巧和修辞手法推究他们的听众可能应当如何领悟他们的观点，但他们并不能真正地感知到不同语境中的读者在阅读其文本时究竟会作出何种反应。虽然现存的历史记录并不能提供足够的证据资料，让我们建立起更为详细的阅读式的人物志，但是它至少能为学术研究者和社会实践者提供清晰的理想类型。[1]如果我们要梳理反联邦党人的短论文实际上是如何被公众阅读和解读的，就必须从美国制宪会议和批准宪法会议时期参与各种争论的人物的书信和有关反联邦党人短论文的现存文本所存在的微量资料中完整地收集各类相关信息。由此，阅读与引用交互文本方式就为我们解读反联邦党人文本提供了特定的重要线索。[2]因为读者与作者之间有着密切的关系，反联邦党人的作者总是以各种交互文本方式寻求自己文本的恒定读者。因而关于反联邦党人的特定短论文是如何被读者解读的证据实际上可以通过仔细研究反联邦党人不同文本的传递路径和方式作为我们获取如何解读其他相关文本的论点的基础。

一、精英反联邦党人的政治解读方式

在美国批准宪法时期，理查德·亨利·李和阿瑟·李的政治解读方式是反联邦党人精英人物对拟议的宪法及他们发表的各类短论文之典型解读方式。当他们对詹姆斯·威尔逊广泛重印的《在公民大会上的演说》提出疑问时，李说道："出版界发表对他和他的思想体系恢宏且逻辑严密的驳斥，使其在公共信誉中大大地丧失了听众基础。"由此，李从广义上解读了联邦

---

① 理想类型源自德国社会思想家马克斯·韦伯的观点，韦伯从经验视角阐释理想类型，其目的在于"建构理想类型就意味着在一定程度上突出某些具有重大文化意义的方面，以使突出展示某些相应的现象成为可能"。参见[德]沃尔夫冈·J.蒙森：《马克斯·韦伯与德国政治：1890—1920》，阎克文译，北京：中信出版集团，2016年，第63页。

② 有关读者回应之修辞技巧的历史运用，参见 Robert Darnton, *The Great Cat Massacre and Other Episodes in French Cultural History*, Vintage Books, 1985, pp.137-139. 现代文学理论最重要的体悟之一就是互文概念。每个文本可能作为对其他文本的解读或回应而趋于接近。当确定有关特定文本现存作者的信息位置时，我们作为宽泛阅读模式的代言人就能运用他们的著述了，参见 Saul Cornell, "Early American History in a Postmodern Age," *WMQ*, 3rd Ser., L, 1993, pp.329-341.

党人和反联邦党人短论文中许多相类似的观点，但他并不局限于地方报纸上已发表的反联邦党人的各类文献资料。李与当时美国的主要政治家保持着密切的联系，因为他们中的许多人也试图获得他的建议。这类延长了的社会交流网络关系为他轻易地获取其他作者的各种印刷资料和文本提供了便利条件。由于可以便利获取各种文本，李形成了宽泛的、见识广博的解读文本方式，这至少对形成他的思想和获取其他反联邦党人作者已出版的任何其他文献资料更为重要。李作为坚持共和政体的政治家典范，增补了已出版且含有大量信息的各种文献资料，而这些资料是他从广泛接触的社会各界人士手中收集而来，它包含了美国批准宪法时期宪法支持者与宪法反对者就有关宪法争论的所有问题所表述的重要观点。①

尽管理查德·亨利·李对反联邦党人的各种资料在出版界的出版充满了信心，但是他仍然认为必须出版自己提出的有关宪法缺陷的反对意见。李对公共争论最主要的贡献在于，他通过对已出版的各种文字资料的解读逐渐形成了自己适当的评价方式。由报纸业主和上层社会人士所代表的印刷界并不能轻易地把具有较大社会声誉的反联邦党人如理查德·亨利·李等人区分开来。在已出版的《致埃德蒙·伦道夫邦长的信》中，李阐释道："建构政府的新方案就目前的形势而言，其实质问题在于：它将对我们这一代人及我们的子孙后代产生特定重大影响，且需要我们国家最优秀且最具有智慧的人以深刻的洞察力加以认真审视。"在此，李不仅引用了布莱克斯通的名句，而且还援引了孟德斯鸠的权威观点。他的兄弟阿瑟·李在广泛阅读哲学和法哲学著述的基础上更加注意引用其他经典学家和具有代表性的思想家的词句，使其著述与任何联邦党人或反联邦党人的文本都具有同等的重要性。②正如当时许多社会人士所预测的，上层社会人士都很认真地解读了反联邦党人的各种文本，并独立思考许多社会和宪法问题。因为他们作为社会绅士阶层的地位和身份要求他们不能过分地依赖新闻撰写者的思想和观点。他们的解读方式既受传统辉格党共和主义特有的公平和品性观念的塑

---

① Richard Henry Lee to Samuel Adams, Oct. 27, 1787, *DHRC*, XIII, p.484; Harry Innes to John Brown, Dec. 7, 1787, *DHRC*, VIII, p.223; Richard Henry Lee to William Shippen, Jr., Oct. 2, 1787, *DHRC*, XIII, p.289.

② Richard Henry Lee, Copy of a Letter from Richard Henry Lee (to Edmund Randolph), *Pennsylvania Packet*, Dec. 20, 1787, *DHRC*, XIV, pp.364—372; A Republic, No.2, "To James Wilson, Esquire," *New York Journal*, Nov. 1, 1787, *DHRC*, XIII, p.530; No 2, Nov. 8, XIV, pp.11—14; No.4, Nov. 22, XIV, pp.188—191.

造,又被他们自身具有的特定身份和社会地位所形塑。①

二、中间阶级的政治解读方式

马里兰邦的塞缪尔·蔡斯是最能充分利用独立战争时期所形成的且正在兴起的民主情感潮流的政治家,作为中间阶级的代言人,他的观点形塑了与精英反联邦党人作者略为不同的政治解读方式。蔡斯在美国独立革命时期熟练地运用了具有民主情感的修辞技巧,使他成为美国后革命时期马里兰邦最具有影响力的政治家之一。在马里兰邦批准宪法会议的演讲记录中,蔡斯列举了各种文献资料支持他的论点。尽管蔡斯查证和引用了孟德斯鸠的《论法的精神》和英国上议院著名大法官柯克的《英国案例汇纂》的许多观点,但是从他的演说辞中我们也可以发现,他受到最重要的影响是引用了其他反联邦党人作者的各种著述和观点。他清晰地表述了对这些作者尤其是"布鲁图斯""加图""老辉格党""联邦农夫"等人的著述和观点的偏爱。从美国立宪时期有关蔡斯的各种证据资料表明,他与费城和纽约邦的反联邦党人印刷商走得更近,因而很容易获取众多反联邦党人的各种资料。尽管他并没有理查德·亨利·李在全美国所享有的声誉和地位,但是蔡斯在最初建立马里兰邦时本身就是享有极高盛誉的政治家,因为他的交往范围包括马里兰邦和其他邻近邦的反联邦党人的领导人物。然而与赞成贵族政体的政治家如理查德·亨利·李相比,蔡斯在众多杰出的反联邦党人通讯作者中并没有起到直接作用。由于他的社会政治关系网更多地受地域限制,他向其他中间阶层民主主义政治家和更多的反联邦党人收集各种著述的路径比他从各地方出版界获得信息的路径要多得多。②

显然,塞缪尔·蔡斯偏爱收集来自中部大西洋地区的反联邦党人的各种著述,这尤其引起了人们的关注。他受坚持适中民主主义且批评宪法的典型代表人物的影响更大,他和"布鲁图斯""加图""老辉格党""联邦农夫"等作者一样十分留意捕捉人民对宪法所产生的敌意,而这些敌意来自中部

---

① Richard Henry Lee, *Copy of a Letter from Richard Henry Lee* (to Edmund Randolph), *Pennsylvania Packet*, Dec. 20, 1787, *DHRC*, XIV, pp.364–372; William Fleming to Thomas Madison, Feb. 19, 1788, *DHRC*, XVI, p.141.

② 塞缪尔·蔡斯演讲的原始文本已经遗失。抄本由乔治·班奎伏特因发表于纽约《公共自由》杂志而保存下来;参见 James A. Haw, "Samuel Chase's 'Objections to the Federal Government,'" *Maryland Historical Magazine*, *DHRC*, LXXVI, 1981, pp.272–285。

大西洋地区一些主导政治生活且是中间阶级的民主主义者。"加图"对新宪法的批评概略阐述了一些重要主题,如"代表数量的范围太小","加图"警告道,这将破坏新政府的民主特性。"你们几乎没有任何机会在立法机关中享有权力",这种不适当的代表制产生的直接后果必将违背中产阶级的利益。"加图"也承认"在每一个文明社会的共同体甚至是大多数民主共同体中,总有一些原则必将导致贵族政体的产生"。在新政府体系中,"自然形成的和非自然形成的且地位显赫的权贵们总是可能在这些政府原则的推动下联合起来"。因此,在选择认同中产阶级社会利益的基础上,"加图"并非赞成邦联制范式的传统共和主义,而是一种新型的、中产阶级式的共和主义理想政体范式。他认为,社会利益等同于数量上占优势的绝大多数人利益,即处于中间阶级的大多数人所认同的利益。由此,塞缪尔·蔡斯运用了与"加图"相类似的语词批评新宪法:"少数人不可能代表大多数的意见、期望和利益。少数人不可能熟知美利坚民族人民的情感和利益,因为美利坚合众国涵盖了许多不同的阶层或阶级的人们——商人、农民、种植业主、技术工人和绅士。"蔡斯尤其担心众议院成为"富人和有产者"的势力范围,它将可能无视中产阶级公民的情感和意愿。[1]因此,蔡斯的政治解读方式就成为中产阶级政治家的典型范例。他清晰地表达了他的偏爱:在反联邦党人内部代表更为适中的中间阶层民主主义的呼声。

三、社会平民阶层的政治解读方式

在宾夕法尼亚邦的卡莱尔镇,坚持激进思想的反联邦党人提供了另一种极为引人注目的公共聚会场景,以至于形成了对宪法持反对意见的另一种特定政治解读方式,即一种典型的且具有普遍性和激进性的政治解读方式。地方报纸——《卡莱尔公报》印刷了适当数量的反联邦党人的各类文献资料,包括"森提内尔""老辉格党""费城人"及格里的《对签署国家宪法的反对意见》和《宾夕法尼亚邦制宪会议少数派提出反对意见的理由和演讲:致选民》等系列短论文的部分章节。这些短论文是由宾夕法尼亚邦起主导作用的反联邦党人把各种资料列为目录清单予以编著的,并在《卡莱尔公报》上公开发表。尽管这些文献资料包含几位精英反联邦党人的短论

---

① Cato, No.5, "To the Citizens of the State of New York," *New York Journal*, Nov. 22, 1787, *DHRC*, XIV, p.185; No.6, "To the People of the State of New York," *New York Journal*, Dec. 13, 1787, *DHRC*, XIV, p.431; Haw, *Samuel Chase's "Objections*," *HSP*, LXXVI, 1981, p.275.

文,但是反对宪法的地方反对派并不只是满足于各种文献资料的出版和发表,他们还努力寻求各地方反联邦党人的政治家们帮助他们获取"森提内尔"的其他著述。

威廉·皮特里金是卡莱尔镇一名极为直率的普通反联邦党人,他注意到当时美国边缘地区的许多民众对新宪法设计的联邦政府制度已经丧失信心,他写道:"我们因为没有获取发达通信设备的便利而倍感困惑。"尤其使社会下层反联邦党人感到烦恼的是,他们无力获得报业界的广泛支持。他们所处的孤立局面与各地方的联邦党人可以轻易地获取联邦党人的各种文献资料形成了鲜明的对照。正如皮特里金所提到,"我们的对手与他们在各地的同伙们一直保持着持续不断的联系"。当然,皮特里金并没有许多机会与其他广泛的通信作者保持联系,无论是在宾夕法尼亚邦还是在可能为他提供额外资料或其他反联邦党人各种文献资料的地方。①因此,他对宪法的解读在很大程度上依赖于可获取的信息资料,即来自地方印刷界和经由就近途径传播的各种文献资料。

尽管皮特里金并未与一些著名的反联邦党人形成广泛的社会政治关系网,但是他凭借自身的经验与约翰·尼科尔森——宾夕法尼亚邦另一位具有重要地位的反联邦党人的组织者保持着密切接触,皮特里金恳求尼科尔逊送"几本'森提内尔'的资料",因为在他们那里的人们都非常喜欢阅读他的著述和资料。由于"森提内尔"在反联邦党人的作者中是作为最擅长接近广大民众之一的人物而凸显出来,皮特里金也能意识到"森提内尔"对民众的吸引力,许多地方联邦党人也一而再地重复他的观点,并把"森提内尔"视为一名杰出的民众煽动者,而联邦党人对此表示非常的失望:"这使人们惊奇地发现,他们如此盲目地受这些人的主导,且把他们自身置身于虚假恐惧的魔餍之中。"②由此,"森提内尔"给美国社会下层民众所留下的绝佳印象使联邦党人不得不出版他的短论文的伪造版本,试图使他在民众中丧失信誉和声誉。皮特里金担心联邦党人的尝试可能潜在地破坏反联邦党人的事业,于是他赠送给约翰·尼科尔森一本由地方联邦党人所撰写和印制的伪作品《"森提内尔"文集》,提请《"森提内尔"文集》的真正作者注意,并希望他适时撰写反驳论文。皮特里金提醒尼科尔逊:"在这里,我们将对此作出回应,但

---

① "William Petrikin to John Nicholson," *Carlisle Gazette*, Pennsylvania, Feb. 24, 1788, *DHRC*, II, p.694; May 8, 1788, p.675.

② "William Petrikin to John Nicholson," *Carlisle Gazette*, Pennsylvania, Feb. 24, 1788, *DHRC*, II, p.695; John King to Benjamin Rush, Nov. 5-6, 1787, *DHRC*, II, p.208.

是以地方反联邦党人的名义所发表的意见最好是来自'森提内尔'本人。"有充分证据表明,卡莱尔镇的反联邦党人努力克制他们对"森提内尔"的敬重,他们是反联邦党人中更为激进的支持者的代言人。①

一般而言,具有鲜明的平等主义和民主主义语调的"森提内尔"式的风格把他与一些更具有学识和更客观的反联邦党人的著述区分开来。就批评贵族政体而言,"森提内尔"认为,这是由他们"出身高贵的"特定社会阶层身份和地位直接决定的。他在著述中详细陈述了"贵族式……出身高贵的少数人"的企图:他们欣然接受和竭力主张制定他们所需要的宪法,从而使那些容易得罪人的、狂妄自大的新手们即坚持平等主义自由权的那些人感到卑微和怯弱。继而,他继续运用明晰的阶级术语把有关宪法争论描述为一场战役,并且称这场战役是在"出身高贵之人"与"出身卑微之人"之间展开的。就"森提内尔"在批准宪法的斗争过程中发表的具有决定性且充满动态变化的观点而言,它有助于我们理解反联邦党人内部各阶层更具激进性的平民主义核心人物的观点。因此,正是这种激进主义思想使卡莱尔镇的反联邦党人走上街道向宾夕法尼亚人呼吁反对批准宪法。就问题的实质而言,出身高贵的联邦党人与出身低微的反联邦党人之间的对抗被皮特里金和其他参加卡莱尔骚乱的反联邦党人视为批准宪法的主要斗争焦点。②

因真实的"森提内尔"之回应并未随后发生,皮特里金只好自己拿起笔以"亚里斯托克诺提斯"为笔名部署对地方联邦党人发起抨击。由于受到"森提内尔"的写作风格和修辞技巧的影响,他写了一本更为辛辣刻薄的、具有讽刺意味的小册子《政府本质之释义》。皮特里金再次运用从宾夕法尼亚邦出版界获取的其他反联邦党人作者的思想,并以反映社会下层平民主义观点为目的重新加以改写。这篇短论文在当地的反响表明,它具有极大的影响力,尤其是对社会下层的平民阶层,使皮特里金坚信他的努力可以真正地有助于反联邦党人更为伟大的事业。由此,他竭力寻求资金,准备出版这本小册子,并试图把它分发到全国其他地方。③

---

① Saul Cornell, "Aristocracy Assailed," *JAH*, LXXVI, 1989–1990, pp.1148–1172.

② "William Petrikin to John Nicholson," *Carlisle Gazette*, Pennsylvania, Feb. 24, 1788, *DHRC*, II, p.695; Centinel [Samuel Bryan?], No.3, "To the People of Pennsylvania," *IG*, Nov. 8, 1787, *CA-F*, II, p.156.

③ Aristocrotis [William Petrikin], "The Government of Nature Delineated…" *Carlisle Gazette*, Pennsylvania, 1788, *CA-F*, III, pp.196–212; "William Petrikin to John Nicholson," *Carlisle Gazette*, Pennsylvania, Feb. 24, 1788, *DHRC*, II, pp.694–696.把这本小手册与皮特里金的信相对照,人们认为他所出版的著述已经被一些从事教学的人编入书中了。

因此,就反联邦党人著述所运用的政治解读方式和修辞技巧而言,他们的思想和观点表达了美国社会各阶层的基本诉求和信念。理查德·亨利·李、塞缪尔·蔡斯和皮特里金等反联邦党人作者在美国批准宪法时期以各种不同的解读方式且运用不同的修辞技巧对拟议的宪法进行了政治解读,反映了他们在社会中的不同地位。因为当时的美国客观存在的社会阶层不仅决定了反联邦党人可能以特定方式获取出版界出版的各种资料,而且也形塑了他们如何从政治上解读已经获取的各种文本资料。李的政治解读方式反映了反联邦党人精英人物见识广博的体悟,大大地超出了在出版界获得其他资料的意义。由于美国西部恢宏的传统思想塑造了他的世界观和社会观,所以他所获取的资料直接来源于社会中占主要地位且具有较大影响力的政治人物,这些有利因素决定了他在美国批准宪法时期所采用的修辞技巧和政治解读方式。正如我们现在正在分析的,这验证了一名社会上层绅士的独立性,且在行为方式上使他的行为与共和主义德性的理想始终保持一致。蔡斯的自身体悟反映了在宾夕法尼亚邦、纽约邦及马里兰邦等部分地区起主导作用的反联邦党人中间阶层的民主主义者的观点。由此,蔡斯的思想更强烈地受到社会中间阶层的短论文作家和小册子撰写者的影响。尽管这些中间阶层的民主主义者的思想散发在各地方报纸之中,然而他求助于它们的目的在于增补自身的知识和从其他邦的政治关系中获取有用的信息。皮特里金更是依赖于地方出版界,无论从新闻媒体还是从思想上形塑了他对宪法所持有的批评观点。他显然偏爱更为激进主义的反联邦党人作者和带有辛辣讽刺意味的阶级意识术语表达反对宪法的短论文作家的著述和观点。由于他缺乏从其他地方报纸和广泛的社会政治关系网中获取更多有用信息的机会,他只能依赖一些地方性的信息资料。

　　综上所述,反联邦党人在当时美国社会中的支持依赖于三个至关重要的群体:偏远乡村的农民和手工艺者、中部大西洋地区在政治上占主导地位的中产阶级和一小撮具有高度影响力的精英政治家群体。尽管有关美国1787年立宪时期争论的这场政治运动形成了美国社会和政治的多样化分歧,然而一小批杰出的反联邦党人在他们所发表的短论文中详细地阐明了这场政治辩论的各种术语和概念。与联邦党人和美国现代学者的观点形成鲜明对照的是,尽管反联邦党人对宪法的批评意见并未形成一致和系统的观点,但反联邦党人关于宪法之公共争论的动态发展使他们的论点形成了并非只是零散的、碎片式的集中点。事实上,他们的主要观点和思想早在美国批准宪法时期就已经呈现出来,并在随后的美国政治和社会生活不断重复出现那场政治论争的整个发展过程中完整地保存了下来,并最终形成了系统化的理论体系。然而反联邦党人具有共性的批评论点并非意味着他们在反对宪法的批评中不存在重要的对立情绪。当公共论坛运作使反联邦党人的论点的本质属性一元化时,它并未削弱彼此分离的反联邦党人所存在的重要分歧。共同的语言并非意味着宪法的反对者们在主要政治观点上总能保持一致。在反联邦党人争论的公共论坛中,几乎所有关键性术语和概念都是由反联邦党人所组成的联合组织内的、界限极为分明的不同成员对其意涵进行了具有矛盾性的界定。①

综合分析反联邦党人著述中最主要的分歧论点也能折射出美国社会初期激烈的阶层分化问题。尽管有些反联邦党人作者力求把他们的听众作为他们阶层的公民来劝服,如果不考虑他们的特定信念,那么反联邦党人作者中的绝大多数都承认美国社会可以被划分成三个没有直接组织起来的社会阶层,即富有阶层(社会上层)、中间阶层(中产阶级)和平民阶层(社会下层)。因此,几乎每一位反联邦党人作者所采用的修辞技巧和言辞艺术主要在于达到说服他们阶层的每一位听众的目的。反联邦党人的短论文的用词源自其他作者的引语应用和笔名选择,因为他们的语词选择有利于帮助特定的反联邦党人作者传递他们所需要的特定信息,继而辩论的风格和争论的内容就密不可分地联系了起来。然而一旦反联邦党人的短论文被公开出版,他们有意所表述的信息可能被特定的听众和读者从不同的视角加以解读。因为读者们可能从他们所需要的那些文本中忽视那些不可能说服他们的观点和意识形态,抽取出其中他们所需要的部分。当我们考察现实的读者行为时,其相关证据也表明,不同的阅读群体对不同的文本可能在不同语境下以不同的方式加以解读。美国当时的大多数绅士阶层、中间阶层的民主主义者和社会下层的平民主义者总是偏爱支持不同的反联邦党人作者,他们独特的意识形态和社会价值观使他们对许多相同的文本做出了不同的意涵解读,且反映各异。如反联邦党人对詹姆斯·威尔逊《在公民大会上的演说》的回应最能表达反联邦党人的联合组织内部那各具特色的解读群体所产生的意见分歧——当下层社会平民正在点燃

---

① 关于相互矛盾的辩驳方法,参见 Terence Ball, James Farr, and Russell L. Hanson, eds., *Political Innovation and Conceptual Change*, Cambridge University Press, 1989, pp.253–259.

威尔逊的象征性塑像时,精英反联邦党人的作者们正在恭敬地表达他们对威尔逊的观点的反对意见。

在美国立宪时期的这场伟大的政治斗争中,为了能够说服听众,反联邦党人的作者们必须作出反对宪法的更多行为,尤其是他们必须提出更具替代性的宪法性文本。尽管特定反联邦党人并非总是能够提出有关政府的清晰的构建方式和体系蓝图,但是作者们在不同程度上具体阐述了各自不同的宪法和政治理念。因此,美国批准宪法时期所出现的记载大量细节的文献资料使特定个体从美国广泛的社会各阶层中探求美国宪法和歧义政治思想成为可能:从偏远地区的奠基者到种植业贵族,无论是精英人物还是普通演讲者,他们在讨论美国宪法思想时无论是从知识上还是从政治情感上都令人感到震惊。尽管这些宪法思想是由许多批评意见归纳综合起来的,并使其具有一定的共性,然而反联邦党人的宪法和政治理想因反对宪法联合成为形形色色的各类不同群体而具有各自的特色——思想的歧义性。反联邦党人的意识形态促使偏爱邦权的种植业贵族和中间阶层的民主主义者支持建立一种新的政府制度——类似于邦联制度,但又具有不同于邦联制度的特征。如果反联邦党人接受弗吉尼亚人为保卫其占有制度而建立的等级式共和主义模式,或者容纳纽约邦和宾夕法尼亚邦建立更具有民主特性的共和主义政体模式,那么反联邦党人的宪法和政治理想也许可能为美国既存的各种不同的共和政体版本提供更为广泛和充实的内容。然而在反联邦党人精英人物的思想意识和政治价值观中,最不能轻易被容纳的一群人就是美国社会下层的平民主义者,他们极端的地方主义范式和激进的民主主义思想把他们与精英反联邦党人和社会中间阶层的反联邦党人明显地区分开来。

第二章　精英反联邦党人之宪法思想

在批准宪法时期,美国社会正在发生冲突的各种利益、社会差别、种族歧视、宗教背景和财富悬殊混杂一堆而形成了难以解决且又具有重要性的理论问题。地理、商业、宗教、习俗、土地投机买卖、奴隶制度和借贷信用等多种因素交织地影响着制宪者们提出建构政府体制的各项动议,且有时需要在原则和利益上的妥协和折中。参加批准宪法运动的精英反联邦党人批评联邦党人拟议的宪法试图加强中央政府的权力,从而侵犯公民权利和各邦的权力。在他们看来,具有道德、勤劳而诚实的人们仅仅生活在自己的社会共同体内,享受着和他们的家庭、邻居过快乐的生活,他们献身于共同的福利事业,且正如他们需要维持他们的价值和目的那样,他们有自己的教堂、贸易交往和地方政府。精英反联邦党人意识到公共论坛对于批评宪法运动的成败具有重要作用,他们努力尝试运用各种方式通过公共论坛传播他们的反对意见。基于此,我们主要阐述精英反联邦党人就1787年美国宪法建构的国家政府如何综合运用联邦主义和地方主义(即古典共和主义与邦权主义)阐释有关公共论坛的范围、小共和国理论和限权政府理论等根本性宪法主题。

在美国制宪时期和批准宪法时期,个别极具表达能力和影响力且学识渊博的反联邦党人塑造和形成美国宪法的反对意见至关重要。尽管精英反联邦党人[①]的反对观点并不能完全代表美国社会草根阶层对1787年宪

---

① 根据美国批准宪法时期的各种文献和研究资料表明,精英反联邦党人与普通反联邦党人的主要划分标准是,依据出身背景、经济基础、政治地位、文化素养、社会影响和作用等综合因素考量。一般而言,出身于贵族或富裕的家庭、具有较强的经济实力、受过较高文化程度的教育、社会政治地位较高、在历次社会政治运动中起着较大的作用,且有改变政府政策和决策的能力的人们,称之为精英反联邦党人(即社会精英阶层或社会上层阶级);反之,称之为普通反联邦党人(包括社会中间阶层和社会下层阶级)。值得注意的是,在美国批准宪法期间,反联邦党人引用术语"社会平民阶层"在语词运用上比较混乱和模糊,有时指中产阶级类型,有时又特指社会下层阶级类型。

法的反对意见,但由于他们自身的社会地位、政治影响和智识能力使他们对美国批准宪法时期的各种辩论产生了深远而具有重要意义的影响。[①]

第一节 精英反联邦党人的宪法思想略论

在 1787—1788 年美国批准宪法时期,反联邦党人发表有关宪法的反对意见的大多数付印短论文在很大程度上都是由反联邦党人精英人物所撰写。在所有反对宪法的意见中,最重要的是费城制宪会议的参加者对新宪法所发表的反对意见,他们拒绝在 1787 年新宪法上签名,其中参加 1787 年制宪会议最具有影响力的三位代表——埃尔布里奇·格里、乔治·梅森和路德·马丁。他们对宪法的反对意见被人们经常提及,且作为警示用于证明拟议的宪法所建构的新联邦政府必须经过人民的深思熟虑和审慎思考。如果美国民众都像他们那样普遍地关注宪法和政治发展的新动态,那么使人们深信不疑的是,当时正在批准的新宪法就应当被人们进一步认真而全面地审查,从而验证宪法反对者们的担心是否有事实依据。

一、精英反联邦党人之人物志与思想谱系

格里和乔治·梅森对他们反对宪法的理由从句法上作出解释,并广泛地散播于具有影响力的精英反联邦党人所建立的各种社会组织中。当然,反联邦党人对宪法简洁和概略的批评也得益于他们的作者所具有的社会地位和个人声誉。路德·马丁的系列短论文《与最近在费城召开的制宪会议议事程序有关,向马里兰邦立法机构表达的真实信息》(本书简称为《真实信息》)被广泛地印制,对大多数反联邦党人作者在不同程度上产生了极其重要的影响。就许多其他人而言,它则成为最重要且是唯一描述有关

---

① 在美国只有极少数研究文献记录了少数反联邦党人精英人物在塑造公共论坛概念中所发挥的重要作用,参见 Robert H. Wiebe, *The Opening of American Society: From the Adoption of the Constitution to the Eve of Disunion*, Oxford University Press, 1984, pp.27–30。韦伯认为,虽然精英反联邦党人仍然具有国家主义的特质,但是更准确地说应当把他们描述为忠实于世界的地方主义者,他把反联邦主义归类为一种农业地方主义的形式;曼恩集中讨论在塑造公共论坛中最具有民主特性的反联邦党人是如何使人们把精英反联邦党人所起的重要作用混淆起来,参见 William H. Riker, *The Strategy of Ratification: Campaigning for the American Constitution*, Yale University Press, 1996, pp.316–319。

1787年费城制宪会议行动议程的资料来源。因为在当时,美国几乎没有有关制宪会议的详细叙述在各邦批准宪法过程中泄露给出版界和社会公众,即使是有的话,出版界和普通社会民众也难以触及。①确实,制宪会议所制定的秘密会议规则就成了反联邦党人常常质疑制宪主体是否具有合法资格的理由,这是一个极其棘手的问题。马丁的短论文详细阐述了1787年制宪会议的行动和过程。通过他的解释和描述,人们真实地了解了制宪会议的整个过程。由此,制宪会议的秘密行为过程频繁地成为反联邦党人指责宪法是基于贵族政体原则,试图建立一个强大而坚实的国家政府。②

尽管精英反联邦党人在反对宪法时与美国其他反对派社会组织的言辞具有同一性,但使他们的反对言辞更具有活力的基本宪法哲学和政治哲学还是有其独特性。反联邦党人精英人物的观点折射出了他们在美国社会中的真实社会地位和身份。确实,他们对新宪法的反对意见受自身的身份和信念所驱使,即新政府因其宪法构成最终将逐渐削弱共和政府的影响,致使国家面临贵族政体或暴民政体,从而颠覆共和政府,使社会陷入暴乱和混乱。

受各国文化影响,且财富、社会地位及教育方式不同于普通美国人的精英反联邦党人在很大程度上带有社会精英人物的地位和身份标识。反联邦

① 在1787年费城制宪会议上,鲁弗斯·金提醒制宪会议代表:制宪会议记录,要么销毁,要么由制宪会议主席保存;詹姆斯·威尔逊说,他原来也觉得销毁记录是上策,可是谬论流传,可能不胫而走,记录一旦销毁,将来就无可对证了。于是,制宪会议表决结果:制宪会议记录由会议主席保存。华盛顿主席问:他拿着这些记录,将来怎么办?会议再次表决,一致决定:"如果按照宪法选出了联邦议会,就由议会处理;否则,由他保存会议记录和其他文件。"当第一届美国国会选举产生之后,华盛顿转呈政府,国会决定由国务卿保存。直到1821年,雅茨的笔记《为形成美利坚众国联邦宪法而于1787年在费城召开的制宪会议的秘密过程和辩论:摘自已故纽约邦首席大法官罗伯特·雅茨的笔记,由约翰·兰欣抄写》在纽约州首府奥尔巴尼出版。参见[美]詹姆斯·麦迪逊:《美国制宪会议记录辩论》,尹宣译,沈阳:辽宁教育出版社,2003年,第5、10、774—782页。

② Elbridge Gerry, "Hon. Mr. Gerry's Objections to Signing the National Constitution," *Massachusetts Centinel*, Boston, Nov. 3, 1787, *DHRC*, XIII, pp. 548–550; Luther Martin, *The Genuine Information Delivered to the Legislature of the State of Maryland*···Philadelphia, 1788, *CA-F*, II, pp. 19–82; George Mason, "Objections to the Constitution of Government Formed by the Convention," *Massachusetts Centinel*, Nov. 21, 1787, *CA-F*, II, pp. 11–13. 有关路德·马丁的联邦主义思想,参见 Peter S. Onuf, "Maryland: The Small Republic in the New Nation," in Michael Allen Gillespie and Michael Lienesch eds., *Ratifying the Constitution*, Lawrence of Kansas Press, 1989, pp. 171–200.

党人精英人物的成员们在各邦政治生活中都是比较活跃的政治人物,且他们中的许多人都曾在邦联政府中担任过要职。由于反联邦党人的精英人物都有广泛的政治交往范围,这有助于他们努力加强与自己所在邦和其他邦的反联邦党人结成有效联盟。他们所阐述的宪法和政治实践理念在很大程度上备受当时的美国普通民众关注。例如,路德·马丁在新国家里是最杰出的律师之一,且在后来的马里兰州担任总检察长(司法部部长);埃尔布里奇·格里是一名值得人们尊敬的政治家和前新英格兰商人。至于阿瑟·李曾经是一名外交官、邦联政府的代表和财政部主要成员之一。如果把弗吉尼亚邦与任何其他邦相比较,出现了更多杰出的反对派候选人,这些人物中的大多数人都曾经是极具影响力的政治家和法学家,他们都被组织起来反对宪法。除了阿瑟·李,老英联邦自治领还有像乔治·梅森、理查德·亨利·李、詹姆斯·莫里、威廉·格雷森和斯彭塞·诺思等一些杰出的政治人物。

在反联邦党人精英人物的组织中有一个极为重要的派别是"古代共和主义者"派别,这个派别中的一些人曾经在美国独立革命事业中起着至关重要的作用,如沃伦夫人和理查德·亨利·李。以"古代爱国者"为笔名的一些反联邦党人领导人的呼声对精英反联邦党人的思想起着主导作用,且成为传统辉格党共和主义美德的理想典范。由此,同时代的人甚至把理查德·亨利·李比作"普卢塔克之一",把乔治·梅森经常称为"加图"。当"古代爱国者"的传统辉格党共和主义思想支配着精英反联邦党人其他人的思想时,他们并非只代表了反联邦党人的精英人物反对宪法,甚至许多新的反对声音如马萨诸塞邦的反联邦党人詹姆斯·温思罗普也加入了宪法反对派行列。出生于著名的新英格兰传统家庭的温思罗普在哈佛大学图书馆工作。反联邦党人精英人物并非都具有广泛影响力,但温思罗普是反联邦党人作家中最具原创性和高水平的作家之一,他可以召集大批的少数派地方政治官员,甚至包括自愿帮助镇压谢司叛乱的那些人。与其他古代共和主义精英人物相比较,温思罗普提出了宪法不具有前瞻性和无视界的批评观点,在批准宪法时期对美国产生了极其重要的影响。由此,他对1787年美国宪法的批评意见比任何其他反联邦党人作者从理论层面所阐述的观点更具有现实性和针对性。①

---

① Pauline Maier, *The Old Revolutionaries: Political Lives in the Age of Samuel Adams*, Alfred A. Knopf, 1980, pp.272-280.温思罗普显然并非具有影响性的人物,并且在密德塞克斯县1789年国会选举中所得票数为总票数(1867)的82票。

二、精英反联邦党人的多元共和主义观

尽管反联邦党人精英人物之间就有关宪法的重要问题如政治经济学、政治社会学、政治哲学和宪法理念等方面具有极大的差异性和多样化,然而从整体而言,尤其是以"古代共和主义者"为笔名的宪法反对者们总是遵循着许多共同主题。自由在精英反联邦党人的宪法理论中占有极其重要和基础性的地位。因为反联邦党人总是不断地思考辉格党共和主义宪法思想中的一个古典问题:如何构建一个既有效力又不威胁人民自由的政府。①对于大多数反联邦党人而言,他们主要强调自由在辉格党共和主义术语中被诠释的重要性。尽管政府权力的范围是由宪法界定,但政府在真正行使合法权力时可能超越宪法所规定的限定范围。因为宪法虽然界定了政府权力的边界,从而限制政府的专断权力对人民自由的威胁,然而宪法并不限制代议制政府的合法行为。个体的自由和权利是极其重要的,但是政府在许多重大问题,尤其是有关限制公民个体的自由和权利等广泛领域内制定法律却享有极大的自由裁量权。只有政府的行为按照人民自己选举的代表的意志行事,政府才有权维护公共利益,从而在一定程度上才能限制公民任性的行为。基于此,坚持自由主义思想的反联邦党人吸纳了更为真实的自由宪法权利概念。对他们而言,政府权力的范围必须受到严格的宪法限制,使个体权利保护在更为广泛的范围内形成社会普遍盛行的观念。而绝大多数反联邦党人在一定程度上却游离于宪法理念的两极之间。使事情变得更为复杂的是,特定个体对公民权利保护问题并非总是可以提出既具有智慧又具有连贯性的解决路径。对于每个公民而言,如果在一种更为自由的多元化模式下使宗教自由概念化,那么按照传统辉格党共和主义的方式所提出的有关出版自由的讨论就成为可能。②因此,精英反联邦党人的宪法思想演进过程反映了美国宪法和歧义政治传统的不均衡发展过程。美国宪法和歧义政治传统呈现的个性特征在不同语境下逐渐

---

① 美国宪法的最终立场不是表现为辉格党式的:在许多方面不仅不是辉格党式的,还是反辉格党的;因为他们所反对的全能化和帝国化的议会学说并不像辉格党式的原则,而是一种托利党式的原则。[美]查尔斯·霍华德·麦基文:《美国革命的宪法观》,田飞龙译,北京:北京大学出版社,2014年,第202页。

② 关于自由与共和主义之关系,参见 Lance Banning, "Some Second Thoughts on Virtue and the Course of Revolutionary Thinking", in J. G. A. Pocock and Terence Ball eds., *Conceptual Chang and the Constitution*, Lawrence of Kansas Press, 1988, pp.194−212。

演进和形成的宪法和政治理论与传统的共和主义并不具有一致性,与盛行的自由主义也不具有连贯性。[1]尽管一些自我意识较强且极其具有智慧的作者竭力在共和主义信念和自由主义理念之间的潜在矛盾中寻求其同一性,然而另一些作者则满足于兼收并蓄地把不同类型有时甚至是相互矛盾的阐释方式混同起来。在很大程度上,精英反联邦党人的某些思想家并没有意识到提升公共利益的目的与保护个体自由的目标之间可能存在的任何矛盾。

1.古典共和主义理念

沃伦夫人描述了"古代爱国者"的完美观点,她一直投身于美国制定和批准宪法的政治运动中,她把 1787—1788 年美国制宪会议和批准宪法会议视为"希望按照共和主义稳定而有序的原则构建政府形式"的人民与各邦"希望建构贵族政体且具有影响力的人们之间的一场争论"。她试图综合精英反联邦党人在美国宪法和歧义政治传统中的辉格党共和主义和自由主义思想。因此,沃伦夫人引用了自由主义理论家洛克的观

---

① 关于共和主义思想,参见 Robert E. Shalhope, "Toward a Republican Synthesis: The Emergence of an Understanding of Republicanism in American Historiography," *WMQ*, 3rd Ser., XXIX, 1972, pp.49-80; Robert E. Shalhope, "Republicanism and Early American Historiography," *WMQ*, 3rd Ser., XXXIX, 1982, pp.334-356;关于国家共和主义思想,参见 James H. Hutson, "Country, Court, and Constitution: Anti-Federalism and the Historians," *WMQ*, 3rd Ser., XXXVIII, 1981, pp.337-368。阐述奠基时期早期自由思想之特性,参见 Gary J. Schmitt and Robert H. Webking, "Revolutionaries, Anti-Federalists, and Federalists: Comments on Gordon Wood's Understanding of the American Founding," *Political Science Reviewer*, *WMQ*, 3rd Ser., IX, 1979, pp.195-229;有关坚持中间立场之尝试,参见 Linda K. Kerber, "The Republican Ideology of the Revolutionary Generation," *American Quarterly*, XXXVII, 1985, pp.474-495; James T. Kloppenberg, "The Virtues of Liberalism: Christianity, Republicanism, and Ethics American Political Discourse," *American Quarterly*, *JAH*, LXXIV, 1987-1988, pp.9-33。

点,①也引用了法国共和主义理论家加布里埃尔·邦尼特·D.马布利在《对罗马人之观察》中的观点。沃伦夫人认为这两种传统思想之间并非相互冲突,且她试图寻求把它们整合为美国宪法和歧义政治原则中更具有融贯性的思想。②在以"哥伦比亚爱国者"为笔名的著述中,沃伦夫人接受了布莱克斯通的名言:"社会的主要目的在于保护既存的自然法所赋予公民个人的绝对权利。"进而沃伦夫人欣然接受了自由主义政治的主要原则,即"保护个人权利应当是所有政府的主要目的",且"政府仅仅只是为了保护公民个体的权利、安全和幸福才被建立起来"。拟议的宪法因没有明确规定人民所保留权利的基本原则和没有提供制约政府权力的机制而危及这些目标。③

尽管沃伦夫人对自由主义理论并没有做更深入地理解和研究,但是她阐述了在"一个共和国里,德性是必备要件"的公民共和主义信念。同时,"哥伦比亚爱国者"还引用马布利在《对罗马人之观察》中的观点:"对公共利益坚定的爱"是构成"自由政府的唯一基础"。虽然沃伦夫人援引有关德性的古典共和主义理念,并提醒她的读者们注意"每个时代都有它的布鲁图斯和凯撒",但是她坚信古代历史的教训可以为美国提供唯一而有限的视野,因为美国的经验并不能与古代世界的经验相比拟。"英勇的美国儿郎

---

① 古典自由主义思想家约翰·洛克认为,政治权力就是为了规定和保护财产而制定法律的权利,判处死刑和一切较轻处分的权利,以及使用共同体的力量来执行这些法律和保卫国家不受外来侵害的权利;所有一切都只是为了公众福利。[英]约翰·洛克:《政府论》(下篇),叶启芳、瞿菊农译,北京:商务印书馆,1964年,第4页。在此,沃伦阐述了洛克有关自由主义的观点包括以下四点:一是使我们表达自然法则的是我们的理性,使我们自由的是我们的理性。"我们是生而自由的,因为我们是生而便有理性的。"二是在完美的自由社会中,人们彼此平等,具备理性行为的能力,故能相互理解和合作,我们生来便是如此。三是人们结合成国家、让自己处在统治之下的主要目的,就是为了保护他们的财产。四是在宪法中,至高无上的地位无疑属于立法机构。它的建制,以及一般的政府形式,使"社会形成基础性的委托",也就是我们称为宪法的东西。建立这种政府的最初契约意味着多数统治,因为国家不仅是一种正义的权力,它还是一个集合体,一个只能站在组成多数的群体一边的集合体。因此,未经人民同意,政府不能剥夺人民的自然权利。参见[英]彼得·拉斯莱特:《洛克〈政府论〉导论》,冯克利译,北京:生活·读书·新知三联书店,2007年,第121、123、130、138页。

② Mercy Otis Warren to Catherine Macaulay Graham, Aug. 2, 1787, Mercy Otis Warren Letter-Book, *NYHS, DHRC*, XVI, 1788, pp.165-278.关于信件的日期可能有些错误,因为宪法文本在9月之前并没有真正对外公布。

③ A Columbian Patriot [Mercy Otis Warren], *Observations on the New Constitution, and on the Federal and State Convantions*, Boston, 1788, *CA-F*, IV, pp.274, 275, 279.

们已经表现出了一种在古典共和国中罕见无比的英雄气概。"在美国,公民共和国思想被重新改写,从而反映了美国独立革命时期经验的思想的古典特性。美国历史是卓越的,预示着必然超越古希腊和古罗马的成就。①因此,沃伦夫人的宪法和歧义政治思想并非要求美国人民树立一种清教徒式的信念,她的共和主义思想在概念上显然是辉格党式的理念,而并非古典共和主义的信念。因为在她看来,只要智者引领国家的航向,且人民选举的代议制机构能够行使适当的职能,从而使美国的公共意志更加精纯化,那么美国共和主义就将蓬勃生长。

沃伦夫人试图综合传统的辉格党共和主义有关自然权利理论的各个方面,在她讨论布莱克斯通的理论时表现得尤为突出。②当她引用极为具有影响力且坚持自由主义的法官有关自由的论点后,沃伦夫人提醒读者,"社会平等地授权于特定数量的人们保护个人权利和社会共同体的整体利益",除非不可剥夺的权利本身需要受到一定的限制,且所有受到限制的政治权利都必须由立法机关制定法律规则,使更具有德性的社会成员构成真正的社会共同体,他们才能依照社会共同体的利益而行为。③由此,传统的辉格党共和主义理念主要强调公正的领导者地位、由相互理解的公民身份所形成的公共参与,以及承诺把共同体的利益置于个体利益之上;政府依据这些理论和规则行为必须以立法机关制定的法律规则为基础。

---

① A Columbian Patriot [Mercy Otis Warren], *Observations on the New Constitution, and on the Federal and State Convantions*, Boston,1788, *CA-F*, IV, pp.272, 273, 285. 沃伦夫人有关古代和现代共和主义思想的更多讨论,参见 Mercy Otis Warren, *History of the Rise, Progress, and Termination of the American Revolution… 1809*, ed. Lester Cohen, 2, Indianapolis, Liberty Fund, 1988, II, pp.678-679。

② 英国辉格党共和主义传统有两种理论体系:一种理论认为,国王像人民一样都得服从法律,双方都必须防止和惩罚另一方对宪法的违背。领土管辖范围内的法律不仅仅是人民有权保卫的一项特权,同时也是人民有责任加以维护的最高道德标准。如果人民忽视职责,他们就不可能是公正的;除非君主违反了根本法,否则人民蔑视或者反对君主,就是犯下大罪。另一种理论认为,在人民有选择,并因此变更统治者的权力方面,则主张相反的原则。反抗是否合法不仅要受领土管辖范围内的法律检验,而且还要得到人民的认可。证明反抗的正当原因并不在于对已确立的或公认的权利的恣意侵犯,而在于反对恣意妄为和反复无常。[英]约翰·阿克顿:《自由史论》,胡传胜、陈刚等译,南京:译林出版社,2012年,第153—154页。

③ A Columbian Patriot [Mercy Otis Warren], *Observations on the New Constitution, and on the Federal and State Convantions*, Boston, 1788, *CA-F*, IV, p.275.

2.宗教式的共和主义观

在美国立宪时期的争论中，另一种描述自由共和主义路径的典型范例是使辉格党共和主义观念概念化，它频繁地出现于公共论坛，且在公共领域范围内透过精英反联邦党人就宗教经验问题所发表的言论可以略见端倪。路德·马丁，一位来自马里兰邦最具有影响力的反联邦党人律师激烈地争辩道，清教徒的宗教信念对于培育共和主义德性是必不可少的，因此，对于共和主义生长而言宗教是必需的。同时，马丁接受这样的辩护理由，抨击制宪会议拒不承认"上帝存在的信念及未来因果报应的呈现状态"。在他看来，宪法应当规定"宗教可以为我们的统治者之善行提供额外的保障机制"。马丁进一步阐述道，可以肯定的是，"在一个信奉基督教的国家里，它将维持在基督教的教职和彻头彻尾的不忠行为或异教徒之间的最低限度的公正"①。因此，按照公共道义，对人民的权利进行立法应当优先于权利意识的存在，至少在履行公职方面。即使宽容与共和主义是相融的，但是宽容缺乏社会真正的多元主义观念。由此，许多反联邦党人精英人物都欣然接受马丁有关为政府公共官员设计宗教测试方法的正当性。

另一位拒斥宗教测试观点的反联邦党人作者就是阿瑟·李。他以"辛辛那提斯"为笔名从事写作。阿瑟·李赞同宪法对宗教测试的禁止性规定，因而与许多其他的精英反联邦党人产生了意见分歧。然而这种禁止性规定基于不同的依据也使阿瑟·李感到困扰。因为除非新的政府有权力强制实施它们，否则宪法就不能禁止宗教测试的规定。在阿瑟·李看来，只有新政府有权力强制性地推行宗教测试，宪法禁止性规定才是必需的。因为宪法禁止性命令只能对担心新政府直接对个体行使权力的合法性及对个人自由造成严重的威胁时才会有效。继而阿瑟·李公开支持普遍反联邦党人提出制定明确的《权利法案》的要求，从而保护公民的基本自由和权利，包

---

① Luther Martin, *The Genuine Information Delivered to the Legislature of the State of Maryland* … Philadelphia, 1788, *CA-F*, II, p.75. 精英反联邦党人在各邦政府中因坚持不同的宗教测试方式而发生分化。在弗吉尼亚邦有关宗教测试的争论中，反联邦党人讨论了两个主要论题。理查德·亨利·李坚持有关宗教的非偏向性依赖观点，而乔治·梅森则反对政府对此项测试方式的支持，参见 Merrill D. Peterson and Robert C. Vaughan eds., *The Virginia Statute for Religious Freedom: Its Evolution and Consequences in American History*, The Belknap Press of Harvard University Press, 1988, pp.211-220。

括良心自由权利。①

3.激进主义共和观

也有一些反联邦党人作者试图寻求美国宪法和歧义政治传统下的真正自由主义政体。在反对宪法的成员中没有什么人比詹姆斯·温思罗普更专注于投入维护一种较为清晰的自由论者观。在他以"阿格里帕"②为笔名所撰写的短论文中,温思罗普为"极端自由主义"辩护,而这种极端自由主义在当时美国因反映美国社会的激进主义特性而备受精英反联邦党人和中间阶层的反联邦党人的批评,其批评者认为美国人对自由的允诺近乎放荡。"幸福","阿格里帕"写道,"来自我们制度的自由和对我们政府权力的限制之自然特性。"温思罗普对普遍自由观的回应也明显体现在他对孟德斯鸠的自由观的解读,而孟德斯鸠则是宪法反对者更为频繁引用的经典理论家。③因此,对于大多数反联邦党人而言,孟德斯鸠的论著之所以被援引主要是因为它们为反联邦党人提供了无可辩驳的

---

① 有关反联邦党人关于宗教自由的观点,参见 Morton Borden, "Federalists, Anti-Federalists, and Religious Freedom," *Journal of Church and State*, XXI, 1979, pp.469-482.关于支持宗教测试观点的反联邦党人,参见 Luther Martin, *The Genuine Information Delivered to the Legislature of the State of Maryland* ··· Philadelphia, 1788, CA-F, II, p.75.; "The Society of Western Gentlemen Revise the Constitution," *Virginia Independent Chronicle*, Richmond, Apr. 30, May 7, 1787, *DHRC*, IX, p.779。1787年宪法几乎随意地通过了禁止把宗教作为出任联邦职位标准的条款,证明了这一推定的共识,关于宗教和宗教自由是联邦权限范围之外的事务。[美]小约翰·威特:《宗教与美国宪政经验》,宋华琳译,上海:上海三联书店,2011年,第94页。

② 阿格里帕于1787年11月至1788年2月5日撰写了《致人民》和《致马萨诸塞邦制宪会议》等16篇短论文,并发表于《马萨诸塞公报》上。第一部分《致人民》主要内容:引言和概要,自由对于工业是必要的、伟大的目标应该是鼓励商业精神;现行制度的优势,国家内部监管的效率;拟议的宪法隐含的联合的弊端。第二部分《致马萨诸塞邦制宪会议》主要包括一份专门讨论联邦共和国主题的长篇文件,回顾了第一套文件的大部分基础内容(但又是有趣的详细说明),以及对《权利法案》的新讨论,以及对拟议的宪法的一系列修正案。Herbert J. Storing, *The Complete Anti-Federalists*, The University of Chicago Press, 1981, IV, pp.68-116.

③ 所谓自由意指这样一种自信,每个人在做他认为是自己分内的事时将受到保护而不受权力、多数派、习俗和舆论的影响。国家只能在直接与之有关的领域合法地分配职责和划清善与恶的界限。在其福祉的必要限度内,它只能促进那些能够成功抵抗诱惑的因素——宗教、教育和财富分配来间接地帮助生存斗争。[英]约翰·阿克顿:《自由史论》,胡传胜、陈刚等译,南京:译林出版社,2012年,第13页。

论据,即共和主义只能生长于范围狭小且具有同质性的共和国里。①由此,精英反联邦党人的作者一般都认为,在一个共和国里,绝大多数人民必须从事农业事业和实行土地私人所有制。在他们看来,只有这些客观条件都具备的情形下方能在共和国里维持共和主义之品性和确保人民的利益,并保持社会和谐。"阿格里帕"摈弃同类式的自耕农神话的吸引力。②在他看来,在一个商业共和国里,并非需要这样一种社会:每个人都有同样的利益,商业社会终将成为社会的唯一类型,只有在商业社会中才能维系共和政府那必不可少的自由。

三、新宪法授权与限权之局限

从精英反联邦党人所坚持的宪法和政治观及对1787年宪法的评论分析,他们显然对1787年制宪者们所制定的成文宪法怀着深深的敬意,且他们中的许多作者也欣然地接受宪法的书面形式,并赞同宪法的简易风格。在作者以"约翰·德威特"③为笔名的论著中,精英反联邦党人提醒他们的读者:"宪法语言是如此之简洁,用词所表达的确切意涵又是如此之难以理解,对作为当事人的被统治者而言是不可能这么易于理解的。"有关人民保留的权利和让渡给政府的权力之间必须划分出一条明确的界限,"德威特"写道:"尽管权力的边界不可能划分得如此精准和确定。""德威特"并不满足于这些观点,尽管宪法授予联邦政府的权力是有限的,但公民权利的保

---

① 有关范围狭小的共和国,孟德斯鸠指出,共和国从性质来说,领土应该狭小;要不是这样,就不能长久存在。小共和国的好处在于:公共的福利较为明显,较为人们所了解,每一个公民关系都比较密切;弊端较少,因此也较少受到庇护。[法]查理·路易·孟德斯鸠:《论法的精神》,张雁深译,北京:商务印书馆,2005年,第147页。同样,卢梭在《社会契约论》第九章中也提到,一个体制最良好的国家所能具有的幅员也有一个界限,为的是使它既不太大以致不能很好地加以治理,也不能太小以至于不能维持自己。每个政治体都有一个它不能逾越的力量极限,并且常常是随着它的扩大而离开这个极限也就愈加遥远。社会的纽带愈伸张,就愈松弛,而一般说来,小国在比例上要比大国更坚强得多。[法]让·雅克·卢梭:《社会契约论》,何兆武译,北京:商务印书馆,1997年,第63页。

② Agrippa (James Winthrop), No.12, "To the Massachusetts Convention," *Massachusetts Gazette*, Boston, Jan.14, 1788, *CA-F*, IV, pp.950-960.

③ 1787年10月至11月以"约翰·德威特"为笔名的作者以《致马萨诸塞邦自由公民的信》为题撰写了六篇短论文发表于《先驱美国人报》(波士顿),并以"民意"为笔名撰写4篇短论文发表于《马萨诸塞公报》,参见 Herbert J. Storing, *The Complete Anti-Federalists*, The University of Chicago Press, 1981, IV, pp.15-40, 41-53。

护并非不需要《权利法案》。在此,精英反联邦党人所坚持的论点与联邦党人的不同之处在于,《权利法案》作为必要的额外制约机制而发挥作用,其主要目的在于制约那些可能试图运用模糊的宪法语词为其不道德行为服务的权力行使者。美国人已意识到语言的使用对于表达所授予的宪法权利可能远比它们的最初意涵所要表达的内涵要丰富得多。因此,适当矫正这种危险将是用不同的语言表达这些权利术语,但是这些权利不包含在人民所同意的范围内。按照"德威特"的标准判断,1787年美国宪法至少在两个更深层次上有瑕疵:它缺少一部保护公民个体权利的正式的《权利法案》,并且包含了太多的笼统性授权和不明确授权。①

宪法文本语言的模糊性通常也被精英反联邦党人提及。笔名为"哥伦比亚爱国者"的精英反联邦党人指责道,宪法文本从整体而言缺乏精准的语言明确规定新政府的权力行使范围。"宪法一些部分未明确限定其意涵,而另一些部分在表述上也不够准确,其危险在于,它的表述与直接的贵族专制政体相对应。"尤其是拟议的宪法对有关行政部门和立法部门广泛而模糊的权力界定同样运用了"如此含糊不清的术语措辞——用如此模糊而不明确的表达方式,以至于在没有任何其他相反理由的情形下我们有足够的理由承认这种制度具有堕落性特征"。由于没有充分理由明确界定它的权力范围,司法部门在这一问题上也将进一步恶化。宪法的制定者们把法官置于一种"无限制的权力汪洋之中"。②而这些问题的解决方式就是以一种更为清晰而精准的语言阐释拟议的宪法文本,且坚持法官和立法者不得尝试通过解释宪法和法律文本的方式潜在地玩弄宪法文本的意涵。③然而宪法的文本主义机理并非仅仅只是意味着反联邦党人相信凭借一部简单

---

① John Dewitt, No.2, "To the Free Citizens of the Commonwealth of Massachusetts," *American Herald*, Boston, Oct. 27, 1787, *CA-F*, IV, pp.21, 22. 比较分析多元主义政治思想家罗伯特·达尔的观点:1787年美国宪法具有一系列的非民主因素:奴隶制、公民投票权、总统选举、参议员选举、参议院中的平等代表权、司法权、司法否决和国会权力八大缺陷。Robert Dahl, *How Democratic is the American Constitution?*, Yale University Press, 2002, pp.8–40.

② 比较汉密尔顿在《联邦党人文集》第七十八篇中对有关限权宪法的论述:"法院的完全独立在限权宪法中尤为重要。所谓限权宪法系指为立法机关规定一定限制的宪法。如规定:立法机关不得制定剥夺公民权利的法案;不得制定有追溯力的法律等。"[美]汉密尔顿、杰伊、麦迪逊:《联邦党人文集》,程逢如、在汉、舒逊译,北京:商务印书馆,2017年,第454页。

③ A Columbian Patriot [Mercy Otis Warren], *Observations on the New Constitution, and on the Federal and State Conventions*, Boston, 1788, *CA-F*, IV, pp.274, 276.

75

的宪法文本就希望保护人民的权利和自由。由此,有关公民权利的保护问题就与联邦主义概念密不可分地联结起来。正如路德·马丁指出的:"正是邦政府在守护和保护公民个体的权利和自由。"由此,马丁主要强调各邦作为个体自由的正当守护者必须发挥其应有的作用,这在他讨论由陪审团审判和为各邦控制军事力量的辩护中表述得尤为直接。陪审团审判体现了制约潜在的专制政府的重要内涵,它迫使政府把公民提起诉讼的案件呈现于公正的公民团体面前,从而防止政府可能执行不公正的法律。①在马丁看来,由宪法授予联邦法院宽泛的上诉管辖权将潜在地损害由陪审团审判的权利。因为联邦法官有权审查法律规则和案件事实。马丁争辩道,如果作为宪法的制定者都不信任邦法官,那么他们也不会信任各邦所组成的陪审团。②因此,马丁坚信,宪法故意试图阻止邦法院和法官保护它们公民的权利和利益。

　　阿瑟·李——笔名为"辛辛那提斯"也同样质疑宪法第三条授予联邦最高法院的宽泛上诉管辖权③及联邦宪法和法律至上条款④。概言之,这些权力威胁着各邦主权和广泛的自治权。由此,"辛辛那提斯"担心,"这一过分笼统性条款施加压力于合众国的每一部邦宪法,且建构了它的专横教条,对各邦所有的法案和权利宣言都具有至上性,使我们对政府所产生的信任丧失殆尽"。而仅仅凭借采取重新恢复各邦权力的方式就能够矫正这些危

---

① Luther Martin, *The Genuine Information Delivered to the Legislature of the State of Maryland*…
　Philadelphia, 1788, *CA-F*, II, p.44.

② Luther Martin, *The Genuine Information Delivered to the Legislature of the State of Maryland*…
　Philadelphia, 1788, *CA-F*, II, p.71.

③ 有关联邦司法权,参见《美国宪法》第三条第二款规定:"司法权适用的范围,应包括在本宪法、合众国法律、和合众国已订的及将订的条约之下发生的一切涉及普通法及衡平法的案件;一切有关大使、公使及领事的案件;一切有关海上裁判权及海事裁判权的案件;合众国为当事一方的诉讼;州与州之间的诉讼,州与另一州的公民之间的诉讼,一州公民与另一州公民之间的诉讼,同州公民之间为不同之州所让与之土地而争执的诉讼,以及一州或其公民与外国政府、公民或其属民之间的诉讼。在一切有关大使、公使、领事,以及州为当事一方的案件中,最高法院有最初审理权。在上述所有其他案件中,最高法院有关于法律和事实的受理上诉权,但由国会规定为例外及另有处理条例者,不在此限。"

④ 有关联邦法律的至上性,参见《美国宪法》第六条规定:"联邦宪法和联邦国会所制定的法律为最高法律。"原文是:"本宪法及依本宪法所制定之合众国法律;以及合众国已经缔结及将要缔结的一切条约,皆为全国之最高法律;每个州的法官都应受其约束,任何一州宪法或法律中的任何内容与之抵触时,均不得有违这一规定。"

险。达到此种目的的最简单方法就是比照《邦联条款》第二条之规定,[①]并把它纳入新宪法的文本中,这样就能限制明确授予新政府的那些权力。[②]

其实,精英反联邦党人如"辛辛那提斯"或路德·马丁的观点都有过分夸大陪审团审判的重要性之嫌。对于马丁而言,陪审团审判的权利是一种不可或缺的防御装置。对保护这种权利缺乏明确的宪法规定可能意味着美国人民将再次被迫重申"美国革命时期的原则",即公认的"专横权力,如果有必要的话,必须且应当甚至使用武力予以抵抗"。在新的联邦政府下,意识到专横权力的潜在威胁,马丁在很大程度上把注意力集中于最终对专制政体的制约上,甚至以武力抵抗专横权力,从而达到保护公民权利的目的。当然,马丁并不赞成永久性革命权或个体拥有永久性抵抗权。而适当矫正联邦政府对人民权利突如其来的侵犯将使各邦政府所从事的事业重新得到恢复。因此,邦控制武装力量且禁止联邦政府建立常备军将阻止专制政府运用军事力量对抗人民。"当一个政府要剥夺它们的公民的自由权利,且减少他们的奴隶时;一般而言,为达到此种目的就必须利用常备军,且在此种情形下尽可能地使用卑劣手段保留军事力量;只有在极小程度上,他们才有可能体现反对专断权力的意涵。"邦控制武装力量对确保联邦制度作为有效地保护公民个体权利而发挥作用是必不可少的。[③]

从路德·马丁的观点来看,个体权利与联邦主义在本质特性上错综复杂地联结起来。"如果总体政府试图设法压制和奴役人民",那么人民是不可能用任何可能的手段进行自我防御,因为拟议的宪法所确立的政府制度剥夺了他们控制军事力量的权利。而各邦对军事力量的控制是适当制约中央政府专断权力的有效手段。由此,马丁为各邦控制军事力量辩护:公民拿起武器并不能有效地保卫他们个体的自由权利,各邦对保护公民个体的自由和权利应当承担主要责任。[④]马丁的言辞似乎是基于为美国人民构想的另一种场景:联邦政府行使权力的官员只要看到人民的每一根血管里还有一滴血,他们就要流尽公民的最后一滴血。因此,危险总是处于特定

---

① 有关各邦拥有的主权,参见《邦联条例》第二条规定:"各州均保留其主权、自由与独立,凡未经本条款明示授予合众国之各项权力,司法权及权利,均由各州保留之。"

② A Republic, No.2, "To James Wilson, Esquire," *New York Journal*, Nov. 1, 1787, *DHRC*, XIII, pp.531–533; No.2, Nov. 8, XIV, p.4.

③ Luther Martin, *The Genuine Information Delivered to the Legislature of the State of Maryland*… Philadelphia, 1788, *CA–F*, II, pp.58,59,71.

④ Luther Martin, *The Genuine Information Delivered to the Legislature of the State of Maryland*… Philadelphia, 1788, *CA–F*, II, p.59.

状态下,不仅表现在征税权上,而且体现在缺乏对每一种权力设置制约的机制上。由此,马丁认为,最大的危险是宪法规定的征税权,由一个遥远的总体政府以制定法律的方式予以执行,且由总体政府的官员进行征缴,他们不会对各邦政府承担任何责任。而由新的联邦政府行使征税权所造成的危险之根源在于,它不能真正地代表人民,"各邦才是它们公民事务的最好判断者"。由于宪法所规定的征税权遵循特定的方式,总体政府可以对合众国公民的任何物品和收益从最大限度上进行轻易而便利地征缴。因此,最好的解决方法就是把决定对公民个体征税的权力保留给各邦政府。只有在各邦政府违法的情形下,"总体政府"才应当被赋予对公民个体进行直接征税的权力。[①]

第二节 联邦主义与地方主义之界分

精英反联邦党人认为,联邦党人寄希望于国家的商业增长和国际声誉仅仅只是表现具有野心的人们对一个"辉煌帝国"的强烈欲望,随着荣耀时代的推移,人民将承担被课以税收、征募和战争的重负。像美国联邦统治范围如此之大的任何中央政府,所谓的受人民控制都具有不确定性,中央政府扩大了的权力将对人民的权利和自由造成严重威胁。由此,精英反联邦党人坚持革命时代的共和主义观似乎比联邦党人的政治和商业抱负更切合实际一些。他们向往一种狭小的、田园式的古典共和主义理想。在这样的共和国里,有德行和行使自主权力的公民管理自身的事务,[②]且能够避免强大帝国统治的权力。这就意味着尽可能地保持地方政府的活力,使统治者与被统治者都能够彼此相互看见、知悉和了解。由此,反联邦党人珍视独立革命时期的邦、地方参事会和地方事务委员会及邦联体制下的中央政府完全建立于各邦的基础之上。地方主义的自治政府思想密不可分地

---

① Luther Martin, *The Genuine Information Delivered to the Legislature of the State of Maryland*… Philadelphia, 1788, *CA–F*, II, p.55.

② 托克维尔在阐述美国立宪时期的人民自治与政府的关系时,尤其提到美国社会是由自己管理,并为自己而管理,所有的权力都归社会所有。可以说,人民自己治理自己,而留给政府的那部分权力也微乎其微,何况政府还要受人民监督,服从建立政府的人民的权威。人民对美国政界的统治,犹如上帝统治宇宙。人民是一切事物的原因和结果,凡事皆出自人民,并用于人民。[法]夏尔·阿列克西·德·托克维尔:《论美国的民主》,董果良译,北京:商务印书馆,1997年,第64页。

78

与类似于直接选举的城镇会议相联系，或至少与每年选举的真正知悉人民的议员所组成的邦立法机构相联系，人民能够感受到许多相同特性尤其是同构性，而不是多样化和专断的地理实体。因为公民之间只有具有相互间的密切联系、善意和协商等必不可少的智慧和品性与共同生活的亲和力才可能联合成为一个真正的政治实体。此外，即使建立于任何时代的人民同意基础之上的政府组织，都不可能是真正的自治政府。由此，精英反联邦党人的联邦主义与地方主义具有亲和力地联结了起来。①

一、基于邦权的联邦主义观

最具有真知灼见的反联邦党人精英人物路德·马丁审慎地阐述了美国联邦主义的理论问题，马丁比任何其他反联邦党人都更为详尽地阐释了独特的邦权力理论。按照马丁的观点，独立革命时期各邦已经处于自然状态。邦联是由具有自然主权和独立性的各邦之间所签订的契约形成。实际上，马丁把各邦而不是人民视为创立合众国的原始主体。由此，直接按照公民个体的意愿且避开各邦而建立的合众国政府潜在地损害了各邦的自治与主权。马丁重新罗列并阐述了对具有整体权威的联合体的批评观点，使反联邦党人把批判的重心明确地集中于主权问题上。"君主政体的偏爱者和希望从整体上废除各邦政府的那些人"反对联邦主义原则，而联邦主义原则是基于这样的共识，即"十三个邦政府"必须"永保其完整的权力和具有活力"。②马丁在顽强地为各邦的主权和权威辩护方面比任何其他反联邦党人都表现得更为热切。他就如何矫正拟议的宪法的瑕疵发表了自己的观点，坚持更为激进主义的政治立场，即《邦联条款》下的主权概念

---

① 青维富：《美国政治生成机制之法理评析》，上海：上海三联书店，2020年，第19—21页。伊拉扎所阐释的新联邦主义，最为简单而可能的定义就是自治加上共享治理。他界定的联邦主义包含可能是永久特性的合同关系：它规定分享，缩减主权问题，补充但并不寻求取代或减少他们赖以生存的过去的组织联系。[美]丹尼尔·J. 伊拉扎：《联邦主义探索》，彭利平译，上海：上海三联书店，2004年，第15页。

② 托马斯·杰斐逊认为，人类社会存在于三种大相径庭的形式：一是存在于没有政府的状态下，如印第安人的社会；二是存在于有政府的状态下，如较小程度在英国，较大程度在美国的各邦；三是存在于强权政府下，如在其他一切君主国及大多数共和国。显然，杰斐逊偏爱于第二种形式，即大多数享受很大程度的自由和幸福，其中最大的弊端在于容易发生骚乱。"我宁爱有危险的自由也不愿意自由自在地做奴隶。"[美]托马斯·杰斐逊：《杰斐逊选集》，朱曾汶译，北京：商务印书馆，1999年，第390—391页。

是建构和改变联邦制度的唯一合法和审慎的基础。①

　　路德·马丁否认宪法反对者是"不愿意组建一个强大且具有活力的联邦政府"。然而由费城制宪会议所拟议的宪法建构的政府形式,按照马丁的推断,在本质上不是一个具有联邦性的政府,而是一个国家政府,它将影响"各邦政府的自治和稳定性,且侵犯公民个体的自由和权利"。②马丁进而超越了孟德斯鸠的箴言,即共和政府只能存在于狭小的共和国范围内。③他基于对"人民的天赋、惯例和习俗"的理解诠释美国联邦主义理论,并把它视为美国历史所决定——必然要建立一个不同于其他国家的政府模式。马丁继续争辩道,美国生活的显著特征在于遍布的地方主义:"如果一个国家的范围是如此之大,人民抱怨其通行是如此之不便利",那么他们必然会因为国家政府机关的独立建构或他们法院审判案件的所在地不断地移动而大声疾呼。由此,只有使国家政府和法院更为集中才能真正给人民带来便利。马丁这种一时之念最为偏激的范例就是许多人要求重新建立各邦政府。马丁引用的范例是,"弗吉尼亚邦和北卡罗来纳邦的佛蒙特地区和一些重要邦的西部地区及宾夕法尼亚邦西部地区的许多居民表达了如此意愿"④。当各邦作为有效的组成单元形成的地方主义情绪停止发生作用时,组建新的邦政府就成为必需。事实在于一个邦可能并不因其变得过大或人口过多而损害这一原则的运用,他仅仅只是提议在适当之时建立新的邦政府可能是必需的。依照他表述的一般术语,马丁的联邦主义理论尤其依赖于较小的邦政府之建构理论是令人难以接受的,因为像宾夕法尼亚邦、马萨诸塞邦和弗吉尼亚邦那样较大的邦分裂为许多较小的邦仅仅只能有利于提升像罗德岛邦和马里兰邦那样的小邦的权力和声誉。

　　在美国,作为反映美国政治社会和文化特性的联邦主义是不断演进

---

① Luther Martin, *The Genuine Information Delivered to the Legislature of the State of Maryland*…Philadelphia, 1788, *CA-F*, II, pp.33, 34. 按照《邦联条款》所隐含的意涵,邦联政府仅仅是依据各邦的意愿所建构起来的具有特殊性质的政府,各邦政府才是基于人民意愿所建构起来的一般政府。

② Luther Martin, *The Genuine Information Delivered to the Legislature of the State of Maryland*…Philadelphia, 1788, *CA-F*, II, pp.40, 45.

③ 孟德斯鸠认为,联邦共和国既由小共和国组成,在国内它便享有每个共和国良好政治的幸福,由于联合的力量,它具有大君主国所有的优点。参见[法]查理·路易·孟德斯鸠:《论法的精神》,张雁深译,北京:商务印书馆,2005年,第155—156页。

④ Luther Martin, *The Genuine Information Delivered to the Legislature of the State of Maryland*…Philadelphia, 1788, *CA-F*, II, p.48.

的。路德·马丁指出，美国人民"习惯于在其邻近地区有自己的政府，在那里，他们可以更接近政府而没有更多的不便"。如果美国人因没有如各邦法院那样邻近的地方政府机构而表示不满，那么他们将如何对一个具有更大权力且地处遥远距离的总体政府产生回应呢？马丁赞同普通反联邦党人的观点，当一个政府缺乏人民的认同和信任时——有时他对依据宪法而建立的新政府进行预测——它将必然只能依赖于强力来执行它的律令。这样的政府注定会成为专制政府。[1]在马丁看来，邦是联邦主义制度的重要组成部分。重复普通反联邦党人的观点，马丁抨击新宪法侵蚀了各邦的权威并且忽视了它们作为与人民保持密切联系的自治政府的作用。这使人很容易理解反联邦党人为什么反对宪法序言中的言辞，它以"人民"的名义而不顾及各邦作为政治实体的感受。马丁争辩道，新的政府权威应当持续来自具有主权的各邦。他否定美国只有一个主体——美国人民存在，除非经由各具特色的主体——邦建构现存政府的结构和体系，就没有任何其他方式可以辨识人民的意志。求助于抽象的"人民"仅仅只是取悦于他们人民的梦幻，事实上，联邦党人试图避开人民政治意志的真实表达者——各邦，继而设计并构建一个在其表面上看似具有合法性的总体性政治权威。由此，马丁为联邦主义辩解，我们可以把他的语词概括为，刻意地提出各邦的权利。从发展的观点来看，马丁有关联邦主义的理论阐述后来成为反联邦党人著述和文献中有关联邦主义思想的最为系统的组成部分。

其他少数精英反联邦党人运用路德·马丁精选且具有煽动性的邦权利术语构筑有关联邦主义理论的主要论题。确实，基于大多数宪法反对者所提出的有关邦主权观念要使联邦主义成为人们普遍认同的理论尤为困难。正如他们批评宪法设计联邦主义制度可能产生腐败现象那样，许多反联邦党人提出，在同一政治共同体内两个具有主权的政府将如何并存也是一个极其具有困扰性的问题。然而几乎没有人愿意在更深层次上探究这一问题：如果真正这样做的话，那么这将证明反联邦党人的宪法理论存在着根本性缺陷。相对而言，几乎没有一个反联邦党人愿意回到邦联政府制度而把它作为未来的联邦主义范式，且反联邦党人的精英人物几乎没有人对联邦党人的下列主张和观点提出疑问，即《邦联条款》不适合美国民情，而某种形式的整体性中央权威应当被建构为更有效率的权威体系，从而迫使各

---

[1] Luther Martin, *The Genuine Information Delivered to the Legislature of the State of Maryland*…Philadelphia, 1788, *CA-F*, II, p.48.

邦政府服从。大多数反联邦党人也赞同,在一定程度上受限制的整体性强制权威必须授予联邦政府。因此,反联邦党人也承认联邦党人的观点。尽管这一观点更有说服力的表达是由疑是联邦党人的麦迪逊提出,即新政府是部分联邦性的和部分国家性的,①它更有力地证明了联邦党人的观点具有正确性。大多数具有深思熟虑和审慎选择能力的反联邦党人理论家都承认麦迪逊的观点是正确的。尽管他们赞同这种观点将使新政府旨在加强联邦政府权力的反对观点逐渐削弱其影响,但是精英反联邦党人理论家们几乎每一个人都能够真正地领悟到它的真谛。实际上,他们与联邦党人的争论并不在于中央政府权力的进一步强化,而在于新的联邦政府在多大程度上更加国家化的问题。②

不仅仅局限于详尽地阐述邦权理论,大多数反联邦党人还指责宪法有加强中央政府权力的倾向。因此,大多数反联邦党人所赞成的解决方案是,依据《邦联条款》第二条诸如此类的规定要求限制联邦政府的权力范围,即限制明确授予国家政府权力的行使范围。此外,许多具有智识的反联邦党人理论家对地方主义也作出了积极的评论。没有任何反联邦党人作者比詹姆斯·温斯罗普以"阿格里帕"的名义更为详细地阐述了美国社会的地方主义特性:

> 使地方法律和制度得以存续是必要的,因为居住于各种不同环境的人民将不可避免地有其地方习俗和不同的生活方式;立法机关在制定法律的过程中必须有差别地考查人民的地方习惯和不同的生活方式。使法律适应人民的生活方式比使人民的生活方式服从法律更为

---

① 麦迪逊并未宣称自己是联邦党人,显然他也未曾宣称自己是反联邦党人。在美国制宪会议和批准宪法会议时期,由于麦迪逊与汉密尔顿、杰伊一起写作《联邦党人文集》,人们认为麦迪逊是联邦党人。历史文献和政治事实证明,麦迪逊最多只能算疑似联邦党人。有关联邦政府的国家性与联邦性,参见青维富:《美国宪制特色之法理评析:纵横向相结合之分权制衡》,北京:法律出版社,2010年,第98—120页。

② 事实上,反联邦党人探究这一问题的唯一理论家就是"联邦农夫"。麦迪逊在《联邦党人文集》第三十九篇中争辩道,拟议中的宪法严格说来既不是一部国家宪法,也不是一部联邦宪法,而是两者的结合。其基础是联邦性的不是国家性的;在政府一般权力的来源方面,它部分是联邦性的,部分是国家性的;在行使这些权力方面,它是国家性的,不是联邦性的;在权力范围方面,它又是联邦性的,不是国家性的。最后,在修改权的方式方面,它既不完全是联邦性的,也不完全是国家性的。参见[美]汉密尔顿、杰伊、麦迪逊:《联邦党人文集》,程逢如、在汉、舒逊译,北京:商务印书馆,2017年,第227页。

容易。①

由于一些地方习俗在一个世纪以来的美国历史中已经正当化和合法化,因此,美国人不可能遵从于一个地处遥远的中央权威。"阿格里帕"争辩道:"试图把所有的地方习俗都压缩为一个统一标准,本身就是愚不可及,且仅仅只是在权力的原则上要求保持它,这就败坏了人民的声誉。"确切而言,正是这种突如其来处理事务的状态导致了美利坚民族与大不列颠王国的决裂。"阿格里帕"把独立战争视为必然要发生的事件,即导致独立战争的起因在于无能的英国政府一直支持它们偏爱的代议制度,而这种代议制度不可能适当地表达地方共同体的权利和意愿。独立战争期间,美国人民果断地宣称"单一的立法机关就制定法律和对人民实施征税并非能够代表如此众多的不同利益"。"阿格里帕"不仅仅求助于客观德性——独立革命时期许多共和主义的根本准则,而且坚决为这些地方利益辩护。

> 告知我们应当忽视地方利益那是徒劳无益的。只有依赖于地方利益的保护,我们才能维持整体利益。没有人从他进入社会时就抱有这样的观点,提升他人利益而不为自身的利益行动。②

他甚至就其所了解的所有论点不断地加以阐述。在他看来,坚持忽视地方利益就是要求公民个体在一定程度上按照不符合常识的方式行为。

二、基于司法地方化的联邦主义观

在很大程度上,宪法的主要反对者把地方主义和联邦主义(常常被反联邦党人在其文本中交替使用)视为美国现代社会的两大基本目标。反联邦党人不仅关注邦权威,而且他们更热切地希望保护地方权威。尽管联邦

---

① Impartial Examiner, "To the Free People of Virginia," *Virginia Independent Chronicle*, Feb. 20, 1788, *CA-F*, V, p.178.反联邦党人有关联邦主义的思想也存在着相当大的混乱,他们的争论观点表明,反联邦党人是邦联主义者,而不是联邦主义者。真正的联邦主义专注于非集权化,从而既反对集权化又反对权力分散。除了少数如路德·马丁那样的反联邦党人,大多数宪法的反对者放弃了这种站不住脚的理论,且承认,在它的有限范围内,权力集中的政府必须具有至上性,必须迫使各邦强制地服从它的决定。

② Agrippa (Winthrop), No. 12, "To the Massachusetts Convention," *Massachusets Gazette*, Jan. 14, 1788, *CA-F*, IV, p.93; No. 5, "To the people," Dec. 11, 1787, *CA-F*, II, p.77; No.7, "To the people," Dec. 18, 1787, *CA-F*, II, p.82.

主义和地方主义常常在反联邦党人的思想中融为一体,但是有些反联邦党人作者仍然认为这些权威的范围并非具有同一性,更多的人尤其关注陪审团审判的权力,它使各具特色的地方主义更显得具有重要性。①

按照理查德·亨利·李的观点:"确保我们人民的人身和财产的司法制度公正执行是美国自由社会的伟大目标。"新宪法的危害在于从根基上损害了执行公正的司法制度。李既是司法独立强有力的支持者,又是建立强势陪审团制度的倡议者,他花费了大量的时间和精力详细地阐述和分析了美国既存的联邦司法制度之缺陷。在他看来,联邦法院宽泛的上诉管辖权威胁着各邦的司法权。按照他的观点,联邦司法权的结构形成了另一种加强中央权力的激励机制,而把地方法院排除出有关债务案件的司法裁判权将给弗吉尼亚人带来灾难性后果。他断言,挑选来自临近地区的人们组成地方法院的陪审团必然保护弗吉尼亚人的利益,当弗吉尼亚人谈论地方陪审团的陪审员时,他们的意思是"我称之为我们真正邻近地区的公民,这种理念要求一个人应当由他邻近地区的公民来审判"②。李为联邦主义与地方主义区分的重要性提供了典型范例。与其他一些反对宪法的精英人物相比较,李竭尽全力提出地方陪审团的审判表达了地方共同体的意愿。仅仅依赖于陪审团在同一个邦内进行审判并非有效,它还必须由邻近地区的居民所组成的陪审团进行审判才能使陪审团真正地发挥公共论坛的作用。最重要的是,弗吉尼亚人并未意识到"陪审团的地方主义色彩可能引起暴

---

① 有关地方主义思想的重要性,参见 Jack P. Greene, "The Colonial Origins of American Constitutionalism," in Greene, *Negotiated Authorities: Essays in Colonial, Political, and Constitution History*, University Press of Virginia, 1994, pp.25–42。一些学者把地方主义和联邦主义两种思想混合起来,使反联邦党人思想中的重要差异难以得到区分。大多数学者把地方主义与一种民主的或平等主义的政治文化联系起来,参见 Robert E. Shalhope, "Republicanism, Liberalism, and Democracy: Political Culture in the New Nation," in Milton M. Klein et al. eds., *The Republican Synthesis Revisited: Essays in Honor of George Athan Billias*, Z. Baker, 1992, pp.37–90。

② Richard Henry Lee, Copy of a Letter from Richard Henry Lee (to Edmund Randolph), *Pennsylvania Packet*, Dec. 20, 1787, *DHRC*, XIV, p.168.

乱"和可能引起"基于特定缘由的粗暴行为"的危险。① 解决这些问题的方法就是不能减损陪审团的权力。此外，还存在着更为精巧的方式，必须迫使陪审团的陪审员们采取负责任的行动。当然，人民对陪审团制度的信任依赖于许多法律隐含的假定条件，如陪审团的任务被限制在社会中具有固定收益的个人，服务于陪审团的公民个体在复杂的社会关系网中享有宪法所规定的权利保护。律师和法官的参与仅仅只是随着陪审团的适度影响而作出行为。由此，地方陪审团制度有利于绅士和殷实的自耕农参与，它许可有智慧的人和阶层在案件审判过程中不断地产生影响。②

按照理查德·亨利·李的观点，司法制度的结构主要是指法官和陪审团在审判过程中发挥适当的作用，从而达到特定的结构化平衡。事实上，他执着地争辩道："法官的独立似乎是如此之重要和必要。"法官具有发挥至关重要作用的能力牢固地依赖于一部成文的《权利法案》，它有助于"规范和控制以法律方式制定规则的立法者的自由裁量权，并在此限度内限制他们膨胀的野心和贪婪"③。李对独立司法权抱有极大的信心，他相信由陪审团审判的制度对于保护公民自由而言同样是必不可少的。法官和陪审团与天然贵族政体和民主政体都具有天然的同源性。确保人民的自由与政府提升公共利益的职能只有把贵族政体与民主政体的优点相混合时才能发挥作用。尽管他在相当大的程度上对法官执行法律充满信心，但他仍然引用布莱克斯通的话：许可法官发挥这样的作用完全依赖于地方治安法官

---

① *Debates and Other Proceedings of the Convention of Virginia*··· III, Petersburg, Va., 1788-1789: William Graysons, *Speech in the Virginia State Convention*, June 21, 1788, *DHRC*, X, pp.1447, 1449; Patrick Henry, *Speech*, Jun. 16, 1788, *DHRC*, X, p.1330; George Mason, *Speech*, June19, 1788, *DHRC*, X, p.1402, 1404, 1406-1407; Patrick Henry, *Speech*, June 20, 1788, *DHRC*, X, pp.1424-1425. 理查德·亨利·李表达了类似的观点，参见 Richard Henry Lee to James Gordon, Jr., Feb. 26, 1788, *DHRC*, VII, pp.418-419。反联邦党人提出另一问题，在联邦法院审判对某些中等经济收入的个体而言将会增加一种特别的重负，参见 George Mason, "Objections to the Constitution," *Massachusetts Centinel*, Nov. 21, 1787, *CA-F*, II, p.12。

② A Republic, No.2, "To James Wilson, Esquire," *New York Journal*, Nov. 8, 1787, *DHRC*, XIV, p.13.

③ 托克维尔在《论美国的民主》中阐述了美国立法机构的权力，"将全部社会力量集中于立法机构之手，使民主制度趋向自然。既然立法机构的权力直接来自人民，所以它也分享人民拥有的一切大权。因此，立法机构有一种惯于包揽一切权力的倾向。权力的这种集中，既非常有害于良政的推行，又为多数的专制奠定了基础"。参见[法]夏尔·阿列克西·德·托克维尔：《论美国的民主》，董果良译，北京：商务印书馆，1997年，第173页。

实施法律,仍然具有潜在的危险性。"尽管他们自身自然地形成一个整体,但是法官在针对自身的阶层和涉及自身的尊严和人格时总会存在一种本能的偏见。""从人的天性中我们并不难以预见,很少有人总是一直关注社会大多数人的利益。"①陪审员任职资格和陪审团选择方式可以大大地改变陪审团所具有的代表性特征。在李的《弗吉尼亚报告》中充分阐述了陪审团的特性,陪审团在南方社会具有等级制度特性的环境中发挥作用。大陪审团是由具有相当多的财富和社会地位的人构成,而小资产阶级的陪审员是来自具有财产的那些人。法官、公正裁决者、大陪审团的陪审员和小资产阶级陪审员在遵从的复杂社会环境下可能陷入社会关系网中。这种特殊的制度尤其在保护大土地所有者受到债务人对抗的行为时将会发挥有效作用。②当然,在反联邦党精英人物中没有任何人比理查德·亨利·李更为敏锐地意识到作为共和国的领导人必须要求具有一定的品性的政治原则。然而李有关品性的评论因他意识到政府并非总是由有德性的人来领导而显得有些牵强。在李看来,通过明确保护公民的自由和权利从而限制政府的行为是必要的,且仅仅只有这样做,政府才能真正关注和平衡大多数人与少数人之间的利益。

第三节 小共和国理论

按照古典共和主义理论,小共和国必须是一所形成和塑造某一类人的"学校"。这就必然要求:第一,政权要小,即共和国范围只有在共和国的大小可以加以适当管理的地方,而不是在美国这样的地域辽阔的广袤土地

---

① Richard Henry Lee, "Copy of a Letter from Richard Henry Lee [to Edmund Randolph]," *Pennsylvania Packet*, Dec. 20, 1787, *DHRC*, IX, pp.878-879. 一些学者主要研究陪审团作为一种准代议性主体,参见 J. R. Pole, "Reflections on American Law and the American Revolution," *WMQ*, 3rd Ser., L, 1993, pp.123-159. 这种争论也受到一些学者的质疑,参见 Peter Charles Hoffer, "Custom as Law: A Comment on J. R. Pole's 'Reflections'," *WMQ*, 3rd Ser., L, 1993, pp.160-167; Bruce H. Mann, "The Evolutionary Revolution in American Law: A Comment on J. R. Pole's Reflections," *WMQ*, 3rc Ser., L, 1993, pp.168-175; James A. Henretta and James D. Rice, "Law as Litigation: An Agenda for Research," *WMQ*, 3rd Ser., L, 1993, pp.176-180.

② 关于弗吉尼亚人对美国法律文化的明确阐述和与之相联系的反联邦主义和杰斐逊主义之间的关系,参见 F. Thornton Miller, *Juries and Judges versus the Law: Virginia's Provincial Legal Perspective, 1783-1828*, University Press of Virginia, 1994, pp 154-160.

上,市民才会热爱其同胞公民,并将其自身利益置于共和国利益之下。第二,共和国的人口必须具有相对的同质性,如果宗教多样化和贫富两极分化,共和国将不复存在,因为这些差异会导致冲突,他们不会潜心建设共和国,而是建立一些权势集团,并导致美德丧失。第三,共和国必须对商业尤为小心,不能让它漫无节制,因为商业会刺激一种追求个人奢华的愿望。①正如孟德斯鸠所说:“在共和国里,奢华一旦成风,人们就会相应地去追逐各自的利益。”②第四,小共和国不能容许思想的自由传播,因为某些思想会使公民放弃责任,并激励腐败。在联邦共和国中培育和保持美德绝非易事,它需要一些与在宪制政府治理下追求个人自由相去甚远的特殊条件和严密的社会控制,而精英反联邦党人的宪法和政治理念乃是在多数人与少数人之间的一种持续性斗争中所形成的政治概念。按照他们的观点,小共和国应当是最适合保护少数人与多数人之间的权益。他们有关小共和国的理论是基于古典共和主义的重要观点:在一个共和国里,公民必须具有美德,即公民必须把社会共同体的利益置于个人利益之上,乐意为社会共同体的福利牺牲自己的意愿。由此,精英反联邦党人总是不断地提及孟德斯鸠有关描述共和国特征的言辞:“美德是最简单的东西,它就是热爱共和国。”③然而精英反联邦党人剔除了孟德斯鸠有关禁止思想在公共论坛中传播的观点。在他们看来,公共论坛的作用在于使思想在人民中间自由地传播,同时任何人发表有关公共利益的言论都必须在公共论坛上受到民众细致且认真的审查。

一、代议制之混合政体理论

理查德·亨利·李在给朋友的一封信中就人性问题表达了这样一种极其重要的悲观主义观点:

> 如果所有人都是有智慧和善良的人,那么政府和法律将成为不必要——但是人性中所有的愚蠢想法和邪恶行为使政府和法律对大多数人成为必需,且为了防止受人民委托行使管理权的一些人和行使执行权的另一些人对人民实施压制性的统治,就必须设定一些必不可少

---

① 关于古典共和主义理论,参见青维富:《美国政治生成机制之法理评析》,上海:上海三联书店,2020年,第11—13页。

② [法]孟德斯鸠:《论法的精神》(上册),张雁深译,北京:商务印书馆,1961年,第96页。

③ [法]孟德斯鸠:《论法的精神》(上册),张雁深译,北京:商务印书馆,1961年,第40页。

的限制性因素。①

按照理查德·亨利·李的理解,共和政府尤其是理想的共和政府就是把自然形成的和提供博大智慧的贵族政体之优势与具有良好秩序且形成知识的民主政体之优势融合起来。精英反联邦党人有关共和政府的思想明显地表现为李在批准宪法会议上提出如何设定立法机关。联邦国会的组成结构不能使下议院容纳更多代表社会各阶层利益的代表人数。正如他以笔名"辛辛那提斯"发表的短论文阐明的,他相信下议院应当是"总体政府制度中民主部分的真正代表,即人民利益的保卫者和防护者"。拟议的宪法预示着构建良好民主政体的可替代性方案就是"寡头政体……担任总统和副总统的个体公民,如果他们相互之间彼此勾结,就会轻易地按照他们的意愿操纵国会"。与许多精英反联邦党人一样,李试图寻求把民主政体的优点和天然贵族政体的优点结合起来,从而形成均衡政体,但是他认为下议院的构成不可能达成此种目的。"所有宪法有关下议院的规定",他说道:"都是有意塑造一个软弱无能的众议院和一个强有力的参议院——这将是把民主政体作为贵族政体的祭品。""我希望",他继续说道:"看到贵族政府有其应有的权重……且使我信服,对贵族政体本身最好的预防措施就是适当地使其达到均衡,否则,它在不久的将来必然使这个国家发生暴乱,且因暴政而使政府迷失本性。"李在讨论有关预防政府腐败的危险和对社会统治者必须采取一种广泛的制约方式时抨击贵族政体,并把他的老辉格党理念表现得更为淋漓尽致。如果没有这种制约方式,那么所有被选举产生的官员,无论他们如何具有德性,都将不可避免地导致腐化和堕落,进而使政府产生腐败现象。然而对天然贵族

---

① Richard Henry Lee to William Shippen, Jr., in James Curtis Ballagh ed., *The Letters of Richard Henry Lee, 1911–1914*, II, The University of Chicago Press, 1963, pp.441–444. 在《联邦党人文集》第五十一篇中我们可以看到麦迪逊相类似的语段:"如果人都是天使,就不需要任何政府了。如果是天使统治人,就不需要对政府有任何外来的或内在的控制了。在组织一个人统治人的政府时,最大困难在于必须首先使政府能管理被统治者,然后再使政府管理自身。毫无疑问,依靠人民是对政府的主要控制;但是经验教导人们,必须有辅助性的预防措施。"参见[美]汉密尔顿、杰伊、麦迪逊:《联邦党人文集》,程逢如、在汉、舒逊译,北京:商务印书馆,2017年,第264页。

政体的制约并非意味着李不考虑它的重要性。①由此,他的目的在于确保天然贵族政体不会衰退至如乔治·梅森上校和其他反联邦党人精英人物所预言的那种压制性贵族政体。

尽管精英反联邦党人已经意识到必须使下议院发挥人民民主声音的作用,然而这并非表明精英反联邦党人坚持一种平均主义理想。民主政体的适当方式必须使统治者感受到人民的信任。通过下议院审慎而彻底地审查是对统治者提供必不可少的制约方式。而适度代表的重要性在于为立法机关发挥积极作用提供资讯。在拟议的宪法的制度设计中,两院制反映了贵族政体和平民政体及体现于两个阶层的品性之间所存在的明确分化。建构宪制政府的目的在于确保每个社会群体都享有自由和权利,且明确厘清每个社会群体的特定政治权利,以便立法机关能够较好地辨识公共利益。精英反联邦党人并没有按照现代社会阶层分化的标准使当时美国各种对立关系概念化,而是按照不同社会等级且不具有对立性的各阶级建构其政治概念。②在那里,不同等级的人们之间的相互关系是以互利关系表现出来。责任和义务在已划分为等级的社会中相互保持一种复杂而均衡的稳定状态。由人组成的共和政体更像人类的其他社会组织一样,只要每一部分的运行与其功能相适应,共和政体就会处于兴盛发达之中。

正如阿瑟·李以"罗马贵族"身份所阐述的,他抨击参议院,并指责宪法规定了一种邪恶的贵族政体。该机构的设计是"脱离人民的",且参议院"这种几乎完全脱离人民而不断地坚持贵族政体原则总会影响人民的思想"。参议院的较长任期使这一问题更加恶化:"按照持续的时间分配,贵族政体运行它们的权力,且试图扩大它们的权力,不可避免地使其权力不断地膨胀和扩张。"③由此,宪法架构下的代议制度设计,其问题的主要部分在于使它的代表脱离了地方民众。如果代议制根植于地方民众,那么遵从民众与民主政体的理念就能够协调一致了。因此,宪法所设计的代议制结构破坏了政府制度本身所具有的脆弱性平衡。

---

① A Republic, No.4, "To James Wilson, Esquire," *New York Journal,* Nov. 22, 1787, *DHRC,* XIV, p.189; Arthur Lee to John Adams, Oct. 3, 1787, *DHRC,* XIII, pp.307–308; Lee to Edward Rutledge, Oct. 29, 1787, *DHRC,* VIII, p.131.

② 关于美国社会的等级观念,参见 Harold Perkin, *The Origins of Modern English Society, 1780–1880,* Routledge, 1969, pp.238–240。

③ A Republic, No.4, "To James Wilson, Esquire," *New York Journal,* Nov. 22, 1787, *DHRC,* XIV, pp.187–188.

二、民主政体之危机与共和政体之品性

没有任何一位反联邦党人作者比沃伦夫人更为关注民众遵从的式微和大众民主的危险。按照"哥伦比亚爱国者"表达的观点,她把后革命时期的美国社会发展趋势用一种悲凉和哀诉的咏叹调方式加以描述和诊断,而不是遵从"古代爱国者"领导人的明智而具有洞察力的见解,即美国像一名挥霍无度的年轻人那样行动:"像一名极为不耐烦的、精力充沛的、奢侈浪费的青年,仓促而过早地从父母的权威下解放出来,但是又没有任何经验指导他依照人的尊严或慎思明辨行动。"最近的历史经验证明,美国需要持续的且具有一定品性的领导人来引领这个年轻的国家。沃伦夫人谴责普通民众及他们所形塑的政治家们误导了民众的行为。①普通民众已经完全忘记了遵从的理想状态,宁愿服从蛊惑民心的政客的献媚,也不愿服从具有品性、智识和才能的领导人。沃伦夫人谴责"这些没有傲骨的民众",他们对于那些欺骗人民且虚伪的领导人的观点盲目地遵从。就个人观点而言,沃伦夫人表达了她的愿望,即少数有品性的杰出之士总会崭露头角,且其看法总会高于"那些普遍弥漫于社会下层阶级生活中的那些盲目的热情和一时之念"。如果没有衡量特定的一般品性之标准,那么共和主义将不复存在。如果人民不能分辨真正的爱国者和蛊惑人心的政客,那么新生的美国共和国即使竭尽全力也不可能赶上曾经存在过的辉煌共和国,且将逐渐陷入缓慢的衰微发展时期。②

取代客观公正且具有正直品性的政治家,美国独立战争后的一段时期里都是受到那些迎合人民和蛊惑人心的政客们操纵。沃伦夫人的观察表明,"当爱国主义不受人民大众认同,且共和主义的正直品性或为阿谀奉承的人的笑柄时",美国将不可避免地朝着专制政体和奴役之路迈进。她严厉地指责那些所谓的廷臣、投机者和蛊惑民心的政客对贵族政体和专制君

---

① A Columbian Patriot [Mercy Otis Warren], *Observations on the New Constitution, and on the Federal and State Convantions*, Boston, 1788, *CA-F*, IV, p.285.

② A Columbian Patriot (Mercy Otis Warren), *Observations on the New Constitution, and on the Federal and State Conventions*, Boston, 1788, *CA-F*, IV, p.274; Mercy Otis Warren to Catherine Macaulay, Jul. 1789, Mercy Otis Warren Letter-Book, *NYHS.*, New York, pp.27-29,有关反联邦党人的人性观点,参见 Cecelia M. Kenyon, "Men of Little Faith: The Anti-Federalists on the Nature of Representative Government," *WMQ*, 3rd Ser., XII, 1955, pp.3-43。反联邦党人把人作为一种始终保持革命理想的生灵的观念,参见 Bernard Bailyn, *The Ideological Origins of the American Revolution*, Harvard University Press, 1992, p.331。

主政体表现出来的强烈欲望。人民的行为许可那些毫无道德原则的政治家取代那些持续支持传统辉格党共和主义价值观且具有客观公正品性的爱国者。尽管在一定程度上沃伦夫人不再抱有幻想,然而她还是把自己更大的希望寄托在美国政治生活中可能出现的开明领导人(如华盛顿)会把这些正直的共和主义品性在适当之时恢复起来。沃伦夫人希望将来的美国领导人"发挥稳固而审慎的思考能力,使我们独立于民众的观念",并客观地界定正直和品性等共和主义的核心概念:领导者必须有能力和品性坚持特定的原则性立场,即使它可能涉及对民众信念的挑战。不幸的是,腐败和野心已经取代了客观而公正的品性。毫无道德原则的政治家们继续利用民众的虚荣心,暗中操纵公共观念,进而为他们自身谋取福利。然而沃伦夫人仍然审慎地保持其乐观态度,继续把她的信念寄托于少数品性良好的领导人身上。她相信,美国具有正直品性的领导者就像"摩西"或"布鲁图斯"那样的人将会按照正直的品性导向领导美国人民转移到美国社会的复兴上来。"美国",她写道,"可能仍然会出现有智慧和有能力的领导人物,他们能够有效地形成各种德性,并正确指导美国人民的思想发展,他们有足够的品性领导他们的国家和人民走向自由的未来。"①

三、共和政体与地方主义之混同

精英反联邦党人所赞同的代议制理论从本质上而言仍然具有地方主义特性,因为只有在地方性范围内才能使遵从生长起来。在《给塞缪尔·亚当斯的信》中,理查德·亨利·李明确表述了构成共和国政治场景的核心基础。无论是理性还是经验都证明,像美利坚合众国这样具有辽阔领土的国家,囊括这样一种多样化环境、物产和利益,且具有极大差异的行为方式、习俗和惯例,自由不可能占主导地位——除非因公共利益需要而组建成国家、主权、次改良政体和邦联。在一个联邦共和国里,政府既能反映符合人的理性的贵族政体之品性,又能体现民主政体之活力。在一个小共和国里,公民对他们选举的代表充满信心,且从具有智慧和优秀品质的各阶层中精心挑选出国家公职人员。这样的人既能与选举他们的人民保持联系,又能体现自然形成的贵族政体成员所具有的受世界各国文化影响的特性。因此,在这种更具有素养的社会治理模式中,代表民主政体的利益那将是

---

① A Columbian Patriot [Mercy Otis Warren], *Observations on the New Constitution, and on the Federal and State Convantions*, Boston, 1788, *CA-F*, IV, pp.272,285,286.

完全可能的。①

　　然而精英反联邦党人的地方主义仅仅只是使他们的政治社会学局限于一种独特的视角和方式。他们的政治社会学的关键信念在于正直的品性和自由仅仅只能生长于小共和国范围内。政府距离人民越远,就越可能导致因其利益而感兴趣和密谋的政治家取代明智和慎思明辨的人们。最终,蛊惑民心的政客将说服人民背叛自身的自由,且共和政体本身也将被专制政体所取代。邦政府的逐渐式微将渐渐地毁坏共和国政治特性生长的必不可少的遵从模式。②因此,精英反联邦党人不可避免地关注社会各阶层的意识形态。他们有关阶级的概念表述了具有差别的社会分层术语,即处于上层社会和下层社会的人们之间所存在的紧张关系形成了政治社会中的一种固定的成员关系。

　　精英反联邦党人的宪法和政治理论的核心在于他们对宪法的政治社会学分析,它与联邦党人的宪法政治社会学形成了鲜明的影像对照。就联邦党人而言,与人民越接近的政府,越容易导致腐败和产生蛊惑民心的政客之危险。与此相对应,精英反联邦党人坚信,维持邦和地方政府的整体性是如此之重要,以至于能够使共和国的各种制度保持欣欣向荣。对于精英反联邦党人而言,各邦正好提供了小共和国的典型范例,在这样的小共和国里,自由和正直之品性就能够繁盛地生长起来。③在建构适当的联邦政府体系中,各邦将作为一个小共和国而发挥其独特的功能和作用;在这样的小共和国里,如果使它们保持与地方共同体的密切关系,那么明智而具有正直品性的人将自然地在选举产生的领导职务中脱颖而出。小共和

① Richard Henry Lee to Samuel Adams, Apr. 28, 1788, *DHRC*, IX, p.765.

② 研究反联邦党人的宪法理论的大多数人都拒绝接受带有阶级意识形态的政治思想。赫伯特·J.斯托林和姆瑞·德里都误读了戈登·五德的观点,即联邦党人和反联邦党人之间的争论转而求助于"政治社会学的本质观点",参见 Wood, *Creatioa of the American Republic*, Princeton University Press, 1986, p.485。伍德认为,政治社会学观念并非与反联邦党人的宪法理论相分离,而是隐藏在其背后的具有重要意义和生机勃勃的主流意识。在一定程度上,伍德的分析并非要探究不同类型阶级意识形态的政治思想是如何激励反联邦党人精英人物,参见 G. E. M. de Ste. Croix, *The Class Struggle in the Ancient Greek World: From the Archaic Age to the Arab Conquest*, Cornell University Press, 1981, pp.198–200。

③ 汉密尔顿在《联邦党人文集》第十篇中引用孟德斯鸠的观点,联邦共和国既具有共和政体的内在优点,又具有君主政体的对外力量,使人类不会被迫永远生活在一人统治的政体之下。参见[美]汉密尔顿、杰伊、麦迪逊:《联邦党人文集》,程逢如、在汉、舒逊译,北京:商务印书馆,2017年,第49页。

国理论使精英反联邦党人在坚持政治遵从性概念的承诺基础上与他们对政府必须有效地代表人民的信任认知保持一致性。[①]事实上,反联邦党人精英人物担心进一步使中央政府集权化不可能产生促进社会更为民主化的结果,而最终的结果将是使政客们更进一步地蛊惑民心,导致暴民政体和专制政体。

精英反联邦党人从理论上假定,在特定地区有一种同构性的利益表现。[②]路德·马丁明确表述了这种假定前提,当代表们在狭小的地方区域与人民保持密切联系,并知晓人民的意愿时,他们与所代表的那些人将会形成一种"共同利益"。[③]在此情形下,马丁写道:"法律几乎不可能造成一部分人压制另一部分人的后果,除非他们没有共同的目的和利益。"与其他反

---

① 有关麦迪逊对于地方主义问题之结论的讨论,参见 Lance Banning, *The Sacred Fire of Liberty: James Madison and the Founding of the Federal Republic*, Cornell University Press, 1995, pp.128–133。关于反联邦党人思想中小共和国的重要性,参见 Kenyon, "Men of Little Faith," *WMQ*, 3rd Ser., XII, 1955, pp.3–43; *What the Anti-Federalists Were For*, in Herbert J. Storing, *The Complete Anti-Federalists*, The University of Chicago Press, 1981, I, pp.3–7。

② 有关联邦应由同性质的国家尤其应由共和国组成的问题,参见[法]孟德斯鸠:《论法的精神》(上册),张雁深译,北京:商务印书馆,1961年,第156页。埃德蒙·伯克在《关于与美利坚和解的演说》(1775年3月)中指出:美洲十三个殖民地"由于六大原因——血统、政府形式、北部殖民地的宗教、南部殖民地的风俗、教育以及远离英国的地理环境,使得北美逐渐产生了一种强烈的自由精神。这种精神与殖民地人民的发展同步发展。"参见陈志瑞、石斌编译:《埃德蒙·伯克读本》,北京:中央编译出版社,2006年,第86—90页。杰伊在《联邦党人文集》第二篇所提出的观点,美利坚民族的人民是同一祖先的后裔,语言相同,宗教信仰相同,隶属于政府的同样原则,风俗习惯非常相似;他们用自己共同的计划、军队和努力,在一次长期的流血战争中并肩作战,光荣地建立了全体的自由和独立。因此,他阐述了联合的必要性和可能性,即"作为一个国家,我们创造过和平,也打过仗;作为一个国家,我们消灭了共同的敌人;作为一个国家,我们同外国结成联盟,签订条约、合同和公的"。参见[美]汉密尔顿、杰伊、麦迪逊:《联邦党人文集》,程逢如、在汉、舒逊译,北京:商务印书馆,2017年,第9—10页。

③ "加图"《致纽约邦公民的信》(第三篇)说道:"欧洲各国政府的限度和形式都是在偶然的情况下形成的,没有什么可以从它们同意的动机上进行争辩;但是,这些偶然的政治原则已经引起了哲学家的注意,并由此在政治学中确立了某些公理,就像欧几里得的公理一样牢不可破。"他自然引用了孟德斯鸠在《论法的精神》中所阐述的有关小共和国的观点。在谈及"有关政治自由"时,"加图"重复提到"伟大的孟德斯鸠再次注意到,在于安全,或至少在我们对安全的看法中";因此,这种安全或看法只有在温和的共和政府中才能获得,在那里,法律的温和和形式的平等会产生对人民的信任,从而产生这种安全或看法。参见 Herbert J. Storing, *The Complete Anti-Federalists*, The University of Chicago Press, 1981, II, pp.110–111。

联邦党人精英人物的观点一致,马丁坚信,在多数人与少数人之间总有一种最根本的社会阶层划分。政府必须保护每个群体的利益。以"阶层与财产"为标准的社会分化必然要求上议院由那些具有财富和出身高贵且又使人敬重的人们组成,以便制约更具有广泛代表性的众议院代表们匆忙而草率地制定政策的行为。各邦政府可以为不同地区备受关注的多元化利益群体提供适当的公共论坛。如果人们把注意力集中转移到一个更为遥远的整体性的中央权威,继而削弱各邦政府的权力,这势必损害美国联邦主义制度中的代议制和民主特性。[①]

第四节　公共范围之影响和作用

　　成为精英反联邦党人宪法和政治社会观的重要组成部分之一是他们以某种方式建构起来的有关宪法政治学和政治社会学的特定概念:公共领域范围之界定对于共和国的兴盛和发展起着至关重要的作用。由精英反联邦党人所维护和阐述的有关公共领域范围的观点远比联邦党人所阐述的相关论点更具有地方主义色彩。正如精英反联邦党人理查德·亨利·李一贯坚持的基本信念:联邦共和国的范围应当基于没有强制力的情形下确保公民认同的共和主义认知。如果人民的判断是"基于他们自身主导下的认识",那么他们相信有关领导人的品性之信念只有在没有强制力的情形下才能获得人民的普遍认同。"但是排除这种观点而把这些认知特性归属于如此广泛延伸的联邦国家范围内,继而运用强制力以确保实现公民政府的目的就成为必需"。只有联邦主义制度才能充分代表美国社会的多样性和利益的多元化。在《给塞缪尔·亚当斯的信》中,李把来自公民基于恐惧的认同与公民基于尊重和信任的认同进行了对比分析,"基于具有知识和行为的正当性获得人民的尊重和信任,从而使人民认同其智识和品性的那些人"才能在政府中真正起主导作用。[②]

---

① Luther Martin, *The Genuine Information Delivered to the Legislature of the State of Maryland...* Philadelphia, 1787, *CA-F*, II, pp.37-44. 路德·马丁尤其提到,拟议的宪法赋予联邦政府的权力一旦被真正地行使,这些权力必将带来灾难性后果——摧毁所有的邦政府。

② 在解读联邦党人的政治思想和一种"政治虚构文学"的观念时,通常会有人引用埃德蒙·S. 摩根的著作的分析,参见 Edmund S. Morgan, *Inventing the People: The Rise of Popular Sovereignty in England and American*, W. W. Norton and Company, 1988, pp.312-316。

一、作为公共范围的印刷界：反对意见之传播路径及影响

被理查德·亨利·李和其他精英反联邦党人所欣然接受的公共领域范围理论是基于这样一种信念：具有传统特色的贵族政体在共和政府中可以发挥一定程度的作用。而精英反联邦党人解释其功能是，社会精英人物应当在政治和政府中发挥其应有的作用。依据精英反联邦党人对公共范围的实质性认知，它主要体现于共和国理念在当时无差别的印刷界的广泛传播。

乔治·梅森的反对意见①被公开印制和发表证明，有关共和国理论的争论正在作为公共论坛范围的印刷界兴起。从本质上而言，乔治·梅森有关公共范围的理念与具有传统共和主义色彩的绅士们因关注公共利益事件而作出适当行为所阐释的公共范围之理念相冲突。乔治·梅森利用他广泛的政治交往圈，以手稿方式发布《对制宪会议制定构建政府的宪法之反对意见》的复制本，并传递给弗吉尼亚邦、纽约邦和新罕布什尔邦具有影响力的政治家们。他相信，以这种方式传播有关共和国理念的观点在一定程度上使他自己保持对其思想在可能被他人以误读的方式解读时具有可控性。产生于他的短论文中有关共和国范围的任何模棱两可或含混不清的观点都可以在私人交往的信件中加以讨论和澄清。由于乔治·梅森的决定依赖于他的社会地位和广泛的私人交往圈，因此，他并没有期待他的行为会受到其他人的积极支持。他总是试图与争论的双方包括联邦党人与反联邦党人有影响力的人物就有关共和国的理论和公共领域的范围进行原则性辩论。尽管乔治·梅森努力限制其文本的传播路径和方式，但他的文本在当时的印刷界或报业界最终还是陷入了争论的漩涡之中。

乔治·梅森的行为受到了弗吉尼亚邦联邦党人托博斯·李尔的猛烈抨击。李尔谴责乔治·梅森试图在公民的精英主体之间散布有关共和国和公共领域范围的思想，继而避免受到公共舆论审慎和彻底的公开审查。由此，李尔设法获取了乔治·梅森《对制宪会议制定构建政府的宪法之反对意

---

① 有关乔治·梅森对宪法的反对意见，参见[美]詹姆斯·麦迪逊：《美国制宪会议记录辩论》，尹宣译，沈阳：辽宁教育出版社，2003年，第771—772页。有关乔治·梅森《对制宪会议制定构建政府的宪法之反对意见》，参见 Herbert J. Storing, *The Complete Anti-Federalists*, The University of Chicago Press, 1981, II, pp.9–13；有关乔治·梅森1788年6月4日《在弗吉尼亚邦批准宪法会议上的讲话》，参见 Herbert J. Storing, *The Complete Anti-Federalists*, The University of Chicago Press, 1981, V, pp.255–258。

见》手抄本，并把它作为反面教材故意安排在《联邦党人文集》出版时同时印制出来。针对乔治·梅森以手抄本的方式传递文本信息，李尔用笔名"布鲁图斯"质疑乔治·梅森的行为，他本来就应当通过匿名方式在不受个人情感影响的公共论坛范围内把美国民众共同关注的主题进行理性争论。"当一个人具有博学多才的能力和伟大的影响力时"，李尔写道，"把许多共同关注的主题作为个人观点在理性的人们中间提出来，并从主观上意识到它将产生更有利于自己观点的影响，他不是公开地把它呈现于公共论坛范围内让公众进行彻底而审慎的审查和讨论；如此做法，他可以被真实地评价为不当地利用了他的公共影响力。"他谴责乔治·梅森的此类行为，并暗示乔治·梅森的行为所暗含的意思是他"不想通过对公众公开和坦诚恳求的方式表露"他的反对意见。作为一名真正的爱国者，他并非必须利用其既有的社会地位和声誉，而是以匿名的方式把他们的想法公开提供给社会公众进行彻底而审慎的审查，以便社会公众在审查和讨论时不会被他既存的个人声誉和社会地位所左右。①

理查德·亨利·李，另一位反联邦党人精英人物的杰出成员，由于重视和正视当时美国社会所面临的情势，与乔治·梅森做了类比分析。作为弗吉尼亚邦和其他地方起主导作用的政治家和活跃的通信作者，李决定出版《致埃德蒙·伦道夫邦长的信》，②详细阐述他对拟议的宪法的反对意见和有关共和国理念。李表露了他对伦道夫邦长的信任，他将"利用其书写的信件"从而促进"公共的善"。③李的信激起了联邦党人作者瓦莱鲁斯的尖锐批评，瓦莱鲁斯严厉地指责李利用其在印刷界的个人声誉和社会地位。他因李有关公共领域范围的推定结论而批评李，在他看来，"李的推定结论被误认为是以你个人名义产生了一定范围的影响力"，从而对宪法的争论产生重大影响。仅仅只有匿名公开出版方式才与共和主义的基本理念相容，而李的署名信件含蓄地因私人利益而不公正地利用作者的个人声誉和社会地位。瓦莱鲁斯争辩道，参与公共论坛活动的人们所需要的是，必须声

① Richard Henry Lee to Samuel Adams, Apr. 28, 1788, *DHRC*, IX, p.765.
② 1787年10月16日，理查德·亨利·李《致埃德蒙·伦道夫邦长的信》（纽约），参见Herbert J. Storing, *The Complete Anti-Federalists*, The University of Chicago Press, 1981, V, pp. 111–118。
③ 关于乔治·梅森《对制宪会议制定构建政府的宪法之反对意见》的传播，参见George Mason, "Objections to the Constitution of Government Formed by the Convention," *Massachusetts Centinel*, Boston, Nov. 21, 1787, *CA-F*, II, pp.11–13。

明放弃自己基于身份和社会地位的特权。瓦莱鲁斯为使用笔名而辩护,即作为共和国的政治家,使用笔名是他们的唯一选择路径。"正如使用虚假署名反对其信念,我认为,对于那些具有情感的作者而言,这是微不足道的事情,他们的意涵旨在为公共利益谋划。"李的行为是对其特殊社会地位和个人声誉的滥用,且证明了他对宪法的批评手段是极其低劣的。[1]在弗吉尼亚邦,联邦党人抨击最重要的反联邦党人违背共和主义信念,即公共领域范围应当由不受个人情感所影响的印刷界予以认定。乔治·梅森和李欣然地接受了一种更为传统的公共范围概念,这种概念的形成是由古代贵族政体在政治上发挥作用的精英人物所塑造。[2]由此,印刷界的匿名出版有助于逐渐削弱政治精英人物的社会影响。

二、可替代性的公共范围之作用

与印刷界的匿名出版形塑公共领域范围相比较,南方最重要的反联邦党人在有关公共领域范围的争论中塑造了另一个具有影响力的公共论坛范围之主题。在弗吉尼亚邦的一些地方,政治舞台上的精彩演讲代替了印刷界的匿名出版,它许可上流社会的绅士们遵循特定的游戏规则,并通过发表激烈的演讲证明自己的能力,而不是在印刷界或报业界无偏私地发表自己的反对意见。反联邦党人威廉·格雷森描述的且在现代社会中极少出现的个人演讲表明,美国上层社会对公共领域范围的政治观念之认同仍然存在着某些个体性差异。格雷森在《修辞之转义》中以《市政厅的人民》为演讲主题,尤其表达了弗吉尼亚人对公共领域范围的个人情感因素:

> 在他们的手中握住与葡萄牙硬币斯库多一样宽的鼻烟盒。手指尤其是拇指艰难地嵌入其中。也许要表达他的观点,你可以想当然地认为,所造成的结果是一些其他的邦已经接受了新宪法,他们究竟做了些什么呢?如果把它们与弗吉尼亚邦相比较,它们所做的事情并没有超过这个鼻烟盒,鼻烟盒的大小就是他们所做的事情的衡量标准。[3]

---

[1] Brutus [Tobias Lear], *Virginia Journal and Alexandria Advertiser*, Nov. 22, 1787, *DHRC*, XIV, p.152.

[2] Richard Henry Lee to William Shippen, Jr., Oct. 2, 1787, *DHRC*, XIII, p.289; Richard Henry Lee to Samuel Adams, Oct. 27, 1787, *DHRC*, IX, p.484; Harry Innes to John Brown, Dec. 7, 1787, *DHRC*, VIII, p.223.

[3] Valerius, "Virginia Independent Chronicle", Jan. 23, 1788, *DHRC*, VIII, pp.313–319.

当弗吉尼亚邦最重要的政治家决定以手稿的方式在公共领域范围内发表他们有关共和国的观点时,他们可能并未觉察到他们的争论方式与市政厅戏剧化情节的演讲方式具有如此的类似性,他们每一个戒功的关键环节都可以视为被具有传统的绅士风格所塑形,且体现各自相当不同的化身:公共领域范围的理想境界是在社会品性的指导下就社会公众所关注的事项产生和形成理性认同。具有绅士风格的绅士们在行为方式上期望自己运用的权力和社会声誉与公共的善保持一致。在一个荣誉和声誉成为关键性要素的社会里,个人的身份是精英政治人物诠释他们在公共领域范围内发挥作用的方式的关键依据。因此,在与其他有身份的人保持通信联系时,一个人可以沉着冷静地讨论有关公共利益的许多主题。印刷界或报业界的匿名并非具有绅士风格的人们之间相互交流的一种适当方式。相反,与印刷界或报业界的匿名方式可能引发的争议相比较,绅士式的公共领域范围内之辩论只能被具有一致性认同的人们所界定。如果私人间的通信方式在公共领域范围内只能被描述为绅士们相互之间传递信息的风格和理想境界的一种模式,那么向公众公开发表演讲的方式就完全可以算是公共领域范围内的另一种范式。在此,把自身置于影视化的绅士们的演讲要证明的是,他们具有志同道合的意愿,以一种更具有高度的可视化方式阐明他们能够理解和代表民众的意愿。①

精英反联邦党人辩护的公共领域范围之概念并非具有民主性。按照他们的观点,公共观念作为人民审慎协商的民主意愿是由精心挑选的且具有正直品性的领导人在政治过程中展示出来的意志,这些具有品性的领导人是从以改进公共意志为目的和具有社会自然特性的贵族政体中挑选出来的典型代表。基于这样的理由,理查德·亨利·李和乔治·梅森等宪法反对者相信,公众所关注的重要问题应当首先在另一些具有社会影响力的人们中间以个人的通信方式展开辩论和讨论,然后再通过公共领域范围传播给社会广大民众。对于反联邦党人的政治精英人物而言,公共领域范围更可能被理解为他们自身的交往圈的适当延伸部分。

综上所述,在批准宪法时期精英反联邦党人总是认为美国政治适当的发展进程应当集中体现在基于改进公共意志的理念,正如马萨诸塞邦以

---

① 关于共和国和祛人性化之观念,参见 Warner, "Letters of the Republic", *DHRC*, V, pp. 718–810。

"共和主义联邦党人"①为笔名的作者明确表述的,邦立法机关才是培养公共意志的极为重要的公共平台。②如果人们承认它足以使人民采纳或拒绝批准宪法是符合逻辑的话,那么避开邦立法机关所作出的任何决定都可能是一种严重的错误,哪怕由人民选举产生的集体主体并不具有智慧。③在精英反联邦党人看来,邦立法机关"在任何时候都有能力审慎地讨论与人民有关的重大问题,表达它们对这些重大宪法问题的情感,并向人民推荐其建议"。立法机关针对某些重大政策问题必须向"人民作出解释",从而产生有益的影响,由此才能把有关共和国的各种理念统一起来。④与更多普通反联邦党人的作者相对照,坚持共和主义的精英反联邦党人实际上宁愿偏爱对公众产生影响的个体交流性的讨论方式,也不愿意有意识地加入新闻媒体的大辩论之中来。

就反联邦党人精英人物而言,塑造公共观念至关重要的条件是维持公共自由和必不可少的品性。他们偏爱小共和国理论,反映他们已秉承的信念,即公共观念只有在狭小的共和国范围内才能更有效地塑造起来。当拟议的宪法建构国家政府的政治制度排除了地方政府的自治治理机制时,具有良好素养的人们将在社会中失去应有的优势地位。政府将永恒地成为不受个人情感支配的政治场域,蛊惑人心的政客将在政府体制中发挥特有的优势,政治就是这样一个纷争的过程。基于此,一些精英反联邦党人对

① 1787年12月至1788年2月,"共和主义联邦党人"在《马萨诸塞卫报》上发表了《致马萨诸塞邦制宪会议成员》七篇短论文,阐述了有关宪法的反对意见,反对加强中央政府的权力,维护各邦的权力,尤其是把各邦立法机关视为培养公共意志的重要公共论坛。See Herbert J. Storing, *The Complete Anti-Federalists*, The University of Chicago Press, 1981, IV, pp.162-190.

② Hugh Williamson to John Gray Blount, Jun. 3, 1788, *DHRC*, IX, pp.608-609.

③ 关于出身高贵的人们的地位和文字著述文化,参见 Robert A. Ferguson, *The American Enlightenment, 1750-1820*, Harvard University Press, 1997, pp.97-100。正如尤尔根·哈贝马斯所提到,资产阶级的公共范围是通过透镜般的场景来界定公共范围,并通过作为一种模式的文字著述正在兴起文学的公共范围,参见 Jürgen Habermas, *The Structural Transformation of the Public Sphere: An Inquiry into a Category of Bourgeois Society*, trans. Thomas Burger and Frederick Lawrence, The Belknap Press of Harvard University Press, 1989, pp.7, 29, 49。

④ Republican Federalist, No.2, "To the Members of the Convention of Massachusetts," *Massachusetts Centinel*, Jan. 2, 1788, *CA-F*, IV, p.169.关于立法机关作为有能力传递公共信息的协商性机构,参见 Jürgen Habermas, *The Structural Transformation of the Public Sphere: An Inquiry into a Category of Bourgeois Society*, trans. Thomas Burger and Frederick Lawrence, The Belknap Press of Harvard University Press, 1989, pp.50-53。

于印刷界不受个人情感控制从而影响政治生活表现得如此之失望。因此，我们从现代政治和社会视角阐释美国精英反联邦党人的宪法和政治思想并非仅仅只是重视精英反联邦党人思想的独特视角和独特观念，而是把精英反联邦党人的宪法和政治思想与联邦党人和普通反联邦党人的宪法和政治思想综合起来加以分析。基于此，美国批准宪法时期的资料表明，在某些特殊情形下精英反联邦党人的宪法和政治思想也可能被视为美国宪法和政治传统的异常之物，即学术界一般称之为"歧义宪法和政治思想"。

反联邦党人精英人物的大多数成员运用辉格党共和主义理论塑造了美国宪法和歧义政治传统的核心论题。他们普遍认为，通过适当的选举方式产生的代议制机关或立法机关因为公共利益的需要而制定法律，应当享有更大的自由裁量权，但是它们必须受制于成文宪法有关公民的自由和权利保护的限制性规定；当政府通过选举方式可能排除缺乏足够品性的个体于政府公职之外时，这并非与自由不相容的一种机制，而是依据共和主义构想的另一种可替代性表达方式。因为共和主义理论并非只是一种单一理念，它包含许多广延而恢宏的内涵。同样，精英反联邦党人的宪法和政治思想也反映了美国宪法和政治理论发展的无规律的变化。当一些精英反联邦党人作者把共和主义与自由主义结合起来形成一种具有融贯性的宪法理论综合体时，另一些精英反联邦党人作者则把它们混合起来形成一种不具有融贯性的政治理论结合体。在极少数特定情形下，精英反联邦党人的作者们把对公民个体权利的保护与限权政府①的基本理念综合起来，从而形成有关现代法治政府理论的开放性概念。然而共和主义与自由主义的一系列复杂而具有关联性的概念也使人们似乎意识到，作为宪法反对者的精英反联邦党人仅仅只是那些抱怨远离宫闱的一小撮乡村辉格党而已。

在一定程度上，反联邦党人从古典共和主义概念中借用了修辞技巧和具有智慧的术语，从而重塑了美国当代共和主义理念。无论是联邦主义还是地方主义都只是运用当代共和主义概念阐释政府应当如何保护公民的权利和自由。由于联邦主义和地方主义在精英反联邦党人的宪法和政治思想中具有至关重要的现实作用和理论意义，精英反联邦党人的思想受到

---

① 有关限权政府或有限政府的理论是指一种政府形式，以应通过成文文件或广泛的共识而对政府权力施加限制的原则为基础，以保证政府为公共而非私人利益服务的制度性约束为特征。

联邦党人的严重质疑:他们不信任人民和他们对政府的过度担忧使他们缺乏太多的信心。针对联邦党人指责他们过度地猜忌自由政府,弗吉尼亚邦反联邦党人约翰·泰勒肯定地申明,反联邦党人对遥远的中央政府的担心更多地超出了对各邦政府制衡的信念。①由此,精英反联邦党人表明一种明确的信念:各邦政府有能力依照人民的最大利益行为。

　　一般而言,由精英反联邦党人所引发的有关贵族政体之批评引起了当时美国大多数政治精英人物的共鸣。他们并非担忧美国所形成的自然贵族政体之基本理念,而是担心拟议的宪法所建构的寡头政体所带来的危险,尤其是有关政府的腐败行为。在他们看来,任何由人构成的社会群体或组织都潜在地存在着权力腐败的危险,无论他们自身的品性如何,提升他们自身的利益或小团体的利益而不顾公共利益是人的本性之所在。②宪法的反对派精英人物渴求维护一种具有品性且是优良的贵族政体———一种具有自然特性的贵族政体。由此,精英反联邦党人的宪法和政治思想深深地根植于他们的保守主义特性之中,附着于英国传统辉格主义的对抗式制衡政府模式。依据精英反联邦党人的观点,从古至今,多数人与少数人之间的利益争斗就一直界定着政治领域的范围,且作为政治的重要现实事实而持续地保留下来。尽管美国并不能容纳贵族头衔,但是政府必须适应具有自然特性的贵族政体与民主政体之混合模式,且两院制是平衡两种无组织的社会阶层之间利益的一种结构性平衡方式。

　　有关小共和国理论的宪法和政治思想对精英反联邦党人的宪法和政治理论尤为重要。在一个小共和国里,正直且具有品性的人将被提升到掌握国家权力的尊从性地位上来,且代表和领会人民的意愿,而能够达到此种目的的方式仍然只有在政治上一如既往地根植于各地方政府,尤其是各邦政府。由此,精英反联邦党人的宪法社会学和政治社会学理论无非就是最重要的联邦党人捍卫共和主义的天才式思想的陪衬影像。此外,除具有客观而公正品性的传统共和主义理念外,政治家还必须证明他们同情和偏爱他们所代表的民众,并表达民众的意愿。只有具备如此品性的个体才能在无强制力的情形下获得人民的普遍认同。

---

① John Tyler, *Speech in the Virginian State Convention*, Jun. 21, 1788, *Debates and Other Proceedings of the Convention of Virginian… DHRC*, X, pp.1527-1528.

② 尤其,"腐化"将要在"腐化别人的人们"之中增长,也将在"已被腐化了的人们"之中增长。参见[法]孟德斯鸠:《论法的精神》(上册),张雁深译,北京:商务印书馆,1961年,第134页。

有关公共领域的范围和小共和国理论是由精英反联邦党人中既具有社会势力又坚持地方主义特性的特定绅士们所提出来的基本理念和国家理论构想。按照他们的观点,越是使政府变得远离人民且不受公民个人情感的影响,具有智识的杰出人物就越不可能在政府中获得任职的优势地位,且印刷界之匿名署名实际上削弱了精英人物作为地方利益的代言人而发挥主导作用的能力。因此,美国1787年拟议的宪法所建构的政府制度对坚持地方主义情怀的精英反联邦党人所持有的特定观念在一定程度构成了威胁,因为它们将不再可能使具有自然特性的贵族政体与民主政体协调一致了。

第三章　普通反联邦党人之宪法思想

在美国批准宪法时期的政治大风暴中,代表中产阶级和社会下层平民阶级的普通反联邦党人加入了有关美国宪法争论的大合唱。普通反联邦党人看到了温和的、草根式的、小规模的政府与新宪法所设计的辉煌大厦和自信抱负形成鲜明对照——新宪法所建构的未来前景是按照"普布利乌斯"和他们的其他支持者的"辉煌帝国"情景所设计的。在普通反联邦党人看来,政府应当给公民过自己独立生活的自由,并培养与共和主义至关重要的品性(包括私人的和公共的);然而宪法所建构的新政府在不久的将来必然通过必需的税收、命令、官员和战争损害人的尊严和自由,继而使地方自治政府趋于毁灭。因此,代表中产阶级利益的反联邦党人努力寻求限制联邦政府的行政权力和司法权力,试图增强立法机关的权力。代表社会下层平民阶级的反联邦党人局限于狭隘的政治眼光和社会地位,希望建立起自我管理的地方社会自治体。我们结合美国立宪时期的重大社会运动阐述普通反联邦党人的宪法和政治观,并解释中产阶级的反联邦党人(持亚里士多德式的中间立场)和社会平民阶层的反联邦党人(坚持地方民主主义立场或民粹主义激进立场)如何运用宪法哲学和政治社会学把联邦主义和地方主义有机地结合起来。

在美国批准宪法时期,作为宪法反对派的普通反联邦党人具有强烈的态度和鲜明的观念。普通反联邦主义的实质在于它的民主特性。在西宾夕法尼亚盛传着一位重要的特拉华邦反联邦党人托马斯·诺德尼的观点,"从整体而言,社会下层阶级是反对宪法的,他们的反对意见起源于他们反对傲慢而具有贵族气息所盛行的思想情感"。许多联邦党人也赞同诺德尼的分析。约翰·莫特戈默里,来自宾夕法尼亚邦卡莱尔镇的联邦党人也道出了类似的观点,反联邦党人担心宪法将使农民"更具有依赖性,使他们逐渐沦为家臣"。在马萨诸塞邦,联邦党人乔治·密纳特说出了类似的言辞,宪法用词"使他的邦的自耕农感到恐慌"。而一名带有讽刺意味的联邦党人更是夸张地演绎了反联邦党人的论述,认为反联邦党人的代表观点可以推演为遵循下列比例的一种简单秘诀:"出生高贵,占九成;贵族政体,占八成"和"伟大的人,占六成"。进而这位联邦党人作者也确信读者们可以意识到"这些词句可能被宪法反对派所运用,一旦它们被利用后,占十二成的社会下层民众将依照同样的次序表和鉴赏力进行分类排列"①。与精英反联邦党人反对宪法的观点相比较,普通反联邦党人并不希望使具有自然特性的贵族政体与民主政体保持均衡,因为普通反联邦党人宣称民主政体具有优越性并且更可能有效地坚持平等主义理念。

第一节　普通反联邦党人宪法和政治思想之多样化

据我们研究所查证的资料显示,当时美国社会因共同反对宪法之目的而使坚持不同意见的人们逐渐形成了联盟,而普通反联邦党人所形成的多样化联盟既包括中间阶级的社会成员,也包括社会下层的自耕农和手工业者。反联邦党人中间阶层具有代表性的反对观点是由当时特定地区如纽约邦、宾夕法尼亚邦在政治舞台上新出现的起主导作用且具有影响力的一些政治代表人物提出来的。在这些新出现的杰出的政治人物中,有参加过各邦批准宪法会议且被授权出版大量的反联邦党人短论文集的特定代表人物。

一、中间阶层反联邦党人之宪法政治观及影响

最具代表性的中间阶层反联邦党人是纽约邦的亚伯拉罕·雅茨——一位曾经的修鞋匠,后来成为政治家,以及宾夕法尼亚邦的威廉·弗恩德

---

① *Thomas Rodney Journal*, May 10, 1788, *DHRC*, II, p.676; John Montgomery to James Wilson, Mar. 2, 1788, *DHRC*, II, pp.701-706; *George Minot Journal*, Jan.-Feb. 1788, Sedgwick Papers, *NYHS*: "A Receipt for an Anti-Federal Essay," *Pennsylvania Gazette*, Philadelphia, Nov. 14, 1787, *DHRC*, XIV, p.103.研究联邦党人的群体行为从而引起了人们的关注,参见 Sean Wilentz, "Artisan Republican Festivals and the Rise of Class Conflict in New York City, 1788-1837," in Mchael H. Frisch and Daniel J. Walkowitz eds., *Working-Class America: Essays in Labor, Community, and American Society*, III, University of Illinois Press, 1983, pp.37-77; Paul A. Gilje, "The Common People and the Constitution: Popular Culture in New York City in the Eighteenth Century," in Gilje and William Pencak eds., *New York in the Age of the Constitution, 1775-1800*, University of Mithigan Press, 1992, pp.48-73。

雷——一位曾经的纺织工人,后来成为律师,他们的短论文集表达了反对宪法的特定个体性观点。作为中产阶级的代言人,他们偏爱美国独立战争之后在政治上建立起来的民主政体。美国独立战争后,各邦新出现在政治舞台的人物不断地涌现,他们希望建立更具民主特色的政治社会共同体。尤其是在纽约邦和宾夕法尼亚邦,中产阶级更为有效地主导着政治论坛。乔治·克林顿①和他的盟友乔治·布莱恩与他的政党联盟的成员们在他们各自所在的地区也成为具有影响力的政治组织领导者,他们负责组织和实施中产阶级的行动方案。②而在邦联时期出现的危急局势表明,中产阶级的民主主义者影响了各邦通过和批准宪法的整个过程,也影响着各邦立法机关的整个立法程序。简言之,作为中产阶级代言人的宪法反对派,普通反联邦党人试图寻求限制行政权力和司法权力,从而增强立法机关的权力。③

美国研究宪法反对派思想的许多历史学家、政治学家和法律学者把普通反联邦主义与对市场和商业产生明显敌意的自耕农所代表的地方主义传统等同起来。然而他们的界定方式使中产阶级民主主义者的意识形态失去了原有的思想本真。因为社会中间阶层坚持亚里士多德式

---

① 《乔治·克林顿在纽约邦批准宪法会议上的讲话记录》,参见 Herbert J. Storing, *The Complete Anti-Federalists*, The University of Chicago Press, 1981, VI, pp.177–194。

② 历史学家针对美国18世纪的社会经济特征明显地做了区分:一些学者认为,新国家是遵循中产阶级价值观联合起来的一种繁荣社会;而另一些学者认为,国家被极具差异的社会分层和不一致的意识形态所分裂。有关中产阶级的主题讨论,参见 Gordon S. Wood, "Ideology and the Origins of Liberal America," *WMQ*, 3rd Ser., XLIV, 1987, pp.628–640。有关强调阶级对立关系的紧张局势,参见 Gary B. Nash, "Also There at the Creation: Going Beyond Gordon S. Wood," *WMQ*, 3rd Ser., XLIV, 1987, pp.602–611。关于后革命时期出现的新人,参见 Jackson Turner Main, "Government by the People: The American Revolution and the Democratization of the Legislatures," *WMQ*, 3rd Ser., XXIII, 1966, pp.391–407。有关芬德勒的观点,参见 Gordon S. Wood, "Interests and Disinterestedness in the Making of the Constitution," in Richard Beeman, Stephen Botein, and Edward C. Carter eds., *Beyond Confederation: Origins of the Constitution and American National Identity*, II, The University of North Carolina Press, 1987, pp.69–112。

③ 在这个时期研究美国宪法和政治思想的一些学者如戈登·S. 伍德写作《美国共和国的建立,1776—1787》、唐纳德·S. 卢茨写作《民众同意与民众控制:早期国家宪法中的辉格党政治理论》、威利·保罗·亚当斯写作《美国第一部宪法:革命时代的共和思想和州宪法的制定》和马克·W. 克鲁曼写作《在权威与自由之间:美国革命时期的州宪法制定》等著述阐述了有关联邦政府权力的限制问题。他们都赞同扩大民选产生的立法机关的权力,限制和规范行政机关和司法机关的权力。

的"中道思想"，①为经济和政治调和的理想类型辩护，在此情形下，农民、手工业者和小商人都具有一种与其职业相适应的技能和观念。因此，中产阶级的反联邦党人显然是亲商业性的，他们在宾夕法尼亚邦和纽约邦等地反联邦党人所结成的联盟中就包括了许多从事商业和制造业的个体成员。在宾夕法尼亚邦，作为邦的领导人且在这场政治争论运动中负责协调反联邦党人许多事务的责任人约翰·尼科尔森就是一名制造业者。在纽约邦，梅兰克顿·史密斯是一名商人，主要协调他所在的邦批准宪法运动中各宪法反对者之间的关系，且在纽约邦批准宪法会议上是反联邦党人最为重要的发言人。②虽然当时美国中产阶级制造商的意识形态有利于推动经济和商业发展，但是他们必定还是反对社会财富集中的不公平现象。

在中产阶级的反联邦党人之间有一个最为重要的自主性公共论坛就是印刷业者组织的报业界，尽管有些微不足道，但是它在美国批准宪法时期一直发挥作用。例如，费城的《独立公报》就是中产阶级民主主义者反联邦党人的重要论坛，它为宾夕法尼亚邦的宪法反对者和纽约邦的克林顿主义者传播他们的反对思想提供了足够的空间。克林顿主义者和其他宪法反对者都在其所在的邦范围内建立了极为完善的公共组织，且与其他邦的反对派政治家保持着良好的关系。因此，他们不仅分享政治上的信息，而

---

① 美德本质上是介于两个极端之间的中间地带，任何极端就是罪恶。由此，亚里士多德有关法律发挥美好生活的嵌套功能可以描述为下列公式：美好生活=f[良法=g(政治)=h(正义=i[平等])]。参见 Carl Joachim Friedrich, *The Philosophy of Law in Historical Perspective*, The University of Chicago Press, 1963, p.15.

② 1788年6月20、21、23、25、27日梅兰克顿·史密斯致辞：《在纽约邦通过联邦制宪会议拟议的宪法辩论过程中发表的讲话》，参见 Herbert J. Storing, *The Complete Anti-Federalists*, The University of Chicago Press, 1981, VI, pp.148–176. 把反联邦党人描述为农业地方主义者且坚决支持债务人票面币值的更多具有影响力的尝试，参见 Jackson Turner Main, *The Anti-Federalists: Critics of the Constitution, 1781–1788*, The University of North Carolina Press, 1961, pp.352–359; Jackson Turner Main, *Political Parties before the Constitution*, The University of North Carolina Press, 1973, pp.125–128. 曼恩的著作运用统计学方法创建模型，分析了反联邦党人的国会立法者投票行为之总体图景，参见 Van Beck Hall, *Politics without Parties: Massachusetts, 1780–1791*, University of Pittsburgh Press, 1972, pp.218–220. 在反联邦党人的理论中，无论是农业地方主义者还是亲商业的人物都对诠释宪法的反对意见具有重要性。亲商业的中产阶级反联邦党人中有两个最具有影响力的典范人物，那就是宾夕法尼亚邦的约翰·尼克尔森和纽约邦的梅兰克顿·史密斯，参见 Robin Brooks, "Alexander Hamilton, Melancton Smith, and the Ratification of the Constitution in New York," *WMQ*, 3rd Ser., XXIV, 1967, pp.339–358.

且提供一种非正式的信息传播路径,这些信息传播路径尤其是对宪法反对派的小册子的广泛传播更具有重要性。

二、社会下层反联邦党人之影响力:公共争论中的激进者

在所有反对宪法的呼声中,要搜集社会下层阶级的反联邦党人的呼声和观点最为困难,因为它反映了分散于各地的乡村小民、佃农和极不富裕的小商人所提出的代表草根阶层反联邦党人支持的许多反对观点。而这些群体的数量主要集中于美国当时偏僻的乡村,且这些人所集中的地区一般而言几乎都不可能有他们自己创办的报刊和特定的信息传播途径。在远离城镇和大城市的地方只有极为少量的报纸,而且常常是由联邦党人的支持者为急于在内陆地区扩大他们的影响力所创办。美国批准宪法时期的出版史表明,最具有讽刺意味的一幕是大多数同情反联邦党人事业的报纸都集中于城市地区,而不是偏远的乡村地区。随着他们在乡村地区受阻碍的通道逐渐畅通,社会下层阶级的思想通常也会在报业界零星地见诸报端。尽管他们各自的观点基本上都只是在纽约邦、宾夕法尼亚邦和马萨诸塞邦等他们自己所在的邦扩散开来,但还是有极少数社会下层阶级反联邦党人的短论文在他们所在的地域范围外得以付印,并公开出版和传播。虽然他们要获得印刷业界的支持极其困难,但是他们之中还是有一些人发表的观点通过短论文和小册子等新闻媒体方式多次重现于报端,继而进入当时美国的全国性公共论坛争论之中,并得到了广泛的传播。在一定程度上,社会下层阶级的思想引起了一些较为激进的且能言善辩的宪法反对者的注意,而从事此项工作的人们还广泛地重印了那些小册子和短论文,并把他们印刷的短论文重新传播给社会下层阶级的人们,试图说服和呼求他们也参与到反对宪法的洪流中来。[①]由此,处于宪法争论的双方以群体行为方式或个体私人通信方式对社会下层阶级的观点做出了评论,而这些评论为我们现在研究当时美国社会下层阶级的宪法和政治思想提供了额外的证据。

---

① Lee Benson, *Turner and Beard: American Historical Writing Reconsidered*, The Free Press of Glencoe, 1960, pp.217-226.

第二节 中产阶级的宪法哲学观

在美国立宪时期前后,大多数中产阶级的作者们认为,他们愿意把国家相当大的权力让渡给邦政府,以便能够制定符合他们所在邦的公民的最大利益的法律。只有极小部分的作者表达了他们对这些权力的授予持保留态度。在宾夕法尼亚邦,一些重要的反联邦党人作者用辉格党共和主义的术语重新勾勒了他们对有关自由的讨论。没有任何其他作者比宾夕法尼亚邦自称为"辉格党"的作者们更为明确地表述了这种观点,他们的言辞清晰地表明了他们对传统共和主义思想的认同。这些作者撰写的短论文是宾夕法尼亚邦宪法反对派和歧义政治派别最杰出的人物们的集体智慧的结晶,这些人包括乔治·布莱恩、约翰·斯迈利、詹姆斯·哈钦森等一批著名的政治人物。布莱恩对宾夕法尼亚邦宪法的支持是直言不讳的,而斯迈利是乡村派利益的重要代言人。哈钦森,一位内科医生,在宾夕法尼亚大学教授医学。他选择以"老辉格党"为笔名并采用辉格党式的论辩方式,重申一种与美国独立革命时期的理想相联系的观点。[1]这位作者提醒当时的美国人民注意,在他们通过和批准宪法之前,他们应当更认真地思考和解读1774年、1775年、1776年和1777年的这些年里所出版的各种著述。

一、民主地方主义与公民共和主义理念

以笔名为"老辉格党"[2]或"宾夕法尼亚人"的反联邦党人列举了充分的理由赞扬邦宪法,称它是美国独立革命时期所制定的最具有民主性的文献之一。因为它的民主理论具体地体现于它完全受到社会共同体的人民

---

① An Old Whig [George Bryan, John Smile, and James Hutchinson?], No.3, *IG*, Oct. 20, 1787, *CA-F*, III, p.29.有关独立革命时期纽约邦和宾夕法尼亚邦所面临的不同局势之比较研究,参见 Edward Countryman, "Confederation: State Governments and Their Problems," in Jack P. Greene and J. R. Pole eds., *The Blackwell Encyclopedia of the American Revolution*, Blackwell, 1991, pp.332-345。

② "老辉格党"在1787年10月至1788年2月期间撰写了八篇短论文,发表于费城《独立公报》,其中第二篇短论文驳斥了詹姆斯·威尔逊的论点,即宪法将所有没有明确授予人民的权力保留给人民,这是站不住脚的。他的论断主要基于以下四点:没有这样的规定;实际授予的权力,特别是必要和适当的条款是无限的;没有人民可以向法院上诉的权利法案;至高无上条款是这一国家立法至上制度的巅峰。See Herbert J. Storing, *The Complete Anti-Federalists*, The University of Chicago Press, 1981, II, pp.17-52.

认同。而"宾夕法尼亚人"必须与一种直言不讳的且具有一定势力的英国保守党少数派和在相当大的程度受宗教影响的和平主义者团体进行论战。他急于阻止他们把英国人的专横统治运用于美国的政府制度之中,"宾夕法尼亚人"提醒人民:谨防内部的颠覆和反革命活动的危险。因此,"宾夕法尼亚人"拟订了美国所有邦都普遍适用的且更具包容性和概括性的宪法宣誓效忠誓言。①

为了证实他们的宪法和政治理论发展变体的正当性,"宾夕法尼亚人"着重阐述了公民共和主义理念。当人类进入公民社会时,公民让渡特定的天赋自由权的某些部分是必然的。如果他们让渡所有的自然权利,那么他们将完全成为受他们的统治者控制和奴役的人。

> 如果他们让渡更少的必不可少的自然权利,那么政府将是如此赢弱,以至于它不能保护公民自身的自由和权利。因此,公民让渡的权利应与建立政府的目的所必需的权力相称,且保留公民所有转让的权利之外的那些必不可少的且不可剥夺的权利和自由,这是问题最大的关键点。②

而大多数反联邦党人同样认为在可转让的权利与不可让渡的权利之间有着极其重要的区分。特定权利是不可转让的,且从来都不能由单个个体予以转让。宗教良知就是这种权利最为明显的例证,这种权利不能被任何人宣布放弃和转让。其他权利是可以转让的,但是只有因社会公共利益的需要而必须牺牲这些权利时方能达成妥协。个人自由绝不可能因某种特定的具体利益或小集团的利益而牺牲。由此,为了预防这种危险,公民必须发挥他们的积极作用和保持高度的警觉性,甚至可以质疑政府。如果不受公共品性和宪法预防机制的限制,那么政府将不可避免地践踏公民的个人自由和权利。可转让权利是政治上的权利,即这种权利是根源于一种社会政治共同体之造物。既然它们与适度发挥其功能的共和主义社会共同体密不可分地联结起来,那么它们绝不能按照某种特定的方式来行使,从而潜在地损害政治社会共同体的利益。要限制自由只有由人民的代议

---

① Edward Countryman, "Confederation: State Governments and Their Problems," in Jack P. Greene and J. R. Pole eds., *The Blackwell Encyclopedia of the American Revolution*, Blackwell, 1991, pp.332–345.

② An Old Whig, No.4, *IG*, Oct. 27, 1787, *CA–F*, III, p.33.

制机关在制定法律的情形下方能得到许可。"老辉格党"向他的读者们提出建议，"确实，如果人民对政府事实上需要增加这种妥协和退让，如果人民主体采取更为安全的防御措施，或无论如何人民为了实现更多的幸福，那么我们应当做出牺牲"。他一再地宣称，"如果他们国家的利益要求它⋯⋯在政治社会共同体中的每个个体应当因公共利益的缘由而褫夺自身的特定利益"，那么作为解读公民身份的共和主义概念，为公共利益而牺牲个人自由的特定方式之一注定是必需的。"无论公民作为政治社会的主体如何坚信没有什么比因政治社会共同体的公共利益的需要而从他们那里要求得更多，但是他们仍然会欣然地妥协和服从，因为这种服从和遵从比奴役般地限制公民的行为更具有正当性。"①因此，公民因公共利益需要欣然地遵从和服从政府被"老辉格党"描述为不同于一种斯巴达式的德性理想。可以肯定的是，他并未对那些尚未被腐败现象所击倒的社会领导人抱有更大的信心和希望。当然，他也并非必然宣称，对公民而言必须获得同样的利益以便实现共和主义政府发展所必需的品性。

"老辉格党"相信，在一般情况下，自由与德性并非处于对立面，事实上这两种概念是相互补足的。在实践上，"老辉格党"在宪法争论中主张个体自由因公共利益需要可以作出牺牲，这不是限制自由，而是公民对行使自由权所具备的必不可少的条件作出适当地调整。宪法改革的目标应当是"构建邦联政府的蓝图，这才能使我们欣然地接受具有生机和效力的美洲大陆各邦联合起来的政府，它对保持各自独立邦的权利和公民主体地位具有不可估量的自由价值"。他也承认，"对有些人民而言，政治上措辞得体的思想似乎可能与乌托邦式的幻想模式具有同质性"。然而他继续断言道，"这种慰藉至少指向一种卓越，如果我们达不到我们的目的，那么我们就尽可能地以它为目标，力争取得更大的进步"②。因此，"老辉格党"的宪法和歧义政治理论表明了他对各邦政府保护公民自由的能力抱有极大的信心，且政府必须按照公共利益的需要行动。由此，只要牺牲自由并非对公民不可转让的自然权利产生明显的影响，且立法机关因公共利益需要而做出决策的话，那么这两种目标就不会发生冲突。

当然，"老辉格党"并非不在意政府对自由所造成的威胁。他的回应揭

---

① An Old Whig, No.4, *IG*, Oct. 27, 1787, *CA-F*, III, pp.32-34; No.8, *IG*, Feb. 6, 1788, III, p.49.

② An Old Whig, No.4, *IG*, Feb. 6, 1788, III, pp.32-34; No.5, *IG*, Nov. 1, 1787, III, p.35; No.8, *IG*, Nov. 1, 1787, III, p.49.

示了他对其所在邦的宪法提供的宪法保障机制充满信心。确实,保持宾夕法尼亚邦宪法的统一性对他的观点而言至关重要。因而"老辉格党"并非仅仅只是关注斯巴达人的德性,而且是以颂扬斯巴达人所具有的崇敬心情,从而维持他们邦宪法的纯洁性。这种理想最好的表达方式之一就是他支持宾夕法尼亚邦的参事会制度,即立法—司法机构的混合物,它的功能是审查法律的合宪性问题。①同样,他偏爱宾夕法尼亚邦的参事会也反映了他对有关司法审查的民众宪法主义的深深地担忧。由于他相信一种由人民选举产生的机构审查法律的合宪性,因此,"老辉格党"显示出他对法官权威的一种特有敌意。由此,他不断地颂扬陪审团的作用。"法官",他说道,"只有由陪审团不受阻碍的审判才能发挥他们的作用,因为陪审团对政府并不比对人民更为友好。"②进而,"老辉格党"持有与中产阶级民主主义者所共同具有的观念,即陪审团的意愿才是政治社会共同体意志的真实表达。

二、中道共和主义理念

没有任何反联邦党人的文本比来自"联邦农夫"③的《有关共和主义之观察》更能吸引当时美国人民的眼球了。在美国批准宪法期间,许多著名的联邦党人和反联邦党人都称赞这部作品,并把它描述为在所有反对宪法的短论文中最具有智识的、最令人信服的且最具有政治说服力的著述。这本小

---

① 在宾夕法尼亚邦的反联邦党人是邦宪法强有力的支持者。一般而言,联邦党人反对邦宪法。老辉格党对宪法的纯洁性的尊崇部分地反映了他对保护邦宪法以对抗努力试图取代它的那些人的愿望。See Richard Alan Ryerson, "Republican Theory and Partisan Reality in Revolutionary Pennsylvania: Toward a New View of the Constitutionalist Party," in Ronald Hoffman and Peter J. Albert eds., *Sovereign States in an Age of Uncertainty*, University Press of Virginia, 1981, pp.95-133.

② An Old Whig, No.1, *IG*, Oct. 12, 1787, *CA-F*, III, p.19; No.2, *IG*, Oct. 17, 1787, *CA-F*, III, p.24; No.8, 1787, *CA-F*, III, p.49.

③ 1787年11月8日至1788年1月25日,"联邦农夫"以《对由最近制宪会议提议的政府制度进行公平审查的意见以及它的几个基本和必要变化》为主题写作了十八篇短论文和13封《附加信件》。其主题由四个部分组成:序,没有理由仓促或考虑不周地采纳;各邦不可能在自由原则下合并为一个完整的政府;新政府的组织和权力;结论是政府应该维护而不是破坏我们领土范围内的平等划分和保护我们人民的自由而且具有英雄气概的习惯;我们现在需要改进的联邦政府,这里有很多好东西,但由于缺乏人民的代表性,其价值被削弱了;极端党派拥护和反对宪法——对党派拥护宪法活动的考察;宪法应该自由和仔细地审议,并提出有关宪法修正案的四个问题。See Herbert J. Storing, *The Complete Anti-Federalists*, The University of Chicago Press, 1981, II, pp.217-221.

册子流传于纽约邦、宾夕法尼亚邦、马萨诸塞邦和康涅狄格邦,而其《附加信件》被纽约邦的反联邦党人约翰·兰姆寄送给弗吉尼亚邦、北卡罗来纳邦和新罕布什尔邦反对宪法的主要领导人。尽管《附加信件》并未在报业界广泛印刷,但是小册子的散播使大多数邦的反联邦党人主要领导人更加便于获取该信息。迄今为止,"联邦农夫"的身份仍然是一个谜,当人们对此人物尚有一些猜测时,他所著述的小册子已经首先面世了。最初马萨诸塞邦的几家报纸宣称这些信件是由理查德·亨利·李所撰写,其主要目的在于帮助纽约邦具有公共意识的公民认真审查新宪法。尽管现代学者并未解决这一难题,但是大多数学者认为,这些短论文更可能是由纽约人所撰写,且这个人很可能就是克林顿集团的一分子,当然各种证据和资料显示,最具有可能性的就是梅兰克顿·史密斯。因为"联邦农夫"的作品与史密斯在纽约邦批准宪法会议上的演讲观点无论是从语调上还是从措辞和内容上均具有极大的相似性。①而《附加信件》所致函的"共和党人"笔名常常被克林顿所使用,且"联邦农夫"的政治主张与纽约邦的主要反联邦党人乔治·克林顿的主张极其相似。"联邦农夫"所阐述的观点确实类似于克林顿的观点,且与其他任何反联邦党人作者所持有的观点在主旨上也几乎保持一致。②

① Federal Farmer [Melancton Smith?], *Observations Leading to a Fair Examination of the System of Government Proposed by the Late Convention*··· *Letters from the Federal Farmer to the Republican*, New York, 1787, Nov., pp.1–5; *An Additional Number of Letters from the Federal Farmer to the Republican*··· New York, 1788, Nov., pp.6–18. 有关《来自联邦农夫的信》的传播和接收,参见 Federal Farmer [Melancton Smith?], *Observations Leading to a Fair Examination of the System of Government Proposed by the Late Convention*··· *Letters from the Federal Farmer to the Republican*, New York, 1787, *DHRC*, XIV, pp.14–18。联邦农夫的身份已经成为具有相当争议的主题,参见 Gordon S. Wood, "The Authorship of the 'Letters from the Federal Farmer'," *WMQ*, 3rd Ser., XXXI, 1974, pp.299–308。戈登·S. 伍德认为这些信可能是纽约人所撰写。罗伯特·H. 韦金认为,联邦农夫很可能就是梅兰克顿·史密斯,参见 Robert H. Webking, "Melancton Smith and the *Letters from the Federal Farmer*," *WMQ*, 3rd Ser., XLIV, 1987, pp.510–528。按照现有证据显示,史密斯似乎最可能是这一系列重要论文的作者,尽管目前仍然缺乏一种肯定的身份证明。在美国宪法理论的发展过程中,这些短论文更多的类似于纽约中产阶级民主主义者的思想而不是被理查德·亨利·李或任何其他弗吉尼亚邦绅士们所提出的思想。

② [Melancton Smith?], *Letters from the Federal Farmer*, No.5, *CA–F*, II, p.253. "联邦农夫"有关货币票面价值和有关破产的观点,参见[Melancton Smith?], *Letters from the Federal Farmer*, No.5, *CA–F*, II, pp.325, 227, 229, 243, 340。他的观点重申了克林顿主义的许多主题,克林顿是反联邦党人联盟中最具有重要性的反联邦党人领袖,是"联邦农夫"最尊敬的宪法批评者之一。

一般而言,美国现代学者分辨"联邦农夫"的论点的特征之一在于,他试图努力劝服他的读者,他不仅仅是政治事件中具有情感的评论员,而且也是代表了中产阶级的真正呼声。按照他的观点,中产阶级处于殷实的贵族和债务缠身的社会下层阶级之间,他们不会陷入像谢司叛乱所在地的人们或其他债务人的模式化观念之中。他明确地谴责"为了使人人平等"或"因债务而发生叛乱,这些人不希望受到法律的限制,且希望共享其他人的财产"。"联邦农夫"使自己的观点一方面与"中等财产所有者保持一致",另一方面与"无债务的人保持同步",同时还必须"符合共和主义政府的基本要求,且目标并非指向巨大的财富、公职或权力"。而在有关纸币和破产法的论题上,"联邦农夫"提出了与许多中产阶级商人具有一致性的观点,因为这些中产阶级商人是构成反联邦党人联盟的重要组成部分。因此,他反对发行纸币,且相信破产法最好是由各邦自行制定,因为各邦可以通过最适当的方式更好地决定如何处理这些债务。①

当然,这并非说处于社会下层阶级的人们才可能对政治稳定造成威胁。在社会谱系中的另一极端,对共和主义同样具有危害性的是少数人的贵族专制,即"这些人对共和主义的平等原则充满敌意"。由此,"联邦农夫"阐述了中产阶级对此所持有的同样的怀疑态度,即他们对社会下层阶级所阐明的激进观点总结出了一系列具有危害性的特征。共和政府之生长取决于社会各个领域中存在的两种极端阶级(社会上层阶级与社会下层阶级)之间的那一种社会类型:中产阶级类型。②由此,"联邦农夫"有关权利与自由的讨论是所有反联邦党人作者中表达得最为清晰的,且其论述远远地超出了"老辉格党"在探究权利与宪法之间的关系时所阐明的各种观点。同样,他更刻意地阐述了有关自由的概念,即需要保护中产阶级的权益。因为自由将仅仅只能生长和繁盛于这样一种社会:中等财产所有者直接参与邦行为的整个过程,且只有在此基础上才能界定法律制度的基本特性。

三、有关公民权利保护理念

"联邦农夫"与"老辉格党"都对邦宪法充满信心,且认为邦立法机构才

---

① [Melancton Smith?], *Letters from the Federal Farmer*, 1787, No.1, *CA-F*, II, p.226; No.5, 1787, *CA-F*, II, pp.222-253.

② 在亚里士多德看来,"为政尚中庸,以中产者为主的共和政体介于贫富之间,可以协调两阶级的争端,较为稳定而适宜于一般城邦",因此他主张中产阶级的统治。参见[古希腊]亚里士多德:《政治学》,吴寿彭译,北京:商务印书馆,1997年,第447页。

是公民自由的真正守护者。因为在"各邦宪法中,特定权利被保留在人民手中,或更确切地说,他们已经意识到,以特定行为方式所建构的邦立法机构应当受到人民的尊崇"。由此,他们把公民权利划分为三种类型:"自然的且是不可转让的"权利、"宪法性的或根本性的"权利和"一般的或法律的"权利。第一种权利类型从来都不可能被转让,即使人类进入公民社会也是如此。第二种权利类型不能被普通法律所变更或废止,只能通过人民自我决定的方式才能变更或废止。由陪审团审判的权利和申请人身保护令就是这种基本权利的范例,而基本权利是由成文宪法或长期运行良好的宪法惯例所赋予其合法性的,且作为不成文宪法之组成部分被确立。最后一种类型的权利包括公民个体按照普通立法机关制定的可以任意变更或废止的法律所享有的一切权利。①由此,"联邦农夫"赞同赋予各邦极大的权力以管理其内部的治安事务。在此,广泛的治安管理权力概念是"联邦农夫"的宪法和歧义政治理论的核心内容,而且它包括一系列政府权力和责任,也包含内部征税权、司法管辖权和武装力量的组织权等等。

　　一方面,"联邦农夫"就有关拟议的宪法所建构的新联邦政府产生了某些恐惧心理;另一方面,他对邦立法机关依照公共利益行动却表现出了极大的信任。这种信任并未因制定了正式的《权利法案》而稍有缓解。在他看来,《权利法案》能够满足制约政府权力的某些基本要求,且能够随时提醒人民注意,当自由有可能受到政府侵犯的危险时,必须有一种保护公民权利的方式存在,只有这样才能使公民的权利得到充分保障。而它们最基本的功能之一就是赋予"统治者的权力和人民的权利,并确定各种权利(或权力)的特性,使它们达到可以引起人们注意的程度,即被所有人都能及时地注意到,且任何违背它们的行为都将立即被人民发现"。因此,对于"联邦农夫"而言,《权利法案》是国家非宗教特性的原则性纲领,且必须犹如《圣经》那样受到人民的推崇。当然,他也对世俗权力与政治性宗教之间的类比做出了清晰的界定,他写道:"如果一个国家被人们所能意识到的制度.无论是宗教的还是政治的,都必须具有持续性和稳定性的话,那么它也应当被意识到必须把它们的主要原则放置于每个族谱记载的扉页之中。"像清教主义者尊奉《圣经》所记载的原则那样,宪法和政治原则并不要求制定一张特定的列表列出像神职人员那样的解释者。而共和主义原则极容易被每一个具有诚

---

① [Melancton Smith?], *Letters from the Federal Farmer*, 1787, No.1, *CA-F*, II, p.229; No.4, *CA-F*, II, p.248; No.5, *CA-F*, II, p.256; No.6, *CA-F*, II, p.261.

实、德性和常识的人们所认知。但是它的重要性在于如何使这些理念逐渐渗透到每一个公民的思想和行为之中。因此,宪法不仅仅是作为一种社会原始契约而发生作用,也是促成公民教育的主要方式。①

联邦司法权导致的危险也常常被引述于普通反联邦党人的政治哲学观点之中,且作为宪法所存在的一种极为严重的缺陷加以阐释:"事实上,由立法机关所制定的法律必须由法官和陪审团对此做出解释,并由它们直接实施这些法律和解释,无论对保护公民自由还是对侵犯公民自由都会产生极为广泛的影响。"与联邦党人形成鲜明对照的是,"联邦农夫"相信,一个机构越接近民众,就越少威胁到人民的自由和权利。因此他断言,法官滥用司法裁量权比立法机关超越立法权更加难以矫正。因为立法机关的行为能够被随时发现,而法官的裁决可能从一开始仅仅只是影响到"单个个人,且仅仅会引起接近他的人的注意,在法庭上也只有极少数人成为知情者"。为了避免这种危险因混合权力而恶化,美国人"总是猜忌立法机关,且尤其是行政机关,而并非总是司法机关"。②而法律的本质和美国社会本是如此,以至于法院可能成长为导致对公民自由和权利最为严重的威胁之一。③

与精英反联邦党人把陪审团视为制衡法官权力的主要机制相对应,"联邦农夫"比他们想得更远,他甚至断言陪审团至上,并把陪审团的权力与立法机关的权力保持在同一平衡状态之中。"我坚持认为,"他写道,"依照普通法所建构的陪审团审判的权利和这个国家的基本法律,当他们希望如此时,他们依据法律和事实对所有案件做出具有普遍效力的裁决。"这种实践不仅仅是长期形成的权力制约方式,而且是陪审团作为人民意志的一种表达而发挥其正当作用的结果:"陪审团成员通常频繁地从人民所组成的团体中挑选出来,是这个国家的自由人;在所有案件中凭借保有他们陪审团审判的权利恢复依据民意而做出具有普遍效力的判决,这在很大程度上就可以确保我们人民的自由和权利,从而使他们对司法部门实行适当和正当的控制。"因此,广泛扩展陪审团的权利不仅是控制司法机关的需要,

---

① [Melancton Smith?], *Letters from the Federal Farmer*, 1787, No.6, *CA-F*, II, p.258; No.16, *CA-F*, II, p.324.

② [Melancton Smith?], *Letters from the Federal Farmer*, 1787, No.15, *CA-F*, II, pp.315, 316.

③ 在各邦的宪法中,司法权是一切权力中最不受立法权限制的权力。为了预防司法权力滥用,所有邦的立法机构却保留了规定法官薪俸的权限,这就必然将法官置于立法机构的直接影响之下;在某些邦里,法官只是临时任命的,这就剥夺了法官的大部分权限和自由;在另一些邦里,立法权和司法权完全混同在一起。参见[法]夏尔·阿列克西·德·托克维尔:《论美国的民主》,董果良译,北京:商务印书馆,1997年,第173—174页。

而且也是民主政体所必需的。"最重要的是,人民所组成的匡体承载着政治社会共同体的责任;他们所有的权利都应当在重大问题上受到一定的控制。"当然,"联邦农夫"就陪审团审判的激进主义观点是以美国宪法和歧义政治传统概念中较为广泛的契约理论为基础,这种宪法和歧义政治概念在调和精英人物的观点上却极少发挥其功能和作用。"确实,一个国家的自由民并非总是具有精准的法律知识和技巧",他写道,"但是他们在净化社会意识中具有普遍作用,即他们依照人民的实际情形在制定和实施法律时几乎很少甚或不会犯错误。"因此,"联邦农夫"赞同有必要对宪法和法律进行解释。在具体法律案件中,他把信任置于陪审团之下而不相信司法机关做出的裁决。同时,陪审团的作用为公民教育提供了重要形式。"这种形式等同于民主的立法机关",都是"人民参与公共事务认知所依据的手段——是人民能够作为维护他们每一个其他权利的捍卫者"。[1]在此意义上,陪审团是作为另一种公共论坛而发挥作用,即公民在公共事务中进行理性争论的公共论坛之变体。因此,陪审团发挥着双重作用——表达普通人民的意志与依照宪法理论和原则教育一般公民。

当然,被"联邦农夫"所维护的陪审团审判的观念并非上层社会绅士们所维护的地方性理念。"当我提及由邻接地区的居民组成的陪审团审判或由邻近地区具有公民身份的人组成陪审团审判案件这样的事实时,我并非过度地强调重视我们被我们邻居所审判的现实状态。"[2]不管陪审团是由当地公民所构成还是由"普通人民"所组成,这并不重要。因此,对于"联邦农夫"而言,中产阶级所形塑的宪法和政治价值观与理念并不是依赖地方主义,而是依赖他们本身的社会地位和作用。

四、中间阶层的民主主义之变体:行使强制性权力

"联邦农夫"所强调的中产阶级最重要的宪法和政治理念同样形塑了他如何理解武装力量的作用。从根本上而言,他是赞同其他反联邦党人的

---

[1] [Melancton Smith?], *Letters from the Federal Farmer*, 1787, No.15, *CA-F*, II, pp.315, 319, 320.研究"联邦农夫"有关陪审团的权利少量具有洞见力的观点有一定的价值。"联邦农夫"不仅塑造了陪审团审判的权利中最具有优势的论述之一,而且他也提出了最为有利的论点,即陪审团审判的权利将被联邦法院所侵蚀。有关现代法理学遵从陪审团权利的主题讨论主要依赖于"联邦农夫"的观点,参见 Akhil Reed Amar, "The Bill of Rights as a Constitution," *Yale Law Journal*, C, 1991, pp.1131-1210。

[2] [Melancton Smith?], *Letters from the Federal Farmer*, No.4, *CA-F*, II, p.249.

观点——最终制约专制政府的重要方式在于人民保有武装力量,并行使抵抗暴政和专制政府的权力。同时,"联邦农夫"频繁地发出同样的声音,担心拟议的宪法所建构的联邦政府剥夺各邦的权力,尤其是控制各邦拥有控制武装力量的权力。对于各邦而言,它是各邦所保有的正当性权利。因此,自由如果要在联邦主义制度范围内得以维系,只有各邦继续成为起主导作用的政治单位或自治组织体。而邦控制武装力量就是一种具有重要意义的制度性预防措施,它对中央政府的权力起着制衡作用。由此,"联邦农夫"断言:"各邦应当组织和训练军队,它是各邦制约联邦政府必不可少的制衡方式。"由于"联邦农夫"深受社会中间阶级民主主义思想的影响,从而以此诠释武装力量的行使方式。由此,"联邦农夫"最引人注目的观点之一在于,他坚定地认为武装力量不是从各邦人民中精选的个体构成,而是共和国公民的整体组成部分,它把共和国范围内虽然具有公民身份但是不具有体现卫国者所必需的品性和能力的这些人排除于武装力量之外。"武装力量,如果被适当地组织起来,那么事实上它就是人民本身,且在很大程度上使联邦政府建立常备军成为不必要。"因为从人民的特定团体中挑选出武装力量的精英人物势必与建立常备军一样对自由造成严重的威胁:"人民的整体总是享有持有武器的权利,且同样通过训练和教化,尤其是对年轻人通过教育其如何运用它们是必要的。"当"联邦农夫"赞美英勇而强健的自耕农是武装力量的主要基础时,他清晰地表述道,只要是由人所构成的武装力量,对于一般军士又无永恒的利益,那么对维系政治社会共同体的信念同样具有危险性。基于这一原因,各邦保留控制武装力量的权力就至关重要。因为对于强势的总体政府而言,在已存在的共和主义制度范围内即使因无任何利益而创建一支由精选的公民个体所组成的武装力量都是极为简单的。由此,邦控制武装力量是"把剑置于政治社会共同体坚实的利益主体之手,且不是置于财富赤贫者的行为原则及对社会和政府的信念之手。"①因此,"联邦农夫"赞同人民持枪的权利,但他把这种权利与公民个体有责任参加军事训练联系起来,进而服从于各邦的控制。显然,"联邦农夫"在此表露了他试图表达的观点:军人并非一种无独立性的人,他不可能成为被利用的人或给钱就什么都愿意干的人。

　　使"联邦农夫"成为中间阶级民主主义者的独有特征之一在于,他试图在传统的辉格党共和主义的精英政体与激进主义的暴民民主政体之间划分出一条泾渭分明的界限。当然,确保武装力量仍然保留在各邦权威之下也折射出了他的某些担忧。当代表中间阶级利益的反联邦党人反对从人民中精选武装力量时,他们同样也反对这样一种观念:公民有权自发地组织武装力量和其他军事团体,且质疑他们从一开始就有可能建构专制统治权威。对暴民政体的担忧导致了"联邦农夫"坚定地断言,政治社会共同体的权利不应当把由个体所组成的武装力量置于考虑之列,因为它对共和国的秩序注定会产生危害,或至少是潜在的危险。正是基于这种原因,"联邦农夫"认为,武装力量只能永久地置于隶属于政治社会共同体的人们手中。而陪审团和武装力量在他的术语列表中的排列次序反映了他对邦权威的充分信任。在一定程度上,他偏爱各邦采用地方性解决方案反映了当时美国社会中间阶级的信念。他们所珍视的价值观是普遍适用的,但并非在其他任何特定地区都具有其社会基础。

　　由此,"联邦农夫"预先假定了构建具有同质性的人口所组成的中间阶

① [Melancton Smith?], *Letters from the Federal Farmer*, No.17, *CA-F*, II, pp.341-342. 有关提出基于自由原则基础上的个体有持枪的权利,参见 Robert E. Shalhope, "The Ideological Origins of the Second Amendment," *JAH*, LXIX, 1982-1983, pp.599-614; 有关的反论即宪法修正案所规定的集合性军事权力是基于公民共和主义的假定基础上,参见 Lawrence Delbert Cress, "An Armed Community: The Origins and Meaning of the Right to Bear Arms," *JAH*, LXXI, 1984-1985, pp.22-42. 两种解释在夏赫普和克里斯的论著中均有论述,参见 Lawrence Delbert Cress, "The Right to Bear Arms: An Exchange," *JAH*, LXXI, 1984-1985, pp.587-593. 一种理性的尝试是试图在这些立场之间寻求一条折中路线,参见 David T. Hardy, "The Second Amendment and the Historiography of the Bill of Rights," *Journal of Law and Politics*, IV, 1987, pp.1-62. 宪法理论家提出问题的目的在于评估有关持枪和枪支控制的现代性政策。有关为宪法修正案作为抑制暴政的最终手段之辩护,参见 Sanford Levinson, "The Embarrassing Second Amendment," *Yale Law Journal*, XCIX, 1989, pp.637-659. 法律学者捍卫"普遍性模式",即认为宪法第二修正案关于个体持枪的权利是一种必然的解释,参见 Sanford Levinson, "Second Amendment Symposium," *Tennessee Law Review*, LXII, 1995, pp.443-821。所有上述阐释在很大程度上依赖于反联邦党人所坚持的论点。

级民主主义变体方式,这在他对公职人员的宗教测试讨论中明显地表露了出来。他表达了他的震惊,国会和邦都不能对从事公职人员的资格条件设置附加限制条件,而从事公职的职位作为社会稀缺资源无论是对信奉"天主教或清教,还是信奉伊斯兰教或犹太教"的教徒都应当开放。当"联邦农夫"接受不同于经济组织的广泛代表制时,他显然极少表明,他对立法机关中有关激进的或宗教的多元化观点表示担忧。当然,他阐述了一种自由的、适应各种利益的政治原理仅仅只是出于经济多样化而不是社会多元化的考量。他赞同良心自由和宗教信仰自由权利并非意味着当时美国的所有个体都有广泛地参与政治活动的资格。[①]因此,在所有个体自由可能对保留共和主义特征的政治社会能力产生直接影响时,"联邦农夫"支持政治社会共同体有权对个体行为进行规范和调整。

就经济管理事务而言,"联邦农夫"显然是自由主义的。他写道:"自由,就其真实的含义而言,就是确保我们诚实的产业劳动者享有各种社会劳动成果,且在一种自由而温和的政府治理下,从所有非法的限制中获得个体权利的保障。"自由政府,按照"联邦农夫"的观点,在经济事务上不是能动主义者。"联邦农夫"相信,人民应当"遵循各自的追求和目标,且享受扣除公共利益所使用的极少部分物质之后的劳动成果"。对比他运用传统辉格党共和主义对政治自由的理解,他把自由的含义在很大程度上界定为接近于经济自由。[②]

然而对政治自由的特性的不同解释主要是由纽约邦的其他两个普通反联邦党人详尽地加以阐述,他们的著述证成了广延性的个体权利观与受限制的有限政府权力观。第一篇短论文是由署名为"自由之子"[③]的普通反联邦党人公开发表的,他表述了对国家政府的征税权的担忧:"这将使我们的卧室经常遭受掌握暴力工具的权力的野蛮搜查提供借口,在这种妄称的借口下,他们寻找所谓的非法禁运品或走私商品及我们家里最为精致的物品,且有权力对每一种物品采取粗暴而不适当的强制方式。"因此,他们担

---

① [Melancton Smith?], *Letters from the Federal Farmer*, No.12, *CA-F*, II, p.295.

② [Melancton Smith?], *Letters from the Federal Farmer*, No.6, *CA-F*, II, p.261; No.7, *CA-F*, II, p.264; No.12, *CA-F*, II, p.295.

③ 1787年11月8日,署名为"自由之子"的作者在《纽约报》上发表了《有关宪法的反对意见》,他表达了对拟议的宪法授予联邦政府宽泛的权力尤其是征税权的担忧,参见 Herbert J. Storing, *The Complete Anti-Federalists*, The University of Chicago Press, 1981, VI, pp.34-36。

心具有广泛的征税权和无保障的非法搜查权的国家政府将导致对个体自由的严重侵犯,这些担忧引起了纽约邦的"布鲁图斯"[1]的类似反应。基于某些担忧,"自由之子"提出建议,并详尽地阐述了各种可能情况;"布鲁图斯"也预测了即将授予政府的征税权几乎是无限制的权威:"这种权力,如果无限制地行使,将使这种权力本身延伸至城镇和乡村的每个角落——它使盥洗室的女士们只能等待在那里,避免她们所拥有的各种相关物件被政府搜走。"而这些无限制的权力所造成的威胁是"使每个绅士进入自己房间,小心翼翼地看住他们的领带",甚至这种权力"使他们经常注意卧室,且当他睡觉时也小心地注视着它"。由此,一些反联邦党人担心国家政府可能侵入更多的私人生活领域的秘密空间表明,他们宁愿经过艰苦奋斗在更大的范围内获得个体自由,也不愿意使它再次遭受立法特权的限制。[2]我们难以确定的是,普通反联邦党人的言下之意似乎是,政府行使权力可能存在的侵害行为并不仅仅是简单地表述为宪法对政府可以行使超出法律限制之外的权力作出了肯定或否定的判断。如果这些判断是极为重要的话,那么政府首先应当意识到,个体自由在更为广泛的政治社会领域内是如此之重要,以至于政府在行使权力时应当妥善处理保护公民自由所必需的自然权利与宪法规定的权利之间形成的紧密相关的半影区,它可能促使政府向更重要的目标迈进。

在纽约邦的一些普通反联邦党人作者中出现真正的自由论者似乎是合乎情理的,因为它是纽约邦政治经验必然产生的结果。在七年战争和美国独立革命期间,英国的军事行为在许多纽约人的言谈中留下了辛酸的滋味。"布鲁图斯"和"自由之子"对有关政府侵扰公民的担忧并不需要我们从许多其他政治小册子中费力地搜寻碎片式的资料,并抽象出其中的原理。当然,他们的观点也折射出如亚伯拉罕·雅茨那样的人通过政治经验所得

---

① 1787年11月8日纽约邦署名为"布鲁图斯"的作者在《纽约报》上发表了批评拟议的宪法所建构的国家政府有可能侵犯公民权利的危险,参见 Herbert J. Storing, *The Complete Anti-Federalists*, The University of Chicago Press, 1981, VI, pp.37-41。

② A Son of Liberty, *New York Journal*, Nov.8, 1787, *DHRC*, XIII, pp.481-482; Brutus, No.6, *New York Journal*, Dec. 27, 1787, *DHRC*, XV, pp.111-114. 关于自然权利理论,参见 Knud Haakonssen, "From Natural Law to the Rights of Man: A European Perspective on American Debates," in Michael J. Lacey and Knud Haakonssen eds., *A Culture of Rights: The Bill of Rights in Philosophy, Politics, and Law—1791 and 1991*, Harvard University Press, 1991, pp.19-61。有关美国奠基时期的自然法和自然权利理论,参见青维富:《美国政治生成机制之法理评析》,上海:上海三联书店,2020年,第147—183页。

出的结论。亚伯拉罕·雅茨认为直接的军事控制权具有压制性。因此,雅茨谴责英国军队对他的家庭生活的侵扰,继而导致了他妻子的流产。采用笔名为"自由之子"的作者在某种程度上也同样强调持续的战争经历形塑了纽约邦人民要求解决宪法性问题的方式。①由于独立革命之前美国人民生活在英国专制政府的统治之下,这就使纽约邦的普通反联邦党人作者形成了有关公民权利的更为自由论者的观点:人民在更大范围内的行为免受政府的干预是美国人民经过独立革命的艰苦奋斗所取得的成果,且来之不易,必须受到人民的珍视。

第三节 中产阶级反联邦党人之政治社会学

在中产阶级的反联邦党人看来,新宪法的根本性缺陷在于它的贵族特性。由此,"联邦农夫"得出结论:"每个人所要表达的且必须知道的是,现在拟议的宪法必然要改变的事实在于,使权力从多数人手中转移到少数人手中。"②当美国人民享有比任何其他国家的人民更多的平等和自由时,它并不能免于历史上几乎每一个社会都被划分为贵族阶层和平民阶层之间的那种紧张关系。

一、中间阶级反联邦党人之民主政治观

就"联邦农夫"而言,新的政府结构被宪法设计为把美国革命时期已赋予人民的权力转移给具有自然贵族身份的那些社会成员们。

在一定意义上,这个国家的人民包括所有的人都是民主的,但是如果我们在拥有财富和能力的人们之间做出适当的区分,正如人们通常所应当考虑的,无论人们是对这个国家具有天然贵族特性的人还是具有民主特性的人、中间阶级的人或者下层阶级的人所构成的宏大群体等量齐观,具有联邦特性的代议制机关就其内部构成而言必然应当

① Stefan Bielinski, *Abraham Yates, Jr., and the New Political Order in Revolutionary New York,* American Revolution Bicentennial Commission, 1989, p.6. 一些学者认为,"布鲁图斯"最有可能就是亚伯拉罕·雅茨,但是"布鲁图斯"和"自由之子"的身份至今仍然是一个秘密。

② [Melancton Smith?], *Letters from the Federal Farmer*, No.4, *CA-F*, II, p.251.

具有较多的而不是较少的民主特性。①

没有任何一位反联邦党人作者比"联邦农夫"更多地把精力投入探究贵族政体的问题上来。"据称,在这个国家有三种特性的贵族政体",②"联邦农夫"写道,"第一种类型是宪法所规定的类型,在美国社会中并不存在这种类型。"第二种类型是"一种贵族式的小团体,由那些无原则的人所组成的一种政府团体,常常因其财富或能量而与其他类型相区分,他们结合在一起,且以实现他们的私人利益和扩大权力或增加社会重要性为其追求目标"。最后也许是最为棘手的一种类型,人们通常所使用的术语为"天然贵族政体"。当然,从人民中划分出天然贵族政体的界线,就是"在一定程度上体现为专横统治政体,我们可以把一些人划分在这个界线的一边,而其他一些人则划分在另一边"。由此,他意识到"少数人与多数人之间的所有争论,只有极少数人是摇摆不定,且本身就不具有稳定性",他们可能以站在这一边或站在那一边而告终。③

美国人在独立革命时期自觉地摆脱了第一种贵族政体类型,无论是世袭制的还是宪法规定的。因为如果第一种类型即寡头政治或贵族政治阴谋小集团继续存在,那将使未来的美国社会呈现出极为严重的社会问题。因此,所有反联邦党人包括反联邦党的精英人物都竭力反对这种形式。在他们看来,任何由人构成的团体,甚至是最具有德性的政治家团体,都不可能抵挡得住权力的诱惑,他们把其私人利益视为政治共同体利益的观念本身就是违反常识的共和主义观念。而由"联邦农夫"所描述的第三种类型,即"天然贵族统治",显然是一种无规则的社会阶级类型,在普通反联邦党人的论辩中把它以各种不同的方式描述为较好的那种类型或出身高贵的那种类型。由此,普通反联邦党人的宪法和政治思想提出了与精英反联邦党人相分歧的宪法政体思想,即抨击天然贵族政治的统治观念。

中间阶级反联邦党人的宪法和政治思想与精英反联邦党人的宪法和

---

① [Melancton Smith?], *Letters from the Federal Farmer*, No.3, *CA−F*, II, p.235.
② 亚里士多德把贵族政体分为三属四种:一是以善德为主;二是(甲)兼以财富、善德、多数(平民)三者为依据(迦太基式);(乙)兼以善德和多数两者为依据(斯巴达式);三是混合政体,所谓"共和政体"的各变体之一,对多数这一要素不如财富那样重视,具有显著的寡头主义倾向,但善德尤为主要依据,总不失其为贵族政体的一种政体。参见[古希腊]亚里士多德:《政治学》,吴寿彭译,北京:商务印书馆,1997年,第197页。
③ [Melancton Smith?], *Letters from the Federal Farmer*, No.7, *CA−F*, II, p.267.

政治思想之间明显存在的差异在于他们对德性的讨论。与反联邦党人的精英人物相比较,中间阶级的反联邦党人使德性的观念在美国社会中表现得更为民主化。在他们看来,对于公共服务而言,所需要的智慧和知识可能在中间阶级类型的任何勤勉的成员中都能被发现:"一般而言,制定法律的人们所必需的知识是一种受到社会普遍关注的重要知识,且受到特定环境中的人民所关注。"如果有关德性的观念有规律地扩散,并遍及整个国家的人民之中,那么"社会共同体中每个人的利益"都应当被代表。因此,立法机关不仅应当包括上层社会的绅士们、有知识的专业人士和商人,而且也应当包括农业生产者和技术工人。显然,"联邦农夫"所承诺的民主政体并非包括激进的平均主义理想。尽管他承认社会总会存在一些差别,且立法机关应当包括具有特殊才能和智识的公民,然而他也承认在代议制团体中包括受人尊敬的手工业者和自耕农,他们基本上源自天然的贵族统治。对于"联邦农夫"而言,关键点在于每个阶层都包括这样一些人,即任职于代议制机关的公民必须是具有必要的智慧和有德性的人。①因此,"联邦农夫"相信"拥有财富或各种能力"的人实际上更可能被卷入政治阴谋的小集团和诡计之中。社会地位较高的上层阶级同样会对处于社会底层的下层阶级形成诱惑。②由此,"联邦农夫"的批判并非激进地抨击精英反联邦党人建构的贵族统治政体,从而彻底根除他们的影响力,而是努力寻求削减天然贵族的权力。

二、中间阶级之政治公平理念

除了阐述民主的正直品性,"联邦农夫"拒绝接受有关公正的理念。他欣然接受代议制的利益衡量原则,即承认社会中的任何组织和个人都不可能超脱于利益之外。关于这种论题,"联邦农夫"与许多中间阶级的反联邦党人都共同接受一种宪法和政治理论:自由是必需的,而不是共和主义是必需的。在他看来,社会并非一个有机组织的整体,而是一种各具特色的具有自身利益的集合体,即"利益团体"。更为准确地说,基于这种理由,"联邦农夫"所倡导的代议制总是基于社会中具有多样化的利益。当他相

---

① [Melancton Smith?], *Letters from the Federal Farmer*, No.2, *CA–F*, II, p.230; No.9, *CA–F*, II, pp.275, 276; No.11, *CA–F*, II, p.292.

② [Melancton Smith?], *Letters from the Federal Farmer*, No.11, *CA–F*, II, p.288."联邦农夫"不情愿地接受这样的观点:代表有产者阶层的利益对于参议院而言是适当的,而下议院是服务于人民的呼声和公民自由的捍卫者。

信体格健壮的自耕农阶层是最值得信赖的阶层时,他承认,社会中的各种人所构成的社会秩序,无论称之为"贵族的、民主的、技术的等都有他们自身的利益,且如果没有其他具有竞争性的利益相互制约,那么他们很可能因提升自身利益而压制其他人"。因此,为了抵制这种倾向,必要措施在于"每种秩序都应当实际上且有效地在立法机关所从事的行为和活动中有其共同利益的存在"。尽管"联邦农夫"也承认,许多人可能把这种提议视为乌托邦式的,但是他顽固地争辩道:"告诉人民他们是选举人,且能够选举出他们所期望的立法者,如果他们不能使自身被选举的话,按照事物的自然发展进程,他们可以从他们所在的人群中选举出真实地表达他们意愿的人,这与他们现实地参加选举具有同等意义,然而所有这些想法也许都有可能是欺骗人民的。"①代议制机关的代表应当表现得像他们所代表的那些公民一样,且坚定地保护他们的利益。

当然,"联邦农夫"批判贵族政体的另一个重要方面是对选举政治的动态分析:美国宪法并非可能脱离美国政治社会的现实而加以分析和阐释。继而他争辩道,国会将由贵族所主导。而在大的选区,来自天然贵族阶层的人们将不公平地利用优于来自中间阶级的人们的优势:"在熟悉的几千人民中,可能面临在3万或4万人的场合中选举出大家都不熟悉的人。"因此,这就必然产生一种不可避免的结果:"在他们的公民或军队中具有杰出地位和各种能力,或在他们的民众中具有法律地位的少数人才能赢得选举",而来自极不富有的职业个体几乎没有人被选举出来。当然,代议制机关逐渐增加的规模也可以解决这个问题,它可以使社会中更多的利益被代表,也有助于建立更小的选区,在小选区范围内,拥有中等财富的人更可能成功地赢得选举。②在美国独立革命后,各邦政治的更迭为这种观点提供了充分依据,且主要的联邦党人都赞同"联邦农夫"对美国独立革命时期社会的主导性政治趋向的诊断和分析。因此,无论是"联邦农夫"还是联邦党人都对当时美国社会的发展做出了更为积极的评价。

然而在"联邦农夫"的社会视野中成为他的社会观念的一部分在于,并非必然经过妥协而把社会划分为各种等级秩序,而这正是许多精英反联邦党人所一直珍视的。因此,他坦然地接受的利益和经济多元化导致他拒斥传统辉格党所赞同的支持遵从和等级制度的观点。尽管在社会中最重要

---

① [Melancton Smith?], *Letters from the Federal Farmer*, No.7, *CA-F*, II, pp.266-268.

② [Melancton Smith?], *Letters from the Federal Farmer*, No.9, *CA-F*, II, p.276.

的差别仍然存在于多数人与少数人之间,然而"联邦农夫"也承认,在社会中还存在着许多其他类型的经济利益团体,他们的利益在代议制机关中也必须被适当地表达出来。就此而言,他的语词是18世纪的共和主义论调,因为他运用了阶级或等级秩序的多元化概念。当他意识到所有的阶层在一定程度上都可能处于敌对关系时,他有关阶层的划分仍然处于未成熟的阶段。

　　总之,处于中间阶层地位的普通反联邦党人出于对美国独立革命所取得的民主成果的保护,要求他们不仅仅简单地赞同国会更具有民主性,而是把有关联邦主义的主题与有关民主政体的问题紧密地联结起来。在他们看来,从各邦取得的权力越多,政治精英人物越可能主导政府。因此,"联邦政府将基本上控制在自然形成的贵族政体手中,邦政府则基本上控制在民主政体手中"。此外,还必须增加代议制机构的代表数量,且"联邦农夫"倡导把更多的权力交还给各邦。当然,在联邦政府制度范围内恢复权力均衡也可以促进代议制的民主特征,因为"占绝对优势的人民代表"参与到各邦立法机关中去,他们总是与"人民保持一种密切的关系"和"直接的交往关系"。由此,作为结果,邦政府才能"得到人民充满信任,且一般而言被视为他们的权利和自由的直接捍卫者"。①

第四节　激进民主主义呼声:"森提内尔"与费城人民

　　普通反联邦党人最重要的呼声之一是由一群坚持激进主义观点的善辩者们发出的。这些作者在美国批准宪法时期撰写了大量的短论文,这些短论文更为广泛地被印制。普通反联邦党人遍及美国社会的各个阶层,其范围包括:一端连接着中间阶层的民主主义者;另一端连接着社会下层的

---

① [Melancton Smith?], *Letters from the Federal Farmer*, No.2, *CA–F*, II, pp.232–233; No.10, *CA–F*, II, p.282.

民粹主义者。像自称"前大陆军军官"①"森提内尔"和"费城人"②的作者在美国社会各阶层中无处不在。在这些作者中创作最为丰富且最具有影响力的作者就是"森提内尔"。他的著述被分为十八个小集子,在美国1787—1788年批准宪法时期面世。"森提内尔"不仅是进入美国立宪时期辩论中的第一个反联邦党人短论文作家之一,而且他的论著在当时的报业界也是最广泛且最早地被分集印制,包括大量的选集小册子。无论联邦党人还是反联邦党人都认同"森提内尔"在所有反对宪法的人中是最善辩的,且是最具有能力的发言人。就"森提内尔"论著的内容而言,其论点几乎不具有任何独特性。在他所阐述的所有主题中,包括新宪法旨在加强中央政府权力、坚持贵族政体和遗缺《权利法案》等诸多批评意见与其他反联邦党人作者所提出的论点具有同一性。使"森提内尔"的论著与其他反联邦党人的著述所提出的观点区别开来是他的激进主义和民粹主义特质。确实,与其他任何反联邦党人作者相比,"森提内尔"更多地提出了他的激进主义民主观。在一定程度上,他的短论文的各组成部分是向中间阶级和社会下层阶级发出呼吁。进而他这种向多元化听众求助的方式本身就说明了他的论著的普及性和广泛影响力。因此,我们要诠释他的著述所阐释的内在意涵就必须首先了解他要努力寻求其影响和劝服的多样化读者。

一、激进民主政体之变体

在美国当时被广泛印制的反联邦党人短论文的作家中,没有任何人比"森提内尔"更多地运用具有坚定信念和阶级意识形态的语词。按照他的观点,自由最重要的威胁在于贵族政体。"在许多邦,尤其是在本邦和美国北部的各邦中,存在着少数出身高贵的人赞同贵族式的军阀攻体,这些出身高贵的少数人自从拟定了他们的宪法以来就一直热心地追求建构一种使人卑微的、令人不适的、自命不凡的新政府,且在他们看来是平等的自由政府。"在此,"森提内尔"把民主政体和联邦主义联系起来加以讨论。在

---

① 1787年11月3日宾夕法尼亚邦以"前大陆军军官"为笔名的作者撰写了《致费城公民的信》,并发表于11月6日的《独立公报》,批评拟议的宪法试图建立贵族政体和加强中央政府的权力,参见 Herbert J. Storing, *The Complete Anti-Federalists*, The University of Chicago Press, 1981, III, pp.91-98。

② 1787年11月至1788年4月,"费城人"在费城《独立公报》上发表十余篇短论文和一篇《致奥斯瓦尔德先生》,批评拟议的宪法所建构的国家政府和《权利法案》的缺失。See Herbert J. Storing, *The Complete Anti-Federalists*, The University of Chicago Press, 1981, III, pp.99-140.

"森提内尔"看来,正是邦政府维护了自美国独立革命胜利后所取得的民主成果。他特别赞赏宾夕法尼亚邦的范例。宾夕法尼亚邦的自由民生活在保护他们的"自由且享受他们适度的代表权的邦宪法之下是幸运的"。由此,"森提内尔"攻击1787年美国宪法威胁着邦政府,且创建了一个贵族式的国家政府。按照他的观点,联邦党人的理念是受约翰·亚当斯的启示而形成,他希望将美国政府按照英国宪制的模式建立。①

　　"森提内尔"在谈论有关宾夕法尼亚邦经验的政治哲学表述中最令人关注的主题之一就是,他主张建立一院制的立法机关。就有关一院制立法机关的优点,他运用极为重要的且具有普遍性的宪法原理阐明他的观点,即坚信政府的结构必须是为了更多地促使普通民众参与的简易结构。由此,"森提内尔"不赞同精英反联邦党人所倡导的两院制立法机关。就"森提内尔"而言,对政府最重要的制约方式不是两院制立法机关而是由选举产生的代表与人民之间必须保持密切的关系。当政府是简易结构时,人民将为捍卫他们自身的自由而尽职尽责。"如果仿效宾夕法尼亚邦宪法,你们把所有的立法权都授权于所有人所组成的一个立法主体",且确保这一主体"在短时期内被选举,必然因轮换而排除永久性任职;同时防止突然事件的降临和因突然发生程序的延误而引起骚乱,你们将建立更为完善的责任制度。"他提出了更具激进性的宪法政制和政治变体,其目标在于使政府结构简易,且确保代议制政府的代表与他们所在选区的选民保持密切联系,而这种政府体制要求争论双方在冷静期范围内努力寻求妥协的主张实际上是为立法机关留下特定的延迟期,即试图赋予立法机关一定的延迟时间,以便立法机关在公共论坛上探明人民的真实意涵,从而更忠实地代表他们人民的意愿。与此相对照,1787年美国宪法所建构的两院制立法机关尤其设计了把人民排除在外的协商性审议民主制度,这种自以为是且别有用心设计的美国国会是为了挫败人民的意愿,并将"由出身高贵、生活富裕且家庭殷实的社会成员构成"。②由此,"森提内尔"提醒读者,宾夕法尼亚人享受着"世界上最完善的地方政府制度特有的幸福生活"。但是,"森提内尔"也担心,"野心勃勃的人",尤其是他自己所在的邦"在连续不断的阴谋诡计下破坏"宾夕法尼亚邦宪法。"森提内尔"坚信宾夕法尼亚邦宪法

① Centinel [Samuel Bryan?], No.3, "To the People of Pennsylvanian," *IG*, Nov. 8, 1787, *CA-F*, II, p.156.

② Centinel [Samuel Bryan?], No.1, "To the People of Pennsylvanian," *IG*, Oct. 5, 1787, *CA-F*, II, pp.139, 142.

是"平等自由的宏大之钯"①。尽管历史提供了有关共和国的各种无数范例:在一个共和国里,一般而言是"少数人压倒多数人",然而宾夕法尼亚邦是例外,因为"在宾夕法尼亚邦相反的情形发生过:在那里出身高贵的人尽管他们竭尽全力试图如此做,但是他们无能为力地被阻挡于自由的圣坛之外"。②一方面,由于邦宪法代表了美国独立革命以来的民主变革,对保护民主改革和阻止可能削减公民权利的宪法性文件的批准至关重要;另一方面,保护各邦的权利就是捍卫人民的权利,从而抵制代表贵族利益的精英人物具有野心的制度设计被运用。尽管他以更为平等主义的术语表达了他的观点,但是"森提内尔"与许多中间阶级的民主主义者仍然坚持一种共同的信念:各邦才是民众自由最好的守护者。

"森提内尔"的自由观也折射出其他宾夕法尼亚邦的反联邦党人的共和主义观,"老辉格党"以一种极为不同的方式提出了与自由紧密相连的建议与要求。当社会共同体的公共利益需要时,"森提内尔"支持宾夕法尼亚邦的宗教测试法案。但是在联邦党人看来,这种宗教测试法案阻止了不进行忠诚宣誓的个体公民完整地享有公民资格和利益。因此,这种法案剥夺了公民的权利,并针对各邦信奉宗教和伦理的少数人中的一部分和前者中的保守党的一部分人而课以重罚。由此,联邦党人指责反联邦党人违背良心自由权利,强加一种邪恶和残暴的宗教测试法律于贵格会、伊斯兰教和基督教等宗教教派之上。而"森提内尔"针对指控回击联邦党人,谴责他们试图寻求毁灭宾夕法尼亚邦的和谐,且激励邦的公民们尤其是富有之人和有野心之人成为权贵的侍臣。因此,"森提内尔"肯定了宗教测试法案的必要性和合法性。"我只是认为,随着时间的推移会证明它的正当性,不仅如此,而且使它成为任职不可或缺的必要条件。"其正当性是显而易见的,"常识和自我保护的重要法律勾勒出一条有条件的界线,且把这些人排除出我们的参事会,这是权利和信托之所在,因为这些人不利于我们的事业"。当这样的政策适用于"国家战争"时期时,"森提内尔"承认,"貌似合理的政策一旦需要与公共安全保持一致,那么国家就强行地规定废除这样的法律"。由于他们不支持美国独立革命事业,且把这些个体排除于宗教测试法律之外,他们就是把共和主义原则置之不理。只要个人证明他们具有共和主义

---

① "钯",就是指一个不分年龄、性别和贫富的人人共享场景。

② Centinel [Samuel Bryan?], No.3, "To the People of Pennsylvanian," *IG*, Jan. 8, 1788, *CA-F*, II, pp.179–180.

品性之能力就应当赋予他们完整的公民资格。因为社会共同体为公共福利立法的权利比剥夺贵格教徒、德国人或昔日的保守党人的自由更应当具有优势地位。[1]

二、激进民主主义者之商业观

尽管按照他的观点对于支持商业发展是合乎逻辑的,但是"森提内尔"并不支持由精英人物的代言人如"阿格里帕"所倡导的自由理念类型,"阿格里帕"在有关经济增长方面与"联邦农夫"的信念保持一致。当"森提内尔"接受这样的思想,即为了经济繁盛就必然需要商业时,他显然对商人阶层的价值观充满了特有的敌意。他指责,当他们"已经具备一种能力和技能"时,无非是为了寻求"一种卓越感和优势"。因此,有关商业活动的某些事件阻挠了公民洞察他们真实利益的能力:"商人迷恋于追逐财富的密谋之中,很少把他的观点延伸至中间阶级的利益目标上;他们盲目地追求自身表面上貌似合理的利益,且察觉不到对其他人的利益的潜在伤害。"由此,"森提内尔"抨击商人和商业并非只是生搬硬套地引用乡村批判主义者就法院的设计所做出的批评。因为他并非抵制商业,而是抵制商业精神中的无节制因素。尽管他坚信"商业是自由之基",然而其危险性在于,在商业中起支配作用的野心和荣耀可能形成"一种垄断精神",且"因贪婪的各种设计而成为商业的羁绊",从而损害平等之自由和共和主义。令人感兴趣的是,"森提内尔"选择把公民胜任能力的观念与贪婪的商业精神相对比,从而促使一部分商人谋取更大的财富。当一个人寻求获得胜任能力时,他们的产业促进了经济增长。相反,巨大的财富积累必然会逐渐破坏进取精神和共和主义。因此,"森提内尔"有关商业的观点使共和主义的价值观趋于缓解,且更接近于类似的手工业生产者的伦理价值观,而不是拥有财富的商人所颂扬的商业共和主义自由价值理念。继而,在"森提内尔"

---

[1] Centinel [Samuel Bryan?], No.22, "To the People of Pennsylvanian," *IG*, Nov. 14, 1788, *DHFFE*, I, pp.341-342. 按照宪法历史学家詹姆斯·哈特森的观点,反联邦党人支持有效地剥夺教友派信徒和许多德国人宗教教派的效忠宣誓质疑其承诺的自由。See James Hartson, "The birth of the Bill of Rights: The State of Current Scholarship," *Prologue*, XX, 1988, p.150. 有关里菲的批评,参见 David M. Rabban, "The Historian: Leonard Levy on Freedom of Expression in Early American History," *Stanford Law Review*, XXXVII, 1985, pp.795-856; Saul Cornell, "Moving beyond the Canon: Anti-Federalists, the bill of Rights, and the Promise of Post-Modern Historiography," *Law and History Review*, XII, 1994, pp.1-28.

看来,当一个人追求一种胜任能力时,在社会中不同的利益就被协调起来,形成具有普遍性的经济繁荣景象。除非财产在一定程度上有规则地被打乱,"森提内尔"认为,政府就没有必要对经济进行过多的干预,而在美国更有可能的情形是,由于它的移民和历史具有独一无二的特殊环境,"在自由的良性影响下,美国呈现出历史上所提供的一种无与伦比的环境:在这里,人性被视为值得赞美的"。由此,美国所呈现的相对平等滋长了自由和繁荣。"在这里,人的思想,在没有受到专制权力限制的情形下,使每个人竭力发展其天赋:由于名誉和财富的场所对所有人开放,因而它激励着每一个人普遍地发挥其才能。"[1]但是由于美国1787年宪法把权力集中于有产者手中,且削弱了各邦对经济的控制,因此它威胁着美国已呈现出来的平等观念。

三、激进民主主义者之公共范围概念

在当时的美国,没有任何一种类型的自由比出版自由更为重要。"森提内尔"提出各种证据证明"自由只不过在助长理性和知识的地方才能繁盛起来",这几乎不可能是与众不同的观点。而"森提内尔"所捍卫的有关德性的观念折射出他着重强调公共论坛的重要性。由此,他重复较早时期的作者所提出的,"在一个共和国或自由政府里,公共论坛只能存在于人民所构成的主体具有德性的地方"。他承认,只有在"财产被相对地平等分配"时,德性才较为易于获得。然而对"森提内尔"而言,德性并非仅仅只能按照新哈林顿式的术语予以描述,即它并非仅仅只是表述为财产对共和主义生长具有核心地位。在此,有关德性的概念也被"森提内尔"改变了形态,并重新加以阐释,从而把它置于共和主义公共论坛的核心地位。在美国,"人民是主权者,且他们的情感或意志是政府实施每一项公共措施的标准"。同样,公共论坛对于支持政府和保护公民自由发挥着前所未有的影响。[2]按照"森提内尔"的观点,公共观念甚至在任何其他共和国里都比它本身所具有的特性更加重要。"在像美国这样广

---

① Centinel [Samuel Bryan?], No.6, "To the People of Pennsylvanian," *Pennsylvanian Pucket, and Daily Advertiser*, Philadelphia, Dec. 25, 1787, *CA–F*, II, p.172; No.4, "To the People of Pennsylvanian," *IG*, Nov. 30, 1787, II, p.162; No.8, "To the People of Pennsylvanian," *IG*, Jan. 2, 1788, II, pp.176, 178.

② Centinel [Samuel Bryan?], No.1, "To the People of Pennsylvanian," *CA–F*, II, p.139; No.3, *CA–F*, II, p.159.

衮范围内的邦联政府中","情感和信息的最自由与公开交流应当得以维持"具有至关重要性。由此,"森提内尔"展望了印刷界作为一种公共领域范围,是把国家和公民黏合在一起的重要方式。因为印刷业在没有强大的强制性权威影响下提供了使社会黏合起来的方式。[1]当然,在美国批准宪法期间发生的诸多事件也证明了许多出版商可能成为某些党派或小团体的工具,从而存在被利用的危险,正如反联邦党人的论著中多次提到,它使许多邦公民的自由受到压制,从而促使其修改宪法。由此,"森提内尔"抱怨道:"这些邦的自由遭受了严重的威胁",因为它准确地表达了反联邦党人的预见能力,就是许可宪法支持者主导印刷界,从而隔离和压制美国社会中开明人士的反对意见。[2]

正如"森提内尔"的著述所批评的,塞缪尔·布莱恩针对公共论坛作为理性争论过程中的中立介质而发挥作用之失败也提出了更具有技巧性的批评意见。当大多数反联邦党人作者简单地重复责难有关对印刷商的偏见时,极少有人分析某些具有潜在危害性的社会力量已经有效地腐蚀了公共论坛。确实,尽管无德性的印刷商主要责备反联邦党人在传递信息进入印刷界时所表现的无能,但是大多数反联邦党人当时正在竭力解决这些问题。对"森提内尔"而言,正是联邦党人在经济上的影响力使他们能够主导公共论坛。因为"开放而具有独立性的报刊可能因某些人试图撤销所有订单而轻易地被打败"[3]。无论是印刷界还是人民都必须意识到,在一个共和国里,公共论坛具有重要性;同时也可能存在这样一种危险,即"人民是极易屈从于天然贵族的观点,且潜在地认同他们的部分意见"。由此,在马萨诸塞邦制宪会议评论中,"森提内尔"遗憾地表示,具有诚实和正直特性的人必须与"具有渊博学识、雄辩才能和通常善于诡辩进而成为律师、医生和神职人员的人进行斗争,因为后者能够且可以凭借虚假言辞或似是而非的推理欺骗人民"。意识到天然贵族在公共争论中具有明显的优势并非意味着"森提内尔"对人民缺乏信心;这只不过表达了他的另一种信念,即生存

[1] Centinel [Samuel Bryan?], No.1, "To the People of Pennsylvanian," *CA−F*, II, p.137; No.3, *CA−F*, II, p.159; No.18, *IG*, Feb. 22, 1788, *CA−F*, II, p.197.

[2] Centinel [Samuel Bryan?], No.18, "To the People of Pennsylvanian," *CA−F*, II, p.205.

[3] Centinel [Samuel Bryan?], No.12, "To the People of Pennsylvanian," *IG*, Jan. 23, 1788, *CA−F*, II, p.189; Saul Cornell, "Reflections on 'The Late Remarkable Revolution in Government': Aedanus Burke and Samuel Bryan's Unpublished History of the Ratification of the Federal Constitution," *Pennsylvania Magazine of History and Biography*, CXII, 1988, p.129; Philadelphiensis [Benjamin Workman?], No.1, *IG*, Nov. 7, 1787, *CA−F*, III, p.105.

于联邦共和国的人民在美国独立革命时期已经部分地完成了表达他们意见的愿望。①关于这一主题，"森提内尔"与许多激进主义者的普遍认识具有一致性，尽管他们相信公平竞争在竞争双方完全处于平等的前提下是可能的，但是遵从和财富与受过教育的人所处的优势地位使竞争双方完全处于极度的不平等之中。

另一位高度重视公共论坛且对反联邦党人的宪法和政治思想传播产生极大影响的作者是"费城人"。与反联邦党人精英人物相比较，"费城人"运用雄辩有力的术语为印刷界的匿名写作辩护。尽管他仍然援引了共和国需要德性的理念，但是"费城人"也运用了有关民主的术语为印刷界建构其辩护的正当理由。在他看来，印刷界或报业界创建了公共论坛，它为出身卑微的人们提供了辩论机会，并对他们生活的社会中出身较为高贵的人的权威提出疑问。而在匿名掩盖之下，人们可以直接求助于人民，且唤醒他们采取行动。"费城人"本身在报业界的工作使他意识到，联邦党人所控制的报纸不以匿名方式刊登短论文的原因在于，便于"出身高贵的人"了解他们的反对者发表反对意见的方式，从而果断采取措施。由此，"费城人"抨击联邦党人的策略。他认为，"不论作者是否签署真实姓名，那都是无关紧要的"；公民应当把注意力集中于"提供给我们有关宪法的阐释性说明和争论点，且不管是否签署其真实姓名"。而联邦党人的印刷商试图阻止"有能力的人、忠厚老实者、胆小怕事的人或心理缺乏自信的人"进入公共论坛，发表他们的论点。在理论上，所有的公民都可以以匿名方式出版著述，不管他们的社会地位和声誉如何，都有平等地发表自己言论的自由和权利。因此，以匿名的方式发表著述对于当时美国正在兴起的公共论坛维持理性争论是必不可少的，因为在公共论坛中的理性争论使所有的公民都能够参与到政治争论中来。笔名在美国后革命时期的社会中是必需的，"费城人"争辩道，原因在于许多人不愿意放弃君主政体下的那些有学识的见解和习惯。②以匿名的方式可以反驳维系遵从，即任何公民都可以采取反诘式的方式把他们的论据呈现于人民面前。从理论上而言，甚至妇女或奴隶都可以用假定的虚构身份在国家公共事务中表达自身的愿望和心声。如果按照这些方式理解的话，印刷界或报业界无疑就是社会民主变革强有

① Centinel [Samuel Bryan?], No. 1, "To the People of Pennsylvanian," *CA-F*, II, p. 137; No.15, *IG*, Feb. 22, 1788, *CA-F*, II, p.197.

② Philadelphiensis [Benjamin Workman?], No.1, *CA-F*, III, pp.103-105.

力的助推器。

　　阐述有关出版自由的重要性还反映在他阐述出版自由的功能和作用时选择使用医学上的隐喻手法。他写道,"公开出版是对人所组成的共和国更为遥远的那部分负责提供信息的基本动脉",即共和国的"生命血液"。充满生机和活力的公共论坛可以把这个国家的公民连接起来,使公民意识到政府对他们的自由可能带来的威胁,从而依赖于理性争论提升公共意识。由此,公共论坛解决了反联邦党人宪法和政治思想的核心问题:如何既能确保联邦主义的生长而又不至于形成一个强有力的中央集权政府。似乎不应当使人们感到惊奇的是,中间阶级的反联邦党人把他们的主要注意力集中于联邦宪法可能对出版自由造成的威胁上。①在广袤的美利坚合众国,出版自由尤其令人关注:对分散于这样的广袤地区内的人民而言,如果某些阴谋集团和小团体被组织起来,从而导致他们神圣的权利和特权遭受侵犯时,只有出版自由才是他们为了保护自由权利而传递信息和矫正社会秩序的重要和有效手段。正是这种预兆发出警示,提醒自由人捍卫他们的自由。

　　当然,并非只是美利坚合众国特有的物质环境使出版自由成为必要。尽管反联邦党人对理想的小共和国特征进行了不同的描述,但是他们所有人都接受由单个个人所组成的各邦更接近于古希腊和罗马的小共和国理想。重要的是美国必须保留联邦共和国,在一个联邦共和国里,权力根植于各具特色的地方政府和邦。至于大多数联邦党人所赞同的中央集权政府可能对个体自由造成严重威胁,且从根本上破坏代议制政府的特性。②因此,如何既能维持各邦和地方政府的权力,又能使广袤的美利坚合众国保持团结一致——这是反联邦党人宪法和政治理论所面临的核心问题。尽管并非每一个反联邦党人作者或代言人都可能成功地努力设法解决此类问题,但是具有高瞻远瞩和智识能力的理论家们可能意识到,只有一个具有生机和活力的公共论坛才能实现看似充满矛盾而又具有内在一致性

---

① Philadelphiensis [Benjamin Workman?], No.1, 1787, *CA-F*, III, p.105; No.6, *IG*, Dec. 27, 1787, *CA-F*, III, p.120; No.8, *IG*, Jan. 24, 1788, *CA-F*, III, p.124.

② 在此,这些观点所呈现的公共范围包括印刷物品——报纸、小手册和手册——以及各种论坛,例如辩论组织、俱乐部、咖啡厅和小旅馆。See Jürgen Habermas, *The Structural Transformation of the Public Sphere: An Inquiry into a Category of Bourgeois Society*, trans. Thomas Burger and Frederick Lawrence, The Belknap Press of Harvard University Press, 1989, pp.271-279.

的各种目标。因此,公共论坛不仅为联邦党人设定联邦政府的权力提供了可供选择的目标物,而且具有扩展性和生气勃勃的公共论坛更有利于增强人们的自由信念,它为反联邦党人提升共和主义信念中至关重要的德性提供了必不可少的条件。

第五节 社会平民之民粹主义

被"森提内尔"详尽阐述的许多思想继续由接受"森提内尔"平等主义思想,且主张采取更为激进措施的社会下层阶级的作者进一步加以阐释和发展。当然最适合他们反驳1787年美国宪法的表达方式是,既运用经典文学作品的写作方式又运用小论文略带讽刺意味的修辞方式,他们对美国宪法许多最尖锐的批评都是针对联邦党人著述中所存在的夸张性演绎文字。强烈表达这些批评意见之一的是,自我起名为"技术工人"的人——来自宾夕法尼亚邦卡莱尔镇的佃农威廉·皮特里金撰写的各类短论文。①在他的小册子《论政府的实质》中,他猛烈地抨击1787年费城制宪会议所拟议的宪法,并以最尖锐的讽刺言论和夸张手法批评联邦党人的宪法和政治思想。他的言辞揭示了美国社会下层阶级的宪法反对者们极为重要的宪法和政治观。

一、民粹主义者之激进宪法和政治观

"亚里斯托克诺提斯"②,即皮特里金所选择使用之笔名,以滑稽和讽刺的语言形式演绎了联邦党人高傲自大的态度和不可一世的形象。以一种"超越联邦党人"的形式,"亚里斯托克诺提斯"针对"出身高贵的人""血统纯正的人""纯上流社会血统的人"和"有钱人"发表评论,他们"具有掌握权

---

① 关于卡莱尔的社会历史环境和皮特里金的地位,参见 Saul Cornell, "Aristocracy Assailed: The Ideology of Backcountry Anti-Federalism," *JAH*, LXXVI, 1989-1990, pp.1148-1172。皮特里金本身的阶级意识形态显然体现在他的各类信件和短论文中,参见 "William Petrikin to John Nicholson," *Carlisle Gazette*, Pennsylvania, Feb. 24, 1788, *DHRC*, II, p.695; May 8, 1788, *DHRC*, II, p.675。

② 宾夕法尼亚邦卡莱尔镇的皮特里金于1788年以"亚里斯托克诺提斯"的名义发表了短论文,描绘或勾勒了有关新联邦宪法的政府特性、批评自然贵族政体、联邦征税权过大和维护宗教信仰自由等基本观点,参见 Herbert J. Storing, *The Complete Anti-Federalists*, The University of Chicago Press, 1981, III, pp.194-213。

力所必备的一切条件,如独裁的气质、威严的声音、专横的语调和傲慢自大的容颜"。皮特里金比"联邦农夫""老辉格党"甚或"森提内尔"在批评天然贵族政体方面更为详尽地阐释了它的特性,正如"亚里斯托克诺提斯"在批评联邦党人时所提到的,"是天性把人与人之间置于适当的等级制度之下和从属地位吗?"因此,任何遵从观念都因皮特里金对联邦党人有关贵族政体的虚伪特性的严厉斥责而抛之一边。由此,他揶揄联邦党人所提出的精英主义思想。"亚里斯托克诺提斯"严厉地指责:"社会下层平民"和"卑劣而鲜为人知的那些人"竟然敢于质疑联邦宪法的基本原则。在他看来,控诉贵族政体就是在揭示一种社会各阶层等级制度的衰微现象。①按照"亚里斯托克诺提斯"的观点,联邦党人精英人物坚持一种虚假拥护者的思想,即美国独立革命赋予了人民"过度的权力",且宁愿通过选举产生"他们自己的统治者,这仅仅只能导致的结果是,所有社会秩序和良好政府都被彻底地颠覆了"。源自过度的民主政体的最大罪恶在于,纵容暴民政体,即"竞选活动"只不过成为低级趣味的、俗不可耐的游戏规则。由于避免每年一次的选举,且赋予国会决定举行任职选举的方式和地点的权力,1787年宪法将使愚昧无知的下等人复位于适当的隶属地位。因此,为了确保这种结果,政府被赋予宽泛的征税权,由于承受艰巨的税收重负,人民被迫"参与他们自身的事务",且没有任何时间"涉足政治活动"。②按照"亚里斯托克诺提斯"的观点,政府为了执行新型的和专横的强制性规定,宪法建立了常备军,并从各邦攫取控制武装力量的权力,而赋予联邦政府武装力量的控制权必然要求解除"自耕农包括农民、技师和其他体力劳动者的武装"。但是他们要解除这些人的武装就必须慎重,因为"信任这些聚众的暴民手中所掌握的武器那才是危险的"。③由此,帕特里金回击联邦党人有关武装力量的观点揭示了社会下层阶级思想的重要特性;但他并未遵循"联邦农夫"和其他中间阶级反联邦党人的叙事先例,把社会下层阶级作为武装力量的个体不置于考虑之列。

---

① Aristocrotis [William Petrikin], "The Government of Nature Delineated…" *Carlisle Gazette*, Pennsylvania, 1788, *CA-F*, III, pp.197-198, 204-205.

② Aristocrotis [William Petrikin], "The Government of Nature Delineated…" *Carlisle Gazette*, Pennsylvania, 1788, *CA-F*, III, pp.198, 202.

③ Aristocrotis [William Petrikin], "The Government of Nature Delineated…" *Carlisle Gazette*, Pennsylvania, 1788, *CA-F*, III, p.203.

二、民粹主义之平均民主观

中间阶级的民主主义者有关陪审团制度的观点在"联邦农夫"的著述中明确地表达出来,并被"亚里斯托克诺提斯"以富有攻击性的民粹主义术语加以改写。"亚里斯托克诺提斯"以具有讽刺意味的语词写道,陪审团的权力是"一种在普遍意义上具有整体性和侵略性的权力"。独立革命时期的美国历史表明,陪审团拥有巨大权力是愚蠢的:"它的荒谬之处在于,十二名愚昧无知的社会下层平民将组成适用法律的法官队伍,而这些法律本身则是由许多博学多才的杰出之士制定:第一,法律来自具有渊博学识的人们组成的立法机关。第二,应由这些具有渊博学识的立法者解释和评判法律。第三,再由一些具有渊博学识的律师故意地曲解、推翻和重塑法律,且最后,由一些具有渊博学识的法官使法律的实施成为可能,并解释法律。"毕竟这些具有渊博学识的辩论和讨论却由赤贫之人所构成的"无知的陪审团"来决定法律是否适用于案件事实,这是极其不合乎情理的。由此,"亚里斯托克诺提斯"具有讽刺意味地指出,授予陪审团在大多数情形下裁定案件的事实和法律将承认这样一种状态,即"无足轻重的村夫"可能成功地拒绝接受一些博学多才的绅士们的观点。[1]由此,帕特里金相信,赋予陪审团裁定案件事实和法律的权力将具有平衡社会现存精英人物的权力的作用。按照这样的设计,有可能出现的情形是,一些简朴单纯的村夫拒绝接受一些富有商人或大土地所有者的权威。同样,民粹主义者表现出对司法审查的特别不信任,他们把法庭视为维护一小撮贵族政体精英人物的权益的代言机构。像帕特里金那样的反联邦党人宁愿相信立法机关的权力,也不愿意由法院来推翻这些规则,以及赋予陪审团裁判案件事实和法律的权力。因为无论是陪审团还是武装力量都不应该附属于财产的要求。在这两种情形下,下层社会的民粹主义者都赞成一种更为激进的民主平均主义宪法理论和政治思想。[2]

当然,帕特里金与中间阶级的反联邦党人持同样的观点:狭隘的宗教

---

[1] 美国的陪审团制度既可能是贵族性质的,又可能是民主性质的,它随陪审员所在的阶级而定。但是,只要它不把这项工作的实际领导权交给统治者,而使其掌握在被统治者或一部分被统治者手里,它始终可以保持共和性质。参见[法]夏尔·阿列克西·德·托克维尔:《论美国的民主》,董果良译,北京:商务印书馆,1997年,第313页。

[2] Aristocrotis [William Petrikin], "The Government of Nature Delineated⋯" *Carlisle Gazette*, Pennsylvania, 1788, *CA–F*, III, p.204.

宽容观。他接受中间阶层的普通反联邦党人的观点,即宗教测试有助于提升品性,但是他以一种更为引人注目的方式改写了这种论点:凭借提供一种具有普遍效力的抵制力为基础,使宗教经常服务于制衡统治者的目的。因此,他提出削弱宗教就是试图为提出削减人民权力的那些人寻求有效的解决路径。由此,他不断地抨击一些人把制宪会议神圣化的观点。而由帕特里金所提出的民粹主义宗教观并非尤其愿意容忍宗教多元化,政府不仅有权力且事实上有责任排除那些坚持异教观点的人员任职,因为这些个体人员不可能具有他们所必备的任职品性。在此,代表下层社会平民的反联邦党人拒绝接受中间民主主义者所提出的调和适中的观点,他们赞成直接民主政体的变体,一种更为激进的地方主义民主政体。无论在各邦还是在合众国,它仅仅只是地方自治体的意愿,而且是绝大多数人的意愿,进而社会下层反联邦党人的民粹主义者们试图寻求授予地方自治体更多的权力,[①]而与中间阶级的民主主义者相比较,社会下层平民阶层并非尤其对保护各邦政府的权力和地方机构包括陪审团、地方武装力量或代表民意呼声的社会团体感兴趣。因此,代表社会下层平民的反联邦党人的宪法和政治论点表明,联邦主义者和狭隘的地方主义者之间存在着潜在的内在冲突。历史证据表明,如果狭隘的地方主义者与联邦主义者发生冲突,那么社会下层平民阶级可能更倾向于支持狭隘的地方主义者。[②]

第六节　美国歧义政治之激进主义表征:卡莱尔骚乱

为了进一步分析美国社会下层平民阶级的激进主义观点,我们查阅了大量有关美国立宪时期的现存文本和文献,试图从更深的层次探究引起美国社会下层平民阶级反对1787年宪法那令人沮丧之事的社会语境。因为解读作为美国社会下层阶级的乡村人和群盲主义者的文本可以为我们洞

① E. P. Thompson, "The Moral Economy of the English Crowd in the Eighteenth Century," *Past and Present*, No. 50, Feb. 1971, pp. 76-136; E. P. Thompson, "Eighteenth-Century English Society: Class Struggle without Class?" *Social History*, III, 1978, pp. 133-165; E. P. Thompson, "Patrician Society, Plebeian Culture," *Journal of Social History*, VII, 1973-1974, pp.382-405.

② Alfred F. Young, "English Plebeian Culture and Eighteenth-Century American Radicalism," in Margart Jacob and James Jacob eds., *The Origins of Anglo-American Radicalism*, Allen and Unwin, 1984, pp.185-212.

悉美国社会平民阶层的宪法和政治思想提供重要的基础。而使社会平民阶级的宪法和政治观与反联邦党人精英人物和中间阶层的反联邦党人的宪法和政治观形成巨大反差的最典型例证就是发生于1787年末的宾夕法尼亚邦卡莱尔骚乱事件。①这次暴乱事件揭示了许多普通反联邦党人尤其是美国社会下层阶级的反联邦党人潜在的激进主义论点,真实地表明了社会下层阶级的反联邦党人在卡莱尔骚乱事件中是如何诠释当时美国的重大宪法和政治问题。反联邦党人在卡莱尔骚乱过程中的行为实际上已经超出了许多短论文作者在公共印刷物上所提出的激进主义观点。

一、社会下层平民之民主政体及表征

事实上,联邦党人与反联邦党人之间在卡莱尔镇街道上所发生的激烈冲突发生于1787年圣诞节之后的第一天,它是在美国批准宪法期间发生的且是更为广泛地被报道的重要事件之一。联邦党人化名为"智者"的作者对此事件的解释在当时被印刷了三十八次之多。此外,许多联邦党人作者或反联邦党人作者都发表了数量众多的短论文评论该事件。②

该事件起源于联邦党人试图庆祝他们在宾夕法尼亚邦批准宪法会议上所取得的胜利——宾夕法尼亚邦制宪会议批准和通过了1787年费城制宪会议所拟议的宪法,而当地的反联邦党人因他们最近的挫折正感到气恼和沮丧,他们决定向他们的反对派——联邦党人发出更为强硬的信号,从而导致了联邦党人与反联邦党人之间的冲突白热化。联邦党人虽然在宾夕法尼亚邦制宪会议上取得了胜利,但是反对宪法的意见在宾夕法尼亚邦的其他地方尤其是卡莱尔地区仍然尤为激烈。最初,在卡莱尔镇街道上,反联邦党人与联邦党人发生的冲突仅仅只是表现为相互之间的拳脚摩擦,继而发展为更激烈的炮击。正如当地报业界的一位作者所补充报道,"令人感到滑稽可笑的是,你们可以看到律师们、医师们、上校们、上尉们等等在这一瞬间所留下的滑稽和唐突场面"③。甚至在事件发生之后的许多天里,双方仍然保持着强烈的对峙态势。第二天,宪法的反对者们组织了示

---

① 有关卡莱尔骚乱和社会下层平民反联邦党人的政治意识形态,参见 Cornell, "Aristocracy Assailed," *JAH*, LXXVI, 1989-1990, pp.1148-1172。

② 其中最典型的是代表反联邦党人的"老辉格党"的论述,参见 "An Old Man," *Carlisle Gazette*, Pennsylvania, Jan. 2, 1788, *DHRC*, XV, pp.225-228。

③ One of the People [William Petrikin?], *IG*, Feb. 7, 1788, *DHRC*, I, p.112。

威游行,并表明他们将继续与联邦党人所建构的贵族政体①保持敌对状态,而参与暴乱的反联邦党人焚烧了宾夕法尼亚邦联邦党人的主要领导者詹姆斯·威尔逊和托马斯·马克卡恩的塑像。他们在"执行"刑罚之前,宾夕法尼亚邦的联邦党人中一些颇受人敬重的精英人物的塑像也被鞭打,且被作为普通犯人进行游街示众。一般而言,使人民敬重的政治人物遭受这样一种象征性的羞辱,表明当时处于美国社会最底层的人们试图制定一种与1787年拟议的宪法相反的且带有狭隘地方主义色彩的乡村式的社会变革计划。这就进一步表达了美国社会下层平民阶级强烈地要求建构具有平民主义特性的激进民主政体之理想。依照他们的行动纲领,暴乱者明确拒斥联邦党人因遵从社会自然特性而建立起来的贵族政体之愿景,且社会底层民众拒绝遵从那些所谓的次好政体。他们傲慢地宣称:"他们不会尊重联邦党人的任何阶层和地位,也不会对他们精心设计的宪法做出任何承诺。"②由此,由民众实施刑罚制裁对于试图潜在地破坏他们乡村派自由的那些人是适当的。与依据法律实施制裁一样,这些村民们重申社会共同体自治社区的价值观念,且认为他们自己经过深思熟虑的行为(惩罚所谓的"犯人")是对那些违反人民信托的背叛行为的始作俑者提出警示和鞭挞。

代表社会下层阶级的反联邦党人的代表人物支持并利用民众的行为。他们通过社会下层阶级所特有的平民文化中的某些一般性仪规,尤其是像"朴实简单的民间音乐"那样表达他们的激进主义思潮,并依据社会习俗象征性地羞辱他们自认为有悖于"人民"意愿的个体公民。尤其,社会下层民众还申明他们社会共同体或社区的价值和理念,并惩罚那些违背这些价值和信念的个体或个人。在一定程度上,社会下层民众利用所谓的一般习俗和仪规就是为了表明他们对新政治的不满及制裁那些违背社会习俗的行为。由于他们激进主义行为的受害者往往是社会中具有较高地位的个体精英,由此他们所释放出来的信息表明他们对国家奠基时期的精英人物充斥着敌意,且表达了他们具有平等主义的或代表社会下层阶级的意识形

---

① 孟德斯鸠认为,政体有三种:共和政体、君主政体和专制政体。共和政体是全体人民或仅仅只有一部分人民掌握最高权力的政体;君主政体是由单独一个人执政,不过遵照固定的和确立了的法律;专制政体是既无法律又无规章,由单独一个人按照一己的意志与反复无常的性情领导一切。共和国由全体人民掌握最高权力时,就是民治政治;共和国由一部分人民掌握最高权力时,就是贵族政治。参见[法]孟德斯鸠:《论法的精神》(上册),张雁深译,北京:商务印书馆,1961年,第7—8页。

② One of the People [William Petrikin?], *IG*, Feb. 7, 1788, *DHRC*, I, p.122.

态。当然,社会下层平民的行为显然拒斥遵从,并肯定地认为社会的普通民众有能力判断他们社会的进步行为。但是,参与暴乱者的行为远远地超出了中间阶级民主主义者所愿意接受的任何一种行为,而社会下层平民阶级的行为的本质特征也表现出了更具有激进性的平等主义。①由此,社会下层平民阶级认为他们不需要任何政治上的中间阶级,他们甚至不需要来自中间阶级类型的那些人参与他们的行为。在他们看来,由于只有地方政府才能倾听人民的心声,因此维持政治模式的唯一方式就是保持具有地方自治特性的政治制度之根基。

二、卡莱尔骚乱对公共争论之影响

地方印刷界和报业界的争论与地方反联邦党人的行为清晰地表达了社会下层反联邦党人对一系列宪法问题的立场,并为社会下层阶级的反联邦党人提供了一种与众不同的机会。在卡莱尔镇,社会下层的激进平等主义者和地方主义者并不需要在印制资料的过程中深究某些宪法主题,他们直接投入实际行动中去。正如社会下层阶级的反联邦党人所坚决主张的,联邦党人在举行他们的庆祝活动之前应当努力寻求社会共同体或社区的普遍认同。由此,反联邦党人的代言人质问他的反对派,"如果要召集乡镇全体人民集会,那么他们应当咨询人民是否赞成采取这种方式"。当反联邦党人在卡莱尔镇街道上与联邦党人发生冲突时,他们的发言人提醒宪法的支持者,他们的庆祝"行为与当地四分之三的居民的意志相违背,如果他们坚持如此做的话,那么他们必然会吞噬恶果"。当联邦党人忽视了反联邦党人的警告时,宪法的反对者们按照社会共同体或社区人民的意愿采取超法律之外的民众行为。十分有趣的是,反联邦党人把自己视为"自由之友",有意地把他们的行为与参与民众活动的传统精神联结起来,并将其比作革命行为。②

最能表达社会下层平民激进主义的宪法和政治理念的事例是,在卡

---

① 有关美国民众的重要性的讨论,参见 Edward Countryman, "The Problem of the Early American Crowd," *Journal of American Studies*, VII, 1973, pp.77–90。尽管历史学家详细地探讨了民众的伦理经济学,但是他们几乎没有把注意力集中于民众行为的政治思想之内涵的讨论,参见 Hendrik Hartog, "Pigs and Positivism," *Wisconsin Law Review*, 1985, pp.899–935。

② "One of the People [William Petrikin?]," *IG*, Feb. 7, 1788, *DHRC*, I, p.675; The Scourge [Petrikin], *Carlisle Gazette*, Pennsylvania, Jan. 23, 1788, *DHRC*, II, p.685.

莱尔骚乱期间宪法反对者没收了一门大炮,并点燃了它的滑动托架,用尖物刺入炮筒。他们宣称:"这门大炮是合众国的财产,那是属于美利坚合众国所有,也是属于人民所有;它是属于人民的财产,继而人民没收它也具有正当性。"在他们看来,财产权利具有重要性,显然是神圣而不容置疑的,而没收行为作为一种宽泛的社会共同体权利从而限制个人财产权利是事实所证明了的,正如一位作者叮嘱反联邦党人时清晰表达的:"依照一种精神行为就变成了自由人;使世人和试图使你们成为专制者的对手们信服——你并非没有意识到自由是极其珍贵的有益之事——当你的自由将要遭受侵犯时,你把生活和财产视为同样值得尊重的东西,而第二位的东西才是服从。"①

然而,社会下层的民粹主义领袖们并没有看清楚某些问题的实质,即他们无权限制联邦党人行使集会或演讲的权利。他们认为他们对地方联邦党人的回应并非伪善者的表现;或者更确切地说,他们对他们的反对者——联邦党人应当剥夺其自由,在他们看来,正是与他们所宣称自己是"自由之友"的信念保持一致。进而,他们相信,社会共同体应有极为宽泛的规范调整人们的行为,从而提升维护社会公共利益的权力。而联邦党人的一系列行为必然激起地方反联邦党人强烈的反对情绪,进而引起激烈的暴力行为,从而限制他们的庆祝活动的合法性。实际上,反联邦党人采用了一种诘问式的否定方式。他们所谓的自由概念几乎是不自由的,却正好与美国宪法和政治理论中的共和主义观念保持一致。当然,社会下层阶级的反联邦党人也按照同样的逻辑建构了一种更为极端的观念,即忠诚式的宣誓具有正当性:无论在任何情形下,社会共同体的权益远胜于所有个人的权益。令人极为感兴趣的是,卡莱尔的反联邦党人对"社会共同体"的概念并非采用了与联邦党人和精英反联邦党人所运用的同一标准。当他们对《卡莱尔公报》亲联邦党人的偏爱行为感到愤愤不平时,他们并未对此保持缄默。然而社会平民阶层的反联邦党人在卡莱尔骚乱事件中所采取的激进行为与曾经纽约邦亲联邦党人的社会平民阶层所采取的类似行为并不具有同一性:当亲联邦党人的民众洗劫印刷商店老板——《纽约报》的反联邦党人出版商托马斯·格林利夫时,他们并没有实施类似的限制要

<hr/>

① "Another of the People," *Carlisle Gazette*, Pennsylvania, Jan. 16, 1788, *DHRC*, II, p.681; The Scourge [Petrikin?], *Carlisle Gazette*, Jan. 25, 1788, *DHRC*, II, p.688.

求。①当然,卡莱尔的反联邦党人对待不受欢迎的人的演讲或集会,至少在大街上与在印刷界所发表的观点采取了不同的方式。一般的公共舆论表明,人们的行为本来应当与社会共同体的观念保持相融性,然而当时美国的新闻界的争论却受到了不同规则的影响和限制。

三、民粹主义之实质:卡莱尔骚乱之反思

卡莱尔骚乱事件的结果揭示了美国社会下层平民阶级的反联邦党人的宪法和政治思想的重要内容。第一,当骚乱者被逮捕,并受到抨击他们的联邦党人控诉他们以骚乱方式作出行为时,一系列事件被重新激活。事实证明,骚乱者们以一种不可抗拒的行为方式进一步证实了美国社会下层平民阶级的宪法和政治观存在着潜在的激进主义思潮和危险性。第二,当大法官托马斯·麦卡肯对卡莱尔镇的骚乱者签署司法令,并实施逮捕时,骚乱者们要求直接接受地方法院听审,并在法庭上直面他们的指控者。当法官就该案的司法管辖权提出争议,且法官正在就悬而未决的结果举行商谈时,地方司法官员却要求为被告提供保释的机会,但是被受理案件的法院裁决不予支持。显然,社会下层平民对法官的裁定和判决的反应揭示了他们对司法机关和职业律师们存在着普遍的敌意和不信任。第三,当法院作出对骚乱者的行为施以监禁的裁决时,这进一步激起了卡莱尔镇及其邻近地区社会下层平民阶级的各种激进行为。正如现代阐释者所指出的:"乡镇市民就听审提出警告,如果许多人因反对这一裁决而被投入监狱,从而限制他们的自由的话,那么权力机关就应当颁布特许令状许可反对联邦宪法具有正当性。"此外,在周围邻近地区,各种不同的武装团体派遣代表就骚乱事件和行为是否具有正当性进行磋商,且各种武装团体还推选出代表与主要的联邦党人商谈如何解决此类事件,并最终达成了一致,随后来自同一地区的大量武装小分队开进城镇里,释放了参与骚乱的所谓"囚

---

① 关于地方反联邦党人对出版界的态度,参见"William Petrikin to John Nicholson," *Carlisle Gazette*, Pennsylvania, Feb. 24, 1788, *DHRC*, II, p.695。有关讨论民众抨击托马斯·格林利夫的观点,参见 Linda Grant De Pauw, *The Eleventh Pillar: New York State and the Federal Constitution*, Cornell University Press, 1966, p.270。

犯"。①在此事件之后,一些地方反联邦党人的回应也使联邦党人、精英反联邦党人和一部分普通反联邦党人意识到,社会下层平民阶级就如何运用地方武装力量也存在着潜在的激进性和违法性。第四,当时的骚乱者并未意识到邦法院可能会保护他们的权益。他们只是希望在自己所在地区的法院听审,当要求被拒绝后,一些市民试图避开邦和地方法院,并求助于地方军事力量解决问题。这进一步表明,社会下层平民阶级把地方军事力量视为可以制衡专制政体的最终手段。

当然,激进的平等主义者和地方主义者的民主政体理论是社会下层平民阶级所必须捍卫的,它们与中间阶级的民主主义者所展望的以邦为中心的解决方案几乎没有多少共同之处。虽然采用军事力量的行为并非各邦所能主导,但是它反映了地方自治组织的特有观念。在卡莱尔骚乱事件中,地方军事组织的介入表明国家权力需要某种力量适当地予以平衡,它本身就是民主政体的一种制衡器,而社会下层平民阶级对司法机关的态度表明,正是体现狭隘的地方主义的民主政体形式且带有地方特性的陪审团才能使社会下层平民阶级把它们视为裁决自身案件的司法正义之化身。因此,主要由社会中间阶层和精英反联邦党人所建构的宪法和政治理念——以邦为核心的联邦主义对于美国社会下层平民而言几乎没有多少重要性。正是狭隘的地方主义而不是以邦为核心的联邦主义才是美国社会下层平民阶级的宪法和政治理念焕发生机和活力的助动器。

卡莱尔骚乱事件使地方的联邦党人进一步证实了他们的担心,即宪法的反对者拒绝接受共和政体,实际上就是要建立过渡的民主政体或暴民政体,而美国社会下层平民则以一种完全不同的视角看待此次暴乱事件。从谈判到释放囚犯的整个行为过程反映了社会下层平民阶级需要建立的政

---

① 有关请愿书的复本和囚犯释放的细节描述,参见"The Release of the Prisoners," *Carlisle Gazette*, Pennsylvania, Mar. 25, 1788, *DHRC*, II, pp.699–701。对民众游行到监狱以确保250~1500名囚犯被释放的规模评估,参见*DHRC*, II, pp.491, 544, 554, 556, 629, 652。有关联邦党人对游行者的敌视态度,参见John Montgomery to James Wilson, Mar. 2, 1788, *DHRC*, II, pp.701–706; John Shippen to Joseph Shippen, Mar. 3, 1788, *DHRC*, II, pp.706–707。自创性社会组织的合法性在杰斐逊主义时期成为一个重要的争论主题。

体是直接民主政体。①因为对卡莱尔的社会下层平民阶级而言,与联邦党人发生冲突的最终结果并非只是证明他们的宪法和政治思想中所存在的激进主义观点具有正当性,而是他们希望通过介入反对宪法的批准过程进一步寻求他们所需要的可替代性解决方案——建立直接民主政体。

第七节　社会平民之激进主义与公共领域之论争

即使美国社会下层平民阶级的反联邦党人在卡莱尔的骚乱行为并非具有典型性,然而他们的宪法和政治观在一定程度上也并非不具有一般性。尽管卡莱尔的社会下层平民所倡导的激进民主主义政治观在当时美国的大多数邦也可以寻求到面向新闻的方式,然而他们的宪法和政治观在印刷界依旧不可能被广泛地加以传播,因为在美国立宪时期的争论中,大多数反联邦党人编辑要么是反联邦党人的精英人物,要么他们只认同中间阶级的民主主义思想。

一、公民适度反抗权之论争

尽管卡莱尔的社会下层平民阶级在一定程度上把他们自以为取得的胜利作为一种象征,但他们对宪法质疑的斗争还远未结束。卡莱尔骚乱的领导人威廉·皮特里金认为,就事件的结果而言,从那以后,几乎每天都会出现"一些新的社会现象",即反对宪法的行为,那正在形成的反对意见直接针对"这一可耻的佛德莱尔阴谋"——由某些阴谋小团体所密谋拟订的"私密文件,从内心信念上强制我们去反对新宪法所建构的、影响我们生活和福利的、有伤风化的体系和制度"。来自富兰克林镇的一位代表威廉·巴特也赞同皮特里金的分析:"我非常相信在这个邦萨斯奎哈姆河的西部边陲至少有十分之九的人甘愿冒着他们在财产上的风险反对新宪法,因为它们是在他们晚期以英国人的名义设计的制度和体系。"另一名反联邦党人断言:"从卡莱尔镇所疯传的事件可能提供给你们具有特质的标本,到处流

---

① 关于地方民主主义者与反联邦党人之间的关系,参见 Joshua Miller, *The Rise and Fall of Democracy in Early America, 1630–1789: The Legacy for Contemporary Politics*, Pennysylvania State University Press, 1991, pp.318–320。把反联邦党人有关社会组织的概念与清教的神学契约思想联系起来进行分析可能被视为新英格兰的遗产,但是这种联系对美国国家的其他地区而言并非看起来具有合理性。

传在你身边。"①据当代观察者本杰明·伯莱斯报道,许多人冒着他们生活中的风险为他们已建构的宪法自由辩解。②对于反联邦党人而言,持有武器的权力已经包含了公民自发地组织武装力量捍卫他们的自由的权利。按照这种解释,运用武装力量已经成为最终制约专制和暴政政府的有效工具,因为使用武装力量反抗专制政府表达了人民有永久的革命权利。

由此,美国社会下层平民阶级的公共论坛范围是由更具民主主义色彩的地方主义的一种极端形式所塑造。当社会下层平民的反联邦党人期待从出版界获取信息时,他们也期待把他们"以人民的名义"所采取的行为作为辨识人民意愿的一种最好方式,如把民兵组织和陪审团等地方性机构甚或民众团体最终作为公共论坛的适当方式比印刷界以匿名的方式自由发表言论更具有重要性。与精英反联邦党人和中间阶级反联邦党人使公共意愿更加精纯化不同的是,社会下层平民阶级的公共论坛范围确实试图通过直接的地方性行为方式来诠释它。

毫不令人惊奇的是,有关卡莱尔骚乱最使社会下层平民乐于接受的讨论是由笔名为"森提内尔",一名最具有影响力的反联邦党人作者撰写的短论文,他警告联邦党人"广大民众已经意识到他们时时面临的危险而警醒,且决定坚定地维护他们的自由",如果有必要的话,哪怕使用刀剑也在所不惜,从而抵制具有贵族气息和具有高尚精神的绅士们所建立的军政府。"森提内尔"劝告道:"社会团体应当由每个乡镇彼此具有维持社会团体的情感和信息的人们构成。"社会下层平民把"森提内尔"的建议解释为激励人们避开现存法院和武装力量等制度性组织。正如被视为暴政政体的许多国家机构那样,"森提内尔"颂扬它是作为一种民众意愿的表达。至于那些恐惧无政府状态的人包括社会精英阶层和中间阶级的反联邦党人,"森提内尔"回应道:"来自极为自然的无政府状态,从来不可能持续太长的时间。"由此,他得出结论,"如果使这种状况出现的话,那将是非常好的事情;因为这至少克服了来自放荡现象的事件,人民将会有机会建构一个良好的自由

---

① "William Petrikin to John Nicholson," *Carlisle Gazette*, Pennsylvania, Feb. 24, 1788, *DHRC*, II, pp.694–696; Benjamin Blyth, Sr., to John Nicholson, Feb. 11, 1788, *DHRC*, II, pp.714–715.

② 在卡莱尔骚乱中,反联邦党人的民众行为主要发生在霍廷顿县、宾夕法尼亚邦、南卡罗来纳邦、北卡罗来纳邦和罗得岛,参见 Robert Allen Rutland, *The Ordeal of the Constitution: The Anti-Federalists and the Ratification Struggle of 1787-1788*, University of Oklahoma Press, 1966, pp.271–272.

政府"。虽然接受无政府状态作为临时的制度设计固然令人不快,但是把它作为专制君主政体的可替代性选择方案还是可行的,这就把"森提内尔"与反联邦党人的精英人物和中间阶层的反联邦党人的思想家们区分开来。与更多责难谢司叛乱和卡莱尔骚乱的作者相比较,"森提内尔"告诫联邦党人,"要提防招致卡莱尔军政府之命运"。①

二、普通反联邦党人之分裂:卡莱尔骚乱的产物

中间阶级的反联邦党人几乎极少赞同卡莱尔骚乱者所采取的超出法律之外的暴力行为,在宾夕法尼亚邦的主要发言人敏锐地意识到了社会下层平民阶级的激进主义思想具有危险性。因为他们曾经在费城也亲身经历过,他们是联邦党人民众的牺牲者,且他们认为,正是这些暴力行为可以轻易地损害民众所必须捍卫的自由和权利。由此,中间阶级的反联邦党人最重要且最具有影响力的政治家的思想体现在《宾夕法尼亚邦制宪会议少数派提出异议的请求和理由:致选民》中,它抨击卡莱尔民众的骚乱行为。《宾夕法尼亚邦制宪会议少数派提出异议的请求和理由:致选民》指责了费城联邦党人暴民们的暴力行为,因为在费城的联邦党人暴民攻击反联邦党人的立法者。它提醒读者,"他们所采取的每一项行为都是为了试图吓阻人民反对"拟议中的计划,召集邦制宪会议重新思考宪法。有关自由的争论受到了威胁,且"公共舆论报道"遍布着更多强烈的威胁手段,从而阻止那些敢于自我思考的人们,且把一些人浑身涂上沥青并粘上羽毛作为惩罚,随意地向不直接参与支持拟议中的宪法和政府的所有人承诺,而在制宪会议上票决结果是二十三票赞成,二十一票签署"反对意见",这些反对意见的签署者包括几位著名的政治活动家:威廉·芬德勒、约翰·斯迈利和罗伯特·怀特赫尔。作为西部自耕农的民众代言人,他们曾经是联邦党人暴民的牺牲者,且他们也意识到暴民政体可能轻易地被专制君主和所谓的

---

① Centinel [Samuel Bryan?], No.7, "To the Freemen of Pennsylvania," *CA-F*, II, p.175; No.9, *CA-F*, II, p.181; No.13, *CA-F*, II, p.192.在《关于费城制宪会议少数派的演说和提出异议的理由》中更为温和的观点是由参加宾夕法尼亚邦制宪会议的中产阶级立法议员所撰写。而"森提内尔"所撰写的短论文既有助于中产阶级类型,也有利于社会下层平民阶级的民粹主义者。

爱国者加以利用。①

　　卡莱尔骚乱在美国当时的印刷界被广泛地报道，把社会下层平民阶级的骚乱行为完全置于公共领域的政治争论之中。无论参与卡莱尔骚乱的反联邦党人如何思索他们的行为，有关骚乱的各种报道已经成为另一番文本叙事，其阐释的意涵是他们不可能控制得了。联邦党人把卡莱尔骚乱事件解释为反联邦党人的宪法和政治观不可避免地导致的谢司式的叛乱，这是他们自证之事实。反联邦党人精英人物和中间阶层对社会下层平民阶级的激进主义之回应更具复杂性，且至少最终与社会下层平民阶级的观念具有同等的重要性，即骚乱者的行为引发了公共舆论的大争论。尽管我们现在要判断当时美国社会下层民粹主义者的思想可能受公众欢迎的程度有一定的困难，但是卡莱尔骚乱在反联邦党人联盟内部对其他人的影响还是相当深远的。暴民政体之幽灵使许多反联邦党人开始感到恐慌，包括作为国家奠基者的精英人物和作为中间阶级类型的代言人。具有讽刺意味的是，卡莱尔骚乱行为仅仅增加了中间阶层的反联邦党人和精英阶层的反联邦党人与联邦党人寻求妥协的机会，进而避免以后再次发生这种不必要的暴力行为。

　　对于反联邦党人精英人物的成员们而言，持有武器和掌握军事力量的权利只能由各邦所建立的组织机构在其法定权限范围内行使才具有合法性。像卡莱尔的反联邦党人超越法律之外的行为几乎等同于暴民政体。对于埃尔布里奇·格里而言，卡莱尔的骚乱行为是社会下层平民阶级要求平等取向的激烈且令人不快的警醒事件。尽管作为宪法坦诚的反对者，格里与联邦党人具有同样的信念——国家的政治问题不能由过度的暴民政体来解决，暴民政体是导致国家混乱的根本缘由。当他知道"人民威吓卡莱尔的法官以至于捣毁法院建筑和联邦党人的办公场所"时，他表现出极大的关切，他们"要使这个国家处于内战之中"，他继续说出了他的期望：

---

①　[Samuel Bryan], "The Address and Reasons of Dissent of the Minority of the Convention of Philadelphia to Their Constituents," *Pennsylvania Packet*, Dec.18, 1787, *CA-F*, III, p.148. 另一种类似于情感的范例，参见"Fair Paly," *IG*, Oct. 4, 1787, *DHRC*, II, p.154。关于卡莱尔骚乱对马里兰邦反联邦党人的影响，参见 Eric Robert Papenfuse, "Unleashing the 'Wildness': The Mobilization of Grassroots Anti-Federalism in Maryland," *Journal of the Early Republic*, XVI, 1996, pp.73-106。

"请上帝避免这种恶行吧!"①因此,卡莱尔镇的骚乱行为与其说使宪法反对者变得更为坚定,不如说代表社会下层平民阶级的激进主义行为迫使反联邦党人联盟的内部发生了严重分裂。

三、公共论坛抵制暴民政体之作用

中间阶级类型的反联邦党人拒斥社会下层平民阶级所界定的公共领域概念,他们相信,公共论坛的功能最好是通过印刷界作为中间介质的作用表现出来。在那里,它可能既是地方性的又是民主性的,而不会产生抵制不住暴民政体的风险。作为政治理性争论的公共论坛能够把合众国人民结合在一起,而不会依赖可能威胁公民自由的强有力的强权政府。正是由于中间阶级类型中几乎每一个人都对公共论坛寄予了较大的希望,使他们在公共论坛上所表达的地方主义观点在一定程度上限制了他们观点的联邦主义特性。尽管社会下层民粹主义者所造成的威胁一度使他们感到焦虑,然而公共论坛中的理性争论使他们的焦虑在一定程度上得到了缓解。当中间阶级类型的反联邦党人比精英阶层的人们以更为民主的方式对待公共论坛时,他们并没有把它视为一种简单的全民票决。②在他们看来,公共论坛是理性演讲的活动场所,在那里,中间阶级的政治家们可以起到主导作用。当然,他们所坚信的民主主义政体模式在一定程度上并非与暴民统治具有同一性。

然而,坚持民粹主义信念的社会下层平民阶级并没有为反联邦党人构筑民主联合体(联盟)提供有益的基础,反而使反联邦党人联盟内部发生了分裂,从而形成了反对拟议的宪法且具有民主特性的两翼。中间阶级的民主主义者拒绝接受社会下层民粹主义者的激进观念,如卡莱尔骚乱行为所证明的,邦控制武装力量和公民保留持枪的权利,并以一定的方式予以实施和执行。由此,普通反联邦党人阵营内部的紧张关系在批准宪法之后对如何反对已逐渐成熟的宪法产生了深切的影响。最终,社会下层平民阶级的公共论坛模式与中间阶级的民主主义者所欣然接受的理想模式并没有真正地融合起来,而普通反联邦党人在美国宪法和政治思想中的两种观念

---

① 埃尔布里奇·格里尤其关注极端民主制所造成的危险,参见 James Madison, *Notes of Debates in the Federal Convention of 1787*, Adrenne Koch ed., *Athens*, W. W. Norton and Company, 1966, p.39。有关卡莱尔人民阻止法官审判的骚乱案件所造成的危险,参见 *IG*, Jan. 12, 1788, *DHRC*, II, p.328。

② Philadelphiensis [Benjamin Workman?], No.1, *CA-F*, III, p.104.

之间的紧张关系在反联邦党人联盟阵营内部深深地插入了一个楔子,彼此之间分裂为社会下层平民阶级和中间阶级的民主主义者。而普通反联邦党人联盟内部分裂的主要受益者则是精英反联邦党人,因为只有他们才有智识和能力努力促进与代表中间阶级类型利益的代言人之间建立更为有效的联盟。

综上所述,美国社会中间阶级和社会下层阶级的反联邦党人都声援反对宪法,并提出了具有民主特性的批评。但是他们抨击的主要目标是具有自然特性的贵族政体,例如"联邦农夫""森提内尔"和"亚里斯托克诺提斯"等作者都质疑具有贵族特性的社会阶层,且认为具有自然特性的贵族试图运用新政府的权力,努力寻求促进他们自身的利益。尽管中间阶级类型和社会下层平民阶级都承认一种更具有民主和平等主义的宪法理念,然而他们却以不同的方式诠释了民主政体、联邦主义和公民自由等基本概念。社会平民阶层所提倡的民主政体模式是典型的民粹主义之民主政体模式,而自称作为中间阶层类型的代言人如"联邦农夫"在反联邦党人的成员中是最具有智识且最具有创造能力的思想家,他所赞同的中间阶级民主政体也并非与一种农业类型的模式相联系。像"联邦农夫"那样的作者有意识地把他们的求助转向于说服中间阶级的那类人们,包括手工业者、小商人及自耕农等广泛的公民人群。因为由中间阶级民主主义者所捍卫的自由理念试图寻求限制政府干预经济的权力,继而保护公民的基本权利和自由,同时捍卫立法机关制定法律的权力,但它们必须与公共利益保持一致。然而中间阶级民主主义阵营内的那些人在讨论这一主题时也有某些可变因素。一般而言,像"联邦农夫"那样的纽约人比像"老辉格党"那样的宾夕法尼亚人更带有自由主义色彩。就有关代议制特性而言,在中间阶级民主主义阵营内部就新政府的贵族政体特性的危险性有大概一致的认同。只要在政府中有中间阶级民主主义类型的人们广泛地被代表,那么它将捍卫自由,或者提升共和主义生长所必需的品质和条件。

联邦主义是中间阶级民主主义政体理论的核心思想,且各邦所坚信的政体思想也接近于中间阶级反联邦党人所提倡的小共和国理论,即在联邦体系范围内,各邦保留其大部分权力,保护公民自由的重任将会历史性地落在中间阶级所主导的主体如立法机关和陪审团身上。当然,中间阶级民主主义者具有长远视界的思想家也可能意识到,一个由自由和活跃的出版界所培育起来的具有活力的公共论坛能够在联邦共和国范围内存在本身就有助于自由的繁盛,而印刷界的匿名出版许可中间阶级的反联邦党人主动站出来捍卫他们的宪法和政治思想,且有效地限制具有自然特性的贵族具有的不适当优势。最后,有关公共论坛的概念许可中间阶级民主主义者拒绝接受这样的观点,国家需要具有强制性的、强有力的整体性权威。当然,中间阶级民主主义者也捍卫联邦共和国理念,即公共论坛有助于把国家联合为一个整体。

相反,社会下层平民阶级的民主主义者在反对宪法的这场伟大的运动中提倡了一种更为激进的直接民主模式。与中间阶级类型的代言人相比较,社会下层平民阶级并非试图努力把社会最底层的人们排除参与军事力量、陪审团或公民投票权之外。他们在支持邦政府的同时,社会下层平民阶级具有更为激进的民主地方主义意识形态。在他们看来,各地方自治体而不是邦是政治组织的适当单位。同样,在如何处理有关权利问题的民主政体解决方式上也具有重要的差异性。体现社会下层平民主义者有关自由的特定概念是一种具有共识性的社群主义理论,这种理论与中间阶级类型的许多人的政治理念相比较,更少体现对个人权利的关注。当个体权利和地方共同体的意愿发生冲突时,社会下层平民阶级更愿意牺牲个体自由。他们参加民众暴乱行为的意愿是激进地方主义模式更为引人注目的典范。然而,民众行为并非表达民意的唯一方式。地方陪审团和地方军事组织同样为社会下层平民阶级所认同的直接民主行为提供了表达民众意愿的范式。他们有关公共舆论的思想被一些地方主义者的宪法和政治理念所形塑。尽管他们支持出版自由,但是他们并非把公共范围视为一种精练民意的介质,而是把它视为只有人民意志才能直接判定它是否是公共争论场所。由此,社会下层平民阶级所描述的公共范围几乎等同于全民投票。对于社会下层平民阶级而言,他们在印刷界没有特别的优势。而他们唯一获得公共舆论的优势可能只好通过在大街上集合人民闹事才能轻易地赢得。

因此,普通反联邦党人的民主主义的两种变体之间的差异对反联邦党人的宪法和政治理论发展产生了极其重要的影响,且在美国宪法和歧义政治理论随后演进的历史进程中发挥了至关重要的作用。当然,社会下层平民阶级的民主主义思想与中间阶级的民主主义思想之间的紧张关系在美国宪法批准之后的较长时期内仍然持续地成为美国宪法和歧义政治传统的一种不可或缺的政治资源。

第四章　公共范围之政治与
地方反对派的兴起

　　当18世纪立宪者保证在美国实现人民主权原则时,他们使联邦政府的建构方式变得更为复杂。他们既反对传统的君主专制统治,也敌视暴民政体,进而他们寻求制约和改革政府的预防装置以限制统治者的权力,激励人民更好地判断政府的优劣,使美国在面临危局时能够得到自我保护。联邦党人希望建立一个加强中央权力的政府体系,足以适应有关选举方式、权力范围、任期目的,和其他复合功能的变化,以便形成适应不同阶层的利益和判断能力的治理模式,并通过一定程度的审慎行为建构民治政府。然而完全协调自由与限制不同要素需要更多的思索和深切回应,且必须具备明辨是非、强而有效和综合反应的思维方式。由此,反联邦党人轻易地运用了18世纪英国辉格党人的修辞技巧和激进要素,在美国革命意识形态的语境下对任何权力都充满怀疑,尤其是对遥远距离和脱离人民的中央集权表示担心。基于此,我们在分析美国立宪时期和随后十年的既存文献和资料基础上,详细阐释了反联邦党人在后立宪时期的宪法和政治思想发展过程,以及精英阶层和中间阶层的反联邦党人如何在联邦党人控制下的法院派系和社会平民阶层的激进行为的综合挤压下向宪法忠实反对派转变。

　　按照宪法反对派的观点,如果1787年美国宪法被各邦采纳的话,那么反联邦党人在其著述中所列举的那些惊悚的恐怖事件将会降临到这个新国家。宪法支持者们的行为不仅使人民联想起反联邦党人所列举的那些范围广泛的、可能发生的可怕事件,而且使人民相信反联邦党人不断重复责难宪法的术语并非只是情绪狂暴不可抑制时所杜撰出来的虚妄之言,而应当被视为一种冷静和审慎思索之后的预测和警示。由此,人民对宪法有关建立强有力的、地处遥远的中央政府有能力运用征税、控制司法机关及建立常备军等广泛强制性权力执行专断命令的恐惧并非只是反联邦党人作者们凭借想象力杜撰出来的多疑的奇思怪想。在当时大多数的美国人看来,仅仅需要回想英国殖民者统治时期发生的所有事件,反联邦党人谴责新的国家政府所具有的潜在危险性就足以得到证明了。

第一节 联邦党人的行为与反联邦党人之预言:
邮政局长的行为

基于国家政府应当保护公民自由的传统理念,许多反联邦党人总是不断地重复他们的担忧和抱怨。①然而,反联邦党人对新国家可能出现的一系列更为糟糕的事情的担心并非仅仅只是政治上的陈词滥调和令人厌烦的简单引述。被联邦党人建构的国家政府可能造成的威胁总是不断地出现最为令人担忧的凶兆,且所有问题在美国奠基的那段时间里一直处于危险状态,其实这种状态实质上是一直隐伏着。没有任何事件比联邦政府致力于损害公民出版自由的事例更能证明宪法支持者——联邦党人所实施的阴谋算计。由此,人民之所以能够意识到危险的严重性,是因为反联邦党人投入了大量的精力去揭示新宪法所建构的联邦政府可能达到摧毁出版自由之目的。而新宪法的主要威胁在于试图去除公共论坛的实质内容,使人民反对联邦政府专制暴政的合理要求实际上成为不可能。

一、平等公共论坛之政治意义

反联邦党人竭力控诉联邦党人起主导作用的出版界拒绝为宪法反对者提供平等机会和诉愿场所。反联邦党人的诉求无论是在公共场所的演讲中还是在私人场所的对话中都被他们不断地重复诉说着。因此,埃德鲁斯·伯克,南卡罗来纳邦一位具有影响力的反联邦党人诘问宾夕法尼亚邦的塞缪尔·布莱恩:"是否任何手段和方式都可以被联邦党人用来误导或欺骗人民,从而采纳他们所拟议的宪法,或压制其他党派的出版自由或反对

---

① 其实,反联邦党人对新宪法的批评主要关注的是,作为现代宪法基础的某些普遍性原则:人民参与公共事务,自由投票决定赋税,为行政官员规定责任,保护个人自由,由陪审团参与审判。17世纪的大部分欧洲人都难以理解这些原则,并且这些原则在当时的大不列颠尚未获得完全胜利,但是在当时的美洲殖民地新英格兰的法律上已经全部得到承认,并被规定在法律的条款之中。参见[法]夏尔·阿列克西·德·托克维尔:《论美国的民主》,董果良译,北京:商务印书馆,1997年,第44页。

意见。"伯克继续质疑,"阻碍出版自由的因素究竟是什么",且"从总体上而言,印刷商的行为特性不就是商业性质的行为吗?""难道印刷商无论在任何情况下都必须担心因反对新制度而使自己的出版受到限制吗?"还是"印刷商无论如何都可以自主地作出自己的出版行为呢?"①

　　尽管现代性解释总是把反联邦党人偏执的或渲染性的抱怨不屑一顾,然而有关政府限制出版自由的既存事实和证据总是支持着反联邦党人的控诉。因为反联邦党人把他们反对宪法的信息提交给印刷商时总会遇到极大的阻力,几乎没有一家报纸愿意发表反联邦党人的著述,这就使当时的美国人民很难精准地理解反联邦党人的观点和各种辩论证据。在当时的报业界,出版反联邦党人文献资料的报纸不足五分之二。即使有反联邦党人的著述被公开出版,在当时美国报刊所发表的短论文总量中,反联邦党人的著述也达不到中位数。换言之,如果一本杂志或报纸发表论文总量为十篇,那么刊登反联邦党人的短论文不会超过四篇。按照"森提内尔"的观点,印刷商的行为是联邦党人企图阻止反联邦党人集合人民的力量反对宪法之阴谋的一部分。"森提内尔"进而声称,每一种恐吓方式都被运用于阻挠印刷商试图竭力出版反对宪法的各种文献和资料,其阻挠手段包括身体上的折磨和经济上的遏制等各种威胁手段。②而邮政局局长作出的行为进一步提供了有关联邦党人如何封锁反联邦党人文献和著述出版路径的阴谋策划证据。邮政局长本是为了提高邮件传递效率,但是他采用的新方式不仅激怒了反联邦党人,而且增强了联邦党人采用密谋策划手段的信号。有关邮件传递的争论似乎为反联邦党人指控联邦党人限制出版自由提供了具体的明证,即联邦党人竭力试图运用新的政府权力压制宪法的反对意见。因此,有关1787年宪法争论的各种观点有助于现代学者解释反联邦党人作者在讨论拟议的宪法所存在的危险时做出的直接预言。如果批准宪法时期人民就已经意识到新宪法所存在的潜在危险,那么在新宪法下的反对者未来还有机会吗?

---

① Saul Cornell, "Reflections on 'The Late Remarkable Revolution in Government': Aedanus Burke and Samuel Bryan's Unpublished History of the Ratification of the Federal Constitution," *Pennsylvania Magazine of History and Biography*, CXII, 1988, pp.122–123, 129.

② Centinel [Samuel Bryan?], No.12, "To the People of Pennsylvania," *IG*, Jan. 23, 1788, *CA-F*, II, pp.187–190.尽管有些反联邦党人的文献资料被出版,然而只有极少数与重要的公共论坛主题相关的政治资料随着出版业的不断发展,才能由印刷商提供公开获得的便利路径。

尽管联邦党人邮政局长埃本里茨·海德相信,他把由驿站马车传递信件的方式改为骑单车传递邮件的决定仅仅只是为了提高邮件传递效率和减少邮件传递所支付的成本而在经济上做出的精明计算,然而对于他的反对者——反联邦党人而言,他的决策是故意干扰印刷商行使传统的特权,且阻碍了政治信息的自由交流。在反联邦党人看来,他的行为不是提高了邮件传递效率;相反,埃本里茨·海德改变邮件传递方式实际上导致了大范围内的邮件被耽误或延时,且增加了政府腐败的机会和成本。因为在邮件传递的许多事例中,报纸总是被骑单车的邮递员随手丢弃或因谋取个人利益而出卖给其他个体。自称为"人民之朋友"的人相信,邮政局长的行为是基于"对专制权力之保护"的动机,其目的在于,"努力寻求机会,试图阻挠出版物成功地在美国各邦之间进行交流和传递"。如果他们的尝试遭到挫败的话,那么"下一步他们将尽可能地切断所有基于情感观点的交流",且"阻止任何出版物"在美国其他各邦之间相互传递。在"森提内尔"看来,海德的行为使报纸仅仅局限于"在它们的出版地"产生影响,而"虚假事实和欺骗行为却早已在全国范围内广为流传,且不会受到任何反驳和驳斥"。因此,邮政局长的行为已构成"违反他的职守和诚信",且"滥用权力——进而从事对他的同胞公民的不道德的阴谋算计,由此切断了爱国者们之间通过通常的传递方式传递信息"。在《自由人日报》中,另一位作者相信,这种"专断权力的延伸"在"美国独立革命前夕"体现在英国人压制殖民地人民之间的信息交流和传递上。因此,邮政局局长的决策是灾难性的。他"通过此种控制方法使所有的信息交流在各邦之间被切断,继而专制统治者在反对派其他邦的朋友了解到此事之前就可以调集军事力量迫使该邦的自由人屈服"。①

二、反联邦党人预言之征兆:主导公共论坛影响之论争

有关邮政局长的行为和决策的争论似乎证明了反联邦党人作者一直提及的且更可能挑起争论的所谓密谋策划言辞是合乎情理的。但是这种观点并未引起联邦党人的足够重视。也有极少数有智识的人如乔治·华盛顿担心有关邮政局的争论将会加剧反联邦党人的控诉,继而为他们传播丑行的报道找到貌似合理的借口,激起人们的猜疑,造成在关键时

① 有关邮政局事务之争论,参见 Centinel [Samuel Bryan?], No.11, "To the People of Penn-sylvania," *FJ*, Jan. 16, 1788, *DHRC*, XVI, pp.540–541。

期政府压制信息自由的后果,使人民认为这是"贵族政体的"政治集团在政治上设计的阴谋诡计。①当人们考察批准宪法时期美国的出版历史时,美国现代学者常常认为反联邦党人的担忧似乎并未进一步加剧,反联邦党人针对他们的对手的许多动机所提出的警示判断似乎也有一些失误。尽管在批准宪法时期反联邦党人对美国社会所产生的实际影响并未被人们虚假描述,然而他们在寻求发表资料的机会上似乎总是存在着更多或更大的困难。

邮政局局长的行为和联邦党人在印刷界的特殊能力使反联邦党人更为关注新宪法可能导致的危险。如果反联邦党人在批准宪法时期所面临的重要阻碍因素是在出版界的话,那么批准宪法之后的前景似乎对反联邦党人更为不利。反联邦党人坚信,一旦新宪法得到批准,它将对出版自由造成更大范围的威胁。因此,作为对联邦党人所提出的宪法主题之回应——"由联邦政府所施行的国家控制将阻挠或破坏国家自由那受人崇敬之钯吗?"——反联邦党人据此设定了一系列的详细答案。"老辉格党"不假思索地说出了新政府因限制出版自由可能采取的措施包括出版许可和繁多的担保限制,从而压制反对派的良好行为。当然,由反联邦党人所表达的更具普遍性的担忧之一是联邦政府行使征税权更可能作为一种强有力的手段抵制出版自由。由此,"联邦农夫"担心,"由联邦国会负责制定税收法,印刷界无论如何都必须承担一定的税负,且所承担的税负尤其是在针对特定的印刷行为时,哪怕只是些许小事都可能由政府实施征税"②。由具有强制性的常备军执行新的《印花税法》是反联邦党人预测的所有威胁之一。正如坚持民主主义思想的反联邦党人相信,"如果新联盟的巨大权力直接延伸至公民个体和美利坚合众国的各邦,那么至少有成千上万种方式可以被设计出来有效地破坏出版自由"。由此,隐含于争论之中的意涵似乎证明了这样一种信念:各邦比一个地处遥远距离的国家政府更有可能保

---

① A Friend to the People, *FJ*, Apr. 16, 1788, *DHRC*, XVI, p.586. Centinel [Samuel Bryan?], No.11, "To the People of Pennsylvania," *FJ*, Jan.16, 1788, *CA-F*, II, p.187; No.15, *IG*, Feb. 22, 1788, *CA-F*, II, p.196.

② George Washington to John Jay, Jul. 18, 1788, *DHRC*, XVI, p.595.有关反联邦党人语词偏执的狂患与言过其实的优点,参见 Cecelia M. Kenyon, "Men of Little Faith: The Anti-Federalists on the Nature of Representative Government," *WMQ*, 3rd Ser., XII, 1955, pp.3-43。有关在18世纪因果关系理论语境下确定阴谋诡计之源泉的理论,参见 Gordon S. Wood, "Conspiracy and the Paranoid Style: Causality and Deceit in the Eighteenth Century," *WMQ*, 3rd Ser., XXXIX, 1982, pp.401-441。

护公民的自由和权利,尤其是一些具有强制性的权利,但又没有受到正式的《权利法案》保障时,而有关司法权力的规定和宪法文本的模糊性意涵仅仅可能增加这种危险。因此,"令人无法预知的是,这些正是腐败和耍奸计的法官可能要做的事情",尤其是"当他们的权力并没有受到法律明确规定的限制时"。①

第二节　反联邦党人预言之实现: 1788年奥斯瓦尔德诽谤案

在反联邦党人看来,最有可能潜在地破坏出版自由且最不可信的方式就是国家实施煽动叛乱言论之诽谤罪诉讼,尤其是有关煽动叛乱言论之诽谤罪迫害。国家政府对诽谤罪的控诉权力尤其具有危险性,因为如果任何政府单独挑选出特定的个体以诽谤罪方式实施制裁的话,那么它们就可以轻易且有效地使反对派内部发生分化。既然制定有关诽谤罪的法律并非可以直接被司法部门所援引和适用,那么它就更容易诱使人民产生一种虚幻的安全感。由此,"费城人"警告美国公民,"当政府认为适当的时候,在制定有关诽谤罪法律的托词下,它可能对任何公民实施限制人身自由的监禁处罚,执行最为严酷和异常的惩罚,包括没收财产、限制人身自由和提起诉讼,而我们这些不幸的公民们却没有一部《大宪章》或《权利法案》可以保护"②。

一、有关执行煽动叛乱言论之诽谤罪的最初争论

尽管联邦党人和反联邦党人都赞同共和主义原则与保护公民自由需要可信赖的出版自由,但是他们在针对有关煽动叛乱言论之诽谤罪的争论上还是存在着极为明显的差异。当联邦党人基于布莱克斯通式的解释方

---

① Old Whig [George Bryan, John Smilie, and James Hutchinson?], No.3, *IG*, Oct. 20, 1787, *CA–F*, III, p.27; Federal Farmer [Melancton Smith?], *Observations Leading to a Fair Examination of the System of Government Proposed by the Late Convention… Letters from the Federal Farmer to the Republican*, New York, 1787, *DHRC*, XIV, p.250; Robert Whitehill, *Speech in the Pennsylvania State Ratification Convention*, *DHRC*, II, p.454; *Deliberator*, *FJ*, Feb. 20, 1787, *CA–F*, III, p.179.

② A Democratic Federalist, *Pennsylvania Herald, and General Advertiser*, Philadelphia, Oct. 17, 1787, *CA–F*, III, p.59.

式界定诽谤罪,并为之进行辩护时,反联邦党人则回顾并思索着如何按照约翰·皮特·曾格式①的观点重构一种严格解释宪法的新模式。②

詹姆斯·威尔逊明确阐述了联邦党人实施有关煽动叛乱言论之诽谤罪观点。他宣称,古典式的布莱克斯通式的观点,即"出版自由思想并非在任何国家都可以同样得到执行,在世界上的一些国家则放弃了煽动叛乱言论之诽谤罪概念"。进而他提醒反联邦党人的对手们,"出版自由意味着什么,它应当没有任何事前限制;但是任何一个作者,当他的言论危及政府安全或社会公共利益时,就应当对其行为负责"。从实质而言,威尔逊认为布莱克斯通式的煽动叛乱言论之诽谤罪具有持续的有效性。他进而断言,出版自由仅仅受制于法律预先规定的限制条件和出版许可。③

而大多数反联邦党人显然接受了曾格式的审判之先例,把它视为反对政府实施诽谤罪辩护之正当性真理,且只有接受陪审团的审判才是裁决有关诽谤罪案件的事实和法律的公道判断。授权陪审团审理有关诽谤罪的案件,首先必须判定他是否已经发表了具有煽动叛乱的言论;其次判定他所发表的言论是否具有诽谤特性。曾格式的原则提供了一种适当的共和主义的言论自由保护之先例,从而可以抵制专制政府的滥权。因为只有社

---

① 1733 年 11 月 5 日,约翰·皮特·曾格作为《纽约报》的印刷商和发行者出版了英属美洲殖民地第一份专门发表反政府言论的民间报刊《纽约周刊》,用于批评新任总督科斯比的胡作非为。1734 年 11 月 2 日,科斯比命令治安法官逮捕曾格。1935 年 4 月 15 日,法院开始审理针对曾格的诽谤起诉。在正式开庭的当天,来自费城的安德鲁·汉密尔顿律师从公众席上站起来,表示愿意接替由司法当局为曾格指定的律师约翰·钱伯斯。汉密尔顿是被莫里斯和亚历山大邀请而来,他是一个有政治情怀的人,在他看来,这起案件不只是为一个无辜的人辩护,同时也是为法律和政治原则辩护。在汉密尔顿的精彩辩论感召下,12 名陪审员不顾法律规定和法官提示,一致给出了无罪判决。随着曾格的胜诉,对英国政府持批评态度的殖民地居民获得了自由表达的权利。See Michael S. Lief, H. Mitchell Caldwell, *and the Walls Came Tumbling Down: Greatest Closing Arguments Protecting Civil Liberties*, Scribner, 2006, pp.163-192.

② Philadelphiensis [Benjamin Workman?], No.9, *IG*, Feb. 7, 1788, *CA-F*, III, p.129.

③ James Wilson, *Speech in the Pennsylvania State Convention*, 1788, *DHRC*, II, p.455. 从有关法律的演讲来看,威尔逊清晰地表明他支持曾格式的观点,参见 Norman L. Rosenberg, *Protecting the Best Men: An Interpretive History of the Law of Libel*, The University of North Carolina Press, 1986, pp.65-69.

会自治体而不是政府才有能力判定一种言论是否具有诽谤性。①反联邦党人受赐于曾格式的原则在阿瑟·李以"辛辛那提斯"为笔名所撰写的短论文中明确地表达了出来,他在讨论出版自由时写道:"只有陪审团才能拯救曾格……也只能是陪审团才能把未来的印刷商从政府权力的毒牙中救赎出来。"在阿瑟·李看来,如果有关煽动叛乱言论之诽谤案由陪审团进行审判,那么对政府专断权力就会起着极其重要的制衡作用。像许多反联邦党人作者一样,阿瑟·李从总体上不愿意不负责任地放弃政府实施煽动叛乱言论之诽谤罪概念。如果他这样做的话,那将放任出版界可能出现的任何放荡出版行为,从而破坏法律最为重要的结构性平衡。出于保护"公共自由神圣之钯",出版自由必须受制于社会自治体所设定的限制条件。如果社会自治体的共同利益需要作出这样的限制,且当言论又具有诽谤性时,许可陪审团进行审判,并做出诽谤罪裁决,继而使人民保有治安权力,也为公民个体自由的行使设置某些限制因素。②因此,在邦法院审理诽谤案不仅能够为公民个体提供必不可少的保护,而且也可能许可人民自己管理自己和出版界。而在邦法院审理诽谤案与在联邦法院审理的不同之处在于,不会给更多的反联邦党人带来无谓的烦恼和不便。

由此,要不是担心政府潜在地滥用煽动叛乱言论之诽谤罪诉讼,大多数反联邦党人并非愿意从整体上拒斥实施制裁诽谤罪的法定原则,只要赋予各邦法院由陪审团审判此类案件的权力,他们就没有必要摒弃有关诽谤罪的观点。正如宾夕法尼亚邦约翰·斯迈利惊奇地感到,"印刷商所需要的安全是什么,在他们所在地的法院之一中进行审判吗?"斯迈利回答得极为直白:"我们难道不需要这样做吗?"理由在于人们并不信任联邦政府,道理简单明了:"具有贵族特性的政府是不会容忍具有公共论坛性质的出版自由的。"只有邦政府才能组成真正代表民意的陪审团。因而陪审团既能体现民意,又能依照犯罪嫌疑人的行为性质以合理的方式作出深思熟虑的裁

---

① 有关出版自由和言论自由的作用,值得注意的是,任何力量,越集中使用于一个方向,其效果越大。这是一条已由实验向观察者证明的一般自然规律,而一些微不足道的暴君,也凭借他们比实验还要可靠的本能,一直感到这个规律在起作用。报刊的功用不仅在于向大多数人提出共同计划,而且还在于向他们提供所拟定计划的共同执行办法。参见[法]夏尔·阿列克西·德·托克维尔:《论美国的民主》,董果良译,北京:商务印书馆,1997年,第207、641页。

② A Republic, No.2, "To James Wilson, Esquire," *New York Journal*, Nov. 1, 1787, *CA-F*, VI, p.9.

定。[1]尽管当时美国社会很少有人赞同信任联邦法院的陪审团,但人们也并非一致认为陪审团应当从特定地方自治体的成员中挑选,或仅仅从发生控诉案件所在地的各邦公民中挑选。而对于一些反联邦党人而言,要求陪审团成员从各邦公民中挑选是对公民权利的有效保护,其他一些反联邦党人则支持一种更为具有地方主义色彩的观点:必须从案件发生地的城镇公民中挑选陪审员。

基于煽动叛乱言论之诽谤罪的形成可能对公民自由造成威胁的恐惧被许多反联邦党人言及。然而反对宪法所规定的有关诽谤罪概念最为强烈的批评之一是由宾夕法尼亚邦反联邦党人详细加以论述。宾夕法尼亚邦的出版商提出了更好的反对理由——有关煽动叛乱言论之诽谤罪诉讼可能导致的危险,因为有关诽谤罪概念在宾夕法尼亚邦尤其是一个反复无常的主题,它成为1782年印刷商埃里兹·奥斯瓦尔德(后来成为宾夕法尼亚邦反联邦党人的主要成员之一)基于政治原因面临政府提起诽谤罪诉讼时集中讨论的论题。印刷商埃里兹·奥斯瓦尔德因出版独立革命时期退伍军人是否还有面临战争的勇气,并表示怀疑的言论,从而触怒大法官托马斯·麦卡肯。奥斯瓦尔德被以诽谤罪提起指控,并出庭受审,他在法院的审判过程中凭借自己的经历发表了具有个人特性的辩护词。他严厉地指责法官试图运用诽谤罪迫使人们不再发表政治上的反对意见。实际上,奥斯瓦尔德试图寻求把有关他的案件置于具有公共论坛性质的法院和陪审团进行审理。[2]由于出版界联合支持他参加诉讼,奥斯瓦尔德避开了法院的权威,且申诉至决定他命运的陪审团成员们。尽管检察总长试图尽最大努力劝服大陪审团以诽谤罪对他提起诉讼,但是奥斯瓦尔德还是没有被提起控诉。[3]然而1782年奥斯瓦尔德案所产生的消极影响在于,它是后来宾夕法尼亚邦反联邦党人试图寻求有关出版自由问题的宪法解释权的一种表

---

① John Smilie, *Speech in the Pennsylvania State Convention*, 1788, *DHRC*, II, pp.441, 453.

② 在当时美国,大多数公民认为印刷界(包括图书出版、报业出版和杂志出版等通称)和地方法院的陪审团都具有公共论坛的属性。历史资料显示,当时美国的印刷界、报业界或新闻界并没有明显的区分,可能是因为当时的印刷术并不发达,报纸、小册子或杂志几乎都是各商店自己印刷,并没有把出版界、报业界、印刷界和新闻界进行严格区分。从历史资料显示,作者一般都是把印刷界、报业界或新闻界作为公共论坛不加区分地使用。

③ A Friend to the Army, *IG*, Oct. 1, 1782, The Printer, Jan.4, 1783, *DHRC*, II, p.11. 有关1782年奥斯瓦尔德诽谤案,参见 Robert L. Brunhouse, *The Counter-Revolution in Pennsylvania, 1776-1790*, University of Pennsylvania Press, 1942, p.126。

述方式。麦卡肯对宪法的重要支持只不过为反联邦党人的预言和担忧增强了额外的可信度,即宪法是为意涵运用有关诽谤罪法律压制所有政治上的反对意见而制定的。

反联邦党人并非必须等待很长时间才能看到联邦党人援引诽谤罪观点使当时的局面变得更为糟糕,从而达到反对他们的目的。当宾夕法尼亚邦作为批准宪法的第九个邦的消息传出时,奥斯瓦尔德案仍然被另一场有关煽动叛乱言论之诽谤罪而产生的争论大加渲染。由于一而再地出现类似的案件,有关煽动叛乱言论之诽谤罪的法律不断被作为政治工具加以利用,且主要目标都是特定具有影响力的反联邦党人出版商。

在对奥斯瓦尔德提起诽谤罪诉讼之前,联邦党人与反联邦党人之间就有关宪法的争论主要还是停留在概念和理论层面。这些争论发生于报纸的报道栏和各邦批准宪法会议的会议室中。奥斯瓦尔德案是联邦党人与反联邦党人就有关宪法哲学的主要问题必须提交法院做出判决的最初尝试。毫不令人惊奇的是,产生于奥斯瓦尔德诽谤罪诉讼案的争论不仅波及出版界,而且最终为进入宾夕法尼亚邦立法会议找到了有效的路径。尽管有关诽谤罪法律的公共争论最初源于法院,但出版界和邦立法机关为反联邦党人把反对派有关诽谤罪的政治概念与法律概念区分开来提供了机会。此案不仅是美国实施有关诽谤罪法律历史上的里程碑,而且为宾夕法尼亚邦起主导作用的中间阶级反联邦党人诠释他们独具特色的宪制民主模式提供了不可或缺的基础。①

二、反联邦党人可怕预言之实现:1788年奥斯瓦尔德诽谤案

1788年第二个奥斯瓦尔德诽谤案发生于《独立新闻记者报》的出版者埃里兹·奥斯瓦尔德与《联邦公报》的前编辑安德鲁·布恩之间的个人冲突。奥斯瓦尔德出版了一系列批评布恩的短论文,作为受害人的联邦党人编辑布恩要求奥斯瓦尔德提供公开攻击他或可能遭受提起诽谤罪诉讼的嫌疑人的名单。奥斯瓦尔德依据匿名演讲原则进行辩护,从而对抗联邦党人的对手们试图迫使他公开作者的身份。他不仅拒绝公开作者的身份,而且用讽刺性的言辞激恼布恩,称联邦党人出版商为"联邦党人中一些我的敌人的女佣人"。布恩随后就其侮辱性言辞向法院提起诽

---

① 有关美国宪法的民主模式,参见青维富:《民主政治决策之博弈分析:以美国立宪选择为切入点》,《四川大学学报(哲学社会科学版)》2012年第4期。

谤罪诉讼。[①]

当1782年诽谤案摆在乔治·布莱恩即后来著名的反联邦党人领袖面前,他凭借自我认知水平释放了奥斯瓦尔德。奥斯瓦尔德依然相信,陪审团将会再次证明他是无罪的。因为1782年奥斯瓦尔德通过大陪审团的审理免于提起诽谤罪诉讼,大陪审团免于起诉的原因在于,他是在诽谤他的敌人。如果布恩控告他的案件继续由大陪审团审判的话,那么正如1782年那样,奥斯瓦尔德逃脱监禁仍有可能。当奥斯瓦尔德就他原来没有受到惩罚的事实质疑首席大法官托马斯·麦卡肯对有关出版的案件进行审判的公正立场时,他此次却犯了一个技巧性的小过失。麦卡肯裁决,攻击法庭的中立立场就是藐视法庭的行为,他裁决奥斯瓦尔德不经陪审团审判而径直实施监禁。麦卡肯运用宽泛的建构主义宪法解释方式提出了一项新罪名——藐视法庭罪,它许可法官如果被审判者在法庭审判过程中干扰法庭秩序和程序,可以把他发表与法庭审理无关的言论理解为藐视法庭。继而,麦卡肯适用藐视法庭罪之引证事例有效地否决了陪审团的审判。奥斯瓦尔德被判处罚金十磅,并监禁一个月。[②]

在美国当时的大环境中,作为主要反联邦党人的印刷商之一,奥斯瓦尔德相信,该诉讼的判决是基于政治上的动机和理由所驱使。他的辩护策略正是1782年所成功运用的:他试图尽可能地寻求在公众面前审判该案件。因为对他提起诽谤罪诉讼时正是美国联邦面临九个邦批准宪法,并提出宪法修正案的关键时刻。他们所取得的政治胜利使联邦党人增添了信心,联邦党人利用这种机会及时对奥斯瓦尔德提起控诉,试图与他清算旧账。而奥斯瓦尔德自信地认为,他的对手之诡计将不可能产生效果,且自信地宣称,"要是发现有前事之偏私在法庭审判中施加于我的话",他宁愿把自身的命运交给他"所在地区的陪审团,因为他们是由自由且具有自治性的公民所组成,他们是通过正式选举和任命的陪审员"。他告知他的听众,"我会通过特定的且值得纪念的场景,采用陪审团审判的方式是为了使我免于遭受迫害的险境"。进而,他决定运用所掌握的报刊达到此种目的,从而获得公众的支持,并使人们尽可能地知晓事情的真相。奥斯瓦尔德相信,新闻报道的功能是形塑和影响公共意见。在

---

① A Gentleman of the Law, *The Case of the Commonwealth against Oswald*··· Philadelphia, 1788, *CA-F*, II, p.3.

② A Gentleman of the Law, *The Case of the Commonwealth against Oswald*··· Philadelphia, 1788, *CA-F*, II, p.9.

此意义上,由印刷界构成的公共论坛和陪审团的作用是相互依存的。对于奥斯瓦尔德而言,陪审团不仅仅是对社会情景的被动反映,它本身就是一种准民意性团体,有权判定法律的合宪性问题。在他看来,一方面,麦卡肯对奥斯瓦尔德怀疑司法程序的独立性和公正性是违法的;另一方面,奥斯瓦尔德认为那纯粹只是政治程序的另一种表达方式而已。①相应地,奥斯瓦尔德相信出版界的任务是从政治上教育公民,因为它们能够通过陪审团发挥作用。而麦卡肯则希望限制陪审团的作用,且使它与印刷界保持隔离,即使它要成为特定的公共论坛,也必须由受过专门法律训练的法官掌控。

即使奥斯瓦尔德案并没有为麦卡肯提供通过不顾法律援引而诉诸法律的托词,然而它可能是对较早时期所发生的案件的简单重现。麦卡肯不顾法律适用规定对奥斯瓦尔德提起诉讼戏剧化地改变了特定的政治场景,且使这一案件成为美国那个时代公共论坛的持续性主题,继而引发了极大的争论。其实,公共论坛对案件的反应已超出了法律技术层面的范围,有关诽谤罪之特性在更大的公共论坛范围内产生了争论,包括陪审团的作用、藐视法庭罪之建构主义宪法解释方式及接踵而来的出版自由之意涵。由此,反联邦党人阐释了一种更为宽泛的、更具有自由主义特性的出版自由观,重申由陪审团审判之权利的宽泛观点和他们特有的宪法和政治解释方式。

当许多作者按照传统的曾格式术语为奥斯瓦尔德辩护时,另一些反联邦党人则改变了辩护策略,提出一种全新的且更具有开明色彩的出版自由理论。奥斯瓦尔德本人也质疑,有关诽谤罪的建构主义解释与适用是否表明"它与法律和自由"是不相容的。自称为"宾夕法尼亚人"的作者把奥斯瓦尔德案的论点更进一步地加以延伸和发展。他说道:"它似乎在传播一种观点:许可出版自由更多的是选择行为方式的自由,且只能在它传播淫秽信息时政府才应当采取限制性行为。"在实践上,这种观点限制了出版自由,因为在定义术语"自由"和出版淫秽书籍之间的意涵上应当有所区分,真正要划分出一条明确的界限还是相当困难的。当更多的反联邦党人承认在它们之间需要划分界限时,作者明确表示,"在此没有任何中间路线,如果限制淫秽

---

① A Gentleman of the Law, *The Case of the Commonwealth against Oswald*··· Philadelphia, 1788, *CA-F*, II, p.3.

书籍出版行为,那么实质上你们就意外地损害了出版自由"①。

三、扩大司法权之嫌:宽泛的建构主义宪法解释方式

奥斯瓦尔德案在当时的美国公共论坛引起极大争议的第二个主题是,法院对被告提起具有建构主义特性的藐视法庭罪之判决和适用问题。这一主题涉及许多反联邦党人所关注的主题:法官和陪审团的作用是什么,解释宪法文本的适当方式是什么。麦卡肯试图削减陪审团的作用,并把自己的行为以适用具有建构主义特性的藐视法庭罪作为司法权威不可或缺的要素予以辩解。有关奥斯瓦尔德案的公共评论,尽管在麦卡肯之前并未在法庭上出现过,但是它潜在地损害了司法程序和权威。可以肯定的是,通过这一司法审判过程,麦卡肯捍卫了他的司法职业权威。"法官在宪法下庄严地宣誓履行他们的职责;且如果他们的品性赋予他们所处地位的资格,那么他们不仅不能因偏私所腐蚀进而急速转向,也不能因受到恐惧的影响进而放弃他们的职守。"由此,法院对奥斯瓦尔德案的制裁判决只是为了维护法庭必不可少的权威。当然,奥斯瓦尔德案的公共舆论仅仅只是针对藐视法庭罪作为典型案例加以讨论,因为它体现了有关"案件的价值"和"具有偏爱的公共舆论之结果,进而干扰了法官对有关案件的司法管辖范围"。因此,麦卡肯肯定地宣称,司法机关有决定适用法律的权力,否认奥斯瓦尔德有要求陪审团审判的权力。从本质上而言,通过出版物发表言论是否构成藐视法庭罪本身就是一个法律问题,毕竟那是法官的权限范围,而不是由陪审团作出判定的范围。对于麦卡肯的反对者——反联邦党人而言,"麦卡肯正在试图缩减陪审团的特权,从而扩大法官的权力"②。

在反联邦党人看来,联邦党人对民众参与审判案件的裁判极为不信

---

① A Gentleman of the Law, *The Case of the Commonwealth against Oswald*··· Philadelphia, 1788, *CA–F*, II, p.4; *Respublica v. Oswald*, in Alexander J. Dallas, *Reports of Cases Ruled and Adjudged in the Several Courts of the United States, and of Pennsylvania*··· I, Philadelphia, 1788, *CA–F*, V, p.319. 关于质疑奥斯瓦尔德案的回应,在所有反联邦党人的出版物中,没有人着手解决与出版自由相关的任何真实问题,参见 Leonard W. Levy, *Emergence of a Free Press*, Oxford University Press, 1985, p.224. 有关这一方面的批评论点,参见 David M. Rabban, "The Ahistorical Historian: Leonard Levy on Freedom of Expression in Early American History," *Stanford Law Review*, XXXVII, 1985, pp.795–856.

② *Respublica v. Oswald*, in Alexander J. Dallas, *Reports of Cases Ruled and Adjudged in the Several Courts of the United States, and of Pennsylvania*··· I, Philadelphia, 1788, *CA–F*, V, p.326.

任,且偏爱扩大司法权威的范围。麦卡肯和他的同盟者都精准地读出了反联邦党人的策略:他们在所有案件中最坏的计划就是把与法律毫无必要联系的问题转移到表达民众意见的法庭中去。而奥斯瓦尔德案的支持者们则试图运用出版自由概念塑造陪审员的观点,继而使陪审员既能解释案件的事实又能理解法律。这样的策略完全具有意义,如果反联邦党人能够有效地阐述有关诽谤罪的理论,并有效地运用更为民主的方式处理这一宪法性问题,那么这一问题就与扩大了的公共论坛理论有了更为紧密的联系。对于中间阶级民主主义者如奥斯瓦尔德而言,充满生机和活力的公共论坛对于公民教育是必不可少的,且它可以随时提醒公民,政府可能对公民自由造成威胁。因为除非破坏法律的权威,奥斯瓦尔德的行为有助于陪审团行使它适当的宪法性权能。

当然,适用推定藐视法庭罪被反联邦党人视为司法机关增强司法权威所做出的又一次有效尝试。麦卡肯的行为似乎厘清了他们的核心理论,联邦党人试图利用法官抢夺解释宪法和法律的权力,从而扩大联邦政府的权力。①由此,阿密库斯提醒宾夕法尼亚邦人,"仅仅只有一种方式才能触犯所谓的藐视法庭罪,即当事人在出席法庭审判过程或听审过程中凭借某些暴力行为或有伤风化的表达方式拒绝遵守法庭审判程序和纪律时"。而联邦党人似乎努力规避由无法律经验的陪审团援引法律适用作为必备条件。麦卡肯的行为证明了反联邦党人的观点具有一定的合理性:强有力的司法机关可能阻止适用宪法文本的明确要旨。名为"X.Z"的反联邦党人抨击道,法院运用宪法中的"隐含权力",且尤其指责"党争,伪装遭受冒犯,裁决为犯罪"。用民主术语表达这一主题,"X.Z"提出,"穿着法官袍的绅士们在有关这类主题上有着非同寻常的崇高理想"。麦卡肯的行为是不同情普通人的法官之典型代表。"在这些高尚的人们中间","X.Z"写道,"社会下层阶级的平民被视为人类较为不遵守法律秩序的那类人"。进而,"法官席上的绅士们在法庭上非常有技巧地审理案件,并写出他们的裁决意见,从而

① 美国政府中危险最小的部门,却是人类所知道的那家权力异乎寻常巨大的法院。合众国最高法院最引人注目的权力,乃是其对政府——包括联邦和州——其他分支之行为进行合宪性审查的权力。参见[美]亚历山大·M.比克尔:《最小危险部门:政治法庭上的最高法院》,姚中秋译,北京:北京大学出版社,2007年,第1页。联邦最高法院的合宪性审查在《1787年宪法》中并未明确授权于法院,它源自首席大法官马歇尔在马伯里诉麦迪逊案的裁决,并引发了19世纪和20世纪之交美国有关司法审查的大讨论。参见[美]查尔斯·比尔斯、爱德华·考文、路易斯·布丁:《伟大的篡权:美国19、20世纪之交关于司法审查的讨论》,李松峰译,上海:上海三联书店,2009年,第72—76页。

支持他们特有的论点"。基于反对联邦党人法官所认同的条文主义和自由主义建构论,"X.Z"告诫宾夕法尼亚邦人,回想一下,没有任何裁决意见会被许可来否决美利坚合众国国家的基本权利和自由,或损害美利坚合众国宪法。反联邦党人是宪法已拟订方案样本的反对者,且约定了宪法写实主义的形式,继而他们反对像麦卡肯那样的联邦党人法官解释宪法的自由限度。"X.Z"抱怨道,通过"这种逻辑性解释,宪法从整体上可能被改写为一种易于被塑造的标准"。幸运的是,有关宪法内容适当的文字解释,正如"宾夕法尼亚人"所表达的,并非可能轻易地被法官增添解释性的溢出成分。由于大多数反联邦党人坚持肯定强有力的宪法文本主义写实立场,"X.Z"断言,宾夕法尼亚邦宪法的"言辞太过刚性,以至于不能迫使它屈从于每一件自以为是的创新之物"。①

当然,麦卡肯的行为使美国的一些评论者为捍卫法律采取了更为民主的斗争方式。名为"平民之一"的作者提醒读者注意,"这是一种与时俱进的观点,即普通人难以诠释它,且也不必探究它在国家权力面前所存在的特定程序"。联邦党人的法官和法律作者们尤其希望削弱陪审团的权利,进而在法律程序上把人民的积极作用排除在外。麦卡肯援引和适用推定藐视法庭罪,且拒绝许可对奥斯瓦尔德案由陪审团进行审判的要求,无疑是他不信任人民作为陪审员可以履行他们的职责。"法官宣誓自己的行为要正当而诚实,不能有偏私;但是他们作为令人崇敬的人能够豁达地表达引起他们怀疑的问题;陪审团是否也能因为他们的宣誓而使他们令人敬佩。"针对联邦党人过分的教条主义宪法解释方式,支持奥斯瓦尔德的反联邦党人坚持认为,法律是常识性问题,且具有健全心智和一般品性的人都能诠释它,即使没有经过正式的法律培训和教育。在一个共和国里,并不需要一种特殊的、像神职人员那样的阶层来解释法律。②

然而,出版界被争论的许多主题在宾夕法尼亚邦议会的会议上也曾经出现过,它也持续地出现于奥斯瓦尔德案的审判和裁决之中。联邦党人坚持宣称布莱克斯通式的准则,即"真正的自由"在一方面可能遭受专横和暴

---

① Ameicus, *IG*, Sep. 23, 1788, *DHRC*, II, p.137; X. Z., *IG*, Jul. 28, 1788, *DHRC*, II, p.312.

② *One of the Common People, IG*, Aug. 7, 1788, *DHRC*, II, p.168.

政的危险,在另一方面也会受到民众放纵行为的威胁。①确实,坚持奥斯瓦尔德案判决的联邦党人反对者更进了一步:"公开严厉谴责民众的放纵行为,就是维护出版自由。"对奥斯瓦尔德案不利的论点是频繁地引用美国和英国有关诽谤罪法律的历史证据。进而,麦卡肯的支持者质疑出版界的生命力,即布莱克斯通是一名"温文尔雅的"作者,他所坚持的立场是反对美国革命时期真正的辉格党共和主义理论。按照他们的观点,宾夕法尼亚邦宪法就出版自由问题欣然采纳一种新布莱克斯通式的解释方式。麦卡肯也承认,法律仅仅只是保护"坦诚的评论(或言论)"而并非护卫"任何试图尽力造成偏见和攻击恐吓的行为"。他争辩道,法庭的职责在于"探究特定出版物之动机,且只是在其所运用的资料和信息是为了公共利益的目的还是纯粹为了欺骗和诋毁的目的之间做出区分"。联邦党人也承认,运用新布莱克斯通的解释方式解读宾夕法尼亚邦宪法所规定的出版自由保护只能视为一种较为次要的限定因素,而不是拒斥适用煽动叛乱言论之诽谤罪概念的主要原因。在宾夕法尼亚邦议会的会议上,麦卡肯的支持者们意识到奥斯瓦尔德可能把他的案件直接诉诸人民,从而颠覆司法程序。这样的动机"肯定是打算把司法事务从正当裁决的法庭中划分出来,且在它们所在的适当场合中由具有公共特性的公共论坛来争论各种观点,既而取代法庭的程序和裁决"②。

由此,联邦党人努力寻求在司法程序中限制民众的干预。而陪审团的作用在于裁定案件的事实,而不能判定法律的技术性事务,因为有关法律的技术性事务本就应当留给法官。更重要的是,联邦党人并不情愿看到法律的政治化:法律事务如果在出版界成为政治争论的主题,那么陪审团将被恐吓他们的政治言辞所影响。确切而言,这是过度民主的典型表征,正是1787年拟议的联邦宪法所希望抑制的情形。

---

① 与卢梭的政府概念相比较。什么是政府呢? 政府就是在臣民与主权者之间所建立的一个中间体,以便两者得以相互适合,它负责执行法律,并维持社会和政治的自由。参见[法]让·雅克·卢梭:《社会契约论》,何兆武译,北京:商务印书馆,1997年,第76页。

② *Respublica v. Oswald*, in Alexander J. Dallas, *Reports of Cases Ruled and Adjudged in the Several Courts of the United States, and of Pennsylvania*··· I, Philadelphia, 1788, *CA-F*, V, pp.325, 326.

四、煽动叛乱言论之诽谤罪与宪法解释问题

法官麦卡肯的行为使在议会中对奥斯瓦尔德案提出异议的反联邦党人感到惊愕和愤怒。作为主要反联邦党人的发言人威廉·芬德勒[1]质疑麦卡肯的支持者,公开猛烈抨击麦卡肯,且重申反联邦党人在整个批准宪法时期所重复强调的许多重要主题。他反对麦卡肯的新布莱克斯通主义强调的普通法思想:提升司法机关的功能和作用。芬德勒主要捍卫美国独立革命以来所形成的最伟大的主题——公民权和豁免权。芬德勒把普通法作为英国君主立宪政体的一项遗产而不屑一顾。独立革命意味着美利坚民族明显地要突破这一传统,即它是"属于幽暗而遥远的司法历史之一部分"[2]。芬德勒就反联邦党人所界定的有关诽谤罪的观点并非仅仅只是简单地重申曾格式的原则。他反复强调印刷界为回应奥斯瓦尔德案所表述的各种主题。他对普通法的批评不止于揭示它是过时的反共和主义思想之遗毒,在他看来,援引普通法是那些急于通过精心建构法律原则,操纵宪法明确易懂的意涵的法官们通常运用的技巧。与联邦党人条文式的论点策略相反,芬德勒重申宪法的简易风格,他捍卫这样的信念:法律原则"可能只是简单明了的意涵界定,也可能只是难以解释清楚的意涵界定"。"每个人",芬德勒断言,"只要具有一般智识和能力都可以解释普通法的意涵,并诠释法律规则的寓意",从而确定宪法本身的意涵。他谴责学术界的诡辩和法律的行业术语,并警告说,许多法律上的技巧是设计来"误导或破坏"宪法文本"明确易懂的语言和结构"。宾夕法尼亚邦宪法是由像芬德勒那样的中间阶级的民主主义者所制定。由此,宾夕法尼亚邦宪法文本的语言不同于1787年拟议的联邦宪法的语词之模糊性,以一种更为简易的风格加以表述,且包含《权利法案》在内,明确限制政府权力的行使范围。对于芬德勒而言,"邦宪法所保护的权利"丝毫没有模糊不清或不确定性。"使公民享有自由权的特定原则",他宣称,"一旦被确定下来,法律工作者必然运用技巧性解释方式诠释这些原则",而这些原则却是人民和他们的统治者以伟大的契约方式达成的合意。宪法文本和自然权利显然对具有一般

---

① 1787年9月28日,威廉·芬德勒在宾夕法尼亚邦制宪会议上发表演讲,批评拟议的宪法所建构的联邦政府,反对新宪法赋予司法机关过度的权力,坚决捍卫公民权的保护。See Herbert J. Storing, *The Complete Anti-Federalists*, The University of Chicago Press, 1981, III, pp.5-10.

② Rosenberg, *Protecting the Best Men*, Rosenberg Fans Canada Ltd., 1986, pp.62-65.

常识的个人而言就是法律的基石,而不是普通法智慧的累积。联邦党人所运用的普通法规则在更大程度上总试图减少司法过程中的民众参与。[1]在芬德勒看来,缩减陪审团的权力和增强司法机关的权力是联邦党人建构具有贵族特性的政府模式的目标之一部分。芬德勒甚至宣称:"事实上,国家的法律虽然并不能从具有贵族身份的法官的裁决中通过对比区分开来,但是它只不过是以表达同一事实的方式摆脱另一种困境而已。陪审团正如立法机关,才是人民意愿的真实表达者。"[2]因此,芬德勒与其他反联邦党人持有的共同观点是:陪审团就像占有席位的制宪会议,是宪法意涵更具权威性的阐释者。

奥斯瓦尔德诽谤案似乎证明了反联邦党人对宪法的支持者的最糟糕的担忧是有道理的。联邦党人布莱克斯通式的法律解释方式与反联邦党人极端左翼主义者的原则之间具有明显的差异。由此,奥斯瓦尔德案的反联邦党人少数支持者甚至与极端左翼主义者的原则终止其关联,且质疑他们的观点是出于政治诽谤的观点。这种新的且更为开放性的出版自由观不仅使反联邦党人的宪法方案作为可替代性方案迈出了重要的一步,而且在公共论坛上展示一种新理论的生长也迈出了重要的一步。

从本质而言,在美国批准宪法时期,奥斯瓦尔德似乎是运用共和主义术语建构看似完美的理想标准。正如他为印刷商辩解,他们"真正的高尚之处在于关心和支持公共利益,这是每一个公民在不同程度上都应当予以珍视的"。尽管他出版的短论文成为反联邦党人的思想宣传的最重要方式之一,但是奥斯瓦尔德因既出版联邦党人著述又出版反联邦党人著述而引以为豪。由此,美国批准宪法之后,出版界讨论有关共和主义理念已让位于更多盲目地支持宪法的人们的观点。由于煽动叛乱言论之诽谤案所引起的后果,奥斯瓦尔德的著述不适当地被视为更偏爱宪法支持者的政纲。并非每一个印刷商都力求具体表现他们客观公正的完美理想标准,有个别印刷业主也捍卫他们所偏爱的特定思想,且公共论坛也因来自印刷界的各种思想之冲突而逐渐呈现出某些新特征。[3]

当然,反联邦党人并非十分专注于分析出版界的作用,早在批准宪法

---

① Rosenberg, *Protecting the Best Men*, Rosenberg Fans Canada Ltd., 1986, pp.62-65.

② *Republica v. Oswald*, in Alexander J. Dallas, *Reports of Cases Ruled and Adjudged in the Several Courts of the United States, and of Pennsylvania*··· I, Philadelphia, 1788, *CA-F*, V, p.319.

③ *Eleazer Oswald's Statement*, IG, Mar. 12, 1788, *DHRC*, XVI, pp.557-559.

时期大多数反联邦党人就已经愤愤不平地谴责它的不公正性。几乎在批准宪法时期的每一个事例中，他们都抨击联邦党人印刷业主的反共和主义思想。在批准宪法后的一些简要叙事中，塞缪尔·布莱恩提出了阐释公共领域范围相互作用的不同形式：

> 在印刷业主中，大多数人更愿意出版联邦党人的著述，继而为阻止宪法反对者反对新宪法服务。因为联邦党人更多地依赖于城镇的居民而不是乡村的乡民。由此，城镇中的一些人从印刷论文的印刷商手中退订发表反联邦党人著述的报纸或刊物以示反对。他们以退订为由抵制宪法反对者提出的有关新政府存在潜在的危险的观点，并试图阻止反联邦党人的事业。[①]

由此，联邦党人运用经济势力控制各种报纸的印刷路径，即使反联邦党人求助于共和主义品性也没有丝毫作用，仅仅被认为他们只是出于经济利益的影响才使反联邦党人有效地与联邦党人进行斗争。出于事后之领悟，伯莱恩逐渐意识到，出版界和公共论坛是不会自我规范的，且共和国的禁令也无法对市场竞争进行有效调节。美国批准宪法时期争论的教训是深刻的：在未来，主导知识的普及和传播将成为政治家们必须掌控的要素。出版界陈旧的共和主义观不得不为一种新的、更具有现代特性的出版诽谤罪观念所取代，因为特定利益集团的代理人将会按照市场法则寻求操纵公共观念。有关共和国范围的概念与有关公共利益的事件的理性对话场域将与市场法则形成更为紧密的联系，继而坚定的支持者的利益将与公众的同情观念产生激烈对抗。虽然从公共论坛向市场法则的转型不会在短时间内完成，但是美国批准宪法时期的政治争论总是主导着具有影响力的特定人物开始重新思考公共论坛的性质和范围，并思索如何才能使它真正成为他们可以成功地把握公共舆论的不可或缺的条件。

---

① Cornell, "Reflections on 'The Late Remarkable Revolution in Government'," *Pennsylvania Magazine of History and Biography*, CXII, 1988, pp.122–123, 129.

第三节　反联邦党人之宪法实验：
第二次制宪会议之流产

　　当1788年9月有关奥斯瓦尔德诽谤案争论终止时，宾夕法尼亚邦的反联邦党人又必须面临另一个新的、更为紧迫的问题：如何应对宪法的批准。批准宪法期间，许多反联邦党人积极地催促召开第二次制宪会议，以便修订1787年制宪会议拟议的宪法。而其他一些反联邦党人则把注意力集中于宪法修正案成功通过的机会上，且期待把第一届国会作为他们适当的政治斗争场域。1788年2月之后，美国批准宪法已经进入了一个新阶段，马萨诸塞邦制宪会议决定正式批准一项毫无异议的宪法解释内容，提议一系列宪法修正案，并提交给第一届国会批准和采纳。尽管这一决定并不能阻止一些反联邦党人提出召开第二次制宪会议的步伐，但是它把人们的注意力和主要精力从召开第二次制宪会议的运动中转移了过来。直到纽约邦制宪会议于同年7月召开时，召开第二次制宪会议的倡议才又重新唤起了人们的兴趣。最初，纽约邦反联邦党人正式提出一系列具有建议性的、解释性的和附条件的宪法修正案。当宪法修正案提议在纽约邦批准宪法会议上似乎不可能通过时，梅兰克顿·史密斯提出建议，批准宪法是附条件性的，必须由第二次制宪会议审议宪法修正案，并提议请求暂时推迟国会行使武装力量、选举代表和征税的权力，直到宪法修正案相关问题被解决为止。[①]联邦党人就请求"在充分信任的"基础上由国会批准而做出回应，即宪法修正案必须首先由国会通过。既而，史密斯请求附条件地批准宪法，包括如果三分之二的邦并未请求国会召开第二次制宪会议，且通过宪法修正案，那么各邦有权退出联邦。当然，最终各邦退出联邦权的提议招致失败，因为附条件的宪法修正案在联邦国会得以通过。结果，纽约邦按照马萨诸塞邦的样式提交了宪法修正案。继而纽约邦制宪会议公开草拟了一封印刷信函请求召开第二次制宪会议，以便审议修正案的各项议题，然后提交给第一届国会通过和批准。

---

① 梅兰克顿·史密斯于1788年6月20、21、23、25、27日《在纽约邦批准联邦制宪会议拟议的宪法辩论过程中发表的讲话》，批评拟议的新宪法加强中央政府权力、建立贵族政体、缺少《权利法案》等缺陷，并提出召开第二次制宪会议的建议。See Herbert J. Storing, *The Complete Anti-Federalists*, The University of Chicago Press, 1981, VI, pp.148-176.

一、哈里斯堡制宪会议：普通反联邦党人之分裂

试图组织召开全美国性的第二次制宪会议的倡议是由纽约邦反联邦党人约翰·兰姆承担协调工作，他与来自南卡罗来纳邦、北卡罗来纳邦、宾夕法尼亚邦、新罕布什尔邦的反联邦党人主要领导人一直保持着通信联系。①首次且是唯一的邦召开制宪会议的是宾夕法尼亚邦，遍及整个邦的各地代表于1788年9月在哈里斯堡聚集，继续讨论有关宪法修正案的主要问题。当然，哈里斯堡制宪会议所产生的结果，以及对反联邦党人的宪法和政治思想的未来发展方向产生了极其重要的影响。如果哈里斯堡制宪会议能够继续召开下去的话，那么它将为在全国范围内更广泛地召集第二次制宪会议提供样板，且形成反宪法运动的中心。

哈里斯堡制宪会议的发展动态同样说明了在反对1787年宪法的精英反联邦党人与普通反联邦党人之间存在着持续且重要的紧张关系，而处于反联邦党人两极之间的中间阶级民主主义者则起到极为重要的作用。但是社会下层的民粹主义者们期待把哈里斯堡会议作为进一步推进他们激进主义议程的契机。同时，卡莱尔镇的反联邦党人，由于受到邻近所在的哈里斯堡制宪会议传来的消息的鼓舞，举杯祈求召开全国性的第二次制宪会议，以便进一步讨论宪法修正案。在他们看来，只有这样才可能"促进已拟议的宪法真正走向民主化的进程"。

当然，整个宾夕法尼亚邦的主要反联邦党人和新出现于邦公共论坛的几位杰出人物也参加了会议。在新来参加第二次制宪会议的人员中，其中有一人就是来自卡莱尔镇具有决断力且据理力争的代表人物——威廉·皮特里金。与其他社会下层的民粹主义者一样，皮特里金希望劝服代表们联合遍及全美国的反联邦党人一起通过一项激进主义计划纲要，且废除最近正在采纳的新政府体系。②然而，在哈里斯堡会议上，皮特里金认为他们被中间阶级的反联邦党人出卖了，他们"对我们的事业所带来的伤害比我们

---

① 有关第二次制宪会议的动态发展过程，参见 Steven R. Boyd, *The Politics of Opposition: Anti-Federalists and the Acceptance of the Constitution*, Kraus Reprint, 1979, pp.131–133。

② *Carlisle Gazette*, Pennsylvania, Jul. 9, 1788, *DHFFE*, II, p.218；有关再版哈里斯堡制宪会议的大量资料和其他有关哈里斯堡制宪会议的论述，参见 Paul Leicester Ford, *The Origins, Purpose and Result of the Harrisburg Convention of 1788: A Study in Popular Government*, K. Dictionaries Ltd., 1890, pp.142–144。

的对手——联邦党人为取得胜利而实施的所有阴谋诡计的损害更大"。他难以抑制住自己内心的失望,概述道,"在整个邦,我们的朋友希望我们能够对某些事情做出决断,且我们在国会花费了我们所有的时间游说各地参会的代表们。"

当中间阶级的反联邦党人直接把他们的主要精力投入新制度的建构上时,皮特里金等社会下层阶级的激进主义者们则"期待召开第二次制宪会议的目的在于,联合各邦不同阶层的反对派,使他们可以采取一致的行动——建立统一领导的委员会或理事会,且如果有可能的话,向全美国开放信息交流路径"。在皮特里金看来,与社会下层阶级的激进主义代表们相对照,代表中间阶级的反联邦党人的代表们仅仅只是"试图获得晋升之路"。由此,皮特里金自豪地提议,反联邦党人应当继续组织像独立革命时期的通讯委员会那样的革命组织,并组建军事力量。然而,他的激进地方主义议程表是与更多具有丰富政治经验的反联邦党人政治家所捍卫的以邦为中心的宪法与政治观极其不相容。为了回应卡莱尔镇的反联邦党人进入街道举行政治控诉的勇气,皮特里金宣布,"如果联邦党人与反联邦党人的政党同时出现在特定欢愉的宴会场合,或在公共场所偶然相遇的情形,那么联邦党人在他们不屑一顾之前而确信能够全身而退呢?"[①]

在哈里斯堡的中间阶级势力是由查尔斯·皮提特领导的,他是一位著名的政治家,且与主导宾夕法尼亚邦的中间阶级民主主义者保持着密切的联盟关系。皮提特试图使自己从像卡莱尔骚乱那样的事件中撇清出来,且避开极有可能导致无政府状态的任何行为。像皮提特那样的中间阶级政治家被偏僻的乡村人所产生的强烈敌意警醒,且惧怕美国社会再次进入无政府状态。他写信给宾夕法尼亚邦中间阶级民主主义者的主要代言人之一罗伯特·怀特赫尔时,表达了他对有关持续抵制新宪法持有的深深的保留态度,皮提特尤其提到了自身的信念,为了抵制新宪法并再次试图求助于旧制度"可能给未来的美国带来巨大的灾难性后果,且可能使我们再次回到自然状态——充满纷争和冲突的状态"。皮提特再次强调了这样的事实,即"作为一名政治家很容易设想这样一种局势所具有的危险性"。当他随后向乔治·华盛顿吐露心声时,他表达了许多著名的反联邦党人的观点,"即使各邦制宪会议投票通过宪法之后,占绝大多数的美国人民尤其是西

---

① "William Petrikin to John Nicholson," *Carlisle Gazette*, Pennsylvania, Mar. 23, 1789, *DHFFE*, I, pp.406-407.

部地区的人民仍然要表达他们抵制拟议的宪法实施的倾向,这在一定程度上使我所希望处于和平状态的国家又再次面临极度的危险"。对于皮提特而言,社会下层的民粹主义者宁愿把他们的抱怨带上街头,诉诸武力,且采取超法律之外的暴力行为,这就是暴民政体的典范,而不是共和政体的范例,且无论如何都必须阻止他们的行为。就记忆所及——前不久的六个月时间里,卡莱尔骚乱事件在皮提特和怀特赫尔的记忆中仍然令人感到惊悚,且似乎也难以避免。①由此,使像皮提特那样的中间阶级民主主义者意识到,美国社会中隐伏着的激进民粹主义者试图通过实施暴乱行为潜在地破坏中间阶级反联邦党人更为合理的民主主义进程。

当哈里斯堡制宪会议推荐的一系列宪法修正案提交给宾夕法尼亚邦立法机关时,随后由邦立法机关转呈联邦第一届国会。这些修正案的内容在言辞上温和且意在妥协,除反联邦党人联盟范围内的少数激进主义呼声外,它将使反联邦党人大多数人感到满意。尽管这些宪法修正案使威廉·皮特里金感到沮丧,但是它们真正地表达了宪法批评者更多的主流意识;这些宪法修正案预示了在联邦政府体系范围内可以实现权力制衡,并有利于各邦。哈里斯堡制宪会议提议的宪法修正案包括下列主要内容:②

1. 限制宪法明确授予新政府的权力,且明确规定禁止扩大"在法律解释或虚构的表面或僭称下的"联邦权力;

2. 邦宪法下所保护的所有权利都必须明确地予以确认;

3. 调整选举参议院议员的权力,并归还于各邦;

4. 必须禁止征收人头税,且联邦政府直接征税被限制于各邦不能满足联邦国会的需要时;

5. 禁止在和平时期建立常备军,同时建议由各邦控制武装力量;

6. 联邦政府制定管理联邦地域范围内的规则仅仅局限于有关"治安和良好秩序"的规则;

7. 下级联邦法院仅仅限制于海事管辖权,且上诉联邦法院仅仅限制于相关法律事务;

8. 全权委托国会缔结条约延伸至参议院批准的既存条款。

---

① Charles Pettit to Robert Whitehill, Jun. 5, 1788, *DHRC*, XVIII, pp.154-155; Pettit to George Washington, Mar. 19, 1791, *DHFFE*, II, p.706.

② 关于哈里斯堡制宪会议,参见 *DHFFE*, I, Baltimore, 1974, pp.257-281。

因而,由哈里斯堡制宪会议推荐的宪法修正案样本与各邦批准宪法会议呈交的通常版本具有一致性——保护公民的个体自由,限制宪法所规定的弹性条款,且在各邦与联邦政府之间实现权力制衡。而对于社会下层民粹主义者而言,哈里斯堡制宪会议的决议就是一种背叛。他们继续自我组织类似独立革命时期的通讯委员会和地方武装力量,并不接受邦主权向国家政府有效地转移,因为他们相信他们在联邦政府里将不会真正地被代表。他们进而继续宣称这样一种信念:人民抵抗政府(包括运用超法律之外的暴力行为)不公正地行使专断权力具有合法性。他们的激进地方主义民主版本注定不可能轻易地与作为宪法的忠实反对派的其他反联邦党人试图努力维护宪法修正案的提议融为一体。

二、第二次制宪会议的破产:宪法忠实反对派之形成

皮提特和大多数中间阶级民主主义反联邦党人希望通过和批准宪法修正案而斗争,实际上就是使具有可替代性的政治制度更加壮大;然而基于政治斗争的需要,联邦党人希望创建一个较为强大的中央政府。由此,联邦党人与反联邦党人之间在美国立宪时期的斗争可能仅仅只是基于最基本的政治紧张关系而体现出来的另一种表达方式:相信政府的稳定取决于行使政府权力的人,在他们看来,政府只能建立在人民的信任和情感认同的基础之上。当然,皮提特并非天真、幼稚的人。他承认邦联政府有很大的缺陷,且它的建构者们太多地依赖个人"品性"的程度、共和主义的精神和其他的爱国主义特性,而这些却是人民不可能提供的。皮提特也承认"这些限制条件是如此地被破坏,以至于丧失了它们的独立品性"。然而,联邦党人解决问题的方式远比这些弊端更难以改善目前美利坚民族的糟糕状态。[1]与其依赖于更为强大的强制性整体权威,皮提特宁愿把他的信念置于恢复共和国范围内的具有生机和活力的共和政体,它是一种由每个个体组成的社会共同体之联合体。宪法修正案程序只是重建社会关系的一种方式,这些被重组的社会关系可能使国家真正地联合起来,它是构成更为坚固和永久性的国家基础所必需的。皮提特希望创建类似于社会网络系统的地方自治组织,以便为实现公民的共同目的而整体地协调运行。然而这种组织的目标与威廉·皮特里金所构想的组织的目标是极其不

---

① Pettit to Whitehill, Jun. 5, 1788, *DHRC*, XVIII, p.154.

相容的。皮提特把各邦和联邦主义制度视为确保地方主义不会扰乱国家联合体的一种最佳方式。皮提特期望由公民个体组成的各邦首先召开制宪会议，讨论宪法修正案，继而派遣代表召开邦一级的制宪会议，制定适当的推荐方案。皮提特认为人都是具有理性争论的能力，他们可以形成具有一致性的主张，对此他充满信心。

鉴于共和国依赖于品性，邦联政府的缺陷严重地损坏了联邦主义制度，皮提特和其他中间阶级的民主主义者希望在美国广袤的共和国范围内建立一种充满生机和活力的共和政体，取代过去的邦联制度。皮提特期望在地方自治团体范围内的民主协商会议通过各邦机构运行，为政治过程增添活力，并最终联合为整体性国家。在这种国家政体的版本中，共和国的范围是基于地方性的（主要是各邦），甚至正如它建构时那样是基于不同的特点，且把具有地方特色的各种社会关系联结起来。与社会下层民粹主义者所构想的全民投票相对照，皮提特偏爱一种协商性民主政体。伴随着这种制度，美国将从来不需要建立一个强大的中央政府：在共和国范围内的共和政体而不是品性将成为美国新生共和国的新基石。

尽管担忧出现无政府状态，皮提特仍然充满信心，且全心全意地投入民主共和政体之中。而在宾夕法尼亚邦的联邦党人则并不表示乐观，他们都经历过偏远地区的动荡，导致他们对民主政体更加持否定态度。哈里斯堡制宪会议前，联邦党人极为关注在反联邦党人的持续鼓动下可能导致国家处于无政府状态。一位现代观察者推测，"除非由充满效力和有足够权力的机构迅速地加以抑制，流血和屠杀似乎是在所难免"。基于此种担忧，人们就很容易理解宾夕法尼亚邦联邦党人约翰·阿姆斯特朗所私下承认的："教导人类平等和人性尊严的哲学观只有在虚荣的废墟中才能被找到。"按照阿姆斯特朗的观点，最近发生的事件证明，在其相互对立的原则中极有可能存在某些具有真理性的东西，多数人的行为是由少数人的动机促成，且他们较多地受棍棒而不是理性所支配。阿姆斯特朗并未意识到他的许多观点是如此之危险，以至于在任何公共场所都可能引入令人尴尬或有异议的话题。幸运的是，他的观点一直处于私密状态。他致信霍利托·盖提斯时说到，他仅仅只是向"可信赖的密友"表达自己的情感而已。①

基于反对社会下层激进主义者的极端行为，以及在许多极其重要的宪

---

① To Francis Hopkinson, Aug. 17, 1788, *DHRC*, I, p.252; John Armstrong, Jr., to Horatio Gates, New York, May 30, 1788, *DHRC*, I, p.238.

法主题与反联邦党人保持一致的基础上,联邦党人的态度开始偏向更为温
和的反联邦党人。因为他们知道,一旦受到内战的威胁或出现不可避免的
无政府状态,那么任何一方都可能轻易地散发出暴烈情感。由此,联邦党
人以讽刺性的术语表达了他们的观点,尤其是针对社会下层激进主义者的
行为方式细致地审视了最近所发生的事件。按照联邦党人约翰·蒙特高默
利的观点,在卡莱尔镇发生的暴力事件激起了大多数反联邦党人转变为
"值得我们敬重的人",他们的思想曾经一度极为不利于批准和通过新宪
法,但是现在他们试图寻求一种更为温和的立场:卡莱尔骚乱使他们与其
他人一样对维持和平和良好的社会秩序感到焦虑。共和国的混乱秩序增
强了而不是减弱了建构未来政治稳定的愿景。①从整体上而言,表面上看
这似乎是一件坏事,实际上这是自独立革命以来常常在美国共和国的政治
和社会事务中所出现的真正的善行。因而,卡莱尔镇的社会下层激进主义
分子在地方上的成功有效地削弱了他们在美国广袤的政治竞技场上的优
势地位。

　　具有讽刺意味的是,正是卡莱尔骚乱分子的激进主义行为的成功,最
终证明了他们本身在美国政治的未来发展过程中必将导致失败的原因之
所在。而对无政府状态的担忧导致了哈里斯堡起主导作用的中间阶级民
主主义者把他们的主要精力转移到树立行之有效的宪法忠实反对派的立
场上来,这是第二次制宪会议失败的主要原因:反对派将不再继续提倡反
宪法运动。与其支持偏远地区的民粹主义者超法律之外的暴力行为,主要
反联邦党人更倾向于亚里士多德式的中道立场,使他们成为宪法的忠实反
对派政党在政治上发挥作用。

三、宪法忠实反对派之实质:忠于宪法提出异议,反对社会暴乱

　　就其本质而言,哈里斯堡制宪会议决议的出版在很大程度上缓解了联
邦党人与反联邦党人之间在政治上的紧张关系。联邦党人理查德·皮提斯
致信乔治·华盛顿将军,表达了他的喜悦:"我们的反联邦党人改变了他们
的立场。"他们现在是真正的联邦主义者。他们希望通过宪法修正案,且必
然进入政府班子使他们发生了改变。反联邦党人凭借选举机构的运作通
过了宪法修正案,解决了他们曾经担心的主要问题。②中间阶级的民主主

---

① John Montgomery to James Wilson, Mar. 2, 1788, *DHRC*, II, p.704.

② Richard Peters to George Washington, Sep. 17, 1788, *DHFFE*, I, p.275.

义者在哈里斯堡会议后坚持乐观主义立场,且哈里斯堡会议的代表们所采取的温和语调并未削弱他们所宣称的政治和宪法模式之愿景。拒斥社会下层民粹主义者的激进主义观点,事实上使中间阶级反联邦党人可以实现和实施他们自己独具特色的具有可替代性的计划方案。

客观地说,通过筛查反联邦党人制定宪法和批准宪法时期的大量著述和文献,我们还是可以查证到反联邦党人众多陈述中的某些情绪狂暴的、不可抑制的、极不寻常的且可能会产生严重后果的论点。在我们研究反联邦党人的宪法和政治思想时,分析这些言过其实的陈述与更多具有代表性的反联邦党人的论点具有同等重要性,至少它们作为多疑型政治模式的范例或小人物仅存的微弱的信念极不容易地塑造了美国宪法反对派的形象。然而,这些观点的两面特性使某些事实也极其费解,大多数反联邦党人可以极为冷静和睿智地提出一系列各具特色的宪法和政治论点。当反联邦党人担心《权利法案》之缺失时,他们把重心集中于阐述因缺乏陪审团审判的保障和无法保护出版自由而使公民权利受到威胁。没有什么比新政府更可能运用制定法上的诽谤罪作为政治工具,从而达到压制政治分歧意见之目的,进而最终危及人民的自由。然而,反联邦党人并非需要等待太长时间才能看到他们的对手——联邦党人如何运用国家权力压制人民。奥斯瓦尔德遭受的控诉就是联邦党人运用法律诽谤罪作为一种政治统治工具实施强制性国家权力的具体证明。

如果说在奥斯瓦尔德诽谤案发生之前,联邦党人与反联邦党人之间的争论大体上还是试探性的,那么奥斯瓦尔德控诉案使联邦党人与反联邦党人在法庭上面对面地遭遇,使追随布莱克斯通式的理论模式的联邦党人与坚持曾格式的理论范式的反联邦党人公开展开较量。反联邦党人对联邦党人的法理认真而细致地提出了更为尖锐的批评,且他们超越了极端左翼主义的理论范式,建构了有关出版自由更为开明的理论体系,阐述了宪法更具有民主特性的观点。当因奥斯瓦尔德诽谤案所产生的群情激愤逐渐消退时,宾夕法尼亚邦反联邦党人再次转向建构国家的政治制度上来。哈里斯堡制宪会议成为反联邦党人联盟内成员的许多人竭力促进召开第二次制宪会议,以便寻求制定宪法的可替代性解决方案的契机,甚至有些人提议废除1787年宪法,重新制定新宪法。在哈里斯堡会议之前,一些反联邦党人认为最终形成反宪法的派系是合乎情理的。然而哈里斯堡制宪会议彻底抛弃了社会下层激进主义者的可替代性解决方案。因为主导会议进程的中间阶级民主主义者已经意识到,社会下层平民阶级的激进主义派系仅仅会鼓动社会下层民粹主义者推进他们更为激进主义的建构目标,且他们担心,这可能对未来的美国社会产生极为不稳定的影响。进而中间阶级的反联邦党人逐渐开始意识到,召开第二次制宪会议可能导致社会的持续性骚乱,使他们在重要的政治竞技场上分散注意力,而且会激起民众强烈的不满情感,最终削弱他们逐渐上升为富有成效的宪法反对派的能力。由社会下层民粹主义者所引发的超出法律之外的行为使中间阶级的民主主义者更为担忧,因此他们所选择的路径是试图把那种危险降低至最低限度。由此,哈里斯堡制宪会议之后,曾经反对宪法的派系转变为宪法的忠实反对派。正如应对奥斯瓦尔德诽谤案,中间阶级的民主主义者在哈里斯堡制宪会议上证明了他们宁愿致力于他们自身的谋划方案。进而,反联邦党人不断地捍卫美国政治和宪法理论中更具有共和主义特性的民主模式,且他们试图运用各种方法去实现它。同时,他们也试图通过出版界支持他们的事业,寻求民众的支持,在法庭中捍卫他们的观点,并在立法机关中致力于一种积极进取的民主政治方案。但是,他们拒绝支持超出法律之外的群盲行为。因此,他们的宪法和政治观包含了几个相互关联的目标:修改宪法、捍卫陪审团审判之特权和宣称立法机关优于司法机关。所有这些内容与他们作为宪法的忠实反对派的立场和观点都具有相融性。他们的宪法和政治思想随后发展的关键在于,作为宪法的忠实反对派的反联邦党人着重强调美国宪法和歧义政治传统在新生共和国的重要性。由此,反联邦党人把保护共和国、建立地方自治体和维护邦权紧密地结合起来,并成为宪法忠实反对派最重要的核心论点。在他们看来,新共和国将提供一种国家统一形式,而并非需要强大的中央政权。因此,有关民主共和国的信念已成为取代较早时期坚持共和国品性的理念。

总之,反联邦党人转变为宪法的忠实反对派是一个渐进的过程。宪法的批准并未最终削弱联邦党人与反联邦党人之间存在的潜在紧张关系。社会下层民粹主义者对中间阶级民主主义者的温和态度感到失望。然而,中间阶级民主主义者所采取的策略并非表明社会下层民粹主义者的行为已经终结,他们激进的平等主义观和狭隘的地方主义计划并未由此消失。暂时被迫静默的民众骚乱仍然只是临时停止活动,直到威士忌起义才又触发了另一场更大规模的民众大骚乱。

第四节 代议制意涵之重释

反联邦党人的宪法和政治思想并非仅仅只是在美国宪法批准之后就不复存在了。建立新政府所面临的第一场争论是,如何确定新国会选举众议院代表的适当方式,这在很大程度上就是从反联邦党人的宪法和政治思想与言辞技巧和修辞特色中演绎出来的辩论主题。这场争论再次证明了反联邦党人的宪法和政治思想各具特色。普通反联邦党人和精英反联邦党人的宪法和政治思想在批准宪法之后依然存在着明显的紧张关系,选举新的国会众议院代表的适当方式重现了不同阶层的反联邦党人作者在美国各邦批准宪法会议上的争论观点。

一、众议院议员选举方式之争论:地方主义与联邦主义之论争

批准宪法期间最具有说服力的主导公共争论的两种反对呼声——精英反联邦党人和中间阶级的反联邦党人提出了各具特色的共和主义政治治理模式。精英反联邦党人捍卫具有传统德性的绅士阶层的代议制民主共和国思想,而中间阶级的反联邦党人支持一种截然不同的代议制民主理念。尽管在精英反联邦党人与中产阶级的反联邦党人之间就如何确定具有良好素质的代议制代表很少可能达成一致意见,但是他们仍然表达了一种更为广泛的多数人的意见:代议制代表个体必须根植于他们所代表的地方自治体。对于中间阶级的民主主义者而言,代议制根植于地方主义版本的目标在于确保代议制代表成为人民中间的一部分。当政府与人民保持密切联系时,可能使更多诚实的人采取正当的方式进入政治场域中来。与此相对应的是,精英反联邦党人依赖维持政治的地方性色彩,他们相信它可以选出具有自然特性的贵族政体成员,且这些被选举产生的成员将使人民保持信任,继而同情他们所代表的这些人。与之相比较,联邦党人更为支持一种具有金字塔式的政府组织结构,最重要的是,他们故意试图增加被选举产生的官员与他们所代表的人民之间的距离。对于联邦党人而言,他们的目标在于运用正当的政治体系排除那些不符合代表的社会资格和条件的人,同时保持被选举产生的政治家阶层更具有远见卓识。由于清洗了地方性因素的影响,这些具有爱国心的政治家们就可以更好地识别公共利益。如果把反联邦党人的观点从联邦党人有关代议制的观点与第一届

国会众议院代表的适当选举方式的争论按照特定的标准来区分,那么它们之间在很大程度上表现出来的差异就再明显不过了。一般而言,联邦党人支持在全国范围内的整体性选举——全民选举;而反联邦党人则支持地方性的区域选举。有关众议院议员候选人的适当选举方式的争论尤其在宾夕法尼亚邦、马里兰邦和马萨诸塞邦引起了极大的喧嚣。

在宾夕法尼亚邦墨丘利地区,一些不具名的联邦党人作者强烈反对按地方区域举行选举,且支持在全国范围内的整体性选举活动。他们认为:"采用此种方式对大多数人而言要求以智识和品性为标准形成选举结果,地区偏见被彻底地根除了。"另一些联邦党人作者如鲁玛提醒宾夕法尼亚人,被地方偏见或利益所误导是错误的。在联邦党人的选举方案中,"除非把具有真正品性和能力的人选举出来,否则就不会有任何人能够被当选,因为一般而言这些人都是闻名于各邦的每个地方"①。这些观点构成了联邦党人在整个批准宪法的斗争过程中所持有思想的核心内容。

在公共领域范围内所产生的热烈争论甚至波及宾夕法尼亚邦的立法机关。联邦党人威廉·罗斯抨击这种观点:代表应当从"为方便社区的居民而划分为郡县的特定地区选举产生"。为了回应联邦党人的观点,反联邦党人威廉·芬德勒提醒议会的议员们,在全国范围内的整体选举"趋向于扩大总体政府的权力和影响,并不能适当地关注和协调各地区人民的意志和思想"。仅仅只有提供一种富有成效且切实可行的代表人民利益的选举方式,才能许可人民为"他们所信任的人投票,而这些人要么居住在他们中间,要么由于对公共利益与他们所需要和拥有的利益的关注而著称于世"。进而,芬德勒质问联邦党人的对手们,"如果我们的代表产生于全国范围内的整体选举而不是各地区的选举,那么如何才能知道我们的代表是适格的人选呢?"众议院的代表必须"具有地方特性和公共特性,同时还应当具有一般知识,如果把人民整体与地方特性分离开来,那么又如何才能做到公平选举呢?"按照芬德勒的观点,立法机关的代表不仅应当代表地方利益,而且还必须使他们成为所服务的这些人中的一部分。乔治·克莱默,一位杰出的联邦党人,质问芬德勒,"在下一届国会里,选举的必要条件是享有宾夕法尼亚邦公民身份的人才能更好地代表宾夕法尼亚邦吗?"如果必须选举这样的人,那么他们是否是与来自其他各邦且受到它们人民敬重的代

---

① Pennsylvania Mercury and Universal Advertiser, Philadephia, Sep. 16, 1788, *DHFFE*, I, p.274; Numa, *Pennsylvania Gazette*, Philadelphia, Jul. 16, 1788, *DHFFE*, I, p.246.

表一样能够博得同样敬重的人们吗？如果他们的代理人是由各邦具有声誉的人所组成,那么宾夕法尼亚人的利益将会得到更好的保护吗？在这样的制度下,"更可能是具有良好品性和值得人们敬重的代表才能获得选举"。①克莱默并未支持政治上的地方主义观念,但是他捍卫了更具有国家主义和起决定性作用的精英主义模式。正是因为受到国家立法机关的其他成员的敬重而不是某一地方的人们敬重的选民,克莱默才主张把既对宾夕法尼亚人的利益又对国家公民的利益起关键作用的选民选举出来。

麦迪逊对发生于宾夕法尼亚邦之争论的评论证明了他自己的对立面是反联邦党人中间持地方主义观点的人。麦迪逊赞成在全国范围内的总体选举制度,他相信如果宾夕法尼亚邦已遵循这种选举模式,"把选择限定于不得支持那些普遍具有恶名的人,进而有利于品性优良的公民当选"②。他告诫人们,这种选举制度极有可能把反联邦党人推向对立面,且可能受到一些民众的强烈反对,从而进一步发展为竭力主张反对新制度。麦迪逊比任何其他的现代人都看得更为清楚,联邦党人有关众议院代表的适当选举方式的观点也具有根本性的分歧。③

宾夕法尼亚邦有关众议院代表的适当选举方式的争论明显地传递了一种具有阶级意识形态色彩的思想和信息。联邦党人反对反联邦党人所提议的选举国会代表的适当方式,且试图把他们的反对派描述为民粹主义的蛊惑家:这些人不仅投其人民之所好,而且只有他们自身的鲁莽和病态才适合行使国家公权力的身份。一位联邦党人竭尽全力地把反联邦党人的地方主义与缺乏教养和涵养的人们等量齐观。这些带有嘲讽语调意味的联邦党人把自己装扮成哈里斯堡制宪会议的成员之一,模仿性地嘲讽威廉·芬德勒未受过良好社会教养的姿态和他浓重的苏格兰—爱尔兰语调。在他看来,那种粗鲁的腔调是芬德勒担任公职所符合的主要资格条件之一。"芬德勒应当被任命为国家公职人员,因为他能够试着说,神秘的斯帕克和成为帕森纳人(being parsenal),这将在西部乡村所在的城镇获得极大

---

① Thomas Lloyd, comp. and ed., *Debates of the Convention of the State of Pennsylvania on the Constitution proposed for the Government of the United States*, Philadephia, 1788, *DHFFC*, pp.283, 287, 288.

② 麦迪逊式的宪法民主主张绝对多数的立法至上,参见青维富:《美国立宪选择之预期后果:基于静态博弈模型之理论分析》,《浙江学刊》2011年第3期。

③ James Madison to Thomas Jefferson, Oct. 8, 1788, *DHFFE*, I, pp.302-303. 关于普选被视为是与新宪法的精神保持连续一致的补充证据,参见 Francis Corbin to James Madison, Nov. 12, 1788, *DHFFE*, II, p.371.

的声誉。"①

　　宾夕法尼亚邦有关众议院代表的适当选举方式的争论是相互对立的双方阐述各具特色的代议制理论的一场政治较量。反联邦党人是支持在地区范围内选举的地方主义者,因为他们要确保代议制机关的代表根植于当地的社会自治体,且贴近他们的选民。这种选举方式将产生较为民主的立法机关,在立法机关中代表中间阶级利益的人更可能成功地获得选举。有关代议制的争论在宾夕法尼亚邦公开出版之后也波及邻近地区的马里兰邦。正如一般情形,进入到公共论坛中的争论观点很容易被其他人误用和滥用。一名马里兰邦作者在《马里兰公报》上发文援引宾夕法尼亚邦联邦党人的论点以支持他的论断,"按照地域选举"是"违背联邦宪法的精神和意涵的"。按照马里兰邦联邦党人具有讽刺意味的观点表明,反联邦主义的精神仍然是鲜活的,且永久地保持着强劲的势头。在"马里兰人"抨击反联邦党人时,他质疑他们对宪法的忠诚,且争辩道,他们持续不断地要求召开第二次制宪会议,并讨论宪法修正案,是他们对新政府抱有难以化解的敌意之明证。这种策略证明了反联邦党人的思想具有危险性。"当人们倡导召集新的全国范围内的制宪会议时,它的成员将来自不同的邦,被具有地方色彩的操作指南所限定,继而阻止只有在相互谅解和妥协精神的情况下才能达成的一致意见,这些人无疑可以被称之为反联邦党人。"在他看来,反联邦党人的宪法和政治思想的精神实质是它的狭隘的地方主义思想自然生长的结果。支持全国范围内的总体选举必然存在一种附加性观点:确保代议制机构的代表是"第一阶层的人"。"马里兰人"担心反联邦党人的提议不会产生具有独立意识和思想的代表,只会产生有利于"推荐无关紧要且带给我们屈辱的"代表。这样的人"将不会太自傲以至于试图取悦一般所称之为的'穷人'"。②由此,马里兰邦的联邦党人抨击他们的对手们是基于两个相互关联的理由:过度的地方主义色彩和泛滥的民主主义色彩。

---

① "Observations by a Member of the Convention at Harrisburg," *Pittsburgh Gazette*, Sep. 20, 1788, *DHFFE*, I, p.280.

② *Maryland Journal, and the Baltimore Advertiser*, Nov. 14, 1788, *DHFFE*, II, p.125; A Marylander, *Maryland Gazette* (Annapolis), Dec. 30, 1788, *DHFFE*, II, p.165; Aristrides [Alexander Contee Hanson?), *Mayland Gazette*, Jan. 1, 1789, *DHFFE*, II, p.177; "The Moral Politician," No.1, *Maryland Journal*, Feb. 13, 1789, *DHFFE*, II, p.220.

二、众议院代表适当的选举方式之争论:过度民主制与贵族政体之辩

联邦党人与反联邦党人之间就有关代议制代表选举的适当方式具有张力的争论主题同样成为马萨诸塞邦有关众议院代表的适当选举方式之公共争论中的最重要的主题。联邦党人关于代议制代表选举方式的观点恰如其分地被霍诺鲁斯概括为:支持在全国范围内"选举最优秀且最具有能力的人"。在全国范围内进行总体性选举将自然而然地详细阐明每一个具有选举权的选民的观点。"通过赋予他们的选举权,不仅是为了他们自己所在的城镇居民,而且也是为了选出具有才能、受人尊敬且品行正直之人,不论他们居住在何处,也不论他们在现实生活中的阶层或职业",从而提升全体选民的思维方式,其目标在于根除"过去一段时间里给我们国家造成困扰的事情——地方主义偏见"。霍诺鲁斯进而言道,"每个真正的联邦党人必须坚定地支持这些措施,它对联邦主义未来事业的发展极其重要——因为它使公民社会化,清除嫉妒和非理性的地方主义依附",这有助于宪法成功地施行。联邦党人拉撒尼尔·W.安普拉顿比霍诺鲁斯甚至走得更远,他明确反对"把各邦划分为若干选区",使选举的动机与宪法的目的不一致。"限定在他们自己的地区选择候选人,在我看来,是与宪法的基本原则和精神相背离的,宪法的真实意涵旨在尽可能地面向全国范围内的人民进行选举。"[1]

联邦党人有关代议制的理论最耐人寻味和最具有独创性的观点之一是乔纳森·杰克逊所详尽阐明的,他不仅作为国会代表的候选人参加竞选,而且还创作了一部极具吸引力的政治小册子《关于美国政治局势之思考》。他抨击过度的民主政体,且试图为具有自然特性的贵族政体辩解。[2]在他看来,宪法并没有足够地向前迈出一步:代议制体系应从那些具有自然贵族特性的阶层中选举产生和组成,这是至关重要的。杰克逊的代议制理论

---

[1] Honorius, *Herald of Freedom, and the Federal Advertiser*, Boston, Nov. 3, 1788, *DHFFE*, I, pp.469-470; Nathaniel W. Appleton to Noah Webster, Nov. 30, 1789, *DHFFE*, II, p.506.尽管联邦党人在确保大选的战斗中失败了,但是他们在各州亲商业发展利益的选区仍然获得了相当大的胜利。

[2] 托克维尔在总结美国的民主制度时认为,美国民主制度的存在受到两大危险的威胁:一是立法权完全屈从于选举团的意志,二是政府的所有其他权力都向立法权靠拢。州的立法者助长了这两大危险,而联邦的立法者则尽力减弱了它们。参见[法]夏尔·阿列克西·德·托克维尔:《论美国的民主》,董果良译,北京:商务印书馆,1997年,第174页。

指出,代议制代表应当是"一次又一次地从人民最初所选择的那些人中经过第一次选择之后再次竞选出来"。他在致朋友的信中重申了他的担忧,"过度的共和主义民主思想",或可能更恰当地称之为"无节制的民主,使我们国家未来可能遭受毁灭的威胁,且曾经几乎成为现实"。他进而争辩道,在最近的争论中,术语"自由"已经被许多人滥用和误解了。类似的,"贵族政体也运用这样一种术语",它从来不会被人们正确地加以界定,且"极少被我们大多数人所理解"。杰克逊试图寻求一种有关代议制政府的适当选举方式,并沿着联邦党人詹姆斯·威尔逊和疑是联邦党人的麦迪逊的逻辑论述得出结论。他对过度的地方主义问题的解决方法尤其新颖独到,因为它是利用地方主义者的一时之念击败地方主义本身,并提升国家主义的社会意识。有选举权的人被划分为十个选举小区,且仅选举唯一的代言人,继而他将召集其他选区的代表。这种经过精选的方式将持续下去,直到极小部分符合条件的人被选举出来作为各邦代表为止。这种金字塔式的选举方式具有广泛的群众基础:它一方面包容了地方性代表;另一方面抑制其恶性倾向。①它与反联邦党人的地方主义具有不同的特性:不是将地方主义的思想包容在内,而是宁愿通过对它们进行筛选而排除它们。他的理想模式与威尔逊和麦迪逊在批准宪法时期所捍卫的选举模式具有同一性:众议院代表应当是集显著的知识、智慧和才能为一体的适当选举模式。杰克逊有关改进联邦主义制度的精妙之处在于,通过确保被选举产生的政府官员来自美国社会中具有天然贵族特性的人们,从而使过度的民主制易于受到控制。按照这种方式,多数人与少数人之间的利益最终将保持平衡,社会公共利益更有可能得到极大的提升。

反联邦党人有关众议院代表的适当选举方式之观点则是由称之为"真正的农夫"所捍卫的观点:"利益的多元化在每一个邦的公民之间是实际存在的",尤其是在商人和大土地所有者之间的利益差异。作者重申国会的组成应当由人民当中完全相似的那类人构成。"在任何情形下,为了确保真实而平等的代表制,长途游历的选举方式应尽可能地使其缩短,且众议院代表应当在其交往圈或所在地区进行选择,选举的范围应当与事实的本质保持同样小的范围,且得到宪法的认同。"依照这种方式,公民更能普遍地了解他

---

① A Native of Boston [Jonathan Jackson], *Thoughts upon the Political Situation of the United States of America*… Worcester, Mass., 1788, pp.69, 106–111; Jonathan Jackson to William Eustis, Dec. 1788, *DHFFE*, I, pp.591, 594.杰克逊在八名候选人中名列第二,且是最终从埃斯克斯地区选举成为州官员的候选人。

们的代表和被他们的代表所了解。他以一种提醒人民的方式结束了他的短论文：“在公民中各种不同阶层的利益可以在政府中被真实地代表”，以便“在政府的每个部门都由具有品性、保持克制和慎思明辨的人们所组成”。马萨诸塞邦的反联邦党人带有偏爱性地回应联邦党人：中间阶级的民主主义者在政府的各种职位中应当被任用。对于政府而言，使人民充满信心和认同是必需的。实现联邦国家的代议制方式只能依赖众议院的代表来自各地方自治体，且在很大程度上等同于人民亲自参加国家管理。这种观点的核心即有关德性的理念远比联邦党人的政治观更具有平等主义的色彩，因为具有德性并非必然要求排除绅士身份。①由此，反联邦党人有关代议制理论的地方主义特性与联邦党人有关政府组成人员的整体主义观点形成了鲜明对照，联邦党人有关代议制政府选举方式的观点不是政府构成人员必须根植于他们所在地的地方主义观点，而是显著的国家主义观点。

第五节 反对派言辞之反讽：卑鄙之人与正人君子

随着有关众议院代表的适当选举方式的争论之终止，争论双方又把注意力集中于什么类型的人应当被选举。这一问题涉及宪法修正案，是当时美国自批准宪法以来就一直持续地提出来，且一直被人们追问的主要问题。反联邦党人作者渴求继续把公众的注意力集中在宪法修正案所必须添加的内容上来，而联邦党人则试图把反联邦党人描述为反宪法者，既而使他们为人所不齿，遭世人唾弃。在马萨诸塞邦的霍利斯图斯，一位反联邦党人质疑，主张制定宪法修正案的艰难尝试的支持者们被取名为“颇具有责难意味的别称——反联邦党人”。他写道：“我意识到坚持我们古老的共和主义原则在一些阶层已经过时了。”“共和主义与反联邦党人成为伴生性同义词。”“术语‘反联邦党人’在批准宪法之后较为晚近的时期是运用于这样一些人：削弱我们古老而可信赖的共和主义影响的这些人。”随着“反联邦党人”这一带有修辞色彩的术语词义的变化，放弃“反联邦党人”这一贬义性标识，重新改写共和主义思想并使之成为争论的中心话题是大多数

---

① Real Farmer, *Hampshire Chronicle*, Springfield, Mass., Oct. 22, 1788, *DHFFE*, I, pp.468-469.

具有影响力的反联邦党人所采用的策略。①当他们以这种方式措辞时,提出有关宪法的重要主题不仅仅只是表达特定个人的立场,而且真正表达了坚持独立革命时期以来的共和主义原则的人们的基本观点。

一、公共论坛之反讽:塞缪尔·亚当斯之宪法政治观

公共争论中带有修辞色彩的结构和语调从批准宪法以来到第一届国会的选举一直持续地运用于许多宪法性主题的争论中。许多作者把马萨诸塞邦以"森提内尔"为首的众多反联邦党人与善于运用骗术的人联系起来。自称为"七十五岁的善良老人"的作者宣称,"马萨诸塞邦的反联邦党人对人们声称他们是造反者"。在马萨诸塞邦的某个城镇一名意欲任职联邦机构且具有被选举权资格的人被警告不能选择与"造反者、暴民、反联邦党人、有金钱或法律债务的人"等相关人士为伍。一些人把反联邦党人反对宪法的行为与暴民滋事联系起来,使作者和读者产生了截然不同的反应,尤其是中间阶级的反联邦党人和精英反联邦党人以带有修辞色彩的主词为依据,用于标识社会下层阶级的反联邦党人。②马萨诸塞邦的争论同样变得极为具有个人色彩,作者把注意力主要集中于与反联邦党人的观点最具有亲和力的两个主要人物身上——塞缪尔·亚当斯③和埃尔布里奇·格里。亚当斯和格里的辩解遵循了与其他反联邦党人不同的思想体系和修辞策略。一种方式是用共和主义术语"德性"的概念阐述自己的观点,证明了亚当斯和格里是原则性极强的人,不会受到任何民粹主义思想和利益的影响;另一种方式是用极为不同的修辞手法把特定的人描述为对民众自由带有敌意且坚持贵族政体的那些人的敌人。因为他们运用两种截然不同的表达方式是具有深意的,如果我们深入地了解马萨诸塞邦反联邦主义的复杂性,那么它应当包含民众民主主义派别和更为保守的精英主义派别的特定观点。而社会下层平民主义者的观点在语词上表达得极为模糊不清。

---

① Honestus [Benjamin Austin?], *Independent Chronicle: And the Universal Advertiser*, Boston, Oct. 30, 1788, *DHFFE*, I, pp.473–476.

② *Massachusetts Centinel*, Boston, Dec. 17, 1788, *DHFFE*, I, pp.562–563.

③ 塞缪尔·亚当斯是坚持美国民主党的精神和构想用派系的机器建设民主实践的第一人。在他看来,大多数的意志将实际成为主权的意志,最终实现民主国家。他拒斥每一种形式的"混合政府",无论是以国王、上议院和下议院的形式,还是以宪法审查和平衡的形式。他相信民主是必然的,"在这光明和自由的时代,每一个人都可以亲眼观察、亲自判断"。参见[美]沃侬·路易·帕灵顿:《美国思想史》,陈永国、李增、郭乙瑶译,长春:吉林人民出版社,2002年,第207、218页。

在公共论坛上起主导作用的民众呼声主要是由著名的精英人物和中间阶级的反联邦党人发出。"他们所有人都是如此受人敬重",自称为"求真之人"的作者宣称,"卑劣之人想用一把匕首刺穿自由之心,因为他们唯一的目标似乎就是针对亚当斯先生的特性给予致命一击"。当知道亚当斯先生对宪法持保留意见时,"求真之人"抨击那些盲目崇拜者,许多人未经深思熟虑就受制于那种近乎充满幻想的完美模式。然而"求真之人"劝告人们保持节制,"让我们更明智和温和一些吧!公正地对待他,让波士顿的公民们尊重和敬重这个人,他的决定是不容忽视和改变的,且他的智慧是唯一能够与他的德性相匹配的"①。由此,"求真之人"为亚当斯的辩解阐述了许多有关共和主义的主题,这些主题正是"古代爱国者"在批准宪法时期所明确阐述的观点,它着重强调了把以人的德性为标准的理想模式与人们应当如何拒绝盲目地屈从于民众的热情之范式区分开来。

此外,还有一种颇具特色且更为普遍运用的修辞手法和策略是被称为"共和主义者"的人所使用的语言技巧。他抨击"贵族专制政体"是"侮辱和滥用我们国家古老的爱国者和真正的朋友的情感,因为他们本身并不具有专制倾向"。他们之所以抨击反联邦党人的主要领导人的品性和意涵是为了败坏他们的个人声誉,取信于民。在此,"共和主义者被称为善于欺骗和伪装的人与摧毁所有政府权力的人。他们通过破坏对民众领袖的信任,竭力阻止制定宪法修正案,从而确保他们的最终目标得以实现——创建一个贵族政体或君主政体的政府结构形式"。在他们看来,人民的明智选择在于重新召开制宪会议,推荐建构政府的可替代性解决方案,"把专横的贵族政体胡乱地写在羊皮纸上,诱使人民忽视我们国家真正的爱国者的热情和民众意愿。只有如此,他们才可能有机会进入联邦立法机关"②。

二、正直之人:格里之宪法与政治观

埃尔布里奇·格里作为一名精英反联邦党人在批准宪法时期发挥了极为明显的作用,他所具有的众议院代表选举资格成了争论双方的核心焦点。联邦党人试图通过着重强调他对宪法的反对意见败坏他的声誉。"X"指责格里:"意涵破坏新宪法的那些人应当为格里先生投上一票;所有负有债务和希望发行纸币的人,所有想要清偿债务和要求发行纸币的人,所有

---

① "Truth," *Boston Gazette, and the Country Journal*, Sep. 1, 1788, *DHFFE*, I, pp.452-453.

② A Republican, *Boston Gazette*, Sep. 1, 1788, *DHFFE*, I, pp.453-454.

善于欺骗和伪装的人都应当为格里先生投上一票。"①而格里作为坚定的宪法反对者为自己辩解，宣称他是坚持公平和正义的立场。他明确地断言，他对宪法的反对意见并非受任何平等主义或激进的民主主义思想所左右。"一个过度民主的政府甚至是我竭尽全力反对的政府"，他解释道。他希望制定宪法修正案的目的在于，确保被统治者不受无法律制约的贪欲和傲慢的野心所支配。另一位自称为"独立之人"的作者，把埃尔布里奇·格里颂扬为客观公正之绅士。私下里，格里的一些朋友也劝告他不要太在乎他人对其人格的攻击，且始终坚持真正的共和主义原则。塞缪尔·奥斯古德提醒格里："一个真正的共和主义者决不会违背人民的意愿，人民也不会抛弃他们或取消他们为人民服务的资格。在民主政府中受人诽谤是不可避免的。这样的政府有时是或总是处于动荡不安之中。使它们在任何事情上都变得更为良好的唯一途径就是把社会中冷静和睿智的那一部分人团结起来。"②在此，一些作者把格里称颂为追求公共利益，且备受民众欢迎的共和主义政治家之典范。自称为古典公民"玛西鲁斯"的作者把联邦党人对格里的攻击指责为共和国领域内本身所具有的一种腐败现象。口头诽谤和辱骂的普遍存在使有德性的正直之士服务于公共利益和追求共同体的善成为不可能。"玛西鲁斯"认为格里是这样的人："具有清醒头脑和坦荡胸怀的、满腔热忱的爱国绅士，这样的人才能为具有生机和活力的民治政府服务"，因为民治政府不仅需要受到"适当的权力制衡"，达到均衡政体的目的；而且需要真正正直和睿智的爱国者来治理它。③

尽管埃尔布里奇·格里自己也明确地否认过度的民主政体，但是许多作者仍然运用一些更为民主化的语词为他辩解。正是在争论双方提出激烈的反对论点的过程中再次表明，一旦他们的论点进入公共论坛的争论之中，作者们就不再能够控制他们的观点了。以格里的事例来看，他甚至不能控制他自身的人格表象在公共争论中是如何被其他人所形塑。由此，阿多尔弗斯抨击道："傲慢的贵族政体认为乡村的自耕农部分不适合或完全不适合成为政府的组成部分，他们中许多人是闲散和微不足道的小卒，希

---

① "X to the Electors of Middlesex," *Herald of Freedom*, Jan. 16, 1789, *DHFFE*, I, p.646.

② "Elbridge Gerry to the Electors of Middlesex," *Independent Chronicle*, Jan. 22, 1789, *DHFFE*, I, p.647; Samuel Osgood to Elbridge Gerry, Feb. 19, 1789, *DHFFE*, I, p.657.

③ Marcellus, *Herald of Freedom*, Jan. 23, 1789, *DHFFE*, I, p.128.

望从工业人群中获得非劳动所得而生活。"另一个自称为"乡村人"①的人为格里辩护,他坚持一种朴素的写实风格。他承认格里的精英人物地位,同时断言,他的看法并非富有阶层类型的典型代表。"他已有如此长时间的公共领域生活,知道自己应当如何行为,且怎样说话和如何抓住重点,如何写作,许多伟大的人都与他在国会里共过事。"格里与其他人之间的差异在于,"乡村人"提到,格里的忠诚是对民众,而不是对他的阶层和利益。不同于其他"伟大的人",格里"不会说所有其他伟大的人所要说的话,除非他认为是正确的"②。

公众努力为埃尔布里奇·格里辩护也遵循了一种具有歧义性的修辞策略,它折射出反联邦党人内部的两个对立性演讲论坛的重要性,即一端是起决定性作用的精英人物,另一端是更为民主主义的普通人物。格里所具有的众议院候选人资格在当时的美国社会引起了各种各样的反响,有关他的人品的争论已成为当时美国社会的一种公共象征,他的这种象征性意义引起了民众强烈的争议。联邦党人和宪法支持者们试图控制对格里的象征性解释路径,正如联邦党人几乎每个人都激烈地争夺界定反联邦党人的思想根源和修辞手法的路径那样。联邦党人努力试图使反联邦党人在公共论坛中丧失声誉和信誉,他们不断寻求反联邦党人的观点与善于欺骗和伪装的人的思想之间的关联性,且指责格里是专门从事代表其阶层利益的政治机会主义者和蛊惑人心的阴谋家。然而仍然有一些人继续为格里辩护,他们抓住问题的关键和实质,把当时的美国政治场域的斗争划分为多数人与少数人之间的斗争。包括格里本人在内的其他一些支持者也一直避免使用带有阶级意识形态属性的语词,他们援引客观而公正的共和主义政治理念,且把自己视为独立革命时期旧共和主义价值观的代言人。由此,反联邦党人遵循着两种不同的语词手法传统,每一个都与独具特点的政治意识形态相联系,它们成为反联邦党人不断分化的紧张关系的外在表征,从而使一部分反联邦党人向宪法的忠实反对派转变。如果有任何可能的话,在反对派思想范围内几乎没有缩小他们之间的严重分歧。此时,在公共论坛中作为社会下层阶级的反联邦党人的呼声似乎已经处于沉寂状

---

① 1787年12月至1788年1月《来自乡村人的信》(五篇)发表于《纽约报》,批评新宪法和联邦政府,并为格里先生辩护。See Herbert J. Storing, *The Complete Anti-Federalists*, The University of Chicago Press, 1981, VI, pp.66-88.

② Adolphus, *Independent Chronicle*, Jan. 1, 1789, *DHFFC*, I, pp.636-638; Countryman, *Boston Gazette*, Jan. 26, 1789, *DHFFE*, I, p.649.

态。因为社会下层阶级唯一求助的理念和思想具有负面性,部分原因在于联邦党人为使反联邦党人在公共论坛中丧失声誉而发动了一场具有影响力的批判运动。

总之,有关众议院选举的适当方式和国会席位的公共争论证明了反联邦党人的宪法和政治思想仍然具有持续的影响和关联性。他们以令人信服的术语建构了现代美国必须被抛弃的标识"反联邦党人",使它仅仅继续存留于一种既存的政治责任之中。对于先前的宪法反对者而言,事实是极为明显的。确实,埃尔布里奇·格里曾经在国会试图使自身鲜明地烙上"联邦党人"或"反联邦党人"的印记,使联邦党人和反联邦党人的人格特征在一定意义上具有更大的关联性。因此,争论双方之所以选择特定的妙趣横生的精准术语,其目的也许是,使后来的人们能够准确地把握在美国批准宪法时期的公共争论中被分离开来的两种不同派别的观点和特性:

> 联邦党人正如目前的情形那样,赞成通过和批准宪法;而其他一些人则直到制定了宪法修正案之后方才同意。然而他们的名称不应当被区分为联邦党人与反联邦党人,而应当别称为所谓的卑劣之人与正人君子。[1]

卑劣之人与正人君子之战一直持续到美国第一届国会,且一直以某种确定的方式在美国政治场域中持续地演进和变化:当许多反联邦党人质疑新的联邦政府可能造成如此可怕的危险之预言成为现实时,它甚至使一些曾经热情支持宪法的倡导者们也感到震惊和困惑。

第六节 反联邦党人与第一届国会之政治

美国第一届国会的议员选举深受批准宪法时期的宪法和歧义政治思想的影响。在有关宪法实施的许多主题,如代议制机构的代表候选人的适当选举方式,以及有关宪法的最初立场至少与公共论坛上已提出来的任何其他论点一样具有重要性。尽管联邦党人努力尝试使具有政府任职资格且曾经是反联邦党人的那些人在公众中丧失声誉和信誉,然而新的联邦参议院仍然接纳了美国批准宪法时期三名大声表达反联邦党人歧义宪法和

---

① *Annals of Congress*, Washington, D.C., Aug. 1789, I, p.731.

政治思想的杰出人物,在新的联邦众议院组成人员中也容纳了十一名各具特点的反联邦党人少数派成员作为众议院议员。尽管在众议院选举中并没有出现唯一的投票集团,但是公民每一个个体的投票确实持续地反映了反联邦党人的政治参与状况。许多有关宪法的政治议题,如从总统宣布感恩节的权力到总统任命行政部门首长的职权都必须经由国会批准,且国会管理邮政局。①就反联邦党人所传播的反对意见而言,正是批准宪法时期的最新争论使他们联想到一些曾经发生过的类似事件。

一、反联邦党人思想之持续影响:总统住宅尊名与宪法修正案

第一届国会的第一场争论使介入争论双方的参加者们都必须回溯到批准宪法时期所争论的宪法主题上来:国会为联邦政府新总统——乔治·华盛顿的住址赐予尊名的行为。托马斯·图柯向他的同事——联邦国会的议员提出了一系列疑问:"它不会令我们同胞公民感到担心吗?""难道他们不会说,他们已经被制宪会议拟议的宪法欺骗了吗?""难道我们不应该认为宪法反对派的担心具有正当理由吗?难道他们不会因此认为它对人民的自由是一种潜在的危险吗?"有关为新总统的住址命名的适当方式之争论是一个具有相当重要性且具有象征意义的主题,然而它仅仅只是表达了联邦党人与反联邦党人之间在批准宪法会议上的许多争论主题中之一种。而在此的许多争论参加者所提出的主要问题本质上仍然是联邦党人与反联邦党人在1787年至1788年期间所争论的主题的延续,当然也是美国奠基时期争论双方就有关宪法的主题争论所必然产生的结果。

第一届国会成立后,与反联邦党人在批准宪法时期提出的异议相关的许多争论主要还是集中于宪法修正案。为了满足反联邦党人在批准宪法

---

① 有关第一届国会的投票方式和联合投票方式有说服力的论点是与反联邦党人的组织形式有关,且按照各具特色的反联邦党人的意识形态所进行的投票方式,参见 John H. Aldrich and Ruth W. Grant, "The Anti-Federalists, the First Congress, and the First Parties," *Journal of Politics*, LV, 1993, pp.295–326。较早时期大量研究第一届国会中反联邦党人的作用,且贬低反联邦党人在第一届国会中的作用,参见 Mary Ryan, "Party Formation in the United States Congress, 1789 to 1796: A Quantitative Analysis," *WMQ*, 3rd Ser., XXVIII, 1971, pp.523–542。当第一届国会的投票方式并不支持社会利益群体作为纯粹的正式形成的政党组织而发挥其作用时,它进一步辨明了精英反联邦党人的投票者曾经讨论的一系列宪法问题,参见 Ronald P. Formisano, "Deferential-Participant Politics: The Early Republic's Political Culture, 1789–1840," *American Political Science Review*, LXVIII, 1974, pp.473–487。

时期反对宪法所提出的有关宪法的修改意见,制定宪法修正案的工作就历史地落到了作为"宪法之父"的麦迪逊身上。他急于阻止反联邦党人对拟议的宪法规则有关联邦主义制度进行结构性改变,因为此种结构性改变很可能削弱新政府的权威。①在第一届国会就有关《权利法案》的措辞的争论基本上是模仿联邦党人与反联邦党人在批准宪法时期的争论要点。在此,出于政治阐释之目的,一位现代观察者评论道:"反联邦党人的代表人物格里、图柯等人似乎决定尽可能地故意妨碍和阻拦公众必须讨论的重要观点。"②宾夕法尼亚州的弗里克·默伦伯戈甚至相信,同情反联邦党人的一些国会议员更为明显地表达了第一届国会政治冲突的结果。"格里先生和图柯先生有他们自己拟定的冗长的宪法修正案清单。这些宪法修正案在国会特别委员会的报告中并非不符合提案标准,因为他们所提交的宪法修正案是由几个州联合提议推荐的。"所有的宪法修正案都呈现出不同寻常的混合物,甚至有的修正案如宾夕法尼亚州《我们少数派的方案》宁愿明确表达新制度所存在的巨大危险。③由此,一项具有独特性的反联邦党人行动计划开始出现了。反联邦党人的目标旨在限制联邦政府的权力,加强各州的权力,以便它们可以继续保护公民个体的自由和权利。威廉·格雷森向帕特里克·亨利表露其意愿,国会正在审议的宪法修正案"应当只能影响到特定个体的自由,正如它们现在所处的状态,保留司法机关的受案管辖权和联邦政府的直接征税权是最为重要的主题"④。这一宣称重申了反联邦党人的核心思想:联邦政府的权力配置对保护公民自由具有重要性。格雷森的观点,即已通过的宪法修正案"没有产生任何好的后果,且相信正如许多其他人所认为的,它们比反映公民所关注的征税权和新的联邦司法机关受案管辖权所损害的利益更甚",它使各州提交的有关保护个体自由的所有其他宪法修正案都毫无价值可言。格雷森明确提出了第一届国会所提出的宪法修正案之缺陷,它并未涉及如何处理反联邦党人所关注的政府对

---

① *Annals of Congress*, Washington, D.C., 1834, I, pp.319, 759.

② John Brown to William Irvine, Aug. 17, 1789, in Helen E. Veit, Kenneth R. Bowling, and Charlene Bangs Bickford eds., *Creating the Bill of Rights: The Documentary Record from the First Federal Congress*, The Williams and Wolkins Company, 1991, p.256.

③ Frederick A. Muhlenberg to Benjamin Rush, Aug. 18, 1789, *Annals of Congress*, Washington, D.C., 1834, I, p.280.最详尽阐述《权利法案》制定过程的政治斗争,参见 Kenneth R. Bowling, "'A Tub to the Whale': The Founding Father and the Adoption of the Federal Bill of Rights," *Journal of the Early Republic*, VIII, 1988, pp.223-251。

④ *Annals of Congress*, Washington, D.C., 1834, I, pp.289, 301.

公民自由存在潜在危害的基本要素。征税权和公正的司法执行权是独立战争时期北美殖民地十三个邦与英国殖民者进行斗争的核心问题，且一直以来就是反联邦党人批评1787年宪法的关键点。对于格雷森而言，对自由的威胁在于新政府僭越了它的宪定权力范围，且专断地行使征税权，压倒性地取消了任何书面文件对政府的适当制约，且这种威胁因联邦司法权力的固有特性而加剧。①因为挑战联邦公民权的法律保护之路将会通过联邦法院，如果不能对联邦主义制度进行结构性改革，仅仅只是依赖于羊皮纸上所设定的限制条件，很难有效地保护公民的自由和权利。当然，反联邦党人有关自由和权利的观点仍然与1776年一位爱国者领导人所提倡的思想密切相关。②格雷森所关注的司法机关受案管辖权和联邦政府的征税权可以被理解为并未超出美国宪法和歧义政治的传统思想的特定情形。如果新政府拥有更大范围内的无限制的授权，尤其是在征税权方面，那么有关公民个人自由的所有书面保证都将是毫无意义的。

二、联邦政府宪定权力之辩：重拟《权利法案》

没有任何一个主题比反联邦党人试图限制宪法所明确授予联邦政府的权力更能引起辩论双方激烈的争论了。联邦党人詹姆斯·威尔逊曾经提出有歧义的观点："在所有社会中，都有许多权力和权利不能被特别地列举

---

① 汉密尔顿在《联邦党人文集》第七十八篇中阐述了"限权宪法"的概念。所谓限权宪法系指为立法机关规定一定限制的宪法。如规定立法机关不得制定剥夺公民权利的法案，不得制定具有溯及既往的法律等等。在实际执行中，此类限制须通过法院执行，因而法院必须有宣布违反宪法明文规定的立法为无效之权。如无此项规定，则一切保留特定权利与特权的条款将形同虚设。由此，法院的完全独立在限权宪法中尤为重要。参见［美］汉密尔顿、杰伊、麦迪逊：《联邦党人文集》，程逢如、在汉、舒逊译，北京：商务印书馆，2017年，第454页。

② William Grayson to Patrick Henry, Jun. 12, Sep. 29, 1789, *Congressional Bibliographic Record*, pp.248-249, 300.引用盖瑞逊的观点阐述反联邦党人对个体自由漠不关心的态度，参见 Leonard W. Levy, *Original Intent and the Framer's Constitution*, Ivan R. Dee Publisher, 1988, pp.169-172。关于《权利法案》的学术著作，参见 James H. Hutson, "The Birth of the Bill of Rights: The State of Current Scholarship," *Prologue*, XX, 1988, pp.143-161; David M. Rabban, "The Ahistorical Historian: Leonard Levy on Freedom of Expression in Early American History," *Stanford Law Review*, XXXVII, 1985, pp.795-856; Saul Cornell, "Moving beyond the Canon of Traditional Constitutional History: Anti-Federalists, the Bill of Rights, and the Promise of Post-modern Historiography," *Law and History Review*, XII, 1994, pp.1-28。

出来"，"对政府权力的不完全列举则是把所有隐含的权力保留给人民。"①
麦迪逊对此的回应是制定宪法修正案："某些权力并未被宪法授权于联邦
政府，也没有被宪法禁止各州行使，那么这些权力就由各州所保留。"反联
邦党人托马斯·图柯指出，在"未授权"与"授权"之间添加词语"明确的"。
麦迪逊回答道："这一问题是由弗吉尼亚州制宪会议争论所引起的；它是由
宪法反对派提出的，最终又被他们抛弃。"如果没有添加词语"明确的"，那
么许多反联邦党人相信制定宪法修正案是没有任何意义的：联邦政府最终
在其权力所属的范围内可能并入所有权力。②图柯的论点和麦迪逊就有关
宪法的解释成为后来宪法前十条修正案——《权利法案》具有正当性的依
据，它预示了美国宪法的未来发展方向。还有许多其他的主题，其中最重
要的是，限制政府由宪法所明确授予的权力的观点是界定反联邦党人解释
美国联邦主义特有的核心内容，而这种联邦主义诠释后来逐渐成为美国宪
法和歧义政治话语形成的理论基础。

当他试图努力寻求缩减国会的征税权时，托马斯·图柯支持另一类反
联邦党人事业。他坚持认为征税权的行使仅仅只是在州不遵守国会的正
式要求时，联邦政府才能行使这项权力。图柯重复批准宪法时期公共论坛
范围内所争论的普遍性主题——建立普遍的税务征收体系，公正地实施于
所有居民是不可能的。直接征税权赋予联邦政府太大的权力，"无论联邦
政府何时需要行使这种权力，它都会在各州引起骚乱和混乱"，宪法的这项
规定使联邦政府有权削弱各州的权力，且可能成为制裁各州的合法手段。
正如许多反联邦党人所说的，图柯试图尽力寻求使各州决定如何评估税
收，并进行征税。仅仅只有在各州不能满足联邦国会的正式请求时，联邦
政府向公民直接征税才能成为国会选择行使权力的合法方式。③

另一些重要反联邦党人关注的是由联邦政府负责规范选举制度可能造
成的危险。埃德鲁斯·柏克努力寻求制定新的宪法修正案，以确保"国会在

---

① Thomas Lloyd, comp. and ed., *Debates of the Convention of the State of Pennsylvania on the Constitution proposed for the Government of the United States*, Philadephia, 1788, *DHFFC*, pp.41–44.

② *Gazette of the United States*, New York, Aug. 22, 1789, *Congressional Bibliographic Record*, *DHFFC*, p.193; *Congressional Register*, Aug. 18, 1789, *Congressional Bibliographic Record*, p.197; *Madison's Resolution*, Jun. 8, 1789, *Congressional Bibliographic Record*, *DHFFC*, p.14.

③ *Gazette of the United States*, New York, Aug. 26, 1789, *Congressional Bibliographic Record*, *DHFFC*, p.207.

一定时期内不应当改变、修正或干预选举规则和选举行为,无论参议院议员或众议院议员任职选举在何地以何种方式举行,除非任何州因入侵或叛乱使选举受到阻碍,或不予重视,或没有能力"[1]。他并非仅仅只是担心依据宪法而构建的代议制政府。反联邦党人也担心,一旦公民当选,甚至更多具有德性的人都可能被政府中存在的不良风气所腐蚀。单纯地消除负责管理的选举制度所造成的危险只是解决局部问题的方式。具有同等重要性的措施是,努力通过禁令的实施使法律制定者承担一定的责任和义务。图柯提议把立法机关的权力与选举国会代表的权利联结起来。格里支持这项动议,且争辩道,他们不仅应当有被保护的权利,而且应当把这种权利扩大到与代表所承担特定职位的义务相联系。埃德鲁斯·柏克也赞同这项措施,并争辩道,如果没有对它进行改变或在宪法中作出其他的实质性规定,那么宪法修正案将不可能为"我们的选民提供满足条件的要求"。[2]

关于州控制武装力量的话题也再次浮出水面,另一些反联邦党人尤其关注这个话题。埃尔布里奇·格里提醒国会议员,武装力量在共和政府里发挥着不可估量的重要作用。"先生,如何运用武装力量呢?那将是阻止联邦政府建立常备军——对公民自由可能造成困扰之物。"经验证明,这一主题的重要性在于,它并非言过其实,且实施过程具有较大的难度。"无论政府采取何种方式侵犯人民的自由和权利,它们首先总是试图摧毁人民掌握的武装力量,因为只有招募正式军队才能达到摧毁它们的目的。"格里努力寻求阐明武装力量的作用,以便使它继续成为各州的权力象征。个体因宗教考量免除必须服兵役的提议也使格里认为是对亲政府权力的一项危险性让步。"这一条款将给政府运用权力毁灭宪法本身提供机会,他们可能宣称特定的人具有宗教上的禁忌,进而阻止他们承担服兵役的义务。"[3]由于解除了各州的武装力量,联邦政府创建强有力的常备军就极为容易。而共和主义信念的神圣宗旨在于常备军对公民自由具有巨大的危险性,且格里更担忧已拟议的宪法修正案用词将为此提供方便之门。

实际上,贯穿于制定宪法修正案整个过程的争论是,反联邦党人的国会议员们试图寻求实现政府的结构性改变:扩大各州的权力,阻断宪法中

---

① *House Journal, Congressional Bibliographic Record, DHFFC*, pp.35, 161.

② *Congressional Register*, Aug. 15, 1789, *Congressional Bibliographic Record, DHFFC*, pp.165–166, 175.

③ *Congressional Register*, Aug. 17, 1789, *Congressional Bibliographic Record, DHFFC*, pp.165–166, 182.

可能存在的任何模糊措辞为联邦政府提供扩大权威的借口。在每一个实例中,麦迪逊和他的盟友们都有效地使反联邦党人的行动策略遭到削弱。当然,反联邦党人并不满足于麦迪逊拟定的宪法修正案。埃尔布里奇·格里提醒他的国会同伙,"曾经在一段时期内,被称为反联邦党人的这些人斥责某些人给他们标上这样的标签是不公正地对待,因为他们支持建立联邦主义政府,而其他人则支持建立国家主义政府。"许多杰出的反联邦党人包括格里在内都相信,第一届国会通过的宪法修正案并没有真正实现保护公民个体的权利和各州的权力之目的,必须进行结构性改革。即使如此,还是有少数著名的反联邦党人政治家宁愿质疑宪法的合法性,即一项潜在破坏联邦主义政府的动议。①

事实上,要理解许多反联邦党人对国会提交的《权利法案》最终形成稿不满意是容易的。按照埃德鲁斯·柏克的观点,拟议的宪法修正案"可能被国会两院通过,但远非令我们选民感到满意"。被采纳的宪法修正案并非"人民所期待的、可信赖的和体现巨大价值的宪法修正案;它们并不比我们搅打乳酒冻更好,且华而不实和充满像风一样流动的气流,只不过它的形成会给人以娱乐的味觉而已,或它们类似于一只被抛向鲸鱼的木桶,仅仅只是为了确保船上的货物安全和它们能够顺利地航行而已"②。与其他反联邦党人一样,理查德·亨利·李也极不乐观地评估了国会批准的宪法修正案。"随后有关宪法修正案的思想完全就是一种错觉,正是妄称他们自身为联邦党人的这些人中占绝大多数人试图想要做的事。"他重复他的同伴弗吉尼亚人的论点:"自由选择的重要观点,如刑事案件中陪审团审判在很大程度上受到了限制;无限的征税权和在和平时期建立常备军仍然保持原状。公民一些很重要的权利确实得到了宣称,但是仍然保持的那些权力将更为有效地被联邦政府任意地行使,继而使它们变得毫无价值可言。"③李的论断折射出了反联邦党人的信念,如果不能对宪法进行更为重要的结构性改变,那么所谓对权利的宣称仍然只是一道抵制侵犯民众自由不可信赖的障碍。

对此,也有一些反联邦党人充满信心,甚至乔治·梅森比许多其他反联

---

① *Annals of Congress*, Washington, D.C., 1834, I, p.731.

② Gazette of the United States, Aug. 19, 1789, *Congressional Bibliographic Record, DHFFC*, p.175.

③ Richard Henry Lee to Patrick Henry, Sep. 14, 1789, *Congressional Bibliographic Record, DHFFC*, p.295.

邦党人表现得更为乐观："我们从联邦宪法的修正案中得到了许多满足,有关的联邦宪法修正案是最近由众议院通过的。"然而乔治·梅森相信,拟议的宪法修正案仍然有许多方面令人不合意或不适当："还应当有两个或三个附加的宪法修正案条款,如限制联邦司法机关有关海事案件的管辖权,且仅仅只是联邦的公民——确定选举方式无论是在宪法文本中(我认为那是最好的)还是针对各州所制定的规则中——要求超过简单多数制定有关航海和商业法律,为总统任命一个遵从宪法的特别委员会,且正式赋予他们宪法已授予参议院的许多行政权——这样我可能会欣然地举起我的双手,由衷地支持联邦政府。"①乔治·梅森重申了反联邦党人关注的联邦政府存在结构性缺陷,尤其担忧司法机关呈现的明显的威胁,然而新宪法并未提供适当的表达方式。由此表明,反联邦党人并非仅仅只是把最终通过的宪法修正案视为一种政治上的权宜之计。联邦党人乔治·克莱默致信特恩斯·柯克斯藐视和误解地认为"乔治·梅森的宪法修正案只不过是给无希望的治疗需要者一剂安慰剂而已。正如一位明智的内科医生,乔治·梅森提供给他有严重问题的病人口服膏状药丸粉粒剂和中型混合剂使他们能够维持原来的药物发挥的作用而已"②。因而,甚至一些有影响力的联邦党人也支持这种观点,如果不是为了应对反联邦党人对宪法的反对意见,乔治·梅森的宪法修正案仅仅只不过是用来减轻反联邦党人的担忧而已。

从本质上而言,大多数反联邦党人一致的共识是寻求对1787年宪法制定重大的修正案,从而对联邦主义制度进行结构性改革。从他们的思维方式我们可以推断出,他们需要一部正式的完整的《权利法案》,这就是麦迪逊为什么要提议制定宪法修正案的真正缘由。由国会采纳的宪法修正案的最终形式并未修补反联邦党人批评意见,他们认为宪法存在许多重大缺陷。反联邦党人并不满意宪法修正案版本并非意味着他们早些时候赞同制定《权利法案》是毫无真正价值的一种悲观策略。如果客观考量他们的信念,即公民的自由仅仅只有在适当的联邦主义制度范围内才能得到保护,那么他们的失望就显得完全具有意义了。随着制定有关宪法修正案的争论落下帷幕,美国政治舞台上重新燃起了新的政治斗争。更是随着已通过修正案的宪法牢固地深入人心,正视先前的联邦

---

① George Mason to Samuel Griffin, Sep. 8, 1789, *Congressional Bibliographic Record*, *DHFFC*, p.292.

② George Mason to Samuel Griffin, Sep. 8, 1789, *Congressional Bibliographic Record*, *DHFFC*, p.255.

党人和反联邦党人提出的更为急迫的问题就是如何阐释联邦政府的新体制。然而反联邦党人与联邦党人之间已形成的宪法和政治分歧并未就此消失,而是从根本上转变为在公共论坛上争论有关宪法修正案提出来的基本结论。直接继承于批准宪法时期且最后仍然备存的问题现在基本上已经得到解决。政治争论的主题逐渐转为宪法将如何被公民、国会和法院解释的问题上来。

三、歧义宪法理论之转变:宪法解释方式之论辩

从特定反联邦党人对1787年宪法的反对意见转向新民主共和主义者对联邦主义制度提出的反对意见是一个渐进的发展过程,其中最引人注目的原始资料之一就是宾夕法尼亚州参议员威廉·马克莱所作的详细记录。作为1787—1788年宪法的支持者和18世纪90年代民主共和主义的支持者,马克莱有关美国宪法和政治理论的记录为解析这一时期美国歧义政治的演进过程提供了重要线索。在早期的记录里,马克莱把弗吉尼亚州的理查德·亨利·李描述为"一位声名狼藉的反联邦党人",并把马萨诸塞州的埃尔布里奇·格里刻画为"值得赞赏的反联邦党人"。然而,随着摆在联邦国会面前的新问题产生,马克莱描述有关美国歧义宪法和政治争论的语词发生了变化。他注意到美国政治舞台上出现的新的一群人,他把他们称为"法院派系"。这一群人全心全意地投入如何加强行政机关的权力中去,且一般而言强调扩大联邦政府的权力。甚至马克莱发现自己与来自弗吉尼亚州的李———一位"声名狼藉的反联邦党人"都能保持一致意见。马克莱自命不凡地认为,李在抵制新出现的"法院派系"方面接受了他的论点。马克莱转而回答称,李是受到较早时期政治争论的观点所侵蚀的人。新的政治派系和联盟的出现并非可以完全抹去旧派别分歧的怨恨。当马克莱表明对李的极大同情时,他把威廉·格雷森的提议排除在外,即法院派系所提供的方案仅仅只是宪法的最初支持者所提出。由于他自己支持宪法,马克莱拒斥这种观点。他认为格雷森的观点参照了帕特里克·亨利的反对意见,即"联邦政府的目标就是巩固中央政府的权力",这是"显而易见的"。

当然,并非所有前反联邦党人①在国会中就阐释新的政治发展进程都坚持唯一一种观点。显然,李具有调和性的言辞方式更可能获得反对正在兴起的"法院派系"的人们的信任。马克莱赞同前反联邦党人反对"法院派系"并非意味着他接纳了前反联邦党人的原则。②马克莱显然也相信,新的政治派别在国会中已经出现。对于大多数前反联邦党人而言,"法院派系"的行为证明了他们在批准宪法的较早时期的立场是正确的。更多政治上的精明人士也能意识到,加速着手与昔日的反联邦党人联盟的成员们结成同盟的工作是至关重要的,因为他们曾经针对法院派系的兴起提出过警示。毫无疑问,对有些人而言,这种动议仅仅只是出自政治上的权宜之计;而对另一些人而言,它可能形成一种共识,即支持宪法的这些人并不可能希望建立一个法院式的政府。

马克莱尤其被法院派系的成员们对英国政府最近所表现出来的偏爱行为感到困惑。他尤其难以理解"威廉·佩特森的行为",他"给我最典型的特征是'忠实的革命者'和'真正的辉格党'"。尽管曾经有这样的声誉,然而现在的佩特森"背离了共和主义原则,且令人质疑之处在于,他的某些行为背叛了我们人民"。在第一届联邦国会出现了一种明确的宪法解释方式,使马克莱真正相信,"某一政党的建构就是运用一般权力通过一种建构主义宪法解释方式使宪法得以有效地实施。这种策略方式使联邦国会的立法权延伸至必要或适当之时的每一个案件"。按照马克莱的观点,最高法院对宪法的解释证明是一种"有待决定的论点",即一种"无防备且超出必要限度"的论点,如果没有制约措施,那将使总体政府完全处于失控状态。马克莱感到震惊的是,政治家们自我吹嘘他们"欺骗人民"的观点,且为人民建立一种不能代表自身的政府形式。最后,马克莱相信,这种新"法院派系"的傲慢将使政府什么也不能做,"我认为它们所要做的仅仅只是用

---

① 反联邦党人与前反联邦党人的区分主要有两个基本标志:一是派别消失。1787—1788年,作为政治派别的反联邦党人在18世纪90年代初期就已经逐渐淡出了政治舞台,代之而起的是民主共和党。换言之,反联邦党人作为一个政治派别已经基本消失。二是思想继承。反联邦党人的宪法和政治思想已经被麦迪逊《1800年报告》的宪法综合理论以及后来的杰斐逊主义和杰克逊主义所取代,麦迪逊1800年的宪法综合理论有机地把前反联邦党人的宪法思想融入其中。尽管反联邦党人的宪法思想至少从形式上已经被新的宪法综合理论所取代,然而反联邦党人的宪法思想之精髓一直留存于美国政治生活的灵魂之中,从华盛顿政府到拜登政府。

② Kenneth R. Bowling and Helen E. Veit, eds., *The Diary of William Maclay and Other Notes on Senate Debates*, IX of *DHFFC*, pp.10, 50, 113–115.

一双笨拙的手而已"。"法院派系"的傲慢行为使支持者们不得不坦言他们的真实意涵,也使人民进一步警醒,必须联合维护宪法精神的人们共同抵制利用法院作为形成贵族政体影响力的那些人。"法院派系"的利益背离了传统辉格党的共和主义理念,他们试图通过"具有建构性的宪法解释方式"使宪法改变本来的形态,他们的想法正是前反联邦党人一直反对联邦政府权力的一项危险实验。"法院派系"的兴起使前反联邦党人和最初支持宪法的许多人和解成为可能。①由此,"法院派系"的壮大对前反联邦党人和联邦党人都具有深远的影响。"法院派系"的出现不仅为前反联邦党人的思想注入了新的活力,而且为最初支持"法院派系"的联邦党人的思想提供了反制的基础,他们提出对更为强大的中央集权的担忧,使联邦党人必须重新评估他们的前反联邦党人对手们的观点。也许,共同的敌人可能使他们有效地联合起来,但是他们仍然保持其松散性,且在许多方面,仍然是利益不兼容的联盟。由此,美国宪法和歧义政治传统的发展过程仍然处于一个渐进转变的过程。在这个转变过程中,美国歧义宪法和政治思想的发展和承继主要利用包括前反联邦党人在内的大部分思想在意识形态上所遗留下来的丰富多彩的遗产。

四、歧义宪法和政治理论之存续

虽然反联邦主义作为充满活力的政治运动已经永久地消失了,但是它为反联邦主义的精神复活提供了另一种方式。它断然决然地转变为承担宪法的忠实反对派角色,它的复兴得益于杰斐逊②和麦迪逊的努力。杰斐逊有条件地支持宪法,他是把《权利法案》包含在宪法内的更多坦诚的支持者之一。作为"宪法之父"的麦迪逊也是宪法更多的坦诚支持者和前反联邦党人的批评者之一。当面临联邦党人的新法院派系的威胁时,他们重新

---

① Kenneth R. Bowling and Helen E. Veit, eds., *The Diary of William Maclay and Other Notes on Senate Debates*, IX of *DHFFC*, pp.114—115, 382—383.

② 托马斯·杰斐逊坚持民主的农业平均主义,主要政治哲学学说是英法自由主义的混合,兼有美国边疆的自觉影响。他反对联邦党人加强中央政府的权力。在他看来,在拟定新的政府制度和新宪法时,对美国有所教益的应该是现实的需要,而不是过去的经验。在分析欧洲制度的邪恶时,他认为,政治国家必然要自我扩张,这种扩张的逻辑结果就是利维坦,它太强大、太复杂,使民众无法控制。……政府越强大,其收入越丰厚,其管理越得力,对普通人的权利的威胁就越大。法官是所有宪法问题的终极裁判是非常危险的。参见[美]沃侬·路易·帕灵顿:《美国思想史》,陈永国、李增、郭乙瑶译,长春:吉林人民出版社,2002年,第298—299、304—305页。

思考曾经他们所认同的联邦党人观点。①直到1792年,杰斐逊再次评估他对前反联邦党人论点的最初评价。他致信华盛顿时坦言,"前反联邦党人的支持者们现在通过他们预言的实现更加使他们的论点得到了证实和增强"。相较之下,"坚持共和主义的联邦党人因其所具有的内在优点而支持国家政府则被解除了他们的武装"。杰斐逊开始逐渐相信,前反联邦党人的"预言"已经载入了真正的美国史册。②

重新评估反联邦主义的合法性的类似努力是由麦迪逊在1792年短论文《党派之坦诚君子》中所从事的事业。麦迪逊为公众清晰而审慎地提出了自独立革命以来美国政治生活演进过程的思想分析报告。他重新解释了1780年至18世纪90年代美国政治局势转变过程中,前反联邦党人的论点及有关前反联邦党人是如何转变为宪法的忠实反对派。他的解释已成为现代美国政治社会中最重要的论点之一。③麦迪逊比较分析了邦联时期盲目而坚定地坚持地方主义特性的拥护者与批准宪法时期拥护在全国范围内建立国家政府的支持者之间在政治上存在的差异。他坚持认为,有关宪法的争论已经转变为美国歧义政治的基本特性,"联邦宪法包括最近一些时间在内所新制定的宪法规则,虽然产生于人民,但是再次引起了更为

---

① 有关杰斐逊主义的政治思想,参见 Banning, "Jeffersonian Ideology Revisited: Liberal and Classical Ideas in the New American Republic," *WMQ*, 3rd Ser., XLIII, 1986, pp.3-19; Appleby, "Republicanism in Old and New Contexts," *WMQ*, 3rd Ser., XLIII, 1986, pp.20-34; John Ashworth, "The Jeffersonians: Classical Republicans or Liberal Capitalists?" *Journal of American Studies*, XVIII, 1984, pp.425-435。

② Thomas Jefferson to George Washington, May 23, 1792, in Merrill D. Peterson ed., *Thomas Jefferson: Writings*, Ivan R. Dee Publisher, 1984, p.988.

③ 解释麦迪逊的宪法思想存在两种截然不同轨迹,参见 Jack N. Rakove, "The Madison Moment," *University of Chicago Law Review*, LV, 1988, pp.473-505;有关麦迪逊宪法思想的一种观点是,着重强调麦迪逊有关国家主义的最重要的部分在正在变化的国家环境中的实用主义思想。有关麦迪逊宪法思想的另一种观点,着重强调麦迪逊宪法思想在智识上的连续性和具有支撑国家主义的身份认同,但是麦迪逊有关联邦主义的思想最终还是转变为地地道道的反联邦主义,参见 Marvin Meyers, *The Mind of the Founder: Sources of the Political Thought of James Madison*, Rev. ed., The University Press of New England, 1981, p.xviii, xii. 关于麦迪逊在18世纪90年代的思想转变过程,参见 Douglas W. Jaenicke, "Madison v. Madison: The Party Essays v. 'The Federalist Papers'," in Richard Maidment and John Zvesper eds., *Reflections on the Constitution: The American Constitution after Two Hundred Years*, The University of Manchester Press, 1989, pp.116-147; Zevesper, "The Madisonian Systems," *Western Political Quarterly*, XXXVII, 1984, pp.236-256。

令人注目的分歧意见。每个公民都应该记住它,因为每个公民都参与了它们的制定"。至于1788年的联邦党人,麦迪逊写道:"是支持宪法的这些人中最大的一群人,他们对共和主义不加质疑地表示友好,毫无疑问,他们中间有些人公开地或秘密地与君主政体和贵族政体有着千丝万楼的联系。"当他为宪法支持者辩解时,麦迪逊承认必须澄清一种论点——前反联邦党人批评的核心内容:"有些联邦党人希望把宪法用于作为建立贵族政体的反革命活动之工具。"麦迪逊修正了他对联邦党人的评价,但也坦言地承认,他现在对前反联邦党人的尊敬和敬佩。麦迪逊对前反联邦党人的评价是非同寻常的厚道,因为在批准宪法时期他们被挫败了。"在反对宪法的这些人中,最大的一群人在一定程度上完全影响了合众国和善治政府,在这些人中间可能有一小部分人有不利于合众国和善治政府的倾向。"宪法的通过和采纳,麦迪逊宣称,事实上使这些较早的称谓已经可以废弃不用了。①由此,麦迪逊提出了具有偏爱性的"反共和主义党派"和"共和主义党派"两种引人注目且坚持对立立场的派系。"反共和主义党派",麦迪逊注意到,"包括受到自然特性影响和生活于传统习惯的这些人,他们更偏好于富有者,而不是社会的其他阶层。领导者本身就以说服的方式容易使人们误入歧途,认为人类不可能自我治理",且"那种政府只能依靠外表上的壮观场面、金钱和支付高薪的影响力以及军事力量的恐吓才能维持下去"。②

从本质上而言,前反联邦党人愿意支持附有修正案的宪法使麦迪逊和杰斐逊意识到前反联邦党人的担忧具有合理性。他们所创建的民主共和主义派系的理论基础源自前反联邦党人的宪法和政治思想的组成部分之混合物,且这些思想与杰斐逊和麦迪逊的宪法和政治思想联系更为紧密。③当杰斐逊和麦迪逊不断努力工作,试图建立包括宪法前反对派在内的新联盟时,联邦党人抓住新联盟建立的机会攻击反对派。术语"反联邦党人"继续成为政治上的诋毁之词,且在1792年选举争论中,作

---

① James Madison, "A Candid State of Parties," *National Gazette*, Philadephia, Sep. 22, 1792, in William T. Hutchinson et al. eds., *Papers of James Madison*, University Press of Virginia, 1962, XIV, pp.370-372.

② James Madison, "A Candid State of Parties," *National Gazette*, Philadephia, Sep. 22, 1792, in William T. Hutchinson et al. eds., *Papers of James Madison*, University Press of Virginia, 1962, XIV, pp.370-372.

③ James Madison, "A Candid State of Parties," *National Gazette*, Philadephia, Sep. 22, 1792, in William T. Hutchinson et al. eds., *Papers of James Madison*, University Press of Virginia, 1962, XIV, pp.370-372.

为贬义词的"反联邦党人"术语一而再地反复用来诋毁联邦党人行动计划中的反对派。

而普通反联邦党人政治家乔治·克林顿选择反对约翰·亚当斯当选为副总统,只不过是服务于加强美国政治中前反联邦党人所一直坚持的立场而已。由克林顿的对手展示在人民面前的恶行清单是冗长的。他们把纽约州前反联邦党人与反对真正共和主义原则的各种令人不齿的其他人联系起来,并把他们称之为"蛊惑民心的政客、群盲民主主义者、暴民民主主义者、投反对票的人、令人不愉悦的人、反抗者、政府的敌人,宪法的敌手、无政府状态的友人、良好秩序的仇视者、混乱的促成者、暴民运动的鼓动者、煽动叛乱的激进者"①。作为对上述称谓之回应,克林顿的支持者们毅然地坚持,如果在美国把打算反对未附有宪法修正案作为条件的宪法反对者称之为无德性的公民,那么他就是真正的反联邦党人。

综上所述,前反联邦党人努力工作以便阐明最初的宪法反对者现在是它的最大的支持者。威廉·芬德勒领会了许多前宪法反对派的立场,当他拒斥对宪法反对派注入标签"反联邦党人"为有效时,他与大多数反联邦党人的观点一致,他们从一开始就没有因注入这样的标签而感到满意过。前反联邦党人一直坚持认为他们是联邦主义的真正支持者。由于急于使自身摆脱附加的别称"反联邦党人"的责难,他们一直坚持大多数人所共同坚持的宪法原则。②芬德勒争辩道,术语"反联邦党人"已成为一种过时的意

---

① 关于"反联邦党人"这个术语,参见 Donald Stewart, *The Opposition Press of the Federalist Period*, Oxford University Press, 1969, pp.43, 321, 452。关于指责他同情反联邦党人从而败坏克林顿的声誉,参见 John P. Kaminski, *George Clinton: Yeoman Politician of the New Republic*, University of Wisconsin Press, 1993, pp.229–239。

② 有关术语"联邦党人"与"反联邦党人",反联邦党人乔治·布莱恩解释道:"联邦党人或联邦论者的名称是在召集制宪会议前于纽约和东部各邦兴起来的,它指的是那些反对优先考虑地方和具体利益、赞成支持合众国的人。这个名字最终被那些赞成新联邦政府的人占用了,他们称自己是联邦党人,而宪法的反对者则被称之为反联邦党人。"See Burton A. Knokle, *George Bryan and the Constitution of Pennsylvania, 1731–1791*, University of Pennsylvania Press, 1922, p.305.杰克逊·特纳·梅恩也强调联邦党人欺世盗名的行为,指出在1787年之前的那些年月里,那些赞成建立强大国家政府因此适当地被称之为"国家主义者"的人盗用了"联邦党人"一词来作为自己的名称。而用"反联邦党人"来形容那些反对联邦国会所制定的措施的人,这等于是指责他们不爱国。赫伯特·J.斯托林认为,联邦党人以上述方式使用"联邦党人"一词并无特殊或者不妥之处,支持宪法者盗用"联邦党人"一词只是语义的自然引申,而联邦党人就是充分利用了这一点。See Herbert J. Storing, *The Complete Anti-Federalists*, The University of Chicago Press, 1981, I, pp.9–10。

识形态术语；在历史上它有值得人们崇敬之处，但是不久之后，它仍然会对后立宪时期的政治斗争产生积极影响。"反联邦主义对国家即将面临的危险和政府施展阴谋巧计的呼喊逐渐消止了它对社会产生的影响，"他欣然地说道："人民越是审视它们，它们就越有说服力，反联邦党人没有任何统一的团体在当时的美国社会存在过，且从政府开始运行时起就没有任何怀有推翻政府的目的和设计。"①从实质上而言，前反联邦党人没有任何人希望反对附有修正案的宪法，其目的在于，坚持宪法的忠实反对派立场，以便实际上维护宪法，从而抵制它们既存的敌人。他们的核心观点是限制联邦政府的权力，由人民通过他们所在州的制宪会议行动，因为联邦政府的权力正是人民打算让渡给联邦政府的。甚至当芬德勒承认附有修正案的宪法的优点时，他重申他对联邦党人的行动纲领持续存在的危险之担心。若真是如此的话，那种方案的出现比1787年前反联邦党人所做出的预言更加凶险："在他们对宪法的激烈批评过程中，反对未附加宪法修正案就不能采纳拟议的宪法所建构的政府的那些人说，时机已经成熟，当隐伏的派系即将进入立法机关时，他们以一种详尽表述自己看法的方式把他们颠覆政府的行为降到最低点；但是在州制宪会议拥护宪法的那些人表达这样的担忧则是荒谬的。"芬德勒不仅感到前反联邦党人的告诫已经是先知先觉了，而且在某种程度上使他感到更为吃惊的是，这些观点与许多其他同仁所表达的思想居然具有一致性。没有任何政党希望"某一特定的思想在未来的一段时期内可以出现，而另一种思想则不会出现，应当在不久之后才会被人们所意识到"②。

由此，大多数反联邦党人遵循芬德勒描述前反联邦党人作为宪法反对派的特性进行诠释："被标示为反联邦党人的那些人在宪法处于试验状态时，并不反对联邦政府，但是……他们不赞成把拟议的宪法文本作为精准界定和捍卫公民自由所必需的限制条件。"他敏锐地补充道，大多数美国人持有一种共同观点：要求通过各州制定宪法修正案，且证明这是"大多数州的人民所普遍认同的观点"。实际上，前反联邦党人试图寻求"对政府权力进行更精准的意涵界定，且更明确地阐述他们所推荐的预防措施"。一旦这些反对意见"被真正地排除掉，那么称之为'反联邦党人'的那些人不仅

---

① A Citizen [William Findley], *A Review of the Revenue System Adopted by the First Congress under the Federal Constitution*⋯ Philadelphia, 1794, Ⅱ, p.116.

② A Citizen [William Findley], *A Review of the Revenue System Adopted by the First Congress under the Federal Constitution*⋯ Philadelphia, 1794, Ⅱ, p.74.

会感到十分满意,而且他们将热切地服从于政府"。尽管芬德勒对附有修正案的宪法表示满意,但是他还是保留了某些看法。芬德勒的担忧是,没有任何一部制定得完备的宪法修正案可以消除前反联邦党人的所有疑虑和担忧,且限制宪法各组成部分授予联邦政府广泛的许可权力。随着宪法修正案的通过,"君主政党或保皇党",芬德勒评论道,被迫把它们的希望寄托于"宪法语词的模糊性"。①宪法的通过和采纳必然在政治上开始有关宪法解释的争论,因为宪法修正案并不能防止有些人运用对宪法进行宽泛的建构主义解释方式可能带来的危险。

尽管前反联邦党人反对宪法的意见是如此之强烈,但是在批准宪法后却没有再出现过任何反宪法的派系。随着第二次制宪会议的终止,前反联邦党人把他们的注意力转向在联邦政府权力架构体系下寻求任职。联邦党人试图使前反联邦党人在民众中丧失信誉,只不过是想进一步阻止前反联邦党人建立他们特有的政党。相反,前反联邦党人开始逐渐转变为宪法的忠实反对派。然而促成前反联邦党人向宪法的忠实反对派转变是由许多因素综合作用的结果:一是,《权利法案》迅速地被采纳和通过,即使它并未完全满足许多前反联邦党人所提出的条件和要求,但它使前反联邦党人丧失了重要的号召能力;二是,前反联邦党人出于对美国宪法和歧义政治传统的基本原则之遵从和自身的信念,当宪法修正案被适时地提了出来和新的联邦政府体制可以有效地保护公民自由时,它进一步削弱了前反联邦党人政党形成的最终机会;三是,出于对华盛顿总统的敬重,美国人民对继续存在的反对意见产生了抵触情绪;四是,当联邦政府集中精力于经济复兴和经济繁荣的重任时,所有其他因素综合起来都有助于推进反联邦主义的正式组织的终止。尽管前反联邦党人并未形成反宪法的正式组织和政

① A Citizen [William Findley], *A Review of the Revenue System Adopted by the First Congress under the Federal Constitution*··· Philadelphia, 1794, II, pp.116, 117.

党,但是著述《反联邦党人文集》①——在批准宪法期间由许多前反联邦党人所撰写的各种文本编辑而成的论文集——体现了反联邦党人的各种可替代性宪法对话方案并未就此简单地消失。在联邦党人中间形成的法院派系导致了许多宪法的前支持者不得不重新思考最初反联邦党人的批评意见。②在亲联邦党人的著名人物麦迪逊和前反联邦党人著名人物威廉·芬德勒的共同努力下,最终形成了美国宪法和歧义政治传统中至关重要的另一个政治派别——民主共和主义反对派。作为宪法的忠实反对派,它们从前反联邦党人的理论中获取了许多重要思想和宪法争论之语词主题,进而使它们能够进一步适应18世纪90年代美国政治冲突大潮中的迫切要求。

---

① 从1787年10月到1788年4月,纽约邦的"反联邦党人"以"布鲁图斯"为笔名在《纽约报》上发表《致纽约邦人民》等十六篇短论文,其论点针对同一时期"普布利乌斯"在《纽约报》上所发表的短论文合集《联邦党人文集》,并逐条批驳正在批准的《联邦宪法》。此外,还有二十多位美国其他奠基者以"加图"(乔治·克林顿?)、"共和主义者"、"观察者"和"人民权利之朋友"等为笔名在报刊上发表了大量短论文,被后人汇总编辑成《反联邦党人文集》(八十五篇)。例如《反联邦党人文集》第一篇反对广袤领土范围内建立共和国(相对于《联邦党人文集》第九篇和第十篇);《反联邦党人文集》第四篇指出授予联邦政府征税权过大的危险(相对于《联邦党人文集》第二十三篇、第三十篇至第三十六篇);《反联邦党人文集》第十篇反对授予联邦政府建立常备军的权力不受限制(相对于《联邦党人文集》第二十四至第二十九篇);《反联邦党人文集》第十一篇至第十六篇指出拟议的宪法规定未经选举产生的联邦法官行使过度的司法管辖权,并终身任职,试图建立贵族政体(相对于《联邦党人文集》第七十八至第八十三篇)。
② 有关这一方面的观点,参见 Lance Banning, "Republican Ideology and the Triumph of the Constitution, 1789 to 1793," *WMQ*, 3rd Ser., XXXI, 1974, pp.167-188。

第五章　民主共和党内之反联邦党人声音

在真正的自治社会和民治政府里,人民之间存在着一种对话、共鸣甚至亲密关系,以至于统治者与被统治者之间的细微区分趋于消失。随着1787年美国《宪法》的批准和联邦共和国的建立,许多反联邦党人开始把视野面向初具规模的新生共和国,也许新世界可能会有不同,且可能是更美好的生活之所在。《权利法案》的迅速采纳、先前的反联邦党人愿意接受新宪法、1801年杰斐逊主义的胜利及多元化的反联邦党人论调,所有这些都证明了反联邦主义的生命力和影响力。民主共和党继承和发展前反联邦党人的宪法和政治思想,并使之体现于民主共和党的宪法和政治理论中。宪法的忠实反对派开始把联邦主义与地方主义结合起来,阐述真正的联邦主义,从而使美国宪法和歧义政治理论固定化。基于此,我们主要阐释民主共和党在1800年前后是如何通过探求宪法的最初意涵和复兴反联邦主义,继承和发展前反联邦党人的歧义宪法和政治思想,继而形成民主共和党的宪法和政治理论,主导随后的美国政治生活场域。

在1790年的选举中,选民将在1788年前反联邦党人影响较大的地区如弗吉尼亚州、纽约州和宾夕法尼亚州等主要地区为民主共和党人投票。在这场选举运动中,大多数有影响力的人物都是曾经敢于直言不讳的反联邦党人,且这些发言人无论是在州层面上还是在国家层面上均具有较大的影响力,如约翰·泰勒、威廉·芬德勒和阿尔伯特·盖拉廷等人,他们尤其可以通过印刷界有效地传递信息,并影响公共舆论。出版商埃里兹·奥斯瓦尔德和托马斯·格林利夫继续为前反联邦党人的思想传播提供公共论坛。在费城的《独立公报》和《纽约报》都同情前反联邦党人所从事的事业,它们是传递前反联邦党人行动纲领的主要呼声,一些其他反对声音也添加了进来。奥斯瓦尔德出版了一些批评联邦党人政策且具有重要性的小册子,包括约翰·泰勒和乔治·劳格恩的著述。①作为所有这些人努力的结果,许多前反联邦党人的思想和论题在数十年内对美国政治生活和宪法争论产生了极其重要的影响。

尽管还存在另外一些重要的社会团体,然而把民主共和主义者和前反联邦党人混淆起来仍然是错误的。民主共和主义者包括在1788年曾经支持过宪法的许多人,最为著名的是杰斐逊和麦迪逊。批准宪法时期,杰斐逊任驻法大使,置身于事外,在法国避开了两大对立阵营的斗争而走向一条中间路线;麦迪逊曾经是一名敢于对前反联邦党人大声发表意见的对手。但是19世纪初期之后,杰斐逊和麦迪逊逐渐开始重新评价反联邦主义。民主共和主义联盟也吸收了曾经支持过宪法的其他组织的成员,包括城镇手工艺者。而在1788年前反联邦党人看似有些胡乱夸张的、某些可怕的预言似乎已变成现实。联邦党人为了加强联邦政府的权力而拟定的行动纲领和政治经济计划,似乎实现了美国批准宪法时期由前反联邦党人所做出的可怕预言。然而在18世纪90年代反对联邦党人的新联盟内部甚至比前反联邦党人曾经的组织类型更加多样化。

在联邦共和国范围内联合坚持反对联邦党人的行动纲领而兴起的各种联盟组织是一项非常令人气馁的工作。如果真如此的话,民主共和主义者所面临的各种困难比前反联邦党人曾经所面临的困难更加令人望而生畏,但是民主共和主义者必须证明他们是比前反联邦党人更具有效率的组织者。他们的成功部分归因于他们的认知能力,即控制公共论坛至关重要。与前反联邦党人相比较,民主共和主义者同心协力地发行各种报刊和组建政治学会等社会关系网络,以便传播他们的信息,增加公民对有关政治事务的公共意识。此外,他们还创办了一种半官方化的出版物,即《国家公报》,帮助他们精炼和传播各种信息。具有同等重要意义的是,他们创建

---

① 在民主共和主义运动中,许多具有影响力且引人关注的人物既有反联邦党人,也有得益于反联邦党人思想的那些人,参见 Robert E. Shalhope, "Republicanism, Liberalism, and Democracy: The Political Culture of the New Nation," in Milton M. Klein, Richard D. Brown, and John B. Hench, eds., *The Republican Synthesis Revisited: Essays in Honor of George Athan Billias*, Z. Baker, 1992, pp.37-90。关于共和主义思想,参见 Lance Banning, "The Persistence of Anti-Federalism after 1789," in Richard Beeman, Stephen Botein, and Edward C. Carter II eds., *Beyond Confederation: Origins of the Constitution and American National Identity*, The University of North Carolina Press, 1997, pp.295-314。

了12个政治学会,全心全意地投入教育大众和传播相关信息上来。①当然,民主共和主义者把他们的注意力转向公共论坛,是为了形成有效的反对派联盟,从而反对联邦党人损害公民自由的行为和企图。进而民主共和主义者重新界定了前反联邦党人在有关公共论坛争论中曾经界定的各种不成熟概念,且把它们塑造成为他们的政治哲学和宪法哲学中至关重要的组成部分。由此,一个具有生机和活力的公共论坛对联邦党人建构强大的中央政府形成了强有力的制衡。

第一节　汉密尔顿主义与民主共和主义反对派

民主共和主义者反对联邦政府财政部部长亚历山大·汉密尔顿②(Alexander Hanmilton,1755—1804)富于进取性的政治经济计划纲要,因为汉密尔顿制定这一经济计划纲要的目的在于,使联邦政府具有更坚实的经济基础,且试图在联邦政府与国家财政利益之间努力建立一种稳固的联系。汉密尔顿这一计划的基础之一就是基于独立战争时期各州债务存在的假定前提,试图加强联邦政府的财政权力。另一方面,国家和政府需要以足额的价值补偿已贬值的联邦证券,这将导致投机商人大量牟利。为了推动这一政治经济计划纲要,汉密尔顿和他的盟友们竭力支持建立国家银行,此举有助于增强联邦政府保持经济稳定的信心。政府将在银行里存储资金,监管银行运行;而银行董事长将从持股人中挑选,银行也将印制和回收全国性的流通货币。

---

① 关于讨论民主共和主义反对派组织,参见 Noble E. Cunninghan, Jr., *The Jeffersonian Republicans: The Formation of Party Organization, 1789–1801*, The University of North Carolina Press, 1957, pp.23, 142。

② 亚历山大·汉密尔顿希望建立一个利维坦式的国家,在他的政治哲学中,"主权内的主权这个政治怪物"必须被根除,捣毁一切小主权,把几个共同体贬降到教区的地位。他是商业经济的代言人。他依据民族性思考问题,提倡资本主义经济,并把它视为在资本主义经济中被发现了的适合帝国主义精神的潜力。汉密尔顿坚信,限制民主派系的唯一有效方法就是设立有力的总执法官。他任财政部长时期所施行的政治经济政策备受批评。参见[美]沃依·路易·帕灵顿:《美国思想史》,陈永国、李增、郭乙瑶译,长春:吉林人民出版社,2002年,第256—257、263—267页。

一、歧义传统之新政治经济学:批评汉密尔顿政治经济政策

有关储备金问题的争论异常激烈。少数持主流思想的政治家希望通过联邦政府不向债权持有人支付证券,从而拒绝偿还战争债务。然而严重的分歧在于,如何处理有财产请求权的人因投机行为而购买证券的问题。许多原始证券的持有人在独立战争之后的一段时期内,由于政府纸币贬值而以比原始价值更低的价格向投机商人出售了他们的证券。在极为严重的纸币贬值票据中形成的投机买卖者,为当时国家补偿证券票面价值创建了强有力的选区支持者。因此,汉密尔顿及其盟友们发表了颇具说服力的论点,即联邦国家的经济稳定依赖于构建健全的全国性信用体系,政府必须制定一系列应对政策,以票面价值转化为长期计息债务,为政府经济决策和未来的国家经济发展提供强有力的支撑。由此,汉密尔顿支持建立国家银行作为稳定国家经济和实施新经济政策的手段。汉密尔顿以增长财富为理念所制定的新政治经济政策的目的在于,促使国内外债权人支持美利坚合众国新政府。①反对汉密尔顿主义的那些人主要是前反联邦党人和许多原来本来是支持宪法的人,他们抓住机会成为反对派新联盟的重要组成人员。②汉密尔顿的政治经济政策的特有方式威胁着新形成的民主共和党的核心价值观。它最重要的危险之一在于,试图毁损公民自由所必要的公共论坛之存在,且通过削弱公共论坛,运用强有力的中央政府取而代之。由此,在反对汉密尔顿主义的人看来,汉密尔顿的新政治经济政策将从根基上损害反对派内部形成的社会与政治基础。

前反联邦党人在建构对汉密尔顿主义的公共回应中是主要领导者。1787—1788年间在有关前反联邦党人著述的大量文献中最使人们大为不

① 关于这一阶段的政治主旋律,参见 John R. Howe, Jr., "Republican Thought and the Polit-ical Violence of the 1790's," *American Quarterly*, XIX, 1967, pp. 147-165; Marshall Smelser, "The Federalist Period as an Age of Passion," *American Quarterly*, X, 1958, pp.391-419。

② 杰斐逊之所以成为反对汉密尔顿政治经济计划纲要的新联盟成员,主要原因在于,汉密尔顿在获得杰斐逊对《承担债务法令》的支持后,又给合众国银行颁发特许令状,接着通过了《消费税法案》,使杰斐逊陷入了一个设计得多么巧妙的圈套。由此,使杰斐逊和汉密尔顿之间不一致的"总原则"无可挽回地永远处于对立面。杰斐逊认为,汉密尔顿的一切行为都受制于一个压倒一切的目的:由享有特权的少数人组成政府,并为少数人服务。这为杰斐逊和麦迪逊后来建立与联邦党人相对立的民主共和党奠定了基础。参见[美]托马斯·杰斐逊:《杰斐逊选集》,朱曾汶译,北京:商务印书馆,1999年,第14—15页。

解的事情之一是,在政治经济学方面缺乏系统性阐述。极少的作者只不过出于自身好奇而探究过有关政治经济学问题。除了对联邦政府过度的征税权予以批评外,大多数前反联邦党人就有关政治经济政策中究竟需要什么经济类型才能与他们的宪法和政治理论保持一致,这几乎很少为他们提供一种有效的指南。南部前反联邦党人像理查德·亨利·李所坚持的国家意识形态显然蒙恩于农业主义思想,且他对商业表示怀疑。新英格兰更为著名的前精英反联邦党人埃尔布里奇·格里是亲商业主义的,他试图寻求商业与辉格党共和主义相结合且具有德性的理想模式,并使之协调一致。中间阶层的民主主义者"联邦农夫",为亲商业主义的意识形态辩护,反映了商人和独立的自耕农的理想模式。威廉·芬德勒支持拥护经济增长的商业主义思想之变体,但是他支持制造商的意识形态,因反对过度的财富集中而又使他变得更为温和。最后,社会平民阶层申明一种传统的道德经济,抵制市场价值体系的入侵。①此外,在社会其他领域占优势的个体公民坚持小共和国理论,并不完全支持联邦政府保有全部权力,他们仍然希望保留各州较大的自主权。由此,社会经济制度设计的多样化显然能够适应前反联邦党人提出的政治经济政策多样化方式。

　　大多数已出版抨击汉密尔顿的政治经济政策的重要著述主要是由著名的前反联邦党人如卡罗来纳州的约翰·泰勒、阿尔伯特·盖拉廷和威廉·芬德勒等主要的民主共和主义者所撰写。有关汉密尔顿的政治经济政策的争论同样延伸至像小旅店那样的普通社会下层平民的生活领域。对汉密尔顿计划最引人注目的批评之一就是由威廉·曼宁所撰写的短论文。威廉·曼宁是马萨诸塞州比利里加镇的一名小旅馆经营者,他提供了一位自称为"劳动者阶层"的社会劳动者如何理解18世纪90年代美国主要经济问题中那难得一见的体会。曼宁站在社会下层平民阶级之民粹主义者和社会中间阶层之民主主义者的特定立场之中间,他的观点适合于自身社会地位处于令人尊敬的社会中间阶层类型与社会下层阶级类型之两途中的这些人。他通过这两类人对联邦党人政治经济政策的分析证明因袭于反联邦主义的社会阶层理论和宗教差别理论具有持续重要性。当他们把反对汉密尔顿的政治经济政策结合起来时,这些人中几乎每一个人都阐述了前

---

① 导致前反联邦党人提出许多问题中的一个重要问题就是税收问题,参见 Thomas P. Slaughter, "The Tax Man Cometh: Ideological Opposition to Internal Taxes, 1760–1790," *WMQ*, 3rd Ser., XLI, 1984, pp.566–591.

反联邦党人在表达他们不同意见的行动方向上所一直坚持的且各具特色的政治思想变体。约翰·泰勒赞同一种农业政治经济政策。阿尔伯特·盖拉廷是中部大西洋和新英格兰商业利益的代言人。威廉·芬德勒虽然赞同商业民主主义，但是他的思想比盖拉廷更少具有商业特性。威廉·曼宁拥护与社会下层平民文化有密切关系的道德经济学。[①]

二、南部农业阶层之州权理论：歧义思想之延伸

1793—1795年间，在一系列报刊短论文和小册子里，约翰·泰勒[②]孜孜以求地阐述了联邦党人所制定的有关政治经济的腐败政策。最初的一系列短论文署名为"弗兰克林"，在《国家公报》上发表，泰勒抨击汉密尔顿把联邦主义的贵族政体要素与源自传统的英国乡村辩论术的财政理论融合起来。在泰勒看来，汉密尔顿的政治经济计划纲要"确实复制于英国君主政体和立宪政治制度"。这样的计划"很有可能推动一场彻底的革命，似乎它是通过权力而发生作用"。泰勒抨击汉密尔顿试图建构一种英国式的财政制度，那将不可避免地使美国政治体系产生腐败现象。在他看来，建立国家银行的支持者们是"在社会中具有权势的小团体"，他们的一系列计划"对于社会自治体的权利益具有潜在的危险性"，且他们的意涵在于"建立一种明显违背"宪法的经济体制，这将成为国家的"腐败之源"，最终导致社

---

① 关于芬德勒的政治思想，参见 Gordon S. Wood, "Interests and Disinterestedness in the Making of the Constitution," in Beeman, Botein, and Carter eds., *Beyond Confederation*, PDA Publishers, 1985, pp.69–109; Shalhope, "Republicanism, Liberalism, and Democracy," in Klein, Brown, and Hench eds., *The Republican Synthesis Revisited*, Harcourt Brace, 1989, pp.37–90。曼宁的难题在于，尽管他的同胞市民在 1788 年投票反对宪法，但是曼宁似乎对已通过的宪法修正案表示满意。这种立场似乎完全与其他反联邦党人的绝大多数人保持一致。

② 约翰·泰勒是农业经济学家，民主共和党年轻的知识领袖。他针对约翰·亚当斯的自然贵族论和汉密尔顿的资本贵族论提出自己的观点。第一种理论是根据人的个性作为事实推断，出于偏见而强调人性中固有的不平等。第二种理论是根据同一种人性论来证实自身的合理性，它接受人生来就必须面对社会不平等的事实。在美国，汉密尔顿的财政制度、银行和保护性关税建立起来就是为了保护自近代以来美国兴起的资本主义的新阶级，于是造成了资本利益与农业利益之间的根本冲突，这是美国政党的起源。参见[美]沃侬·路易·帕灵顿：《美国思想史》，陈永国、李增、郭乙瑶译，长春：吉林人民出版社，2002 年，第 365—369 页。

会"公共品性的基石"坍塌。①

泰勒敌视汉密尔顿有关建立国家银行的观点根植于他对商业和金融业深深地持怀疑态度的农业主义政策观,他狠狠地抨击赞同"羊皮纸上的社会结构"所形成的"表面利益",这对联邦共和国是极其有害的。这种表面上的利益或羊皮纸上的利益只可能保证"他们自身的私人利益和社会特殊群体中的个体利益,而不是为公共利益服务"。表面利益不仅包括"债券持有者自身的利益,而且包括希望获取高薪的政府公共官员,契据记载之人和社会投机者通过公共债务的增长而牟取暴利"。所有这些群体对于追随于"贵族政体"和"君主政体"都具有极为强烈的欲望。进而泰勒注意到,汉密尔顿的新政治经济计划纲要是要毁损宪法的共和主义原则的有计划、有步骤的阴谋诡计,且用一种"法院式的"类似于英国的政府体制取代美国联邦共和政体。②因此,他从逻辑上以极其精准的方式概括了汉密尔顿的政治经济计划纲要的主要目的:

> 银行储备金制度得以实现,银行的目的在于设法使财富加速积累和集中:少数人手中掌握着大量积累的财富;一种政治上的货币调节器;压制具有共和主义特性的各州议会,通过剥夺它们在政治论坛上所具有的重要地位,这将随着联邦政府的征税和免税而加剧出现。③

泰勒的批评显然代表了传统式的乡村派论战。然而在他的宪法和政治思想中明显存在着非常重要的前反联邦党人的性格倾向和价值理念,在他的第三个批评论点中清晰地表露了出来。泰勒的宪法和政治思想根植于具有联邦主义特性的前反联邦党人的观念。在他看来,法院派系运用宪法所赋予的征税权试图削减各州立法机关的权力,从而使各州立法机关在逐渐扩大的联邦政府权力体系内变成纯粹无关紧要的机构。州立法机关在新的联邦制度里是唯一且真正代表人民的主体,它将因表面利益的阴谋

---

① *National Gazette*, Philadephia, Feb. 20, 1793; [John Taylor], *An Examination of the Late Proceedings in Congress, Respecting the Official Conduct of the Secretary of the Treasury*, Hard Press, 1793, p.27.

② [John Taylor], *Definition on Partied; or, The Political Effects of the Paper System Considered*, Philadelphia, 1794, p.120.

③ [Taylor], *An Enquiry into the Principles and Tendency of Certain Public Measures*, Philadelphia, 1794, p.47.

和操纵而处于无能为力的状态。泰勒相信,各州立法机关为收集民意提供"一条有效的路径,且通过理性争论使它得到进一步的完善"①,各州立法机关表达了协商性民意。汉密尔顿的财政经济制度严重威胁着州立法机关作为民意表达机关有效收集和组织公共意见至关重要的通道。简言之,泰勒争辩道,汉密尔顿的经济财政计划纲要将从根基上毁坏公共论坛本身。

在泰勒的宪法和政治思想中最重要的方面之一在于,他详细地阐述了州权理论。确实,在他抨击联邦政府征收运输费税时,泰勒的正式提议完全超出了路德·马丁的反联邦主义州权理论范围。前反联邦党人曾经担心,国会如果不是不公正地要求各州承担有关税收的重负,那么它就不可能制定一部统一的税法。泰勒重新使用了这一论点,且宣称宪法授权征税法统一适用于所有社会利益群体。尽管考虑到南方的财产,尤其是奴隶可能是征收特种税的对象,宪法把"所有人都应当纳税,且在最大程度上保持平等"的思想深深地根植于其中。任何违背这一原则的行为都将使其地区"保留君主政体的残余",且甘冒建立"贵族政体国家"的风险。前反联邦党人的反贵族政体言辞被泰勒以独特的修辞风格用于阐述新的州权理论。在泰勒看来,汉密尔顿的财政经济计划纲要所产生的威胁在于,从根基上毁损各州的平等。②因此,泰勒赞成一种全新的、更有计划的和更有步骤的州权理论。泰勒许多有关国家共和主义的论题显然是前反联邦党人言辞的重要组成部分。然而他对汉密尔顿的政治经济政策的批判比1787—1788年间前反联邦党人与联邦党人之间的任何一次论战都要激烈得多。由此,泰勒18世纪90年代的观点使人们更加认同,他正在依照更具有系统的州权理论努力改写有关联邦主义意涵之争论。这种正在兴起的州权理论之变体反映了民主共和主义反对派——南部农业阶层的特定重要观点的某些片段。

三、歧义宪法理论之新诠释:联邦主义与地方主义之结合体

民主共和主义者在南方地区占有极其重要的地位,且在中部大西洋地区也颇受支持,许多前反联邦党人都与商业联系紧密。最具有影响力的发

---

① [Taylor], *An Enquiry into the Principles and Tendency of Certain Public Measures*, Philadelphia, 1794, pp.85-87.

② John Taylor, *An Argument respecting the Constitutionality of the Carriage Tax*… Hard Press, 1795, p.16; Harry Innes to John Brown, Dec. 7, 1787, *DHRC*, VIII, p.221; William Grayson, Speech in the Virginia Convention, *DHRC*, X, pp.1374-1375, 1496.

言人是阿尔伯特·盖拉廷。与泰勒在与联邦党人论战所出版著述的用词激烈程度相比较,盖拉廷在抨击汉密尔顿主义的政治经济理论时采用了一种较为温和的、超然的语调。他的小册子《美国财政政策之概要》包含了对汉密尔顿的政治经济和财政计划的详尽分析,他不仅质疑联邦党人的政治经济政策的基本原则,而且指责联邦政府的财政部门如何具体运用现实主义的财会程序。①作为坚持农业政治经济政策的典型代表,盖拉廷根本不可能对建立国家银行产生敌意。在宾夕法尼亚州试图经由特许设立州银行时,盖拉廷是一位重要的支持者,且相信州的经济增长必须通过银行助推,从而推动公共利益。银行"具有重要的商业效用,且通过它把处于不流通的货币带入整体经济循环的流通之中"。随着经济增长的推进,通过健全而审慎的财政经济政策为社会公民中的任何人提供资金实施调控,银行将成为共和国政治经济的拉动器和调节器。盖拉廷也意识到:"然而受民众大力支持的银行也可能被政府和某些个体加以滥用。"不幸的是,美国银行已变成为一种"政治引擎",且它起了相反的作用,即不是增加国家的资金积累,而是"增加国家的资金成本",它实际上是把资金从生产投资中截留出来。②

　　不同于汉密尔顿的政治经济政策在于,盖拉廷反对大量发行以储备金为基础的公共债务。他指出,公共债务并不会"增加现存数量的可耕种土地、房屋和消费商品;它也不可能使最少的增加物转化为财富或国家的劳动量"。盖拉廷的政治经济政策是因他作为日内瓦新教徒所受的熏陶而被形塑。他的政治经济政策与具有亲商业思想的前反联邦党人著述具有同源性:每个人都反对炫富性消费,且这种政策是把财富集中于一小撮机会主义分子手中。进而他把生产性投资和金融调控区分开来,抨击那些"依靠消费生活,耗费更多成本"的投机者,且谴责通过这种方式花钱的那些人。盖拉廷谴责被投机者所建筑的"精美雅致的豪宅"是基于几种相互关联的不当消费。挥霍不仅激励腐败,而且它把更多的生产性投入资金截留出来。这种炫耀式的消费并不能为国家增加额外的收入,最终必然耗尽国

① Albert Gallatin, *Sketch of the Finances of the United States* (1796), in Henry Adams eds., *The Writings of Albert Gallatin*, III, Philadelphia, 1879, pp.69–205.

② Albert Gallatin, *Sketch of the Finances of the United States* (1796), in Henry Adams eds., *The Writings of Albert Gallatin*, III, Philadelphia, 1879, pp.135, 145.

家可用资金,并挪移他用。①进而,认识到消除债务的必要性,盖拉廷设法寻求不会使任何地区承担不公平税负的税收计划。与泰勒一样,盖拉廷认为有关联邦主义的主题并非能够轻易地从政治经济问题中厘清某些关键性论据。美国的联邦主义制度是解决美国生活中的经济和文化多元化的唯一方式。他推断道,既然关税对于南方更为繁重,可以统一制定每亩土地的税收,而这些税负将大部分落在北方土地所有者身上,继而使全国公民所承担的税负达到均衡。他计划的最后部分提出了出售西部土地,其收益用于削减债务。②

由此,盖拉廷争辩道,由银行促成的生产性投资实际上使国家财富增加,且对所有社会阶层的公民均有效用。而汉密尔顿所维护的联邦党人的银行业变体实际上相当于向从事炫耀性消费和政治阴谋的一小撮投机者阶层实行财富转移。盖拉廷真诚地相信,在一个共和国里,银行应当发挥其适当作用。正是这种政治经济政策版本使他把自己既置于反对汉密尔顿的政治经济政策的境地,又不同于约翰·泰勒的农业主义者经济政策观。此外,美国社会所具有的联邦主义特性许可公民个体以不同的方式参与反对政治和经济发展过程中的集权主义倾向。而盖拉廷的政治经济政策把自由主义思想和共和主义理念结合了起来。当其忠于契约责任的神圣性时,它与自由主义者所拥护的追求经济增长率和支持商业的定位具有同一性。然而这些自由主义原则最初是由辉格党共和主义者所诠释的,即政府为达到激励社会向往之目的可以用直接调控经济发展的方式缓解经济发展中存在的问题。按照这种观点,各州而不是联邦政府才能引导经济发展的方向,他所公开表明的观点显然是传承于前反联邦党人的论点。因而,许可各州调控经济意味着泰勒和盖拉廷所阐述的不同观点可以共存,适合于弗吉尼亚州的解决方案并非能够在宾夕法尼亚州发生作用。联邦主义制度的天然特性在于,许可各州依照自身情况组织经济运行,以至于在美国联邦共和国范围内反映它们各州的基本特性。

联邦主义与地方主义的结合使民主共和主义思想是否真正具有活力,

① Albert Gallatin, *Sketch of the Finances of the United States* (1796), in Henry Adams eds., *The Writings of Albert Gallatin*, III, Philadelphia, 1879, pp.145–147.

② 关于盖拉廷政治经济学的简洁阐述,参见 John R. Nelson, Jr., "Liberty and Property: Political Economy and Policy-making in the New Nation, 1789–1812," in John Hopkinns University Studies in Historical and Political Science, 105th Ser., No.2, The Williams and Wolkins Company, 1987, p.278。

完全取决于公共论坛以特定方式把具有一致融贯性的自由主义思想和国家政府观联结起来。盖拉廷反对汉密尔顿的政治经济政策，因为它创建了一种非自然特性的联合体。为回应汉密尔顿关于发行以储备金为基础的公共债务偿还债券，继而使债权人受到国家限制的观点，盖拉廷争辩道，汉密尔顿所设计的债务偿还机制不可能如愿以偿。因为它把财富集中于少数公民之手，而不是协调社会各阶层之间的经济利益，从而增加整个社会共同体的财富。"就那种利益而言是非自然性的，截然不同于社会共同体的整体利益；相反，它可能对社会共同体的整体利益产生负面作用，且它所具有的有益性一如它所具有的有害性。"美利坚合众国现在更是被汉密尔顿的政治经济计划政策引发的"忌妒、猜疑和不满"分离。对于盖拉廷而言，汉密尔顿的政治经济计划政策实际上从根基上毁损了美利坚合众国既存的共和主义理念，使合众国得到人民的认可和培养国家公共利益情感更加困难。汉密尔顿的政治经济计划纲要部分地腐蚀了公共论坛本身，阻止了国家信息的正常交流方式，而正是这些方式许可美国人按照联合为一个整体国家行为。①由此，强制实施可替代性解决方案必须许可各州制定适合自身的解决方案。而汉密尔顿的政治经济政策试图以国家权力解决合众国既存债务的模式，其目的显然是针对如此之多的中间民主主义者所明确界定的公共领域范围。

四、中间阶层之新政治经济学

威廉·芬德勒准确地表述了他对汉密尔顿政治经济政策的另一种批评方式，他遵循一种中间民主主义不同谱系的政治经济思想。联邦政府财政部部长把他的政治经济政策辩解为保护国家的名誉和荣誉所必需的。芬德勒表示怀疑，一个国家如果违背正义和平等原则，那它还能够获得人民的敬重吗？按照他的观点，依据一般荣誉理论，联邦政府应当支付给美洲大陆政府债券的原始持有人一定数量的对价，因为他们曾经为这个国家做出过贡献，这是他们应得的。他询问读者："在国家处于灾难时期，政府债券的原始持有人为公共利益贡献了自己的财产，甘冒风险为国家提供服务，并使自己处于或保持贫困状态，这是值得称道的。"在汉密尔顿的政治经济哲学中所包含的反现实主义模式与共和主义价值观是极为不相容的。政府证券的原始持有人面对"无可选择的困境"，他们被迫"出售债权给有

---

① Gallatin, *Sketch of the Finances*, in Adams ed., *Writings*, III, New York, 1792, p.149.

些许财富的那些人"。芬德勒总是想用"公正和平等"原则,与"可耻的投机行为和见利忘义的交易"——体现汉密尔顿政治经济计划的典型特征——"争抢公共证券"相对比。按照古典共和主义理念,关于公正和平等的原则在政治与经济之间的关系中仍然具有持续的重要性,因为国家的经济政策最终必须服务于美国联邦的整体利益。①

芬德勒的信念是,如果政府应当促进平等,这就意味着它不会全心全意地投入制定激励经济权力扩张的经济政策。确实,汉密尔顿的政治经济计划纲要的问题部分在于它削弱了国家的财政力量,尤其是汉密尔顿的政治经济政策中有关转为长期计息债务的计划增加了债务的总量,使人民承担沉重的税负,从而把沉重的债务重负加诸各州和它们的公民身上。由此,汉密尔顿争辩道,负债将吸收外国投资者和提升美国证券的票面价值。芬德勒也承认,它可能存在一种短期利益,但是像所有由投机行为刺激的非自然性增长一样,这种暂时的经济繁荣必将导致接踵而至的不可避免的经济大衰退。②当然,芬德勒的政治经济学与盖拉廷有关经济发展支持国民经济增长率的理念具有同一性。芬德勒在一定程度上并非对建立国家银行表现出敌意,只要它能够促进中间阶层类型的利益就行。与盖拉廷的思想相对比,芬德勒支持有限利用纸币作为刺激经济增长的特定方式。汉密尔顿的政治经济政策利用国家债务并非在流通领域内扩大了货币的总量,也不是鼓励公民个体在土地、制造业,或购买家宅等方面进行投资。几乎任何其他政策,芬德勒推断道,包括依据适度的利息贷款,都比汉密尔顿所制定的政治经济和财政政策更能有效地达到实现社会预期的目的。

在所有有关经济政策的提议中,芬德勒试图寻求促进有利于社会中间阶层利益的政策。由此,汉密尔顿的经济政策几乎没有任何意义,且实际上只会对美国经济产生不良影响,因为财政部部长的政策并不能扩大美国市场。芬德勒相信,正是中间阶层通过他们的诚实劳动在增加社会的生产性财富。汉密尔顿的经济政策只能使富人更富、穷人更穷。最终,依靠刺

———

① A Citizen [William Findley], *A Review of the Revenue System Adopted by the First Congress under the Federal Constitution*··· Philadelphia, 1794, pp.12, 28.

② A Citizen [William Findley], *A Review of the Revenue System*, 1792, III, pp.37, 39, 77, 81, 114.芬德勒的许多观点出现在宾夕法尼亚州较早时期有关建立北美银行的争论中,参见 Matthew Carey ed., *Debates and Proceedings of the General Assembly of Pennsylvania, on the Memorials Praying a Repeal or Suspension of the Law Annulling the Charter of the Bank*, Philadelphia, *DHRC*, VIII, 1786, p.429。

激富有者增加他们进口奢侈品的消费,实际上动摇了本国的贸易平衡。此外,通过负债刺激经济增长将面临另一个附加问题:建立新的税收制度使人民负担加重。既然新的税收制度对转为长期计息债务是必需的,那么这一计划就相当于把财富从多数人手中转移到少数人手里。显然,芬德勒的政治经济学所要表述的观点是:中间阶层民主主义者试图为广大范围内的公民增加就业机会。他们所支持的经济增长政策必须为中间阶层谋利益,因为他们不仅在数量上占绝大多数,而且这种群体更能对国家和政府的稳定承担责任。政治经济学,在芬德勒看来,应当由这些目的予以引导。当市场对这些价值观产生危害时,政府为了促进公平和平等应当居中斡旋。①芬德勒对他们与联邦党人的政治经济发展纲要作斗争的最终结果总是保持着乐观态度。事实上,有关他的观点,人们可以随意地从前反联邦党人的著述中推断出来。

> 然而,君主政体和贵族政体仍然不能在美洲大陆达至完善。我们的同胞公民仍然掌握了大量的信息,且对他们的个体权利和自由有超乎寻常的认知,不能使自身遭受任何小团体的支配,因为这些小团体一直在寻找垄断公共财富的方式和手段。②

公共论坛的生命力在于,可以使公民意识到汉密尔顿的政治经济政策对他们的自由可能造成的威胁。尽管他总是对未来保持乐观态度,但是芬德勒担心联邦党人继续操纵出版界或报业界,且利用它们继续推进他们的经济财政计划纲要。1787—1788年间的事实证明:联邦党人操纵印刷界的能力尤其令人担忧,因为它会从根基上毁损反对派提醒公众注意,汉密尔顿及其追随者可能对公民自由造成威胁的能力。其具体体现在,"法院派系的公报和其他具有同样特性的报纸是由城镇中从事投机活动的团体所支持,在那里,他们本身就具有极大的影响力,他们一直就孜孜以求地投身于推进君主政体的计划纲要之中,并试图利用它们使他们的奸计得逞"。因此,为了发挥"宪法的预防措施"和"防止猜忌行为",从而进一步阻止联邦党人的篡权行为,保护出版自由就显得至关重要了。③芬德勒对联邦党

---

① A Citizen [William Findley], *A Review of the Revenue System*, Philadelphia, 1794, pp.12, 13.

② A Citizen [William Findley], *A Review of the Revenue System*, Philadelphia, 1794, p.83.

③ A Citizen [William Findley], *A Review of the Revenue System*, Philadelphia, 1794, p.103.

人的政治经济学所造成问题的原因的论断重复了盖拉廷的许多观点。联邦党人的政治经济政策不会创造额外的财富,只是把这些财富集中在少数人即贵族阶层的投机买卖者手中。财政部部长的政策就是要强制推行具有国家性的解决方案,而不是具有地方性的解决方案,继而削弱合众国存在的适当基础;他所采取的一系列人为的利益标准和措施将仅仅只能增加公民的忌妒和冲突。"我们的政府是具有特定结构且受人民认同的政府,政府应当审慎而细致地施行管理,以维系人民的认同。"汉密尔顿的政治经济计划纲要是"要削弱他们支持政策的旨趣"。芬德勒重复了前反联邦党人的宪法和政治思想中的基本要旨,即"政治和政府依赖于人民的信任"①。汉密尔顿的国家主义计划目标可能从根基上毁坏人民对政治和政府的认同,且用强制性的制度包括由强有力的中央政府强制实施高税收取而代之,确切地说,这是1787—1788年间前反联邦党人所格外关注和反对的问题。因此,自批准宪法以来,像芬德勒那样的中间阶层的反对者也逐渐意识到,只有反对汉密尔顿主义依靠国家权力控制出版界,才能使公共论坛继续保持其生机和活力。

五、社会下层之政治经济学:新道德哲学论

来自马萨诸塞州比利里加镇的小旅馆经营者威廉·曼宁对汉密尔顿的政治经济计划政策发表了更具民粹主义特性的批评。曼宁对汉密尔顿的政治经济计划纲要之回应认同了芬德勒的信念,即作为公共论坛的出版界对于他们的事业具有关键性作用。一位酷爱报纸的读者"阅读了公共报纸中关于转入长期计息债务和对美国大陆及各州债务的支付方式"的许多争论性建议和论点后,这位作者的论点启发了他对汉密尔顿的政治经济政策的抨击论点。在小旅馆,曼宁的生活环境构成了另一类社会下层平民的公共领域范围的重要组成部分。在那里,中间民主主义人士如芬德勒的思想和更普通的社会下层民主主义平民文化并存。尽管曼宁显然是酷爱报纸的读者,但是他并非被动地消费报纸。曼宁是一名活跃的读者,他在几次偶然的机会中试图出版他的论著,但是都没有获得成功。他的思想几乎成为当时最热情的社会下层民粹主义者的代表思想,比中间民主主义者芬德

---

① A Citizen [William Findley], *A Review of the Revenue System*, Philadelphia, 1794, p.125.

勒的思想要激进得多。①曼宁只是"所有这些论点的忠实追随者,然而他对支持现在持有证券者实行限制总额支付提出异议"。这种政策违背了平等和公正理念,且威胁着由独立革命所创建的全部政治制度,继而从根基上毁损政府的基础。

如同芬德勒一样,曼宁相信,汉密尔顿的论点,即名誉和公正要求对证券的现在持有人予以支付完全是基于错误的认识。从一开始,政府就已经违背了向政府债券的原始持有人承诺许可证券贬值。当他们以打折扣的方式向投机买卖者出售时,原证券持有人自愿放弃了他们的证券,这种观点引起了曼宁把这种交易比作"人们被抢劫者所威胁",这些抢劫者审慎地交付他们的资金并不是为了维持他们的生计。对于转入长期计息债务的争论需要确保外国债权人对美国经济保持信心,曼宁坚决表示"让其他国家做他们想要做的事"。因此,曼宁和芬德勒持有的共同信念是,名誉需要公正和平等予以维系,如果不是如此的话,要"维持公共信用或私人信用"都是不可能的。也许威廉·曼宁的观念比芬德勒的观点更深刻地受道德经济学的价值观所形塑。②曼宁相信汉密尔顿的政治经济政策已加倍地伤害了人民。它们不仅为投机买卖者提供意外之财,而且因支付债务到期额为投机买卖者制定税收新政策,并把最严重的赋税施加于人民。"它证明了我们所倚重的政治经济政策最终将对我们的自由和各州政府造成巨大的破坏。"曼宁重申了前精英反联邦党人所关注的主题,联邦政府的征税权可能被用于毁坏公民自由和各州的权威。他接受正统的前反联邦党人的论点:各州政府更能回应人民的反应,继而更不可能践踏民众的自由。③由此,曼宁认为,汉密尔顿的政治经济政策是宪法奠基者们原始意涵符合逻辑的延伸。曼宁相信,联邦宪法在远离普通人民的影响下"建立国家政府,富人们认为他们的利益和控制力总是具有最大的影响力"。更确切地说,因为各州政府更能体现

---

① Ruth Bogin ed., "Measures So Glareingly Unjust: A Response to Hamilton's Funding Plan by William Manning," *WMQ*, 3rd Ser., XLVI, 1989, pp.320, 322.有关曼宁着重阐述他的激进主义思想的两种研究观点,参见 Gordon S. Wood, "The Enemy is Us: Democratic Capitalism in the Early Republic," *Journal of the Early Republic*, XVI, 1996, pp.293–308。曼宁运用的术语包括"劳动者""普通人""大多数人"和"中间阶级类型"等作为别名。

② Bogin ed., "Measures So Glareingly Unjust," *WMQ*, 3rd Ser., XLVI, 1989, p.322.

③ Bogin ed., "Measures So Glareingly Unjust," *WMQ*, 3rd Ser., XLVI, 1989, p.320.

民众的意志,所以富人希望削弱各州的权力。①

曼宁毅然决然地反对建立国家银行,且重复威廉·芬德勒的批评论点。它不是扩大了流通的方式,从而借贷一定数量的款项用于小土地所有者和小商人;相反,汉密尔顿的政治经济计划纲要是纯粹有益于富人的利益。曼宁说道:"商人提供一种符合他们目的的手段——而乡村人民则一无所有。"如果盖拉廷和芬德勒力求在债务人与债权人之间维持一种平等意识的话,那么曼宁无疑是支持债务人阶层。"如果政府所采取的措施必须有利于一方或者另一方,那么或许债务人更应该受到保护。"②由此,曼宁对汉密尔顿的政治经济政策的批评折射出了处于社会经济秩序底层的草根阶级的人们的一种小生产者的意识形态。因此,曼宁提出了一种激进主义的劳动价值理论。他把创造财富的生产者和依靠生产者阶层创造的财富生活的消费者区分开来。曼宁有关生产者阶层的社会分层理论产生了重要的政治后果:"得到劳动成果而生存的那些人与劳动而得不到劳动成果而生存的那些人",或他们一般地被称为"少数人与多数人"。本质上,汉密尔顿的政治经济政策是以牺牲多数人的利益,而增加少数人的财富和权益。③

曼宁并不希望看到美国政府履行债务。为了转入长期计息债务,他提出在一定程度上运用货币贬值来偿还证券,但应当把证券的原始持有人与"利用他们的无知而收购的现有证券持有人"区分开来。基于坚决否定审理债务案件的正式法律程序,曼宁提倡就债务补偿发生争议时提起诉讼由地方法院组成陪审团审理,并授权它们裁决债务案件。他赞同发行纸币补偿票面金额的短缺,且使支付更加容易。曼宁相信,任何试图暗中破坏自由理念的政策和行为决不会成功。他与已参加民主共和主义反对派的前反联邦党人持有共同信念,即在公共领域范围内构成反专制统治的堡垒:美国人民已经意识到,他们的权利保护和宪法原则决不会屈从于联邦党人所制定的且从根基上毁损共和主义原则的政治经济计划。"它不仅暗示而且几乎在美洲大陆所有的宪法都明示——人生而自由且平等……政府是

---

① Bogin ed., "Measures So Glareingly Unjust," *WMQ*, 3rd Ser., XLVI, 1989, pp.329-330. 有关 18 世纪 90 年代另一种极为类似的批评,参见 Irving Mark and Eugene L. Schwaab eds., *The Faith of Our Fathers: An Anthology Expressing the Aspirations of the American Common Man, 1790-1860*, Wiley and Putnam, 1952, pp.44-47。

② Bogin ed., "Measures So Glareingly Unjust," *WMQ*, 3rd Ser., XLVI, 1989, pp.330-331.

③ Bogin ed., "Measures So Glareingly Unjust," *WMQ*, 3rd Ser., XLVI, 1989, p.329.

因公共利益而组织起来。"这些权利的一般知识",尤其在"劳动者中间"意味着"我们应当团结一致"。①在曼宁看来,制约汉密尔顿政治经济政策最重要的国家权力不是由个体所组成的各州而是公共论坛,它可以确保人民意识到公民权利的重要性。书面的宪法文本、广泛参与的陪审团审判与具有公共论坛特性的出版界都有利于培育公民自由和权利意识。公共论坛的活力激励着人民保持警醒,并培养一种具有渗透力的权利意识观。②由此,美国宪法和歧义政治思想已经把政治探索中既存的公共论坛理论紧密地结合了起来。

第二节 宪法最初意涵之诠释:
严密的结构与最初的解释

汉密尔顿建立国家银行的提议成为如何解释新宪法的第一个主要分歧。汉密尔顿声称,联邦政府在解释宪法方面拥有更为广泛的自由裁量权。只要联邦政府所追求的目标在宪法授权活动的范围内,国会就有权决定实现其目标所采取的任何方式。除非政府权力被宪法明确予以禁止规定,只要它"并非不道德的,或与政治社会所必需的终极目标保持一致"就是合法的。③简言之,联邦政府受限制于它的终极目标,且联邦政府具有可以采取与其实现政治社会的终极目标相对称的任何手段的极大的自由裁量权。

一、宪法解释方式之论争:奠基者的最初意涵

在反对汉密尔顿的宪法和政治思想中兴起的最重要的呼声之一就是约翰·泰勒所阐释的观点,他向人们证明自己是联邦政府财政部部长最为强劲的反对者。在接二连三的小册子和新闻短论文中,泰勒针对汉密尔顿所提出的宽泛建构主义经济财政计划纲要采用了不同的方式进行强有力的批评。在阐释他的理论观点时,泰勒精心构建了体现州权理论的联邦主

① Bogin ed., "Measures So Glareingly Unjust," *WMQ*, 3rd Ser., XLVI, 1989, pp.322, 329-330.

② Bogin ed., "Measures So Glareingly Unjust," *WMQ*, 3rd Ser., XLVI, 1989, pp.329-330.

③ Alexander Hamilton, "Opinion on the Constitutionality of an Act to Establish a Bank" (1791), in Harold C. Syrett et al. eds., *The Papers of Alexander Hamilton*, 27 Vols, *NYHS*, 1961-1987, VIII, pp.63-134.

义变体。泰勒反复强调,前反联邦党人解释宪法的方式——以原理主义和文本主义的方式解释宪法的最初意涵和原意,使许多宪法的忠实反对派欣然地接受一种严格的建构主义宪法解释方式。他劝告他的读者:"寻求我们的政治《圣经》,应当逐次地依照原始文本来思考。"运用这种探究方式仅仅只能证实,汉密尔顿的资金储备计划将促动"每一次制宪会议详细审查和逐次考证"宪法的最初意涵。泰勒的宪法和政治理论是基于对宪法原意的历史考究,且体现于各州批准宪法会议的记录之中。当泰勒运用特定的宪法和政治理论阐明特定宪法条文的最初意涵时,在1787—1788年美国批准宪法期间,没有任何人可以预见到民主共和党现在所面临的局势。因为在1788年前反联邦党人把他们的精力全部投入反对宪法的运动之中,并没有制定任何应变计划以满足他们希望通过否决宪法,从而避免一系列危险。1788年联邦党人的各种保证对于前反联邦党人来说是极少有助益,因为宪法的反对者拒绝承认新的联邦政府的原因在于,它可能对公民的自由造成严重威胁。面临汉密尔顿式的非合宪性政策,泰勒被迫接受前反联邦党人在1788年所考虑接受的可能发生的任何危险事件的逻辑推理。一般而言,民主共和党利用前反联邦党人的宪法和政治理论质疑汉密尔顿的政治经济计划纲要是僭越宪法的行为只有两种选择路径。

第一种选择路径是通过选举代表进入联邦政府,再由这些选举产生的代表遵循宪法原意采取行为。尽管泰勒有关具体权利将如何行使是模糊不清的,但是他认为:"州立法机关至少与联邦国会同样可以胜任裁决宪法的每一部分的意涵之权利。"①泰勒把州立法机关视为联邦主义的适格保护者,它成为后来理论家们寻求界定美国宪法和歧义政治思想的一项重要原则。

反对汉密尔顿宽泛的建构主义宪法解释方式的另一种选择路径则是由麦迪逊所提出,他坚持严格的建构主义宪法解释方式之理论,并使之成为民主共和党的另一法理基石。在阐释宪法解释方式的基本特征时,麦迪逊提出的首要原则是授予联邦政府权力的目的在于权力必须受到限制,"宪法并非概括性授权,从而使特定权力超出法律之外;宪法授予特定权力仅仅只是把未授予政府的其他权力保留在广大人民手中"。麦迪逊的此种

---

① [Taylor], *An Enquiry into the Principles and Tendency of Certain Public Measures*, Philadelphia, 1794, pp.48, 55.泰勒的观点和路德·马丁之差异在于,马丁尤其关注小州的利益。相比较而言,弗吉尼亚州总是担心人口众多的大州的利益将在联邦体制下受到相反的影响。

解释方式在批准宪法时期作为对宪法原意的阐释显然具有正当性。"因此，它能被他的反对者所理解，既而被合理地加以诠释。"①在此，麦迪逊求助的基本上是多数人的意见，因为它更可能被大多数人所接受。从本质上而言，麦迪逊把宪法解释作为联邦党人与前反联邦党人之间协商对话已形成的结果，为美国宪法和歧义政治理论的未来发展奠定了基础。

为了支撑他的宪法解释理论，麦迪逊把具有历史意义的批准宪法时期的争论部分地引入他的辩论之中。他转而求助于各州批准宪法会议已出版的记录，如宾夕法尼亚州、弗吉尼亚州和北卡罗来纳州等主要州批准宪法会议的记录。麦迪逊的论述方式必然导致对最初反联邦党人的批评进行重新评估和审视。他宣称："已质疑的各种事实对宪法文本各组成部分之意涵"，具有适当的指导作用。他坚持这种原则的必然结果是，最初的反联邦党人在"同时代同时期所形成和阐明的内容作为宪法各组成部分之意涵是更具有合理性的明证"②。麦迪逊有关宪法最初意涵的理论为我们重新评估前反联邦党人对宪法的批评和联邦党人对批评之回应提供了分析和研究的空间。尽管术语"反联邦党人"仍然具有争议性，但是在美国批准宪法期间由坚持宪法反对派立场的前反联邦党人所发表的观点作为美国宪法的原始意涵之组成部分仍然具有特殊的地位和价值。因为判定宪法的最初意涵意味着必须审慎而细致地考察1787—1788年美国立宪时期的各种争论，且承认在那场伟大的政治斗争中最初的参与者之间的相互妥协和相互让步的协商性对话所阐明的各类观点。

二、严格建构主义宪法解释方式：歧义政治传统之发展

当建立国家银行是否具有合宪性的问题再次呈现于国会面前时，并没

---

① 关于麦迪逊在宪法制定前对所坚持的严格建构主义形式的贡献，参见 Lance Banning, "James Madison and the Nationalists, 1780–1783," *WMQ*, 3rd Ser., XL, 1983, pp.227–255; Lance Banning, "The Hamiltonian Madison: A Reconsideration," *Virginia Magazine of Historical Book*, XCII, 1984, pp.3–28. 有关麦迪逊的严格建构主义理论并非与许多活跃的反联邦党人的文本主义形式具有等同性。麦迪逊有关把州权从国家权威中分离出来必须划分出一条明确的界限缺乏乐观的态度。麦迪逊不比更多的反联邦党人对司法审查产生怀疑。民主共和党的宪法政治思想阐述了反联邦党人思想和麦迪逊主义的解释策略，参见 Benjamin B. Klubes, "The First Federal Congress and the First National Bank: A Case Study in Constitutional Interpretation," *Journal of the Early Republic*, X, 1990, pp.19–42。

② *Annals of Congress*, I, Feb. 1791, 1795, 1810, Washington, D.C., pp.1562–1565.

有明确的规则规定宪法应当如何被解释。甚至对于相信查询最初争论的参与者的意见的那些人而言,宪法文本究竟应当如何被解释也并不清晰。许多联邦党人和前反联邦党人就此写作了大量的短论文,并编辑成小册子,现存于个人图书馆或美国国会图书馆。尽管各州批准宪法会议的争论在当时仍然被印制出来,但是反对派唯一可以轻易地获取的文本仍然是制宪会议和批准宪法会议之集大成者——《联邦党人文集》①。在建立国家银行的争论中,许多争论的参与者纷纷援引"普布利乌斯"的《联邦党人文集》。然而并非所有人都把"普布利乌斯"的观点视为解释宪法的最初意涵的最佳指南。埃尔布里奇·格里把《联邦党人文集》斥责为"政治的异端邪说"。格里评论道,那本著述"本是计划用于平复那时对他们持有不同意见的那些人的观点,且达到他们建构国家政府的目的;他们更希望达到的目的是,它可以使宪法反对意见销声匿迹"。同样,格里也提醒国会议员,重新复制费城制宪会议的意涵是不可能的,因为"各具思想的绅士们的记忆都可能发生变化。甚至各州批准宪法会议也并非可靠"。正如那些出版物所言,最初的制宪会议程序"是有偏见的和被删改得支离破碎的"②。人们固有的偏见是极其令人生厌的。如宾夕法尼亚州并未留存反对批准宪法的只字片语,尽管众所周知在批准宪法会议上争论双方激烈地提出了各种辩论观点。由此,格里的评述表明,确定立宪者的最初意涵存在严重问题,即在批准宪法期间依靠任何试图运用参加者的记忆力或编辑出版的出版物来探究批准宪法后的公共思想注定是徒劳无益的。然而问题在于,民主共和主义者的宪法理论表明,探求批准宪法时期的公共思想对于解释宪法的最初意涵至关重要。由此,一个令人烦恼的主题呈现于争论者面前:究竟采取何种宪法解释方式作为探究美国宪法和歧义政治传统理论基石的宪法解释理论才是最为可靠的历史基础。

回顾前反联邦党人曾经担心的宽泛建构主义宪法解释方式可能出现的相关危险的模糊记忆,严格建构主义宪法解释方式的理论发展不仅使人

---

① "普布利乌斯"写作短论文集《联邦党人文集》主要是为了说服纽约公民采纳和通过宪法,所以他们必须注意听众,即纽约州的公民,而且必须考虑写作目的,即为纽约州批准宪法提供舆论支持,所以《联邦党人文集》的作者使用许多含混不清的语言故意混淆联邦的意涵、主权归属及宪法的最初意涵就具有最大的可能性;从而使纽约州人民认同新建构的联邦政府和州主权仍然存在并具有重要性,从而批准拟议中的宪法。参见青维富:《美国宪制特色之法理评析:纵横向相结合之分权制衡》,北京:法律出版社,2010年,第43—44页。

② *Annals of Congress*, I, Feb. 1791, 1795, 1810, Washington, D.C., pp.1950, 1952–1953.

们必然接受一种规范性宪法解释理论,而且还必须审视和关注麦迪逊所构想的一种更为正式的宪法解释方式理论。尽管麦迪逊是严格建构主义宪法理论的主要理论家,然而这种宪法解释方式之变体迫使他与前反联邦党人的思想越来越接近。批准宪法期间,前反联邦党人坚持认为政府必须被严格地限制于宪法所明确授予的权力范围内。联邦党人,包括疑是联邦党人的麦迪逊争辩道,这样一种倡议将使政府处于涣散状态,并把它置于《邦联条例》之下的无政府状态之中。在有关建立国家银行的争论后,麦迪逊逐渐接受了前反联邦党人的陈述和观点,政府必须被严格地限制于宪法所明确授予的权力范围之内。当然,麦迪逊接受这样的观点并非需要任何其他策略,他相信,从邦联时期后他的立场就完全与他所采取的行为方式始终保持一致。他总是接受这样的思想,宪法文本应当被严格地加以解释,然而当时的情形迫使麦迪逊接受严格建构主义宪法解释方式之理论变体,而这种严格建构主义的宪法解释方式与前反联邦党人解释宪法的方式极其形似。在批准宪法争论的中期,麦迪逊拒绝接受前反联邦党人的严格建构主义宪法解释方式,担心它可能成为严格的文本主义或原理主义的字面解释方式。在麦迪逊看来,前反联邦党人的严格建构主义宪法解释方式既是散漫的,又是不切合实际的。在1788年,他曾经嘲笑前反联邦党人的担心,宪法的语词将鼓励那些鲜廉寡耻的政治家和法官在严格建构主义解释方式的掩盖下扩大政府的权力。但是有关建立国家银行的争论使他改变了原来的看法。他针对前反联邦党人的严格建构主义宪法解释方式的政治取向并未推及较早时期他所坚持的立场,但是他针对汉密尔顿的政治经济行动方案所引发的危机却使他做了必要的修正。实际上,麦迪逊认为,汉密尔顿式的政治经济计划纲要从根基上毁损了他曾经的假定,即国家政府的权力必须受到限制的限权宪法理论。

就个人而言,麦迪逊承认汉密尔顿的宪法政治哲学改变了政治上某些成败难料的问题。汉密尔顿所坚持的宽泛建构主义宪法解释方式有效地使美国宪法和政治思想发生了深刻变化。作为结果,它"不仅只是一种政府理论,而且也是一种授权理论,即政府必须通过普通民众授权才拥有特殊权力。换言之,任何政府的一般性权力都必须通过民众授予,未经普通民众授予的特定权力必须由普通民众所保有"。从麦迪逊当时的立场来看,完全没有出乎人们的意料之外。前反联邦党人有关严格限制政府权力于宪法明确授权的目标之所以招致挫败主要还是麦迪逊改弦更张所引起的。面临汉密尔顿政治经济计划纲要所造成的危险,麦迪逊按照前反联邦党人必不可少的宪法和政治理论重塑严格建构主义宪法解释方式之理论。实际上,民主共和主义者声称,宪法的最初意涵是,它限制政府权力于宪法明确的授权范围内。[1]为了达到此种目的,他们转而求助于1787—1788年间有关宪法问题的最初争论,尤其是重视各州制宪会议的协商性建议和辩论意见。因为他们只有按照这种方式行为,才有助于民主共和党构筑奠基时代那一代人的协商对话的各种概念,继而寻求来自前反联邦党人之担心和联邦党人之保证的原始意涵,从而确定宪法的最初意涵。

第三节 反联邦主义之复兴:
民主共和主义派系之兴起

尽管汉密尔顿的政治经济政策从表面上看来,似乎证明了前反联邦党人所预言的危险是有道理的,然而前反联邦党人并未从他们曾经的预见中获得任何慰藉。汉密尔顿及其盟友们利用宪法语词的模糊性解释了他们的政治经济行动纲要,并利用已兴起的法院派系试图加强中央政府的权力,这使民主共和党人意识到,联邦党人的政治经济政策仍然威胁着共和主义政府的生长。联邦党人通过宽泛的建构主义宪法解释方式潜在地损毁了宪法及共和国的根基。这使民主共和党人及时警醒,在他们看来,如果没有适当的制衡机制,汉密尔顿及联邦党人必将毁损美国联邦主义制度,继而建立前反联邦党人曾经预言的一种强有力的国家政府。

一、民主共和主义派系之兴起:歧义思想之新发展

面对联邦党人试图使联邦政府过度集权的挑战,民主共和党人被迫重新阐释一种宪法性策略,以制衡联邦党人主导的联邦政府可能出现的滥权行为。出版界在这场斗争中仍然继续发挥着主要作用。为了增加这些尝

---

[1] *Annals of Congress*, I, Feb. 1791, 1795, 1810, Washington, D.C., p.1896; James Madison to Henry Lee, Jan. 21, 1792, in William T. Hutchinson et al. eds., *The Papers of James Madison*, University Press of Virginia, 1962, XIV, pp.193, 195.学者把麦迪逊较早时期的宪法理论和他在18世纪90年代的立场之间的关系做了区分。有关重点阐述麦迪逊向反联邦党人转变的学者的观点,参见Jack N. Rakove, "The Madisonian Moment," *University of Chicago Law Review*, IV, 1988, pp.473–505; John Zvesper, "The Madisonian System," *Western Political Quarterly*, XXXVII, 1984, pp.236–256。

试成功的可能性,民主共和党人自我组织起来进入政治领域,传播信息资料,且召集公众集会,他们希望在公共领域范围内寻求他们事业的公众支持者。他们利用美国政治领域中较为有势力的地方主义者人脉,引导他们反对联邦党人具有国家主义性质的政策和策略。因此,民主共和主义团体的兴起在前反联邦党人转变为宪法的忠实反对派的演进过程中使美国宪法和歧义政治理论进入了一个关键性的新阶段,但是民主共和党人并不能预测正在兴起的各种民主主义社会团体将会发生什么样的争论。尽管联邦党人必然会谴责这些正在兴起的民主主义社会团体,但是民主共和党人并不打算为这些社会团体提供特定的思想接受路径,因为这些社会团体只不过是想为社会下层平民阶级推进他们更为激进的政治纲领提供论坛,而不是为了增加反对联邦党人的策略提供任何路径。因此,民主共和主义团体的兴起使民主共和党的思想直接与社会下层平民的民粹主义主张发生了较为激烈的冲突。

1793—1794年间,35个民主共和主义社会团体在全美范围内被组织起来,并宣称他们的目的在于,使公众从思想上意识到一些重要的宪法和政治问题。这些社会团体利用人民的广泛支持和著名的前反联邦党人在许多国家事务中承担的主要职能,他们着手使公共论坛重新恢复生机和活力。他们希望在不诉诸像联邦党人支持的极权主义政策的情形下如何使社会各阶层联合起来,并提供一种可替代解决范式。由此,民主共和主义团体在反对派政治范围中的作用在广告出版社出版的《费城社会》中简洁地被描绘出来:"有益的信息持续地传播开来,且共和主义情感的公开交流被认为是任何政治毒物的最好解毒剂,有关公民自由的重大原则都可能遭受抨击和质疑。"纽约的民主共和主义社会团体使公共观念"成为我们所有自由权的基础,且构成我们所有权利的唯一的坚实基础"的理念变得更加清晰起来。由此,公共论坛作为一种"细致而审慎的协商性民主"领域,在那里,公民将"公正地发表评判所有有关宪法和政治问题的利弊的论点,且作为理性的天平决定和衡量它们的优势和劣势",这是各类社会团体存在的关键性要素。当然,民主共和主义者也意识到,公共论坛已经转化为一种带有党派倾向的政治竞技场,在那里,联邦党人试图使他们的反对派感到敬畏。因此,民主共和主义社会团体的创立是必需的,因为"到处都有出版界的出版物在证明联邦政府的每一项措施都具有正当性,但是也证明了联邦政府的每一项措施都是失策的或专断的"。一些民主主义社会团体则更具有前瞻性,它们中的一些人斥责联邦党人"在美国联邦国家范围内的每一个角落里都充斥着他们带有贵族政体倾向的著述和观点"①。

然而民主共和主义社会团体的兴起对联邦党人而言可能算得上是一种紧急事态,使联邦党人猛然意识到一些可怕的征兆:反对意见与法国大革命时期的雅各宾派所坚持的原则似乎具有同源性。尽管许多民主主义社会团体赞颂法国大革命,但是与美国宪法和歧义政治传统有关且正在兴起的公共论坛的重要意识形态相比较,它们更少把美国有关公共论坛的理论归因于法国大革命的思想。在此意义上,当时美国兴起的各种民主主义社会团体代表了美国宪法和歧义政治思想的新发展,它们试图把自身从独立革命时期较早建立的通讯委员会那样具有革命性的政治组织区分开来。因此,民主主义社会团体的主要目标在于,形塑公共论坛的有效争论,从而唤醒公民警惕联邦政府可能出现的公共威胁,并随时采取行动。由此,包括华盛顿在内的主要联邦党人把这些社会团体斥为"自创性社会组织",它使联邦主义政治制度遭受腐蚀,而不是使其恢复其生机和活力。对于联邦党人而言,反对意见可能是小集团和暴民政治发生危险的特定范例,它只不过转换成了前反联邦党人的行动纲领。没有任何联邦党人比费西·阿默斯更鄙视民主主义社会团体。按照他的观点,它们比那些显而易见且含蓄地努力传播前反联邦党人宪法和政治思想的社会团体更不具有可取性。当国会辩论赞同华盛顿对民主主义社会团体的谴责意见时,阿默斯附和总统的谴责意见。在他看来,美国正在兴起的民主主义社会团体试图通过"阻止达到真理和传播忌妒以及耍阴谋诡计,从而达到算计国家政府的目的",进而从根基上破坏联邦政府。从侵蚀性影响的起源来看,一种理解民主方式的一时之念激励着前反联邦党人、雅各宾派及当下能力卓越的民主共和党人。阿默斯把所有政治运动中三个派别的所有思想联系起来,并期待通过民主主义社会团体的越轨行为,最终"使国会从前反联邦主义的酸腐发酵剂中得到净化"②。

而民主主义者否认他们遵循前反联邦党人的行动纲要,并辩解道,社

---

① Philip S. Foner ed., *The Democratic-Republican Societies, 1790-1800: A Documentary Sourcebook of Constitutions, Declarations, Addresses, Resolutions, and Toasts*, Greenwood Publishing Company, 1976, pp.66, 179.

② Philip S. Foner ed., *The Democratic-Republican Societies, 1790-1800: A Documentary Sourcebook of Constitutions, Declarations, Addresses, Resolutions, and Toasts*, Greenwood Publishing Company, 1976, p.31; Fisher Ames, "Debate over the Propriety of Replies to the President's Speeches" (1974), in W. B. Allen ed., *Works of Fisher Ames*, II, Liberty Fund, 1983, II, p.1061.

会团体的作用在于拓展政治知识、唤醒公民宣称他们作为公民的权利,以及使公共论坛在政治上仍然保持其活力。费城民主主义社会团体包括前反联邦党人及与早先反联邦主义没有任何关系的个人,他们反对"无政府主义和反联邦主义的旧式观念"。作为回应民主主义社会团体可能成为煽动叛乱言论派系的联想,费城民主主义社会团体表达了它们的失望,"贵族政体从来都是故意宣示人民的组成部分的每一个真实或虚构的违法行为作为剥夺他们权利的理由"。纽约州民主主义社会团体同样包括许多前反联邦党人,被指控的前反联邦党人同样从更多的细节作出回应。民主主义社会团体承认,存在着"许多或非常多的社会团体,它们热切地倡导修改宪法。但是只有这些人而没有其他任何人……能使联邦党人保持冷静"。由此,民主主义社会团体提出了简单的问题:前反联邦党人赞成什么? 宪法的反对者期望宪法修正案最终被采纳吗? 现在获得的广泛认同是,宪法修正案既是必要的又是有益的。基于此,前反联邦党人是宪法及其修正案最忠实的支持者。确实,通过对较早时期前反联邦党人反对宪法和提出宪法修正案的观点提醒人们注意,暗示了不是前反联邦党人而正是他们的对手——联邦党人是自由的敌人。因此,美国宪法和政治思想最重要的分歧不是在联邦党人与前反联邦党人之间,而是在宪法修正案的支持者与反对者之间形成。"反联邦党人"已经被"丑化为宪法和他们国家政府的敌人——不光彩的别称"。"为什么呢? 因为他们竟然敢于冒粗鲁的危险,无可饶恕的罪责和前所未有的厚颜无耻行为公开地宣称他们的情感对于宪法及其宪法修正案的通过具有同等重要性,且必须把它们置于社会每个阶层和派系的每个人无偏私的讨论之中。"①民主主义者认为,联邦党人诋毁批准宪法运动中的前反联邦党人正好证明了前反联邦党人的对手们试图寻求狭窄范围内的政治讨论,并抑制政治上的公开辩论。现在民主主义者使自己从持续怀有的反宪法情感中剥离开来,他们试图为前反联邦党人所坚持的最初立场进行辩护。

由此,佛蒙特的民主主义社会团体回应了联邦党人的控诉,坦言承认,在它们的各个阶层中没有一个单一的个体反对宪法。然而它赞颂过去的反联邦党人提出的观点,且宣称"即使我们并不是反联邦党人",但是最初反对宪法的那些人是真正坚持共和主义原则的政府的支持者和

---

① Foner ed., *The Democratic-Republican Societies*, University of Wisconsin Press, 1986, pp.94-95, 173-174.

朋友。他们试图通过把前反联邦党人从联邦党人的诋毁中拯救出来,并为其正义事业辩护。佛蒙特人相信,如果要从每一个美国人的记忆中清除这一术语,对于所有关心他们的人而言那将是最好的了。对于民主主义者而言,前反联邦党人的原则必须被维护,甚至作为具有歧视特性的术语"反联邦党人"也必须被否弃,因为这一术语并不具有普遍的正当性;如果停止使用"反联邦党人"有任何价值的话,那么最好是把它从流传的错误意识中退出去。①

有关民主主义社会团体最引人注目的争论之一发生于国会回应华盛顿谴责它为"自创性社会组织"。同情者们为这些民主主义社会团体辩护:它们是适应地域辽阔和异质民族范围内维持一种共和主义社会必不可少的社会组织,特别是它们为人口稀少的地区和像英格兰地区的部分城市没有组织机构的情形下召集公民争论有关公共事务提供了公共论坛。作为国会谴责民主主义社会团体的回应,民主主义者质疑立法机关是否真正有权指责建立起来的一般社会组织。弗吉尼亚州威廉·杰里斯比任何其他人都看得更远,他提醒国会,有关指责各种社会组织的动议是国会权力中一种从未经过人民授权的扩展部分。"他们既未由宪法授权,也未经美国公民同意,因为采用职务审查制度……如果这一条款被插入宪法之中,那么它将从来不会被人民批准和通过。人民将绝不会容忍它的存在。"一种极为相似的争论是由麦迪逊向国会提出的:"当人民制定宪法时,他们保留了某些权利,他们从没有明确地就有关问题进行授权。"麦迪逊的措辞暗示,责难民主主义社会团体的行为是通过显而易见的宽泛建构主义的宪法解释方式,从而扩展了联邦政府的权力范围。麦迪逊坚持认为,国会的各项权力被限制于宪法所明确的授权范围内。坚持这一论点,在有关宪法修正案争论期间前反联邦党人所支持的正是麦迪逊当时所反对的。面临联邦党人试图扩大联邦政府权力范围的威胁,麦迪逊被迫采用前反联邦党人的严格建构主义宪法解释方式:联邦政府的各项权力受限于宪法所明确授予的权力范围内。②国会指责民主主义社会团体不仅是不合法的,而且是不必要的。麦迪逊争辩道,民主主义社会团体必将"寻求公众支持或求助于公共舆论"。麦迪逊不仅相

---

① Foner ed., *The Democratic-Republican Societies*, University of Wisconsin Press, 1986, p.313.

② *Annals of Congress*, Washington, D.C., 1834, I, 1th Congress, House, 3nd Session, p.759; Sep. 1794, p.914; Nov. 1794, pp.918, 934, 4th Session, May 1795, pp.1817–1820.

信公共领域的自治能力,而且他坚信:"在一个共和国里,光明终将战胜黑暗,真理终将战胜谬误。"对于麦迪逊而言,在美国,公共论坛是共和主义理论不断生长的关键要素,且越来越多地,他更为大肆地强调它的作用和功能。①因此,保护公共论坛的理论已经逐渐成为民主主义派系的反对意见中最具有活力的政治和宪法哲学的重要组成部分。

二、歧义传统之转变契机:威士忌起义

1791年,国会遵循联邦政府财政部部长亚历山大·汉密尔顿的忠告,通过对威士忌酒强制征收货物税。税收重负必然落在西部农民的身上,他们原本的幸福生活仅仅只能依赖于用蒸馏法从谷物中提取酒精。尤其使西部人对此感到可恨的是,联邦政府的税务官员不是从售卖威士忌的零售商那里而是从谷物生产者那里征税。幽灵般的税务官困扰着农民的生活,使在批准宪法时期经常被前反联邦党人所援用的危险范例居然变成现实。法律起诉逃避税务的条款似乎同样被前反联邦党人道出了人民的担忧具有正当性:逃税者将面临在最邻近的联邦巡回法院的法官和陪审团面前被提起诉讼。农民们尤其是西宾夕法尼亚的农民们极其憎恶这种税收。他们对汉密尔顿计划产生了敌意和感到郁闷,且政治激情在随着时间流逝的三年之后再次趋于高涨,但是反对征收货物税的抗议必须保持和平状态。由此,指责联邦党人的政策首先出现在报业界,且各地农民签署请愿书请求国会撤销该项法律。社会下层平民阶级举行的抗议仪式仍然包括燃烧税务官的模拟塑像。在西宾夕法尼亚的几个地方,地方民主主义社会团体把他们的呼声添加到反对汉密尔顿的政治经济计划纲要正在兴起的合唱曲之中。②

当武装抗税的反对者在税务征收官约翰·尼弗尔家门口列队游行时,西宾夕法尼亚从1791年以来所呈现的脆弱和平状态再次在1794年7月被彻底地破灭了。强烈的冲突引起了一系列事件:七千多名西宾夕法尼亚抗

---

① 关于18世纪90年代自治性社会组织的作用和它们与公共领域的政治之间的联系,参见 John L. Brooke, "Ancient Lodges and Self-Created Societies: Voluntary Association and Public Sphere in the Early Republic," in Ronald Hoffman and Peter J. Albert eds., *Launching the "Extended Republic": The Federalist Ear*, University Press of Virginia, 1996, pp.273-359。

② 对此事件最细致的描述,参见 Thomas P. Slaughter, *The Whiskey Rebellion: Frontier Epilogue to the American Revolution*, Oxford University Press, 1988, pp.315-318。

税者在皮特斯堡举行示威游行,且华盛顿总统从四个州调集军队以便镇压此次西部发生的叛乱。然而华盛顿政府使用军队镇压叛乱的决定更是增加了美国政治的紧张程度,这证明民主主义者预示有关汉密尔顿及其同盟者们的险恶计划更有可能发生,且令人最担忧的事情更为有理。联邦党人谴责农民因发表反对意见而发生叛乱,尤其批评民主主义社会团体在其中所发挥的主导作用。在抵制联邦党人的攻击为自身辩护的过程中,反对派思想家重新厘清他们的宪法和政治观。

威士忌起义是民主主义反对派的宪法和政治理论发生转变的关键点,是自美国独立革命之后所发生的最大规模的暴力事件和最具有连续性的民众抗议活动,起义者把美国人民的注意力从社会生活的各个场域吸引过来。对此次事件的反应极为不同的是:联邦党人认为,叛乱证实了反对派思想中的过度民主必然造成危险,以及提供了令人警醒的事实——必须建立一个强有力的中央政府,以抵制使国家产生分裂和受到威胁时所导致的离心力。华盛顿和汉密尔顿谴责民主主义社会团体煽动公共骚乱的思想和挑动反政府的观念。民主主义者因所采取的叛乱方式发生争议,继而导致分裂。尽管大多数人对叛乱者所遭受的委屈和不平表示同情,希望采取和平方式,但还是有少数人支持超出法律之外的群体行为。由此,大多数民主主义者仍然认为,叛乱是同样不吉利的,他们重申社会下层民粹主义对社会秩序产生的威胁。代替社会下层民粹主义者的激进地方主义思想,民主主义者倡导把公共领域作为创设与联邦主义和共和主义理想相容的、开明的反对意见论坛。

威士忌起义表现出来的不安宁因素在批准宪法时期强烈支持前反联邦党人的地区尤为激烈,尤其在西宾夕法尼亚的民主主义者反对派别中两个最重要的代言人威廉·芬德勒和阿尔伯特·盖拉廷所在家乡的地区,他们在这场争论中起着最为重要的作用。在抵制联邦党人的谴责言辞而进行自我辩护的过程中,他们捍卫中间阶层民主主义政体之变体的立场和联邦主义观点。他们竭尽全力拉开自身与普通社会下层激进主义者的距离,因为社会下层激进主义者支持超法律之外的行为。正如卡莱尔骚乱那样,暴力行为犹如在传统反对派思想范围内两个更为民主的派别之间插入了一个令人不快的楔子。由此,本来就处于政治变动过程的公共争论在镇压叛乱之后把超乎寻常的民众注意力集中于民众政治集会在政治组织的影响下可能导致发生叛乱的原因上来。实际上,联邦党人指责他们的反对者试图利用公共论坛为其偏爱的政党目的服务。与此相比较,民主主义者则抨击联邦党人一而再地试图使用国家权力代替对人民的劝服,继而从根基上毁损公共领域范围内的社会结构与自由主义和联邦主义的各项原则。

　　盖拉廷和芬德勒都为他们参与公共集会辩护,声称在此次集会中他们的行为不仅是合法的,而且是必要的。在威士忌起义事件中,盖拉廷把"出版基于情感的出版物与基于行为的出版物之间划分出了一条清晰明确的界限"。他进而言道:"我们必须把这种或那种纯粹只是错误的行为区分开来,言论自由要正当和合法地行使,且必须添加一个论点:提供意见的人可以以某种方式行为或建议他人以特定方式行为。"在西宾夕法尼亚的许多抗议者显然把他们的行为与反对大不列颠王国的美国独立革命时期的行为联系起来。而举起自由之杖作为象征性抗议形式在不同的事件中应有不同的理解方式。因此,西宾夕法尼亚的抗议者在抗议征收货物税期间举起自由之杖的行为反映了他们在理解思想与行为之间的细微差异。他们的行为在一些事件中可以被视为"煽动叛乱言行的表征",但是在另一些事件中可以被视为是"一种无害的嬉戏"。就公共集会所涉及的内容而言,盖拉廷宣称参加集会对于性情温和的人而言是必不可少的,确切的原因在于,他们能够对他们中间起主导作用的那些人所从事的"暴力行为"产生抑制作用。盖拉廷提出,"性格温和的人和朋友式的行为方式是引人注目的",且不可能参加行为过激的集会。盖拉廷对处于遥远的联邦政府的分析折射出了他的核心思想:公共领域的特定概念已经逐渐成为对民主主义者的思想发生作用的重要方面。盖拉廷谴责有关"无知之人"的叛乱行为,且为禀性纯良而头脑清醒的人的参与行为辩护。如果公共领域要承担起稳定社会的作用之影响,按照盖拉廷的观点,参与集会的人就应当属于中等财产阶层和坚持民主观点的人,那是绝对必要的。政治集会,按照他的观点,并非造成国家不安宁因素的原因,而是控制暴力行为最重要的手段之一。如果公共论坛没有像盖拉廷这样的中间阶层的人们参与,那么它不可能成为收集和改善公共意志的手段,从而发挥它们不可或缺的作用。①

---

① Alexander Addison to General Lee, in Steven R. Boyd ed., *The Whiskey Rebellion: Past and Present Perspective*, Greenwood Publishing Company, 1985, p.54. 盖拉廷认为应该反对在国家中使选举无效,因为它可能引起公民的骚乱,同时在西部各地区范围内试图确保实现陪审团的审判。Albert Gallatin, "The Speech of Albert Gallatin……" (1795), in Henry Adams ed., *The Writings of Albert Gallatin*, University of Pennsylvania Press, 1879, III, pp.5–6, 14, 23, 46.

事实上,盖拉廷急于阻止联邦党人利用西部骚乱作为追求他们扩大国家政府权力的借口。首先,他提醒宾夕法尼亚州议会,"专制政府急于抓住每一次机会,包括国家任何组成部分的过失和临时的愚蠢行为都可能为他们提供增加权力的口实;其目的在于,增加它们权力的新效能,且把它们专断地行使的管辖权延伸至新的对象作为正当理由"。其次,联邦主义被视为保持共和主义和民主政体的特定方式是必不可少的,这种观点在盖拉廷反对运用联邦法院起诉西宾夕法尼亚骚乱的参与者时就表露了出来。联邦政府试图避开各州司法机关和地方陪审团的审判使盖拉廷看到了一些凶兆,他竭尽全力阻止把权力转移给遥远的国家政府。"他们将要被审判,而不是在他们自己所在的地区受审。"盖拉廷反对说:"且他们的命运依赖于审判裁决,而不是依赖于他们自己邻近地区熟知他们私人性格和个人生活的整个进程的陪审团,没有任何人从这些熟悉的'陌生人'中被挑选出来。"在批准宪法期间被许多前反联邦党人重复地表达了这些批评观点。最后,联邦党人试图从根基上毁损政治的联邦性和地方性特征,且以独一无二的联邦政府取而代之。因此,联邦党人的政策把唯一能够确保美国作为一个联合国家所存在的善意和仁慈的契约关系撕成了碎片,进而对公民权利和自由产生威胁。由此,联邦党人有关建构一个强大的中央政府的策略仅仅只能服务于进一步使国家政府极权化的目标,并导致国家分裂。[①]

尽管威廉·芬德勒重复盖拉廷总是讨论的许多主题,但是他对叛乱的分析折射出更为民主的平等主义宪法和政治理念。盖拉廷在许多情形下以同样的方式试图承认西部人的合法诉求,只要未超出法律之外行为。芬德勒试图打破这一平衡,即只要使他自身脱离他们的行为,那么他支持叛乱者的诉求。芬德勒敏锐地意识到暴民政治的危险性。在批准宪法期间,他代表所在州的西部地区与其他中间阶级民主主义者一起参加了批准宪法会议,且被联邦党人谴责为是暴民威胁国会的前反联邦党人代表。他既欣赏又疑惑地认为,暴民的狂暴既可以服务于人民而成为朋友,又正好可能被人民的敌人所利用。他对叛乱自以为是地解释道,这些人把货物征税官的行为视为一种被武装了的土匪行为而加以严惩,他们应当为此行为承担过失责任。[②]

---

① "The Speech of Gallatin," in Adams ed., *Writings of Gallatin*, III, pp.47, 48, 50.

② William Findley, *History of the Insurrection in the Four Western Counties of Pennsylvania*···
　　Philadelphia, 1796, p.59.

与联邦党人因发生叛乱而谴责民主主义社会团体相比较,芬德勒采取了与盖拉廷相类似的态度,坚持认为集会有助于广泛传播责任政治的思想,抑制潜在的暴力行为。对于芬德勒而言,公共论坛为建立联邦军队提供了可欲的选择项,即做好维持秩序和尊崇法律的准备。芬德勒为他参与普通集会的行为进行辩护:不仅是合宪的,而且在政治上也是审慎的。"可能的辩护理由是,虽然普通集会常常导致不慎言行,且具有促进放荡行为的倾向……但是并非因此产生这样的必然结果:集会是应当被法律禁止或应当受到政府谴责的行为。"他与盖拉廷坚持一种共同的信念:参与集会的活动可能对民众发挥一种温和适中的影响。他竭力宣称他的参与行为的作用在于平复民众的激情,且对民众集会是有益的。"从整体而言,使大量而有用的信息在人民中间传播,使民众遵从他们的政治义务和利益,使先前更有资格传播信息的许多人发挥更大作用,且他们更勤勉地传播信息给他们的邻居,信息传播速度大大地增加了。"如果"审慎而持重的人更广泛地参与民众集会,那么他们对社会稳定更为有利"。因为公共领域包括各种社会组织和新闻报刊并不会自发地引发叛乱,只要西宾夕法尼亚人民能够获得更多有用的信息,那么他们就更不可能参与叛乱了。①

芬德勒的民主主义和平等主义信念导致了他对联邦党人指责民众集会和民主主义社会团体为自创性社会组织嗤之以鼻。在芬德勒看来,联邦党人的指责从根基上破坏了人民结社和游行示威的宪法权利,其产生的消极效果在于"削弱了人民足以依赖的核心组织,暗中破坏正在形成的思想自由"。芬德勒明确坦言,必须使人民对政府保持警醒,甚至对他们统治者形成猜忌。在一个代议制政府里,人民随时保留收回对他们代表授予的权力。芬德勒宣称:"如果因为我们的法律是由我们自己的代表所制定,因此我们必须毫无怨言地服从它们,那么这种断言同样是荒谬的。"它错误地假定了"代议制政府就保护他们选民的真实利益从来都不会犯错误,也不会被腐蚀或陷入偏私的利益结合体之中"。尽管芬德勒并不相信,代表只不过是他们选民的代理人,但是他对人民充满了极大的信心,且相信处于管

---

① William Findley, *History of the Insurrection in the Four Western Counties of Pennsylvania*…
Philadelphia, 1796, pp.48, 176.他的此种观点与威廉·曼宁具有共同性,由于现在缺乏资料佐证,对于我们理解事件发生的原因并不产生作用。参见 Samuel Elit Morison ed.,
"William Manning's 'The Key of Liberty'," *WMQ*, 3rd Ser., XIII, 1956, p.241; Michael
Merrill and Sean Wilentz eds., *The Key of Liberty: The Life and Democratic Writings of
William Manning*, "A Laborer," 1747-1814, Harvard University Press, 1993, p.123。

理政治事务中的人民代表必须把人民的情感作为最重要的指南。[①]由此，芬德勒阐述了公共论坛对中间阶级政治家的作用与他有关民主政体的观点紧密相连。与其他民主主义者精英人物一样，当他相信公共论坛为改进和塑造公共意志可以提供必要的手段时，芬德勒阐述了有关反抗政府的事件如何发生的观点远非具有片面性。[②]就作为中间阶级民主主义者的芬德勒而言，公共论坛是进一步实现平等的基础，在那种场合里，大多数有能力的人并不是天然贵族，而是拥有适度财富的中产阶级。进而，改进公共意志的目标只存在于与阐述特定意志有关的微弱平衡之中。

三、歧义理论之延续：平等主义之辩

芬德勒有关政府理论的民主版本把他与更多公认的政治精英人物区分开来。郝·亨利·布莱肯尼迪——芬德勒在宾夕法尼亚州的政治竞争对手——清晰地阐述了麦迪逊总是相信具有自然特性的贵族政体与芬德勒总是支持更为平等主义的民主政体之间的差异。布莱肯尼迪批评前反联邦党人如威廉·芬德勒和约翰·斯迈利的宪法和政治观。芬德勒总是试图准确地表达选民的情感，从而把自身塑造为真正的民众领袖。这一想法给布莱肯尼迪一种不良印象，即芬德勒投暴民之所好，而漠视共和国政治活动家所必须避免的外在形象。"正是这些人在其方式和才能上并没有任何光环才使他们普通化，那就是他们保持参与民众集会，且试图渗透人民的偏爱情感。当他们反对多数人的情感时，他们被屏蔽了。"[③]像许多更为杰出的精英政治人物那样，布莱肯尼迪相信，人民的代表是经过所在州的选民精心挑选出来，必须表达人民的意愿，但也不是未经选择地不领会各州真实的意愿。

本质上，至少人们谴责威士忌起义的部分责任在于联邦党人就有关新宪法下的联邦权力行使范围误导公众。首先，芬德勒解释道："许多不知情的人民被联邦政府的热切拥护者告知，宪法被修正后，我们将不再征收货物税。因此，把征收货物税法视为是违宪的……要说服人民按照他们正在

---

① William Findley, *History of the Insurrection in the Four Western Counties of Pennsylvania*…Philadelphia, 1796, pp.48, 49.

② William Findley, *History of the Insurrection in the Four Western Counties of Pennsylvania*…Philadelphia, 1796, pp.48, 49.

③ Hugh Henry Brackenridge, *Incidents of the Insurrection in the Western Parts of Pennsylvania in the Year 1794*, The University of North Carolina Press, 1976, p.64.

执行的不公正或具有压制性的法律同样具有合宪性那是极其困难的",继而由叛乱所引发的政治危机是联邦党人的欺骗行为和民众的无知行为之混合产物。其次,芬德勒试图把他自身置身于有教养和不偏激的中间阶级的观念之中,即具有代表资格的人是由具有实体特性的自耕农中绝大多数公民构成。他集中把联邦党人的欺骗行为和民众的无知行为描述为引发民众叛乱的基本诱因,继而芬德勒澄清了他的信念:它们对自由的威胁可能被政治争论中更具有活力和开放性的公共论坛所根除,在那里,联邦党人的政治阴谋和人民的各种误解都能够显露出来,并得到矫正。最后,芬德勒谴责叛乱是对有关限权政府的错误认识。"在人民中间最大的错误就是存在一种观点:不道德的法律应当被反对,而不道德的政府则应该受到尊重。"实质上,芬德勒否认社会下层民粹主义者的宪法原则,因为在此原则之下的人民意志可能自发地被例如民兵组织、陪审团或民众团体等地方性组织所重塑。与此相对照的是,有责任感的政治家和秉性纯良的人们可能意识到这些宪法原则具有潜在的危险性。"凡是慎思明辨的人们"都能意识到:"如果他们承认政府执行一部可憎的法律应当受到暴力行为的反抗,那么在相同的情形下,这将导致对所有安全和秩序的破坏;他们凭借经验就可以意识到,在一个无政府状态的国家里,正如人们所预言的,以自由之名的暴力行为只能授权于最残暴的专制政府。"而当时许多政治领导人更为中道的观点是,社会下层激进民粹主义者对政府官员征收货物税的权力提出挑战,从根基上毁损了他们的权威,且破坏了所有的社会公共秩序。①

尽管联邦党人把叛乱与迟迟挥之不去的前反联邦党人的情感联结起来,但是芬德勒重申前宪法反对派在批准宪法之后就一直不断重复的观点:反对宪法是被联邦党人作出的承诺推动,而不是他们要真正地反对宪法。"从犯错误派系的愤怒而言",芬德勒写道:"无论是本人还是其他人在做他们必须作出的行为时,他被称为'反联邦党人',作为一种贬斥之名,然而我要做的和总是在做的是对待这种称呼感到蔑视。如果我错了,那就是来自联邦党人的过度热心,且有关联邦政府的共和主义原则极少的猜忌并非能够有效地作为预防机制,就此而言,我们赞同美利坚合众国的大多数

---

① William Findley, *History of the Insurrection in the Four Western Counties of Pennsylvania*⋯
Philadelphia, 1796, pp.43, 177, 184, 300.

公民的意见。"①芬德勒的民主理念可能属于美国民主共和国领导人范围内的更大多数平等主义者的信念,然而他的民主信念因在威士忌起义中受到社会下层草根阶级的支持者极端不认同而暂时被中断。试图掌握军队反对新政府的社会下层民粹主义者全身心地投入激进的地方主义洪流中。由此,威士忌起义把中间阶级民主主义者和社会下层的民粹主义者置于一种相互冲突的过程之中。芬德勒在《威士忌起义之历史》中阐述了事件发生的原因和导致镇压起义的原因等诸多内容时为他参与其中进行辩护。②他试图把中间阶级民主主义者从社会下层民粹主义者区分开来,并证明二者之间具有极大的差异性。芬德勒刻意挑选出表达这些错误原则的个体是来自卡莱尔镇的前反联邦党人的激进主义者威廉·皮特里金。如果把芬德勒和皮特里金有关威士忌起义和卡莱尔骚乱的观点比较分析,那么中间阶级坚持的中道民主政体与社会平民阶层坚持的激进民主政体之间就存在着不可调和的紧张关系。

按照他的评价,芬德勒不公正地丑化政府的对手和叛乱的支持者,因为在他与皮特里金偶然的通信过程中,芬德勒不仅偏离了方向,从而使他自身疏远与皮特里金有关系的任何人,而且他还费尽心机地表露他的思想与卡莱尔激进主义者的思想没有丝毫相同之处。芬德勒相信,武装抗拒不仅是无效的,而且是违宪的。事实上,芬德勒害怕皮特里金具有煽动性的言辞激励其他叛乱者。在《威士忌起义之历史》中,他提醒读者,"从他的个性来看,我知道,我担心他可能在民众群情激愤中挑起更为极端的事件"。芬德勒劝告皮特里金抵制超法律之外的行为,希望他相信,事态发展的进程"总会使我们努力恢复秩序"。所有派系竭尽全力阻止"戈姆伯兰市的公民做出任何模仿叛乱的事情"。在他给皮特里金的信中,芬德勒承认:"在适当的场合,我竭尽全力了解公众的思想以便促使货物税收法被撤销",然而他反对货物税收法并不表示他支持任何违宪征税行为可能引起的"叛乱或任何其他骚乱事件",只有合法行为才

---

① William Findley, *History of the Insurrection in the Four Western Counties of Pennsylvania*… Philadelphia, 1796, p.258.

② 芬德勒收集有关的历史证据表明,卡莱尔镇有关民众由于抵制政府而发生骚乱的大量资料包括皮特里金所起的作用可以在审叛骚乱者的起诉书中查找到。大律师威廉·罗尔的法律文书包括有关这一地区社会下层民粹主义者的政治思想的丰富资料,参见 *United States v. William Petrikin, Criminal Case Files of the United States*, Circuit Court for the Eastern District of Pennsylvania, 1790–1840, *DHRC*, IV, p.986。

适用于抗议政府的货物征税法。因此,与社会下层阶级的民粹主义者相比较,芬德勒否认,西宾夕法尼亚的局势等同于更早时期的第一代人反抗英国专制政体的美洲殖民地情势:美国人享受着新政府之下的代议制,继而必须遵守法律。芬德勒竭尽全力把独立革命时期有秩序地使用超法律之外的行为同西宾夕法尼亚人"无序和挥霍"的且"民众不遵守法律"的最近行为之间的特征区分开来。①

对于社会下层的民粹主义者而言,联邦宪法下的局势似乎与殖民地时代所面临的局势极为类似。在激进的地方主义者看来,一个处于遥远距离的中央政府从来都不可能真正地代表他们的利益。因而在叛乱期间,超法律之外的行为是完全与社会下层平民阶级的宪法和政治观保持一致。竖立自由之柱、把征税官浑身涂上沥青和粘上羽毛作为惩罚、用笔名写作威胁标语等都是来自社会下层平民阶级较富有家族的仪规所规定的惩罚行为方式。皮特里金曾经在反对宪法的斗争中也曾经使用过类似手段。就他的观点而言,货物税收官的行为仅仅只是代表富有阶层的人们竭尽全力地努力争取建立一个压制型政府的最近典范。由此,皮特里金在卡莱尔的家变成了前反对联邦党人的政策制定和支持威士忌起义反对派的会议召集地。正如现代观察者所提出的,在那个适时的年代,四十个人留在皮特里金家里,竖起自由之柱,并在其上固定一块木牌写着"自由与平等"。皮特里金称颂道,这就是"西部光荣的自由之子"的行为,应当不会有错,更不应该受到谴责,而是应当值得人们"称颂和支持"。②

针对威士起义,卡莱尔社会下层民粹主义者的回应使用了与反对宪法修正案批准相类似的政治仪式。为了证明他们与起义者之间的相互支持,卡莱尔的公民再次转而求助于社会下层平民阶层较为富有家族的政治仪规。甚至卡莱尔社会下层阶级的民粹主义者还单独挑选出类似的个体象征性地执行他们几年前就已经锁定的目标人物:首席大法官托马斯·麦卡肯。他的塑像按照规定的仪式执行,并实施火葬,众人齐声喧嚣:"瞧,这是熊熊燃烧的老麦卡肯",甚至有人宣布:"如果人们不愿意失去生命,如果努力试图阻止熄灭正在燃烧的自由之柱,他将会被诅咒。"公众还邀请了"自认为不愿意支付货物税,以一夸脱九便士将可能出售威士忌"的那些人参

---

① William Findley, *History of the Insurrection in the Four Western Counties of Pennsylvania…*
Philadelphia, 1796, pp.283–284, 285, 287.

② Deposition of Francis Gibson, Oct. 11, 1794, Rawle Family Papers, *DHRC*, I, 1996, p.49.

加了这次狂欢,并庆祝民众的自由。①就皮特里金而言,竖立自由之柱并非抗议的结束,而仅仅只是反抗的开始。他试图劝阻地方民兵组织参加联邦军队镇压起义者的游行示威。作为激进民主政体的代言人,皮特里金有关军事力量的论点源自他的激进地方主义行动纲领,它曾经激励他反对宪法。他期待军事力量作为地方平民民主主义的煽动者和组织者的代理人在卡莱尔骚乱中发挥其应有的作用。然而令皮特里金大感失望的是,地方民兵组织并未对抗华盛顿的军队。②

在皮特里金和著名的前反联邦党人领导人罗伯特·怀特赫尔参与集会时,皮特里金力劝当地居民支持叛乱者对抗政府。正如参与者所提到的,皮特里金"竭力反对货物征税法和反对宪法"。与皮特里金相比较,怀特赫尔则"竭力表明否认超法律之外行为的正当性",他争辩道,既然持续地反对意见可能"引发一场战争","服从政府那就是最好的了"。皮特里金争辩道:"西部自由之子所表达的意见不应当被认为是错误的",那么就应当得到"称颂和支持"。就怀特赫尔认为持续性抗拒可能引发一场革命的观点,皮特里金则认为:"如果所有的革命都是开始于外在强制力,那么革命已经开始就属于应当的范畴了。"政府的行为使他更加相信:"这正是应当进行一场革命的时候了——国会不仅应当废除法律,而且应该许可人民建立自己统治的政府——且与它们相分离。"由此,怀特赫尔想起皮特里金曾经可怕的主张,"在西部人民把自身从美利坚合众国政府分离出来比他们遭受磨难所经历的痛苦过程更为适当,且他们最好能够组成自己的政府——他们应当有一个既没有总统又没有国王的政府"③。由此,皮特里金所坚持的激进主义不仅包括社会下层平民文化的仪规,而且包含民主地方主义更为极端的方式,同时他不断地重申社会平民阶层所抗议的仪式和超法律之外的行为具有合法性。革命的权利并未因宪法的确立而被废弃。与芬德勒和怀特赫尔相对照,皮特里金相信,西部人民对联邦政府与美国殖民地对

① Deposition of Francis Gibson, Oct. 11, 1794, Rawle Family Papers, *DHRC*, I, p.49; Testimony of Mr. Pollack, Mr. Laird, and Samuel Iriwine, Esp., *DHRC*, I, p.117; Testimony of Rebert Whitehill, *DHRC*, I, p.119.

② Deposition of Francis Gibson, Oct. 11, 1794, Rawle Family Papers, *DHRC*, I, p.49; Testimony of Mr. Pollack, Mr. Laird, and Samuel Iriwine, Esp., *DHRC*, I, p.117; Testimony of Rebert Whitehill, *DHRC*, I, p.119.

③ Deposition of Francis Gibson, Oct. 11, 1794, Rawle Family Papers, *DHRC*, I, p.49; Testimony of Mr. Pollack, Mr. Laird, and Samuel Iriwine, Esp., *DHRC*, I, p.117; Testimony of Rebert Whitehill, *DHRC*, I, p.119.

大不列颠王国的行为持有相同的信念。而对于社会下层平民阶层的激进分子而言,联邦党人所控制下的联邦政府正如乔治三世统治下的英国政府,同样是非法的。①确实,按照现代性观点来看,威士忌起义使他们自身被奉承得忘乎所以,因为在他们看来,抵制货物税收法不仅是在执行辉格党共和主义原则,而且也遵循了辉格党的传统范例。

当然,皮特里金的宪法和政治观正是民主共和主义阶层范围内作为一种重要而激进的次要部分之典范。社会平民阶层的激进分子提出了最为极端的民主形式,然而他们的激进主义思想对于更多主流政治家而言则起到了一种审慎的警示作用。在批准宪法时期和哈里斯堡制宪会议期间,怀特赫尔就洞察了社会下层阶级的激进主义思想具有潜在的内在危险性,而威士忌起义则进一步证实了他的担忧,且激励他提出一种更为温和和稳健的中间阶级民主主义行动纲领的解决方法。

四、中间阶级之反暴力取向:阐释公民请愿权与陪审团的作用

像芬德勒、盖拉廷和怀特赫尔这些杰出的州政治家所坚持的宪法和政治观并非赞同威士忌起义者的暴力行为。尽管他们愿意承认征收货物税是联邦政府的错误决策,但是他们不愿意支持用超法律之外的暴力行为确保废止货物征税法:矫正西部人的怨恨的唯一求助方式就是采取合宪的手段。联邦政府的治理与英国殖民时期的统治完全不同,代议制机构的存在意味着超法律之外的行为不再被人们所接受。进而,中间阶级的民主主义者把社会平民阶层民粹主义者的行为视为一种在策略上既是愚蠢的又是错误的行为,它仅仅只是为联邦党人提供了增加攻击各州权威和民众政府的口实。甚至威廉·曼宁提出了更具有针对性的观点,只要不赞同由社会平民阶层民粹主义者所支持的超法律之外的群盲行为,所有事情都会被阻止。在有关曼宁记载的几乎每一件事中,他所坚持的观点是处于中间阶级的民主主义理想与社会下层平民阶层的民粹主义思想之间。在他看来,谢司叛乱的后果与威士忌起义的结局是完全相同的。他同情两次事件中引起公民进入街道游行的诉愿行为,但不赞同暴民的暴乱行为。曼宁意识到超法律之外的行为仅仅只能增加对民众自由和民主政体的敌意。最终,谢

---

① Rev. James Garnahan, quoted in Thomas P. Slaughter, "The Friends of Liberty, the Friends of Order, and the Whiskey Rebellion: A Historiographical Essay," in Boyd ed., *The Whiskey Rebellion: Perspectives*, The Williams and Wolkins Company, 1986, p.13.

司叛乱使急于推动君主政体和贵族政体的行为合法化。他把两次事件都归咎于政府的责任,他相信,如果政府适当地发挥代议制的优势功能,暴力行为是可以被防止。"如果不是因为某些不合法的怨恨加诸人民,那么叛乱就从来不会发生。政府必须对人民做出回应,知晓人民是凌驾于政府之上,只要运用适当而宽容的处置方式,那么就能够因此而化解所有问题。"①除暴力行为之外,曼宁和叛乱者都赞同许多类似的观点。一般平民百姓显然可以采用请愿的方式,并在威士忌起义期间使用其他合法的行为方式解决问题。他阐述了宾夕法尼亚州威斯特敏斯堡和纽顿的居民所采取的行为方式:要理解参与者的请愿行为,他们的行为证明政府与坚持激进主义的民众的协商对话过程具有持续的重要性。②

与威士忌征税从而引发叛乱行为相比较,威斯特敏斯堡和纽顿的居民不满政府制定的土地买卖政策导致大规模的投机行为,以及公司大批量买卖黑人土地的行为,他们采取了请愿方式,要求政府执行一种更为平等的土地政策。遵循"每个共和政府所坚持的实质原则,应当经由法律鼓励平等分配和开发土地所有权的方式"。这些解决方式是由联邦党人承诺建立限权政府时就一直重申的,这一政策服务于绝大多数劳动生产者阶层的利益。现行政策并非与"应当激励工业发展的政策相一致",且是"不明智的,因为他们总是因看重自身利益而剥夺购买者在相同情形下已获得的利益,从而有利于政府利益,使普通人民对联邦政府的情感越来越疏离"。为了促使更大的平等,政府应当在仅仅以投机方式购买土地的这些人与积极耕作和改善土地质量的这些人之间实行区别对待政策。同样,解决方案应当通过激励土地所有者培育人民与政府之间的情感联结为基础。进而,解决方案声称:"由于德性是支撑共和主义政府的唯一源泉,因此法律应当使自身成为通过财产而联结人民情感的纽带,继而使法律更易于得到贯彻和执行。"威斯特敏斯堡和纽顿居民的请愿行为不断地强调,自由政府必须以人民的情感为基础。公民被劝告"不要在随后的国会议员选举中选举任何参与有关在美国银行拥有储备金的投机者和任何持股人,也不要选举任何大土地所有者,因为作为特殊阶层的人们似乎总是希望把人民大众的利益与

① Morison ed., "Manning's 'The Key of Liberty,'" *WMQ*, 3rd Ser., XIII, 1956, p.241.
② Shays's Rebellion Petitions, Shays's Rebellion Folder, American Antiquarian Society, Worcester, Mass., Westpensbro and Newton, Cumberland County, Pennsylvanian, Resolves, *Rawle Family Papers*, *DHRC*, I, p.132.

自身的利益剥离开来"①。

　　一般而言,自从建立北美银行的争论开始,当重申平民主义的宪法和政治话语所附着的某些特定观念时,中间阶级民主主义者的解决方案宣称仅仅只有选举来自社会生产者阶层的个体公民才能确保共和国代议制发挥适当的优势功能。与联邦党人的宪法和政治理论相对照,他们的解决方案显示了民众共和主义的民主政府观。当代表与人民更接近,真正地共享其利益和责任时,他们希望制定反映民众所需要的法律。在民主的共和国里,人民不需要被强制,因为他们的利益和政府的利益始终保持一致。与前反联邦党人更多精英人物有关代议制的观点相对照,他们的解决方案大胆地宣称:"在共和主义政府里,所有的政府权力都产生并来源于人民,众议院所制定的每一部法律如果与他们权力来源的人民的要求不一致,那就是专制和不公正的体现。"②因而,中间阶层的反对派在威士忌起义期间所提供的解决方案是努力构想最接近人民大众的民主主义宪法和政治观。

　　总之,在当时美国南部不同的语境下对不同事件的发展动态的看法诠释了威士忌起义的特性。南部的绅士阶层对威士忌起义的回应,证明了前精英反联邦党人的联邦主义观点是如何持续地形塑个体对重要政治事件的反映。肯塔基的法官哈里·英利斯肯定不是民主主义者。然而,他发挥了作为法官的作用使联邦起诉蔑视货物征税法的那些人所面临的严重情势趋于缓解。英利斯把他的作用视为政府与人民之间的调和者,而完全不同于他作为宾夕法尼亚人所应当承担的责任。肯塔基的酿酒者不同于西宾夕法尼亚的酿酒者,他们得益于这样的事实:地方精英人物极少表现出对联邦政府行动纲领的同情。同样,酿酒行业的许多杰出公民的参与为酿酒者采用更温和的手段和更具有影响力的行为提供了防护屏。英利斯清楚地意识到,地方陪审团将不会在不得人心的法律下控告公民。不是引导陪审团定罪,或发表说教要求陪审团拥护不得人心的法律,相反,英利斯提醒陪审团,"由陪审团审判从远古时代开始就已经视为是自由的基石"。英利斯对自身所起的作用是相当清晰的,陪审团服务于这种体制,"他们是介入地方法官与公民之间的坚定守护者"。由此,英利斯与地方陪审团一道努力致力于有效地阻止对威士忌实施货物征税法。据统计数据表明,肯塔基决议之前联邦法院在审判和裁决的十五宗类似案件中并非只有一个被

---

① Westpensbro and Newton Resolves, *Rawle Family Papers*, DHRC, I, pp.33, 49, 117–119.

② Westpensbro and Newton Resolves, *Rawle Family Papers*, DHRC, I, pp.33, 49, 117–119.

告依法被判处支付全额罚金、刑罚或没收财产。其中的几宗诉讼案件，陪审团对被告做出了判决，法官英利斯被指定为控诉方，即常常把他称之为是为政府提供信息的人，以至于支付诉讼成本。然而英利斯一心投入地方自治事业导致他运用法律以一种有序的方式支持抵制不公正的联邦权力。[①]

保护陪审团审判的权利在西部肯塔基比在西宾夕法尼亚表现出极不相同的意涵。联邦主义之本质属性是把相反的极少有共同特性的个体联合起来。英利斯和盖拉廷所共同持有的信念是，政治解决方式最好保留给各州和地方自治团体。由此看来，英利斯和盖拉廷坚持的联邦主义版本在政治上几乎不可能有更多的不同之处。因此，前反联邦党人的宪法和政治思想可以适应美国社会多元化的需要，把更为复杂且具有歧义性的小团体联合起来，包括南方的绅士贵族阶层和中间阶层的民主主义者。

第四节　联邦主义之于地方民主主义

威士忌起义产生了棱镜般的效应，使民主共和主义联盟支离破碎，且显露出与已形成的前反联邦党人的思想既相混同又有许多不同的色彩。对于民主共和党精英人物和中间阶层的民主主义者而言，联邦主义与地方主义的理想，尽管它们有差异，仍然是相互补足。当联邦主义与地方主义发生冲突时，民主共和党人像先前的反联邦党人那样，赞同在联邦范围内维持州的自治性。当南方贵族绅士阶层和中间阶层的民主主义者各不相同的政治和经济思想都可以适应美国联邦主义制度时，威士忌起义提供了引人注目的证据：对于反对派最为激进的左翼——社会平民阶层的民粹主义者而言——地方主义（社区自治和小区域自治）和联邦主义并不容易被调和。在批准宪法时期，卡莱尔骚乱把中间阶层的民主主义者从社会平民阶层的民粹主义者区分开来，而威士忌起义再次上演了一场更大规模的、更为激烈的且具有相似性的剧幕。民主共和党人的信念再次被证实具有极大的弹性，它既能联合保守的南方人如肯塔基的哈里·英利斯和弗吉尼

---

① Harry Innes, Grand Address (Draft), *Innes Papers*, *Legal Files*, Box 8, Mss Division; Mary K. Bonsteel Tachau, "A New Look at the Whiskey Rebellion," in Boyd ed., *The Whiskey Rebellion: Perspectives*, Johns Hopkins University Press, 1986, pp.105, 106, 110.

亚的约翰·泰勒,又能联合中间阶层的民主主义者如威廉·芬德勒,甚至民主共和党人的信念也能适应坚持平等主义原则的民主主义者如威廉·曼宁。①民主共和党的思想仅仅只是不能容纳像威廉·皮特里金和威士忌起义那样的激进地方主义者。

一、温和的地方主义宪法和政治观:中间阶层之联邦主义

肯塔基的法官哈里·英利斯提供了一种保守党人的世界主义极佳范例,他献身于联邦主义与地方主义的理想,且坚持严格建构主义的宪法解释方式。但是他的观点表明,他并不支持激进民主主义者的行动纲领。对于上层社会的绅士阶层而言,促进共和主义德性的必要性持续不断地成为他们宪法和政治理论的重要组成部分。有关共和主义德性的论题似乎使英利斯不断地强调所谓的完全陪审团责任。针对威士忌起义事件,他煞费苦心地警告陪审团,"我们公民的举止行为如此地不道德以至于他们的行为可以被称为无法无天之举"。使英利斯不得不信服的是,"恶行与不道德在我们中间日渐增长"。他认为对社会下层平民阶级无法无天的行为需要采取的适当措施是,调适平等主义者在人民中间引人注目的冲动。英利斯在肯塔基宪法会议争论期间致信草拟宪法的杰斐逊,明确表达了自己的担忧。英利斯并非把最近肯塔基发生的事件视为民主政体的颂歌。②肯塔基人民都成为政治家,从办公室的最高层人士到普通农民。农民完全疯狂了——如果他们是基于超乎寻常的偏见,那么他们就没有任何反对现任政府官员、律师和有产者的现实基础。他们说,朴素而诚实的农民必须被选举出来担任公职,从而制定他们自己的宪法。③这些偏见的最终结果将可能导致协商性对话产生困难,这为每一个有正常智识判断的人提供了极为严重的警示。

---

① Lance Banning, *The Jefferson Persuasion: Evolution of a Party Ideology*, Cornell University Press, 1978, pp. 312–320.基于把杰斐逊主义者塑造为公民共和主义者,曼宁把约翰·泰勒的农业共和主义视为杰斐逊主义者意识形态的象征。约翰·泰勒1794年小册子《关于特定公共措施之原则和旨趣的调查》是基于反对联邦党人的制度体系中有关共和主义之缘由的权威性阐述方式,参见 John Ashworth, "The Jeffersonians: Classical Republicans or Liberal Capitalists?" *Journal of American Studies*, XVIII, 1984, pp.425–435。

② 有关他的法律思想的有益讨论,参见 Mary K. Bonsteel Tachau, *Federal Courts in the Early Republic: Kentucky, 1789–1816*, Princeton University Press, 1978, p.39。

③ Harry Innes to Jefferson, Aug. 27, 1791, in Julian P. Boyd et al., eds., *The Papers of Thomas Jefferson*, Princeton University Press, 1950, XXII, p.86。

南卡罗来纳州的约翰·泰勒是政治精英主义传统的另一变体的典范。他批评有关宪法下的代议制重复了前普通反联邦党人的诉愿。泰勒推断地说道："几乎不可能的是,频繁而深入地交流信息,执行所有的事务,从政府所在地到其末梢,是如此必不可少,以至于必然要求选民能够判断他们的代表得体的行为和举止。"泰勒有关代议制代表的作用之观点不同于中间阶层或社会平民阶层的诠释。就"绝大多数社会成员"所关注的主要问题而言,泰勒相信,那是"不一致的",且必须被"较长时期内习惯于作为领导人予以尊敬"的那些人所建构。因此,泰勒转而求助于把州立法机关作为人民呼声的代理人。其实,州立法机关并非仅仅只是民众意愿的表达者,而是一种被改进了的精纯的民主代议制机构,因为代议制机构的代表是经过所在州的人民精心挑选出来,并代表了所在州的人民。泰勒有关代议制的观点其实是被支持绅士阶层的其他成员们因误解所得出的观点建构:这种具有反照性的情景看起来似乎像镜子式的图景,实际上是绅士贵族阶层的价值观和理想的映照。当然,泰勒与麦迪逊所共同持有的思想是,代议制应当使民众的观点精纯化。显然,他们以类似的方式逐渐意识到联邦主义也可能存在问题。而把泰勒与麦迪逊区分开来的关键点在于他们的地方主义,也是如此之多的前反联邦党人所共同持有的一种信念:政府必须与人民保持密切联系。在一个绅士贵族阶层的社会里,泰勒相信,在地方自治组织之间产生有智识的精英人物是完全可能的。毫无疑问,泰勒相信人民将会遵从社会的富有者,即遵从来自地方绅士阶层的精英人物之自然贵族。[①]泰勒有关代议制的观点依赖于联邦主义的特定概念:接受美国社会多样化的现实。与此相适应的是,必须使选举产生的代表适当地反映社会多元化利益。然而泰勒的观点并非民主主义的,而是不容置疑的地方主义,即坚实地奠基于以州为核心的联邦主义之变体。

威廉·芬德勒作为中间阶层的民主主义者同样把各州视为最基本的政治单位,且他与同样献身于联邦主义事业的这些人持有共同观点:坚持严格的建构主义宪法解释方式。他提出有关立法机关议员的责任比泰勒和英利斯的观点更具有民主性。"这正是立法者的责任",芬德勒说道:"不仅使法律能够适应以人民的信任为基础,甚或在尽可能的范围内适应事先已形成的观念;因为一个共和政府是以人民的信任为基础,我们无论以何种

---

① Taylor, *An Examination*, DHRC, VIII, 1788, p.5; Taylor, *An Enquiry*, DHRC, VII, 1791, p.55.

248

方式试图削弱这种基础,只有通过消解人民对政府的真正信任,才能真正地削弱政府的基础。"因而,政治家的主要职责不仅仅是简单地改进民众的意愿,而是使政府真实地代表人民的意志。政府不仅应当服务于人民的利益,而且还必须反映人民的价值观。由此,芬德勒所接受的民主主义观就是中间阶层的领导人如何调和人民与立法机关之间的关系。发挥此种作用所需要的品质和德性是自然贵族阶层所不具有的,但却能在中间阶层的许多具有品性和忠于人民的公民中找到。他的观点也肯定是地方主义的,因为民选代表能够发挥他们的作用仅仅只有把他们与所在选区的选民像拴畜生那样被紧紧地拴在一起的时候。①芬德勒在宾夕法尼亚州活跃于政治论坛达四十年之久,曾在州和国家政府中担任职务,他相信各州才是最适合保护人民利益的代理人,且他坚定不移地相信这一点。尽管他的观点在一定程度上具有民主特性,然而芬德勒与英利斯和泰勒持有共同观点:国家的多样化仅仅只能在联邦主义制度范围内才能适应其需要。

威廉·曼宁同样对联邦主义制度充满信心,且坚持严格的建构主义宪法解释方式。当把他的观点与中间阶层的民主主义者芬德勒相比较时,曼宁似乎更加坚持平等主义和地方主义。政治是劳动者阶层与纯粹依赖于生产者阶层过活的这些阶层之间的一种持续不断的斗争过程。有产者试图建立"拥有财产和上层社会地位",且"有人伺候或对社会产生影响"的这些人所需要的政府。"这些基于感情的观点",他注意到,"正是在联邦宪法被采纳之前就已经以一种透彻的理解方式被人们竭力地主张过",且从那以后就由政府如此严格地加以遵循。宪法争论只不过是这种持续斗争最为晚近的范例。"富人与穷人"之间的斗争决定了美国政治历史发展的图景和进程,且持续地塑造了在他们生活的那些日子里最为重要的政治斗争。②他试图扭转新宪法所建构的联邦政府从地方政府中移出权力,从而把地方权力转让给一个遥远的且无法回应人民的联邦政府之发展趋势。

二、社会下层之宪法和政治观:激进的地方主义

威廉·皮特里金对威士忌起义那样的民众起义的支持,代表了反对派

---

① William Findley, *History of the Insurrection in the Four Western Counties of Pennsylvania*⋯ Philadelphia, 1796, p.49.

② Ruth Bogin ed., " 'Measures So Glareingly Unjust': A Response to Hamilton's Funding Plan by William Manning," *WMQ*, 3rd Ser., XLVI, 1989, p.330; Morison ed., "Manning's 'The Key of Liberty'," *WMQ*, 3rd Ser., XIII, 1956, p.213.

的另一种回应,且他的激进主义观点比威廉·曼宁的思想走得更远。皮特里金支持超法律之外的群盲主义行为和使用地方民兵组织的暴力行为,从而形成了一种更为激进的地方主义民主思想。在他看来,人民的意愿将被地方性的组织——民兵组织、通讯委员会和其他地方性机构所代表。与曼宁的观点相对照,皮特里金支持暴力行为促使他形成了激进主义的宪法和政治观。对于皮特里金本人而言,人民有保留拿起武器捍卫他们自由的权利。如果政府不再能够代表他们的利益,地方激进主义者接受包括有权退出联邦政府在内的永久革命权。社会共同体群体集会、实施超法律之外的群盲行为,以及最终拿起武器反抗政府的权利都根植于代表社会自治体社区意志的参与性民主主义的激进行为与观点。当社会平民阶层的民粹主义者相信州政府的权力必须超过联邦政府时,他们并非真正忠实于联邦主义:各州才是人民意志的真正代表,且处于代表人民利益的最核心地位。

威士忌起义证明了社会平民阶层的民粹主义者的抱负与中间阶层的民主主义者或社会贵族阶层的精英人物的理想并非具有兼容性。西宾夕法尼亚的暴力行为对于民主共和党内的民主主义者与卡莱尔骚乱对于前反联邦党人的民主主义者同样产生了消极影响。由社会平民阶层的民粹主义者造成的威胁促使宪法反对派内部坚持激进主义的民主主义者和坚持宽容温和的民主主义者之间发生了分化。

由此,社会中间阶层坚持宽容温和的反对派观点与威士忌起义者和他们的支持者所提倡的更为激进的地方主义意识形态相冲突。对于社会下层平民阶级的民粹主义者而言,人民的意志并非需要进一步地加以改善,而是自然地被像陪审团、民兵组织甚或群盲社团那样的地方性组织机构所重构。由此,社会下层平民阶级对公共领域范围的诠释最终与民主共和党人所坚持的公共领域范围之理念并非相容。确实,当威士忌起义表明社会下层平民阶级的激进主义思想并未走上穷途末路时,它必然截断了社会下层平民阶级的民粹主义与前反联邦主义之间的联系。起义发生后,前反联邦党人所遗留下来的遗产不断地成为反对派精英人物和中间阶层的民主主义者为之守护的地方主义信念,并兼容州权理论,使之成为一种与美国宪法和歧义政治传统的协商对话发展过程相一致的思想,从而延续了前反联邦党人的宪法和政治思想。在批准宪法期间,由前反联邦党人最初所提出的批评观点,尤其是在各州批准宪法会议上明确阐述与宪法有关的主题之论点逐渐在美国宪法和歧义政治传统的理论发展过程中占据了核心地位。前反联邦党人的思想在美国宪法和歧义政治理论中的独特标识,以及在美国各阶层特殊的紧张关系情形下所形成的兼容性保全了前反联邦党人的宪法和政治思想,即使是当它的文本范围被严格地予以界定时也是如此。

综上所述,前反联邦党人的宪法和政治理论无疑并非民主共和党人的宪法和政治思想的唯一来源。然而前反联邦党人为后来美国历次政治运动提供了重要的代言人身份,他们从有关宪法的最初争论中形塑了一系列美国宪法和歧义政治思想,且使这些思想适用于反击汉密尔顿和他的联邦党人的盟友们的政治经济政策。虽然反对汉密尔顿联盟包括在各种问题上持不同观点的人们,且反对意见源自多样化的政治和经济假定,而困扰前反联邦党人在所有阶层和地区引起的紧张关系问题被民主共和党人重新加以塑造。汉密尔顿积极进取的政治经济计划纲要必然迫使持反对意见的思想家们精炼有关政治与经济之间的相互关系的观点。由这些持有反对意见的呼声所为之辩解的联邦主义概念在不同的群体中综合起来,并运用于质疑汉密尔顿的政治经济计划纲要,为民主共和党人提供了广泛的辩护理据。民主共和党人也各自联合起来,且出现在具有活力的公共论坛的政治争论中,进而提出了一种与汉密尔顿支持强大的中央政府力量不同的且具有可替代性的宪法和政治解决方案。

约翰·泰勒的政治经济学运用较为旧式的乡村辩论术反对法院派系的宪法和政治观,并详细地批驳了汉密尔顿的政治经济政策。汉密尔顿拟定建立国家银行的经济发展方案,他争辩道,他试图建立一种新的"从事投机买卖的社会秩序",这种保护投机买卖者利益的政策不利于保护人民的利益,且他们拥有的权力对州政府构成了威胁。理解联邦主义特性对于诠释泰勒的传统农业政治经济学尤其重要。尽管他借助于乡村反对派较为旧式的传统论辩方式,但是他的政治经济学解释方式并非只是静态的,而是支持动态发展的。联邦主义是调和表面上看起来是相互矛盾的观念的关键,当经济决定权保留给各州时,政府就可以按照与共和主义价值观相一致的方式支持经济增长,继而从事经济行为。

阿尔伯特·盖拉廷为与中间阶层民主主义相容的商业版本提供辩护,从而反对汉密尔顿的政治经济计划方案,因为他相信汉密尔顿的经济政策并不能助长国家经济的发展。代替刺激生产性经济投资,联邦党人的政治经济学试图努力促成经济的集中控制,且建立服务于富人利益的经济机构。尽管与盖拉廷所坚持的观点具有一致性,然而威廉·芬德勒的政治经济学解释方式更为强烈地受制造业伦理标准的影响,这种标准承认契约在特定情形下是可以被违背的。他的思想是传统共和主义思想与新型的市场自由主义观念相结合的混合物。芬德勒，正如盖拉廷那样，能够与一个更具有传统性的农业主义者如泰勒那样的人共事，因为他们彼此都投身于特定的联邦主义事业的理想之中。当经济事务保留给各州，经济就会繁荣昌盛，因为要设计战略和策略激励投资较为容易，且制定的税收规则不会过度地增加人民的负担。因此，在美国这样的自治社会里，经济决策权，正如政治决策权那样，必须交由地方政府行使。

芬德勒的论点在当时美国已确立的政治意识形态中是最为民主的呼声之一，在美国有关民主政治情感的谱系中，他是最充分地阐述中间阶层民主主义版本的思想家。在政治谱系的一端是社会下层平民阶层的民粹主义者，因为他们表现在意识形态上的经济观念继续塑造着他们的经济理想模式，在那里，政府或社会共同体可以积极地干预经济，并促进社会平等。在芬德勒和社会下层平民的民粹主义者之间的某处矗立着威廉·曼宁，他把政治构造成多数人与少数人之间的斗争的观点比大多数中间阶层的民主主义者走得更远。当曼宁与中间阶层民主主义者和社会绅士阶层投身于建立强有力的州政府，从而成为汉密尔顿政治经济计划纲要的强有力的反对者，且持有共同观点时，他的政治和宪法哲学并非主要是建立以州为中心的联邦主义版本。他的思想更接近于社会下层平民的民粹主义，他希望建立的是地方性自治体，而不是建立以州为单位、更具有活力、参与式的民主政体模式。

当然，政治经济学问题不可避免地必须回溯于联邦主义。批评汉密尔顿政治经济学的所有观点集中于，汉密尔顿的政治经济政策试图使国家经济发展集中于中央权威，继而威胁既存的联邦主义形态。建立国家银行不仅仅是从表面上对已适应美国经济生活的现行政策和观点产生误导，而且它还存在着某种威胁：建立一个中央集权机构，从而削弱地方自治和各州自治的有效性。汉密尔顿计划使人们相信，从长远观点来看，建立国家银行将腐蚀美国政治和政府，从而有助于进一步实现中央集权。代替中央集权体制，民主共和党人把公共论坛视为一种可替代性的解决方案，它能够使美国人民联合起来，又不会集中权力于某一个机构或组织，且使人民组织起来反对联邦党人的政治经济行动纲领，广泛传播他们享有权利和自由的信息和知识，最终使人民抵制联邦党人侵犯他们权利和自由的阴谋算计。

在讨论汉密尔顿政治经济计划方案的优缺点时，如何解释宪法的问题呈现于美国人民面前。前反联邦党人把他们的信任置于宪法的严格字面含义解释方式,且坚持只有成文宪法才能明确地限制政府权力的思想。为了实现这种思想,前反联邦党人试图修正宪法以限制由各州和人民明确授予中央政府的权力。这种试图竭力限制联邦政府的权力的观点在《权利法案》争论期间是麦迪逊所竭力反对的。从事许多工作试图防止词语"明确地"被插入宪法前十条修正案的这些人并不可笑,因为它使前反联邦党人所支持的策略可以作为唯一能够阻止联邦党人推翻宪法的手段,并逐渐地适应社会的需求。严格建构主义的宪法解释方式和原则的出现,基于遵循前反联邦党人有关联邦权力只能通过宪法明确授予才能有效得到制约的观点,使正在兴起的反对派宪法哲学理论逐渐形成一个具有系统性的整体。

前反联邦党人的思想论辩以另一种方式逐渐成为推进美国宪法发展的反对派论坛的中心场域。由于抵制联邦党人支持宽泛的建构主义宪法解释方式,民主共和党人宣称宪法必须按照批准宪法时期奠基者的意涵和宪法的最初意涵予以解释。我们必须探究的是,解释宪法的最初意涵必须在作为宪法反对派的前反联邦党人与作为宪法支持者的联邦党人之间的相互斗争且最终达成妥协的所有论点中去细心求证。联邦党人的保证被解读为直接对前反联邦党人担忧的回应。因此,美国宪法的最初意涵只有从前反联邦党人与联邦党人之间争论的对话过程中通过细致分析才能全部显露出来。

由联邦党人所造成的威胁在美国宪法和歧义政治传统发展过程中几乎没有减小反对派精英人物与普通代言人存在的明显差异,尤其是在中间阶层民主主义者和社会下层民众之间普遍存在的思想紧张关系在批准宪法时期就已经显露出来,尽管它们曾经沉寂过一段时间,但是并未因前反联邦党人转变为宪法忠实反对派而得以妥善解决。社会下层激进的民粹主义者的潜在威胁仍然暗藏于宪法忠实反对派的表层之下。

联邦党人满足于将其信念置于更为强有力的中央政府,从而强迫民众对其服从和忠诚。与此相对照,民主共和党人的宪法和政治哲学则把其信念更多地依托于政府必须确保获得人民的认同。政府为了获得人民无任何强制性的认同,查明和洞悉人民的意愿且采取一定的手段是必需的。民主共和党人并非要把公共领域构想成像州立法机关那样的政府机构的替代品,而是希望把新闻界和民主共和党人建立的社会组织视为人民授予他们作为自由守护者所必须履行职责的公共论坛方式。当然,民主共和党人也承认,他们的联邦主义版本——中央政府仍然相当软弱而各州相当强大的联邦国家的政治组织——需要一个具有生机和活力的公共论坛。中间阶层的民主主义者和绅士贵族阶层的精英人物则期待着民主主义社会团体能够充分利用激进地方主义者的一时冲动之优势,并按照一定方式充分利用他们与体现联邦主义制度的宪法机构保持一致的能量。因而,当民主主义社会团体以特定的地区为根基时,他们意欲达到的目的在于,使它成为美国政治协商对话过程中的一种扩大了的公共领域之组成部分,而这种扩大了的公共论坛在美国政治协商对话的发展过程中又可以把其他不同的社会组织联合起来。

第六章　前反联邦党之遗产与
宪法解释之政治

　　社会下层激进民主主义者的暴乱行为使前反联邦党人联盟内部发生分裂,前反联邦党人的社会上层阶级和中间阶级人物选择在宪法架构下的政府部门任职,并由此形成了美国歧义政治传统的忠实反对派。就前反联邦党人而言,为了巩固美国国家联盟,确保联邦主义和宪法文本主义,从而达到保护公民权利之目的,他们始终捍卫着美国政治论坛中扩大了的公共领域范围。在前反联邦党人的宪法和政治理论中,州权与个体权利、联邦主义与地方主义并非完全处于对立面,而是具有亲和力地结合起来。基于此,我们主要论述前反联邦党人的宪法和政治思想对美国民主主义政党的影响,并阐述民主共和党人如何以《外籍与煽动叛乱法》为契机,通过圣·乔治·图克的宪法理论调适、整合和发展前反联邦党人的宪法和政治思想,从而形成政治反对派具有系统性和理论化的麦迪逊式的宪法综合理论。

　　尽管威士忌起义的发生提供了另一种激烈而短暂的斗争方式,使联邦党人与他们的对手之间从更为持久的斗争中分散了注意力,然而他们之间更重要的斗争却持续地存在于美国宪法和歧义政治传统的演进过程之中。18世纪90年代的宪法和政治问题使宪法术语概念化,宪法的忠实反对派仍然全身心地投入宪法授予联邦政府的有限权力的辩论之中。这进一步证明:正是前反联邦党人在批准宪法时期反对联邦党人的宽泛建构主义宪法解释方式,不断地坚持严格的建构主义宪法解释方式,继而使严格的建构主义宪法解释方式成为民主共和党行动纲领的重要组成部分。

第一节　寻求宪法原意之反讽

　　1791年在有关建立美利坚合众国银行的合宪性问题的争论中,民主共和党人与联邦党人的每一方都援引宪法的最初意涵之思想,作为对立的双方都花费了大量的时间和精力去查证1787—1788年间有关制宪会议和批准宪法会议的所有文字记录作为其文本的支撑依据。尽管作为精准界定宪法的最初意涵的各种文本本身就是最具有复杂性和争议性的问题,然而作为争论的双方仍然必须如此去做。同样引起争议的是,为了详细分析最初制定宪法的各类文本之意涵,争论双方必须阐明适当的宪法解释方式。在阐释宪法最初意涵和宪法原意的斗争过程中,美国各政治派别就有关宪法的最初意涵所产生的主要分歧是以联邦政府和州政府的权力之法理诠释为核心。国会有关联邦政府权力的适当范围的争论也迫使争论双方必须去思考1787—1788年间美国奠基者们制定宪法和批准宪法的目的和最初意涵是什么。当有关建立合众国银行的斗争促使少数个体参与到有关宪法的最初意涵的争论时,这一问题同样在有关1795年《杰伊条约》的争论过程中发挥着重要作用,它是美利坚合众国18世纪90年代接踵而至的伟大的宪法斗争之一。

一、寻求宪法之最初意涵:《杰伊条约》之辩

众议院的民主共和党反对派在反对联邦党人主导下的华盛顿政府和抨击《杰伊条约》时,声称华盛顿政府的亲英人物在与大不列颠王国签订的协议内容存在某些"仁慈"条款,顿时使美国社会处于极端的不利外交状态之中。约翰·杰伊与英国的协商谈判,反对意见争辩道,证明了联邦党人的亲英偏私行为。众议院要求杰伊提供有关条约规定的证据。华盛顿拒绝众议院的请求,宣称总统和参议院在签订国际条约和协定方面具有排他性的权力。由此,众议院重申,它有权通过相关问题的立法使条约失效,从而对参议院和总统行使的外事权力进行制约。因此,宪法有关签订条约的权力的最初意涵就成为严肃而紧张的细致审查和引起争论的对象。

众议院在争论宪法规定总统和参议院具有签订国际协定或条约的权力的意涵时,批准宪法时期的各种文本也以不同的方式被重新加以利用,这几乎是最初写作文本的作者们也不可能预料到的事情。前反联邦党人的各种文本同样被联邦党人和民主共和党人以各种不同的解读方式予以诠释,从而赋予了前反联邦党人的论点以新的生机和活力。同时,"普布利乌斯"被恭请出来证明民主共和党人和联邦党人的观点都具有正当性。那似乎是,一旦作者的言辞进入美国的公共论坛,那么他们对大量可能存在的不同解读方式无法预知其后果应该是什么。一旦作者的文本被出版,作

者本身也不知道应当如何授予特定文本的解释权利。当然,最重要的是,被援引用于确定宪法的最初意涵的各种资料的范围是难以准确地予以界定。一位参与争论的参加者讥讽道,既然几乎每一类资料都被尝试着加以采用,那么"不管它是否具有权威性,它们都不断地被某些人试图以另一种方式予以篡改引用;在当下如此频繁地加以援引,不管对它是赞誉与否,无论是支持宪法的个人还是反对宪法的个人都广泛地加以引用和传播"。①在这种令人啼笑皆非的评论中,评论者提到的各类文本在一定程度上几乎包含了批准宪法时期曾经出现过的、易于取得的所有文本,它们有可能在辩论过程中因查明宪法的最初意涵而被重新加以解读或误读,且大量的讥讽言辞出现在各种争论之中。联邦党人赞许地引用某些前反联邦党人的著述,而民主共和党反对派则灵活地运用联邦党人的某些著述,尤其是"普布利乌斯"的《联邦党人文集》,②甚至联邦党人指责民主共和党人运用宽泛的建构主义宪法解释方式证明他们所宣称的众议院享有特定签订条约的管辖权具有正当性。

当民主共和党议员乔纳森·哈汶斯试图抓住理解这些讽刺言辞的要害之处时,他说道:"正是这些极为令人注目的情形使像政府那样的非组织者和反对已建构权威的叛乱者都感到羞耻的是,联邦党人费尽心机地为美利坚合众国宪法所设计的各部门协调运行是为了达到他们的建构性目的而斗争。"③这些讽刺言辞被已发生的事件进一步加以恶化,使一些以自身特有方式成为宪法捍卫者和政府支持者的人们认为,当宪法必然促使政府各部门不相协调地运行时,他们都应当为宪法的建构主义解释方式而斗争。一方面,民主共和党人所坚持的观点,正如哈汶斯争辩道,试图努力解释众议院行使相关权力与最大的宪法职能相一致,且众议院必须以特定方式发挥作用。另一方面,联邦党人试图限制较低层次的议会即所谓更为民主的分支机构的权力,在一定程度上与它发挥较大的宪法职能是不相一致。

---

① *Annals of Congress*, 4th Congress, 1st Session, 1796, Washington, D.C., pp.537, 759.

② 有关"普布利乌斯"《联邦党人文集》的历史语境和解读方式,参见青维富:《美国政治生成机制之法理评析》,上海:上海三联书店,2020年,第84—116页。同时,在作者已完成《普布利乌斯之论辩:〈联邦党人文集〉之哲学分析》,从道德哲学、历史哲学和心理哲学,以及《独立宣言》与《联邦党人文集》之比较研究等方面对《联邦党人文集》进行哲学和法理分析。

③ *Annals of Congress*, 4th Congress, 1st Session, 1796, Washington, D.C., pp.484, 486.

联邦党人威廉·史密斯则盗用麦迪逊在组建国家银行时所争辩的论点：达到理解宪法真正意涵的目的要求揭示"在宪法形成之时整个国家的普遍认知"。史密斯建议他的同伙议员们回到"宪法文本的现代性解读上来"。进而，史密斯把他的注意力集中于前反联邦党人对宪法提出批评时所阐述的担忧上，宣称"他仍然信服地求助于批准宪法会议时期前反联邦党人对政府签订条约的权力的警示性建议"。同时，史密斯使用前反联邦党人文本作为反对民主共和党的武器："发生于几个州制宪会议和批准宪法时期的各种争论证明了一种毫无争议的事实，宪法规定有关的权力行使的完善程度仍然可以得到全面的解释，它是批准宪法时赞成宪法必须被人们有效地加以捍卫的这些人所做出的解释。"既然前反联邦党人提出了反对宪法的意见，且宪法仍然被批准实施，那么史密斯最终得出结论，这些反对意见已经被人民完全抛弃了。作为额外的支撑，史密斯转而求助于宪法反对者反对宪法的意见和提出宪法修正案的意见。弗吉尼亚州制宪会议在宪法被修正时所提出的建议稿，即签订国家商业协定必须要求所有参议院议员的2/3以上多数而不仅仅是出席会议的参议院议员的2/3多数通过，它证明了必须达到绝对多数的一致同意时参议院才有承认条约的权利。基于此种观点，众议院绝不可能意涵行使对参议院的这项制衡权力。进而，这些证据能够从《宾夕法尼亚邦制宪会议少数派提出反对意见的理由和演讲：致选民》和哈里斯堡制宪会议的议事程序中推断出来，即就有关签订国际条约所制定的宪法修正案：由某些权威性团体提议，并得到众议院同意。史密斯推论道，如果这些改革被提议且并未被批准，那么这些证据仍然是结论性的，即人民的最初意涵并未授予众议院这项权力。①

采用类似的语言技巧的辩论者是马萨诸塞州的联邦党人苏多里·斯吉弗克，他提醒国会注意，"对宪法不友好"且意涵阻止它被批准的反对派们向他们的选民宣称，签订条约权作为总统和参议院的专属权力是与当下为之争论的范围一样具有广泛性。当宪法的反对意见试图提醒人民这种权力的危险程度和行使这种权力的危险是什么时，支持者们并非试图否定宪

---

① *Annals of Congress*, 4th Congress, 1st Session, 1796, Washington, D.C., pp.484, 486. 前反联邦党人表达签订条约权的主要观点，联邦权力在没有各州的参与下协商签订条约限制其延伸权力范围。而弗吉尼亚州的前反联邦党人最为关注参议院在没有众议院的参与下独享签订条约权的危险性。弗吉尼亚人尤其担忧有关商业条约和停止土地所有权的转让，参见 George Mason, "Objections to the Constitution of Government formed by the Convention," *Massachusetts Centinel*, Boston, Nov. 21, 1787, *CA-F*, II, pp.9-14。

法授予总统和参议院这项权力的范围。"他们并没有如此去做;他们承认这项权力,且证明了它存在的必要性,经过辩论表明它在实践中是安全的。"①由此,联邦党人解读批准宪法时期各种文本的言辞方式正是引用了民主共和党提供的前反联邦党人在批准宪法时期通过公平听证所呈现出来的证据资料,这些证据资料主要用于前反联邦党人在国会的争论和辩护,证明他们拒绝接受宪法规定的相关条款之事实。

二、宪法最初意涵之不确定性:文本语境与解读方式

正如前述,当作者的短论文一旦进入公共领域,就其事实而言,特定文本的作者也不再可能控制他们自己文本的意涵解释了。一旦特定文本成为公共记录的一部分,它们就能够以其作者都会感到震惊的方式被其他人解读或误读。在当时,基于特定文本的作者身份并未授予知识产权的资格,且试图努力确定宪法的最初意涵仅仅是服务于着重强调特定文本所固定的可能意涵,这种解读方式不可能不存在合理性。当读者们重新解读或误读,并以如此截然相反的比例增长,以至于使正在被争论的文本对美国的政治分歧产生了极为重要的意义。②

许多前反联邦党人,包括一些被联邦党人援引过文本的作者的出现使民主共和党人所面临的情势更为复杂。反对派代言人必须做的是,尽管他们希望从1788年批准宪法会议时期反对派发表的言论中脱离开来,且坚持认为如果这些言论需要被引用的话,它们必须在适当的语境下予以文本主义的阐释。但是当他们必须把立宪时期的最初争论的语境与前反联邦党人的反对意见联系在一起加以分析时,他们尤其应当注意两个一般性要点:第一,前反联邦党人有关联邦政府签订条约的权力所持的保留意见必然涉及他们明确表达的、由新政府可能造成的许多危险的担心;第二,这些担心在批准宪法时期被联邦党人已经设法解决,他们必须提供证据保证反对意见所僭称的各种危险实际上只是虚幻之词。民主共和党人坚持认为,必须把前反联邦党人的著述与联邦党人的回应——对照加以解读,因为联邦党人是真正希望寻求平息他们反对者诸多担忧的事实,从而说服宪法反对者,最终达到批准宪法的目的。而民主共和党人为了引用前反联邦党人

① "The Society of Western Gentlemen Revise the Constitution," *Virginia Independent Chronicle*, Richard, Apr. 30, May 7, 1778, *DHRC*, IX, p.771.

② *Annals of Congress*, 4th Congress, 1st Session, 1796, Washington, D.C., V, p.523.

的著述使他们自身所面临的实际问题变得更加难以诉说,因为前反联邦党人的著述只不过是当时进入公共争论中的一小部分而已。如果人们不得不从有利于自己的立场加以引用的话,那么从联邦党人所提供的保证而不是从前反联邦党人所表达的担心进行引用似乎更为符合常理。正是前反联邦党人与联邦党人之间在美国奠基时代的协商对话形塑了后来参与争论的每一个人可以完整地诠释批准宪法会议时期的各种争论之意涵。

事实上,被威廉·芬德勒采用的解释技巧,即当确定特定场合形成的且时代较为久远的文本之意涵时,他试图厘清宾夕法尼亚州前反联邦党人文本的最初意涵采用的解释方式。易于引起争议的是,前反联邦党人的著述也能被运用于反对众议院在外交事务和签订条约上所起特定作用的争论,芬德勒表达了他对此感到惊奇:"宾夕法尼亚州批准宪法会议的少数派被恭请出来作为引证,但是以这种方式解释宪法的最初意涵并不能使人们完全信服。"他提醒众议院,他本人就曾经是宾夕法尼亚州批准宪法会议持反对意见的成员之一,当时的争论言辞可能只是有意识地被人们设计出来重新确定自身的文本之意涵,从而有助于文本的定型。芬德勒承认,参议院在签订条约的权力范围确实使人们感到某种担心,但是他满含困惑地表达了少数派的观点在当下应当如何被运用和解释:"少数派的情感和在特定环境下的行为在特殊场合被引用来作为对宪法真正意涵极为有效的权威性解释",这必然令人感到惊奇。这样一种模糊的建构主义解释方式尤其使人无法承受,因为在宾夕法尼亚州宪法的主要辩护者所阐述的论点证实了当下民主共和党所支持的观点。芬德勒不仅质疑对前反联邦党人所持观点的特定解读方式,而且还引用了1788年联邦党人制定有关签订条约的宪法条款的精彩解释之处。他为孤立地使用前反联邦党人著述的逻辑推理而争辩,且试图寻求揭示这场辩论中的瑕疵。人们不能脱离具体语境解读前反联邦党人的批评意见,也不能毫不思索联邦党人对此的回应,因此他们必须把前反联邦党人的反对意见与联邦党人的回应通过对比分析加以解读。作为"宪法的倡议者"之一,芬德勒是一位杰出的政治家,且在拟定宪法框架时做出了突出的贡献,他坚持认为一种有效的法律,尽管并不能直接制约参议院行使签订条约的权力,但是却能够从行使立法权力的特性中自然地推演出来。①芬德勒有关宾夕法尼亚州少数派的意涵的重新解读援引了不同的语境主义解读方式,这些论点从有关建立国家银行的争

---

① *Annals of Congress*, 4th Congress, 1st Session, 1796, Washington, D.C., V, p.592.

论开始就一直塑造着民主共和党的严格建构主义宪法解释方式。由此,联邦党人和前反联邦党人的文本并不能被简单地分立开来加以理解,而是必须作为更大范围内的公共争论之一部分加以综合解读。

尽管盖拉廷遵循与芬德勒相类似的策略方式,但是他对人们运用哈里斯堡制宪会议有关参议院签订条约的权力的表述感到怀疑。如果它们并非如此,他想知道:"他们担心宪法可能被误读而能够完全证明其具有正当性吗?"比照前反联邦党人的著述,哈里斯堡制宪会议议程宣称的主要原则仅仅只是重复各州批准宪法会议的基本原则,即他们的审议论点在寻求宪法最初意涵的判断上具有法律效力。"批准宪法并采纳这一文本的人民和州制宪会议仅仅只是参与了它,求助于它们的目的仅仅只是基于任何适当行为的适度基础上。"①前反联邦党人的著述,如果从他们最初的语境来理解,作为探究有关宪法最初意涵的证明似乎只是一种非同寻常的证明方式而已。确实,盖拉廷重申了芬德勒讨论的观点,令人惊奇的是,要是只有一方的观点被引用,它们可能被视为是宪法的反对者而不是宪法最初的支持者的看法。当把它们从特定公共争论中最初所起的作用断裂开来,那么前反联邦党人的文本就失去了它们的应有之义。一旦使它们脱离最初争论的语境范围,那么它们就很容易被错误地解读,且被利用于适合联邦党人的行动纲领的解读方式。

民主共和党人弗吉尼亚州的威廉·布林特采用与盖拉廷相类似的解释技巧。布林特尤其感到愤慨的是,州批准宪法会议的各种争论以特定方式被联邦党人误用。既然这些辩论议程被利用"作为一种攻击性武器,那么他将竭尽全力利用它们作为一种防御性工具"。为了证明民主共和党人的严格建构主义宪法解释方式并非虚构,他参考了被联邦党人引用的批准宪法时期的各种争论文献。布林特引用来自"那些天的一些著名作者的观点,他曾是宪法批准时期的反对派,即他反对批准宪法"。当国会的民主共和党人以同样的方式解释众议院行使权力的范围时,那位作者根据当时的情形对正在拟议的宪法的相关部分进行了阐释。当他解读《来自联邦农夫的信》中的很长一段摘录后,布林特指出,他"可能要求助于各州印制的论文集《联邦党人文集》,从另一本权威著述中证明他的解释具有正当性"。鉴于前反联邦党人思想因误用而遭受挫败,他想知道:"如果那些天反复出现的公共情感可以用于解释宪法真义的话,他希望知道大多数人或少数人

---

① *Annals of Congress*, 4th Congress, 1st Session, 1796, Washington, D.C., V, pp.734–736.

的情感是否会重复地再现出来。"布林特按照他自身的言辞方式提出这样的问题:正是大多数人的意涵"必须被视为是人民意愿的表达"①。由盖拉廷和布林特所欣然接受的解释技巧遵循了一种类似的逻辑推理。前反联邦党人的论点必须在它们所处的最初历史语境中予以解读,即作为宪法所具有的特定瑕疵而导致通常对处于有败落迹象的那一部分必须重新加以解释。这些瑕疵曾经被联邦党人详细解答过。如果有任何文本必须以单独的方式加以引用的话,那么它们应当是联邦党人曾经使用来向人民保证过的这些文本,而不是前反联邦党人对人民发出警示时所撰写的文本。

在这场争论中,胜过其他所有人的争论论点是作为民主共和党人的麦迪逊的观点,他尽可能利用《联邦党人文集》作者的身份,从而避免被人们称之为"做事过分耍心计而求助于不同方式"的人。②与盖拉廷相比较,麦迪逊争辩道:"专心阐释批准宪法时期所提议的、可能与阐明处于争论主题有关的意见和意涵及有关其他宪法修正案的论述是适当的。"③麦迪逊认真思索由弗吉尼亚州、纽约州、北卡罗来纳州、马里兰州和新罕布什尔州所提出的宪法修正案。从各具特色的宪法修正案提议程序中,麦迪逊确信存在一种受猜忌的普遍性原则,并宣称宪法制定者并没有任何绝对的意涵希望国家其他机关脱离民选机关——众议院的控制,从而使参议院和总统就有关签订国际条约或协定等所有的重大事项行使广泛的权力,并扩大到一种绝对和无限制的权力范围。

---

① *Annals of Congress*, 4th Congress, 1st Session, 1796, Washington, D.C., V, pp.597–582.

② 在此,为了有效地解释立宪者的最初意涵,麦迪逊为解释立宪者最初意涵的方法设定了两条规则:一是在有争议的情况下,政党对于该文书的意涵,一经合理的证明,可以用来适当地指导解释过程;二是现代的一致性解释都是政党意涵的合理证据。在此,麦迪逊似乎暗示,宪法与其说是一项法令,还不如说是未加指明的政党间的一项契约,这些政党的目的是宪法意涵的重要组成部分。参见[美]杰克·N.雷克夫:《美国制宪中的政治与理念:宪法的原始含义》,王晔、柏亚琴等译,南京:江苏人民出版社,2008年,第352页。

③ 最初,联邦党人有较为全面的原理主义观点。而麦迪逊的原理主义"被一些无法解决的问题毁坏"。而且,"无论他如何清晰地把宪法奠基者们和宪法修正者们区分开来,都会被1787—1788年运用不明确的争论和失败的修正案之难题所遮蔽,从而抵消明确加以表达的宪法条文"。See Jack Lacover, *Original Meanings: Politics and Ideas in the Making of the Constitution*, Random House, 1996, p.364.

三、寻求宪法最初意涵之公共论坛:前反联邦党人之思想遗产

解释宪法条款的艰难任务导致了民主共和党人和联邦党人试图寻求超出宪法本身范围之外的意涵解读方式,并检视超文本资源,从而进一步探求宪法的最初意涵。许多联邦党人引用前反联邦党人的短论文和州批准宪法会议的各种审议性资料,以便证明民主共和党正在试图重新使用批准宪法时期所运用的且被人民所拒绝的各种争论观点。民主共和党人为了回应联邦党人,以质疑的方式指出:联邦党人所引用的前反联邦党人的各种文本是超出历史语境之外进行错误解读。因此,必须使他们的解读方式从建立国家银行的争论中回溯到他们认为至关重要的且正在兴起的宪法哲学上来,即宪法的最初意涵是前反联邦党人与联邦党人相互退让和妥协的产物。尽管没有任何人认真地引用过批准宪法时期的成功事例,正如在签订《杰伊条约》的争论中一位带有讽刺性的争论参与者所提出的,许多极具特色的前反联邦党人文本在这些争论中被援引。前反联邦党人已经出版的两个最重要的文本——《宾夕法尼亚邦制宪会议少数派提出反对意见的理由和演讲:致选民》和《来自联邦农夫的信》——再次重现。同样,哈里斯堡制宪会议提出的各种议案也作为前反联邦党人在批准宪法时期所坚持的信念之证据被援引。①一些民主共和党人甚至援引"普布利乌斯"的《联邦党人文集》,且从它的前反联邦党人对手的视角以对比的方式进行有选择地解读"普布利乌斯"。实际上,民主共和党人对《联邦党人文集》提出了一种前反联邦党人的诠释,主要集中于"普布利乌斯"对反对派的诉愿的回应上,其他人则主要集中强调前反联邦党人与联邦党人之间在各州批准宪法会议时期的各种争论观点。

尽管来自特定州的制宪会议的少数人所发表的有影响力的言辞在批准宪法会议期间已经能够找到它们的出版方式,但是具有实质意义的审议争论仍然不可能被普通人广泛地获取。然而,它们随后的出版深深地影响了有关宪法最初意涵的公共争论之动态过程。尽管出版各州批准宪法会议争论过程中的言辞被攻击为既具有党派倾向又具有不明确性,但是它们仍然被赋予了具有特定权威的地位,因为它们记载了各州人民的审议和协

---

① H. Jeferson Powell, "The Original Understanding of Original Intent" and Charles A. Lofgren, "The Original Understanding of Original Intent?" in Jack N. Rakove ed., *Interpreting the Constitution: The Debate over Original Intent*, Twayne Publishers, 1990, pp.365-369.

商过程,即赋予宪法以法律效力的各派系之间的协商过程。在各州批准宪法会议已保存的记录中,由前反联邦党人所表达的主题在前反联邦党人已出版的著述中逐渐成为民主共和党人的宪法和政治思想中最重要的主题。作为重构宪法最初意涵的主要文本,批准宪法时期的各种争论记录的逐渐出现就是那些对宪法持反对意见的人们如何不断地理解不同思想的动态发展过程,这是至关重要的。在当时美国正在兴起的宪法和政治理论中,最具有说服力且表述最为清晰的代表性观点就是麦迪逊的论点。由此,着重关注宪法批准者的最初意涵尤其是联邦党人与前反联邦党人之间在各州批准宪法会议上所进行的协商性对话就成为麦迪逊的宪法和政治理论之基石,且这并非仅仅只是局限于国会会议厅内的一种曲高而和寡的争论。

有关宪法解释方式的争论主题同样蔓延及民众政治的对话过程之中。有关宪法解释的各种争论主题通过何种方式渗透到民众政治文化过程,我们可以从威廉·曼宁——一位来自马萨诸塞州伯利克里镇的小旅馆经营者的著述中暂时找到感悟。曼宁承认,他自身的政治知识是从民众出版物中到处搜集而来的,且他的著述为民众解读公共的和已认知的宪法性问题的重要片段提供了一条认识路径和视窗。关于制宪会议,他重复一名前普通反联邦党人的诉求:美国奠基者们有意使用含糊其辞的语言,以便有利于他们设计贵族政体。他充满信心地宣称:"制宪会议的参加者这样做的意涵在于,毁坏我们的自由政府,不然他们绝不可能耗时四个月的时间制定出这样一种令人费解的文本出来。"因为1787年奠基者们制定宪法被弄得像是一种欺诈行为,且无任何限制,以至于执掌权力的人们可以"随意地利用情感而任意妄为"[1]。宪法言辞的模糊性是联邦党人力图建立贵族政体的政府组织体系所故意创制的产物——已经被自批准宪法以来联邦党人的政治实践所证明了的。在宽泛的建构主义宪法解释方式的掩盖下,联邦党人试图努力寻求扩张联邦政府的权力,且任意践踏人民的自由。

有关《杰伊条约》的辩论和冲突也吸引了当时美国公众的眼球。对此的反对意见是强烈的,且杰伊的雕像在许多城市的街道被燃烧起来。令人感兴趣的是,曼宁的评论把有关《杰伊条约》的争论置于宪法争论的风暴中心。曼宁重复民主共和党政治家的立场。他与民主共和党持有共同观点,即众

---

[1] Samuel Eliot Morison, "William Manning's 'The Key of Liberty'," *WMQ*, 3rd Ser., XIII, 1956, pp.234–235.

议院应当有权对《杰伊条约》作出解释。为了支持反对意见,他援引与前反联邦党人极为相同的宪法解释方式界定国会的争论主题,即州批准宪法会议的意涵应当指导宪法的最初意涵的解释及其方式。"当他们要把它排除在外时,它却是代表了人民的意愿和意志",是宪法的最终裁决者,而不是制定宪法文本的那些人的最初意涵。①出于对众议院制衡参议院之努力的赞赏,他把这种行为辩护为适当地表达了民众的意愿,其目的在于抑制联邦政府中贵族政体的派系设计。出于对宪法解释问题的关注,他并未清晰地表明如何设计限制和规范法院或国会的权力范围。由此,曼宁意识到这些问题必然证实出版界有能力把它们的注意力转移到公众的注意力上来。

　　总之,在《杰伊条约》争论期间,所谓征求民众意见的各种文本是宪法的最初意涵的争论的明证。人们可以轻易地获取《联邦党人文集》,并把它视为正在兴起的且已形成普遍共识的各种宪法价值观的系统表述,它揭开了民主共和党人与联邦党人在试图寻求支持他们的各种观点的历史篇章。重构前反联邦党人有关宪法的最初意涵在一定程度上较为困难。与联邦党人不同的是,在当时,前反联邦党人的各种文本并没有被重新印制出来,且也没有完成出版统一的多集编著本。而各州批准宪法会议的议程作为前反联邦党人提出歧义的权威性呼声却占有很重要的地位,且作为赋予宪法法律效力的各主体之记录取得了准宪法文本的地位。虽然远非完善,但是这些文本已成为前反联邦党人参加制宪会议辩论和对宪法提出批评的原始材料。尽管各州制宪会议程序的至上性仍然是不容置疑的,然而直到四分之一个世纪后前反联邦党人罗伯特·雅茨的《1787年联邦制宪会议记录》之出版,1787年制宪会议的合法性再次受到人民的质疑。②

第二节　反对派宪法理论之调适:
以《外籍与煽动叛乱法》为契机

　　自美国宪法批准以来,联邦党人主导的国会通过的所有法律没有任何一部比《外籍与煽动叛乱法》更能点燃美国公民的政治激情,《外籍与煽动

---

① Samuel Eliot Morison, "William Manning's 'The Key of Liberty'," *WMQ*, 3rd Ser., XIII, 1956, pp.234-235.

② 有关解构主义的分析方法,参见 Stanley Fish, "Deconstruction and the Possibility of Justice," *Cardozo Law Review*, XI, 1990, pp.919-1726。

叛乱法》加重了美国后批准宪法时期的那一段时间里更为严重的宪法危机。它迫使反对派理论家们以更为具有创见性和洞察力的方式努力设法解决宪法的歧义内涵。"宪法的忠实反对派"之意蕴开始发生急剧转变,且美国宪法和歧义政治理论的发展过程不可阻挡地被争论各派所发出的回应改变着。

一、歧义传统发展之新阶段:《外籍与煽动叛乱法》之辩

事实上,联邦党人对有关国内外的颠覆行为的担忧导致了他们在1798年通过了一系列法律使外国人成为美国公民更加困难,而煽动叛乱之诽谤罪则成为一种专门用于针对联邦政府的犯罪行为。虽然联邦党人把《外籍与煽动叛乱法》辩解为是为了阻止外国的代理人、激进的避难者和他们在国内的同盟者从根基上破坏美利坚合众国的共和主义政府而制定,但是《外籍与煽动叛乱法》被民主共和党人解释为毋庸置疑的危险凶兆之出现,证明前反联邦党人所预言的有关联邦党人力求加强中央政府权力的不祥征兆是正确的。在质疑《外籍与煽动叛乱法》的合宪性时,民主共和党逐渐开始推动美国宪法和歧义政治传统朝向新的阶段发展。

实际上,更多具有政治激情的联邦党人相信《外籍与煽动叛乱法》有助于美国政治的纯化,且使国家彻底摆脱前反联邦党人的反对意见之最后残留部分。菲辛·阿曼斯欣然接受有关《外籍与煽动叛乱法》的公共争论,因为它有助于厘清美国政治内部的分歧意见之界限。同时,他也渴求使他自己的政党摆脱"修剪机"的地位,且相信《外籍与煽动叛乱法》的严酷性将剔除并非真正奉献于政党政治理念的那些人。然而阿曼斯讥讽"联邦党人在必要时助推政府理论的完善,既而为他们两次获胜而欢呼——此后,他们劝诱和试图战胜前反联邦党人屈从于他们正处于争议的原则"。按照阿曼斯的判断:"中间阶层或温和派中间阶层是最卑劣的一部分,也是最伪善的一群虚伪之徒。"只有真正的反对派才具有品性,而"另一方的人们是从来不会具备的,尽管在许多其他类型的社会阶层的人中也可能具有某些品性"。然而他们的同伙公民有失检点的行为并非只是小事。他们有足够的精力为法国革命的正当性辩解,且如果遇到机会他们就会模制它。进而,阿曼斯透过同样的视角继续阐述18世纪90年代美国宪法和歧义政治思想,他阐述了在批准宪法时期"宪法不可更改的敌人——在它们被界定为敌人之前,尽管它们正在形成,自此后——柔弱者完全可能担心,恐怕他们

要触犯《外籍与煽动叛乱法》了"。①但是他把新近产生且忠诚于宪法，并适当地隐藏了激进主义思想和忠实于前反联邦党人的某些反对派——民主共和党的纲领由于具有伪装特性而不予考虑。

作为反对派在国会的主要代言人之一，阿尔伯特·盖拉廷质疑《外籍与煽动叛乱法》的合宪性问题，他援引《权利法案》之原始意涵："当下正在讨论的法案在批准宪法时期就已经被一些人怀疑其是否具有正当性，在一定程度上，他们担心宪法的概括性表述条款可能因某些特定目的而被曲解和误解。"第一届国会意识到前反联邦党人尤其关注此类问题具有合理性，通过了宪法第一修正案②，以矫正此种缺陷："它的目的在于消除某些担忧，宪法修正案宣称国会不应当通过任何缩减言论自由或出版自由的法律，且这一修正案已得到国会通过和批准。"由此，盖拉廷重复前反联邦党人的担忧，只要严格遵守宪法文本的意涵就能够保护民众的自由："必须记住的是，公民反对违宪的行为和措施的唯一保障在于严格遵守宪法原文。"最后，盖拉廷认为："公民的自由仅仅通过羊皮纸——以文字方式——予以保护，且无论何时都应当被认为这些文字的严格和一般意涵有可能被歪曲地阐释，继而使他们的自由遭受毁损。"③因此，盖拉廷阐述了包含宪法内容在内的一般性解释方式，且提到了批准宪法时期前反联邦党人的许多论点。联邦党人试图通过寻求宽泛的建构主义宪法解释方式，从而毁损宪法。而阻止联邦党人这种行为的唯一方式就是以严格的字面意涵解释宪法。在处于争议和质疑的极端情形下，文本的语词应当被解释为限制政府权力的目的，而不是增加政府权力的目的。因为制定宪法文本的目的在于限制联邦政府的权力和行为，联邦政府不应当作出超越宪法规定权力界限的行为。他们不能因此意涵为其延伸和扩大权力寻找借口。

有关《外籍与煽动叛乱法》的冲突并未促使民主共和党人放弃他们对

---

① Fisher Ames to Christopher Gore, Dec. 18, 1798, in W. B. Allen ed., *Works of Fisher Ames*, II, Liberty Fund, 1983, II, pp.1302-1303.

②《美国宪法》修正案第一条规定："禁止美国国会制订任何法律以确立国教；妨碍宗教信仰自由；剥夺言论自由；侵犯新闻自由与集会自由；干扰或禁止向政府请愿的权利。"该修正案于1791年12月15日获得通过，是美国权利法案中的一部分。最初仅用于美国国会制订的联邦法律，其解释范围也比现在的狭义许多。但是通过1925年的吉特罗诉纽约州案，美国联邦最高法院基于美国宪法第十四修正案中的"正当法律程序"条款裁定"第一修正案"适用于美国联邦、州乃至各级政府的立法中。

③ *Annals of Congress*, 5th Congress, 2nd and 3rd Session, 1798, Washington, D.C., VIII, p.2159; 3rd Session, 1799, IX, p.3002.

宪法的忠诚和信任,他们回溯到1787—1788年争论的教条中来。许多人宣称,批准宪法时期所预言的最糟糕的梦魇最终被人们看到了。在回应联邦党人所采取的各项措施上,詹姆斯·凯伦德提醒读者:"被帕特里克·亨利在弗吉尼亚州批准宪法会议上所预言的且以棱镜般的方式审视专制君主制发展的可怕倾向现在通过联邦党人所实施的法律和政策得到了验证",并指责联邦党人以灵活多变的术语解释宪法。他引用反对宪法的发言人包括威廉·芬德勒和约翰·泰勒等人在其经典著述中所论述的许多观点作为参考文献,无休止地攻击和指责宪法。《外籍与煽动叛乱法》对公民自由和权利的威胁超过了任何之前的法律所存在的危险。①那似乎是,它体现了前反联邦党人曾经预言的,宪法可能被一些不道德的政治家急于用来限制公民的自由,继而达到侵犯公民自由的目的,最终形成潜在危险的最糟糕的梦魇。

在《外籍与煽动叛乱法》影响下全美国共计提起了17宗诉讼案件,在这些诉讼案件中有几个涉案当事人与最有势力的前反联邦党人关系密切,包括国会议员佛蒙特的马特苏·里恩、安娜·格林利夫即出版商托马斯·格林利夫的遗孀。此外,许多被联邦党人精心挑选出来作为制裁的其他个体当事人——他们本人是曾经认同前反联邦党人的原则的近期移民,包括托马斯·库珀和詹姆斯·凯伦德。尽管这些人中没有任何一个人曾经参与过有关美国制宪会议和各州批准宪法会议的争论和斗争,但是他(或她)们都被视为参与了18世纪90年代有关联邦党人与前反联邦党人之间持续产生斗争的事件。②确实,在许多方面,这些人与许多前宪法反对派一样更热衷于赞同前反联邦党人的宪法和政治思想。

库珀对美国宪法和政治理论的阐释开始于著述《有关美国的信息资料》,在美国境外出版于1794年,事件发生于他在美国的一次短期旅行。他的著述对美国社会进行了一般性概述,且从总体而言是赞美美国政治所取得的骄人成绩。库珀提出,除了少数忠实的保皇党之外,"其他的美国人都是共和党人"。然而,共和党人也可以分为两种类型:"第一种类型的共

---

① John C. Miller, *Crisis in Freedom: The Alien and Sedition Acts*, Twayne Publishers, 1951, pp.231–233; James Callender, *The Prospect before Us*, I, Hard Press, 1800, pp.10–20, 83.

② 有关杰斐逊主义的作用,参见 Michael Durey, "Thomas Paine's Apostles: Radical Emigres and the Triumph of Jeffersonian Republicanism," *WMQ*, 3rd Ser., XLIV, 1987, pp.661–688。最具有影响力的两个移民——詹姆斯·凯伦德和托马斯·库珀,即使两人中的任何人都没有直接参与到修改宪法的斗争之中,但是他们都对反联邦党人的事业表达出了极大的同情。

和党人倾向于扩大而不是限制立法机关和行政机关等联邦政府机构的权力。"这群人支持美国式的民主政治①,且试图补充和扩大政府权力,从而建立金融业、制造业和商业体系。他们是由联邦党人所主导,部分原因在于他们是当下联邦政府的主导者与1787年联邦宪法的倡导者和支持者。另一种类型的共和党人是所谓的"反联邦党人:不是因为他们反对建构联邦政府,而是因为他们反对宪法时被人们以对比的方法进行区分,继而成为其他阶层的代名词"。与第一种类型相比较,反联邦党人最主要的区别在于,他们"对授予联邦政府广泛的权力存在着敌意"②。库珀把前反联邦党人与使政府更接近于人民的愿景联系起来,且把实质上独断专横的理念与高谈阔论的联邦政府联系起来。

1794年库珀定居于西宾夕法尼亚,在那里,他发现他的思想颇受欢迎。不久之后,即1799年,他担任《诺森伯兰公报》的编辑工作,出版了一本标题为《政治论文》的小册子。为了回应联邦党人对他的短论文的攻击,库珀严厉地斥责亚当斯政府的行政机关。由此,他因煽动叛乱之诽谤罪而被国家提起公诉。③在他以煽动叛乱之诽谤罪提起控诉的审判期间,库珀重新诠释了前反联邦党人与联邦党人之间相互冲突的主要宪法和政治观点。"这个国家的各阶层被分离开来,且几乎成等份地被分成为两大主要政治派别,按照通常的术语定义,不管是否妥帖:联邦党人与反联邦党人。"库珀重申了美国共和主义的早期信念:"一些人希望增加行政机关的权力,而另一些人则希望限制行政机关的权力;一些人认为人民(即国家的民主政体)应该拥有更多的权力。"把这两者相对照,它们几乎都涉及当下每一个重要的政治问题:"一些人认为我们国家的自由受到了放荡行为的威胁;而另一些人则认为公民自由受到了政府限制出版的威胁。"④即使许多前反联邦党人较早地放弃了这一标识,库珀却毫不犹豫地坚持援用宪法反对者的

---

① 立宪时期,建构美国的民主政体主要提出了三种形式:麦迪逊式的民主、汉密尔顿式的民主和美国式的民主,最终麦迪逊式的民主经过改良纳入美国式的民主之中,汉密尔顿式的民主被抛弃。关于美国式的民主和麦迪逊式的民主之区分,参见青维富:《美国立宪选择之预期后果:基于静态博弈模型之理论分析》,《浙江学刊》2011年第3期。

② Thomas Cooper, *Some Information Respecting American*… Dublin, 1794, pp.67–68.

③ Dumas Malone, *The Public Life of Thomas Cooper, 1783–1839*, Yale University Press, 1926, pp.169–253.

④ "Trial of Thomas Cooper, for a Seditious Libel, in the Circuit Court of the United State for the Pennsylvania, 1800," in Francis Wharton ed., *State Trials of the United State during the Administrations of Washington and Adams*, Philadeliphia, 1849, pp.659–679.

最初解释意涵。

二、歧义宪法理论之调适：完善宪法审查机制

詹姆斯·凯伦德，一位苏格兰移民和杰出的流亡者编辑，并未参加过美国立宪时期有关宪法的各种主题争论。同样，他依然按照联邦党人与前反联邦党人之间的最初争论投入18世纪90年代末期美国政治斗争的大漩涡之中。他的阐释和论述比许多民主共和党人都走得更远。他重新使用前反联邦党人的宪法和政治思想中更为激进的变体形式——支持简单的、直接的民主政体，这种民主政体使联邦宪法所建立的分权和制衡体制更为单一化。凯伦德非常关注1798年《外籍与煽动叛乱法》之下使外国人成为美国国家公民的脆弱性。他相信，他对政府的谩骂式的攻击使处于社会高层地位的联邦党人完全可能把他列入《外籍与煽动叛乱法》迫害的目标，即使如此，凯伦德还是留在了费城，且提出建议，必须采取措施避免使公共出版界的任何出版物遭受《外籍与煽动叛乱法》的指控。直到1799年，他在弗吉尼亚州顺利地建立了颇受民众广泛支持的堡垒。他再次投入政治争论中，且参加了所在州的主要共和党人发行的报纸《里士满观察报》。当他提出"亚当斯先生任职期间使美国国家处于持续的宏大激情的大骚动时期"之判断时，他被指控为攻击约翰·亚当斯①总统，并可能面临有罪判决。最终，凯伦德预示，拯救美国人取决于"亚当斯总统执政期间的战争和贫穷与杰斐逊可能执政的和平和富裕之间"的理性抉择。②凯伦德在宣称美国宪法和歧义政治传统的演进过程中更为明确的前反联邦党人的观点方面比库珀更具有激进性。他毫不妥协的言辞几乎表达了前反联邦党人所有著述中的激进主义思想特质。他对宪法并不表示敬重，讥讽性地宣称它是一

---

① 在汉密尔顿和杰斐逊中间，矗立着约翰·亚当斯。亚当斯提倡自然贵族论，一直被视为是反共和党人。早期坚决捍卫人权，晚期坚决捍卫财产权。接受加尔文教义："人性不值得信赖"，主张国家的财产——权力难题只能通过利益均衡的司法系统得到正当和永久的解决。每一个政府都必须承受利益竞争的永久张力。坚持在民众要求下建立一个简单而负责任的混合型政府形式。接受哈林顿在《大洋国》中所提出的法治思想：共和国是法治政府而非人治政府。参见［美］沃侬·路易·帕灵顿：《美国思想史》，陈永国、李增、郭乙瑶译，长春：吉林人民出版社，2002年。

② "Trial of James Thompson Callender, for a Seditious Libel, in the Circuit Court of the United State for the Virginia District, Richmond, 1800" in Francis Wharton ed., *State Trials of the United State during the Administrations of Washington and Adams*, Philadeliphia, 1849, pp.688-690.

个"你们自身选择的政府"。而完全相反的则是真理:"美国联邦宪法是被硬塞进美国人食管中的一块食物而已。"宪法只是受到了"人民中间的一小部分人所偏爱",且只能在遭受长时间的反对和暴力抵抗方能使之改变。凯伦德模仿帕特里克·亨利批评宪法的言辞:

> 它是帕特里克·亨利的判断,且它也是我的判断,联邦宪法正如其现状,几乎没有任何可取之处;它具有的所有缺陷,正如它像筛子充满密密麻麻的小洞;除非这份契约必须制定大量的且符合实际的宪法修正案之外,它必将永远地证明,它是美国社会繁荣昌盛的胸腹中所培育起来的一根荆棘。[1]

凯伦德是《外籍与煽动叛乱法》被最后指控的人,且也是美国南部被唯一受到指控的人,他的案件成为当时任何丧失社会地位的人受到指控的最为著名的案例之一。他的辩护团队可以归类为这个国家中当时最为杰出且最具有法律思想的队伍,其中包括威廉·怀特、帕特里克·亨利的女婿乔治·赫、詹姆斯·默里罗的女婿和菲利浦·诺伯利·理查拉斯——弗吉尼亚州的检察总长。怀特运用经典的曾格式辩护词。他提请陪审团注意,它的神圣责任在于裁决事实和法律,且希望它可能使《外籍与煽动叛乱法》被宣布为无效,即拒绝证明凯伦德有罪。他的努力被法院阻止。赫与怀特所追求的诉讼策略稍有不同,他提议传唤卡罗来纳州的约翰·泰勒作为第一证人,他要证明凯伦德所宣称的亚当斯是"一位自诩为贵族政体的拥护者"是正确的。然而他试图应用亚当斯的政治哲学于审判之中同样招致失败,因为法官拒绝许可泰勒出庭作证。最后辩护人希望运用于审判中的策略是把凯伦德的案由向公众公开,继而使之成为公共论坛争论的对象。[2]

有关《外籍与煽动叛乱法》每个个案的主要目标基本上是针对出版批评行政机关的印刷商,在大多数案件中都有非常著名的反对派人物。尽管《外籍与煽动叛乱法》并未引起像威士忌起义那样的暴力行为,但是自从那

---

[1] Herbert Gold, *The Prospect before Us*, II, The World Publishing Company, 1954, p.56.

[2] 在有关塞缪尔·蔡斯法官的弹劾案件中,尽管联合法院作出无罪宣告,然而该案使美国共和国范围内的反对联邦党人在司法部门中任职的人团结一致,对于联邦党人的事业而言,前反联邦党人最终成为了最毫无保留且又具有争议的皈依者,参见Stephen B. Presser and Becky Bair Hurley, "Saving God's Republic: The Jurisprudence of Samuel Chase," *University of Illinois Law Review*, 1984, p.771。

一段插曲之后,它必定还是引起了比任何其他政治冲突更为广泛的民众回应。当然,对《外籍与煽动叛乱法》存在的普遍反对意见呈现出各种形式,包括公众集会,甚至许多象征性抗议,表现出社会下层平民的反对行为和独立革命时期的反抗行为所遗留下来的丰富遗产。这些思想最重要的表征是极端自由主义者的行为。马萨诸塞州戴德姆自由柱的升起引发了根据《外籍和煽动叛乱法》审理最为有趣的案件之一。戴德姆是铁杆联邦党人费舍尔·艾姆斯的故乡。联邦党人的愤怒直接指向大卫·布朗,他自称是一名"劳动者",在自由之柱竖立之前曾在戴德姆发表过演说。与曼宁相比,曼宁的小旅馆为他提供了固定的政治小论坛,而布朗是一位流动的布道者,他跨州旅行以传播他的政治信仰。他表明了对联邦党人的敌意,所使用的措辞几乎等同于曼宁所使用的术语。布朗谴责联邦党人的贵族特性,并提醒听众注意:"总是在政治共同体的劳动者部分和一些懒惰的无赖者之间存在着一种永恒的斗争,无赖者们总是想方设法地制造魔咒世界,把他们的思想强制地灌输进来,从而剥夺和毁坏社会政治共同体的劳动者们所应得的那一部分。"在布朗看来,联邦党人试图竭力毁损公民自由必然招致灭顶之灾,因为"人民之中的八分之七的人已经具有反对专制统治的形成路径和运用手段"。最终,正义的人民终将战胜邪恶,因为没有任何政府能够长久地生存于"失去人民的信任"之后。当布朗明确表示支持和平游行和请愿行为作为确保撤销《外籍与煽动叛乱法》的最佳方式时,他表示,如果联邦政府继续拒斥人民的诉求,民众的怨恨将不可能永久地埋藏下去,终究会爆发出来。①

对于联邦党人而言,布朗所阐述的促进均等的平等主义思想类型必然导致暴民政体。尽管他支持使用具有象征性和极端自由主义的方式与威士忌起义表达抗议所使用的浑身涂上沥青和粘上羽毛作为惩罚相比似乎显得有些平淡无奇,然而联邦党人把布朗使用的社会下层平民阶级的仪规视为令人感到恐怖的东西。他们对他的回应迅速而又果决,进而布朗被依据《外籍与煽动叛乱法》提起控诉,并接受对于公民个体而言最为严厉的惩罚——监禁 8 个月;因他不能支付 480 美元的罚金而使监禁时间延长。针对布朗的定罪,联邦党人争辩道,他的罪行尤其具有社会危害性,因为它们

---

① 虽然原文已经缺失,但是被重印了许多次,参见 Irving Mark and Eugene L. Schwab eds., *The Faith of Our Fathers: An Anthology Expressing the Aspirations of the American Common Man, 1790–1860*, Oxford University Press, 1952, p.46。

基本上指向"社会政治共同体中无知的那一部分人群"①。相反,民主共和党人试图穷尽一切宪法机制以矫正此定罪或有助于说服国会撤销该项法案。对该项法案的敌意在民众中被广泛地散布开来。各种报刊充满了谴责联邦党人的法律和政策之语言和文字。民众集会被组织起来,集中起来的民众多达五千余人。

针对《外籍与煽动叛乱法》,在肯塔基发生了最为有效的抵制性战役,有关该法案的民众争议程序和各种矫正方法都被提了出来。民主共和党人付出了极大的努力试图使公众意见更加活跃起来,包括公众集会和公共出版界的激烈争论。②请愿和示威也被发动起来,继而直接影响到国会,撤销该法案已成为反对派意见的主要目标。同时,当他们试图寻求说服国会改变其决定时,其他人则思索着使用其他手段对如此糟糕的违宪法律进行抗争。通常,最为有效的矫正方法却是相当有限的。因为一些人相信,法律应当通过联邦法院宣布该法律违反宪法,继而使其无效;而另一些人相信,由特定的个人组成的陪审团仍然可以宣布该法案无效。当正常的宪法机制不可能发生作用已经变得越来越清晰时,持反对意见的思想家们逐渐开始最为严肃地重新审视自美国批准宪法以来的各种宪法和政治主题。

第三节　前反联邦党人的宪法原则
之重塑:1798年原则

当一般的政治和法律机制运用于质疑《外籍与煽动叛乱法》遭受失败时,民主共和党被迫思索以其他特有方式如何保护个体自由,且使联邦政府行使权力的适当范围恢复到宪定的最初状态。自然不过的是,民主共和党把联邦主义视为捍卫个体自由免于受到《外籍与煽动叛乱法》影响的最有效手段,因为联邦主义原则是自美国批准宪法运动以来反对派思想的核

---

① Irving Mark and Eugene L. Schwab eds., *The Faith of Our Fathers: An Anthology Expressing the Aspirations of the American Common Man, 1790–1860*, Oxford University Press, 1952, p.46.有关联邦党人之回应,参见 Ames to Gore, Dec. 18, 1798, in Allen ed., *Works of Ames*, II, Liberty Fund, 1854, p.1303。

② 有关《外籍和煽动叛乱法》和《肯塔基决议案》的回应,参见 James Morton Smith, "The Grass Roots Origins of the Kentucky Resolutions," *WMQ*, 3rd Ser., XXVII, 1970, pp.221–245。

心。联邦主义制度的结构和体系总是被视为公民个体自由的最终护卫者。尽管联邦主义信念是美国宪法和歧义政治思想的最重要的信条,但是相对而言,当捍卫人民自由的正常机制遭受挫折时,几乎没有引起人们全身心地投入探究和分析宪法制衡功能应当如何实现的问题。相反,人们把注意力转向批准宪法时期许多前反联邦党人作者抨击宪法的目的是建立一个强大的国家政府,继而从根基上毁损联邦主义制度。作者们故意从前反联邦党人所预言的可能出现的最糟糕状况来描述新宪法下的联邦主义可能面临的未来情形。由此,前反联邦党人所提出的最能引起人们恐惧的预测方案则成为他们精心安排的言辞技巧,以便击败已批准的宪法的各个组成部分。作者们有意回避设计具有可能性且在宪法之下能够有效实施的矫正方案,其目的在于激起人民最大的反对意见,以反对最终获得批准的宪法。①在少数事例中,前反联邦党人讨论了对各州极为有利的可替代性解决方案,一般达成的共识似乎是,唯一的矫正方法就是制定宪法修正案。②当许多前反联邦党人相信击败或从实质上变更宪法是可能的时,他们的言辞技巧显然适合 1787—1788 年宪法反对派的需要。但是为了回应《外籍与煽动叛乱法》,民主共和党人被迫制定一系列新计划,甚至当他们为反对派的宪法和政治思想重新规划一条新的发展轨迹时,他们从前反联邦党人和早期民主共和主义者对宪法的解释中获得了某些灵感。

一、歧义理论之完善:宪法契约论

当美国人民希望各州发挥它们作为制衡专横统治的最后屏障作用时,

---

① 有关乔治·梅森作为反联邦党人探求有关自由主义和州权的多变性观点,参见 H. L. Pohlman, "A. T. Mason and American Political Thought: A Non-Princetonian's View," *Constitutional Commentary*, VIII, 1991, pp.51–63。有关学者记述反联邦党人的思想和卡尔霍恩的法律废除主义之间的直接联系,参见 Murray Dry, "The Debate over Ratification of the Constitution," in Jack P. Greene and J. R. Pole eds., *The Blackwell Encyclopedia of the American Revolution*, Blackwell, 1991, pp.471–486; Morton J. Frisch, "The Persistence of Anti-Federalism between the Ratification of the Constitution and the Nullification Crisis," in Josephine F. Pacheco ed., *Anti-Federalism: The Legacy of George Mason*, George Mason University Press, 1992, pp.79–90。

② Kenneth M. Stampp, "The Concept of a Perpetual Union," *JAH*, LXV, 1978–1979, p.18. 有关 1798 年原则的重要性,参见 Richard E. Ellis, *The Jeffersonian Crisis: Courts and Politics in the Young Republic*, Oxford University Press, 1971, pp.266–275; H. Jefferson Powell, "The Principles of '98: An Essay in Historical Retrieval," *Virginia Law Review*, LXXX, 1994, pp.689–743。

在特定环境下究竟应当如何判定人民的意志呢？司法机关、立法机关或人民还是发挥最后制约功能的代理人吗？在有关《外籍与煽动叛乱法》争论期间，所有这些问题都成为必须解答的难题，并以特定的方式被提了出来。精心整理这些问题作为自己观点最重要的组成部分，且运用联邦主义的制衡功能表达其回应的作者是约翰·泰勒，他致信托马斯·杰斐逊时指出："赋予各州政府阐述宪法权利更可能使它朝着宪法修正案的运动方向发展，并成为立法的基础。"基于各州批准宪法会议的意涵，应当由各州立法机关主导宪法的解释。由此，泰勒朝着创设联邦主义的契约理论迈出了重要一步，他宣称："毋庸置疑，人民作为各州制宪会议的主体是原始契约的当事人，且拥有不可侵犯的权利，如果有秩序地沿着这样的脚步前行，终将达到目的。"①在得出结论之后，泰勒继续从极为抽象的州权联邦主义理论转向具体说明什么才是成为州权契约理论的核心原则。

有关合众国的契约理论是创立美国宪法和歧义政治理论继而反对联邦党人有关宪法的国家主义理论极其重要的理论发展。泰勒提出各州可以制衡联邦政府的违宪行为并非具有新意。具有讽刺意味的是，这些论点之一正是联邦党人在 1788 年曾经使用过的，现在则被它的反对派加以运用。但是泰勒提出这一概念，并重新诠释它：人民作为特定州的公民和作为社会政治共同体的主体是签订合众国契约的真正当事人，他们应当履行的职责就是制约联邦政府，并发挥他们的积极作用。由此，承担对《外籍与煽动叛乱法》的宪法回应且确切表达宪法意涵的使命，使泰勒的理论更加切实可行，这种理论是麦迪逊和杰斐逊在弗吉尼亚决议案和肯塔基决议案中就已经着手建构的理论。杰斐逊安排他的朋友约翰·布利肯里奇向肯塔基立法机关提交了一系列的决议案，抨击《外籍与煽动叛乱法》是否合宪。麦迪逊拟订的另一系列决议案是 1798 年 10 月即杰斐逊提交决议案一周之后由约翰·泰勒向弗吉尼亚州立法机关提交讨论。杰斐逊和麦迪逊都没有向社会公众提供这些文献资料。那似乎是，他们在当时的情形下都保持更加审慎的态度，然而两个州的立法机关呼吁其他各州联合制定有关反对联邦党人主导下的专横政府的相关法案。由此，弗吉尼亚和肯塔基的各项决

---

① John Taylor to Thomas Jefferson, June 25, 1798, in William Dodd ed., "John Taylor Correspondence," *John P. Brand Historical Papers of Randolph-Mason College*, II, 1908, pp.271-276.有关这些信件对杰斐逊思想的理解的重要性，参见 David N. Mayer, *The Constitutional Thought of Thomas Jefferson*, University Press of Virginia, 1994, pp.199-208。

议在各州立法机关广为散播。麦迪逊和杰斐逊也希望把这些决议案整合为统一的反对意见,从而反对联邦党人的政策和策略,然而这两个决议案在其决议所通过的州之外的其他各州并未吸引更多人的注意力,从而获得其他州立法机关的正式支持,尤其是对联邦党人最热烈支持的新英格兰地区的各州。

本质上,两个决议案都以反对集权主义者的语调加以阐释,是美国自批准宪法以来就如何界定歧义宪法理论的对话过程的一种准确反映。在两个决议案中,杰斐逊和麦迪逊宣称,个人自由的保护依赖于维持州与联邦政府之间的权力均衡。[①]各州的权利和公民个人的权利在反对宪法的对话过程中继续保持契合。两个决议案也采用了联邦主义的契约理论,即各州应当被视为是创建合众国的社会契约的最初当事人。人民通过各州的行为同意转让他们的部分权力给联邦政府,以实现宪法所规定的一系列有限目标。因此,各州作为契约的最初当事人授权于法官防止违反最初契约的违法行为。甚而肯塔基决议宣称:"组成美利坚合众国的各州并非联合于无限制地服从它们总体政府的原则之下。"杰斐逊对宪法契约理论的阐释暗示了各州可以判定它们自身所在的国家立法机关的立法是否合宪。这种境况的必然结果应当如此加以表述:"既然从总体而言,例外的情形是契约的当事人之间都没有裁判权,那么每一方当事人都有平等的权利判定他们自身行为以及实施违法行为的方式和矫正措施。"杰斐逊最初拟订的肯塔基决议提出,州有权宣布国会违反宪法的法案无效,但是这些语词后来被肯塔基立法机关在采纳的最后文本中被删除掉。[②]虽然按照杰斐逊的肯塔基决议案,州有权裁定联邦政府违反宪法的行为和法案,但是该决议并不承认州有权使国会制定的法律无效。由此看来,肯塔基决议案必定还是赋予了各州有权判定联邦法律的合宪性问题,虽然最终并未实际执行。

而麦迪逊在弗吉尼亚决议案中则以更为温和的措辞回应,不是宣称各自所在州的权利,而是提出在特殊情形下,当宪法的预防措施已被联邦政府消解时,各州"有权,且有责任因限制联邦政府的邪恶行为的进一步恶化必须插手其间"。从总体上通过援引州权理论而不是各州的权利理论,且运用夹杂其间的模糊概念,麦迪逊用回避的措辞提议,各自所在的州在法

---

① 有关美国联邦政府与各州之间的纵向分权和制衡问题,参见青维富:《美国宪制特色之法理评析:纵横向相结合之分权制衡》,北京:法律出版社,2010年,第37—147页。

② "Kentucky Resolutions of 1798," in Jefferson Powell ed., *Languages of Power: A Sourcebook of Early American Constitutional History*, Duke University Press, 1991, pp.130–133.

律上有权宣布违反宪法的法律无效。从总体上而言,弗吉尼亚决议案与肯塔基决议案都强调"美利坚共和国联合体"之最初契约理论。麦迪逊宣布:"联邦政府的权力是来自各州作为当事人签订的原始契约的必然结果,它受制于简单明了的语词和签订契约的规范性文件的意涵。"①然而肯塔基和弗吉尼亚立法机关努力寻求的矫正办法被其他各州拒绝,且促使杰斐逊和麦迪逊拟订了第二套解决方案。术语"宣布法律失去效力"重新出现于1799年肯塔基决议案中。这正是州立法机关试图寻求向世人拉响警报,并警示人民。由于宣称各州并不是唯一裁定合宪性问题的主体,因而决议案同样宣称在极端情形下,州立法机关"宣布法律失去效力"是适当的矫正方式。②术语"宣布法律失去效力"的法律强制力被肯塔基决议案中"仅次于合众国法律"的声明所平衡,既而继续以一种宪法性声明方式反对违宪的法律。甚至杰斐逊不顾危险后果直接提出脱离联邦的观点作为对执行和实施《外籍与煽动叛乱法》的暴政统治之最终回应。然而,麦迪逊忠告杰斐逊放弃他的激进主义观点,且尽力通过协商方式,防止最严重的宪法危机出现。

二、歧义理论之系统化:麦迪逊《1800年报告》

1798年弗吉尼亚决议案是由麦迪逊精心制作的,且以较为冗长的报告形式正式向弗吉尼亚州立法机关提出。麦迪逊的《1800年报告》是美国自批准宪法十多年以来有关如何确保宪法保护个体自由的理论发展之符合逻辑的巅峰之作。在麦迪逊看来,关键问题在于不断地坚持严格建构主义的宪法精神和捍卫联邦主义制度。当然,麦迪逊的分析报告是基于有关宪法的最初意涵的相同理论,他应用有关建立国家银行和《杰伊条约》的争论论点。同时,《1800年报告》参照了"宪法所历经的所有争论观点,并把它们综合起来,既而形成的临时性论点和评论"。对加强中央权力的指控仍然成为美国宪法和歧义政治传统之变体的核心内容。然而加强中央权力已呈现"一种明显的趋势,且是不可避免地必然要产生的结果",当下联邦政府的发展取向"使美利坚合众国的共和制向君主专制政体转化成为可

---

① "Virginia Resolutions of 1798," in Henry S. Commager ed., *The Documents of American History*, Prentice Hall Inc., 1973, I, pp.133-135.

② James Madison, "Report of 1800," in William T. Hutchinson et al. eds., *The Papers of James Madison*, University Press of Virginia, 1962, XVII, pp.308, 315-316.

能"。①事实上,麦迪逊的歧义宪法和政治理论之变体在许多关键内容上不同于杰斐逊的宪法理论。麦迪逊对司法审查继续存在的重要性表现出极大的关注,他宣称司法审查有权裁决有关宪法性问题。然而他必然也意识到,各州立法机关试图通过提出宪法修正案的程序和向国会请愿的方式审查宪法性问题也是必需的。各州作为对联邦政府权力的重要制约主体是宪法支持者抚平宪法反对派的担心所提出的主要解决方法之一。在1788年,联邦党人提醒宪法反对派,各州的警示行为"可以发现篡夺权力者一开始就出现的征兆,且可能对公众拉响警报"②。麦迪逊本人在1788年也是发出这种论点最强有力的声音之一,且十多年以后他再次重申他甚至在更多时间里所宣称的捍卫联邦主义的诺言。在为州权辩护时,麦迪逊审慎地提出,有关宪法的各种问题在立法机关的普通立法行为与各州批准宪法会议的制宪行为之间存在着极其重要的差异。作为这种差异的结果,麦迪逊比杰斐逊在宣称州立法机关有权裁定宪法的各种争议问题上显得更为小心翼翼。

在讨论加强中央政府权力的危险时,麦迪逊不希望看到这样的结果——"完全由美国人民的普遍情绪所左右",他所关注的美国人民的普遍情绪与保护在公共论坛上的政治争论更为一般的旨趣密切相关,他相信这对于共和主义生存和发展至关重要。"无限制地审视公众人物的禀性和行为方式的权利及通信自由",按照麦迪逊的观点,是"唯一可以有效地保护每一个公民的其他权利的有效方式"。③出版自由的重要性在批准宪法时期就已经被前反联邦党人提出来,且由于缺乏权力保护而单独把它挑选出来作为防护因拟议的宪法所存在的缺陷可能面临的特殊危险。捍卫出版自由包含明确的宪法条款,其主要意涵在于使宪法反对派关注出版自由的争论更加趋于平缓。从宪法解释的出版自由并非必须达到一般的目的来看,它反映了美国共和主义所具有的更多的民主特性和更大范围内的公共理念。

麦迪逊求助于公共舆论作为民众自由的最终捍卫者表达了他特有的宪法和政治思想发展路径,他使弗吉尼亚决议案和《1800年报告》最终形

---

① James Madison, "Report of 1800," in William T. Hutchinson et al. eds., *The Papers of James Madison*, University Press of Virginia, 1962, XVII, p.350.

② James Madison, "Report of 1800," in William T. Hutchinson et al. eds., *The Papers of James Madison*, University Press of Virginia, 1962, XVII, p.350.

③ James Madison, "Report of 1800," in William T. Hutchinson et al. eds., *The Papers of James Madison*, University Press of Virginia, 1962, XVII, pp.316, 326.

成真正系统化和概念化的理论。与法院判决相比较,弗吉尼亚决议案是"公众意见的表达,并不产生任何法律效果,它仅仅只是在观念上可能产生的影响主要取决于被激起的民众反应"。麦迪逊转而重点强调公共领域范围作为公民自由和联邦主义制度的最终捍卫者应当发挥作用。麦迪逊援引了最初联邦党人回应前反联邦党人的论点:"提到这些人,他们担心自由面临危险,他们的担心是从整体政府在如此之大的国家建立以来就已经存在了。"他重申最初联邦党人的论点,即凭借州立法机关作为公共论坛的有效路径可以浓缩民众的意愿,并以适当的方式发挥其核心作用。麦迪逊早在十年以前就重申了"普布利乌斯"在《联邦党人文集》中针对宪法反对派的担心所坚持的信念。麦迪逊指出,在批准宪法时期,联邦党人宣称各州将继续发挥批评宪法和制约联邦政府的关键性作用,这种作用可以"对公众拉响警报"[①]。与麦迪逊的决议案相比较,杰斐逊坚持宣布违宪的法案无效和作为最终的制衡方式是州退出联邦;而麦迪逊转而求助于一个重要主题,在前立宪时期他经过审慎而认真思考就已经得出的结论:公共舆论的作用在于,它是所有具有生气和活力的政治制度的精神之所在。

总之,尽管约翰·泰勒和詹姆斯·杰斐逊的思想正是朝着联邦主义的契约理论发展,它是一种保护州权力充分存在的理论,包括宣布违宪的法案无效的权利理论;然而麦迪逊坚持的联邦主义却与公共领域范围的结构功能主义理论密切地联系起来。对于麦迪逊而言,经由立宪所建立的共和政府之生长取决于一种"有见地的公共意见",它承认共和政府只能凭借"在它们各自的权力范围内维持各自不同的政府和部门的权力"才能继续维持下去。[②]为了确保这一目标,他提出的唯一解决问题的方式就是保护和培育公共领域范围内的独立性、生机和活力。

---

① James Madison, "Report of 1800," in William T. Hutchinson et al. eds., *The Papers of James Madison*, University Press of Virginia, 1962, XVII, pp.348, 350.有关麦迪逊的宪法综合理论,参见 Kevin R. Gutaman, "A Troublesome Legacy: James Madison and the 'Principle of 1798'," *Journal of the Early Republic*, XV, 1995, pp.569–586。

② Donald O. Dewey, "James Madison Helps Clio Interpret the Constitution," *American Journal of Legal History*, XV, 1971, pp.38–55.

第四节　公共舆论与歧义宪法理论之发展

自美国批准宪法以来,许多人都参与到反对联邦党人的法律和政策的合唱曲之歧义声音中来。民主共和党联盟与前反联邦党人及许多最初反对反联邦主义的一些人联合起来。经历实施《外籍与煽动叛乱法》引起的危险场景之后,甚至大多数老成持重的民主共和党政治领导人也被迫得出结论:联邦党人主导的联邦政府已经出现早在十多年以前就由前反联邦党人所做出的可怕预言:宽泛的建构主义宪法解释方式已成为从根基上毁损联邦主义,试图建立一个加强中央权力的国家政府,既而达成增加宪法明确授予联邦政府的权力范围之目标的驱动力。《外籍与煽动叛乱法》促使人们严肃而认真地审视自美国批准宪法以来的反对派宪法理论之各项原则。对《外籍与煽动叛乱法》之批评使批准宪法时期许多前反联邦党人所表达的论点重新得到阐释。民主共和党人否认联邦政府在有关公民自由的刑事案件拥有普通法上的管辖权。因为宪法第一修正案已明确禁止国会任意缩减出版自由的权利。[1]由此,联邦政府试图扩大它的权力范围违背了宪法前十条修正案制定的最初意涵。[2]而联邦党人大范围内抨击出版自由尤其使民主共和党人预感到一种凶兆,因为他们把出版自由视为是保护公民自由至关重要的途径。如果不对此加以抑制和限制,那么联邦党人的政策将成为威胁公共论坛的内在因素,且它的破坏性将进一步增强中央政府加强权力的向心力。由此,与此相互依赖的公民自由、联邦主义与具有生机和活力的公共论坛在宪法反对派的宪法和政治思想中持续地成为核心主题。

一、公共论坛概念之重释:真正的联邦主义

与传统共和主义的德性理念相对照,民主共和党人提及在公共论坛范

---

① 《美国宪法修正案》第一条规定:禁止美国国会制订任何法律以确立国教;妨碍宗教自由;剥夺言论自由;侵犯新闻自由与集会自由。干扰或禁止向政府请愿的权利。该修正案于1791年12月15日在国会获得通过,是美国权利法案中的一部分,使美国成为一个在宪法中明文规定不设国教,并保障宗教自由和言论自由的国家。

② 宪法前十条修正案在美国第二届国会第一次会议的辩论和议事程序收集于约瑟夫·盖尔斯主编的《国会年鉴》第三册(1791年10月24日至1793年3月4日美国第二届国会的辩论和议事程序)。参见 Annals of Congress, Joseph Gales ed., *Debates and Proceedings in the Second Congress*… III, 1849, pp.37-50。

围内创建具有应变能力的、全体公民熟悉的、为共和国生长所必不可少的理性争论和更具有活力的公共论坛理念。在反对派看来,公共论坛将提供使国家自然地联合起来而不需要强大的中央权威的一种有效手段,它可以最好地提升联邦共和主义理念。与主张加强中央政府权力的联邦党人相对照,民主共和党人赞同更具有非中央集权特性的联邦主义观点,公民的自由可以被维持下来,国家的多样化得以保存。因此,强调把公共论坛作为中心许可民主共和党提出他们的反对观点,而不会把他们自身置于狭隘的党派意识或小集团组织的公开谴责之下。不同于提升小集团利益的理论,反对派的精英人物直接求助于公众提出他们的批评观点,因此公共论坛理论已成为反对派思想的基石,且保持公共论坛的完整性已成为反对派理论家们最基本的目标。[1]

第一次系统分析公共论坛的作用是麦迪逊在1791—1793年间所阐述的观点。麦迪逊未署名的短论文在《国家公报》上发表,其作用是,有助于传播民主共和党的基本理念,并为民主共和党的宪法和政治思想传播奠定基础。在他的短论文中,麦迪逊全面分析了后批准宪法时期的美国共和主义政府。麦迪逊重新修改了《联邦党人文集》中他曾经探讨过的许多宪法主题,拓展了他的分析范围,并以一种新的方式探讨了一系列他曾经探索过的许多重要宪法和政治问题。有关公共论坛范围的概念曾经并未置于他的宪法和政治思想的核心,现在麦迪逊把它置于他的政治和宪法哲学的中心地位。他争辩道,共和政府的生长取决于维持切实可行的公共领域范围,且公民在公共论坛上进行理性辩论;以及保持所有这些机制的完整性。对于麦迪逊而言,中心问题仍然是如何保护公民个体自由,激励政府以与公共的善保持一致的方式行为。在短论文《宪章》中,他重申公共论坛在共和政府的思想体系中的核心地位:"所有的权力都应当回到公共论坛中去。"在短论文《论公共论坛》中,他断言:"无论如何都应当促进民众情感的普遍交流,如发展的良好路径、国内商业出版自由,尤其是通过作为整体的人民促进新闻媒体的交流、从代表来自人民及他们中的每一个人又必须回到人民中间去",都有助于保护公民自由。因此,创建新闻社会网络体系既能够扩展政治知识,又能够提升各州立法机关的地位,并以更为精纯的方

---

① Richard D. Brown, *Knowledge is Power: The Diffusion of Information in Early America*, Oxford University Press, 1989, pp.312-318.

式更好地收集和阐述人民的公共意志,从而增强公共舆论的作用。①几乎与共和政府的每一种理论相一致,麦迪逊意识到公共论坛既能增强自由和共和主义的德性,又能成为抑制精心设计的制度体系和防止企图腐败的派系之工具。当然,麦迪逊也希望塑造公共舆论,且运用公共对话方式加强人民对他们政府的依赖性,并以大宪章的形式把它规定下来。进而,麦迪逊希望人民认真地对待各州宪法、联邦宪法和《权利法案》——"以一种圣洁般的热情",保护这些"政治上的圣典,以避免政府每一次试图添加或减少它们的企图"。从本质上而言,麦迪逊在《宪章》中的语词更接近宪法文本主义的字面解释方式,而这正是前反联邦党人坚持的严格建构主义宪法解释方式之外在表现特征。如果按照此种解释方式,公共论坛与他对美国歧义宪法理论的诠释就紧密地联结起来了。宪法的完整性只能通过具有生机和活力的公共论坛才能得以保存,因为公共论坛将是教育公民,创造公民更好地熟知他们的权利和自由的一种宪法文化。麦迪逊并未放弃他早期已经形成的信念,即"宪法仅仅只是在羊皮纸上设定公民权利的保护屏障,它可以加强有关政治争论的公共论坛,并凭借公共论坛的优势,公民可以在政治事务中受到教育,且参与到公共审议中来"②。

当他坚信探明公众的意涵具有至关重要的作用时,麦迪逊并不相信政府应当只是民众观念之消极映射。公共争辩的目标在于集中而鲜明地塑造公众的意见。像报社这样的机构和组织当然是塑造公共论坛所必需的,但是它们不仅仅是作为简单收集和提升公共意见的单一性组织。麦迪逊作为一名民主共和党人,他相信公共论坛在州立法机关中应当具有极其重要的地位,因为州立法机关是作为收集公众情感和审议有关公共事务等相关问题的民意机构。因而,州立法机关可以凭借发布宣言和声明把公众的观点传递给国家立法机关,进而服务于制衡联邦政府之目的。麦迪逊有关这方面的宪法理论使人们逐渐意识到,他在批评有关《外籍与煽动叛乱法》的争论后果中发挥了更为突出的作用。同时,他在《1800年报告》中为出版自由辩护,并支持州立法机关作为激励民众支持的一种方式而发挥适当

① [James Madison], "Charters," *National Gazette*, Philadelphia, Jan. 18, 1792, "Public Opinion," Dec. 19, 1791, in William T. Hutchinson et al. eds., *The Papers of James Madison*, University Press of Virginia, 1962-, XIV, pp.170, 192.

② [James Madison], "Charters," *National Gazette*, Philadelphia, Jan. 18, 1792, in William T. Hutchinson et al. eds., *The Papers of James Madison*, University Press of Virginia, 1962-, XIV, p.192.

的作用。在他的短论文《加强中央权力》中,麦迪逊明确表述了他的观点,州立法机关是探查和促进公共思想不可或缺的机构。加强中央政府的权力,凭借削弱且实质上消除各州的权力,从而使人民的声音归于寂静,留给联邦政府的只能是追求自身独立于任何民众的不受制约的行动纲领。①实质上,麦迪逊把公共论坛置于民主共和党的政治和宪法理论的核心地位。最终,它将提供对政府权力的唯一制衡方式。如果没有充满生机和活力的公共论坛,那么联邦主义就不可能发挥任何作用,且国家将永恒地屈从于加强中央权力的更强有力的向心力之中。

　　总之,麦迪逊关于州立法机关的功能和特性之描述使人们更深刻地理解有关公众意见的发表与公共论坛的作用之间的关系的精神实质和重要特性:他极大地怀疑过度的地方主义。公共论坛为"根除地方主义偏见和错误竞争"提供了必不可少的手段。最终公共论坛将有助于造就"具有理性的、仁慈和兄弟般情谊的、至高无上的永恒帝国"。当然,麦迪逊仍然从根本上反对美国政治生活中存在的离心力(国家分裂主义)。在他看来,过度的地方主义和过度的中央集权之国家主义同样具有危害性。②事实上,在民主共和党范围内,并非只有麦迪逊意识到正在兴起的公共论坛在政治争论中具有重要作用。

二、公共文化概念之重构:激进平等主义之辩

　　大约在同时代,正是麦迪逊在《国家公报》上发表自己的观点时,曼宁在其著述中已经较为详细地阐述了有关政治、宪法和公共论坛之间的密切联系的思想。在汉密尔顿式的联邦政府体制下他发表了首篇论文提出,在公共领域范围内有关公开出版的政治争论已经形成系统性思想,写作的原因在于当时政治体制的因素激励他发表自己的看法。当然,曼宁意识到对联

---

① [James Madison], "Consolidation," *National Gazette*, Dec. 3, 1791, in William T. Hutchinson et al. eds., *The Papers of James Madison*, University Press of Virginia, 1970, XIV, pp.137-139.关于民主共和党有关公共论坛意见的核心思想,参见 Richard Buel Jr., *Securing the Revolution: Ideology in American Politics, 1789-1815*, Cornell University Press, 1972, pp.91-136.麦迪逊有关公共论坛意见之思考,参见 Colleen A. Sheehan, "The Politics of Public Opinion: James Madison's Notes on Government," *WMQ*, 3rd Ser., XL-LX, 1992, pp.609-627。

② [James Madison], "Consolidation," *National Gazette*, Dec. 3, 1791, in William T. Hutchinson et al. eds., *The Papers of James Madison*, University Press of Virginia, 1970, XIV, pp.137-139.

邦党人主导下的联邦政府的最终制约方式是美国宪法理论本身所具有的特性,尤其是以宪法和政治论题为主要的公共对话形式已成为公共文化的重要组成部分。按照他的观点,他重复麦迪逊的思想,成文宪法和公共文化激励公民认真思考有关构造公共论坛理论的重要性主题,这是捍卫个体自由的关键因素。直到十年后,曼宁才系统分析了公共论坛如何才能成为质疑少数人的统治,且授权多数人监督少数人统治的有效方式。曼宁的研究成果——《自由之重要性》涉及麦迪逊在《国家公报》上发表的短论文所讨论的许多主题。①尽管曼宁与麦迪逊持有共同信念,即在共和政府中公共舆论占有核心地位,然而他也描述了不同于麦迪逊的共和国类型,只有坚持民主和平等主义的理念类型才能使共和政府繁荣生长。因而,尽管曼宁著述的主题与麦迪逊短论文所讨论的主题具有同一性,但是他们表述的观点明显不同,这折射出曼宁对民主共和主义做了更为民粹主义的解释。

　　按照麦迪逊的观点:"在所有的政治社会中,按照权力的自然特性必须把政府各部门分立,且应当彼此之间相互制约,从而达到适当的平衡。"②曼宁与麦迪逊坚持同样的信念,在多数人与少数人之间存在着不可避免的紧张关系。曼宁阐述了这种紧张关系,即有更多的人会陷入同情于多数人的困境,而另一些人更可能陷入怀疑少数人的泥潭。在短论文《自由之重要性》中,他"表述了少数人与多数人之间在其利益上是如何具有差异性",且"有些人不劳而获甚至还要反对自由政府的原则和运行机制"。由此,曼宁相信,多数人由少数人所支配;③而麦迪逊则看到了少数人受到多数人的威胁。曼宁描绘了美国政治上的"变革":一方面,缩减选举产生的政府官员的权力;另一方面,服从于政府官员,并使政府机构彼此分立,从而产生适当的距离。但是他并不试图寻求麦迪逊在一定意义上所提议的纯化公共

① 麦迪逊在《国家公报》上所讨论的许多主题,参见[James Madison], "Notes for the National Gazette Essays," in William T. Hutchinson et al. eds., *The Papers of James Madison*, University Press of Virginia, 1970, XIV, pp.161—162; Samuel Eliot Morison ed., "William Manning's 'The Key of Liberty'," *WMQ*, 3rd Ser., XIII, 1956, pp.213, 220。

② 麦迪逊在《联邦党人文集》第四十七篇中指出,立法、行政和司法置于同一人手中,不论是一个人、少数人或许多人,不论是世袭的、自己任命的或选举的,均可公正地断定是虐政;并在《联邦党人文集》第五十一篇中提出了防止把某些权力逐渐集中于同一部门最可靠的方法,就是给予各部门的主管抵制其他部门侵犯的必要法定手段和个人的主动。参见[美]汉密尔顿、杰伊、麦迪逊:《联邦党人文集》,程逢如、在汉、舒逊译,北京:商务印书馆,2017年,第283—305页。

③ Morison ed., "William Manning's 'The Key of Liberty'," *WMQ*, 3rd Ser., XIII, 1956, pp.217, 220.

意志的观点。由此看来,曼宁所阐明的政治变革将使代表们"认为他们必须按照他们选民的要求行为,且像仆人而不是像主人那样行为"。从字面上理解,曼宁有关自由表述的关键之处在于出版自由,如果能够适当地被构建起来,它将在全国范围内尽可能地培育一种切实可行的、具有地方主义特性的民主政体。权力仍然属于特定的社会自治共同体,知识将在不同的社会共同体中间自由地传播,继而把共和主义与联邦主义有机地结合起来,而不需要任何强有力的中央权威,且被改革了的出版界将不会"使用所有的不正当手段和阴谋诡计"误导民众,使人民相信它的真实性。一旦作为公共论坛的出版界发生了这样一种转变,那么它就变成由人民重新控制他们政府的一种重要手段。①

由此,曼宁宣称:"对于自由人而言,获得必要的知识最大且最好的途径就是通过出版自由",他的观点并未使麦迪逊产生反感,然而他有关公共意见应当如何被引导的解释与麦迪逊等民主共和党精英人物所坚持的观点表述得更为不一致。在麦迪逊看来,公共意见并非只是头脑愚钝的人被其他人所操纵的那些事,而是有智慧的人明智地把他们组织起来的这些事。曼宁相信,出版业凭借自己可以把普通民众组织起来,为抵制有产者的自然优势提供有效的手段。对于曼宁而言,少数人的权力因凭借他们有能力联合一切力量而操纵多数人。出版业将为普通人提供一种类似的机会。曼宁倡导一种扩大了的公共论坛,但是这种公共论坛将不会服务于已认定的政治精英人物,并成为把他们的观点试图强加于人民的工具。对于人民的意志而言,并非一定要被精纯化。或更确切地说,他试图寻求扩大政治通道的数量,无论运用出版信息的方式,还是以收集人民意见的方式。②由此,曼宁倡导一种具有地方自治共同体的国家社会网络体系,即民主共和党所组建的像"辛辛那提斯"那样的社会组织将成为他自认为的可替代性的政治组织。较早时期的尝试包括民主共和党的社会组织,由于他们缺乏"向人民传递他们情感的适当方式"而招致失败。取而代之的是,曼宁提议创建一种把各种政治社会组织的优势和自由出版紧密联合起来的

① Morison ed., "William Manning's 'The Key of Liberty'," *WMQ*, 3rd Ser., XIII, 1956, pp.222, 232, 250.

② Morison ed., "William Manning's 'The Key of Liberty'," *WMQ*, 3rd Ser., XIII, 1956, pp.222, 232, 250.关于麦迪逊有关出版自由的观点,参见[James Madison], "Public Opinion," *National Gazette*, Dec. 19, 1791, in William T. Hutchinson et al. eds., *The Papers of James Madison*, University Press of Virginia, 1970, XIV, p.170。

新社会组织。曼宁所设想的社会组织希望把美国所有的劳动者和全美国真正的共和主义者包含在内。但是他也同样意识到,使人民便利地获取信息受到报业界中具有党派倾向的特性和报业出版成本的限制。当然,对于普通人而言,曼宁的杂志是以足够便宜的价格就能购买到,且有利于来自全国各地方和区域的劳动者整合他们的利益,并彼此之间相互交流信息。当覆盖到全美国范围内时,社会组织将授权于各地方自治体的劳动者阶层。杂志将拥有全国性的编辑委员会,主要通过建立服务于地方性通讯记者的网络体系获得更有利于他们需要的信息。①

由此,由曼宁为之辩护的民粹主义观点反映了一部分中产阶级和社会下层阶级的前反联邦党人的普遍信念,即多元的政府模式与法律优于单一政府模式与律法。正如曼宁在《自由之重要性》中所提出的:"在一个自由政府中,他们所制定的法律并非像两种政府并存那样需要付出更多的努力或审慎,常常让他们显而易见地被人们诠释,且不会像两种政府并存那样更多地劳心劳力。"确实,少数人经常支配多数人的一种惯常方式就是操纵法律。因此,"少数人有更多的优势……熟悉和解释宪法和法律,且对它们做出更有利于自己的解释,他们的极大兴趣在于精心地复杂构思宪法和法律,并尽可能使它们不明晰"。而律师、法官和政治家们阻止显而易见的法律解释意涵,"他们的建构性解释脱离了宪法和法律的最初意涵,虽然也能满足宪法和法律的要求,但是它只能服务于提升他们自身的司法权力"。由此,在曼宁的平民主义式的宪法和政治思想版本中,它并不需要调和精英阶层的利益,也不要求法官和立法者必须使公共意志精纯化。没有什么比陪审团更能体现曼宁的平民主义宪法观了。②在曼宁看来,必须准确界定建构共和政府的基本宪章和文本,并以明确而简洁的语言方式把它记载下来,以便适合所有公民阅读。通过激励公民去熟悉他们政府的基础性文本,社会才能产生一种有关个体权利和有限政府的遵从性意识。这些理念可以通过一种强有力的制度如地方陪审团制度予以强化。③由此,出版界的工作就是让公民熟知这些制度和体系。随着人民公开接近出版业,陪审

---

① Morison ed., "William Manning's 'The Key of Liberty'," *WMQ*, 3rd Ser., XIII, 1956, p.231.

② Morison ed., "William Manning's 'The Key of Liberty'," *WMQ*, 3rd Ser., XIII, 1956, pp.216, 222, 227.

③ Morison ed., "William Manning's 'The Key of Liberty'," *WMQ*, 3rd Ser., XIII, 1956, pp.216, 222, 227.

286

团在所有法律事务中就能更好地执行民众的意愿。事实上,曼宁与前反联邦党人就陪审团权力至上的问题持有相同观点。民众自由的敌人——联邦党人可能寻求缩减陪审团的权威,且提升司法机关精英人物的权力,这是他们唯一要做的必然之事。曼宁反对联邦党人的尝试,并把陪审团视为公共领域的另一重要组成部分。

总之,麦迪逊和曼宁都相信,公共领域对于共和主义的生长至关重要。他们都相信,出版业尤其是报业界在确保公共论坛的生机和活力上发挥着至关重要的作用。一种具有生机和活力的公共领域范围对于维系公民的宪法意识和宪法文化精神具有不可估量的作用。由此,他们在阐述有关公共领域的各种方式上具有较多的相同观点。由于各自的社会地位和身份不同,他们也存在一些极为重要的差异:一是,麦迪逊有关公共论坛的观点反映了他的宪法和政治观中那必不可少的精英主义版本;曼宁坚持更为民主主义或民粹主义的宪法和政体观。二是,他们对地方主义持有的态度,当麦迪逊意识到政府必须对地方性差异做出评估时,他相信共和主义的目标在于创建一个理性帝国,即超越地方利益的帝国;与麦迪逊主张削减过度的地方主义的危险不同的是,曼宁希望尽可能地维持政府尤其是地方政府与人民之间的密切关系。他相信,公共领域范围应当提供条件,增加各州主权的力量,而不是使之更加完善。

第五节 歧义宪法理论之新诠释: 对《外籍与煽动叛乱法》之公共回应

作为对《外籍与煽动叛乱法》之回应,反对派理论家们以高水平的理论化方式把他们的宪法和政治观发展为各具特色的思想体系。在《外籍与煽动叛乱法》之前,反对派有关宪法思想的各种表述方式都是临时性和即时性的。与之相对照,《外籍与煽动叛乱法》引起了宪法的忠实反对派对宪法的最初意涵进行更为广泛的思考,并依照奠基者们的最初意涵对联邦党人的论点进行宪法性抵制。《外籍与煽动叛乱法》在全美国范围内的实施意味着与此相关的各类诉讼案件并非仅仅局限于某一地区,继而它许可全美国的公众在更为广泛的范围内认真审查这部法律,且在成败攸关的情形下,促使美国公民对宪法性问题进行更大范围内的思考。在实施《外籍与煽动叛乱法》语境下,最为明显的是,美国最好的法律思想家们把他们的精力转向帮助联邦党人为了特定目的而单独挑选出来且被提起诉讼的当事人。①
作为探究这种增加了的社会现象之结果,出版自由的意涵和它在美国宪法
和歧义政治传统中的公共地位和作用受到了美国自批准宪法以来更为彻
底的剖析。对《外籍与煽动叛乱法》的主要批评集中于以下基本主题:探索
反联邦主义的历史意涵、自由的基本含义与特征、联邦主义的基本特性,以
及与美国宪法和歧义政治传统有关的公共论坛之核心地位。

一、公共论坛对公民教育的作用

在当时美国有关讨论公共领域范围的所有观点中,驳斥联邦党人的宪
法和政治观最为重要的尝试是由图利斯·沃特曼精心阐述的论点。他的著
述《关于政治之探究与出版自由之专题论文》详细阐述了民主共和党有关
公共论坛的核心地位,不仅发展了有关出版自由的新理论,而且达到有关
公共论坛理论分析的最高水平。②沃特曼作为一名知名律师兼具哲学思辨
的爱好者,是纽约州民主共和主义运动中较为具有影响力的政治人物。尽
管因为他太年轻而没有全程参加美国立宪时期那场伟大的政治斗争,但是
沃特曼因作为18世纪90年代纽约州最具有活力且极具雄心壮志的反对派
代言人而崭露头角。此时,他已经是纽约州民主共和党的秘书长了。③在
18世纪90年代,沃特曼出版了他的报刊短论文和演讲词。由于对联邦党
人的行为感到极其失望和愤怒,沃特曼在1798年2月致信阿尔伯特·盖拉
廷,表明他希望出版"一系列有利于共和主义事业的短论文"。沃特曼恳请
盖拉廷能够提供给他一些相关资料,以便他出版"从构建现行制度以来的
有关政府"的"详细说明"。尤其,沃特曼对1787年秘密召开的制宪会议和
它的参会成员,以及会议讨论中的各类神秘主题等相关的各种事实和轶事
感兴趣。在沃特曼讨论的所有主题中,他尤其关注联邦党人为了"达到强
制通过宪法的目的",如何运用呈现于公众面前的"阴谋诡计与人为事件"
等相关主题。沃特曼相信,1788年联邦党人的各种行为完全与汉密尔顿

---

① 关于因《外籍与煽动叛乱法》的实施而激起对联邦党人的反抗,参见 James Morton
Smith, *Freedom's Fetters: The Alien and Sedition Laws and American Civil Liberties*, Rev.
ed., Cornell University Press, 1966, pp.216-220。

② Tunis Wortman, *A Treatise, Concerning Political Enquiry, and the Liberty of the Press*,
New York, 1800, pp.156-160.

③ 关于沃特曼的政治重要性,参见 Alfred F. Young, *The Democratic Republicans of New
York: The Origins, 1763-1797*, The University of North Carolina Press, 1967, pp.394, 567。

随后的政治经济计划纲要密切联系。对于沃特曼而言,建立公共债务制度和银行储备金制度就是希望建立一个中央集权制度的国家政府的所有计划之一部分,且都是基于同样的目的。沃特曼认为,尽管反对派对18世纪90年代发生的事件所阐述的观点显然有别于前反联邦党人在1787—1788年所阐述的观点,但是这些观点追根求源还是在于联邦党人与前反联邦党人在批准宪法时期的各种辩论。沃特曼的探究同样提到了许多前反联邦党人的文本,包括路德·马丁《真实信息》和"森提内尔"的短论文等广泛分布的各种零星资料,尽管这些资料并不能被他轻易地获取到。他利用大量丰富的资料重新塑造立宪时期双方争论的每一个论点。由此,他从参加费城制宪会议的一位具有影响力的前反联邦党人代表的手稿开始注解,这对于民主共和党上层阶层的其他人而言是不可能取得的。沃特曼收集的各种资料为他完成有关写作计划提供了极为详细的资料来源。①一年之后,随着《外籍与煽动叛乱法》正处于政治争论的大风暴中,沃特曼再次致信盖拉廷,他详细阐述了更为详细的写作计划:准备写作《有关政治探索与出版自由的专题论文》。沃特曼希望他的想法可以使一般民众感兴趣,尤其希望说服国会议员。由此,他随函附上简介,且欣然接受盖拉廷的热情支持。②当他在1800年出版《专题论文》时,沃特曼的观点已成为民主共和党的宪法和歧义政治理论中最具有影响力的言论,且也是美国已经形成的出版自由理论最具有说服力的辩护论点。

　　沃特曼的《专题论文》既是一种描述性言论——阐述有关民主政治理论的变体,又是自宪法批准以来在美国宪法秩序范围内阐述有关出版自由的地位和作用的系统化和理论化。当沃特曼所详细阐述的民主政治理论之变体已完整地确立起来时,它不仅与中产阶级民主主义者的话语体系相联系,而且与中产阶级民主主义者所阐述的各种宪法和政治理念保持一致。尤其,他把这些理念置于民主政体下公共论坛的核心地位,且完整清晰地阐述了有关民主理论存在的语境范围。当然,沃特曼远远超出了麦迪逊的观点——建构所有的自由政府必须基于特定的宪法和政治理念。进而,沃特曼阐述了18世纪90年代宪法和政治争论过程中各种反对派理论家对有关公共论坛理论形成的各种不成熟观点,且把它们发展为一种系统化的宪法和政治理论。他的核心理论基于这样一种理念:"有关政府的公

<hr />

① Tunis Wortman to Albert Gallatin, Feb. 23, 1798, *Gallatin Papers*, NYHS, p.19.

② Tunis Wortman to Albert Gallatin, Dec. 24, 1799, *Gallatin Papers*, NYHS, p.30.

共观念是无所不能,正是民众意愿才能默认支持各种政治机构。"他的理念最为重要的表述是政府必须承诺保护公共论坛,以便提升公共思想。"除非公共思想已成为摆脱偏见的方法,否则什么性质的法律或原则才有足够的能量阻止它因暴虐和沮丧而实施暴烈行为呢?"因此,改进公共论坛的方式仅仅只能发生于处于自由交流的过程中。对于沃特曼而言,这在美国社会中具有至高无上的价值,甚至超过公民的财产权利。"在所有能够归属于人的权利的范围,相互交流情感具有最神圣和最难以估量的价值。"①沃特曼不仅意识到社会团体和组织的形成在很大程度上有助于扩大公共论坛的影响,而且他也意识到出版界的对话过程对于塑造公共意见起着基础性作用。"在随之而来的语言和书信发明之后,印刷业正被视为是对人类最具有影响力的馈赠品。"由此,出版许可是现代政府超越古老社会的一种行为方式。进而,沃特曼把美国和古希腊做了比较分析,并探究了古希腊民主政体存在的缺陷——它缺乏出版业所带来的优势作用。"古希腊在公共会议中获取信息并非如同现代通过出版业作为介质传递信息那样,既准确无误又信息量密集。"与过去的演讲术相比,出版技术"更少因设计失误变为对社会有害的工具,从而需要承担责任"。演讲术更倾向于使人们的情绪摇摆不定,而出版技术则是通过理性辩论的方式更好地劝服人们。②

强调公共意见在美国社会中的核心地位导致沃特曼宣称公共论坛相对于私人空间具有极大的优势。在他致信盖拉廷时详细阐述了他写作有关出版自由的计划,沃特曼数落着这些人,他们把大量的时间耗费在"抽烟和饮马德拉白葡萄酒"上,或者他们只是"借助一瓶干红葡萄酒借酒消愁"的废人而已。取代自我放纵的实际行动,沃特曼认为:"有识别能力和天赋才能的个人应当把他们的闲时奉献于改善人民的普遍福利的目的,这才是国家有极大希望之所在。"由此看来,沃特曼强调公共论坛中的德性和参与并非仅仅只是受传统政治中有关公民共和国概念的影响。然而他对德性的理解无障碍地源自苏格兰的道德哲学理论和有关公共论坛观念。"真正的德性并非要求人们应当完全成为超越于自身之外之人。"政治参与并非必然需要自我牺牲,而仅仅只是要求公民个体发现他们真正的利益所在。

① Tunis Wortman, *A Treatise, Concerning Political Enquiry, and the Liberty of the Press*, New York, 1800, pp.24, 25, 145, 146. 在此意义上而言,沃特曼的政治理论突破了洛克的政治理论和公民共和主义理论的某些重要方面。

② Tunis Wortman, *A Treatise, Concerning Political Enquiry, and the Liberty of the Press*, New York, 1800, pp.241-242, 245.

人类的努力不外乎是最低限度地"使每一个人更广泛地关注他们自身的利益,或可以更关注矫正被称为公共财产的东西"。按照沃特曼的观点:"社会应当建构于政治这所大学之中,并把每一种观点公开向每一个社会成员明确地加以阐明。"①

二、自由个人主义与代议制民主之论争

沃特曼也阐述了有关人类的一些基本原则,即人是天生的社会造物。②从这些术语中人们可以认识到,追求公共利益并非必然要求牺牲公民个体的利益或促进某种极其崇高和伟大的公共利益;相反,它必然要求在全社会范围内寻求协调各种差别的解决路径和方式。因此,沃特曼写道:"公共利益必须建构于某种特定的目标基础之上,以便使我们获得最终应该直接达到的结果",他所期待的这种最终结果自然是从个人的社会幸福中生长出来。③然而,他为之辩护的政治和德性概念拒斥了传统公民共和主义的其余部分,显然他的政治哲学是基于现代自由主义理论中的个人主义概念。"如此认识,政府作为一般的管理者与其说是从肯定的视角而言,还不如说是从否定的视角而言。它的指令是为了避免行恶之事,且不是为了执行与德性相关的特定行为。"确实,在同龄人中他对限制各州的权力是持否定观点,比任何其他的民主共和党人的理论都更为激进。"每一部并非必不可少的法律在其本质上都具有专制暴政的色彩——它表现为恣意地侵犯个人自由和权利。与自由个人主义有关权利的概念相比较,它强调保护和提升一种已扩大了的公共领域范围的合理争论。"④由此,沃特曼的政治哲学之核心——自由个人主义是作为用于塑造公共论坛概念化的方式。沃特曼就有关公共意见的特性提出了关键问题。"社会组织在集体

---

① Tunis Wortman to Albert Gallatin, Feb. 30, 1799, *Gallatin Papers*, *NYHS*, p. 23; Tunis Wortman, *A Treatise, Concerning Political Enquiry, and the Liberty of the Press*, New York, 1800, pp.104, 145, 199.

② "人是一种政治动物……人是唯一的被大自然赋予语言的动物……但人的语言则能表达利与弊以及公正或不公正。人相对于动物的独特之处还在于人具有善与恶、公正与不公正以及诸如此类的感觉。所以,很显然人同蜜蜂以及所有其他群居动物比起来,更是一种政治动物。"参见[古希腊]亚里士多德:《政治学》,吴寿彭译,北京:商务印书馆,1997年,第3页。

③ Tunis Wortman, *A Treatise, Concerning Political Enquiry, and the Liberty of the Press*, New York, 1800, pp.29, 153

④ Tunis Wortman, *A Treatise, Concerning Political Enquiry, and the Liberty of the Press*, New York, 1800, pp.27, 76.

中有其独特观点和组织能力吗？它对联邦有委托权或可以增强情感吗？同样至关重要的是，如何才能查明公共意见，在社会组织范围内怎样才能确定公共意见的地位？"我们应当在哪里听到可以表达公共意见的呼声？"对于沃特曼而言，公共意见必须被理解为"一种扩大了的个人情感"。由此，他的自由个人主义与政治民主理论恰当地融为一体。"只有通过公共论坛，我们才能知道大多数人在更大程度上起主导作用的个体观点具有普遍的决定作用。"①由此，沃特曼所界定的特定概念许可把公共意见表述为人民的民主意愿。

事实上，通过理性争论培育个体自然道德情感之信念是基于沃特曼对苏格兰道德情感理论的诠释。关于政治真理，他写道："每一种真理都是熠熠生辉的；每一个原则都是清晰、简明和可查证的；它的准则建立于普遍的情感和人类感情基础之上。"进而他坚持真理的立场是，真理的"言词正义完全清晰可辨，它的特性是被无所不在的智识记载于我们内心深处的丰碑上"，这是自然发展的逻辑结果。②沃特曼承认，当许可人民从事理性辩论时，人民将使他们的意见达到与真理和正义保持一致的状态。制约专横暴政的唯一结果就是能够自由地从错误转向真理，继而提高开明的公民意识。由此，沃特曼运用苏格兰道德情感论以一种全新的、更具有说服力的典型风格拟定了中产阶级民主主义者的理想。③他意识到人们之间存在差距，尤其是在教育方面，他希望做的一件事就是改善这种差距。然而，道德只能起功能性作用，不是教育必然要达到的结果，教育的目的在于树立公民的普遍情感和公共认知。因此，德性和智识完全分散于社会各阶层之中。

沃特曼专注于阐述中产阶级的民主理论，在他把公共意见和代议制两者结合起来讨论时表现得尤为突出。他支持广大范围内的公民普选权制度，质疑财产为选举的必要条件。他抨击财产在政治社会组织中与人民利益攸关，并质问财产是否真正能够使公民保持其独立性：即使没有财产，公民在他们的政治生活中仍然有重大的利益和自由。如果公民能够指望服

---

① Tunis Wortman, *A Treatise, Concerning Political Enquiry, and the Liberty of the Press*, New York, 1800, pp.118, 119.

② Tunis Wortman, *A Treatise, Concerning Political Enquiry, and the Liberty of the Press*, New York, 1800, p.66.

③ Tunis Wortman, *A Treatise, Concerning Political Enquiry, and the Liberty of the Press*, New York, 1800, p.56.

务于他们的国家,且在它的护卫下过冒险生活,那么他们可能需要更为有效的重大利益。无论如何,拥有财产所有权在美国并非具有确定性,他争辩并展示其中产阶级民主主义者更具有特色的观点:在美国,财富更具有流变性。拥有财产的人与没有可能取得财富的人都有可能失去它。他提出,拥有财富的人享有充分的权力,而没有财富的人没有任何政治特权。从本质而言,他必定是与中产阶级民主主义者持有共同的温和的宪法和政治观,鄙视社会下层阶级的人民。由此,他向阿尔伯特·盖拉廷坦言,人们不能极大地信任"具有依赖性和处于社会下层劳动者阶层"的那些人。然而他对政治民主政体的公开支持是无条件的,且他为此强有力地争辩道:"代议制原则的每一项缺陷并非仅仅只是表现出不公正,而是极度有害。"①

沃特曼的中产阶级民主理论阐述了他对土地法的质疑,且他尝试如何平等地分配财产,这把他与较早时期坚持民主理论变体的反对派区分开来。他把政府干预行为视为既无实际意义又是有害的,"政府干预社会民主事务等同于残暴和卑劣的专横政体"。同时,他怀疑富有者建构一种名义上称之为具有高贵气质的贵族统治,而实质上是建构一种比贵族政体更危险的暴政政体形式。"拥有财产的贵族政体",他争辩道:"实现的是一种恶性的帝国统治,而不是具有适当品性和具有德性的统治方式。"②沃特曼并未意识到民众的放荡行为和阴谋诡计对公民个体的重大影响完全可能使公共论坛受到腐蚀,但是他质疑刑事诉讼对于根除这种威胁的必要性。在他看来,抵制民众的放荡行为最好的预防措施就是坚持真理。更多的是开展公共讨论,而不是更少地寻求确保自由和消除放荡行为的其他方式。就有关出版自由的刑事制裁作为矫正民众放荡行为的方式比滥用药物治疗无知的疾病更为糟糕。实际上,出版自由从根基上毁坏政府权威的危险几乎不可能存在。行使政府权力的人有足够的现实手段保护他们的正当权威,而不至于诉诸刑事诉讼。政府从来不缺少法院这种强制性保护系统,而且政府还过分地宣扬这些措施的有效性。③由此,由政府提起诉讼不仅表明政府滥用职权,而

① Tunis Wortman to Albert Gallatin, Feb. 30, 1799, *Gallatin Papers, NYHS,* p. 26; Tunis Wortman, *A Treatise, Concerning Political Enquiry, and the Liberty of the Press,* New York, 1800, p.197.

② Tunis Wortman, *A Treatise, Concerning Political Enquiry, and the Liberty of the Press,* New York, 1800, pp.197, 198.

③ Tunis Wortman, *A Treatise, Concerning Political Enquiry, and the Liberty of the Press,* New York, 1800, pp.149-165.

且它抑制了民众舆论的进步,使个体变得更为怯弱。"因此,政府以诽谤罪提起公诉的方式比它们试图惩罚公民歪曲事实对社会更为有害。"公共舆论可以提供唯一抵制专横暴政政府最有效的制约方式,同时政府通过提供表达政治激情的路径防止民众发生骚乱;否则这种政治激情将可能被压制,许久之后最终转化为暴力行为。[①]就沃特曼对出版自由的态度而言,没有什么比他更为天真或乌托邦了。他承认,自由本身就承载着滥用权利的潜在危险。出版界的放荡行为不是要"故意毁损政府行为的恣意或精心构思",而是针对"偏私政府的不公正行为"。[②]美国已逝的经验证明了沃特曼的观点,任何社会总会存在着献媚者,他们尽其全力投身于保护而不是揭露政府把权力作为其滥用的工具。由此,作为矫正政府权力威胁的唯一安全手段就是,相信具有智识和具有理性的公众意见。

三、严格建构主义宪法解释方式之重述

当沃特曼将注意力转向《外籍与煽动叛乱法》时,他的宪法和政治理论从抽象的哲学思辨转向抨击联邦党人制定的法律限制出版自由的合宪性极为具体和特定的审视之中。沃特曼阐释的重心是审慎诠释宪法下的联邦政府权力的特性和限制因素。宪法,沃特曼指出——重复阐述标准的歧义宪法话语,既是"各州之间建立联合政府所签订的原始契约",又是"创建、界定和限制政府权力的基本文献"。他的宪法和政治观是建构在较早时期的反对派理论家所阐述的思想基础上,即合众国建构于各州签订契约的理论和对加强中央政府权力的批评。契约的联邦特性,"意指每一个签订契约的州保持其独立存在和它们的主权,受制于邦联时期合意施加的限制条件,且明显有别于中央集权制度"。[③]尽管沃特曼的政治理念倾向于限制政府权力的观点,但是他的宪法理论显示了自批准宪法以来的美国宪法和歧义政治思想之精髓。各州政府"在他们的管辖范围内的行为如果不受到控制的话,那么它们将在其权力运行范围内独立行为"。与此相对照,"美利坚合众国政府只是一种权力受到限制的政治组织系统。它构成的要

① Tunis Wortman, *A Treatise, Concerning Political Enquiry, and the Liberty of the Press*, New York, 1800, pp.150, 170.

② Tunis Wortman, *A Treatise, Concerning Political Enquiry, and the Liberty of the Press*, New York, 1800, pp.245, 250.

③ Tunis Wortman, *A Treatise, Concerning Political Enquiry, and the Liberty of the Press*, New York, 1800, pp.209-210.

旨在于为达到特定而具体的目的"。他对联邦主义的阐释显然重复了较早时期前反联邦党人解读宪法修正案前十条的意旨。"宪法授予总体政府的权力必须是明确而具体。"①

当然,沃特曼对宪法第一修正案所做出的解释反映了经典的联邦主义概念。联邦政府完全不具有限制出版自由的权力。沃特曼的严格建构主义宪法解释方式有意地运用了实质性的文本证据支持他的论点。他毫无例外地集中于宪法文本和宪法修正案,并试图寻求宪法如何竭力限制联邦政府的权力和保护公民自由的完整解释。由此,他认为有关宪法的每一种解释都必须被理解为较为宏大的目标之组成部分。按照他的观点,术语"必要"而"适当的"并非意指扩大联邦政府的权力,而是意指使联邦政府行使民众让渡于新政府的有限权力成为可能。"我们应当总是记住,成文宪法最具有价值的优势之一在于,明确地规定宪法授予联邦政府的权力。"他继续论证道:"它的主要精神和唯一意涵在于准确地界定联邦政府权力的限制范围。"沃特曼肯定了文本式的字面主义解释和宪法以明确易懂的方式所界定的政府权力范围之概念,这曾经是前反联邦党人的核心内容。由此,沃特曼界定了如此之多且具有歧义性的宪法概念,与其说是对前反联邦党人有关宪法和歧义政治理论的重述,不如说是对前反联邦党人的宪法和歧义政治思想的理论概括。他最后说道:"让我们护卫这神圣而圣洁的文本,从而抵制采用任何宽泛的建构主义宪法解释方式所添加的内容和评论吧!"②

拒绝接受布莱克斯通式的诽谤罪理论是自美国批准宪法以来反对派宪法理论家普遍存在的观点。因此,把出版自由与先前具有限制措施特性的纯粹禁止令等同起来必然废除出版自由。宪法的目的在于保护出版自由,而不是削减它。使沃特曼质疑的是,援引布莱克斯通有关诽谤罪的概念在美国可能存在有关制裁这类犯罪行为的联邦普通法。因为联邦政府被授予有限权力的概念意味着依据美国宪法并不存在有关这类犯罪诉讼的联邦普通法。从本质而言,沃特曼的宪法理论最为引人注目和繁复的论点之一在于,由各州提起诽谤罪诉讼具有正当性和合法性。在此,沃特曼的政治理论和宪法哲学是相互冲突的。一方面,他依据已确立的政治理论

---

① Tunis Wortman, *A Treatise, Concerning Political Enquiry, and the Liberty of the Press*, New York, 1800, pp.210-212.

② Tunis Wortman, *A Treatise, Concerning Political Enquiry, and the Liberty of the Press*, New York, 1800, pp.231, 238, 239.

要求废除诽谤罪诉讼;另一方面,他的宪法哲学又以一种约定俗成的方式阐释各州有权提起诽谤罪诉讼,并具有合宪性,甚至当他试图表明它们不尽如人意时,也赋予了它们的合法性基础。至于诽谤罪,他阐释道:"假定希望达到的目的是各州应当单独在这类案件中行使控制所在州公民的行为的权力。"作为一种事实原则而不是法律原则,在政治案件中使用刑事诽谤罪对公民提起控诉是对公民自由调查权的侵害。他坚决认为:"对诽谤罪提起刑事诉讼之于维持公共安宁而言从来就不可能是必需的",为了抵御危险,"让惩罚每一项破坏和平的规定更为严厉和准确吧!"因为行为而不是思想是政府提起控诉的正当性主题。[1]然而,个体诽谤罪诉讼形式在美国已经造成各种不同的问题。他承认,调查公共官员的品性具有正当性,这种审查在任何一个自由政府里也都是必需的,但是不应当剥夺公共官员捍卫其名誉和尊严的权利。他坚定地认为,对公共官员提起控诉应当通过受害一方的私人诉讼来解决,且裁决诽谤罪应当属于陪审团的权力。授权陪审团审理诽谤罪的目的在于,适当地保护个人权利。在此,沃特曼着重提出陪审团在法律范围内具有广泛的权力,这是美国歧义宪法理论的显著表征。按照他的观点,陪审团有权裁定任何已受理案件的事实和法律适用。当出版商有犯诽谤罪之嫌疑时,其裁判完全由陪审团而不是法官在其权限范围内作出裁决。

尽管沃特曼有关出版自由理论的描述比任何广泛论述自由理论的其他人都更为激进,但是他有关对公民个体提起政治诽谤罪之诉讼的观点表明,他并未完全摆脱较早时期的共和主义者有关诽谤罪概念的所有痕迹。他就提起政治诽谤罪之诉讼保留陪审团裁决社会共同体的行为标准与提起一般诽谤罪保护个人权利的重要标准主要源自:后批准宪法时期在《外籍与煽动叛乱法》之前就已提起的诽谤罪诉讼案,其主体都是私人个体行为而不是各州的行为。从政治上,推动私人提起诽谤罪诉讼的动机可能对印刷商造成破坏性的影响——正是公民个体提起诽谤罪诉讼的行为,而不

---

[1] Tunis Wortman, *A Treatise, Concerning Political Enquiry, and the Liberty of the Press*, New York, 1800, pp.229-230, 253.从现代观点来看,沃特曼并非现代自由主义者,参见 Walter Berns, *Freedom of the Press and the Alien and Sedition Laws: A Reappraisal*, in Philip B. Kurland ed., *The Supreme Court Review*, Belknap Press of Harvard University Press, 1976, pp.109-159.沃特曼的共和主义思想使许多重要的自由主义者的思想具体化。理解自由主义、共和主义和州权主义之间的复杂关系对于理解沃特曼提出具有鲜明特性的反对派思想具有极大的裨益。他提出有关出版自由的理论,其目的在于保护共和国之公共范围以及合法的公共争论。

是刑事诉讼的行为使1788年前反联邦党人的印刷商埃里兹·奥斯瓦尔德不再发表意见。按照沃特曼的论述方式,法庭将不可能再受理此类案件。在这些情形下,适当的防护措施是通向陪审团的审判,由他们的同胞公民而不是法官裁决一种言论是否在事实上是属于诽谤。[①]在此,沃特曼阐述了这样一种观点,其核心内容仍然是前反联邦党人曾经阐述的出版自由概念。事实上,沃特曼的理论并非要排除提起此类诉讼,这就意味着他有关出版自由的观点并未完全摆脱较早时期的前反联邦党人的观点。尽管沃特曼精心阐述的真正诽谤罪理论比前反联邦党人有关言论和出版自由的观点更进一步,然而究其根源,他的思想仍然根植于较早时期坚持共和主义立场的前反联邦党人的宪法和政治概念。

第六节　民主共和党之法理与《布莱克斯通之评论》

在美国18世纪90年代,许多个体公民对联邦党人的宪法和政治理论发表了反对意见,通过他们的最终努力建构了美国宪法文本的基本准则,并在运用宪法文本的过程中对如何理解宪法的基本准则确定了一般性解释前提。严格建构主义的宪法解释方式和批评加强中央政府权力正是美国宪法和歧义政治思想的核心内容。杰斐逊和麦迪逊在回应实施《外籍与煽动叛乱法》所造成的危机时重述了前反联邦党人必不可少的理论要点。在民主共和党人抵制联邦党人所倡导的宪法理论过程中,麦迪逊的《1800年报告》精炼和详细阐述了1798年原则,并界定了一种可替代性的歧义宪法和政治理论。麦迪逊式的综合宪法理论提供了有关美国歧义宪法原则的概要式陈述,并把先前反联邦党人和民主共和主义者缺乏系统化的思想逐渐形成系统化的理论体系,从而代替联邦党人正在发展和扩散的法哲学理论。而把反对派的宪法和政治思想真正发展为一种系统化的宪法和歧义政治理论之专题研究就历史地落在了另一位弗吉尼亚人圣·乔治·图克的身上,他发表了具有深远意义的《布莱克斯通之评论》,他的理论成为当

---

① Tunis Wortman, *A Treatise, Concerning Political Enquiry, and the Liberty of the Press*, New York, 1800, pp.151, 202–203. 关于纽约州民主共和党对陪审团的看法,参见 S. Foner, *The Demodcratic-Republican Societies, 1790–1800: A Documentary Sourcebook of Constitutions, Declarations, Addresses, Resolutions, and Toasts*, Greenwood Publishing Company, 1976, pp.240–242。

时美国宪法和歧义政治理论的核心内容。尽管出版于1803年,即杰斐逊当选为美国总统之后,然而图克的著作写作于18世纪90年代的宪法争论之时,《布莱克斯通之评论》是他十多年以来劳动成果之结晶。

一、美国版本之《布莱克斯通之评论》

1790年图克成为威廉与玛丽亚大学的治安和法律教授,且在美国这段动荡的时期他从大学的法律讲座中脱离开来,广泛地阐述美国的宪法和歧义政治理论。实际上,图克的宪法和政治理论综合了1788年美国批准宪法时期前反联邦党人的许多批评论点和1798年麦迪逊式的综合宪法理论的各项原则。当然,图克在做这项工作时,推动他这样做的潜在动机是,美国的法官和律师们过分依赖于英国法学家布莱克斯通的法理和原则,而仅仅依赖布莱克斯通的法理和原则总会给现实政治和法律生活带来麻烦。[①]因为布莱克斯通有关英国普通法的各种分析深深浸淫于一种反共和主义情愫中,继而布莱克斯通的法律理论对适用于新大陆奠基于共和主义土壤上的普通法观念仅仅只能提供贫乏的指南。而图克对布莱克斯通的理论研究无论是在他本人的研究领域方面还是在他的法律学识渊博方面都是令人敬佩的,他的著述是随即付印成功的典型范例。著作第一版完全脱销,其销售额达到了5万美元。因此,他的著作成为美国那半个世纪的前半期不可更改的法律版本。确实,作为研究美国宪法和歧义政治理论的法学综合性专题论文,图克的著述享有直到1826年联邦党人詹姆斯·肯特出版《美国法评论》之前几乎所有著述的专属地位。[②]

事实上,图克的著述还有另一种重要功能:它成为杰斐逊当选为美国总统之后正在兴起的反对派宪法理论中最具有影响力的论述,因为图克对民主共和党的宪法和政治哲学理论概括了具体而多样化标准,为其他思想家探求未来美国宪法和歧义政治观的发展路径提供了新起点,而美国当时正在发展的歧义宪法和政治思想大量地受赐予反联邦主义。尤其,在第一

[①] 1620年作为美国"始祖移民"的《五月花号公约》的签订者们乘"五月花号"船到达普利茅斯时仅仅随身携带了两本法律著述:布莱克斯通的《英国普通法释义》和英国17世纪著名的大法官科克编辑的《判例汇纂》。这两本法律著述对美国法律制度和法律界产生了极其深远的影响。

[②] 关于图克的法学著述,参见 G. Edward White, *The Marshall Court and Cultural Change, 1815–1835, History of the Supreme Court of the United States*, III-IV, Oxford University Press, 1988, pp.342–348。

卷第二部分的附录"良心自由权利、言论自由权利和出版自由权利"中,图克直面《外籍与煽动叛乱法》实施所造成的社会和政治问题,对"在所有推断性事务中发表的言论和讨论的自由权利"提供了广泛性解释。而图克的自由主义理论在讨论所有这些主题方面都被美国当时的学术界和法律实务界置于现代思想的前沿。图克认为,关于这些权利,唯一的限制因素就是当它们的行使"对任何其他的个体公民,即对他人的人身、财产和名誉等权利产生侵害时"。①

二、重述共和主义宪法观:限权政府理论

图克就有关出版自由理论发表的最重要的观点之一在于,与当时美国研究有关出版自由理论完全依赖于布莱克斯通奉为"圣经"的《英国普通法释义》作为评述的基础不同,美国法律规定出版自由权利的核心在于,它最初是由各州宪法预先规定的出版自由权利所证实了的,是从宪法的具体实践中抽象出来的美国式的出版自由理论。至关重要的是,出版自由在联邦宪法中由于缺乏明确的保护条款而导致在批准宪法时期引起了"极大的争议"。图克大量阐述了弗吉尼亚州批准宪法会议已证明的观点,宪法明确规定保护出版自由,其目的在于确保宪法修正案所规定的基本权利条款得以执行和实现。图克指出,制宪会议肯定地宣称,出版自由权不能"被宪法所创建的新政府删除、缩减、限制或修改"。由此,图克所提出的出版自由权利进一步阐明了具有联邦主义特性的美国宪法和歧义政治观,它自美国批准宪法以来就一直处于发展的动态过程之中。他提醒读者,弗吉尼亚州制宪者们在批准宪法会议上清晰地表达了他们接受宪法下的出版自由观。而《外籍与煽动叛乱法》违背了宪法的最初意涵,即由宪法所宣称的政府的各项权力违背了宪法明确授予政府权力的有限性特征,继而从根基上毁损了联邦主义制度和在新大陆创建国家政府之目的。进而,政府的行为从根基上毁损了代议制本身固有的特性,为创建一个加强中央权力的国家政

---

① St. George Tucker, *Blackstone's Commentaries: With Notes of Reference to the Constitution and Laws of the Federal Government of the United States and of the Commonwealth of Virginia*, II, Appendix, Note G, "Of the Right of Conscience; and of the Freedom of Speech and of the Press," Philadelphia, 1803, p.11; *LC*.

府,从而形成贵族政体或君主政体提供平台。①自把美国宪法和歧义政治
理论与英国普通法区分开来以后,与英国普通法所规定的有关诽谤罪原则
相比较,它很容易使人产生误解。图克评论道,美国"人民而不是政府拥有
绝对的主权"。进而,"在美利坚合众国,人民重要且必需的权利就是通过
抵制立法权和行政权的野心得到保证。它们得以确保执行不是经由其他
法律规定的至上特权,而是经由宪法规定的至上法律原则"②。这种共和主
义宪法原则的简洁论述深刻地描述了图克宪法法律观的本质之所在。

　　图克把他的分析奠定于早期批准宪法时期争论双方求助于人民的基
础上。他有关美国宪法解释方式的首要原则是使宪法文本的各组成部分
协调一致,从而确保联邦政府行使有限的权力。与各州相对照,联邦政府
"仅仅具有宪法明确规定的特定权力,而不是一般和无限的权力"。图克与
他有联系的所有反对派宪法理论家都坚持同样的观点:联邦主义制度才是
保护公民自由的最重要的制度安排之一。③在他讨论有关出版自由结束之
时,图克蕴含深意地指出:"因此,在与出版的绝对自由和从总体上免除联
邦政府的所有限制因素、控制措施和管辖权进行抗争的过程中,写作这些
文献的作者们更明确地否认了政府在不同程度上滥用它们的放荡行为。"
图克并不认为出版自由原则在公共场合可以免除对公民个体提起私人诽
谤罪诉讼,处于公共场域的民众个体并未丧失运用司法保护他们受诽谤性
攻击的权利。对于任何个人的名誉遭受侵害时,正如每个个体公民那样,
各州法院总是坚持公开审理。图克的观点折射了有关出版自由权利的许
多假定前提:各州才是审理这类案件的适当场所;在联邦体系范围内,正是
各州而不是联邦政府是公民个体自由的保护者。尽管他有关出版自由的
理念是那些他所发现的理论中最具概括性和全面性的思想,然而由公共官

---

① St. George Tucker, *Blackstone's Commentaries: With Notes of Reference to the Constitu-
　　tion and Laws of the Federal Government of the United States and of the Commonwealth of
　　Virginia*, II, Appendix, Note G, "Of the Right of Conscience; and of the Freedom of Speech
　　and of the Press," Philadelphia, 1803, p.14; *LC.*

② St. George Tucker, *Blackstone's Commentaries: With Notes of Reference to the Constitu-
　　tion and Laws of the Federal Government of the United States and of the Commonwealth of
　　Virginia*, II, Appendix, Note G, "Of the Right of Conscience; and of the Freedom of Speech
　　and of the Press," Philadelphia, 1803, p.20; *LC.*

③ St. George Tucker, *Blackstone's Commentaries: With Notes of Reference to the Constitu-
　　tion and Laws of the Federal Government of the United States and of the Commonwealth of
　　Virginia*, II, Appendix, Note G, "Of the Right of Conscience; and of the Freedom of Speech
　　and of the Press," Philadelphia, 1803, p.24; *LC.*

员提起有关个体公民作为当事人的诽谤罪之诉讼仍然不能得到人民的普遍认同。图克有关诽谤罪的观点,正如图利斯·沃特曼所说,它并不会使人们毫不在意埃里兹·奥斯瓦尔德案中前反联邦党人印刷商因发表诽谤言论而被提起诉讼时法院所作出的裁决。然而,只要诽谤罪的审判在各州法院举行,那么图克坚信,它们将把政治权力滥用的可能性降至最低程度,①因此他所为之辩护的自由概念密不可分地与联邦主义的理论诠释联结起来。由此,图克应当向前反联邦党人表达感激之情,甚至更为明确地表示他接受了联邦宪法冗长的附录。图克有关批准宪法的分析最引人注目的观点之一就是他从正面细致地描述了前反联邦党人。

> 在没有真正破坏和平的情况下,党派的热情从未像现在这样高涨。如果拟议的宪法的反对派们与它的支持者们都具有同样的激情,那么事情可能会继续朝着无害的情势发展,这不是不可能的。②

由此,图克阐述道,前反联邦党人而不是联邦党人是以适中且调和的声音出现于政治论辩场域。他们反对宪法的正当理由在于,在批准宪法时期依据数学方式表达他们的反对意见的强烈程度就可以证明:"在九个批准宪法的州,问题取决于由微弱的多数州支持宪法,就能通过宪法。"图克表达了有条件地支持麦迪逊的观点,各州批准宪法会议是人民意愿的适当代理人。当联邦制宪会议并未极为精准地表达人民的声音时,各州制宪会议就是人民情感的最好表达者。"在大多数民主国家里,代理人是按照支持宪法的人民所盛行的情感而被选择出来,因为候选人的意见一般而言在事前就为人民所普遍认知。"因此,各州制宪会议在按照人民的最初意涵确定

---

① St. George Tucker, *Blackstone's Commentaries: With Notes of Reference to the Constitution and Laws of the Federal Government of the United States and of the Commonwealth of Virginia*, II, Appendix, Note G, "Of the Right of Conscience; and of the Freedom of Speech and of the Press," Philadelphia, 1803, pp.29, 30; *LC*.

② St. George Tucker, *Blackstone's Commentaries: With Notes of Reference to the Constitution and Laws of the Federal Government of the United States and of the Commonwealth of Virginia*, I, Appendix, Note D, "View of the Constitution," Philadelphia, 1803, p.160; *LC*.

接纳新政府方面是必不可少的。①图克支持州制宪会议的另一缘由在于，它们是宪法主体，且他们的审议比参加公共论坛中有关宪法争论的那些作者们的思辨性灵感更少具有揣测性。就寻求宪法的最初意涵，他写道："依赖于美国国会或各州制宪会议的权威比依赖于任何带有推测性的作者的意见更为适当。"②由此，他的论点更进一步削减了美国批准宪法时期各种公共专题论文在界定宪法之最初意涵时所具有的实质意义。进而，他表明，各州批准宪法会议已出版的行动议程在美国宪法历史上为解释宪法的最初意涵提供了更具有实质意义的基础。

令人感兴趣的是，图克提出自己的论点时仅仅只是参照了已出版的前反联邦党人文本在宪法中的附录。在阐述有关联邦司法权的特性时，他评论道，联邦司法权"既是人们赞赏的主题，又是人们责难的主题；既是使人产生信任的主题，又是令人产生嫉妒的主题。"当他寻求一位前反联邦党人作者的支持时，他并未引用讨论有关司法权的缺陷最精辟的分析——最著名且极具有思辨性技巧的作者——纽约的"联邦农夫"和"布鲁图斯"阐述的观点。就他求助的短论文作者之相关主题而言，根本就不具有产生深远意义的影响和作用：图克引用宾夕法尼亚州"森提内尔"的评论，他的著述因广泛传播而受人赞赏。"森提内尔"曾经预测道："各州司法系统完全具有超越人民让渡权力的特性；而作为对有关司法管辖权的争夺，联邦法院是更具有实权的机构，它将胜过各州司法系统。"图克拥有一册"森提内尔"的短论文，包括1788年在雷克蒙德出版的前反联邦党人著述中被重新编辑的重要小册子。"森提内尔"记载了那个时代有关对司法权僭越的危险的各种关注。图克提出，这些担忧已得到充分证实，但是任何有关这些担心发生的原因已被国会通过的《权利法案》消除了。当图克解读"森提内尔"的观点时，他并未将批准宪法期间所发生的卡莱尔骚乱以同样的方式加以提

① St. George Tucker, *Blackstone's Commentaries: With Notes of Reference to the Constitution and Laws of the Federal Government of the United States and of the Commonwealth of Virginia*, I, Appendix, Note D, "View of the Constitution," Philadelphia, 1803, pp. 160, 162–163, 167–168; *LC.*

② St. George Tucker, *Blackstone's Commentaries: With Notes of Reference to the Constitution and Laws of the Federal Government of the United States and of the Commonwealth of Virginia*, I, Appendix, Note D, "View of the Constitution," Philadelphia, 1803, p.vii; *LC.*

倡。①因为他认为"森提内尔"所阐述的观点是精英人物的宪法和政治观。由此,图克重释了"森提内尔"的反贵族政体的论点,不是作为对富有阶层的天然贵族的控诉,而是作为对寡头政体的有力批判。

如果有前反联邦党人的声音是图克急于重新找回的话,那么这就是弗吉尼亚批准宪法会议上前反联邦党人的各种争论。当提及引用的各种论题时,图克遵循了普通民主共和党的做法,把前反联邦党人的担心和对联邦党人的回应几乎放在同等重要的地位。对于图克而言,正是前反联邦党人与联邦党人之间在各州批准宪法会议上的协商性对话,奠定了解释宪法的最初意涵之基础。②在图克的评论中,他似乎经常提到一位已出版著述的作者,那就是《联邦党人文集》的作者——"普布利乌斯"。图克精选了其他反对派思想家在18世纪90年代使用《联邦党人文集》的语词技巧,而不是前反联邦党人作者的著述所运用的修辞手法。他描述《联邦党人文集》的言辞技巧和修辞方式主要表明文本应当如何被重新使用和解读,以便适应杰斐逊主义的法哲学理论之需要:

> 在解读《联邦党人文集》这部著述的过程中,我一而再地重复提到,如果宪法的瑕疵正如作者费尽心力表述它的发展阶段时所提出的明显的优点那样抱着同样的热情和坦率对待的话,那么正是《联邦党人文集》详尽而透彻地理解和讨论了有关宪法的各类主题,它将使我可能不再有做出这种尝试的辛劳之感。③

尽管图克可能通过美国博物馆的杂志已经了解了美国批准宪法争论时"期普布利乌斯"的特定论点,但是直到1792年,当他要求他的朋友约翰·佩基赠送给他一本《联邦党人文集》及任何其他讨论有关善治共和国的

---

① St. George Tucker, *Blackstone's Commentaries: With Notes of Reference to the Constitution and Laws of the Federal Government of the United States and of the Commonwealth of Virginia*, I, Appendix, Note D, "View of the Constitution," Philadelphia, 1803, p.351; *LC*. 图克的小册子文集包括更多分散的反联邦党人和联邦党人短论文。

② St. George Tucker, *Blackstone's Commentaries: With Notes of Reference to the Constitution and Laws of the Federal Government of the United States and of the Commonwealth of Virginia*, I, Appendix, Note D, "View of the Constitution," Philadelphia, 1803, p.351; *LC*.

③ St. George Tucker, *Blackstone's Commentaries: With Notes of Reference to the Constitution and Laws of the Federal Government of the United States and of the Commonwealth of Virginia*, I, Appendix, Note D, "View of the Constitution," Philadelphia, 1803, p.376; *LC*.

小册子时,他还没有真正购买到一本完整的《联邦党人文集》。在图克通过布莱克斯通式的辩论发挥其诸多作用时,他对"普布利乌斯"的解读提供了对《联邦党人文集》最为详尽的杰斐逊式解读,即深深地受前反联邦党人观点的影响的一种解释方式。[1]《联邦党人文集》,图克争辩道,把宪法作为限权政府的基本准则。按照他的观点,政府超出那种限度将违背批准宪法时所隐含的最初意涵。当然,图克所拥有的《联邦党人文集》复制本包含《联邦党人文集》第九篇中大量的重点内容。在《联邦党人文集》第九篇中,"普布利乌斯"回应了前反联邦党人的指责,即新宪法将建立一个单一的加强中央权力的国家政府。[2]由此,图克所运用的解释学技巧手法证明了联邦党人使用宽泛的建构主义宪法解释方式旨在扩大联邦的权力可能产生的各种危险。"普布利乌斯"把首要的反对派描述为严格的建构主义者。为了达到对《联邦党人文集》解释之目的,图克必须比批准宪法争论时期阐述共和主义原则的"普布利乌斯"和其他具有思想内涵的作者要做得更多。[3]"普布利乌斯"对前反联邦党人的反对意见之回应则成为准官方式的论点。因此,《联邦党人文集》必须被理解为有关宪法的最初意涵在宪法争论的对话过程中之一方观点的代表作品。从辩证法的观点来看,由美国各州批准宪法会议所提出的宪法修正案正是基于这些协商对话而诞生的。

三、重拟《宪法修正案》:限制联邦政府权力

事实上,图克对《联邦党人文集》的解读是广泛致力于把麦迪逊式的宪法综合理论中最重要的内容与较早时期前反联邦党人的批评观点概述为一个综合构成部分。图克显然支持麦迪逊对《外籍与煽动叛乱法》危机的

---

① St. George Tucker, *Blackstone's Commentaries: With Notes of Reference to the Constitution and Laws of the Federal Government of the United States and of the Commonwealth of Virginia*, III, Philadelphia, 1803, p.124; *LC*.

② 图克有关《联邦党人文集》的复本和旁注收集在《图克——科曼文集》里,参见 Saul Cornell, *The Other Founders: Anti-Federalism and the Dissenting Tradition in America, 1788-1828*, The University of North Carolina Press, 1999, p.269。

③ 关于《联邦党人文集》被南部和北部法官在不同案件中的适用,参见 Jack N. Rakove, "Early Uses of The Federalist," in Charles R. Kesler ed., *Saving the Revolution: "The Federalist Papers" and the American Founding*, Kennikat Press, 1987, pp.234-249。关于反联邦党人的论点对于解读《联邦党人文集》的作用,参见 Murray Dry, "Anti-Federalism in The Federalist: A Founding Dialogue on the Constitution, Republican Government, and Federalism," in Kesler ed., *Saving the Revolution*, Time Printing Press, LLC, 1989, pp.40-60。

处理方式,而不是杰斐逊所支持的更为激进主义的回应方式。图克详尽阐述了1798年麦迪逊式的宪法综合理论,即麦迪逊在《1800年报告》中所详细拟定的更为完整的美国宪法与歧义政治理论。当"联邦政府应当行使非经由宪法授予的各种权力"时,在影响到个体权利的案件中求助于司法部门是适当的解决方式。然而在诉讼当事人为一州的案件中要求"州立法机关时刻准备实施宪法革新,并向人民发出警示,继而在联邦代议制机关中实施变革或最终启动宪法修正案程序"①。然而在图克的论述中最为引人注目的特征之一在于,他拟定并添加了宪法修正案,他相信国会通过《权利法案》的行为是完善宪法程序所必需的。为了完成这项改革任务,他转而求助于由各州批准宪法会议第一次向联邦国会提出的宪法修正案。因此,图克提出的重新使用可替代性宪法修正案不仅对联邦宪法本身的理论发展具有实质意义,而且对与前反联邦党人有关阐释宪法的最初意涵密切相关的歧义宪法和政治理论的未来发展同样具有明显的实效性。修正案的特征如下:

1. 明确界定不属于参议院议员审判的弹劾权;

2. 如果希望代表在选民区域内与选民保持特定联系,那么就改革选举总统的方式;

3. 改变联邦国会批准国际条约(或协定);

4. 限制联邦法院的司法管辖权,尤其是明确确认有关犯罪在无联邦普通法的依据时;

5. 按照各州批准宪法会议的议题修改联邦权力的行使范围和直接征税权;

6. 限制联邦国会对哥伦比亚特区的管理权;

7. 禁止联邦国会干预各州控制选举;

8. 禁止和平时期建立常备军;

9. 禁止授予联邦政府其他具有独占性的权力;

10. 禁止联邦国会在没有两院2/3以上多数赞成的情形下对外宣战;

11. 禁止总统以私人的方式指挥军队;

① St. George Tucker, *Blackstone's Commentaries: With Notes of Reference to the Constitution and Laws of the Federal Government of the United States and of the Commonwealth of Virginia*, I, Appendix, Note D, "View of the Constitution," Philadelphia, 1803, p.153; *LC*.

12.在非经两院2/3以上多数批准的情况下,联邦政府不得制定有关调整商业和航海的法律;

13.制定各州召回参议员的条款;

14.在被选举的国家公职人员的任何任职期间,剔除不符合选举资格的参议院和众议院代表(图克希望把任职禁止条件延伸至一年之后)。①

从实质上而言,这些修正案的总体特征与前反联邦党人最初提议的宪法修正案主题相吻合,其核心在于:限制联邦政府的各项权力;增加州的各项权力和扩大联邦国会下议院的各项权力。进而,图克所提议的宪法修正案同样对18世纪90年代美国宪法的大争论作出了回应:它们必然使已经发生且具有争议性的事件如建立国家银行、威士忌起义、反对《杰伊条约》和反对实施《外籍与煽动叛乱法》等从此不再发生。但是图克坦言,他的主要目标旨在巩固"联邦合众国"和强化"民主政府原则"。为了促进此种目的,他承认"如果以一种怀疑的眼光来审视宪法,它似乎有利于君主政体,或贵族政体,或试图加强中央政府的权力,而不是有利于加强各州作为联邦合众国的构成部分之权力"。他的观点重复了许多前反联邦党人对宪法批评意见中那些具有实质意义的观点,尤其是关于贵族政体、加强中央政府的权力和保护公民个体自由等等主题。他同样对政府权力持怀疑态度,正如前反联邦党人的核心批评:"所有的政府对于增加权力和设定增加权力的事项都具有一种自然倾向。"联邦政府为这种不可避免的自然倾向提供了最佳范例。"羊皮纸上的各种限制条件并非可以有效地矫正这种不良的自然倾向。"不过,他自信地表示:"无论如何,它们总是能够产生最有益的效果,因为当它们被违反时,人民将被警示改变这些敢于违背他们意愿的不可信任的代理人。"因此,成文宪法和《权利法案》在共和国政治共同体范围内仍然发挥着诸多功能。这些文本不仅"希望通过制定法律授予政府有限的权力",而且教导人民"凭借削减对基本法律的猜测性事实,包括每个人尽其最微薄的能力以及理解他们最可能意识到的自身权利,从而知晓

---

① St. George Tucker, *Blackstone's Commentaries: With Notes of Reference to the Constitution and Laws of the Federal Government of the United States and of the Commonwealth of Virginia*, I, Appendix, Note D, "View of the Constitution," Philadelphia, 1803, pp.372–375; *LC*.

它们可能被违背的投机性行为"。①

图克的宪法和政治观折射了他对宪法一般形式的信任,其特征包含了如此之多的前反联邦党人的宪法和政治思想。在他看来,宪法文本必须以清晰而精准的语言予以制定。当它以适当的方式予以制定时,成文宪法就成为制约政府权力更为重要的制衡因素从而发挥作用,且有利于在公民社会中逐渐培养共和主义价值观。通过把宪法民主政治文化与公共领域范围本身联结起来,成文宪法将成为提供抵制政府专横暴政的一种强有力的制衡手段。由此,一种具有共和主义特性的宪法民主政治文化就可以积极培育具有活力的社会共同体的法律意识,这种由公民所组成的社会政治共同体将在他们的自由从一开始遭到政府权力的威胁时就能及时有效地向人民发出警示。

四、歧义理论演进之分界线:综合联邦主义理论之形成

由此,在图克的法哲学理论中联邦主义处于核心地位。他专门用了八页之多的篇幅详细且精准地阐述了权力应当如何保留给各州:明确列举只能授权于联邦政府和只能由州和联邦政府共同享有的权力清单。因加强中央政府权力所造成的危险仍然是一个严重问题,图克实质上接受了美国宪法历史上前反联邦党人的解释:由奠基者们所制定的宪法具有严重缺陷,因为它并未明确厘清从联邦权力把各州权力分割开来的界限。然而由前反联邦党人所发出的警示与由宪法所存在的致命模糊性所造成的危险逾越清晰化;同时,宪法前十条修正案的批准使加强中央政府权力的危险日益明显。它对联邦主义的威胁在于,违背了未经协商而运用宽泛的建构主义宪法解释方式,从而试图扩大联邦政府的权力:"尽管这显然通过抵制误解而得以确保,然而这种制度设计意指对宪法中某些重要语段的扩大性解释,以至于破坏了宪法中特定的列举权力,从而导致最终的不良结果。"图克引用建立国家银行案和《外籍与煽动叛乱法》的实施作为联邦政府运用宪法的有限权力毁损宪法的最初意涵的

---

① St. George Tucker, *Blackstone's Commentaries: With Notes of Reference to the Constitution and Laws of the Federal Government of the United States and of the Commonwealth of Virginia*, I, Appendix, Note D, "View of the Constitution," Philadelphia, 1803, pp. 289–290, 303, 308, 376; *LC*.

结果之明证。①事实上,图克的严格建构主义宪法解释方式理论重申了整个18世纪90年代美国宪法和歧义政治理论所一直界定的联邦主义与个体自由之间的关系问题。因为严格建构主义宪法解释方式可以使有关"正在讨论的各州即将丧失既存权利"的案件和有关"个人自由、个人权利保障和私人财产权保护成为争议主题的案件"如何适用法律成为可能。他的法哲学原理倡导了正在兴起的州权理论的一种温和变体,而这种州权理论变体实质上是与麦迪逊《1800年报告》更为接近,而不是与杰斐逊的肯塔基决议案相似。由此,图克把不同反对派的对话组织和编织起来,它们是后批准宪法时期美国宪法和歧义政治理论的核心内容,从而形成了一系列相互关联的宪法和政治新理论。②因此,图克的新布莱克斯通式的观点是美国宪法和歧义政治理论演进过程的分界线,也是民主共和党的宪法和歧义政治思想发展十年以来的逻辑顶点。他通过详细阐述各类反对派相互关联的法哲学理论,图克为随后美国宪法和歧义政治思想的新发展提供了重要的前提和分析路径。

　　总之,在美国批准宪法之后一直持续出现明确反对1787年宪法和1791年制定的宪法修正案的一系列宪法和政治理论,这些宪法和政治理论借助于1787—1788年间许多前反联邦党人的宪法和政治思想。它们对于加强中央政府权力的批判和宪法规定的模糊性批评,通过严格建构主义的宪法解释方式形成美国反对派宪法理论的核心内容。在有关建立国家银行的争论和有关《杰伊条约》的争辩过程中,批准宪法时期有关宪法的最初意涵的阐释已成为美国歧义宪法理论发展的关键要素。继而,前反联邦党人对宪法的批评作为最初公共争论的组成部分被提升到了新的显著地位上来,而争论的主题在于如何重新界定美国人民批准宪法之后的各种宪法和政治术语。

① St. George Tucker, *Blackstone's Commentaries: With Notes of Reference to the Constitution and Laws of the Federal Government of the United States and of the Commonwealth of Virginia*, I, Appendix, Note D, "View of the Constitution," Philadelphia, 1803, p.287; *LC.* 关于反联邦党人对宪法前十条修正案的看法,参见 Charles F. Hobson, "The Tenth Amendment and the New Federalism of 1789," in John Kukla ed., *The Bill of Rights: A Lively Heritage*, Hard Press, 1987, pp.153–163.

② St. George Tucker, *Blackstone's Commentaries: With Notes of Reference to the Constitution and Laws of the Federal Government of the United States and of the Commonwealth of Virginia*, I, Appendix, Note D, "View of the Constitution," Philadelphia, 1803, pp.146, 151; *LC.*

如果我们要重新建构反对派的宪法传统理论就必须收集使反对派的言论合法化的一系列经典文本,因为这些文本在美国批准宪法时期作为解释宪法的最初意涵的依据表述了人民的真实情感。尽管前反联邦党人已出版的著述仍然偶然地被找到,但是批准宪法时期的各种争论在公共论坛中明显占有极其重要的地位。《联邦党人文集》有关各具特色的前反联邦党人观点的解读已开始逐渐呈现出来:"普布利乌斯"被重塑为第一次对宪法进行限制性解释的宪法建构主义者。《联邦党人文集》被引用来作为联邦党人对前反联邦党人的诉求的一种准官方式的回应。①当把它的回应观点与前反联邦党人的批评观点联系起来加以分析时,《联邦党人文集》被轻易地转化为支持民主共和党人的行动纲领的著述。所有被充分利用起来的文本都证明了严格建构主义的宪法解释方式具有正当性,且使人们重新关注加强中央政府权力所面临的危险。由此,联邦主义新理论的实质特征在美国已经形成,且成为美国宪法反对派传统思想的新基石。

在有关批准宪法的斗争中,前反联邦党人警示拟议的宪法将攫取各州保有的权力和保护它们公民利益的权利和能力。警示人们注意拟议的宪法赋予新政府扩大了的和模糊性的授权范围,前反联邦党人耗费了毕生精力希望人民不批准宪法,甚至在前反联邦党人放弃了他们阻挠宪法批准的希望并把注意力转向确保制定具有实质意义的宪法修正案之后,他们的主要言辞技巧仍然集中于继续致力于阻止由新宪法所造成的各类危险之发生。因为有一种强大的吸引力使前反联邦党人把重心放在强调新宪法所造成的威胁上来。在第一届国会讨论宪法修正案期间,同样符合逻辑分析的观点普遍盛行。前反联邦党人通过不成功的斗争赢得了联邦政府结构的部分性改变,即削弱了联邦政府的宪定权力范围,且提升了各州保护公民和自身利益的能力。尤其,前反联邦党人艰难的游说行为改变了最终成为宪法前十条修正案的措辞——严格限制新政府由宪法所明确授予的各项权力的行使范围。正是在批准宪法时期,前反联邦党人着重强调新宪法的规定有可能造成巨大危险,从而增加了他们赢得对宪制政府进行基本的结构性改变的机会。然而在1788年前反联邦党人并没有做到的是,如果

---

① 汉密尔顿、杰伊、麦迪逊写作《联邦党人文集》所针对的读者主要是纽约邦的公民,其写作目的在于为纽约邦批准1787年宪法提供舆论支持,继而使纽约邦制宪会议通过和批准宪法。参见青维富:《普布利乌斯之论辩:美国宪法之历史溯源》,《西华师范大学学报(哲学社会科学版)》2013年第5期。

由联邦党人提供保证,而他们又认为不重要的话,就不能保护公民的自由,那么他们就应当探索如何去实现联邦党人的保证。因此,1798年的政治局势显然不同于1788年的政治局势。

在18世纪90年代出现的宪法反对派的歧义语词被《外籍与煽动叛乱法》造成的危机有所改观。已拟定的最为重要的宪法政治原则就是1798年弗吉尼亚决议案和肯塔基决议案所形成的基本原则。许多前反联邦党人的思想,包括抨击加强中央政府权力和对有关1788年宪法言辞的模糊性的担忧仍然对美国宪法和歧义政治理论的发展至关重要。然而,有关宪法争论的基础性术语已转变为构建合众国的新契约理论,成为正在兴起的州权理论的最重要特征。当联邦政府超越了宪法所明确授予的权力时,以一种新的方式重新阐释合众国的特性和概念在一定程度上要求宪法反对派重新审视有利于各州人民的矫正方式。

麦迪逊对《外籍与煽动叛乱法》的回应不同于杰斐逊和约翰·泰勒的反应。在对宪法的最初意涵的看法进行诠释时,他含蓄地坚持这样一种观点:有关宪法在公共对话过程中的论点应当限制于最近几代人的阐释。按照麦迪逊在《外籍与煽动叛乱法》危机期间阐述的思想,公共领域应当承担起更为重大的责任,占有更为突出的社会地位。由此,麦迪逊式的宪法和政治理论开始逐渐意识到,依赖于具有生机勃勃的公共论坛作为抵制宪法政治中可能出现的专横暴政统治的最有效的制衡手段,公共领域将担负起联合各州立法机关追究联邦政府的违宪法案和违法行为的责任。进而,麦迪逊在《1800年报告》中详细阐述了他的宪法综合理论,它在宪法反对派思想体系的基本准则中占有核心地位。麦迪逊重塑了前反联邦党人的思想,把它们与自己本身的思想混合起来。在美国建国之后的二十年或更长时间里,美国宪法和歧义政治理论都是建构于麦迪逊拟定的宪法和政治思想的基础之上。伴随着麦迪逊所建构的宪法综合理论框架,前反联邦党人的思想才被包含在内,并直接指向联邦党人。因此,麦迪逊式的宪法综合理论之目的在于,竭尽全力使联邦政府向强大和统一的方向发展,并力求在具有强大而统一的向心力与威胁国家统一的分裂主义所产生的离心力之间寻求一条中道之路。

《外籍与煽动叛乱法》危机形成了美国自批准宪法以来最为严格的审视宪法忠实反对派的思想旨要。而形成反对派思想的多重压力且构造可替代联邦党人思想的系统性观点最重要的尝试就是图利斯·沃特曼的《专题论文》和圣·乔治·图克的《布莱克斯通之评论》。沃特曼代表纽约州、宾夕法尼亚州和新英格兰部分地区起主导作用的反对派中间阶层民主主义者的抱负和理念而发出呼声。图克则是反对派人物中一位出类拔萃的法学家,代表精英阶层的反对派尤其是弗吉尼亚州和南部部分地区最具有实力的精英反对派的理念而发表言论。①

图利斯·沃特曼遵循较早时期以阐述联邦主义为中心的反对派宪法和政治理论的那些作者的表述路径。在州与联邦政府之间实行权力分立是保护公民自由必不可少的机制。在许多理论方面,沃特曼的自由概念比较早时期试图限制政治权力的范围,并为个体自由可能超出政府所及的范围内从而界定政府权力的限度的那些理论家似乎走得更远。在寻求限制政府权力方面,沃特曼为扩大了的公共范围辩护。因而,他倡导的民主自由主义的理论变体不是按照有利于商业主义的观点,而是依据有关公共领域范围的概念塑造起来。在公共领域范围内的参与,公民并非仅仅沉溺于私人生活或经济制度,而是作为国家的公民参与国家管理所表现出来的最重要的旨趣和责任。沃特曼有关出版自由的理论试图寻求捍卫公共领域的范围,并使它排除于所有障碍之外。他有关公共领域范围的概念表现了他的民主主义理念,尤其是所有人都具有品性的意识被最终指导个体追求真理的信念所形塑。他着重强调公共舆论对于政府的核心作用,从而使他赞同代议制民主主义原则。对于沃特曼而言,由政府提起诽谤罪诉讼是侵犯了公民的自由,从而从根基上毁损代议制民主的最终成果。由出版界的放荡行为所造成的危险是微不足道的,相反,由政府实施刑事诽谤罪诉讼则具有更大的危害性。

圣·乔治·图克的《布莱克斯通之评论》则把反对派宪法理论的多元性要素转变为相互关联的法哲学原理,并把它们有效地融合起来。图克收集和解释了前反联邦党人的各种文本,且概述了宪法反对派所使用的各种争论策略、技巧和修辞手法。他精心制作并详尽阐述所有观点无非只是用于证明联邦政府试图加强中央权力,从而对公民自由和各州的权力可能造成的危险。在他看来,保护个体自由只能通过适当的方式制衡联邦政府的权力才能最终达到目的,因为联邦政府被宪法所明确授予的权力是有限的。有关保护联邦主义制度的完整性的唯一手段就是坚持严格的建构主义宪

---

① 关于民主共和党阵营内其他重要的声音,参见 Robert E. Shalhope, *The Roots of Democ-racy: A merican Thought and Culture, 1760-1800*, Twayne, 1990, pp.354-358。图克和沃特曼不仅在民主共和党范围内不同的派系中具有影响力,而且他们是这些反对派中最具有智慧和最富有经验的宪法理论家。

法解释方式之法哲学原理,通过限制联邦权力的行使范围从而缩减批准宪法时期各州所授予联邦政府的权力范围,联邦主义和公民自由才能得以保存。由此,认同联邦政府权力的行使范围的有限性必然导致图克思考宪法的最初意涵。在此,他把前反联邦党人最初关注的主要问题置于他的宪法哲学的显著地位。

托马斯·杰斐逊1800年当选为总统,为民主共和党人解决了美国政治上最为直接也是最为紧迫的问题。然而民主共和党联盟内的相对统一与约翰·马歇尔的国家主义法哲学造成的威胁之间的紧张关系确保了美国宪法和歧义政治传统之下的反联邦主义言论继续形塑美国宪法和歧义政治理论中那些各具特色的争论性术语。

第七章　歧义政治传统之重构：
1800年决议至法律废除主义

　　自批准宪法会议以来,前反联邦党人的宪法和政治思想在美国历次重大政治运动中一而再地揭露了有关国家政府的各种伪命题。前反联邦党人的宪法和政治思想已成为美国宪法和歧义政治传统的新遗产,且为随后希望在美国主流政治生活中表达政治歧义的几代人提供了丰富的思想财富。由此,前反联邦党人的宪法和政治思想与"普布利乌斯"在《联邦党人文集》中所憧憬的具有诱惑性的辉煌前景在美国政治传统中都是至关重要的要素,且恰当地被视为美国宪法哲学的重要组成部分。由于前反联邦党人的遗产不断地成为精英人物和中间阶层的民主主义者为之守护的地方主义思想,并兼容州权理论,使之成为一种与美国宪法对话过程发展相一致的思想体系,从而延续了前反联邦党人的宪法和政治思想。基于此,我们主要阐述民主共和党人如何在外部挤压和内部分裂的合力下继承、修正和发展前反联邦党人的宪法和政治思想,使前反联邦党人的宪法和政治思想持续地保持其生机和活力,进而影响随后的法律废除主义和新地方主义。

　　由麦迪逊在《1800年报告》中所概括的,且被圣·乔治·图克在《布莱克斯通之评论》中所详尽阐述的1798年原则把18世纪90年代美国政治冲突期间民主共和党的各种思潮发展至顶峰。显然,美国宪法与歧义政治传统的两个核心内容是,批评加强中央政府的权力和严格建构主义的宪法解释方式。尽管自批准宪法以来宪法反对派与宪法支持者一直持续地就有关宪法的主题发生争论,然而宪法反对派的思想一直在政治斗争中生长和延续下来,并未被完全否定。宪法反对派理论家们有关联邦主义下放权力的观点倡导以扩大政治争论中的公共领域范围作为把合众国联合起来的基本方式,而并不需要18世纪90年代联邦党人所倡导的那种强制性整体权威。①然而美国19世纪初的政治大变化清除了联邦党人的各种权力,且开始了杰斐逊霸权主义的新时代,对于曾经研究宪法反对派理论耗费先前十多年时间的理论家们而言,必须重新阐释一系列有关美国宪法和歧义政治理论的新问题。随着1800年杰斐逊②就任总统,前宪法反对派的理论体系内部的紧张关系开始进一步恶化,意识形态上的差异、宗教信仰上的冲突和社会阶级的急剧分化在杰斐逊时代的政治运动中进一步加剧了反对派批评宪法缺陷的激烈程度和范围。③

民主共和党联盟的南部派系继续受保守的农业土地所有者主导。就杰斐逊主义联盟内部的约翰·泰勒和其他旧式的共和主义者而言,1800年选举展现了美国宪法和政治理论发展的大变局:积极重构政府体制,包括修改宪法和限制联邦政府的权力。旧式的共和主义者们把麦迪式的宪法综合理论视为当时极具有社会适应性的理论。对那些急于断言和更积极地坚持反中央集权主义的人们而言,前反联邦党人的言辞方式和修辞技巧仍然被证明是极其有用的。然而,大多数的杰斐逊主义者偏爱麦迪逊在《1800年报告》中系统阐释的前反联邦党人的宪法和政治思想,并把它作为适当回应加强中央政府权力和严格建构主义的宪法解释方式等宪法和歧义政治理论的基础。杰斐逊虽然坚持一种温和的中间路线,但是在美国宪法改革运动中,杰斐逊却选择了一种激进主义的政治决策。④他主持的第一届联邦行政机关废除了依据联邦党人的宪法原则所建立和设计的遗留物,且缩减了政府规模。同时,侵害公民自由权利和具有攻击性的制定法《外籍与煽动叛乱法》并未得到实施,且从法律上终止其效力,避免了对公民自由和权利的侵害。

尽管他们赢得了决定性的政治胜利,但是杰斐逊仍然提醒反对派政党

---

① 关于1798年原则,参见 H. Jefferson Powell, "The Principles of '98: An Essay in Historical Retrieval," *Virginia Law Review*, LXXX, 1994, pp.689–743。

② 关于杰斐逊当选为总统后,他的政府观发生了很大的变化:他承认不对权力行使设定限制;他使自己受制于公意,即使违背其观点;他限制自己遵从于人民意见,不许可其他对人民权力的抵制;他充当多数派无望的工具,少数派的专制统治者,但又被剥夺了自由的意志;他坚定地反对任何一种反对或限制人民主权的权威,尤其是州立法机构和司法机构。参见[英]约翰·阿克顿:《自由史论》,胡传胜、陈刚等译,南京:译林出版社,2012年,第229页。

③ 关于奠基时代的杰斐逊,参见 Merrill D. Peterson, *Thomas Jefferson and the New Nation: A Biography*, Alfred A. Knopf, 1970, pp.167–169。

④ 关于杰斐逊的宪法和政治思想,参见 David N. Mayer, *The Constitutional Thought of Thomas Jefferson*, University of Virginia Press, 1994, pp.129–130。

注意联邦司法机构,它仍然是广泛支持联邦党人的坚固堡垒。杰斐逊第一个任期内最具有争议的动议就是寻求弹劾联邦最高法院大法官塞缪尔·蔡斯,他曾经是前反联邦党人,在法国大革命之后转而接受联邦党人的宪法和政治思想。针对大法官蔡斯的弹劾程序把杰斐逊主义者置于极大的民众压力之下。蔡斯最终被无罪释放,杰斐逊主义者联盟呈现出削弱且又必须联合起来的趋势。尽管蔡斯的论战风格使他遭到了杰斐逊主义者的仇视,然而对杰斐逊主义者造成更大的威胁则是来自更具有温和性且不再坚定地宣称接受联邦党人思想的联邦最高法院首席大法官约翰·马歇尔[①],他是一位令人畏惧且令人信服的反对派对手。马歇尔的宪法哲学观是自汉密尔顿试图依据联邦宪法建立国家银行以来联邦党人对美国宪法和歧义政治理论所提出的最为严重的挑战。

第一节　歧义理论之再论证:民主共和党之分裂

　　杰斐逊第一个任期内发生的宪法和政治冲突比他第二个任期所面临的各种问题相形见绌。拿破仑一世时期欧洲的政治和军事斗争使更具有商业化倾向的杰斐逊主义者与南部农业主义者派别之间产生了更大的冲突。为了不使美国卷入拿破仑一世时期欧洲的政治冲突,杰斐逊在1807年制定了《禁止贸易法令》,试图使美国的贸易摆脱欧洲冲突的范围。在联邦党人占绝对优势的新英格兰各州和民主共和党人占压倒性优势的中部大西洋各州,《禁止贸易法令》严重地损害了商业者的利益。因此,制定和通过《禁止贸易法令》的政治行为严重地恶化了民主共和党联盟范围内的南部土地所有者派系与位于中部大西洋地区更具有坚实商业基础的亲杰

---

① 约翰·马歇尔是弗吉尼亚州最后一位联邦党人,他同情于中产阶级,坚决维护联邦国家的主权,认为所有民主愿景都是阴谋破坏联邦主权,提倡私有财产神圣不可侵犯。作为联邦最高法院首席大法官,他更倾向于联邦党人所坚持的涉及契约性质的那些裁决。这些裁决触及商业和金融集团与大多数民众的立法条款之间相互对抗的核心问题。参见[美]沃侬·路易·帕灵顿:《美国思想史》,陈永国、李增、郭乙瑶译,长春:吉林人民出版社,2002年,第372—373页。此外,他作为联邦最高法院的首席大法官,塑造了一系列经典案件,使联邦法院真正成为与立法机关、行政机关的“三权并立”局面,摆脱了“普布利乌斯”在《联邦党人文集》第七十八篇中所描述的联邦法院“既无权,又无剑”的困境,发展了“司法至上”原则。他成为美国历史上唯一一位可以与华盛顿相提并论的人。

斐逊主义派系之间的紧张关系。①就如何确定杰斐逊的继任者的问题受到
《禁止贸易法令》所引起冲突的负面影响。杰斐逊的继任者在两个主要民
主共和党总统候选人乔治·克林顿与麦迪逊之间进行选择。尽管在18世
纪90年代他们保持着同盟关系，但是他们在1788年有关宪法的争论中却
处于对立面。杰斐逊主义者在这场有关美国未来政治发展方向的运动中
所产生的争论使1787—1788年前反联邦党人论辩的许多修辞性技巧和有
关意识形态的争论主题复活。克林顿的事业受到埃德蒙·吉尼特———一位
具有争议的法国政治家的支持，他在18世纪90年代为挑起民众的政治激
情做了许多事情。②

一、代议制与新州权主义

使克林顿与麦迪逊之间产生分裂的根源在于，中部大西洋地区处于支
配地位的民主共和主义者中间阶层和更多的商业民主主义者与南部绅士
阶层之间逐渐产生的严重分歧。戈里特严厉谴责弗吉尼亚州的保王派系
和国会的党团会议系统抑制人民的意愿，且把国家的法律规则强加于合众
国之组成部分——各州，建立议会党团会议体系，操纵总统选举。戈里特
争辩道，这种体系从根基上毁损了联邦主义。他在针对总统选举资格的选
择方式上为州权主义辩护，并重复前反联邦党人的宪法和政治思想的基础
性原则。有关总统选举资格的选择方式，宪法赋予各州权利是作为担心联
邦政府行使权力的危险设置的预防措施。"那种权利被保留给各州，且把各
州作为不可估量的公民权利的自然守卫者——各州立法机关是对它们选
民和他们的子孙后代负责。"有关联邦主义的主题使当时处于分裂状态的
农业土地所有者与杰斐逊主义联盟的商业派系在经济上形成的紧张关系
成为其分歧意见的一部分。他的言语片段显然是亲商业主义者的，且攻击
麦迪逊支持杰斐逊的《禁止贸易法令》。与麦迪逊作为南部种植园主阶层
的代言人相比较，戈里特赞扬克林顿作为中间阶层的民主主义者，"一个旧
式的共和党人，且并非平等主义者"。克林顿发表了代表中间阶层民主主
义者的观点，且表明美国社会发展依赖于促进商业和农业，从而推动经济
发展。克林顿的民主政体思想，戈里特指出，并非难以驾驭的社会下层阶

---

① Peterson, *Thomas Jefferson and the New Nation*, W. W. Norton and Company, 1970,
pp.805-921.

② Stanley Elkins and Eric McKitrick, *The Age of Federalism*, Oxford University Press, 1995,
pp.330-336, 365-373.

级的暴民政体思想,而是被中间阶层类型所倡导和支持的稳重的民主共和政体思想。①为了使人们不再相信麦迪逊,戈里特出版了前反联邦党人罗伯特·雅茨《1787年联邦制宪会议记录》的短篇精选本。戈里特宣称,展现"一种无可辩驳的历史文献,并解密从一开始就威胁我们联邦宪法存在的各种精心设计和阴谋诡计"。"激起我们各州争论的派系的根源就在此被澄清了,主要人物的特性被揭示出来,他们的秘密观点也被显露出来。"②戈里特重新编辑了雅茨的手稿,为了达到使人们不再相信麦迪逊的目的,他重新编写了其中的大部分内容。

二、麦迪逊式的宪法综合理论之考验

雅茨的《1787年联邦制宪会议记录》涉及1787制宪会议期间55名代表在费城制宪会议上秘密讨论有关联邦政府建构的三种方案:弗吉尼亚州提议的以加强国家政府权力为核心的宪制政府方案;新泽西州提出的以保护小州利益和州权为核心,着重体现联邦主义制度的宪制政府方案;汉密尔顿倡导的君主立宪政体的宪制政府方案。戈里特争辩道,弗吉尼亚方案的设计者之一——麦迪逊一直就是加强中央政府权力的有力支持者。在短论文的结尾,戈里特赞扬了前反联邦党人雅茨、兰欣和克林顿具有德性的行为,他们帮助美国人塑造了宪法修正案作为唯一抵制加强中央政府权力和破坏公民个人自由的政府结构体系。按照戈里特的观点,已修正的宪法成为公民自由的守护神,是各州权力的捍卫者和真正共和主义原则的基石。他更强有力地主张按照1788年辩论双方的各项争论主题重新塑造美国宪法和政治观,继而使人们不再相信麦迪逊投身的联邦主义事业。他的这种策略技巧是相当大胆,因为它要求直接抨击弗吉尼亚州撰写《1800年报告》的作者们。尽管使它稍微有点失去光泽,但是代表美国宪法和歧义政治理论系统化的麦迪逊式的宪法综合理论在克林顿主义者的攻击下仍然经受住了考验。最终,戈里特的计划失败,他试图使人们不再信任麦迪

---

① *A Citizen of New York* [Edmond Genêt], *Communications on the Next Election for President…* New York, 1808, pp.9, 26; *LC.*

② *A Citizen of New York* [Edmond Genêt], *A Letter to the Electors of President and Vice-President of the United States, Accompanied with an Extract of the Secret Debates of the Federal Convention*, New York, 1808, pp.3–4; *LC.* 有关他不真实且带有政治色彩的激进主义做法,参见 James H. Hutson, "Robert Yates's Notes on the Constitutional Convention of 1787: Citizen Genet's Edition," *Quarterly Journal of the Library of Congress*, XXXV, 1978, pp.173–182。

逊的努力也惨遭失败:克林顿的候选人资格终成泡影。①然而,在这场争论中,争论双方所使用的前反联邦党人的修辞技巧和言辞方式已经偏离了自批准宪法以来反对派理论家们所采用的标准式的意识形态和修辞策略。在18世纪90年代,反对汉密尔顿的反对派与联邦党人通常试图寻求把他们自身的差异缩减至最小,并强调他们是前反联邦党人提出的有关宪法共识的折中方案的合法参与者。克林顿主义者试图质疑麦迪逊在制宪会议时期的领导地位,并展示其完全不同的宪法和政治问题,努力查找麦迪逊发表的相异的宪法和政治观点,从而使人们不再相信麦迪逊是坚持更为严格的且具有歧义的宪法解释方式。克林顿的支持者们着重强调了1788年"普布利乌斯"与前反联邦党人反对者之间在宪法和政治思想上所存在的巨大差异。戈里特的策略技巧更是质疑了奠基时代联邦党人与前反联邦党人之间的协商对话过程所提出的各种歧义观点,并使之与1798年的各项原则和1788年的各项原则联结起来更加困难。显然,戈里特的论点并未占上风,麦迪逊式的宪法综合理论仅仅只是被稍微削弱了一些影响。然而戈里特抨击麦迪逊的观点一直持续地存在着影响,且一直为美国歧义宪法理论的发展和政治反对派提出异议奠定了思想基础。

第二节 麦迪逊式的综合理论之坍塌:
麦卡洛克诉马里兰州案

1819年联邦最高法院首席大法官约翰·马歇尔在麦卡洛克诉马里兰州案中的判决标志着美国宪法和歧义政治理论进入了一个新的历史发展阶段。案件起因于马里兰州试图对美利坚合众国银行实施征税。在许多方面,麦卡洛克诉马里兰州案的各种事实似乎与过去发生争论的同类主题相似,即类似于18世纪90年代有关汉密尔顿提议建立国家银行的相关争论,继而可能引发分裂合众国的问题。马歇尔的判决似乎断言了一种必然要产生且与联邦政府权力相关的汉密尔顿式的理论版本。联邦法院重申建立美利坚合众国第二国家银行的合宪性和马里兰州试图对国家银行实施征税的非法性,使人们明显意识到联邦最高法院在对宪法进行一种汉密尔顿式的解读,继而从整体上提升联邦政府的权重和威信。马歇尔在麦卡

---

① James H. Hutson, "Creation of the Constitution," *Texas Law Review*, LXV, 1986, pp.3, 21.

洛克诉马里兰州案中所发表的裁判意见强烈地刺激着美国公众。它是自《外籍与煽动叛乱法》危机以来就没有出现过任何其他事件再一次把公众的注意力如此地集中于这样的宪法性问题上来。确实,在先前三十年里联邦最高法院几乎没有任何其他案件的判决在作为公共论坛的出版界产生过如此广泛和具有实质性的影响。①

一、重述联邦主义与州权理论:麦卡洛克诉马里兰州案

此案与较早时期制定宪法和批准宪法的争论之间的联系被路德·马丁——宪法三位未签名者之一——为马里兰州提出辩护意见的事实凸显出来。马丁利用他作为费城制宪会议参加者之一的身份而发挥作用。在马丁看来,宪法的最初意涵必须从最初前反联邦党人对宪法的批评意见与联邦党人作出相应的回应中煞费苦心地收集信息源。②他重复回答了有关宪法的最初意涵的现代性解释,其基本观点包含在弗吉尼亚州和纽约州制宪会议记录以及《联邦党人文集》之中。他回忆道:"宪法的反对者们争辩道,它包含一种广泛类型的权力,潜在地隐藏着概括性措辞,终将证明对人民的自由和各州的权利是极其危险。"确切地说,正是基于这种缘由,宪法前十条修正案才得以通过和批准。马丁继续辩护和断言道,联邦政府的权威具有有限的特性,且各州征税几乎具有无限的权力,除非如关税和吨位税,即宪法明确规定禁止州行为。③

在判决中,马歇尔抨击自批准宪法以来反对派在其宪法和政治理论中所界定的联邦主义概念:"总体政府的各项权力是由各州委任和授予的,即仅仅只有各州才是真正的主权者,总体政府必须按照各州的意愿行事,因为各州是唯一拥有最高主权的主体。"马歇尔对此州权理论的断言发出回应,明确地表达道:"要维持这种主张是极其困难的。"宪法,他断然地争辩

---

① 关于麦卡洛克诉马里兰州案的重要性,参见 G. Edward White, *The Marshall Court and Cultural Change, 1815-1835, History of the Supreme Court of the United States*, III-IV, Oxford University Press, 1988, pp.1368-1370。

② 有关宪法的最初意涵,必须理解立宪者的意涵。立宪者的意涵不仅关注1787年宪法和后来的宪法的关系,它也关注1787年至1788年的解释的预见程度及其后展开的解释过程之间的关系。参见[美]杰克·N.雷克夫:《美国制宪中的政治与理念:宪法的原始含义》,王晔、柏亚琴等译,南京:江苏人民出版社,2008年,第341页。

③ 有关路德·马丁的简要论述被重新复制,参见 Philip B. Kurland and Gerhard Casper eds., *Landmark Briefs and Arguments of the Supreme Court of the United States: Constitutional Law*, The AEI Press, 1978, I, p.158。

道：是人民的产物而并非各州的产物，"联邦政府的权力直接源自人民。"从那些年以来一直遵从前反联邦党人看法的人们的观点来看，马歇尔的声明重复了1787—1788年加强中央政府权力的国家主义措辞。①使事情变得更为糟糕的是，马歇尔的断言严重地影响到另一些珍视州权原则的人。"甚至为了平息省略词'明确地'已引起的过分猜忌之目的才制定了宪法前十条修正案。"②马歇尔不仅责难前反联邦党人的杞人忧天，而且指出当国会制定《权利法案》时，只是试图限制由国会授予与宪法明确规定的政府权力无关的其他权力而已。由此，杰斐逊主义者现在必须重新面临自汉密尔顿以来联邦党人对他们的宪法和歧义政治理论版本的严重挑战。马歇尔的法哲学理论似乎具体体现了联邦党人思想中最糟糕的那一部分，即加强中央政府权力的国家主义倾向。

马歇尔在麦卡洛克诉马里兰州案中做出的回应是针对美国宪法和歧义政治传统中最重要的发言人之中的两个人——斯彭思·诺恩和卡罗来纳州的约翰·泰勒。他们是1788年前反联邦党人和在美国随后的这些年里有所作为的宪法反对派的主要发言人。他们在构想宪法主题时都阐述了麦迪逊式的宪法综合理论所界定的反对派宪法和政治理论的实质内容。面临马歇尔国家主义法哲学造成的威胁，弗吉尼亚州的前反联邦党人再次求助于1798年原则，而他们所要真正表达的概念和观点仍然是1788年参与批准宪法的那些人的观点。尽管两人在另一种历史语境下抨击《联邦党人文集》的

---

① 其实，马歇尔法院必须处理不同类型的宪法问题。其中，最主要的类型包括三种：第一，有关联邦制的问题。一是联邦法律（或者其他联邦政策）是否违反宪法，干涉各州的权力；二是各州法律（或者各州其他政策）是否违反宪法，干涉联邦（尤其是国会）的权力。第二，权力分立的问题。一是国会是否违反宪法，干涉总统的权力；二是总统是否违反宪法，干涉国会的权力。第三，有关宪法权利保护问题，即一项法律（或其他公共政策）是否侵犯宪法权利（包括列举权利和未列举权利）的问题。参见［美］迈克尔·佩里：《权利的新生》，徐爽、王本存译，北京：商务印书馆，2016年，第116页。

② 关于1819年马歇尔在麦卡洛克诉马里兰州案中所发表的意见，参见 Herbert A. Johnson et al. eds., *The Papers of John Marshall*, The University of North Carolina Press, 1974-, VIII, pp.259-280. 有关麦卡洛克诉马里兰州案作为南部法理学的一个转折点之重要性，参见 R. Kent Newmyer, "John Marshall and the Southern Constitutional Tradition," in Kermit Hall and John Ely eds., *An Uncertain Tradition: Constitution and the History of the South*, Time Printing Press, *LC*, 1989, pp.105-124. 关于弗吉尼亚州兴起的宪法和政治传统，参见 Richard E. Ellis, "The Path Not Taken: Virginia and the Supreme Court, 1789-1821," in A. E. Dick Howard and Melvin I. Urofsky eds., *Virginia and the Constitution*, University of Virginia Press, 1992, pp.24-52.

论点,但是他们都利用"普布利乌斯"的文本作为质疑马歇尔法院有关宽泛的建构主义宪法解释方式的基础性文本。他们依赖于反对派作者自18世纪90年代以来就一直使用的《联邦党人文集》的严格建构主义宪法解读方式,[1]而他们运用于解释宪法极其重要的构想则是出自奠基时期前反联邦党人的批评意见和联邦党人的自信回应之间的对话过程已确立的概念。在此,他们还求助于更为重要的前反联邦党人的呼声——各州批准宪法会议已出版的行动纲领,尤其是弗吉尼亚州批准宪法会议的行动纲领。

诺恩拿起笔,采用别名"汉普登",以一位德高望重且令人敬畏的"老辉格党人"的身份抨击马歇尔法院。[2]因诺恩和其他反对派强烈抨击马歇尔法院的判决导致了马歇尔采取非同寻常的方式以"合众国之友"和"宪法之友"为笔名著述,为联邦最高法院在麦卡洛克诉马里兰州案中的裁决辩护。[3]诺恩以"汉普登"为笔名发表的短论文重复了前反联邦党人对联邦党人的宪法和政治理论的批评,继而成为美国宪法和歧义政治理论的标准构成部分。然而,"汉普登"必须以一种略带有修辞色彩且使民众激情极大膨胀的夸大方式进行描述,而这种具有激情的描述正是美国宪法和歧义政治传统发展过程中曾经发出过的声音。诺恩把马歇尔法院的判决视为联邦党人宪法和政治思想的重要组成部分,且以最为隐秘的方式试图达到他们加强中央政府权力的目的。在他看来,通过联邦最高法院的努力工作,联邦政府最近所做的事正是抵制人民和各州权力的最后挣扎——战争不是公开进行的,而是秘密进行的;不是因宪法修正案引起的,而是由宪法建构主义的行为方式引起的。当然,诺恩隐隐约约地也提及反联邦主义,并援引乔治·梅森和帕特里克·亨利等宪法的杰出反对者们的基本宪法精神。他询问听众:"如果在他们死后仍然保持着他们的爱国热情,他们会因他们预言的全部实现而感到痛惜,不知这些可尊可敬的政治家们会有何感想。"诺恩也颂扬"值得人们尊敬的克林顿先生",他回忆着这位杰出的前反联邦

① 宪法解释的一个根本难题在于:宪法文本自身留出了太多的想象空间。仅以序言为例,序言的"正义"和"自由之福祉"就是一些有伸缩性和可揉捏的概念,组成一些言语上貌似有理的论证,用来支持若干完全不正确的断言,这并非难事。参见[美]劳伦斯·H.却伯、迈克尔·C.多尔夫:《解读宪法》,陈林林、储智勇译,上海:上海三联书店,2007年,第21—22页。

② 关于诺恩抨击《联邦党人文集》的观点,参见 Hunter v. Martin, 4 Munford 1, 1813, pp.108, 115, 116, 144–148。

③ "Roane's 'Hampden' Essay," Richmond Enquirer, Jun. 11–22, 1819, in Gunther ed., *John Marshall's Defense*, Stanford, Calif., 1826, pp.106–154; *LC*.

党人和反对建立第二国家银行的提案时投出至关重要的一票的民主共和党人的各种言行。①尽管诺恩刻意避免提及反联邦主义,但是他宣称宪法的最初意涵必须按照批准宪法时期的奠基者们的最初意涵加以阐释。那些最初意涵必须把前反联邦党人的最初批评意见与联邦党人对此的回应联结起来加以理解,尽管宪法早在1788年就已在各党派的争论中通过妥协而实施了。

诺恩明确引用的反对派文本就是麦迪逊的《弗吉尼亚州立法机关的著名报告》,他提出:"它是一位具有雄辩能力的政治家所阐述的政治圣经","正是基于这一类似于大宪章的文件,坚持共和主义的人们才在1799年的伟大政治斗争之后定下心来"。②麦迪逊在阐述《外籍与煽动叛乱法》的危害后果时,他精心筛选了自美国立宪以来有关的反对派思想,使之成为美国随后这些年来更多反对派思想家们的核心文本。同样,诺恩引用了图克所编辑出版的《布莱克斯通之评论》的附录部分。由此,诺恩抽取出来的这些原则界定了自18世纪90年代以来反对派思想和原则的核心内容:自由要求维系联邦主义制度,而宽泛的建构主义宪法解释方式威胁着公民个体的自由和各州保护它们公民权利的能力。只有恢复各州作为原始契约的最初当事人,并根据各州批准宪法的最初意涵解释宪法,各州才能阻止联邦政府破坏共和主义自由的行为。

诺恩对州权地位的解释的一个重要部分在于他试图重申18世纪90年代前反联邦党人所要求的,且被民主共和党所坚持的以限制性方式解读宪法前十条修正案。"在针对总体政府与州之间的权力分配上,我们情愿相信前者仅仅拥有宪法明确而具体的授权,或由此处理紧急事件所必需的权力,而其他所有的剩余权力均应当保留给后者——各州。"为了厘清联邦政府和各州之间的分权,并平息"我们公民涉及所有这些方面的重要主题时自然产生的担心和嫉妒",国会才通过和批准了宪法前十条修正案。③由此,诺恩投入大量的精力分析另一重要文本——《联邦党人文集》。正如"汉普登"的著述所言,诺恩广泛引用了《联邦党人文集》,且直截了当地提

---

① "Roane's 'Hampden' Essay," Richmond Enquirer, Jun. 11–22, 1819, in Gunther ed., *John Marshall's Defense*, Stanford, Calif., 1826, pp.112–113, 118; *LC*.

② "Roane's 'Hampden' Essay," Richmond Enquirer, Jun. 11–22, 1819, in Gunther ed., *John Marshall's Defense*, Stanford, Calif., 1826, pp.112–113, 148; *LC*.

③ "Roane's 'Hampden' Essay," Richmond Enquirer, Jun. 11–22, 1819, in Gunther ed., *John Marshall's Defense*, Stanford, Calif., 1826, p.108; *LC*.

出了相关的言辞和修辞策略:"我同样要求助于这本伟大的著述,至少部分地引用这本由美国一位语调高尚的政治家所撰写的书。"这本著述就是《联邦党人文集》,且他所暗示的作者就是指汉密尔顿。这本书的作者在"华盛顿时代的政治生涯中"被首席大法官大加颂扬,且"其许多观点摆在了我们面前"。实际上,诺恩试图反诘"普布利乌斯"以证明马歇尔法院违反了作为宪法的首要代言人的承诺。"如果在此次争论中我有许多对手的话,那么这些倡议者和这本著述就是他们的见证者,且使我应当不再对他们进行反诘。显而易见的是,我利用这种策略是任何从事法律实践的律师们通常运用的修辞手法。证人是最大地为保护被告利益服务的,他产生于针对原告的权利部分……且证实他不赞同的利益或偏见。"①

其实,诺恩的辩论短文只不过更多地重述了较早时期美国宪法和歧义政治传统的理论家们已确立的各项原则。马歇尔的判词增加了这场辩论的双方当事人为坚持自己的观点而甘冒一切危险,且为联邦最高法院在这场争论中的中心论点划定范围。作为马歇尔对麦卡洛克诉马里兰州案判决的结果,联邦最高法院作为有关联邦主义问题的最终裁判者的地位在那时遭到了它所经历过的最严重的审视。诺恩争辩道,按照自然正义原则或正当法律程序原则,法院在涉及它自身管辖权的事务时不能作为自己案件的法官。②按照诺恩的观点,仅仅只有各州才能发挥那种功能。他相信,为了使联邦主义制度发挥应有的功能,各州法院和立法机关必须有能力对联邦政府可能造成的侵权行为行使至关重要的制衡权,从而防止联邦最高法院和联邦政府成为它们自己案件的最终裁决者。

二、联邦主义与州权地方主义之结合:精英人物之联邦主义

当然,诺恩的许多观点被约翰·泰勒在其《理解建构主义》中进行了更为系统的阐述。泰勒证明自己是对美国宪法和歧义政治理论更为具有一致性阐述的代言人之一。在此,象征美国传统的宪法和歧义政治理论主要是指重新提出前反联邦党人对宪法的最初批评论点。他对马歇尔在麦卡

---

① "Roane's 'Hampden' Essay," Richmond Enquirer, Jun. 11–22, 1819, in Gunther ed., *John Marshall's Defense,* Stanford, Calif., 1826, p.113; *LC.*

② "Roane's 'Hampden' Essay," Richmond Enquirer, Jun. 11–22, 1819, in Gunther ed., *John Marshall's Defense,* Stanford, Calif., 1826, pp.113, 138–154; *LC.* F. Thornton Miller, "John Marshall versus Spencer Roane: A Reevaluation of Martin v. Hunter's Lessee," *Virginia Magazine of History and Biography,* XCVI, 1988, pp.297–314.

洛克诉马里兰州案判决的回应重复和详尽地阐述了18世纪90年代以来杰斐逊和麦迪逊所发展的各项宪法主题和原则。[1]

泰勒怒斥某些阴谋小团体试图通过宽泛的建构主义宪法解释方式推行他们加强中央政府权力的行动纲领。贵族政体的支持者们不敢把他们的事摆在人民面前,而是诉诸故意歪曲解释宪法更为邪恶的手段,从而达到他们的目的。因此,宽泛的建构主义宪法解释方式违背了制宪者们[2]的最初意涵,即各州人民的意愿。泰勒质疑马歇尔和他的盟友们运用民众主权的旧式联邦党人理论。宪法不可能是人民意愿的产物,因为对于人民而言,按照特殊行为能力行动那是不可能的。能够洞悉人民意愿的唯一方式就是他们在联合体中的身份认同,即作为创立国家原始契约的当事人——各州才是适格的政治代理人。州是人民权利的唯一的真正守护者,且他们必须保有裁判违背宪法的违法行为的能力。州权利与个体权利之间的联系成为前反联邦党人的宪法和政治理论的基本准则,且一直是美国宪法和歧义政治理论的基本原则。马歇尔法院试图独占对宪法的解释权,且排他性地行使对所有有关宪法问题的案件具有最终裁判权,这就造成了毁损州权的威胁,且为建构加强中央权力的国家政府奠定基础。更为甚者,法院试图以牺牲州权为代价扩张联邦政府的权力尤其令人可憎,因为它违背了批准宪法时期宪法支持者与反对者之间通过艰难的协商达成的妥协。泰勒遵循诺恩和许多其他的宪法和歧义政治传统的思想家们同样的修辞方式和策略技巧,并运用独特的方式解读《联邦党人文集》,使他对有关加强中央政府权力的批评定型化。他提出:"正是支持宪法最热心的朋友们尤其是《联邦党人文集》的作者们成功地竭力主张,所谓的州和联邦权力范围的不平等并不存在",宪法才承认,各州是地方利益的真正表达者,且仅仅只有它们才能适当地代表美国社会的政治、经济和文化的多样化特征。[3]

针对马歇尔在麦卡洛克诉马里兰州案的判决,弗吉尼亚州的反对者们

---

① John Taylor, *Construction Construed and Constitutions Vindicated*, Richmond, Va., 1820, pp.317–320; *LC*.

② 制宪者指的是那些投票使宪法生效的人。在美国宪法最初的制定过程中,制宪者就是由九个邦的制宪会议批准宪法,并使其生效的那部分人。要是把修正案考虑进去的话,那么制宪者包括国会审查、批准修正案必须达到的四分之三的国会成员中的那部分人。参见[美]迈克尔·佩里:《权利的新生》,徐爽、王本存译,北京:商务印书馆,2016年,第74—75页。

③ John Taylor, *Construction Construed and Constitutions Vindicated*, Richmond, Va., 1820, p.107; *LC*.

沿用的修辞主题主要来自美国潜在的国家反抗主义者关注的各类主题。他们的思想已超出诺恩和泰勒等反对派思想的大多数原则,从而使他们的思想等同于美国反抗主义者的政治传统。泰勒也认为,通过表面的利益而形成的不道德的利益集团试图创立人为的特权和商业贵族,且在构建国家政府制度方面放弃了独立革命时期所形成的宪法和歧义政治理论的基本原则——平等原则。尽管泰勒运用的修辞方法也源自国家反抗主义者较为旧式的传统,但是人们意识到他并非仅仅只是简单而言不由衷地说出那些令人厌烦的政治上的陈词滥调。他为之辩解的农业土地所有者观念并非仅仅只是静态的,他并不反对经济上的扩张主义。泰勒明显把投机行为与合法和诚实追求财富的行为区分开来。他的批评并非直接指向依靠"诚实劳动"获得财富的人,而是直指"依靠不公正的法律助推富裕起来的集团或个体"。[①]正是代表特定利益团体的政府行为使泰勒竭尽全力地斥责它。按照他的观点,各州才更不可能被这些利益集团所操纵和利用。尽管他运用国家共和主义类似的词语把他的思想表达出来,但是他对国家政府权力的批评仍然源自一种地方主义观点,即反对联邦权威过分集中的批评。他的政治哲学并非反政府主义的。尽管泰勒通常把州试图主导经济视为是错误的,但是他的反对意见是指向特定政策问题,而不是原则性问题。同样,泰勒抨击贵族政体也源自他的保守主义和以州为中心的地方主义观念。在此情形下,他对贵族政体的敌意并非来自支持民主政体的意愿。由此,泰勒的政治观点必然是精英主义的,即促进具有世界意义的地方主义,而这种地方主义正是被反对宪法的精英人物和许多民主共和主义者最初所界定的。由此,泰勒的著述被一大批弗吉尼亚人包括托马斯·里奇——一位里奇蒙集团主编的杂志《调查者》的出版商和托马斯·杰斐逊的热情支持。随着他的著述被公开出版,泰勒成为南部反对联邦党人宪法和政治思想最具有影响力的发言人。[②]

---

① John Taylor, *Construction Construed and Constitutions Vindicated*, Richmond, Va., 1820, p.11; *LC*.在1821年泰勒以更为详细的方式探讨了这些问题,参见 John Taylor, *Tyranny Unmasked* ed., F. Thornton Miller, Liberty Fund, 1992, pp.42, 86。

② 关于泰勒的构建主义宪法解释方式,参见 Robert E. Shalhope, *John Taylor of Carolina: Pastoral Republican*, Columbia University Press, 1980, p.193.有关泰勒政治思想的另一种解读方式,参见 Andrew C. Lenner, "John Taylor and the Origins of American Federalism," *Journal of the Early Republic*, XVII, 1997, pp.399–423。

三、歧义理论发展之关键路径：公共论坛的作用

针对麦卡洛克诉马里兰州案判决所提出的反对意见在中部大西洋地区也产生了强烈的影响。与诺恩和泰勒的著述相对照，在这一地区表露的宪法和歧义政治意见是以更为平等主义的方式建构起来，它折射出中间民主主义者在这场宪法和政治运动中的重要性。当里奇蒙集团主编的《调查者》杂志抨击马歇尔法院在麦卡洛克诉马里兰州案中的判决时，另一些人同样大声地疾呼，并攻击麦卡洛克诉马里兰州案的判决，这些具有攻击性的言辞出现在费城中间阶层民主主义者的主要论坛上，以威廉·杜恩编辑的《极光》杂志为中心。《极光》是对守旧派民主主义者最具有影响力的期刊，而守旧派民主主义者是宾夕法尼亚州歧义宪法和政治论者和纽约州旧式的克林顿主义者在意识形态的传统领域中的继承者。[1]甚至在麦卡洛克诉马里兰州案判决之前，国家第二银行案在《极光》杂志上就已经点燃了民众的争论之火，批评呈现出各种不同的样态。有几位作者运用古典式的传统共和主义思想抨击约翰·泰勒所表述的农业土地所有者的投机行为和腐败现象。另一位作者采用传统的共和主义思想抨击建立国家第二银行的言辞方式甚至比泰勒所希望看到的情形还更进一步，即要求由法律规定国家统一服饰标志，以便重新灌输共和主义简朴化的各种价值观。然而，这些批评并非《极光》杂志最具有代表性的观点——反映中间阶层民主主义者民主政体的观点。作者们的言辞并非表达农业土地所有者的信念，而是试图唤起中间阶层民主主义者民主政体的理想，在那里，所有的小生产者——农夫、技工甚至小制造商——共同劳动。批评者运用特有的政治经济观反对建立国家第二银行，因为在他们看来，联邦政府建立的国家银行将助长社会的不平等，而不是促进国家经济的总体性增长。[2]由此，他们批评建立国家银行的言辞技巧实际上运用了中间阶级的宪法反对派在界定民主政体观时批评具有贵族特性的政体观的基本方法，这是在批准宪法会议之后和18世纪90年代以来的各种争论中更为有效的批评武器。

当然，对建立国家银行最重要的质疑是以"布鲁图斯"为笔名在《极光》杂志上发表短论文的主要作家斯托芬·斯姆普逊表述的。无论是从语调上还是从内容上，"布鲁图斯"的著述与较早时期的前反联邦党人作者包括克

---

① 关于诺恩对反联邦党人之同情，*Aurora*, Philadelphia, Aug. 1, 1805; *LC*.

② "Anaxagoras," *Aurora*, Philadelphia, Sep. 25, 1819; *LC*.

林顿主义者如纽约的"布鲁图斯"和"联邦农夫",以及宾夕法尼亚人如"老辉格党"等的著述都具有类似性。"布鲁图斯"阐述了中间阶层的前反联邦党人如梅兰克顿·史密斯和威廉·芬德勒的传统主义宪法理念,在表达他们对建立国家银行和马歇尔法院的批评时,他们所使用的平等主义术语与1788年前反联邦党人所使用的术语具有同源性。与"老共和主义者"如泰勒反贵族政体的语词尤其是非民主主义的语调相比较,"布鲁图斯"的斥责更多地带有了阶级意识形态和政治色彩。银行创立"一种财富上的贵族政体"。他"对人们在财富之外所表现出来的奴性般的敬重"质疑,他相信,那将成为"给共和国造成困扰的事物"。①一旦联邦最高法院有关麦卡洛克诉马里兰州案的判决公之于众,"布鲁图斯"的抨击目标立即转向了马歇尔法院。他在抨击联邦最高法院的裁决意见时,重复了《极光》杂志的其他作者们的观点,即一种强有力的司法机关是对民众自由的威胁。这种对司法权的猜疑已成为美国几十年以来中间阶层民主主义者的宪法和政治理论的格言。"布鲁图斯"明确表达了对马歇尔法院的判决的反对意见:它是违背保护人民权利的信念,且损毁了各州的自由权。马歇尔法院的判决是自独立战争以来"最令人吃惊的和致命的权力僭越",它是体现"更为有力的贵族政体形式"之典型表征。②

尽管有更多的人坚持平等主义和民主主义观,但是"布鲁图斯"和反对南部农业土地所有者的其他人的观点使用了共同的语词。他们都遵循已确立的1800年麦迪逊式的宪法综合理论的实质梗概。为了支撑他的论点,"布鲁图斯"求助于《联邦党人文集》作为重构奠基时期政治对话的各项原则和方式,继而恢复使用最初的前反联邦党人所关注的宪法主题——加强中央政府权力造成的危险。由联邦政府行使征税权对各州权力造成的威胁在批准宪法时期就已经被人们广泛地意识到。前反联邦党人指出,这种权力可能被使用来作为减损各州政治中无关紧要的那些权力的一种技巧性方式。这些担心明确地被许多前反联邦党人所传播,且联邦党人也进行了详细分辨,以便缓解他们的担忧。"布鲁图斯"提醒读者,"普布利乌斯"

---

① Brutus[Stephen Simpson], *Aurora*, Philadelphia, Jun. 24, 1819; *LC*. 歧义宪法传统之谱系既包括农业保守主义者,也包括中间阶层的民主主义者。

② Brutus[Stephen Simpson], *Aurora*, Philadelphia, Mar. 16, 18, 21, 26, 1819; *LC*. 中间阶层的反联邦党人对司法部门的怀疑至关重要。与政治歧义传统的精英反对派人物如圣·乔治·图克相对比,中间阶级的民主主义发言人既怀疑州司法机关又怀疑联邦最高法院。关于对联邦最高法院之关注,参见 Lucius, *Aurora*, Philadelphia, Mar. 22, 1808; *LC*。

的论点必须在联邦党人与前反联邦党人之间的更大争论语境下予以解读。必须记住,他("普布利乌斯")正是为了减轻反对派观点的影响力,并试图消除宪法反对派的恐惧:他们担心合众国政府无限的征税权力将吸取和毁损各州的权力和自由。①在"布鲁图斯"看来,当马歇尔法院的判决发生法律效力时,它并非意味着人民是无权力的,且必须接受一种加强中央政府权力的国家主义制度。"布鲁图斯"转而求助于公共论坛,尤其是报业界,试图联合人民反对马歇尔法院的判决。因为一旦人民觉醒之后,公共意见可能通过现存的政治制度——各州立法机关和宪法修正案程序推翻马歇尔法院的判决。抵制将通过各州尤其重要的是各州立法机关组织起来,因为各州立法机关可以依据宪法的最初意涵拟定宪法修正案,从而消除马歇尔法院所产生的消极影响。②当"布鲁图斯"针对麦卡洛克诉马里兰州案的裁决提出批评意见时,如果有的话,几乎没有任何前反联邦党人的文本在公共论坛的政治争论中正在传播。尽管最初前反联邦党人所倡导的修辞主题已成为美国宪法和歧义政治传统的整体性思想,而在此时明确参照前反联邦党人的思想和引用前反联邦党人的文本已经成为相对罕见之事。麦迪逊式的宪法综合理论实际上是把前反联邦党人的宪法和政治思想与奠基时期各党派在协商性政治对话过程中所阐述的观点综合起来了。同时,把自1788年批准宪法以来仍在广为传播的《联邦党人文集》所阐述的各种观点有选择地融入其中,使之成为麦迪逊式的宪法综合理论之有效组成部分。

　　总之,麦迪逊和沃特曼的宪法和政治思想可以重新表述为,公共论坛——报业界和各州立法机关作为防止政府滥用权力的最终制约因素,从而发挥其积极作用。而"布鲁图斯"的观点和泰勒的观点仍然存在着某些差异:坚持保守主义的南部人如约翰·泰勒更倾向于把各州立法机关视为提炼和精纯公共意见的手段;而"布鲁图斯"相信公共意见可以被直接带入政治领域之中。尽管麦迪逊式的宪法综合理论为美国宪法和歧义政治理论的发展提供了普遍性架构,它并非可以把这种统一性结构强加于各种反对派的思想之中,而美国宪法和歧义政治理论一直持续地包含着美国政治

① Brutus[Simpson], *Aurora*, Philadelphia, Mar. 26, 1819; *LC*.
② Brutus[Simpson], *Aurora*, Philadelphia, Mar. 28, A. Apr. 2, Nov. 29, 1819; *LC*.有关马歇尔法院试图借助于公共舆论的力量作为在联邦体系范围内恢复中央权力以及宪法反对派试图竭力寻求一种适当的制衡手段,参见 *Liberty Hall and Cincinnati Gazette* pr.16, 1821; *LC*。

上一些更为保守的呼声和许多更为民主的呼声。它们之间的差异虽然并不是很明显，但是却很重要，它反映了美国人民在维护宪法的最初意涵时所起的积极作用，且当时机成熟时，美国必将重新开启宪法变革之路。尽管"布鲁图斯"的宪法和政治理论更多地与诺恩、泰勒和其他带有保守主义特性的南部思想家们的观点具有同源性，他的言辞方式和修辞技巧却更多地带有民主主义特性。

第三节　反联邦主义的复活：
罗伯特·雅茨《秘密议程》之公开

在美国宪法和歧义政治理论转变与演进过程中，最重要的发展之一就是罗伯特·雅的《费城制宪会议之秘密议程与辩论》（简称《秘密议程》）出版。其实，雅茨的《秘密议程》在1808年乔治·克林顿和即将接替杰斐逊就职的詹姆斯·麦迪逊之间展开争论的过程中就曾以有关1787年美国制宪会议过程的"简要摘录"出版过。雅茨的著述使前反联邦党人的文本重新进入公共领域的传播之中，它包括路德·马丁、埃德蒙·伦道夫、雅茨、兰欣等制宪会议代表有关1787年制宪会议记录的各种文本。突然间，大约三十年未被使用的前反联邦党人的一系列著述就这样轻易地被美国民众接触到。这些文本中最重要的是马丁的《真实信息》。马丁不仅是最初宪法反对派提出异议的人中最为坚决地主张州权利的代言人，而且在他的记录中有关费城制宪会议动态进程的阐述对联邦党人最初制定宪法的目的——加强中央政府权力的可信度看起来似乎更加真实。当把它与雅茨的《秘密议程》结合起来解读时，马丁的《真实信息》提供了宪法支持者们一直以加强中央政府权力为己任的有力证据，它始于费城制宪会议那场协商性对话过程。[①]尽管19世纪初期反对加强中央政府权力的斗争似乎并没

---

① Brutus[Simpson], *Aurora*, Philadelphia, Mar. 28, Apr. 2, Nov. 29, 1819; *LC.* 有关雅茨的《联邦制宪会议记录》的出版历史和政治背景，参见 James H. Hutson, "Robert Yate's Notes on the Constitutional Convention of 1787," *Quarterly Journal of the Library of Congress*, XXXV, 1978, pp.173–182; James H. Hutson, "Creation of the Constitution," *Texas Law Review*, LXV, 1986, pp.1–39。有关麦迪逊对雅茨《联邦制宪会议记录》出版的反应，参见 Drew R. McCoy, *The Last of the Fathers: James Madison and the Republican Legacy*, Columbia University Press, 1989, pp.85–88。

有先前那么激烈,然而它作为引发美国宪法和歧义政治理论较长时间内的斗争之一部分可以追溯到费城制宪会议本身。由此,马歇尔法院的判决并不是一种反常现象,而是有目的地试图为建立强有力的国家政府制造声势,继而最终减弱或削弱各州的所有权力中之最有效的组成部分。

一、政府的联邦性与国家性:《秘密议程》之解密

雅茨的《秘密议程》引言部分使人们意识到《联邦党人文集》提供的广泛讨论和详尽评论,无非是为了帮助公众评判提交给各州批准宪法会议有关拟议的宪法所设计的调查情况而已。与"普布利乌斯"的著述提供的所有批准宪法时期有关宪法哲学争论的"讨论和评述"相比较,雅茨的《秘密议程》提供了费城制宪会议秘密范围内所记录的所有真实事实之历史见证。①大量使用雅茨《秘密议程》的第一本著述是约翰·泰勒的《宪法之新视野》,它出版于1823年。泰勒把雅茨对1787年制宪会议记录的解释作为已被暴露的真相。

> 如果制定美利坚合众国宪法的制宪会议记录在批准宪法会议之后就直接出版,尽管一般来说可能是鲜为人知和不完整,那么它可能对宪法所建构的政府制度提供某些实质性的披露,使人民足以清晰地认识到宪法反对派应当如何采取行动,才能阻止联邦党人在设计宪法的过程中实施暗中破坏共和主义的各种原则和僭越行为。②

泰勒基于雅茨披露的制宪会议资料对《联邦党人文集》提出了一系列新评价。当通过透视镜式的资料解读《联邦党人文集》时,显然《联邦党人文集》被它的作者们加强中央政府权力的政治哲学思想所玷污。尽管吉利特较早时就决定出版雅茨《秘密议程》的许多摘录可能使麦迪逊作为真正的联邦主义反对派身份黯然失色,但是雅茨著述的完整文本的出版导致了人们对麦迪逊的重新评价。尤其,泰勒单独挑选制宪会议上麦迪逊支持联

---

① Robert Yates, *Secret Proceedings and Debates of the Federal Convention*… Albany, N. Y., 1821, in James H. Hutson, "The Creation of the Constitution: The Integrity of the Documentary Record," in Jack N. Rakove ed., *Interpreting the Constitution: The Debate over Original Intent*, Twayne Publishers, 1990, p.vii.

② John Taylor, *New Views of the Constitution of the United States*, Washington, D.C., 1823, p.11; *LC*.

邦政府否决各州法律和支持强有力的联邦司法机关的观点。对于泰勒而言，麦迪逊不成功的动议是诠释制宪会议如何考虑接受联邦权威的有限特性的措辞和观点。当1787年5月25日至9月17日美国宪法处于制定过程之中时，麦迪逊提议联邦政府有权否决各州法律，但是被制宪会议搁置。如果麦迪逊的动议被接受的话，那么公众的强烈抗议将会如此之强烈，以至于新宪法绝不可能被批准。同样，如果任何类似的权力被授予中央政府，那么随后的宪法修正案也不可能如此地被拟定。确实，泰勒争辩道，宪法前十条修正案明显被添加于宪法之中，它清晰地表明，从来不会授予联邦政府否决各州法律的权力。①泰勒的联邦主义思想正是基于这样的假定："只有并列和独立的权力才能使彼此之间相互适中。"与真正的联邦主义精神相比较，主张加强中央政府权力的人倡导"无制约的至上权力"，它可能激励"狂傲和引发压制"。由此，联邦最高法院在有关合宪性的所有问题上具有最终裁决权，使泰勒突然意识到，联邦最高法院在美国政治生活中将成为最为隐秘且逐渐扩大中央政府权力的机构之一。

泰勒谴责麦迪逊以"普布利乌斯"的名义著述《联邦党人文集》证明了他在宣称"州主权和联邦司法机关的至上权力"不具有一致性。②然而，最初各派系签订创建政府的契约的意见的不一致对泰勒的论点是关键性的。他对此质疑，指出人民才是宪法的真正制定者。显然，他否认美国人民除非以各州的形式存在于他们的合作组织中，否则就不能体现其主体地位。由此，泰勒宣称，美国人民的思想是联邦党人创造的虚构之物，以便宪法获得通过和批准。"从来都不会也永远不会是人民制定国家的宪法。"尤其，泰勒单独挑选麦迪逊在《联邦党人文集》中的论点，证明他试图运用"幻象化的表述"使各州的组织形式向"美利坚合众国国家政府"转型。③

泰勒宣称他的宪法和政治思想的目标在于保护美国联邦主义制度的

---

① John Taylor, *New Views of the Constitution of the United States*, Washington, D.C., 1823, pp.25-26, 43, 50-51, 63, 76. 关于麦迪逊宪法和政治思想的重要性，参见 Charles F. Hobson, "The Negative on State Laws: James Madison, the Constitution, and the Crisis of Republican Government," *WMQ*, 3rd Ser., XXXVI, 1979, pp.215-235。

② John Taylor, *New Views of the Constitution of the United States*, Washington, D.C., 1823, pp.33-35, 115.

③ John Taylor, *New Views of the Constitution of the United States*, Washington, D.C., 1823, pp.87-89. 在摩根看来，麦迪逊的动议是他的政治创造力的一个辉煌范例，参见 Lance Banning, *The Sacred Fire of Liberty: James Madison and the Founding of the Federal Republic*, Cornell University Press, 1995, p.533。

特性,他抨击加强中央政府权力与他抨击地方分裂主义者的情感具有同样的激情。他对马歇尔的国家主义和哈特福德会议①的地方主义情感表现出同等的蔑视和不屑。泰勒赞同前反联邦党人精英人物和民主共和党的宪法和政治思想,它们在美国政治生活中创建了离心力与向心力平衡发展趋势的联邦主义政治制度。能够维系平衡的唯一制度只能是中央政府权力受限制于宪法所明确授权的范围内的真正联邦主义制度,②因此约翰·泰勒在《宪法之新视野》中的观点表明,在南部所发生的事件是美国宪法和歧义政治传统的转折点,新阶段的主要标识是更为坦然地认同前反联邦党人对宪法的批评意见,这一转变最为重要的成果就是麦迪逊式的宪法综合理论和奠基时期争论各方的协商性对话过程中的许多观点。

二、歧义政治传统之发展:库珀修正主义要素

复活前反联邦党人的宪法和政治思想最负责任的人,是坦诚的民主共和党人牛津大学学究式的教育者和科学家托马斯·库珀,他从英格兰移民到宾夕法尼亚州,再到南卡罗来纳州,最后成为南卡罗来纳州大学的领军人物。1820年他成为代理校长,且在一年后正式被选举为大学校长。在那里,他成为南卡罗来纳独树一帜的有关州权宪法和政治理论最具有影响力的理论家。正如他在1824—1834年间对大学生所产生的显著知识影响那样,库珀成为一代政治领导者的中坚人物,而这些政治领导者的许多人后来成为州废除主义运动的杰出代表人物。③他的新观点中最重要的观点在《论加强中央政府权力:来自美利坚合众国1787年制宪会议各派系之阐释》(简称《论加强中央政府权力》)中表述出来,表明他更为坚决地主张和刻意地追求前反联邦党人的信条。库珀建议他的读者们思考一些历史问题:"联邦党人与前反联邦党人的本质特征是什么?"对于库珀而言,在1787年至1788年分裂国家的美国政治紧张关系并非只是受历史关注的事件,两大对立派系之间的分歧并非只是局限于狭小范围,实际上在美国随

---

① 哈特福特会议是1814年12月至1815年1月期间康涅狄格州、马萨诸塞州和罗德岛州就继承问题举行的秘密会议。1814年哈特福德会议是反对联邦政府政策的新英格兰联邦党人的一次会议。这次会议源自对1812年战争的反对,这场战争通常以新英格兰各州为基础。

② John Taylor, *New Views of the Constitution of the United States*, Washington, D.C., 1823, p.216.

③ Thomas Cooper, *Consolidation: An Account of the Parties in the United States from the Convention of 1787*, 2, Columbia, S. C., 1824–1834, I, p.14; *LC.*

后的几十年里得到了广泛传播。尽管两大派系的名称因时而发生变化,但是在美国政治生活中实质的歧义宪法和政治观点仍然从未改变。当他大胆地宣称他的工作是"坚持反联邦党人"的观点时,库珀明显表达了他对前反联邦党人的赞赏态度。按照他的观点,"以1787年为分界线,是美国宪法和歧义政治传统持续发展的分水岭"①。

库珀在《论加强中央政府权力》一文中表达了他对泰勒《宪法之新视野》的重要感激之情。库珀和泰勒的著述都把雅茨在《秘密议程》中所阐述的美国宪法理论之缘起作为论述的基础。真正坚持联邦主义的朋友和一心想要加强中央政府权力的势力之间的斗争始于费城制宪会议,且一直持续地使美国宪法和政治思想发生分歧。库珀赞成泰勒对有关《联邦党人文集》评述的观点。库珀写道:"它是一部意在和解的出版物,且作者的动机在于为他们带来荣誉。"库珀也承认,"正如我们所预料的,发生于费城制宪会议上的派系分歧比在那本著述中所阐述的分歧观点更具有隐秘性"。《联邦党人文集》的真正价值在于,它被写作用于"使人民认同新宪法所宣称的目的,且始终不能消减或抹除联邦党人的真正意涵"。库珀争辩道,联邦党人的真正目的在于建立一个加强中央权力的国家政府之旨趣。库珀承认"它在当时做得非常好",但是他坚持认为,完全真实的情况是,"实践已经证明了他们是一群败坏国家的预言家"。进而,库珀把麦迪逊描述为真正联邦主义原则的后知后觉,因为他"逐渐改变了他的国家主义政府观,且回到他自己所在州的大多数共和主义领导人的情感中来"②。

库珀比任何之前的宪法反对派作者在恢复前反联邦党人的名誉和声誉上都走得更远。真正联邦主义原则的支持者"从那以后存在于不同的时期,取名为反联邦党人、雅各宾派、共和主义者、民主主义者和激进主义者"。库珀实际上重述了前反联邦党人的信条。

> 正视他们坚持反对意见,这个国家的人民和州政府从未打算建构一个宏大的、壮观的、高成本的、具有广泛权力的,且具有超乎寻常特权的国家政府,继而打算控制各州政府,或者使克制的、审慎的、廉价

① Thomas Cooper, *Consolidation: An Account of the Parties in the United States from the Convention of 1787*, 2, Columbia, S. C., 1824–1834, I, pp.3, 7, 14; *LC.*

② Thomas Cooper, *Consolidation: An Account of the Parties in the United States from the Convention of 1787*, 2, Columbia, S. C., 1824–1834, I, pp.4, 6; *LC.*

的和对人民有益的州政府无能为力。①

　　库珀精炼了短论文《论美利坚合众国宪法》中的宪法和政治思想,该短论文出版于1826年。在著述中,他注意到泰勒对联邦党人的宪法和政治理论批评中的一个核心问题,即"美利坚合众国宪法是美利坚合众国人民直接参与制定的规范性文本"。他断然拒斥这种观点:"那并非如此。"这种对宪法根基的国家主义解释错误地被大法官约瑟夫·斯托林和首席大法官约翰·马歇尔传播开来。从亚历山大·汉密尔顿时期以来它被强制施行,使各主权州作为签订宪法契约的最初当事人所发挥的作用更加有限或模糊化。这种概念的危险性在批准宪法时期就已经被帕特里克·亨利所认识,且一而再地被美国宪法和政治理论中持反对意见的立宪者们在不同的时期反复加以强调。②正如在《论加强中央政府权力》中所提出的,库珀概括了前反联邦党人或民主共和党的各种原则,前反联邦党人的宪法和政治理论之双联原则就是州权主义和严格建构主义宪法解释方式。库珀认为,这种宪法与政治哲学观等同于一般政治嫉妒中更为普遍的概念。反对派理论家们所关注的中心在于:所有的政府将永久地寻求扩大它们的权力的机会,并随时可能"侵犯公民的权利"。正如前反联邦党人所提到的,库珀相信简约政府:"政府必须做得越少,且不干预人民的私人事务,从而使它们想做坏事的诱惑力越少,政府就越好。"③由此,库珀寻求解决马歇尔法院已逐渐形成的、威胁各州权力的方法,是恢复到1788年宪法的最初意涵的解释上来。他拒斥这种观点,法院是有关所有宪法性问题的最终裁判者。他宣称,众议院对法院提供适当的制衡,且愤愤不平的公民可以使用请愿的权利迫使众议院行使制衡法院的权力。

　　为了矫正民众的怨愿而使人民愉悦地行使请愿权,它暗示了除非人民行使矫正政府过度行为的请愿权弥散于监督政府权力行使的全过程之中,否则请愿权是毫无价值的。宪法难道要限制这种权利吗?

---

① Thomas Cooper, *Consolidation: An Account of the Parties in the United States from the Convention of 1787*, 2, Columbia, S. C., 1824–1834, I, pp.4, 5; *LC.*

② Thomas Cooper, *Two Essays*, I, *On the Foundation of Civil Government*; II, *On the Constitution of the United States*, Columbia, S.C., 1826, pp.21, 23; *LC.*

③ Thomas Cooper, *Two Essays*, I, *On the Foundation of Civil Government*; II, *On the Constitution of the United States*, Columbia, S.C., 1826, pp.21, 23, 29; *LC.*

难道说你不能因不满任何诉愿而阻止行使诉愿权吗？正是因为司法部门所造成的怨愿，民众就不该行使请愿权吗？①

为了驳斥国会有权否决公民的请愿权，库珀推断道，那是要建立"不服从人民的利益和随时侵犯人民权利的公职人员阶层，这是与建立共和主义国家的各项原则不相容的一种思想"。按照这种极端情形，库珀承认，公民的控制权可能被用于使法院司法行为更为规范化。本质上，库珀的理论是保守主义的，其目标和旨趣在于，在已建构的现存制度和结构中恢复1788年宪法的最初意涵之解释。②最后，库珀的宪法和政治理论包含了一种新反联邦党人解决马歇尔法院的国家主义法理学所造成危险的方法。由人民批准的宪法具有限制政府权力的性质，库珀由此得出结论，最初前反联邦党人的批评已经是先知先觉了。甚至《联邦党人文集》也被它的作者们坚持加强中央权力的国家主义哲学所玷污。因此，理解最初授予联邦政府权力的关键点在于，应当把它置于先前反联邦党人对宪法的批评意见之中，只有通过这种方式，才能恢复宪法最初的纯洁性。由此，库珀的宪法和政治理论其实利用了已建构完善的美国歧义宪法和政治原则：宪法是一项社会契约，依据它，作为人民真实意愿的表达者——各州转让有限权力给联邦政府；它的意涵受到人民依照他们作为各州公民在批准宪法时期共同需要达成的目的所决定。在此意义上，库珀的宪法和政治思想突破了较早时期的美国歧义宪法和政治思想，增加了利用雅茨《秘密议程》所阐述的历史论点中最重要的修正主义要素。因为较早时期的美国宪法和歧义政治思想的理论家们承认美国奠基时期的歧义政治对话观点，这些观点牢不可破地把前反联邦党人的反对意见与联邦党人对此的保证联系起来。由此，雅茨提供的资料证据表明，加强中央政府权力的目的首次在费城制宪会议上提出。伴随着历史真相浮出水面，以及所有随之出现的联邦党人著述（包括"普布利乌斯"的著述），促使人们再次对联邦党人的思想产生了质疑。因此，净化主张加强中央政府权力的宪法和政治思想之异端邪说的唯一方式，就是恢复前反联邦党人批评宪法的观点具有合法性，且使它与宪法的最初意涵保持一致。

---

① Thomas Cooper, *Two Essays*, I, *On the Foundation of Civil Government;* II, *On the Constitution of the United States*, Columbia, S.C., 1826, p.57; *LC.*

② Thomas Cooper, *Two Essays*, I, *On the Foundation of Civil Government;* II, *On the Constitution of the United States*, Columbia, S.C., 1826, p.57; *LC.*

第四节 歧义政治传统之分裂主义:法律废除主义

鉴于1828年联邦政府推进国家主义议程,1832年南卡罗来纳人依据先前的宪法思想家们所珍视的假定前提重新检视州权利,他们试图使关税法"失去法律效力"。这一运动在美国宪法历史上称之为"法律废除主义"或"使联邦法律无效"。作为法律废除运动的主要支持者约翰·C.卡尔霍恩①,就其所坚持的许多观点而言,毋庸置疑地成为新的、更为激进的,且坚持州权联邦主义变体的主要理论家。与许多最为重要的宪法和歧义政治呼声相比较,卡尔霍恩最初并不是作为坚持宪法和歧义政治原则的倡导者开始他的政治生涯,且相对于坚持美国宪法和歧义政治原则的其他人而言,他只不过是一名新手。事实上,在耶鲁大学接受教育的卡尔霍恩有关宪法与政治哲学思想的来源与托马斯·库珀在南卡罗来纳州大学课堂上所接受的宪法和政治思想来源并不具有同源性。尽管卡尔霍恩熟知库珀的著述,尤其是有关政治经济学的著述,且他们都是直言不讳的反对派倡导者,然而库珀谴责卡尔霍恩对联邦党人具有同情心。②

一、州权理论之变体:卡尔霍恩的新州权理论

针对来自国会关税特别委员会的报告,卡尔霍恩在小册子《阐释与抗议》中表述了他的州权联邦主义理论之变体,为各州抗议1828年关税法提

---

① 约翰·C.卡尔霍恩坚决维护奴隶制度,倡导南方帝国主义,并详细拟订有关州独立原则,为分离运用准备了条件。为了用宪法保护南方受到威胁的利益,他从杰斐逊主义那里继承了人人皆知的州权利理论,以对抗统一原则;从孟德斯鸠派的联邦主义者拿来了静态政府论,这正是力量均衡的结果;并把两种理论综合起来提出了一个新原则——个别共同体可以否决联邦政府法令的权力。他把否决权作为一条保护性原则,实际上是公民复决制的萌芽。参见[美]沃侬·路易·帕灵顿:《美国思想史》,陈永国、李增、郭乙瑶译,长春:吉林人民出版社,2002年,第410、413页。
② 关于使联邦法律无效的废除主义,参见 Major L. Wilson, "'Liberty and Union': An Analysis of Three Concepts Involved in the Nullification Controversy," *Journal of Southern History,* XXXIII, 1967, pp.73-93。关于卡尔霍恩和杰斐逊思想之间的复杂关系,参见 Merrill D. Peterson, *The Jefferson Image in the American Mind*, Oxford University Press, 1960, pp.51-67。在佩特森看来,卡尔霍恩是一位最不失时机地利用杰斐逊式的思想向州权理论转变的理论阐释者,而在南卡罗来纳州范围内明显地援引反联邦主义思想的人物就是托马斯·库珀。

供了智识上的辩护。卡尔霍恩的小册子《阐释与抗议》不仅抨击了关税法背后的经济哲学，还建构了一种新的州权理论。代替求助于前反联邦党人的最初担心，卡尔霍恩把自己的观点置于"联邦农夫"的宪法和政治思想的传统范围内，拒斥联邦党人和前反联邦党人之间在奠基时期的政治对话过程中所阐述的观点。卡尔霍恩赞许美国奠基者，称他们为"杰出的社会人物"，并继续把他们描述为"明智和务实的政治家和政治活动家，凭借历史知识和他们自身的广泛阅历阐明真理"。他也有意地避开一些论点，在雅茨的《秘密议程》公开出版后，他主要阐述制宪会议以加强中央政府的权力为最初目标，并建构与其他反对派思想完全不同的知识谱系，从而发展了他的宪法和政治理论。①卡尔霍恩把他的宪法和政治思想之逻辑起点简单地概述为，开始于美国奠基者包括"普布利乌斯"的论点，完善于麦迪逊《1800年报告》的传统思想。与此相对照，约翰·泰勒和托马斯·库珀放弃了"普布利乌斯"的观点转而求助于前反联邦党人思想的复兴版本；卡尔霍恩建构了一种解读"普布利乌斯"有关州权的激进主义理论。②当约翰·泰勒和托马斯·库珀试图寻求揭示美国奠基者包括联邦党人与前反联邦党人之间的分歧，并证明在制宪会议的协商性对话过程中真正的联邦党人（前反联邦党人）和全身心投入加强中央政府权力的国家主义者之间的紧张关系时，卡尔霍恩欣然地接受了美国奠基者（包括联邦党人与前反联邦党人）的宪法和政治思想。

从本质上而言，卡尔霍恩有关州权的宪法和政治理论不仅取决于不同的历史基础，而且构想了一种制约中央政府权力的新模式。他提出各州制宪会议有权宣布违反宪法的联邦法律无效的提议已经完全舍弃了《1800年报告》中麦迪逊式的宪法综合理论。由此，卡尔霍恩并不看重具有生机

---

① John C. Calhoun, *Exposition and Protest*, Dec. 19, 1828, in Ross M. Lence ed., *Union and Liberty: The Political Philosophy of John C. Calhoun*, Freedom Fund, 1992, pp.311-366. 在1831年乔纳森·埃利奥特等人的《弗吉尼亚决议和肯塔基决议》中包括了卡尔霍恩的演讲文集，参见 John C. Calhoun to Jonathan Elliot, May 16, 1831, in Robert L. Meriwether et al. eds., *The Papers of John C. Calhoun*, Columbia University Press, 1959-, XI, pp.381-382。

② Calhoun, *Exposition and Protest*, in Lence ed., *Union and Liberty*, Freedom Fund, 1992, pp.311-366. 卡尔霍恩利用"普布利乌斯"而不是前反联邦党人的思想表明特定的思想家不愿意选择的观点，却与他所做的具有同样的意义。参见 Skinner, "Meaning and Understanding in the History of Ideas," in James Tully ed., *Meaning and Context: Quentin Skinner and His Critics*, Princeton University Press, 1988, p.62。

和活力的公共论坛的争论与政府既存的宪法制度和政治结构。相反,他为解决各州与联邦政府之间的冲突提供了新的法律和宪法机制,即授权各州制宪会议宣布违反宪法的联邦法律无效,而联邦政府仍然有权通过宪法修正案推翻各州宣布联邦法律无效的宪法行为。如果宪法修正案得以通过,那么各州要么默认同意,要么脱离美利坚合众国,相较之下,没有任何妥协余地。与试图寻求重新采用1788年宪法的最初意涵的那些反对派理论家相比较,卡尔霍恩提出了美国宪法和歧义政治理论中一种最为激进的联邦主义之变体。

二、多数人一致同意原则:《联邦党人文集》之启示

在卡尔霍恩离世后出版的两篇有关美国宪制政府的短论文《关于政府的专题论文》和《关于美利坚合众国政府与宪法之演讲》中,详尽地阐述和提炼了他的激进的修正主义政体理论之变体,并重新建构了麦迪逊式的宪法和歧义政治理论。他的理论变体之基石是,相信根除多数人专制统治之危险的唯一方式就是必须重新阐释代议制政府之最初意涵,从而重新建构美国宪法和政治制度。[①]与简单多数人的统治相对照,卡尔霍恩支持多数人一致同意原则,当所有社会的不同利益主体都适当地被代表,并对有关公共事务进行协商性对话时,多数人一致同意原则就呈现了出来。因此,与简单多数人的统治相对照,多数人一致同意原则至少提供了保护少数人的利益,从而形成对多数人专制统治的制衡。

由此,卡尔霍恩的多数人一致同意原则并非基于前反联邦党人的宪法和政治思想,而是基于一种政治上的自我意识和习性上的普布利乌斯式(共和主义式)的变体版本。当他赞赏宪法的支持者完全精准地认同"源自宽泛的建构主义宪法解释方式,以加强中央政府权力可能造成的危险"时,他赞赏前反联邦党人的洞察力,按照对比理解的方式,他只不

---

① 关于卡尔霍恩的政治理论,参见 Daryl H. Rice, "John C. Calhoun," *History of Political Thought*, XII, 1991, pp.317-328; Gillis J. Harp, "Taylor, Calhoun, and the Decline of a Theory of Political Disharmony," *Journal of the History of Ideas*, XLVI, 1985, pp.107-120; Pauline Maier, "The Road Not Taken: Nullification, John C. Calhoun, and the Revolutionary Tradition in South Carolina," *South Carolina Historical Magazine*, LXXXII, 1981, pp.1-19; C. William Hill, "Contrasting Themes in the Political Theories of Jefferson, Calhoun, and John Taylor of Caroline," *Publius*, VI, No.3, Summer 1976, pp.73-91; J. William Harris, "Last of the Classical Republicans: An Interpretation of John C. Calhoun," *Civil War History*, XXX, 1984, pp.255-267.

过给予了前反联邦党人些许地位。他的论点大部分专心于解读"普布利乌斯"在《联邦党人文集》中所阐述的观点。[1]从智识上而言,他的多数人一致同意原则与麦迪逊在《联邦党人文集》第十篇中所阐述的观点具有更多的亲和力,而不是与先前主要反联邦党人作者的各种短论文所阐述的任何观点具有亲缘关系。

在当时的美国,前反联邦党人的思想在曾经一段时间内——经历了四十年之久后正在受到许多反对派思想家的赞同时,卡尔霍恩则有意按照1798年而不是1788年宪法反对派所描述的各种激进主义原则和观点表述有关州制宪会议有权宣布违宪的联邦法律失去效力的理论。他自以为是地认为,他是"普布利乌斯"的传承者,而不是前反联邦党人的继承人。因此,卡尔霍恩比任何先前因为州权辩护而重新解读《联邦党人文集》的论点,且坚持美国宪法和歧义政治传统而写作专题论文的作者们走得更远。尽管他的写作动机在雅茨的《秘密议程》出版之前就已经完全显露出来,但是卡尔霍恩的结论明显是把他的论点从库珀和泰勒著述中所体悟出来的美国宪法与歧义政治传统之思想分割开来。[2]因此,无论是卡尔霍恩还是库珀和泰勒都沿袭了雅茨《秘密议程》中的历史论点,重新塑造了美国宪法反对派的思想。他们的宪法和政治思想之不同在于,库珀和泰勒是基于前反联邦党人有关国家统一的观点阐述美国真正的联邦主义原则,而卡尔霍恩是基于反向解读《联邦党人文集》中"普布利乌斯"的激进主义观点阐述他具有分裂国家特性的联邦主义原则。

---

[1] John C. Calhoun, *A Discourse on the Constitution and Government of the United States*, in Lence ed., *Union and Liberty*, Freedom Fund, 1992, p.175.

[2] 许多学者把卡尔霍恩的思想与根植于前反联邦党人的州权思想之传统联系起来。参见 Murray Dry, "The Debate over Ratification of the Constitution," in Jack P. Greene and J. R. Pole eds., *The Blackwell Encyclopedia of the American Revolution*, Blackwell, 1991, pp.471–486。还有一种类似的观点,参见 Morton J. Frisch, "The Persistence of Anti-Federalism between the Ratification of the Constitution and the Nullification Crisis," in Josephine F. Pacheco ed., *Anti-Federalism: The Legacy of George Mason*, Harcourt, Brace and World, 1992, pp.79–90。卡尔霍恩的思想之缘起更为引人注目的解释,参见 Lacy K. Ford, Jr., "Inventing the Concurrent Majority: Madison, Calhoun, and the Problem of Majoritarianism in American Political Thought," *Journal of Southern History*, LX, 1994, pp.19–58; Ford, "Recovering the Republic: Calhoun, South Carolina, and the Concurrent Majority," *South Carolina Historical Magazine*, LXXXIX, 1998, pp.146–159。

第五节　反联邦主义之生成性发展：
凡·布伦的宪法和政治理论

美国有关州权的宪法和歧义政治理论从未把南部传统思想排除在外。确实,在宣布州制宪会议有权废除联邦法律,并使之无效的政治运动中,所有阐述有关反联邦主义观点的著述中最具有影响力的论点是由纽约人而不是由南卡罗来纳人拟制的,正如1798年通过各州立法机关号召人民抵抗联邦政府的滥权行为的思想导致了其他州的反对派对南卡罗来纳州的卡尔霍恩之《阐释与抗议》做出回应。

一、联邦主义之地方民主特性：下放权力

当马丁·凡·布伦回应南卡罗来纳州抗议关税法,并为纽约州立法机关拟订有关各州有权宣布联邦法律无效的报告时,前反联邦党人的担心被重新加以认同,这些担忧具有合法性且在许多方面具有先见之明。宪法的支持者们"提议,新制度的自然特性必然朝着加强中央政府权力的方向发展"。虽然纽约州委员会的报告拒绝接受州制宪会议有权宣布联邦法律无效的建议,但是它坚定地捍卫自己对州权联邦主义的承诺,因为这种承诺是基于1788—1828年间一直处于发展状态的美国宪法和歧义政治传统。"随着时间的推移和事态的发展",该报告评论道,"宪法所规定的制度的特性"证明,"正是联邦政府侵犯各州所保留的权利,而不是各州作为其组成部分心甘情愿地完全交出由它们应当行使的权力,而此种权力正是依据宪法的明确规定授予总体政府的"。因而,纽约州立法委员会一直认为,托马斯·杰斐逊和安德鲁·杰克逊的当选是美国人民阻止中央政府权力强化的进程和重新塑造真正的联邦主义原则的解决方式之典范。[1]该报告以极其强烈的语调斥责了卡尔霍恩的激进州权主义理论版本。在经过多次讨论

---

[1] "Resolves of the Legislature of New York: Report," in *State Papers on Nullification*… Little, Brown and Co., 1834, pp.131–159; *LC.*凡·布伦被视为反联邦主义传统之农业民主主义者的继承人。反联邦主义的观点总是有几个具有鲜明特色的传统思想,包括精英人物所构成的南部绅士阶层传统、社会平民阶层传统和中间阶级民主主义传统。而凡·布伦的意识形态似乎与中间阶级民主主义的老克林顿式的思想更为接近,而不是与所谓的农业民粹主义者传统相一致。

后,立法机关的成员们就有关1798年原则的意涵进行辩论,既而立法机关通过该报告。凡·布伦是前反联邦党人之旧式克林顿派系的继承者,他试图把自耕农、手工业者和小商人团结起来,形成有效的联盟,从而完善中间阶层民主主义的宪法和政治理论。他具有个性特征的政治哲学之典型实例就是把支持平等、民主和经济增长等基本要素在其联邦主义的理想版本中突出地表现出来。

在杰克逊任职时期,凡·布伦超过任何其他的政治研究者之处在于,他显然意识到前反联邦党人的思想对于美国政治文化的重要性。在他离世之后出版的《有关美国政党的缘起和发展过程之调查》中,凡·布伦试图解释从美国独立战争以来到德里德·斯科特案的美国宪法和歧义政治传统的演进过程。透过他的讨论观点,凡·布伦把自身的政治信念、态度和情感结合起来,并形成了"反联邦党人思想"中的特定核心部分。凡·布伦探索了亚里克斯·德·托克维尔在《论美国的民主》中同样的主题:美国政治民主的地方主义特性。对于亚里克斯·德·托克维尔和凡·布伦而言,阐释美国政治文化的关键之处在于下放权力的地方民主特性。[1]

二、美国政治之灵魂:宪法忠实反对派思想之延续

尽管前反联邦党人在1788年与联邦党人之间的斗争过程中处于失利地位,但是凡·布伦坚信他们所取得的关键性胜利在于塑造了美国政治的精神和灵魂。因为界定前反联邦党人的宪法和政治思想的一系列信念一直以来都持续地形塑着美国政治生活的特性,甚至在许多政治风潮终止之后仍然如此。标识"反联邦党人",他承认,似乎最不适合美国宪法的反对者,因为他们是自独立革命以来美国宪法和歧义政治理论中有关传统共和主义观和联邦主义观之强有力的支持者。前反联邦党人在美国政治中所做出的如此强有力和具有持久性的事业在于,它是绝大多数美国人民引起共鸣的源泉和力量。前反联邦党人的观点是"最接近于人民这一伟大主体的实质性政治情感",他评论道,是"尊重和珍爱作为拱卫他们自由的主体的地方政府"。按照凡·布伦的观点,正是他们支持基于州政府的权威的民主地方主义形式使前反联邦党人成为美国政治灵魂的真正代言人。[2]按照

---

[1] Alexis de Tocqueville, *On Democracy in America*, J. P. Mayer and Max Lerner, eds., George Lawrence trans., Harper Perennial Modern Classics, 1966, book I, pp.136–170.

[2] Martin Van Buren, *Inquiry into the Origin and Course of Political Parties in the United States*, H. O. Houghton and Company, 1867, p.35.

凡·布伦的观点,把前反联邦党人和那些真正坚持共和主义思想的联邦党人协调起来是美国政治和宪法历史发展的关键之所在。作为熔化和融合它们的结果:只有重新修改宪法,真正的共和主义和联邦主义党派才能兴起。对于宪法修正案,凡·布伦称赞道:"改变前反联邦党人反对宪法存在缺陷的残留物,把包括我们历史的每个阶段所组成的人民大多数以及它们的成员和他们的政治接任者等反对宪法的人们变成我们宪法最热切的朋友和支持者。"①

随着前反联邦党人作为宪法忠实反对派的作用的形成,一系列核心信念有助于形塑维系民主和各州自治至关重要的反对派歧义传统思想。尽管美国人暂时从这些理念中转移了注意力,但是他们从来不会长时间地背离它们。杰斐逊和杰克逊的当选再次证明了这些宪法和政治价值观在美国人民重新宣称他们的意志之前不可能在很长的时间里显得微不足道。然而,前反联邦党人的思想在政治精神上的胜利并未完全消除美国当时所面临的所有危险。甚至在联邦党人所造成的威胁从政治舞台上消退之后的很长一段时间里,加强中央政府权力的各种危险仍然存在。联邦党人的宪法和政治思想仍然在法官中间得到了充分体现,甚至在杰斐逊当选为总统之后,曾经一直坚持美国宪法和歧义政治传统的那些人也时有体现。凡·布伦相信:"构建联邦司法部门正是在宪法批准之后才使各州意识到,必须为它们长期形成的反对派取得政治权力赢得第一次机会。"联邦党人加强中央政府权力的策略达到顶峰的明证就是努力使联邦最高法院获得所有关于宪法问题的最终裁决权。凡·布伦宣称,法院仅仅只是在某些领域即依照宪法第三条所规定的管辖权范围内受理案件才有最终裁决权。无论有关联邦主义的问题(必然涉及与各州法院有关的论点),还是关于权力分立的问题(必然涉及与联邦政府各部门之间权力配置有关的论点),联邦最高法院如果不能使自身高于各州和联邦政府的其他部门,那么它就不能充当最终裁判权的角色。凡·布伦争辩道:"声称联邦最高法院就有关宪法性问题对其他政府部门拥有无限制的权力"的观点是荒谬的。②

因此,持续界定美国宪法和歧义政治传统特性的斗争就是抵制美国存在于较长时间内加强中央政府权力的斗争中之最后斗争。最后,汉密

---

① Martin Van Buren, *Inquiry into the Origin and Course of Political Parties in the United States*, H. O. Houghton and Company, 1867, p.201.

② Martin Van Buren, *Inquiry into the Origin and Course of Political Parties in the United States*, H. O. Houghton and Company, 1867, pp.299, 335, 341-342.

尔顿式的联邦主义原则并未经受住民主共和党的理想的猛烈冲击。前反联邦党人的思想继续形塑美国政治的心灵印迹，因为它阐释了自美国独立革命时期以来的宪法和歧义政治理论所界定的有关国家政治认同的一系列核心价值观。最终，联邦党人的影响力注定会逐渐消散。尽管联邦党人的继承者在美国联邦政府中取得了一时之胜利，但是它只不过是前反联邦党人作为美国宪法和歧义政治传统的真正代言人的陪衬者。前反联邦党人的思想必然一直持续地成为美国政治生活中最具有影响力的宪法和政治思想。

综上所述，由麦迪逊在《1800年报告》中重新阐述的前反联邦党人的宪法和政治思想成为构建1800—1830年间美国歧义宪法和政治思想的理论基础。然而，这种理论对于美国当时社会所达成的一致性意见在一定程度上仍然存在不稳定因素。随着杰斐逊当选为美国总统，在美国宪法和歧义政治理论范围内一直贯穿于18世纪90年代前反联邦党人的行动纲领的潜在紧张关系最终导致派系斗争从内在化转变为外在化。由杰斐逊的《禁止贸易法令》及随后继任者的政策实施所引起的政治斗争加剧了美国国内的宗教和阶级的紧张局势。当乔治·克林顿的支持者对杰斐逊联盟内的麦迪逊领导体制质疑时，他们转而求助于美国立宪时期前反联邦党人的一系列著述和论点，从而有效地阐释他们的反对意见。

随之而来的是，联邦最高法院在麦卡洛克诉马里兰州案的判决时对麦迪逊式的宪法综合理论提出了严重的挑战。对法院判决的结果最早做出回应的理论基础仍然是源自麦迪逊式的宪法综合理论。前反联邦党人对宪法所提出的异议作为美国宪法和歧义政治传统之重要组成部分，在美国政治特性中并非像其他一般理论所暗示的：许多更为基本的宪法和政治问题已经形成普遍的共识。在当时的美国，对联邦最高法院的判决具有共和主义特性的回应是以不同的言辞和语法方式表达出来的，南部旧式的共和主义农业观与费城《极光》杂志整篇充满更为民主的、怀有商业情怀的言辞相互对峙。旧式的共和主义者泰勒在其立场上并非尤其具有民主性；相反，威廉·杜恩和他的盟友们才真正继承了中间民主主义的宪法和政治思想之衣钵，且持续地依照较早时期更为普遍的宪法反对派的语词重复地抨击贵族政体。

反对意见的语调和特性在罗伯特·雅茨《秘密议程》出版后开始发生变化。雅茨的著述，为宪法的忠实反对派最严肃地重新审视美国宪法和歧义政治传统中有关麦迪逊式的宪法综合理论提供了基础。通过雅茨《秘密议程》透视般地解读美国宪法和歧义政治传统的思想家是约翰·泰勒和托马斯·库珀,他们明确宣称新反联邦党人的意识形态。与基于前反联邦党人的思想基础建立起来且在麦迪逊《1800年报告》中阐述的宪法综合理论不同的是,这些理论家认为,前反联邦党人最初批评1787年宪法有关加强中央政府权力的特性之阐述可能更为精准。雅茨对费城制宪会议的协商性辩论之记录似乎证明了前反联邦党人的观点更具有正当性:联邦党人希望建构一个加强中央权力的政府有组织的算计可以追溯到1787年费城制宪会议。雅茨的记录显然对约翰·泰勒批评加强中央政府权力的观点之转变是有意义的。尽管雅茨提出了一种标准化的旧式共和党人的宪法和政治观,可用于宪法忠实反对派广泛地阐明麦迪逊式的宪法综合理论,然而雅茨《制宪会议记录》的出版也导致了泰勒以一种更为激进的方式阐释州权联邦主义观点,这种观点对麦迪逊所拟定的中道解决方案提出了质疑。泰勒的宪法和政治思想的新地位是由托马斯·库珀持续传承下来,他本人对加强中央政府权力的批评明显地援引了前反联邦党人对1787—1788年宪法的批评论点,且赞颂宪法的最初反对派具有敏锐的洞见力。

　　具有讽刺意味的是,正在兴起的新反联邦党人的宪法和政治理论有效地从根基上抑制了更为激进的州权主义变体,而这种州权主义变体可以追溯至联邦党人而不是前反联邦党人的思想根源上来。担负起美国宪法和歧义政治理论中激进主义思想变体之责任的是美国宪法和政治理论家约翰·卡尔霍恩,卡尔霍恩的《阐释与抗议》对使联邦法律失去效力的理论阐述变得清晰,从根本上使1800年麦迪逊式的宪法综合理论更加概念化。实质上,卡尔霍恩着重强调麦迪逊在1788年以"普布利乌斯"的名义所著述的《联邦党人文集》所阐述的观点与他在《1800年报告》所阐述的理论之间的思想的持续性。按照他的解释,前反联邦党人的思想实质上已逐步减弱至微不足道的地步。当然,卡尔霍恩对有关加强中央政府权力的问题也提出了一种新的结构化解决方式,在美国宪法和歧义政治理论的历史上开启了国家分裂主义的新阶段。在一定程度,它也是后来"美国内战"的主要理论潮流之一。尽管卡尔霍恩改变了宪法和政治争论主题中的某些术语,但是他并未从根本上消除前反联邦党人的宪法和歧义政治理论的所有印迹。支持这种理论最重要的政治人物就是马丁·凡·布伦。他意识到,美国宪法和歧义政治理论是前反联邦党人所阐释的理论,而不是联邦党人所论述的理论,它代表美国宪法和歧义政治传统的实质和精神。反联邦党人的思想才是真正的美国思想,是美国政治的精神和灵魂之所在。

概言之，如果没有真正全面地理解前反联邦党人的宪法和政治思想在美国新时期的重新运用，以及对美国后来的所有宪法和政治主题产生影响的各种方式，那么在现时代诠释美国宪法和歧义政治理论的结构就成为不可能。在1800年杰斐逊当选与1828年美国法律废除主义运动的政治争论之间，前反联邦党人的思想和文本不仅成为自美国批准宪法以来任何时代都具有广泛适用性的思想和文本，而且使美国人对它赋予了崇高的遵从地位，即前反联邦党人的思想才是真正的美国宪法和政治思想。前反联邦党人的宪法和政治思想为美国立宪时期及后立宪时期寻找到了一种可替代性的宪法和政治理论，并获得美国社会民众的普遍认同，同时为把前反联邦党人的宪法和政治思想注入美国政治的灵魂提供了坚实的历史基础。

结语　美国宪法和歧义政治传统之现代性发展及司法适用

　　1787—1788年美国批准宪法时期反联邦党人与联邦党人就建立一个强大的国家政府、《权利法案》、行政权、司法权和立法权之限度及许多基本宪法性问题展开了激烈的辩论，最终以联邦党人的胜利而告终，联邦党人成为美国的奠基者。作为失败者的反联邦党人为美国歧义政治传统的演进奠定了坚实的基础，历史公正地评价为美国的其他奠基者。由此，我们概略地阐述美国宪法和歧义政治思想在美国政治生活中的作用，审慎分析美国歧义宪法理论在联邦司法机关审理具体案件的过程中是如何逐渐理论化，从而形成历史传统理论、理性判断理论和生成性国家价值观理论；继而概括有关美国宪法和歧义政治思想发展的主要内容：反联邦党人宪法和政治思想发展的三个阶段、美国社会分层理论，以及反联邦党人坚持的核心概念——历史语境下的共和主义和联邦主义。

　　理查德·霍夫斯坦特在其经典著述《美国政治的传统》一书中阐述了美国政治传统存在一种本质上是自由和民主的政治遗产。与预设美国政治传统作为一种共识不同的是，他在更大程度上强调美国政治的紧张和冲突关系，它是美国宪法和歧义政治传统①的承继，或者更重要的也是它演进的核心。主导霍夫斯坦特叙事的一些人包括托马斯·杰斐逊、安德鲁·杰克逊和约翰·C.卡尔霍恩等人都仅仅只能被理解为，在美国政治

---

　　① 美国歧义（dissenting）宪法理论或美国宪法和歧义政治传统的发展遵循着两条主要因果线。第一条主要因果线：从意见分歧→激情分歧→派系分歧；第二条因果线：从程度或性质的差异→派系利益的差异→"观点"的差异。根据历史事实和大量资料证明，我们所称之为的"歧义宪法理论"或"歧义政治传统"实质是指前反联邦党人的宪法和政治思想或理论。从形式上来看，作为反对派的思想或理论一直处于美国所谓的正统思想或理论的对立面，备受人们的指责和批评；从实质上来看，作为宪法忠实反对派的思想或理论一直潜存于美国政治生活的内部，主导着美国政治生活的精神和灵活。（与前文重复，排版时请删除）

谱系的两种目标中权当胜过他们的许多有关宪法和歧义政治理论者的声音。他们是通过无确定目标的对话方式诠释美国宪法和歧义政治理论发展特性的参与者。有关公共论坛的对话不仅构成了美国政治传统的核心内容,而且宪法反对者和宪法支持者的争论观点也揭示了美国歧义宪法和政治呼声中存在的许多挑战。霍夫斯坦特提及美国宪法历史上的三位杰出人物本身就体现了美国宪法和歧义政治传统发展过程中所存在的持续斗争,这种持续斗争较早地源于联邦党人与反联邦党人就有关宪法的最初意涵之公共争论。[1]

第一节 歧义宪法理论对现代美国政治的影响

在批准宪法时期和内战期间,前反联邦党人的宪法和政治遗产被有意识地利用于抵制美国政治生活中所出现的一种加强中央政府权力的趋势。当中央集权式的国家政府在此期间就现代标准而言仍然处于较弱的地位时,美国政治的地方性特征被逐渐削弱的观点促使许多人把注意力转向前反联邦党人思想中所阐述的一种可替代性政治观点。这种发展取向是由美国政治固有的特性促动——不断地强调维持宪法的原意。由此,美国宪法和政治理论合乎情理的演进原因不可更改地使美国人转向联邦党人与前反联邦党人之间的争论观点。然而在美国内战以后,前反联邦党人的思想从美国人的视野中渐渐淡出舞台。尽管民粹主义者已成为前反联邦党人精神的继承者,但是他们并非有意识地宣称他们继承了前反联邦党人的宪法和政治遗产。确实,在美国随后的一百多年的大多数时间里,前反联邦党人的宪法和政治遗产似乎是,从事研究的学者比从事实践的政治家更感兴趣。那正是激进改革派的历史学家弗里德利克·特纳和奥利恩·G.利比而不是民粹主义者意识到前反联邦主义仍然有其激励人心的一面。[2]

---

① Richard Hofstadter, *The American Political Tradition and the Men Who Made It*, Knopf, 1948, pp.76–80.

② 关于民粹主义者与进步主义者的思想,参见 Clyde W. Barrow, "Historical Criticism of the U. S. Constitution in Populist-Progressive Political Theory," *History of `Political Thought*, IX, 1988, pp.111–128。

一、歧义宪法和政治思想在现代美国政治生活中的作用

在20世纪30年代的新干预时期,美国政治的结构和意识形态必须重新加以界定。在大萧条和新经济干预政策的历史语境下,前反联邦党人中的地方主义者的宪法和政治思想似乎只不过显得陈旧而过时,且必然使国家回到繁荣的变革受阻。历史学家意识到新干预主义联盟是极端不牢固的联盟,且到60年代中期已趋于解体。在后里根时代,许多人争辩道,与新干预主义遗产相关的是加强中央政府权力的信念而不是坚持美国宪法和歧义政治传统的派系重新结盟,前者只是美国政治生活中一种暂时的异常现象。至于美国宪法历史的其他方面,政治的显著特性强烈地表现为地方主义——不支持建构强有力的中央政府。无论伯利·戈登沃特的共和党还是哈登的社会民主促进会,它们的语词显然表达了他们对中央集权的敌意。这些社会组织都没有直接从前反联邦党人的著述中借用任何术语,从而使其行动纲领概念化。然而,他们的政治思想仍然引起了人们对前反联邦党人的论点的某些共鸣,我们依稀可以辨识出它们对最初两大对立派系的思想继承。戈登沃特和社会民主促进会在日渐集中权力的联邦主义制度范围内探索了国家权力的内在结构。[①]他们对中央集权各具特色的批评观点似乎可以理解为,即使具有同一性,但也应有一些无法比较的原则和理念,尤其是前反联邦党人联盟内的精英阶层与普通人物在二百多年前反对宪法所形成的一系列原则和理念。

罗纳德·里根的当选标志着美国政治生活的分水岭。里根着手开始转变美国政治生活的语调和现实实践。毫不令人意外的是,里根主义的胜利为前反联邦党人的重新复活提供了进路。里根总统的行动纲领深受前反联邦党人观点影响的许多政策制定者主导。在里根政府任职的许多高级官员受到纳·史托斯教授和他的学生的影响,他们中的许多人曾经是研究和著述有关联邦党人与前反联邦党人在美国立宪时期争论的作者。里根总统的新反联邦主义行动纲领最为显著的要素就是试图寻求宪法的最初意涵之法理。前反联邦党人对强有力的中央政府尤其是一个强有力的、由

---

① 关于新干预主义对美国文化传统的影响,参见 Alan Brinkley, *The End of Reform: New Deal Liberalism in Recession and War*, Vintage Books, 1995, pp.189-196。

非选举产生的司法机关的批评似乎最适合里根总统的行动纲领。①坚持里根主义的人们争辩道,法官的作用只是遵循奠基者的思想,竭力寻求宪法的最初意涵。在此,美国的奠基者一般被理解为包括联邦党人和作为宪法忠实反对派的前反联邦党人。这种解释方式深深影响了美国法律和法理的特性。里根甚至在转移民众政治对话的语调方面做得更为成功。作为受里根主义影响的结果,一种新型的、右翼的民粹主义政治变体在美国政治生活中出现了,它的显著特征就是敌视建立中央集权制度的政府。

二、歧义宪法和政治思想对现代美国社会思潮的影响

本质上,前反联邦党人的遗产有助于解释美国政治中最令人感兴趣的特性。在美国,右翼宪法和政治论者不同于欧洲政治思想的传统,因它对强有力的国家政府的敌视而相区别。类似地,与欧洲国家主义者相比较,美国的右翼激进主义显示出类似的地方主义特性。因此,两种谱系的激进主义都显示出对前反联邦党人的宪法和政治思想具有显著的亲和力。在美国,从华盛顿政府到当下的拜登政府,似乎所有的政治问题都是地方性的,来自跨越广大范围内且坚持不同意识形态立场的个体总是带着怀疑的眼光认真审视遥远的、严重脱离人民的中央政府。值得注意的是,前反联邦党人的地方主义观念并非必然采取一种反国家主义的形式。在美国,地方主义能够生长出自由主义和达成普遍共识的新社群主义。在许多现代事例中,地方主义者总是急于宣称国家权力作为政治能动性的结构能力应当属于地方政府。由此,前反联邦党人的思想已经被证明了它具有的可延展特性。自由主义者渴求阻止司法审查制度,而地方学术团体渴求取消明令禁止自由出版物,它们都充满信心地宣称它们根源于不同类型的前反联邦党人的宪法和政治理论版本。毫无疑问的是,在美国反联邦主义的复活导致了法律学者们的旨趣的突然增长,他们梳理前反联邦党人的著述和文本,以便查找大量不同的宪法的原始意涵或宪法特定条款之最初意涵。同性恋者权利的倡导者们通过查找奠基时期的前反联邦党人的私人文本为

---

① 里根政府的司法部门有一位杰出人物是赫伯特·J.斯托林的学生,把施特劳斯的各种思想之不同版本带进了政府的政策制定之中,参见 Gerry Dowell, "Were the Anti-Federalists Right? Judicial Activism and the Problem of Consolidated Government," *Publius*, XII, No.3, Summer 1982, pp.99-108。大法官奎伦斯特的法理学被描述为在本质上是前反联邦党人—杰斐逊主义式的法理学,参见 Jeff Powell, "The Compleat Jeffersonian: Justice Rehnpuist and Federalism," *Yale Law Journal*, XCI, 1982, pp.1317-1370。

他们维护自己的隐私权寻求新理据;国家步枪协会通过查证前反联邦党人有关联邦枪支管理法律的反对意见找到了私人持枪具有合法性依据。

三、前反联邦党人有关公共论坛概念之现代诠释

现在最有趣且最少受人重视的前反联邦党人的宪法和政治思想之一就是探求有关公共论坛的宪法主题。当代阐述宪法和政治理论与公共论坛之间联系的学者,是著名的政治哲学家尤尔根·哈贝马斯。哈贝马斯把他的注意力转向宪法和政治理论与公共论坛之间的联系上来。尽管许多法律理论家转而求助于共和主义作为重新恢复可替代性的宪法和政治协商对话方式,然而哈贝马斯意识到公民品性理念可以使法治与理性交往的公共论坛理念形成特定的新联系。哈贝马斯有关理性交往的概念和以宪法民主政治为核心的观点显然与前反联邦党人及后来的民主共和党人所倡导的思想存在着明显的亲和力。[①]在美国,重新塑造前反联邦党人的宪法和政治理论可以帮助公众提升有关宪法理论的对话水平。有关公共论坛范围的理论并未根除反对意见的特性;相反,它能增加研究反联邦主义的理论旨趣。确实,人民表达对美国联邦政府和某些极端右翼集团包括自诩为自卫队组织的密谋的担心正是美国批准宪法时期前反联邦党人在反对宪法的争论过程中所经常采用的最令人恐慌的语词,它使人们记忆犹新。[②]这似乎说明,前反联邦党人正好可以为解决协商民主政治的恐惧心理提供有效的解决方法。而这些遗产可以追溯至最初的前反联邦党人对宪法表达的反对意见。

总之,前反联邦党人的思想在美国如此不同的语境中发挥作用是反联邦主义持续存在的重要原因。因为在美国历史上前反联邦党人的许多论点有助于界定美国宪法和歧义政治理论的合法限度。没有任何评论比马丁·凡·布伦就有关反联邦主义与美国政治传统之间的关联性更具有洞察力。他相信承续前反联邦党人的宪法思想的反对派在今后很长的时间内

---

① Jürgen Habermas, *Between Fact and Norms*, trans. William Rehg, The Belknap Press of Harvard University Press, 1996, pp.243-246.

② 关于政府密谋的问题,参见 David A. J. Richards, "Constitutional Legitimacy and Constitutional Privacy," *New York University Law Review*, LXI, 1986, pp.800-862。关于运用反联邦主义重构法律制度的社群主义版本,参见 Cass R. Sunstein, "The Enduring Legacy of Republicanism," in Stephen L. Elkin and Karol Edward Soltan eds., *A New Constitutionlism: Designing Political Institution for a Good Society*, University of Chicago Press, 1993, pp.174-206。

将一直持续地形塑美国的政治文化和生活。他承认,尽管美国的政府机构是联邦党人所建构的,然而美国政治的精神实质是前反联邦党人所赋予的。前反联邦党人的思想特征,继而也是美国政治生活发展的顶峰是它的地方主义特性。对于凡·布伦而言,"反联邦党人思想"是一种美国思想。尽管凡·布伦的地方主义类型在实质上仍然是民主性的,但是在美国还存在受反联邦主义影响的其他人,他们的地方主义观念受前反联邦党人的政治精英人物的观点所左右。

由此,前反联邦党人的宪法和政治思想为美国政治生活提供了多种实用性,前反联邦党人的文本在现代有关美国宪法和政治理论的各种争论中经常被援引。尤其,在现代美国宪法和政治理论的争论中,联邦政府和各州不断地重新利用前反联邦党人的各种文本,尤其是较早时期的那代人——奠基者和其他奠基者的著述中详细阐述的论点。作为美国宪法和歧义政治传统的其他奠基者——前反联邦党人的思想持续不断地在美国政治生活中被激发出来,从而使美国宪法的最初意涵的解释变得更为复杂。只要宪法在美国政治生活中持续地塑造歧义政治理论的合法限度,那么其他奠基者的宪法和政治思想遗产对美国人而言总是一直持续地成为超越其政治谱系和不断激励人心的源泉。

第二节 歧义宪法理论之司法化: 反联邦主义理论之司法适用

美国批准宪法时期,前反联邦党人在公共论坛上就宪法规定的司法机关的权力范围提出异议:第一,有关联邦司法管辖权之扩张。宪法授予联邦法院的权力不仅包括明确授予的权力,而且包括暗含或概括授予法院裁决案件需要的一切权力。因此,联邦司法权力过大,且易于侵犯各州的权力和联邦政府其他分支的权力。第二,有关《权利法案》之缺失。宪法赋予总体政府的权力不明确,且总体政府的法律高于各州的法律与宪法,分散在各州宪法里的《公民权利宣言》并不能有效地保护公民的自由和权利。因此,必须把《权利法案》纳入宪法修正案,以便司法机关明确判定公民权利应当受宪法保护的范围。第三,有关"剩余权利"之法律界定。1787年美国宪法明确列举有关联邦政府的权力和公民的权利,被称为"已列举的权利",而在美国法治发展进程中有关公民的诸多自由和权利并未在宪法中明确予以列举,被称为"未列举权利";按照美国奠基者的最初意涵,宪法未明确列举的权利属于各州和公民的自治领域。源于1787—1788年批准宪法时期的政治大争论,联邦最高法院依据宪法和歧义政治理论审理具体案件时逐渐形成了司法适用的一般理论——历史传统理论、理性判断理论和生成性国家价值观理论。它们持续地影响着联邦法院援引宪法保护公民权利所裁决的大多数案件。为了便于评述三种理论,我们首先设定了如下三个有效的评价标准:

首先,多数主义自治。美国联邦法院的裁决在多大程度上与多数主义自治原则保持一致。[①]无论作为一种宪法理论还是作为一种易于引人争论的理论,"反多数决困境"[②]一直具有持续的影响力。当联邦法院援引宪法保护公民的自由和权利,继而宣布制定法无效时,它实际上否定了民选官员的判断。[③]

其次,司法客观性和胜任能力。美国联邦法院审理具体案件的方法论在多大程度上可以为其裁决提供正当性依据。司法机关并非"不加掩饰的权力机关"。[④]它们的任务是"做一名翻译者的工作,从来就必须遵循既定的阅读标志和符号"。[⑤]由此,司法裁决应当是原则性较强,且必须保持一致,它应当是基于客观确定的价值标准,而不仅仅是法官自身的内在判断,[⑥]尤其是法官对于主导性价值的准确计算必须在司法认知范围内。[⑦]

最后,功能正当性。美国联邦法院有关公民自由和权利的裁决在多大程度上可以为政府提供服务的功能。作为非原理主义的宪法原则,它要求法官在裁决有关公民自由和权利的案件时必须具有充分的正当性,这种正当理由是基于为政府提供服务的功能。即使司法裁决可能与多数主义自

---

① Rebecca L. Brown, "Accountability, Liberty, and the Constitution," *Colum. L. Rev.*, 1998, pp.531, 535.

② Alexander M. Bickel, *The Least Dangerous Branch: The Supreme Court at the Bar of Politics*, Yale University Press, 1962, pp.16–23.

③ Daniel A. Farber and Suzanna Sherry, *Desperately Seeking Certainty: The Misguided Quest for Constitutional Foundations*, University of Chicago Press, 2002, pp.142–151.

④ Herbert Wechsler, "Toward Neutral Principles of Constitutional Law," *Harv. L. Rev.*, 1959, pp.1, 19.

⑤ Benjamin N. Cardozo, *The Nature of the Judicial Process*, Dover Publications, 1921, p.174.

⑥ William P. Marshall, "Constitutional Law as Political Spoils," *Cardozo L. Rev.*, 2005, pp.525, 537.

⑦ Symposium, "Jurocracy and Distrust: Reconsidering the Federal Judicial Appointments Process," *Cardozo L. Rev.*, 2005, p.331.

治原则保持一致,且以一定的方式适合于联邦法院充当司法角色,但是法官仍然没有理由接受它,除非它可以促进和提升美国政府的当代治理和决策能力。①

一、历史传统理论

历史传统理论是指美国联邦法院针对公民提起有关自由和权利的诉讼主张依据宪法作出裁决时仅仅只是"深深根植于这个国家的历史和传统"。②换言之,联邦法院在公民主张宪法未列举的自由和权利保护必须作出判定时,这些权利已经在美国社会和法律历史中得到了广泛而长期的支持。

一方面,联邦法院依据宪法裁决有关公民自由和权利的案件必须强调历史的重要性和客观司法裁决的必要性。宪法并未使任何规则被简化,其内容之确定性不能参照任何法典。因为美国建构于假定尊重个人自由和权利的基础上,在自由与有组织的社会需求之间必须达成平衡。"这个国家的平衡一旦被触动到了",不仅触动的是"它发展了的传统",而且是"它触动到了的传统",因为"传统是具有生命力的事物"。③历史事实证明,司法程序一直在维护美国不断演进的传统及被触动的传统。因此,从根本上背离历史传统的法院裁决就不可能幸存下来,只有建立既定的历史传统基础之上的司法裁决才具有合理性。

另一方面,适当限制司法程序不是源于限制任何专断,而是源自审慎地尊重历史教义和构筑在美国社会基础之上具有理性认知的基本价值。④基于历史传统方法限制司法权力比任何来自更为抽象和有序的自由概念的评价更具有意义。⑤因为美国国家的传统反映了"累积文明的智慧,并获得了数个世纪以来遍及我们历史的尊重"。⑥在历史传统理论下,联邦法院应当在每一个案件中准确而狭义地界定宪法性权利主张,然后从过去到现在详细地考察美国社会和法律的历史,因为它关系到公民特定的宪法性权

---

① Alexander M. Bickel, *The Least Dangerous Branch: The Supreme Court at the Bar of Politics*, Yale University Press, 1962, p.24.

② 青彤:《美国实质性正当程序之历史传统理论:生成与评价》,《西华师范大学学报(哲学社会科学版)》2019年第1期。

③ Poe v. Ullman, 367 U.S., 1961, p.542.

④ Griswold v. Connecticut, 381 U.S., 1965, pp.479, 501.

⑤ Griswold v. Connecticut, 381 U.S., 1965, p.503, n.12.

⑥ Griswold v. Connecticut, 381 U.S., 1965, p.505.

利主张。①

　　依据多数主义自治原则,究其实质而言,联邦法院很少或根本就不支持宪法的文本主义或所谓的宪法之最初意涵,从而使制定法无效,既而否定民选官员的判断,使所有司法适用理论与多数主义自治原则处于严重的紧张关系。在此,历史传统理论许可司法程序与长期存在的基本民主规则保持相对和谐的运行。依据历史传统理论,只有联邦法院所宣称的个人权利"深深地根植于"美国社会和法律的历史,它才有资格获得特殊的宪法保护,既而防止脱离国家历史模式的反常性法律和政策,因为正是国家的历史划定和限制了符合特殊保护的宪法性权利之界限。由此,美国国家的历史本身所揭示的根深蒂固的社会模式和法律政策正是体现了立法多数主义的模式和政策。②质言之,历史传统理论与多数主义自治原则处于相对和谐的状态,因为它是保护公民自由且随着时间推移受到美国人民和他们选举产生的代表认可、批准和维护的一项原则和理论。

　　依据司法客观性和胜任能力,历史传统理论并未为司法裁决提供适当性标准。一个国家根深蒂固的历史传统是具有争议,且应有的司法程序保护更具有争议性。③然而历史传统方法为司法裁决提供了客观标准,即法官有能力遵循一致性原则,并把它运用于所有有关保护公民自由和权利的案件中去。这种标准大大地限制了法院的自由裁量权,使它无法任意识别宪法未列举权利——无论法官如何具有智识和能力都不可能发现它,除非这些权利客观上是从这个国家的历史和传统派生出来。正如劳伦斯·H.泰伯和迈克尔·C.多夫所指出:"历史传统,正如权利本身,存在于各个层面的一般概念之中。"④确定一般概念的适当标准是一种具有价值取向的选择,且倾向于司法的可操作性。⑤但是在历史传统理论下,作为价值取向的司法可操作性的无穷潜力明显地被减少了。

　　依据功能正当性原则,追问历史传统理论是否包含它授权的司法裁决

①　Michael W. McConnell, "The Right to Die and the Jurisprudence of Tradition," *97 Utah L. Rev.*, 1997, p.671.

②　Michael W. McConnell, "Textualism and the Dead Hand of the Past," *66 Geo. Wash. L. Rev.*, 1998, pp.1127, 1136.

③　Moore v. City of E. Cleveland, 431 U.S., 1977, p.549.

④　Laurence H. Tribe and Michael C. Dorf, "Levels of Generality in the Definition of Rights," *57 U. Chi. L. Rev.*, 1990, pp.1057, 1088.

⑤　Laurence H. Tribe and Michael C. Dorf, "Levels of Generality in the Definition of Rights," *57 U. Chi. L. Rev.*, 1990, pp.1085–1093.

具有实行现代政府功能的正当理由。换言之,美国联邦法院依据法定的裁决方法保护宪法未列举权利是否提高或改进了美国政府的现代治理和决策能力。在历史传统理论下,司法程序至少服务于以下国家功能:首先,不论其理论如何被适用,司法程序必须服务于一种国家化功能。当联邦法院承认公民权利的司法保护时,它们就是一种国家权利,每一个州和每一个地区的人民都必须予以尊重。尽管联邦主义是一项具有重要性的宪法价值理论,但美国是一个单一的主权国家,其公民的基本权利作为国家宪法的一项基本内容被适当加以界定和保护。①作为国家宪法权利的保护,不管如何界定,它必须有助于确保公民把自身看成"美国人第一,佐治亚人或纽约人第二"。②与司法程序的其他理论一样,历史传统理论通过识别公民权利是否为国家权利,从而把美国公民界定为国家政治体的成员,并服务于一种国家化功能。③其次,历史传统理论所保护的国家权利是反映长期存在的传统法律原则的权利。根据这一理论,司法程序服务于一种保护性功能,它旨在促进法律的稳定和保护有关公民个体自由的社会预期。它可能保护传统形式的公民自由,只要它们继续寻求国家和社会的广泛支持。由此,司法程序捍卫"构成美国社会的基本价值观"④,"确保历史的连续性,从而排除急剧偏离历史传统的社会价值观"⑤。最后,历史传统理论不仅提供保护稳定且具有连续性的权利之预期等基本价值,而且因为传统的价值观应当被视为是自动有效——如果不是作为一般性真理的话,那么至少在美国就是如此。换言之,有关权利保护的司法程序应当被诠释为服务于伯克式功能。⑥根据这一理论,美国长期以来的社会价值观代表了"文明智慧

---

① Daniel O. Conkle, "Nonoriginalist Constitutional Rights and the Problem of Judicial Finality," *13 Hastings Const. L. Q.*, 1985, pp.9, 26−30.

② Richard A. Posner, *The Federal Courts: Crisis and Reform*, Harvard University Press, 1985, p.193.

③ Michael W. McConnell, "Tradition and Constitutionalism Before the Constitution," *1918 U. Ill. L. Rev.*, 1998, p.690.

④ Moore v. City of E. Cleveland, 431 U.S., 1977, pp.494, 503.

⑤ Michael H. v. Gerald D., 491 U.S., 1989, pp.110, 122, n.2.

⑥ 18世纪英国政治家和政治哲学家埃德蒙·伯克认为,传统做法反映了一种通过继承得到的智识,不应当被轻易地抛弃。《法国大革命反思录》,伯克写道:"政府科学……需要经验,甚至比任何人在整个生活中所获得的更多经验,哪怕他可能是一位睿智而具有洞察力的人"。See Edmund Burke, *Reflections on the Revolution in France*, J. G. A. Pocock ed., Yale University Press, 2003, p.53.

的累积"。①它们是"根深蒂固的",且之所以能够被过去和现在的美国人所珍视必然有其充分理由：就美国社会的遵从性和维持而言,它们是正确的价值观。

总之,尽管历史传统理论许可有关公民宪法权利保护的司法程序服务于国家化功能、保护性功能和伯克式功能,然而它不仅严格地限制了联邦法院通过司法程序做出随意的裁决,而且严格限制了它对现代社会所产生的重要作用。由此,它所面临的事实是,其功能和效用相对被减弱了。

二、理性判断理论

理性判断理论要求联邦法院通过相当于一种哲学分析或政治—道德推理过程自主地识别宪法性权利和评估个人的自由利益,并权衡它,以防止具有对抗性的政府利益的侵犯,并在此基础上确定个人的权利和自由利益是不是值得作为一种宪法性权利加以保护。

首先,联邦法院可以且应当扮演更为能动和积极的角色,人们不能把它局限于历史传统,也不能把它局限于现代普遍盛行的价值观。法官应当求教于"他们有关政治道德的观点",必须寻求"发现宪法道德原则的最佳概念……因为这些概念符合广泛的美国历史记录的传统沿革"。②准确地说,通过司法程序保护公民的宪法性权利应当被诠释为保护公民最全面的权利和作为社会文明人最值得珍视的权利,尤其是妥善保护个人的决定权。因为这些决定权对个人生活尤其是对个人的自我认知尤为重要,它是一个人独立地界定其身份的能力,而这种身份对于任何自由概念而言都具有核心地位。换言之,自由的核心是他们有权规定他们自身的存在、意义、整体性和有关人类生活奥秘的基本概念。③

其次,理性判断理论许可司法程序通过宪法法律保护公民的自由和权利,从而确定公民的基本权利,进而实现国家化功能。联邦法院不仅只是为保护传统权利提供一种连续的和伯克式意义上的传统智识而感到荣耀,而且必须直接识别它所认为适合当代社会需要的个人自由。因此,理性判断理论许可司法程序服务于最大化自由的功能,这就大大增加了理论的功

---

① Moore v. City of E. Cleveland, 431 U.S., 1977, p.505.

② Ernest Young, "Rediscovering Conservatism: Burkean Political Theory and Constitutional Interpretation," *72 N. C. L. Rev.*, 1994, p.619.

③ Planned Parenthood of Southeastern Pennsylvania v. Casey, 505 U.S., (833), 1992, pp.851–869.

能性意义。由此,作为理性判断理论,如果联邦法院需要评估和协调相互冲突的利益和价值观,且试图就有关特定宪法性权利主张形成正确的判断时,它并不需要关注它是否创造了当代具有连贯性和逻辑性的宪法权利整体模式。因为依照理性判断方法,公民自由并不能受到法院的限制,而是法院使自由最大化了。在这种宪法性决策理论下,联邦法院对公民权利主张的考量开始于大概是假定了的"更不用说的权利",即个人自由应当在"使他人不受到伤害"的情况下必须得以实现。①

最后,理性判断方法不仅要求联邦法院考量个人自我认知的一般利益包括个人人际关系形成的自治,而且要求考量其他更多的特定个人利益,以及与它具有对抗性的政府利益,它选择保护特定自由的整体模式具有合理的连续性。因此,应用一致和恰如其分的理性判断理论可以促进联邦法院发展和执行一系列具有连续性的宪法未列举权利,只要联邦法院认为它是适合当代美国社会需要的权利。当然,它不会赞成对个人道德的强制性实施,除非联邦法院认为应当予以保护,且其重要性足以大于个人利益,然而法院必须证明存在实实在在的政府利益。

理性判断理论与多数主义自治原则显然存在不一致性。联邦法院所考量的美国传统和价值观是一种更为宽泛和抽象的政治—道德审查之一部分,它要求法院自身评估和协调相互冲突的利益和价值。作为结果,即使法院运用理性判断理论也不能使代表民意的立法机关的制定法无效,继而否定民选官员的判断;而基于法院自身的政治—道德判断,如果制定法不适当地干预了个人自由,那么它凭借其自身的判断仍然必须作出裁决。

理性判断理论的另一个劣势与功能正当性有关,尤其是与有关公民权利保护的国家化功能有关。国家化功能依赖的前提是,美国人的基本权利不应当在一州或另一州有其不同的界定,而是应当在国家宪法和法律层面上予以整体界定。从孤立的观点来看,这种功能并非支持任何有关联邦法院司法程序的特定理论,但是它是处于理性判断方法下最弱意义上的功能。在理性判断理论下,当它涉及即将面临的特定权利主题时,联邦法院运用司法程序保护权利既不是由历史传统也不是由现代生成性国家价值观所支持的那些权利。

司法客观性和胜任能力使理性判断理论遭遇到额外的难题。在理性

---

① Michael W. McConnell, "Tradition and Constitutionalism Before the Constitution," *1918 U. Ill. L. Rev.*, 1998, pp.682–685, n.96.

判断理论下,联邦法院并不像"赤裸裸的权力机关"那样行为。因为理性判断需要法官进行哲学分析或政治—道德评断,这种理性判断的一般方式与美国历史和现代价值相联系,且法院有关特定权利主题的裁决是应用司法程序更为宽泛的模式加以表达,而法院必须把符合宪法原则的权利解释为具有连续性的主体权利。由此,理性判断方法远非比历史传统方法更具有限制性,因为法院不能局限源自客观决定且具有内在渊源价值的那些权利。相反,它是在更具有说服力的推理基础上自主决定美国政治—道德的重要问题。

就司法胜任能力而言,一方面,联邦法院可能比联邦其他政府机构能够更好地处理和解决某些基本权利问题,且遵循一致性原则作出裁决。与立法机构不同的是,联邦法院享有政治中立的一系列重要保护措施。作为结果,尽管缺乏政治权力,但是它可以更好地处理政治上少数派的权利主张。更为普遍的是,法院具有的独立政治姿态促进其深思熟虑和无限制地追求政治—道德智慧。另一方面,法院在此基础之上所做出的裁决必然包含没有特殊技能或更具有智慧的价值判断,因为法官的价值判断可能并不比作为整体的人民的判断更好,且在任何情况下法官并未被训练成为政治哲学家,也不会在此基础上作出选择。联邦法院的法官们仅仅只是基于政治—道德的理性判断做出裁决,实际上他们就像"一群柏拉图式的监护者"那样行为,它反映了司法角色的一种奢侈概念——需要法院大大地超出其习惯判断的局限。①

总之,在理性判断理论下,美国联邦法院为保护公民自由和权利发挥着更为积极的作用,从而使公民的自由和权利保护最大化。然而,随着美国宪法和政治理论发展,理性判断理论在指导联邦法院保护公民的权利和自由方面仍然存在局限性。由此,联邦法院依据美国国家的社会和政治发展需要在司法实践中逐渐形成了另一种司法适用理论——生成性国家价值观理论。

三、生成性国家价值观理论

有关联邦法院司法适用的最新也是最引人注目的理论是生成性国家价值观理论。联邦法院所确认的宪法未列举权利和公民自由,无论从狭义

---

① John Hart Ely, *Democracy and Distrust: A Theory of Judicial Review*, Harvard University Press, 1980, p.18.

上界定还是从精准意义上界定,只要被现代国家共识和法院独立的政治—道德判断支持,它们就应当采用生成性国家价值观理论作为解决有关公民自由和权利的一般法律适用理论,且它们应当拒斥其他与之相矛盾的理论,但是联邦法院必须厘清司法程序原则之意涵,并使之合理化。

一方面,生成性国家价值观理论要求联邦法院在考量公民的权利主张和自由时必须承认新形成的未列举权利,或者我们还无法想象得到的某些权利。[1]在此,生成性国家价值观理论要求联邦法院寻求现代性国家共识,且在独立进行政治—道德判断之前支持所宣称的宪法性权利。因此,生成性国家价值观理论赞同"活的宪法"概念,以保护社会随时可能出现的宪法未列举权利。[2]质言之,这一理论将许可联邦法院提升公民的自由,并对宪法进行与时俱进的解释,把法官的裁决限定于适当的司法作用之中。

另一方面,生成性国家价值观理论要求联邦法院识别"触动到这个国家有关特定个人权利问题的平衡"。[3]它并不仅仅只局限于"那些深深根植于"美国社会历史传统的特定权利主张,而且必须关注所宣称的个人权利在美国文化中是否获得了广泛的现代性支持。当然,这种现代性支持也可能是长期历史传统的一种延续。就此而言,生成性国家价值观理论包含了历史传统理论,因为现代性支持可能反映来自过去的一种变化。因此,联邦法院对所宣称的个人权利只有在现代国家中获得了广泛的社会支持,它才会成为符合宪法保护的特定权利。由此,生成性国家价值观理论取决于具有客观决定性和外在性的价值源泉,它必须获得现代美国文化包括法律文化在内的广泛的现代性支持。

然而有关美国宪法发展过程中所呈现的一系列未列举权利和公民自由不仅仅是法院自身判断的产物,它们也是多数主义者行为的产物,这些多数主义者行为为法院的裁决提供了外在标准。尤其,当法院行使识别新出现的宪法性权利的自由裁量权时,有关多数主义治理的政府应当受到价值观之外部来源、现代法律模式及不同州的司法实践所限制。它表明只要一般的社会共识与联邦法院的独立判断保持一致性,那么法院就应当认同国家的宪法性限制,继而使普遍的一般共识形成国家的统一认识。由此,生成性国家价值观理论许可司法程序在与多数主义自治原则相对协调的

---

① City of Cleburne v. Cleburne Living Ctr., 473 U.S., 1985, pp.432, 466.

② Benjamin N. Cardozo, *The Nature of the Judicial Process*, Dover Publications, 1921, p.141.

③ Benjamin N. Cardozo, *The Nature of the Judicial Process*, Dover Publications, 1921, p.141.

语境下运行。由于法院在有关特定自由的辨识方面必须反映这个国家所感知到的那些平衡，[①]它受到国家社会模式和法律政策的广泛支持，它可能会或也可能不会是"深深地根植于"美国的历史传统之中，但是它必须在现代美国社会中获得广泛的支持，且必须解决特定问题的宪法性权利主张。正如联邦法院以类比的方式所指出，"有关现代价值观最清晰和最客观的证据是国家立法机关制定的法律"，[②]部分原因在于，"在一个民主社会里，构建立法机关……是为了回应人民的意愿和道德价值观"。[③]

就司法客观性和胜任能力而言，在生成性国家价值观理论下联邦法院裁决案件的主要构成部分之一是在无限制和开放的环境下作出。法院不能辨识宪法的未列举权利，除非基于它自身的政治—道德和理性判断，公民的自由和权利才必须由宪法保护。在此，这种独立于规范的理性判断不可避免地成为司法适用理论之一部分，甚至包括历史传统理论本身所存在的限制。[④]因此，在生成性国家价值观理论下，联邦法院自身的政治—道德判断并不足以证明联邦法院对宪法未列举权利的认知具有正当性，除非它首先是客观地做出判断，且在它面前存在现代性国家共识，以至于支持特定宪法性权利主张，否则法院就不能发挥理性判断能力。因为在一定程度上，联邦法院的作用仅仅只是"一种翻译者的角色，从来都是对宪法和法律进行标志性和象征性解读"。[⑤]首先，尽管法院必须界定特定的权利主张，但是法院所界定的权利主张是如此之狭窄，以至于足以反映突出的政治—道德要素，且这种决定需要敏锐的司法洞察力。[⑥]其次，法院必须决定是否存在足够的国家共识，且满足多数主义要求的基本标准——获得普遍共识。最后，在既定的案件中，联邦法院的绝大多数裁决在多大程度上依赖于国家共识，包括立法趋势和执行或非执行模式；如果这种趋势和模式是

---

① Poe v. Ullman, 367 U.S., 1961, pp.497, 542.

② Atkins v. Virginia, 536 U.S., 2002, pp.304, 312.

③ Gregg v. Georgia, 428 U.S., 1976, pp.153, 175−176.

④ Steven G. Calabresi, Lawrence, "The Fourteenth Amendment, and the Supreme Court's Reliance on Foreign Constitutional Law: An Originalist Reappraisal," *65 Ohio St. L. J.*, 2004, pp.1097, 1110.

⑤ Benjamin N. Cardozo, *The Nature of the Judicial Process*, Dover Publications, 1921, p.174.

⑥ Laurence H. Tribe and Michael C. Dorf, "Levels of Generality in the Definition of Rights," *57 U. Chi. L. Rev.*, 1990, pp.1057, 1088.

混合的或不明确的,那么法院应当有所保留地承认国家共识。①

生成性国家价值观理论可以为联邦法院在有关司法裁决程序上提供现代性功能的正当理由。首先,生成性国家价值观理论许可有关公民权利保护的司法程序服务于国家化功能。联邦法院对宪法性权利的认知不仅是对多数主义偏爱的遵从,而且更多的是对正在解决的权利主题形成稳定和持续的解决方式。其次,生成性国家价值观理论服务于具有进取的正当功能。司法机关承认宪法未列举权利体现的政治—道德智慧不仅受自身的理性判断支持,而且受现代美国国家共识支持,使它的政治—道德判断表现为具有前瞻性和进取性的发展态势,而这种发展取向更适合或符合当代美国社会的需要。确实,联邦法院的能动性体现美国政治—道德的进步,是美国社会和政治文化的核心要素,也是具有建构性的司法要素。正如迈克尔·J.佩里所描述,美国的自我诠释包括"对道德进化概念"长期的持久承诺,且"把集体(政治)实践带入正在发展和深化的道德解释更为和谐的状态之中"。②在解决有关政治—道德问题时,联邦法院从过去吸取经验,有时重申深深根植于历史的教训,但有时又朝着新的方向发展。③最后,生成性国家价值观理论许可有关公民权利主张的司法程序服务于提升公民自由的功能。这种理论激励联邦法院详细阐释有关个人权利的自由主义哲学观,尽管在一定程度上也会受到必不可少的国家共识支持。由此,国家共识的需求限制了联邦法院自由塑造宪法未列举权利的一系列模式,因为从逻辑上可能遵从其他模式的某些权利无疑缺乏必要的国家共识。

概言之,生成性国家价值观理论可以满足上述三种评价标准:一是,现代国家共识的要求许可有关公民权利保护的司法程序与多数主义自治原则保持相对协调的运行,且限制司法机关以特定方式在尊重司法客观性和胜任能力的基础上行使自由裁量权;二是,它许可联邦法院部分地依据其独立的理性判断宣称公民个人的自由和权利,并详尽阐述宪法未列举的权利,从而提升公民的自由,有效保护公民的权利;三是,联邦法院有关公民权利保护的司法程序服务于尊重美国历史的自我诠释的积极功能,且许可

① Laurence H. Tribe and Michael C. Dorf, "Levels of Generality in the Definition of Rights," *57 U. Chi. L. Rev.*, 1990, pp.1057, 1088.

② Michael J. Perry, *The Constitution, the Courts, and Human Rights: An Inquiry into the Legitimacy of Constitutional Policy-making by the Judiciary*, Yale University Press, 1982, p.99.

③ Rebecca L. Brown, "Tradition and Insight," *103 Yale L. J.*, 1993, pp.177, 204.

宪法承认公民的特定宪法性权利国家化。①

总之,美国联邦法院运用司法程序保护公民自由和权利再现了美国司法制度发展的历史路径,它包含在渐进的维度之中。简言之,联邦法院有关公民权利保护的司法程序保护了美国逐渐形成的一系列国家价值观,尤其是得到现代美国社会广泛认同的价值观,尽管它可能随着时间推移才能被法律发展和社会解释所证明。因此,本来具有对抗特性的三种司法适用理论,从本质上共同促进了美国联邦法院诠释有关公民自由和权利保护的司法程序之不同意涵,使法院可以通过其权力或权威拓展法律必须认定的宪法未列举权利和公民自由。

第三节　美国宪法和歧义政治理论之精义

1787—1830年反联邦党人宪法思想发展可分为三个阶段:形成期、转变期和发展期,其基本思想的构成包括"一个中心、两大理论、三个主体和五大论题"。"一个中心"是限制联邦政府的权力,加强各州的权力,保护公民个体的自由和权利。"两大理论"是共和主义与联邦主义。"三个主体"是指推动反联邦党人的宪法和政治思想发展的三个主要阶层:社会上层的精英反联邦党人、社会中产阶级反联邦党人和社会下层的普通反联邦党人。"五大论题"包括反对加强中央政府的权力、批评联邦政府的国家特性、《权利法案》之遗缺、贵族政体之歧义,以及公共论坛对保护公民自由和权利的重要性。"五大论题"是"一个中心"的具体表述,"一个中心"是"五大论题"的一般概括。

一、反联邦党人的宪法和政治理论之发展阶段

综合分析美国批准宪法时期及后立宪时期的宪法和歧义政治理论发展过程,我们把反联邦党人的宪法和政治思想发展和承续分为三个主要阶段:形成期(制定宪法与各邦批准宪法)、转变期(联邦政府建立与民主共和党兴起)与发展期(《外籍与煽动叛乱法》的实施与麦卡洛克诉马里兰州案)。

---

① Gerald N. Rosenberg, *The Hollow Hope: Can Courts Bring About Social Change?*, University Of Chicago Press, 1993, p.338.

1.反联邦党人的宪法和政治思想的形成期

在美国,反联邦党人并未形成有组织的统一联盟,且对1787年宪法提出的许多反对意见基本上是有关联邦主义(本质上的邦联主义)与古典共和主义(核心是小共和国理论与公共论坛范围理论)的个体性观点,他们缺乏统一的组织和逻辑一致的共同观点;其思想特性表现为反对意见的个性化与传播信息的有限性、发表观点的矛盾性与思想脉络的多样性并存。联邦主义意涵主要表现为邦联主义的基本理念——按照《邦联条例》第二条有关多元主权主体的规定:"各邦均保留其主权、自由和独立,凡未经本条款明示授予合众国之各项权力,司法权及权利,均由各邦保留之。"因此,反联邦党人的联邦主义概念一般等同于邦联主义理念。

2.反联邦党人的宪法和政治思想之转型期

反联邦党人的精英人物和一部分社会中间阶层的普通反联邦党人联合曾经支持宪法的一些重要政治人物(如麦迪逊)形成了忠实于宪法的反对派系,在修正前反联邦党人的宪法和政治思想的基础上形成了政治反对派思想之集大成理论体系——麦迪逊式的宪法综合理论。其共性在于联邦主义(邦联主义理念与真正的联邦主义混同)、联邦共和主义和地方主义(主要是州权主义)具有亲和力地结合起来,其思想特性是理论基础的多元性与指导意识的中心性、反对意见的歧义性与实现目标的统一性并存。联邦主义概念把邦联主义理念与真正的联邦主义等同起来,让·不丹的经典主权理论不再适用于具有广袤领域的美国联邦合众国,最终形成了主权分割理论——联邦主权源自具有原始契约性质的宪法——"宪法主权";各州主权源自美洲13个殖民地最初形成的地方自治——"自然主权",使各州能够有效地制约联邦政府,实现"纵向分权与制衡"的原则。①

3.前反联邦党人的宪法和政治思想之发展期

民主共和党为适应美国新的政治和社会环境需要,批判地继承和发展前反联邦党人的宪法和政治思想,并经过不断地修正、调适与整合,把它有机地融入民主共和党的宪法和政治理论中,使新联邦主义(联邦政府的联邦特性,主要体现为联邦与州的分权、宪法主权与自然主权的适当分开)和地方主义(主要是州权主义)有机地结合起来,使前精英反联邦党人和一部分中间阶层的反联邦党人从社会下层反联邦党人的民粹主义思想中分离

---

① 有关美国纵向分权原则和制度,参见青维富:《美国宪制特色之法理评析:纵横向相结合之分权制衡》,北京:法律出版社,2010年,第37—148页。

出来,转变为宪法的忠实反对派,从而使美国宪法和歧义政治思想定型化。其思想特性是歧义意见的历时性与反对立场的共时性、思想传承的多元性与组织结构的统一性并存。前反联邦党人早期所坚持的联邦主义被民主共和党发展为新联邦主义,它既承认各州具有自然主权,又认同联邦具有宪法主权。然而根据1787年宪法第六条规定:"……本宪法及依本宪法所制定之合众国法律;以及合众国已经缔结及将要缔结的一切条约,皆为全国之最高法律;每个州的法官都应受其约束,任何一州宪法或法律中的任何内容与之抵触时,均不得有违这一规定。前述之参议员及众议员,各州州议会议员,合众国政府及各州政府之一切行政及司法官员,均应宣誓或誓愿拥护本宪法……"由此,联邦的宪法主权高于各州的自然主权。随着美国联邦主义两百余年来的逐渐演进过程,现代美国人已几乎认同美国是单一的主权国家——美国公民认同的身份资格是美国公民第一,弗吉尼亚州或纽约州公民第二。

二、社会分层理论

根据美国社会的历史语境和结构功能主义的社会分层理论,可将美国批准宪法时期和后立宪的一段时期内参与公共范围争论的宪法反对派适当地划分为三种类型:社会上层阶级、社会中间阶层和社会下层阶级。

社会上层阶级或社会精英阶层的反联邦党人,具有高贵的气质、渊博的学识和丰厚的财富,且具有共和主义的品性或德性。处于社会上层的精英反联邦党人一直坚持自古希腊罗马以来的传统自由主义和古典共和主义。他们崇尚小共和国理论和贵族政体,竭力主张权力集中到少数人手中,由少数精英人物统治多数人,坚持只有公共论坛才是保护公民自由和权利的适当场域;他们的行为方式具有保守主义的特性和温和性,反对过激的言辞和语调与超法律之外的暴力行为,主张合法行使公民的请愿权和其他的公民权利,从而抵御政府的违法和滥权行为。

作为社会中间阶层或中产阶级的普通反联邦党人,具有共和主义的一般品性或德性,拥有中等财富,他们坚持亚里士多德式的中庸立场,坚持州权主义和现代共和主义,崇尚共和主义变体之民主共和政体,他们的行为方式表现为积极能动主义的特性和进取性。其中一部分中间阶级的反联邦党人在思想上更接近于社会下层阶级的激进主义者,他们保持了思想的激进性。但是作为整体的中间阶级反联邦党人一般都反对超法律之外的暴力行为。

作为社会下层阶级或社会平民阶层的反联邦党人,不具有傲人的身份和社会地位,也不具有殷实的财富,他们大多数人坚持狭隘的地方主义(社区共同体自治)和民粹主义,一小部分人的思想接近于中间阶层的普通反联邦党人,其思想脉络介于中间阶层的反联邦党人与社会下层的反联邦党人之间。他们崇尚民主政体之变体——直接民主政体,其中的大部分人表现为激进主义的特性和行为的暴力特性。在政治上主张社会正义与平等,在经济上主张平等主义或均等主义。其宪法和政治思想具有激进性,主张和支持超法律之外的暴力行为,且易于采取超法律之外的实际行动,竭力主张邦作为最初契约的当事人有权退出联邦,即邦有退出联邦的权利,一般把他们称之为"国家分裂主义者"。此外,在1787—1830年美国社会的政治大变化中,还有一部分宪法反对者处于中间阶级的反联邦党人和社会下层阶级的反联邦党人中间,他们坚持社会下层阶级反联邦党人的宪法和政治观。尽管他们主张和支持民粹主义的暴力行为,然而他们并不参与实际的暴力行为,且对邦有退出联邦的权力持保留态度。

三、反联邦党人宪法和政治思想之核心理论:联邦主义和共和主义

在1787年美国制宪会议上使宪法制定者真正产生分歧,且由此几乎造成美国分裂或至少是分化的问题:州权在联邦权力中占有多大的地位及它们在多大程度能够保持其独立性。这是批准宪法时期反联邦党人真正关心的主题。在制宪会议和批准宪法会议看来,政府形式迫于需要应当采取特定的形式——保留州权,赋予各州一定范围的主权,并使各州能够作为保护公民权利的另一种制约方式;同时,赋予联邦政府法定范围内的较大主权,以提高总体政府的权威,这是构成统一国家必需的源泉。对此,麦迪逊在《联邦党人文集》第十篇中进行解释,联邦的主要特征是"限制其成员的集体权力的权威,而不是限制组成联邦的个别成员的权威"[①]。由此,联邦主义、共和主义与地方主义(州权主义或社会自治共同体意识)密不可分地联结起来,其中,联邦主义和共和主义概念与宪法基本体系结构是反联邦党人及其继承者所坚持的核心理念。

1.联邦主义

联邦主义是反联邦党人宪法和政治思想的核心概念。在1787—1830

---

① [美]汉密尔顿、杰伊、麦迪逊:《联邦党人文集》,程逢如、在汉、舒逊译,北京:商务印书馆,2017年,第43页。

年美国宪法和歧义政治传统发展过程中,联邦主义成为所有宪法争论主题的核心内容,并被宪法反对派详细加以阐述。其基本意涵如下:

第一,联邦主义制度是解决美国生活中经济和文化多元化的唯一方式。美国的联邦主义特性,许可公民个体以不同的看法共同参与反对政治和经济发展过程中的集权主义,各州而不是联邦政府才能引导经济发展方向。联邦主义制度的天然特性在于,许可各州组织经济运行,以便在美国联邦共和国范围内反映各州的基本特性。

第二,在联邦体系范围内,正是州而不是联邦政府才是个体自由的保护者。在美国广袤领土范围内,能够维系政府平衡的唯一制度只能是中央政府权力受限制于宪法所明确授权的范围内的真正联邦主义制度。

第三,宪法是一份社会契约,依据它,作为人民真实意愿的表达者——各州转让有限权力给联邦政府;它的意涵受到人民依照他们作为各州公民在批准宪法时期所共同达成的目的决定。

第四,君主政体的偏爱者和希望从整体上废除州政府的联邦党人反对联邦主义原则,而联邦主义原则是基于这样的认知,即十三个州政府必须永保其完全的权力和活力。因为在美国联邦主义作为美国政治社会和文化特性的反映是不断演进的,只有联邦主义制度才能充分代表美国社会的多样化特性和多元化利益。

第五,州立法机构才是公民自由的真正守护者。赋予各州巨大的权力以管理其内部的治安事务,而广泛的治安管理权力概念包含一系列有关政府的权力和责任,也包含内部征税权、司法管辖权和武装力量的组织权等。由此,各州控制武装力量就是一种具有重要意义的制度性预防措施,它对中央政府的权力起着平衡作用。此外,还必须增加代议制机构代表的数量,把更多的权力交还给各州。作为结果,州政府将使人民充满信任,且一般而言被视为是公民权利和自由的直接捍卫者。

第六,如何既能维持各州和地方政府的权力,又能使美利坚合众国保持团结一致——这是反联邦党人宪法和政治理论的基本问题。因为无论在各州还是在合众国,它仅仅只是地方自治体的意愿,而且是绝大多数人的愿望。与中间阶级的民主主义者相比较,社会下层平民并非尤其对保护各州政府的权力和地方机构包括陪审团、地方武装力量或代表民意呼声的社会群体感兴趣。因此,维持平衡政治模式的唯一方式就是保持地方政治制度的根基——联邦主义。由于只有地方政府才能倾听人民的呼声,因此他们不需要任何中间人。

第七,宪法修正案预示着在联邦政府体系范围内实现纵向权力平衡,并有利于各州,且保护公民的个体自由,限制宪法范围内的弹性条款,从而在各州与联邦政府之间实现权力制衡。

总之,美国生活的显著特征在于它遍布的地方主义。在很大程度上,宪法的主要反对者总是把地方主义与联邦主义(常常被反联邦党人交替使用)视为美国现代社会的两大基本目标。

2.共和主义

共和主义是反联邦党人宪法和政治理论的关键性概念。就其实质而言,共和政体的意涵是代议制的基本形式,它意味着在美利坚民族没有世袭的行政官。麦迪逊在《联邦党人文集》第十篇中尤其区分了民主政体和共和政体:首先,共和政体的政府委托给由其余公民选举出来的少数公民——在共和政体下,政府权力由具有选举权的公民通过普选而产生的政府官员行使权力,而不是由人民直接行使政府权力;其次,共和政体所能管辖的公民人数较多,领土范围较广;最后,民主政体所能管辖的公民人数较少,国土范围较小,这和美国幅员辽阔、人口众多的基本国情不相一致。①由此,有关共和主义的理念一直是反联邦党人的宪法和政治思想的重要主题。其基本意蕴如下:

第一,古典共和主义理论主要强调公正的领导者地位、由相互理解的公民身份形成的公共参与,以及承诺把共同体的利益置于个体利益之上。由此,政府依据这些理论行为必须以立法机关所制定的法律规则为基础。

第二,共和政府,尤其是理想的共和政府,就是把自然形成和提供博大智慧的贵族政体之优势与具有良好秩序且形成知识的民主政体之优势融合起来。而民主政体的适当方式必须使统治者感受到人民的信任。因此,通过下议院审慎而彻底地审查是对统治者提供必不可少的制约方式,代议制机构适当代表的重要性在于为立法机关发挥积极作用提供资讯。

第三,正直的品性和自由仅仅只能生长于小共和国里,而各州提供了小共和国的典型范例。在这样的小共和国里,自由和正直之品性能够繁盛地生长起来。因此,德性或品性概念应当处于小共和国理论的核心地位。

第四,联邦共和国的范围应当奠定于没有强制力的情形下确保公民认同的共和主义认知基础上。在一个联邦共和国里,政府既能反映符合人的

---

① [美]汉密尔顿、杰伊、麦迪逊:《联邦党人文集》,程逢如、在汉、舒逊译,北京:商务印书馆,2017年,第43—44页。

理性的贵族政体之品性,又能体现民主政体之活力。

第五,公民共和主义理念——公民让渡的权利应当与建立政府的目的所必需的权力相称,且公民保留所有转让的权利之外的那些必不可少且不可剥夺的权利和自由,宗教良知就是这种权利最为典型的范例,不能被宣布放弃和转让,其他权利是可以转让的,但是只有因社会公共利益需要牺牲这些权利时方能达成妥协。由此,个人自由绝不可能因某种特定的具体利益或小集团利益而牺牲。为了预防这种危险,公民必须发挥积极作用和保持高度的警觉性,甚至可以怀疑政府。如果政府不受公共品性和宪法预防机制的限制,那么它们将不可避免地践踏公民的自由和权利。

第六,因为自由将仅仅只能生长和繁盛于这样一种社会,即中等财产所有者直接参与各州行为的整个过程,且只有在此基础上才能界定法律制度的特性。而共和主义原则极容易被每一个具有诚实的素质和常识的人们理解,它的重要性在于使这些理念逐渐灌输到每一个公民的思想和行为之中。因此,宪法不仅是作为一种社会原始契约而发挥作用,而且它是促进公民教育的一种主要方式。

第七,任何由人构成的团体,甚至是最具有德性的政治家团体,都不可能抵挡得住权力的诱惑,且把他们的私人利益视为政治共同体利益的观念本身就是常识性的共和主义观念。

第八,地方自治团体范围内的协商会议通过各州机构的运行为整个政治过程增添活力,并联合为总体国家。在这种共和主义版本中,共和国的范围是基于地方性的,甚至正如它建构时那样是基于不同的特点,且把具有地方特色的各种关系联结起来。因此,协商民主政体将从不需要建立强大的中央政府,在共和国范围内的共和政体而不是品性才能成为美国共和国的新基石。

总之,在联邦共和国里,品性是必备条件。只要由智者引领国家的航向,且代议制机构真正行使其职能,从而使公共意志更加精纯化,那么共和主义必将在美国联邦共和国范围内蓬勃生长。

四、反联邦党人宪法和政治思想之中心论题

作为宪法反对派的反联邦党人,有其清晰的目标:限制联邦政府的权力,加强各州的权力,保护公民个体的自由和权利,且使联邦政府权力的配置对保护公民自由和权利更具有效果。其具体表现方式包含下列实质内容。

1.反对加强中央政府的权力

政府权力必须受到限制的宪法理论不仅是一种有限政府理论,而且也是一种宪法授权理论,政府必须通过普通民众授权才拥有特定的权力,因为任何政府的一般性权力都必须通过民众授予,未经普通民众授予的特定权力必须由普通民众保有。而成文宪法最具有价值的优势之一在于明确规定宪法授予联邦政府的权力。因为当人民制定宪法时保留了某些权利,且在代议制政府里,人民随时保留收回对他们的代表所授予的权力。由此,根据限权政府理论,宪法所设计的联邦政府结构和体系总的缺陷在于有利于加强中央政府的权力,联邦政府最终将在其权力所属的范围内并入所有的国家权力。其基本意涵如下:

第一,最大的危险是宪法规定联邦政府的征税权,由一个遥远的总体政府以制定法律的方式执行,且由总体政府的官员征缴,他不会对各州政府负责。首先,政府被赋予宽泛的征税权,由于承受艰巨的税收重负,人民被迫参与他们自身的事务,且没有任何时间涉足于政治活动。其次,征税可能用于毁坏公民自由和各州的权威,且赋予联邦政府的直接征税权使各州的权力被削弱,且可能成为联邦政府制裁各州的合法性手段。因此,征税权的行使仅仅只有在各州不遵守国会的正式要求时,联邦政府才能行使这项权力。最后,联邦政府专断地行使征税权僭越宪定权力范围,对公民自由可能造成严重威胁,且压倒性地取消任何书面文件对政府的适当制约。

第二,新宪法赋予总统过于宽泛的行政权力,其危险在于创制一种选举产生的君主制;加之总统和参议院有共同签订条约或协定的权力,脱离了民选机构的制约。因为共和政府存在一项受猜忌的普遍原则,宪法制定者并没有任何绝对的意涵希望国家其他机关脱离民选机构——众议院的所有控制,从而使参议院和总统就有关签订国际条约等所有重大事项行使权力,并扩大到绝对和无限制的权力范围。

第三,宪法忽视了和平时期禁止创建常备军,总体政府试图从各州攫取控制武装力量的权力,且威胁各州军事力量的完整性。

第四,联邦司法权既是令人们赞赏的主题,又是令人们责难的主题;既是使人产生信任的主题,又是令人产生嫉妒的主题。联邦法院在事实上和法律上拥有广泛的司法管辖权,且权力范围过于宽泛。首先,宪法创设了一个强有力的司法部门,威胁着各州法院司法管辖权的完整性。其次,强有力的司法机关是对民众自由的威胁,它违背人民的权利信念,且损害各州的自由权。最后，具有贵族特性的司法机关是维护一小撮贵族政体精英人物的权益的代言机构。

总之，反联邦党人与联邦党人之间的主要争论点并不在于中央政府权力的进一步强化，而是新的联邦政府在多大程度上更加国家化的问题。在美国宪法历史上，反对加强中央权力一直是美国宪法和歧义政治传统之各种变体思想的核心内容。

2. 界定公共范围

"公共领域"这一术语被美国学者运用于作为构思社会领域内独特范围的方式，它表述了美国个体公民祛除他们个人的情感依恋，从而参与到国家政治生活中来的愿望。由此，公共范围作为一种与文化有关的活动场域存在于国家与家庭和经济生产的私人领域之间，在公共论坛上的理性争论使所有的公民都能够参与到政治争论中来。公共论坛解决了反联邦党人宪法和政治理论的核心问题：如何既能确保联邦主义的生长，又不至于形成一个强有力的中央集权政府。

第一，公开出版是对人类组成的共和国更为遥远的那部分负责提供信息的基本动脉，即共和国的生命血液。公共范围应当由不受个人情感影响的出版界予以认定。首先，印刷界作为一种公共范围，是把国家黏结在一起的重要方式，印刷业在没有强大的强制性权威影响下提供了使社会黏合起来的方式。其次，从根本而言，位于公共领域的印刷界印制的宪法反对派的文本在销售和传递过程中提供了把所有相异的反联邦党人组织联合起来的唯一且脆弱纽带，且印刷界为反联邦党人提供了共同的语言和一系列共同的批评论点。最后，出于保护公共自由神圣之钯，出版自由必须受制于社会自治体设定的限制条件。

第二，陪审团是作为另一种公共论坛而发挥作用——公民在公共事务中进行理性争论的公共论坛之变体。首先，陪审团发挥着双重作用：一方面，陪审团审判表达普通民众的意志，并依照宪法理论和原则教育公民；另一方面，陪审团审判体现了制约潜在的专制政府的重要内蕴，它迫使政府把提起诉讼的所有案件呈现于公正的公民团体面前，从而防止政府可能执行不公正的法律。在此意义上，陪审团审判的权利是一种不可或缺的滥权防御装置。其次，司法制度的结构主要是指法官和陪审团在审判过程中发挥适当的作用，从而达到特定的结构平衡。法官和陪审团与天然贵族政体和民主政体都具有自然的同源性。最后，陪审团审判表达了地方共同体的意愿。陪审团才是社会共同体意志的真实表达者，是制衡法官权力的机制。在此意义上,由印刷界所构成的公共论坛与陪审团的作用是相互依存的。

第三,公共论坛的作用在于它是作为公民自由和联邦主义制度的最终捍卫者而发挥作用。立宪共和政府之生长取决于一种有见地的公共意见,它承认共和政府只能凭借在它们各自的权限范围内维持各自不同的政府和部门的权力才能继续保持下来。为了确保这一目标,唯一解决方式就是保护和培育公共范围的独立性、生机和活力。

第四,公共论坛可以最好地提升联邦共和主义理念。共和政府的生长取决于维持切实可行的公共范围,且在公共论坛上进行理性辩论,以及保持所有这些机制的完整性。继而公共论坛既能增强自由和共和主义德性,又能成为抑制精心设计和防止腐败企图的派系之工具。因为宪法的完整性只能通过具有生机和活力的公共论坛才能得以维系,且公共论坛是教育公民,创造公民更好地熟知他们权利的一种宪法文化。

总之,批准宪法的公共特性意味着新闻界和印刷界在决定宪法的命运上发挥着极其重要的作用。由此,在塑造公共争论方面哪一方更为成功,它必将赢得这场运动的胜利。由此,公共论坛在有关批准宪法的公共争论中起着至关重要的作用。

3.贵族政体之歧义

新宪法的根本缺陷在于它的贵族特性。宪法潜在地毁损了共和主义原则,且促进政府制度向贵族政体方向发展。

第一,自由最重要的威胁在于贵族政体。控诉贵族政体就是在揭示一种社会阶层等级制度的衰微现象。因为具有贵族特性的政府是不会容忍出版自由的,尤其是宪法一些部分未明确限定其意涵,而另一些部分在表述上也不准确,其危险在于与直接的贵族专制政体相呼应。

第二,社会下层阶级的反联邦党人抨击天然贵族政体,他们不希望使具有自然特性的贵族政体与民主政体保持均衡,希望建立更具有民主特色的社会自治共同体;精英反联邦党人接受天然贵族政体;中间阶级的反联邦党人使德性观念在美国社会中更为民主化,试图寻求削减天然贵族的权力。拟议的宪法所建构的联邦政府将基本上控制在自然形成的贵族政体手中,邦政府则基本上控制在民主政体手中。

第三,在这个国家有三种特性的贵族政体:世袭贵族政体或宪法规定的贵族政体(在当时的美国并不存在)、派系贵族政体和天然贵族政体——较好的那种类型或出身高贵的那种类型。贵族政体的显著特征就是使权力从多数人手中转移到少数人手中。

因此,精英反联邦党人和中间阶层的反联邦党人坚持认为,通过确保被选举产生的政府官员来自美国社会中具有天然贵族特性的人们,从而使过分的民主制易于受到控制。按照这种方式,多数人和少数人之间的利益将保持平衡,社会公共利益将更可能得到极大提升。

4.《权利法案》之遗缺

《权利法案》作为人民自由和权利保障的基础,是所有国家立法的基本规范。没有《权利法案》,公民和各州的权利就没有保障。

第一,宪法缺少一部保护公民个体权利的正式的《权利法案》,且包含了太多的笼统性授权和不明确授权。因此,宪法应当添加一项《权利法案》。

第二,尽管各州比一个遥远的国家政府更可能维护公民的自由和权利——尤其是一些具有强制性的权利,然而这些权利却没有受到书面的《权利法案》保障。

第三,个体权利是极其重要的,但是政府在许多重大问题尤其是有关限制公民个体的自由和权利等广泛领域内进行立法却享有极大的自由裁量权。由于保护公民个人权利应当是所有政府的主要目的,且政府只因保护公民个人的权利、安全和幸福才被建构起来。因此,必须制定明确的《权利法案》保护公民的基本自由和权利,包括良心自由权利。

第四,《权利法案》作为必要的额外制约机制而发挥作用,其主要目的在于制约那些可能试图运用宪法语言的模糊性为其不法行为和不道德行为服务的权力行使者。

总之,公民权利保护问题、共和主义信念和联邦主义概念密不可分地联系了起来。如果宪法没有更为重要的结构性改变,那么对权利的宣称仍然只是一道抵制侵犯民众自由不可信的障碍。

5.联邦政府的国家特性

新宪法废除了合众国的联邦特性,同时建构了一个直接对人民实施治理的单一国家政府。如果拟议中的宪法带有任何联邦特性的话,那也是极少的,而相对多地表现为政府体系的国家特性。

第一,宪法赋予国家政府广泛的征税权,使联邦政府经常采取压制人民的方式征税,进而由于剥夺各州管理必不可少的岁入,从而威胁各州的自治权。

第二,有关公民权利的保护与州权力不能截然区分,尤其在此种情形下,有关公民权利的概念总是与州权利密不可分地联系在一起,当州权力受到联邦政府权力的侵犯时,公民的自由和权利必然遭受侵犯。

第三,制宪会议秘密行为过程就是基于建立贵族政体的原则,试图建立一个强大且坚实的国家政府。因此,新政府因其宪法构成终将逐渐削弱共和政府的影响,致使国家面临贵族政体或暴民政体,从而颠覆共和政府,使社会陷入暴乱。

总之,新宪法所建构的政府从本质上而言不是一个具有联邦性的政府,而是一个具有国家性的政府,它将影响各州政府的稳定和侵犯公民的自由和权利。

8. The Independent Gazetteer, or the Chronicle of Freedom, Philadelphia.

9. The Journal of American History.

10. LC: Library of Congress, Washington D. C.

11. PackNew York Historical Society, New York.

12. PMHB: william and Mary Quarterly.

附 录

注释缩略表

1. *Annals of Congress:* Joseph Galles ed., Debates and Proceedings in the First Congress of the United States, Vol.I, Washington, D.C., 1834.

2. *CA-F:* Herbert J.Storing ed., The Complete Anti-Federalist,Vols.I-VII, Chicago, 1981.

3. *DHFFC:* Linda Grant De Pauw et al.,eds.,Documentary History of the First Federal Congress of the United States of America, March 4, 1789-March 3, 1791, Vols.I-VI, Baltimore, 1974.

4. *DHFFE: M*errill Jensen et al., eds., The Documentary History of the First Federal Elections, 1788-1790, Vols.I-IV, Madison, Wis., 1976-1989.

5. *DHRC:* Merrill Jensen et al.,eds., The Documentary History of the Ratification of the Constitution, Vols.I-XXII, Madison, Wis., 1976.

6. *FJ:* Freeman's Journal or, the North-American Intelligencer, Philadelphia.

7. *HSP:* Historical Society of Pennsylvania, Philadelphia.

8. *IG:* Independent Gazetteer; or the Chronicle of Freedom, Philadelphia.

9. *JAH:* Journal of American History.

10. *LC:* Library of Congress, Washington, D.C.

11. *NYHS:* New York Historical Society, New York.

12. *WMQ:* William and Mary Quarterly.

参考文献

一、中文文献

(一)中文著作或译著

1.[美]阿希尔·阿玛尔、莱斯·亚当斯:《美国〈权利法案〉公民指南》,崔博译,北京:北京大学出版社,2016年。

2.[美]查尔斯·比尔德:《美国宪法的经济观》,何希齐译,北京:商务印书馆,1989年。

3.[美]查尔斯·霍华德·麦基文:《美国革命的宪法观》,田飞龙译,北京:北京大学出版社,2014年。

4.[法]查理·路易·孟德斯鸠:《论法的精神》(上、下),张雁深译,北京:商务印书馆,1963年。

5.[美]汉娜·阿伦特:《论革命》,陈周旺译,南京:译林出版社,2007年。

6.[美]赫伯特·J.斯托林:《反联邦党人赞成什么:宪法反对者的政治思想》,汪庆华译,北京:北京大学出版社,2006年。

7.姜峰、毕竞悦编:《联邦党人与反联邦党人:在宪法批准中的辩论(1787—1788)》,北京:中国政法大学出版社,2012年。

8.[美]卡尔维因·帕尔德森:《美国宪法释义》,徐卫东、吴新平译,北京:华夏出版社,1989年。

9.[美]劳伦斯·H.却伯、迈克尔·C.多尔夫:《解读宪法》,陈林林、储智勇译,上海:上海三联书店,2007年。

10.[美]理查德·霍夫斯塔特:《美国政治传统及其缔造者》,崔永禄、王忠和译,北京:商务印书馆,1994年。

11.[美]马克斯·法兰德:《设计宪法》,董成美译,上海:上海三联书店,2006年。

12.[美]莫雷·佐伊编:《反联邦党人文集》,杨明佳译,北京:商务印书馆,2022年。

　　13.[美]默里·德里、赫伯特·J.斯托林:《反联邦论》,马万利译,杭州:浙江大学出版社,2021年。

　　14.[法]让·雅克·卢梭:《社会契约论》,何兆武译,北京:商务印书馆,1980年。

　　15.[英]托马斯·霍布斯:《利维坦》,黎思复、黎廷弼译,北京:商务印书馆,1985年。

　　16.[美]托马斯·杰斐逊:《杰斐逊选集》,朱曾汶译,北京:商务印书馆,1999年。

　　17.[美]文森特·奥斯特罗姆:《复合共和制的政治理论》,毛寿龙译,上海:上海三联书店,1999年。

　　18.[美]文森特·奥斯特罗姆:《美国联邦主义》,王建勋译,上海:上海三联书店,2003年。

　　19.[美]沃依·路易·帕灵顿:《美国思想史》,陈永国、李增、郭乙瑶译,长春:吉林人民出版社,2002年。

　　20.[美]雅各布·尼德曼:《美国思想:一部文明的历史》,王聪译,北京:华夏出版社,2004年。

　　21.[古希腊]亚里士多德:《政治学》,吴寿彭译,北京:商务印书馆,1997年。

　　22.[法]亚历克西·德·托克维尔:《论美国的民主》,董良果译,北京:商务印书馆,1997年。

　　23.[美]亚历山大·M.比克尔:《最小危险的部门》,姚中秋译,北京:北京大学出版社,2007年。

　　24.[美]亚历山大·汉密尔顿、詹姆斯·麦迪逊、约翰·杰伊:《联邦党人文集》,程逢如、在汉、舒逊译,北京:商务印书馆,2017年。

　　25.[英]约翰·阿克顿:《自由史论》,胡传胜、陈刚等译,南京:译林出版社,2012年。

　　26.[英]约翰·洛克:《政府论》(上、下篇),叶启芳、瞿菊农译,北京:商务印书馆,1964年。

　　27.[美]约瑟夫·斯托里:《美国宪法评注》,毛国权译,上海:上海三联书店,2006年。

　　28.[美]詹姆斯·麦迪逊:《美国制宪会议记录辩论》,伊宣译,沈阳:辽宁教育出版社,2003年。

（二）中文论文

1. 包刚升：《强国家抑或弱国家？——联邦党人的国家理论与美国早期国家构建》，《复旦学报（社会科学版）》2014 年第 5 期。

2. 褚乐平：《联邦党人与反联邦党人关于宪法批准问题的争论》，《史学月刊》2003 年第 7 期。

3. 董瑜：《一七九八年〈惩治煽动叛乱法〉与美国"公共领域"的初步发展》，《历史研究》2011 年第 2 期。

4. 高全喜：《卡尔霍恩的州人民主权论以及美国宪制结构的历史变革》，《学术月刊》2016 年第 9 期。

5. 黄明慧：《美国宪法解释的文本主义之评析》，《学术界》2016 年第 7 期。

6. 黄小钫：《实质代表制与实际代表制——美国制宪时期的代表理念之争》，《浙江学刊》2009 年第 1 期。

7. 刘晨光：《美国共和政制：形式与目的的统一——重读〈联邦党人文集〉》，《政法论坛》2011 年第 6 期。

8. 王丹丹：《目光投向失败者——读斯托林〈反联邦党人赞成什么〉》，《政法论坛》2014 年第 2 期。

9. 王建勋：《理解美国宪法的钥匙：〈联邦党人文集〉》，《中国法律评论》2016 年第 1 期。

10. 邢贺超：《立法的挑战：〈联邦党人文集〉述评》，《公共管理与政策评论》2015 年第 4 期。

二、英文文献

（一）英文著作

1. A. H. kelly and W. A. Harbison, *The American Constitution: Its Origins and Development*, W. W. Norton and Company, 1970.

2. Alan Brinkley, Nelson W. Polsby, and Kathleen M. Sullivan, *New Federalist Papers: Essay in Defence of the Constitution*, W. W. Norton and Company, 1997.

3. Albert Furtwangler, *American Silhouettes: Rhetorical Identities of the Founders*, Yale University Press, 1987.

4. Alfred F. Young, English Plebeian Culture and Eighteenth-Century American Radicalism, in Margaret Jacob and James Jacob, eds., *The Origins of*

Anglo—American Radicalism, Cambridge University Press, 1984.

5. Alfred F. Young, *The Democratic Republicans of New York: The Origins, 1763–1797*, The University of North Carolina Press, 1967.

6. Alpheus Thomas Mason, *The States Rights Debate: Antifederalism and the Constitution*, Prentice Hall, 1964.

7. Andrew W. Robertson, *The Language of Democracy: Political Rhetoric in the United State and Britain, 1790–1900*, Cornell University Press, 1995.

8. Cass R. Sunstein, The Enduring Legacy of Republicanism, in Stephen L. Elkin and Karol Edward Soltan, eds., *A New Constitutionalism: Designing Political Institutions for a Good Society*, University of Chicago Press, 1993.

9. Cathy D. Matson and Peter S. Onuf, *A Union of Interests:Political and Economic Thought in Revolutionary America*, Lawrence of Kansas Press, 1990.

10. Cathy N. Davidson, *Revolution and the Word: The Rise of the Novel in American*, Oxford University Press, 1986.

11. Charles F. Hobson, The Tenth Amendment and the New Federalism of 1789, in John Kukla, ed., *The Bill of Rights:A Lively Heritage*, Hard Press, 1987.

12. Charles Sellers, *The Market Revolution: Jacksonian American, 1815–1846*, Oxford University Press, 1991.

13. Charles T. Cullen, *St. George Tucker and Law in Virginia, 1772–1804*, Wiley and Putnam, 1987.

14. Christopher L. Tomlins, *Law, Labor, and Ideology in the Early American Republic*, Cambridge University Press, 1993.

15. Christopher M. Duncan, *The Anti—Federalists and Early American Political Thought*, Northern Illinois University Press, 1995.

16. Clinton Rossiter, *The Grand Convention: 1787*, W. W. Norton and Company, 1987.

17. Cordon S. Wood, *The Creation of the American Republic, 1776–1787*, The University of North Carolina Press, 1969.

18. David A. J. Richards, *Foundations of American Constitutionalism*, Cambridge University Press, 1989.

19. David F. Ericson, *The Shaping of American Liberalism: The Debates over Ratification, Nullification, and Slavery*, University of Chicago Press, 1993.

20. Donald B. Cole, *Martin Van Buren and the American Political System*,

Princeton University Press, 1984.

21. Donald S. Lutz, *Popular Consent and Popular Control: Whig Political Theory in the Early State Constitutions*, Louisiana State University Press, 1980.

22. Donald Stewart, *The Opposition Press of the Federalist Period*, State University of New York Press, 1969.

23. Douglas M. Arnold, *A Republican Revolution: Ideology and Politics in Pennsylvania, 1776–1790*, Oxford University Press, 1989.

24. Drew Gilpin Faust, *James Henry Hammond and the Old South: A Design for Mastery*, Louisiana State University Press, 1982.

25. Dumas Malone, *The Public Life of Thomas Cooper, 1783–1839*, Yale University Press, 1926.

26. E. Noble Cunninghan, *The Jeffersonian Republicans: The Formation of Party Organization, 1789–1801*, The University of North Carolina Press, 1957.

27. Elizabeth Bauer, *Commentaries on the Constitution, 1790–1860*, G. P. Putnam's Sons, 1952.

28. Forrest McDonald, *Novus Ordo Seclorum: The Intellectual Origins of the Constitution*, Lawrence of Kansas Press, 1985.

29. Forrest McDonald, *The Presidency of Thomas Jefferson*, Lawrence of Kansas Press, 1976.

30. Forrest McDonald, *We the People: The Economic Origins of the Constitution*, University of Chicago Press, 1958.

31. G. Edward White, *The Marshall Court and Cultural Change, 1815–1835, History of the Supreme Court of the United States*, III–IV, Oxford University Press, 1988.

32. Garrett Ward Sheldon, *The Political Philosophy of Thomas Jefferson*, The Williams and Wolkins Company, 1991.

33. George Athan Billias, *Elbridge Gerry: Founding Father and Republican Statesman*, Oxford University Press, 1976.

34. Gerald Gunther, *John Marshall's Defense of McCulloch V. Maryland*, Stanford University Press, 1969.

35. Gerald Stourzh, *Alexander Hamilton and the Idea of Republican Government*, Stanford University Press, 1970.

36. Gordon S. Wood, *The Creation of the American Republic, 1776–1787*,

The University of North Carolina Press, 1969.

37. Greece, *Peripheries and Center: Constitutional Development in the Extended Politics of the British Empire and the United State, 1607–1788*, Time Printing Press, *LC*, 1986.

38. Henry D. Gilpin, *The Papers of James Madison*, Ⅲ, Spacemaker Press, 1840.

39. Herbert J. Storing, *The Complete Anti–Federalist*, I–VII, The University of Chicago Press, 1981.

40. J. G. A. Pocock, *The Machiavellian Moment: Florentine Republican Thought and Atlantic Republican Tradition*, Princeton University Press, 1975.

41. J. G. A. Pocock, *Virtue, Commerce, and History: Essays on Political Thought and History, Chiefly in the Eighteenth Century*, Cambridge University Press, 1985.

42. J. R. Pole, ed., *The Constitution–for and Against: "The Federalist" and Anti–Federalist Papers*, New York University Press, 1987.

43. Jack N. Rakove, *Interpreting the Constitution: The Debate over Original Intent*, Twayne Publishers, 1990.

44. Jack N. Rakove, *Original Meanings: Politics and Ideas in the Making of the Constitution*, Vintage Books, 1996.

45. Jack P. Greene, *The Reinterpretation of the American Revolution: 1763–1789*, Harper and Row, 1968.

46. Jackson Turner Main, *Political Parties before the Constitution*, The University of North Carolina Press, 1973.

47. Jackson Turner Main, *The Anti–Federalists: Critics of the Constitution, 1781–1788*, The University of North Carolina Press, 1961.

48. James H. Hutson, *Supplement to Max Farrand's The Records of the Federal Convention of 1787*, Yale University Press, 1987.

49. James Hartso, *Original Intent and the Framers' Constitution*, Vintage Books, 1988.

50. James Madison, *Letters and Other Writings of James Madison*, Ⅰ, Worthington, 1884.

51. James Morton Smith, *Freedom's Fetters: The Alien and Sedition Laws and American Civil Libertie*, Cornell University Press, 1956.

52. James Roger Sharp, *American Politics in the Early Republic: The New Nation in Crises*, Yale University Press, 1993.

53. John Crowley, *The Privileges of Independence:Neomercantilism and the American Revolution*, The Williams and Wolkins Company, 1993.

54. John F. Hoadley, *Origins of American Political Parties in Congress, 1789–1803*, Lexington Books, 1986.

55. John J. Daniel, *The American Constitutional Tradition*, University Press of Kansas, 2006.

56. John Niven, *John C. Calhoun and the Price of Union: A Biography*, Louisiana State University Press, 1988.

57. John P. Kaminski, *George Clinton:Yeoman Politician of the New Republic*, University of Wisconsin Press, 1993.

58. John Phillip Reid, *Constitutional History of the American Revolution: The Authority of Rights*, University of Wisconsin Press, 1986.

59. John Phillip Reid, *The Concept of Liberty in the Age of the American Revolution*, University of Chicago Press, 1988.

60. Jonathon Elliot, *The Debates in the United States Convention on the Adoption of the Federal Constitution as Recommended by the General Convention at Philadephia in 1787*, I – V, Mithie and Co., 1846.

61. Joseph S. Foster, *In Pursuit of Equal Liberty:George Bryan and the Revolution in Pennsylvania*, Princeton University Press, 2006.

62. Joshua Miller, *The Rise and Fall of Democracy in Early America,1630– 1789: The Legacy for Contemporary Politics*, Princeton University Press, 1991.

63. Joyce Appleby, *Capitalism and a New Social Order: The Republican Vision of the 1790s*, New York University Press, 1984.

64. Kenneth A. Lockridge, *Settlement and Unsettlement in Early America*, Harvard University Press, 1981.

65. Kim Tousley Phillips, William Duane, *Radical Journalist in the Age of Jefferson*, New York University Press, 1989.

66. Lance Banning, *The Sacred Fire of Liberty: James Madison and the Founding of the Federal Republic*, Cornell University Press, 1995.

67. Lee Benson, *Turner and Beard: American Historical Writing Reconsidered*, Glencoe, I, The Free Press of Glencoe, 1960.

68. Leonard W. Levy, *Jefferson and Civil Liberties: The Darker Side*, MIT Press, 1963.

69. Leonard W. Levy, *Legacy of Suppression: Freedom of Speech and Press in Early America*, MIT Press, 1960.

70. Leonard W. Levy, *Original Intent and the Framers' Constitution*, Macmillan, 1988.

71. Linda Grant De Pauw, *The Eleventh Pillar: New York State and the Federal Constitution*, Cornell University Press, 1966.

72. Marshall Smelser, *The Democratic Republic, 1801–1815*, Harper and Row, 1968.

73. Martin Van Buren, *Inquiry into the Origin and Course of Political Parties in the United States*, Harper and Row, 1867.

74. Max Farrand, *The Fathers of the Constitution*, Yale University Press, 1975.

75. Max Farrand, *The Records of The Federal Convention of 1787*, I –III, Yale University Press, 1937.

76. Michael J. Lacey and Knud Haakonssen, *A Culture of Rights: The Bill of Rights in Philosophy, Politics, and Law–1791 and 1991*, Harvard University Press, 1991.

77. Michael Kammen, *The Origins of the American Constitution: A Documentary History*, Penguin Books, 1986.

78. Michael Kazin, *The Populist Persuasion: An American History*, Harper and Row, 1995.

79. Michael Warner, *The Letters of the Republic: Publication and the Public Sphere in Eighteenth–Century America*, Harvard University Press, 1990.

80. Morton White, *Philosophy, The Federalist, and the Constitution*, Oxford University Press, 1987.

81. Noble E. Cunningham, *The Jeffersonian Republicans: The Formation of Party Organization, 1789–1801*, The University of North Carolina Press, 1957.

82. Norman K. Risjord, *Chesapeake Politics, 1781–1800*, Van Nostrand Reinhold, 1978.

83. Norman K. Risjord, *The Old Republicans: Southern Conservation in the Age of Jefferson*, Monacelli Press, 1965.

84. Norman L. Rosenberg, *Protecting the Best Men:An Interpretive History of the Law of Libel*, The University of North Carolina Press, 1986.

85. Orin Grant Libby, *The Geographical Distribution of the Vote of the Thirteen States on the Federal Constitution, 1787–1788*, University of Wisconsin Press, 1894.

86. Paul A. Gilje, *The Road to Mobocracy:Popular Disorder in New York City,1763–1834*, The University of North Carolina Press, 1987.

87. Paul Rahe, *Republics Ancient and Modern: Classical Republicanism and the American Revolution*, The University of North Carolina Press, 1992.

88. Paul S. Clarkson and R. Samuel Jett, *Luther Martin of Maryland*, The Williams and Wolkins Company, 1970.

89. Peter S. Onuf, *The Origins of the Federal Republic: Jurisdictional Controversies in the United States, 1775–1787*, University of Pennsylvania Press, 1983.

90. Philip B. Kurland and Ralph Lerner, eds., *The Founder's Constitution*, V, University of Chicago Press, 1987.

91. Ralph A. Rossum and Gary L. McDowell ed., *The American Founding: Politics, Statesmanship, and the Constitution*, Kennikat Press, 1981.

92. Ralph Ketcham, *The Anti–Federalist Papers; and The Constitutional Convention Debates*, Vintage Books, 1986.

93. Richard Buel, *Securing the Revolution: Ideology in American Politics, 1789–1815*, Cornell University Press, 1972.

94. Richard E. Ellis, *The Jeffersonian Crisis: Courts and Politics in the Young Republic*, Oxford University Press, 1971.

95. Richard E. Ellis, *The Union at Risk: Jacksonian Democracy, States' Rights, and the Nullification Crisis*, W. W. Norton and Company, 1987.

96. Richard R. Beeman, *The Old Dominion and the New Nation, 1781–1801*, Lexington Books, 1972.

97. Robert Allen Rutland, *The Ordeal of the Constitution: The Anti–Federalists and the Ratification Struggle of 1787–1788*, University of Oklahoma Press, 1966.

98. Robert E. Shalhope, *John Taylor of Caroline:Pastoral Republican*, Columbia University Press, 1980.

99. Robert V. Remini, *Martin Van Buren and the Making of the Democratic Party*, Doubleday, 1951.

100. Roger H. Brown, *Redeeming the Republic: Federalists, Taxation, and the Origins of the Constitution*, Johns Hopkins Press, 1993.

101. Rosemarie Zagarri, *The Politics of Size: Representation in the United States, 1776-1850*, Cornell University Press, 1987.

102. Rudolph M. Bell, *Party and Faction in American Politics: The House of Representatives, 1789-1801*, Greenwood Publishing Company, 1973.

103. Saul Cornell, *The Other Founders:Anti-Federalism and the Dissenting Tradition in America, 1788-1828*, The University of Carolina Press, 1999.

104. Stanly Elkins and Eric McKitrich, *The Age of Federalism*, Kennikat Press, 1993.

105. Steven R. Boyd, *The Politics of Opposition: Anti-federalists and the Acceptance of the Constitution*, Charles Scribner's Sons, 1979.

106. Thomas L. Pangle, *The Spirit of Modern Republicanism: The Moral Vision of the American Founders and the Philosophy of Locke*, University of Chicago Press, 1988.

107. Thomas P. Slaughter, *The Whiskey Rebellion: Frontier Epilogue to the American Revolution*, Harper and Row, 1986.

108. W. Fred Frendly, Matha J. H. Elliott, *The Constitution That Delicate Balance, Landmark Cases That Shaped the Constitution*, Random House, 1984.

109. Willi Paul Adams,*The First American Constitutions:Republican Ideology and the Making of the State Constitutions in the Revolutionary Era*, University of North Carolina Press, 1980.

110. William H. Riker, *The Strategy of Ratification: Campaigning for the American Constitution*, Yale University Press, 1996.

111. William W. Freehling, *Prelude to Civil War: The Nullification Controversy in South Carolina, 1816-1836*, Alfred A. Knopf, 1965.

112. Wills Garry, *Explaining America: The Federalist*, Athlone Press, 1981.

(二)英文论文或短论文

1. Akhil Reed Amar, "Anti-Federalists, The Federalist' Papers, and the Big Argument," *Harvard Journal of Law and Public Policy*, XVI, 1993, pp.111-

118.

2. Akhil Reed Amar, "The Bill of Rights as Constitution," *Yale Law Journal*, C, 1991, pp.1131–1210.

3. Andrew C. Lenner, "John Taylor and the Origins of American Federalism," *Journal of the Early Republic*, XVII, 1997, pp.399–423.

4. Benjamin B. Klubes, "The First federal Congress and the First National Bank: A Case Study in Constitutional Interpretation," *Journal of the Early Republic*, X, 1990, pp.19–42.

5. C. William Hill, "Contrasting Themes in the Political Theories of Jefferson, Calhoun, and John Taylor of Carolina," *Publius*, VI, No.3, Summer 1976, pp.443–821.

6. Calvin R. Massey, "Anti–Federalism and the Ninth Amendment," *Chicago–Kent Law Review*, LXIV, 1988, pp.987–1000.

7. Calvin R. Massey, "The Anti–Federalist Ninth Amendment and Its Implications for State Constitutional Law," *Wisconsin Law Review*, 1990, pp.49–80.

8. Cecelia M. Kenyon, "Men of Little Faith:The Anti–federalists on the Nature of Representative Government," *WMQ*, 3rd Ser., XII, 1955, pp.3–43.

9. Charles F. Hobson, "The Negative on State Laws: James Madison, the Constitution, and the Crisis of Republican Government," *WMQ*, 3rd Ser., XXXVI, 1979, pp.215–235.

10. Charles J.Cooper, "Independent of Heaven Itself: Different Federalist and Anti–Federalist Perspectives on the Centralizing Tendency of the Federal Judiciary," *Harvard Journal of Law and Public Policy*, XVI, 1993, pp.119–128.

11. Charles W. Roll, Jr., "We, Some of the People: Apportionment in the Thirteen State Conventions Ratifying the Constitution," *JAH*, LVI, 1969–1970, pp.21–40.

12. Clyde W. Barrow, "Historical Criticism of the U. S.Constitution in Populist–Progressive Political Theory," *History of Political Thought*, IX, 1988, pp.111–128.

13. Colleen A. Sheehan, "The Politics of Public Opinion:James Madison's Notes on Government," *WMQ*, 3rd Ser., XLLX, 1992, pp.1156–1190.

14. Daniel T. Rodgers, "Republicanism: The Career of a Concept," *JAH*,

LXXIX, 1992–1993, pp.11–38.

15. Daryl H. Rice, "John C. Calhoun," *History of Political Thought*, XII, 1991, pp.753–800.

16. David A. J. Richards, "Constitutional Legitimacy and Constitutional Privacy," *New York University Law Review*, LXI, 1986, pp.800–862.

17. David C. Williams, "The Militia Movement and the Second Amendment Revolution: Conjuring with the People," *Cornell Law Review*, LXXXI, 1996, pp.879–952.

18. David M. Rabban, "The Historian: Leonard Levy on Freedom of Expression in Early American History," *Stanford Law Review*, XXXVII, 1985, pp.795–856.

19. David T. Hardy, "The Second Amendment and the Historiography of the Bill of Rights," *Journal of Law and Politics*, IV, 1987, pp.1–62.

20. Donald O. Dewey, "James Madison Helps Clio Interpret the Constitution," *American Journal of Legal History*, XV, 1971, pp.689–743.

21. E. P. Thompson, "Eighteenth–Century English Society: Class Struggle without Class," *Social History*, III, 1978, pp.133–165.

22. Edward Countryman, "The Problem of the Early American Crowd," *Journal of American Studies*, VII, 1973, pp.77–90.

23. Elizabeth Long, "Women, Reading, and Cultural Authority: Some Implications of the Audience Perspective in Cultural Studies," *American Quarterly*, XXXVIII, 1986, pp.591–612.

24. Eric Robert Papenfuse, "Unleashing the 'Wildness': The Mobilization of Grassroots Anti–Federalism in Maryland," *Journal of the Early Republic*, XVI, 1996, pp.73–106.

25. F. Thornton Miller, "John Marshall versus Spencer Roane: A Reevaluation of Martin v. Hunter's Lessee," *VMHB*, XCVI, 1988, pp.297–314.

26. Garry Wills, "To Keep and Bear Arms," *New York Review of Books*, Sep.21, 1995, pp.443–821.

27. Gary B. Nash, "Also There at the Creation: Going Beyond Gordon S. Wood," *WMQ*, 3rd Ser., XLIV, 1987, pp. 69–112.

28. Gary J. Schmitt and Robert H. Webking, "Revolutionaries, Anti–Federalists, and Federalists: Comments on Gordon Wood's Understanding of the

American Founding," *Political Science Review*, IX, 1979, pp.195–229.

29. Gary L. McDowell, "Were the Anti–Federalists Right? Judicial Activism and Problem of Consolidated Government," *Publius*, XII, No. 3, Summer 1982, pp.99–108.

30. Gillis J. Harp, *Taylor*, "Calhoun and the Decline of a Theory of Political Disharmony," *Journal of the History of Ideas*, XLVI, 1985, pp.107–120.

31. Gordon S. Wood, "Conspiracy and the Paranoid Style: Causality and Deceit in the Eighteenth Century," *WMQ*, 3rd Ser., XXXIX, 1982, pp.401–441.

32. Gordon S. Wood, "Ideology and the Origins of Liberal America," *WMQ*, 3rd Ser., XLIV, 1987, pp.628–640.

33. Gordon S. Wood, "Rhetoric and Reality in the American Revolution," *WMQ*, 3rd Ser., XXIII, 1966, pp.3–32.

34. Gordon S. Wood, "The Enemy Is Us: Democratic Capitalism in the Early Republic," *Journal of the Early Republic*, XVI, 1996, pp.316–389.

35. H. Jefferson Powell, "The Principles of 98 ':An Essay in Historical Retrieval," *Virginia Law Review*, LXXX, 1994, pp.689–743.

36. H. N. Hirsch, "The Threnody of Liberalism: Constitutional Liberty and the Renewal of Community," *Political Theory*, XIV, 1986, pp.423–449.

37. Hendrik Hartog, "Pigs and Positivism," *Wisconsin Law Review*, 1985, pp.899–935.

38. J. R. Pole, "Reflections on American Law and the American Revolution," *WMQ*, 3rd Ser., L, 1993, pp.123–159.

39. J. William Harris, "Last of the Classical Republicans: An Interpretation of John C. Calhoun," *Civil War History*, XXX, 1984, pp.255–267.

40. Jack N. Rakove, "The Madisonian Moment," *University of Chicago Law Review*, LV, 1988, pp.473–505

41. Jackson Turner Main, "Government by the People: The American Revolution and the Democratization of the Legislatures," *WMQ*, 3rd Ser., XXIII, 1966, pp.391–407.

42. James A. Haw, "Samuel Chase's 'Objections to the Federal Government'," *Maryland Historical Magazine*, LXXVI, 1981, pp.272–285.

43. James H. Hutson, "Country, Court, and Constitution: Antifederalism and the Historians," *WMQ*, 3rd Ser., XXXVIII, 1981, pp.337–368.

44. James H. Hutson, "Robert Yates's Notes on the Constitutional Convention of 1787: Citizen Genet's Edition," *Quarterly Journal of the Library of Congress*, XXXV, 1978, pp.173–182.

45. James H. Hutson, "The Creation of the Constitution: The Integrity of the Documentary Record," *Texas Law Review*, LXV, 1986, pp.1–39.

46. James Morton Smith, "The Grass Roots Origins of the Kentucky Resolutions," *WMQ*, 3rd Ser., XXVII, 1970, pp.221–245.

47. James T. Kloppenberg, "The Virtues of Liberalism: Christianity, Republicanism, and Ethics American Political Discourse," *JAH*, LXXIV, 1987–1988, pp.9–33.

48. Jeff Powell, "The Complet Jeffersonian: Justice Rehnpuist and Federalism," *Yale Law Journal*, XCI, 1982, pp.1317–1370.

49. Jeffrey K. Tulis, "Comment: Riker's Rhetoric of Ratification," *Studies in American Political Development*, V, 1991, pp.284–292.

50. Jennifer Nedelsky, "Confining Democratic Politics: Anti-Federalists, Federalists, and the Constitution," *Harvard Law Review*, XCVI, 1982, pp.340–360.

51. John Ashworth, "The Jeffersonians: Classical Republicans or Liberal Capitalists?," *Journal of American Studies*, XVIII, 1984, pp.753–812.

52. John H. Aldrich and Ruth W. Grant, "The Anti-Federalists, the First Congress, and the First Parties," *Journal of Politics*, LV, 1993, pp.295–326.

53. John R. Howe, Jr., "Republican Thought and the Political Voilence of the 1790's," *American Quarterly*, XIX, 1967, pp.147–165.

54. John Zvesper, "The Madisonian System," *Western Political Quarterly*, XXXVII, 1984, pp.425–435.

55. Kenneth M. Stampp, "The Concept of a Perpetual Union," *JAH*, LXV, 1978–1979, pp.18–54.

56. Kenneth R. Bowling, "'A Tub to the Whale': The Founding Father and the Adoption of the Federal Bill of Rights," *Journal of the Early Republic*, VIII, 1988, pp.143–161.

57. Kevin R. Gutaman, "A Troublesome Legacy: James Madison and the 'Principle of 1798'," *Journal of the Early Republic*, XV, 1995, pp.805–921.

58. Lacy K. Ford, "Recovering the Republic: Calhoun, South Carolina, and

the Concurrent Majority," *South Carolina Historical Magazine*, LXXXIX, 1988, pp.146–159.

59. Lacy K. Ford, Jr., "Inventing the Concurrent Majority: Madison, Calhoun, and the Problem of Majoritarianism in American Political Thought," *Journal of Southern History*, LX, 1994, pp.19–58.

60. Lance Banning, "James Madison and the Nationalists, 1780–1783," *WMQ*, 3rd Ser., XL, 1983, pp.227–255.

61. Lance Banning, "Republican Ideology and the Triumph of the Constitution, 1789 to 1793," *WMQ*, 3rd Ser., XXXI, 1984, pp.236–256.

62. Lance Banning, "The Hamiltonian Madison: A Reconsideration," *VMHB*, XCII, 1984, pp.236–256.

63. Lawrence Delbert Cress, "An Armed Community: The Origins and Meaning of the Right to Bear Arms," *JAH*, LXXI, 1984–1985, pp.22–42.

64. Lawrence Delbert Cress, "The Right to Bear Arms: An Exchange," *JAH*, LXXI, 1984–1985, pp.587–593.

65. Linda K. Kerber, "The Republican Ideology of the Revolutionary Generation," *American Quarterly*, XXXVII, 1985, pp.474–495.

66. Major L. Wilson, " 'Liberty and Union': An Analysis of Three Concepts Involved in the Nullification Controversy," *Journal of Southern History*, XXXIII, 1967, pp.1–39.

67. Marshall Smelser, "The Federalist Period as an Age of Passion," *AQ*, X, 1958, pp.391–419.

68. Mary P. Ryan, "Party Formation in the United States Congress, 1789 to 1796: A Quantitative Analysis," *WMQ*, 3rd Ser., XXVIII, 1971, pp.523–542.

69. Michael Durey, "Thomas Paine's Apostles: Radical Emigres and the Triumph of Jeffersonian Republicanism," *WMQ*, 3rd Ser., XLIV, 1987, pp.661–688.

70. Michael Lienesch, "In Defence of the Anti–Federalists," *History of Political Thought*, IV, 1983, pp.65–87.

71. Paul Finkelman, "Anti–Federalists: The Loyal Opposition and the American Constitution," *Cornell Law Review*, LXX, 1984, pp.334–356.

72. Pauline Maier, "The Road Not Taken: Nullification, John C. Calhoun, and the Revolutionary Tradition in South Carolina," *South Carolina Historical Magazine*, LXXXII, 1981, pp.1–19.

73. Peter S. Onuf, "Reflections on the Founding:Constitutional Historiography in Bicentennial Perspective," *WMQ*, 3rd Ser., XLVI, 1989, pp.341-375.

74. Richard B. Bernstein, "Charting the Bicentennial," *Columbia Law Review*, LXXXVII, 1987, pp.1565-1624.

75. Robert E. Shalhope, "The Ideological Origins of the Second Amendment," *JAH*, LXIX, 1982-1983, pp.599-614.

76. Robert E. Shalhope, "Toward a Republican Synthesis: The Emergence of an Understanding of Republicanism in American Historiography," *WMQ*, 3rd Ser., XXIX, 1972, pp.49-80.

77. Robert Morton Scott, "St.George Tucker and the Development of American Culture in Early Federal Virginia, 1790-1824," Ph.D. diss., George Washington University, 1991.

78. Robin Brooks, "Alexander Hamilton, Melancton Smith, and the Ratification of the Constitution in New York," *WMQ*, 3rd Ser., XXIV, 1967, pp.339-358.

79. Ronald P. Formisano, "Deferential-Participant Politics: The Early Republic's Political Culture, 1789-1840," *American Political Science Review*, LXVIII, 1974, pp.473-487.

80. Ruth Bogin ed., "'Measures So Glareingly Unjust': A Pesponse to Hamilton's Funding Plan by William Manning," *WMQ*, 3rd Ser., XLVI, 1989, pp.919-1792.

81. Samuel Eliot Morison ed., "William Manning's 'The Key of Libberty'," *WMQ*, 3rd Ser., XIII, 1956, pp.1178-1210.

82. Sanford Levinson, "The Embarrassing Second Amendment," *Yale Law Journal*, XCIX, 1989, pp.637-659.

83. Saul A. Cornell, "The Changing Historical Fortunes of the Anti-Federalists," *Northwestern University Law Review*, LXXXIV, 1989, pp.39-74.

84. Saul Cornell, "Aristocracy Assailed: The Ideology of Backcountry Anti-Federalism," *JAH*, LXXVI, 1989-1990, pp.1148-1172.

85. Saul Cornell, "Early American History in a Postmodern Age," *WMQ*, 3rd Ser., L, 1993, pp.329-342.

86. Saul Cornell, "Moving beyond the Canon of Traditional Constitutional History: Anti-Federalists, the Bill of Rights, and the Promise of Post-Modern

Historiography," *Law and History Review*, XII, 1944, pp.1–28.

87. Saul Cornell, "Reflections on 'The Late Remarkable Revolution in Government': Aedanus Burke and Samuel Bryan's Unpublished History of the Ratification of the Federal Constitution," *Pennsylvania Magazine of History and Biography*, CXII, 1988, pp.129–151.

88. Stephen B. Presser and Becky Bair Hurley, "Saving God's Republic: The Jurisprudence of Samuel Chase," *University of Illinois Law Review*, 1984, pp.659–679.

89. T. J. Jackson Lears, "The Concept of Cultural Hegemony: Problems and Possibilities," *American Historical Review*, XC, 1985, pp.567–593.

90. William E. Forbath, Hendrik Hartog, and Martha Minow, "Introduction: Legal Histories from Below," *Wisconsin Law Review*, 1985, pp.759–766.

91. William H. Riker, "Why Negative Campaigning is Rational: The Rhetoric of the Ratification Campaign of 1787–1788," *Studies in American Political Development*, V, 1991, pp.224–283.

后　记

　　本书是笔者继《美国宪制特色之法理评析》和《美国政治生成机制之法理评析》后又一本专门研究美国宪法和歧义政治思想发展过程的专著,最终形成历时十八年(2005—2023年)之久,可分为三个主要研究阶段:

　　一是基础研究阶段(2007—2010年)。主要从事下列研究工作:首先,为了分阶段系统且详细地阐释有关美国宪法和歧义政治思想的发展过程,我们选取了美国宪法和政治发展过程中具有重要性的三个阶段之一——美国奠基时期(1787—1791年)作为研究对象,尤其是将美国立宪时期的宪法和歧义政治传统生成机制作为研究之旅的起点。其次,课题组广泛搜集与主题有关的各类文献资料,包括专著316部,专题论文6300余篇,规范性文件735件,相关短论文和评论3000余条。最后,形成本书的初稿。

　　二是拓展研究阶段(2011—2016年)。在第一阶段积累资料和综合研究的基础上,主要从事下列研究工作:首先,进一步扩展和延伸研究主题,并补充搜集资料,包括专著527部,专题论文2100余篇,规范性文件258件,相关短论文和评论1500余条。其次,细心整理和精心分析各类资料,尤其是《反联邦党人全集》和《联邦党人文集》,并撰写了《普布利乌斯之论辩:〈联邦党人文集〉之哲学分析》。最后,通过比较分析和细心考证,对专著进行第一次和第二次修改。

　　三是集成研究阶段(2017—2023年)。在前两个阶段积累资料和综合研究的基础上,主要从事下列研究工作:首先,进一步搜集资料,包括专著213部,专题论文3200余篇,规范性文件112件,相关短论文和评论2000余条。其次,按照评阅专家和咨询专家的建议,经过审慎思考后进一步对专著进行第三次至第十次修改。最后,历时六年(2015—2021年)完成赫伯特·J.斯托林的《反联邦党人全集》(七卷本)翻译工作,进一步考究和验证主文的主要人物、历史事件和各类观点,并精译了《必备反联邦党人文集》(八十五篇),与《联邦党人文集》(八十五篇)进行对比分析。

　　本书的研究和写作分工如下:青维富撰写序、导论、第一章、第二章和第三章;青彤撰写第四章、第五章、第六章、第七章和结语,并精译了赫伯特·J.斯托林《反联邦党人全集》(七卷本)与《必备反联邦党人文集》(八十五篇);王蓉光负责收集资料和校对文本。